法律硕士精品系列教材

刑事诉讼法学

XINGSHI SUSONG FAXUE

主　编　闫召华
副主编　郭　烁
撰稿人　（以撰写章节先后为序）
闫召华　谢登科　陈　实　宋远升　郭　烁　艾　明
王　彪　王剑虹　颜　飞　蒋和平　孙　琳　张　波
裴　炜　田力男　自正法　贺红强　张吉喜　冯俊伟

中国人民大学出版社
·北京·

法律硕士精品系列教材编审委员会

主编简介

闫召华：西南政法大学法学院教授、博士研究生导师，刑事诉讼法教研室主任；兼任教育部刑事诉讼法课程虚拟教研室主任，重庆市人文社会科学重点研究基地——诉讼法与司法改革研究中心主任，《现代法学》学术编辑，《刑事司法论丛》主编，中国法学会刑事诉讼法学研究会常务理事。出版独著两部。在知名期刊发表学术论文六十余篇。主持国家级、省部级课题十余项。获评“重庆市高校中青年骨干教师”。研究成果曾获董必武青年法学成果奖二等奖、重庆市社会科学研究优秀成果二等奖、全国检察基础理论研究优秀成果三等奖等奖励。

总 序

2022 年 10 月 16 日，习近平在中国共产党第二十次全国代表大会上的报告中强调："深化教育领域综合改革，加强教材建设和管理"。同时，党的二十大报告第七部分"坚持全面依法治国，推进法治中国建设"专门部署法治建设，要求发挥法治固根本、稳预期、利长远的保障作用，在法治轨道上全面建设社会主义现代化国家。习近平总书记指出，全面推进依法治国，建设一支德才兼备的高素质法治队伍至关重要。① 高校是法治人才培养的第一阵地，高校法学教育在法治人才培养中发挥着基础性、先导性作用。

在法治轨道上全面建设社会主义现代化国家，迫切需要法律硕士专业学位研究生教育开辟一条加快培养高层次应用型法治人才的新渠道。法律硕士是具有特定法律职业背景的专业性学位，在培养目标上强调实务特点，主要培养立法、司法、行政执法和法律服务以及各行业领域德才兼备的高层次的复合型（专门型）、应用型法治人才。根据新时代法治人才培养的要求"立德树人、德法兼修、明法笃行"，要将法律硕士培养成具有坚定政治立场和崇高法律职业道德的法治人才，培养成具有宽基础、复合型、跨学科知识结构的法治人才，培养成能够综合运用法律、经济、管理、科技、外语、计算机以及其他方面专业知识，独立从事法律实务和管理工作的法治人才。

近年来，各高校、科研院所及法律实务部门在应用型高级法律实务人才培养方面不断探索。西南政法大学作为新中国最早建立的高等政法学府，是国家首批卓越法律人才教育培养基地。自 1979 年开展研究生教育以来，西南政法大学坚持科学的研究生教育质量观，把研究生教育作为提升学校品牌的重要支点，坚定不移地推进改革，凝心聚力，攻坚克难，不断增强研究生教育的竞争力、吸引力和培养能力，以实施科教兴国战略和满足经济发展对高层次、高素质、创新型人才的需求为出发点，努力发展研究生教育。2010 年，西南政法大学被确定为教育部法律专业学位研究生（以下简称"法律硕士"）教育综合改革试点高校；2013 年，西南政法大学被评为全国法律硕士优秀培养院校。西南政法大学紧紧围绕党中央的要求和国家经济、社会发展的需要，明确目标和功能定位，充分发挥培养复合型、实践型法律人才的

---

① 中共中央文献研究室. 十八大以来重要文献选编：中. 北京：中央文献出版社，2016：190.

作用，以培养德才兼备、系统掌握法学理论知识、具备实践能力、具有社会主义法治理念、能够独立从事法律实务或理论研究工作的高层次专门人才为目标，不断进行探索和创新：

——实施责任教授制度，创新课程管理模式。针对法律硕士专业必修课程实施责任教授制度，实行团队教学。课程所属学科确定一名课程责任教授，由其负责组建教学团队、主持课程建设的各项工作，包括课程规划、教学内容安排、课程进度控制、教学方法使用、考核评价方式等。课程责任教授制度的确立，改变了任课教师单打独斗的授课局面，形成了课程教学合力。

——推进课程教学改革，创新课程教学方法。自2013年大力推进研究生课程教学改革以来，制定并实施了《西南政法大学研究生课程教学改革办法（试点）》，推行基于问题、基于项目、基于案例的教学方法和学习方法，探索建立以学生为主体、以培养学生创新能力为主要特征的研究型教学方式，促进课程教学与科研训练、实习实践相结合。已立项建设4批次共37门改革课程，培育重庆市优质研究生课程12门。

——强化教学案例建设，注重实践能力培养。重视案例编写，积极开展案例教学，已组织编写校级法律硕士教学案例21个，其中4个教学案例入选首批全国法律硕士教学案例库，使本校成为首批入库案例最多的院校。在积极开展案例库建设的同时，大力推进案例教学，在法律硕士专业课程教学过程中，引用案例进行讲解的教学内容占比达到30％以上。

——开设实践训练课程，强化职业能力培养。为适应职业型与复合型的人才培养定位，法律硕士人才培养要把学习理论知识与开展实务的能力加以复合，要开展更加注重实务与应用的实践性教学。本校专门开设了法律实践训练课程，占法律硕士课程的四分之一，任课教师大都为校外行业专家，由此大大提升了学生的法律逻辑分析能力与知识运用能力。

法律硕士的招生院校及招生规模不断扩大，对专业法律人才的培养提出了新的挑战，对法律硕士教学规范化也提出了比较高的要求。党的二十大报告指出：要“深化教育领域综合改革，加强教材建设和管理，完善学校管理和教育评价体系，健全学校家庭社会育人机制。”这说明深化教育领域综合改革，扎实推进法律硕士教育、加强相关教材建设非常关键。在2012年前后，西南政法大学与中国人民大学出版社共同推出针对法律硕士的“应用型高级法律人才系列教材”，该套教材内容设计贴近教学需要，编写质量优良，打下了较好的教材基础。为遵循法律硕士的教学特点和更加贴近司法实务的教学要求，西南政法大学根据全国专业学位研究生教育指导委员会《专业学位研究生核心课程指南（试行）》，更新编写了这套“法律硕士精品系列教材”。该系列教材体系的构建主要有几点考虑：

第一，提升教材的普适性，按照全国专业学位研究生教育指导委员会《专业学位研究生核心课程指南（试行）》的目录搭建对应的系统性教材。

第二，立足教材的应用性，结合实务训练课程需要编写案例丰富、实践性强、以案说法的实务性教材。

第三，侧重特色交叉教材，以满足学校新兴学科发展需要和法律硕士教育特色发展为目标，编写特色教材。

该系列教材得以面世，首先要感谢校内外多位主编、编委和作者的精诚合作和辛勤笔耕；还要感谢中国人民大学出版社的大力支持，感谢郭虹社长对教材编写和出版的精心策划与宝贵建议。西南政法大学副校长唐力教授及校党委常委、研究生院院长李燕教授在教材设计和编写方面做了大量的开创性工作；还有很多工作人员在教材编写和出版过程中默默付出辛劳，我代表编委会对他们一并表示诚挚的敬意和谢忱。

付子堂

2022 年 10 月 29 日

于西南政法大学

前　言

为了满足法律硕士研究生高层次复合型、应用型人才培养的需要，我们组织了西南政法大学刑事诉讼法学国家级教学团队暨重庆市优秀导师团队中的六位长期从事法律硕士一线教学的优秀教师，联合我校创建的教育部刑事诉讼法课程虚拟教研室部分校外成员——中国政法大学、吉林大学、中南财经政法大学、山东大学、华东政法大学、西北政法大学、北京航空航天大学、重庆大学、中国人民公安大学的九位学术骨干，以及来自重庆市公安司法机关的三位实务专家，编撰了这本专门针对法律硕士研究生的精品实务教材《刑事诉讼法学》。

在编写教材时，我们以习近平新时代中国特色社会主义思想为指导，根据教育部、中央政法委《关于坚持德法兼修实施卓越法治人才教育培养计划 2.0 的意见》要求，全面贯彻党的十八大、十九大、二十大精神和习近平法治思想，立足于中国国情和法律硕士的教学规律，对刑事诉讼法的基本理论和实务问题进行了全面介绍和系统解析。

与同类教材相比，本教材有三个鲜明的特点。

第一，内容稳中求新，及时反映法治中国建设和党的理论创新的最新成果。本教材严格贯彻"基本知识准确、全面，基本理论体系清晰，基本操作方法符合司法实践"的撰写思路；同时，全面、准确反映党的十八大以来全面推进依法治国和党的理论创新的最新成果，把坚持党的领导和中国特色社会主义法治道路、维护宪法尊严、实现公正司法等习近平法治思想核心要义，贯穿于对刑事诉讼基本理论和实务问题的阐释全过程，充分展示以审判为中心的诉讼制度改革、完善认罪认罚从宽制度和党的十八大以来司法体制改革的重要成就，以确保适应培养德才兼备、适应社会主义法治建设需要的高层次的复合型、应用型卓越法律职业人才，以及维护国家长治久安的根本要求。

第二，体例设计新颖，符合法律硕士教学规律。根据刑事诉讼理论和制度的内在逻辑联系，本教材按照"导论"、"基本制度"、"基本程序"和"特殊程序"四大板块依次展开，并将法律规范的最新变化、司法实践的最新样态以及司法改革的最新要求和成果融入各相关部分，充分体现了刑事诉讼法理论体系的完整性、系统性和时代性。各章又分为原理精析、实践动态、案例应用、知识拓展、文献荐读五部分。“原理精析”部分简明扼要地归纳本章的基本知识点；“实践动态”部分主要呈现立法及实践的最新进展；“案例应用”部分着力通过典型案例展示将理论及立法运用于实践问题的基本进路；“知识拓展”部分向学生介绍理论研究的最新进展及域外的立法与实践情况；“文献荐读”部分则列出涉及本章的一些值得关注的重要研究成果，供学有余力的同学课下阅读。这种结构安排将教材的教育性与可读性、学术性与实践性、全面性与深入性有机结合起来，既便于主讲教师重点讲授和组织讨论，又便于学生系统掌握相关理论和技能。

第三，遵循理论联系实际的原则，体现复合型、应用型卓越法律职业人才培养的特殊要求。卓越法律职业人才应当是“宪法法律的信仰者、公平正义的捍卫者、法治建设的实践者、法治进程的推动者、法治文明的传承者”，即理论与实践融会贯通的复合型、应用型人才。为适应培养卓越法律职业人才的特殊要求，本教材在总结同类教材编写经验的基础上，精心设计了编写内容和体例，其中，既有对基本理论、基本制度的重点阐述，又有对司法改革最新成果的展示和对基本技能训练的指导；对实践情况的总结、对典型案例的剖析及对参考文献的遴选则有助于进一步引导学生独立思考，促使他们将中国特色社会主义法治思想入脑入心，并对中国法治的最新经验和生动案例有真切的体验。

本教材主编闫召华教授提出了编写思路和要求，拟定了基本纲目，各章撰稿人根据分工撰写初稿，最后交闫召华教授统一修改定稿。副主编郭烁教授协助主编组织书稿，负责了部分章节的审稿和修改工作。在此对各位参编人员的辛勤劳动表示诚挚感谢！

本教材各章撰写分工及编写者信息如下（以章节先后为序）：

闫召华（西南政法大学教授，博士研究生导师）：第一章、第二章；

谢登科（吉林大学教授，博士研究生导师）：第三章；

陈　实（中南财经政法大学教授，博士研究生导师）：第四章；

宋远升（华东政法大学教授，硕士研究生导师）：第五章；

郭　烁（中国政法大学教授，博士研究生导师）：第六章；

艾　明（西南政法大学教授，博士研究生导师）：第七章、第十二章；

王　彪（西南政法大学副教授，硕士研究生导师）：第八章、第十四章；

王剑虹（西南政法大学副教授，硕士研究生导师）：第九章、第十章；

颜　飞（西南政法大学副教授，硕士研究生导师）：第十一章、第十三章；

蒋和平（重庆市公安局刑警总队法制支队支队长）：第十二章；

孙　琳（重庆市大足区人民检察院检察长）：第十三章；

张　波（重庆市高级人民法院刑一庭庭长）：第十四章；

裴　炜（北京航空航天大学教授，博士研究生导师）：第十五章；

田力男（中国人民公安大学副教授，博士研究生导师）：第十六章；

自正法（重庆大学副教授，博士研究生导师）：第十七章；

贺红强（西北政法大学教授，硕士研究生导师）：第十八章；

张吉喜（西南政法大学教授，博士研究生导师）：第十九章；

冯俊伟（山东大学教授，博士研究生导师）：第二十章。

由于资料和水平有限，加之各章撰写风格有异，本教材中难免有不当之处，敬请读者批评指正！

编者

2023 年 7 月

法律文件略称表

中国法律文件

全 称	略 称
1.《中华人民共和国宪法》	《宪法》
2.《中华人民共和国刑事诉讼法》(1979年)	1979年《刑事诉讼法》
3.《中华人民共和国刑事诉讼法》(1996年)	1996年《刑事诉讼法》
4.《中华人民共和国刑事诉讼法》(2012年)	2012年《刑事诉讼法》
5.《中华人民共和国刑事诉讼法》(2018年)	《刑事诉讼法》
6.《中华人民共和国监察法》	《监察法》
7.《中华人民共和国刑法》	《刑法》
8.《中华人民共和国律师法》	《律师法》
9.《中华人民共和国法律援助法》	《法律援助法》
10.《中华人民共和国国际刑事司法协助法》	《国际刑事司法协助法》
11.《中华人民共和国人民陪审员法》	《人民陪审员法》
12.《中华人民共和国人民警察法》	《人民警察法》
13.《中华人民共和国反间谍法》	《反间谍法》
14.《中华人民共和国人民法院组织法》	《人民法院组织法》
15.《中华人民共和国人民检察院组织法》	《人民检察院组织法》
16.《中华人民共和国法官法》	《法官法》
17.《中华人民共和国检察官法》	《检察官法》
18.最高人民法院、最高人民检察院、公安部、国家安全部、司法部、全国人大常委会法制工作委员会《关于实施刑事诉讼法若干问题的规定》	六部门《规定》
19.最高人民法院、最高人民检察院、公安部、国家安全部、司法部《关于办理死刑案件审查判断证据若干问题的规定》	两院三部《办理死刑案件证据规定》
20.最高人民法院、最高人民检察院、公安部、国家安全部、司法部《关于办理刑事案件排除非法证据若干问题的规定》	两院三部《非法证据排除规定》
21.最高人民法院、最高人民检察院、公安部、司法部《关于进一步严格依法办案确保办理死刑案件质量的意见》	两院三部《办理死刑案件意见》

续表

全　称	略　称
22. 最高人民法院、司法部《关于开展刑事案件律师辩护全覆盖试点工作的办法》	《律师辩护全覆盖试点办法》
23. 2015 年最高人民法院、最高人民检察院《关于办理刑事赔偿案件适用法律若干问题的解释》	2015 年《刑事赔偿司法解释》
24. 全国人大常委会《关于司法鉴定管理问题的决定》	《司法鉴定管理决定》
25. 最高人民法院《关于适用〈中华人民共和国刑事诉讼法〉的解释》	《高法解释》
26. 最高人民法院《关于规范人民法院再审立案的若干意见（试行）》	最高法《关于规范人民法院再审立案的若干意见（试行）》
27. 最高人民检察院《人民检察院刑事诉讼规则（2019）》	《高检规则》
28.《公安机关办理刑事案件程序规定》	《公安规定》
29.《中华人民共和国国家赔偿法》	《国家赔偿法》
30. 最高人民法院、最高人民检察院、公安部、国家安全部、司法部《关于办理刑事案件严格排除非法证据若干问题的规定》	两院三部《严格排除非法证据规定》
31. 最高人民法院、最高人民检察院、公安部、国家安全部、司法部《关于推进以审判为中心的刑事诉讼制度改革的意见》	两院三部《以审判为中心的改革意见》
32. 最高人民检察院《关于人民检察院立案侦查司法工作人员相关职务犯罪案件若干问题的规定》	最高检《人民检察院立案侦查司法工作人员相关职务犯罪案件规定》
33. 最高人民法院、最高人民检察院、公安部、国家安全部、司法部《关于适用认罪认罚从宽制度的指导意见》	两院三部《关于适用认罪认罚从宽制度的指导意见》
34. 最高人民法院、最高人民检察院《关于适用犯罪嫌疑人、被告人逃匿、死亡案件违法所得没收程序若干问题的规定》	两院《关于违法所得没收程序的规定》
35. 最高人民法院《关于完善人民法院司法责任制的若干意见》	《司法责任制意见》
36. 中国共产党第十八届中央委员会第四次全体会议通过的《中共中央关于全面推进依法治国若干重大问题的决定》	党的十八届四中全会《决定》

续表

全　称	略　称
37. 最高人民法院、最高人民检察院、公安部《关于办理刑事案件收集提取和审查判断电子数据若干问题的规定》	两院一部《电子证据规定》
38. 最高人民法院《人民法院办理刑事案件排除非法证据规程（试行）》	《排除非法证据规程》
39. 最高人民法院《人民法院办理刑事案件第一审普通程序法庭调查规程（试行）》	《法庭调查规程》
40. 最高人民法院《人民法院办理刑事案件庭前会议规程（试行）》	《庭前会议规程》

联合国法律文件

全　称	略　称
1. 联合国《公民权利和政治权利国际公约》	联合国《两权公约》
2. 联合国《打击跨国有组织犯罪公约》	联合国《打击跨国犯罪公约》
3. 联合国《反腐败公约》	联合国《反腐败公约》

目　录

第一编　导　论

第二编　基本制度

第三编 基本程序

第四编 特殊程序

第一编　导　论

第一章　刑事诉讼法概述

一、原理精析

（一）诉讼、刑事诉讼和刑事诉讼法

所谓诉讼，顾名思义，诉是“控告”“告诉”，讼是“争议”“争端”，诉讼就是原告对被告提出告诉，由裁判者裁决曲直，俗称“打官司”。诉讼一词英文为Procedure，有“过程”“手续”“程序”之意，通常用来指解决纠纷的一种程序机制。我国之所以在法律中使用“诉讼法”一词，既源于传统，也受到了日本在明治维新时将西方的Procedure Law翻译为诉讼法的影响。作为一种专门性的法律活动，诉讼具有三大特征：第一，诉讼的本质是一套法定的程序机制。这套程序机制是专门机关和诉讼参与人进行诉讼活动时均须严格遵守的，也是保障诉讼的过程和结果获得当事人及社会认同所不可或缺的，是诉讼权威性和有效性的基础。第二，诉讼是对社会冲突的一种公力救济方式。诉讼是以国家强制力为后端，由司法机关裁决纠纷，因此，它既不同于和解等私力救济手段，也不同于仲裁、行政调解等其他公力救济手段。它是现代社会合法解决社会冲突的最后手段。从司法机关或者国家权力实现的视角看，诉讼活动是国家司法权的实现过程，诉讼活动就是司法活动。第三，诉讼是一种“三方组合”。出于有效查明事实、公平适用法律、高效推进程序等方面的现实需要，一般以原告、被告、裁判者的“三方组合”作为诉讼的基本构造。即便是多方争议，通常也会被纳入“三方组合”的诉讼框架。

根据诉讼所要解决的法律争议的性质不同，诉讼可以分为刑事诉讼、民事诉讼、行政诉讼三种基本类型。刑事诉讼主要解决的是被追诉人的刑事责任问题。较之于民事诉讼、行政诉讼，刑事诉讼特点鲜明：其一，人民法院、人民检察院、公安机关等专门机关在刑事诉讼中居于主导地位。从公安机关的立案侦查，到检察机关的审查起诉，再到人民法院的审判，专门机关对于刑事诉讼的推进与终结起着主导性、

决定性的作用，通过分工负责、互相配合、互相制约，保证准确有效地执行法律。其二，刑事诉讼是实现国家刑罚权的活动，带有明显的强制性。对于专门机关而言，刑事诉讼的核心是“断狱”，即判明被追诉人是否构成犯罪、构成什么罪、是否应当判处刑罚、处以什么刑罚等。专门机关通过行使侦查权、起诉权、审判权等，采取适当的强制措施，依法追究被追诉人的刑事责任，确保国家刑罚权的实现。其三，刑事诉讼有一套特有的、严格的程序。刑事诉讼程序除包括审判程序外，在广义上还包括立案程序、侦查程序、提起公诉程序和执行程序。而且，由于刑事诉讼直接关系公民个人的生命、自由、财产、隐私等基本人权，刑事诉讼更加强调程序法定和程序的严格性。其四，被追诉人是诉讼的当事人，但通常在诉讼中处于弱势地位。在现代法治社会，被追诉人不再是单纯的被追究对象，而成为刑事诉讼的主体。刑事诉讼活动不仅包括专门机关的职权活动，也包括诉讼参与人，特别是作为当事人的被追诉人的活动。然而，受诸多主客观因素的影响，特别是在公诉案件中，被追诉人很难有与控方平等抗衡的诉讼地位。刑事诉讼的内涵也通常被理解为专门机关在诉讼参与人的参加下解决被追诉人刑事责任问题的职权活动，因而未充分凸显出诉讼参与人活动，特别是被追诉人辩护活动的重要性。综上，我们认为，刑事诉讼应理解为围绕被追诉人的刑事责任问题，在专门机关的主导下，专门机关和被追诉人及其他诉讼参与人进行的追诉、辩护、裁判等活动的总称。

刑事诉讼法是国家制定或认可的调整刑事诉讼活动的法律规范的总称。刑事诉讼法是专门机关和诉讼参与人进行刑事诉讼活动必须遵守的法律规范，有广义和狭义之分。狭义的刑事诉讼法通常指国家立法机关制定的、全面系统地规范刑事诉讼活动的刑事诉讼法典，在我国，就是指 1979 年通过，后经 1996 年、2012 年、2018 年三次修改的《刑事诉讼法》。广义的刑事诉讼法则是指国家有关机关制定的法律、法规、条例、规定和解释中有关刑事诉讼程序的规范，在我国，其渊源包括宪法，《刑事诉讼法》，其他有关法律，全国人大常委会制定的条例、决定，有关法律解释，有关行政法规、规章，有关国家公约、条约等。在法律属性上，刑事诉讼法在社会主义法律体系中属于仅次于根本大法《宪法》的基本法律，而不是一般的法律；刑事诉讼法既调整专门机关之间的关系，也调整专门机关与诉讼参与人之间的关系，属于公法；刑事诉讼法是与刑事实体法——刑法相对应的程序法，它规定了国家实现刑罚权的程序，其基本内容和作用是规范专门机关和诉讼参与人的诉讼行为。

一国刑事诉讼法典的编章结构能够在一定程度上反映出该国刑事诉讼的流程和方式。比如，德国刑事诉讼法典分为总则、第一审程序、法律救济途径、再审、被害人参与诉讼、特别程序、刑罚执行和诉讼费用、查阅案卷与数据文件规则等七编，充分反映了德国刑事诉讼以审判为中心的制度特征。而我国的刑事诉讼方式长期以来带有阶段分明、“层层把关”的特色，反映在《刑事诉讼法》的文本中，其在结构上分为总则、立案及侦查和提起公诉、审判、执行以及特别程序五编。总则编主要规定刑事诉讼的基本原则和基本制度，包括目的、任务和基本原则，管辖，回避，辩护与代理，证据，强制措施，附带民事诉讼，期间、送达等；分则各编则根据刑事诉讼的推进流程分别规定了立案程序、侦查程序、提起公诉程序、审判程序、执行程序以及适用于特殊案件的特别程序，其中，审判程序编规定了审判组织、第一审程序、第二审程序、死刑复核程序、审判监督程序等五章，特别程序编分为未成年人刑事案件诉讼程序，当事人和解的公诉案件诉讼程序，缺席审判程序，犯罪嫌疑人、被告人逃匿、死亡案件违法所得的没收程序，以及依法不负刑事责任的精神病人的强制医疗程序等五个部分。

（二）刑事诉讼法的制定目的和任务

刑事诉讼法的制定目的就是国家制定刑事诉讼法的预期目标。我国《刑事诉讼法》第1条开宗明义，直接规定《刑事诉讼法》的立法目的，即“为了保证刑法的正确实施，惩罚犯罪，保护人民，保障国家安全和社会公共安全，维护社会主义社会秩序”。据此，我国刑事诉讼法的制定目的包括两个方面：直接目的就是“保证刑法的正确实施，惩罚犯罪，保护人民”；根本目的则是“保障国家安全和社会公共安全，维护社会主义社会秩序”。我国《刑法》第1条规定的立法目的就是“惩罚犯罪，保护人民”。惩罚犯罪就是通过刑事诉讼活动，在准确、及时地查明案件事实的基础上，对构成犯罪的被追诉人公正地适用刑法，使其得到应有的刑事惩罚。保护人民则是通过刑事诉讼活动和刑法的准确实施，保障无罪的人不受刑事追究，保护被追诉人及其他诉讼参与人的合法权益，保护公民的合法权益。制定刑事诉讼法的直接目的就是保证刑法的正确实施，实现刑法“惩罚犯罪和保护人民”的目的。当然，刑事诉讼法的制定和实施本身就有着不完全依附于刑法的价值和意义，这决定了刑事诉讼法制定目的中的惩罚犯罪、保护人民与刑法制定目的中的惩罚犯罪、保护人民既有统一的一面，也有独立的一面。通过制定刑事诉讼法，可以保证刑法的正确实施，从而在实体和程序双重意义上实现惩罚犯罪、保护人民的目标，进而实现保障国家安全和社会公共安全、维护社会主义社会秩序的根本目的。刑事诉讼法的制定目的既体现了我国刑事诉讼法的社会主义性质，也明确了刑事诉讼法与刑法的关系。

刑事诉讼法的任务就是刑事诉讼法为了实现立法目的而需要承担或完成的具体工作。如果说刑事诉讼法的制定目的是宏观上刑事诉讼法的终极使命，那么刑事诉讼法的任务就是刑事诉讼法制定目的的微观化和具体化。我国《刑事诉讼法》第2条规定：“中华人民共和国刑事诉讼法的任务，是保证准确、及时地查明犯罪事实，正确应用法律，惩罚犯罪分子，保障无罪的人不受刑事追究，教育公民自觉遵守法律，积极同犯罪行为作斗争，维护社会主义法制，尊重和保障人权，保护公民的人身权利、财产权利、民主权利和其他权利，保障社会主义建设事业的顺利进行。”据此，我国刑事诉讼法的任务也有直接任务和根本任务之分。我国刑事诉讼法的直接任务就是保证准确及时地查明犯罪事实；正确应用法律，惩罚犯罪分子，保障无罪的人不受刑事追究；教育公民自觉遵守法律，积极同犯罪行为作斗争。其中，保证准确及时地查明犯罪事实是首要任务，是正确应用法律的前提，也是向公民进行法制教育的基础。正确应用法律，惩罚犯罪分子，保障无罪的人不受刑事追究，则是直接任务中的核心和关键。教育公民自觉遵守法律，积极同犯罪行为作斗争则反映了社会主义刑事诉讼法的重要特点。我国刑事诉讼法的根本任务是“维护社会主义法制，尊重和保障人权，保护公民的人身权利、财产权利、民主权利和其他权利，保障社会主义建设事业的顺利进行”。其是以直接任务的实现为前提和基础的。这一根本任务鲜明地体现了我国刑事诉讼法的社会主义性质，既是刑事诉讼法制定与修改的出发点、落脚点，也是对刑事诉讼法实施的总体要求。值得一提的是，2012 年修改《刑事诉讼法》时，在根本任务中写入了“尊重和保障人权”。“尊重和保障人权”是我国宪法确立的一项重要原则，体现了社会主义制度的本质要求。将“尊重和保障人权”明确列为刑事诉讼法的根本任务，不仅可以更加充分地体现我国司法制度的社会主义性质，也有利于专门机关在刑事诉讼程序中更好地遵循和贯彻这一宪法原则。

(三) 中国特色刑事诉讼法学的研究对象、思路和方法

作为我国法学体系中的一个重要分支学科，刑事诉讼法学是以刑事诉讼的现象与规律为研究对象的部门法学。具体而言，其研究对象可以概括为三个方面：一是刑事诉讼法律规范，即广义的刑事诉讼法。其中，刑事诉讼法典是刑事诉讼法学的主要研究对象。除法典外，刑事诉讼法学还需要研究宪法、组织法、监狱法、律师法、法官法、检察官法、国家赔偿法等法律中有关刑事诉讼的规定，以及立法解释、司法解释等其他刑事诉讼法律渊源中的相关规范。在研究法律规范时，既要准确理解、释明法律规范的含义，全面、完整地理解刑事诉讼立法的基本精神，又要弄清刑事诉讼法律规范之间的联系，研究法律规范出台的时代背景。二是刑事诉讼司法实践，即刑事诉讼法的实施情况及与刑事诉讼有关的实践情况。刑事诉讼司法实践是刑事诉讼法学的理论增长点，只有在刑事诉讼实践中起作用的法律规范才是真正有效的法律制度。通过研究司法实践，不仅可以加深对刑事诉讼理论及刑事诉讼法律规范的理解，也可以检验法律规范是否合理，发现存在的问题，及时提出完善的建议，从而推动刑事诉讼法律制度的发展。三是刑事诉讼理论。刑事诉讼的学说和理论是长期以来人们对刑事诉讼本质及其发展规律艰辛探索和总结提炼的成果，只有批判地继承前人已有的研究成果，才能更加高效、更加深入地推进刑事诉讼的理论创新，为完善刑事诉讼立法、改进刑事司法、实现我国的刑事程序法治，提供科学的理论指导。应当注意，以上三个方面的内容都不限于当代中国，而是包容中西古今，即中外历史上和当今的刑事诉讼法律、实践和理论都是刑事诉讼法学的研究对象。当然，当代中国的刑事诉讼法律、实践和理论是研究的主要内容，“会通中西”“融贯古今”的最终落脚点还是需要正确地回答我国刑事诉讼当前的理论和实践问题。习近平同志在经济社会领域专家座谈会上的讲话中对经济社会领域理论工作者提出的几点希望，同样适用于刑事诉讼理论工作者：一是从国情出发，从中国实践中来、到中国实践中去，把论文写在祖国大地上，使理论和政策创新符合中国实际、具有中国特色，不断发展中国特色的刑事诉讼法学。二是深入调研，察实情、

出实招，充分反映实际情况，使理论和政策创新有根有据、合情合理。三是把握规律，坚持马克思主义立场、观点、方法，透过现象看本质，从短期波动中探究长期趋势，使理论和政策创新充分体现先进性和科学性。四是树立国际视野，从中国和世界的联系互动中探讨各国刑事诉讼中面临的共同课题，为世界刑事诉讼制度的科学发展贡献中国智慧、中国方案。①

在具体开展刑事诉讼法学的研究工作时，除了要坚持辩证唯物主义和历史唯物主义的指导思想，还须综合运用规范分析法、实证研究法、价值分析法、比较研究法、历史分析法等研究方法。所谓的规范分析就是通过对法律规范的多维解释，结合立法背景，分析法律规范的意旨、内涵和效果及不同法律规范间的逻辑关系。实证研究就是采用理论联系实际和实证分析的方法，通过对实际情况的考察，寻找素材、归纳现状、发现问题、检验理论、探求方案。价值分析就是对刑事诉讼规范、实践及理论进行价值层面的综合考量。比较研究就是通过梳理分析域外的刑事诉讼立法、实践和理论，归纳异同及其成因，探索发展规律，预测发展趋势，为完善我国的刑事诉讼制度提供借鉴。历史分析就是运用历史资料，按照历史发展的顺序对刑事诉讼制度的变迁进行研究，从各种现象的关系中找到因果线索，探究制度现状的成因，推测制度未来的发展变化。在运用这些方法研究我国的刑事诉讼时，要特别注意以下三点②：第一，要用发展的眼光看待中国国情，既不能脱离实际、奢谈理想，也不宜过度强调现状。国情肯定是刑事诉讼制度发展的基础，但它不是固定不变的，不能片面地将现状或国情当作拒斥改革创新的借口。第二，要用平等的心态观察世界，既不能陷入“西方中心主义”或“移植主义”，也要避免“自我中心主义”。应通过对域外的制度进行更加深入的考察和精细化的研究，吸收经验，“洋为中用”，为中国特色的刑事诉讼制度提供有益的借鉴和启示。第三，用积极的态度参与立法完善和司法改革，为我国刑事诉讼制度的发展进步出谋划策，不能满足于只做司法改革的旁观者、评论者甚至批评者，而应积极努力做参与者。

(四) 刑事诉讼的基本范畴

刑事诉讼的基本范畴是指反映刑事诉讼普遍本质的基本概念。刑事诉讼的基本范畴是对刑事诉讼特征、规律、原理在概念层面上的最基本的提炼和总结，是刑事诉讼理论研究的基石。如果把刑事诉讼法学理论体系比作“知识之网”，则刑事诉讼的基本范畴就是“网上之结”，刑事诉讼的基本理论就建构在对刑事诉讼基本范畴及其相互关系的系统研究之上。而对刑事诉讼基本范畴研究的程度，“从总体上代表着刑事诉讼法研究的水平”③。德国、日本对刑事诉讼基本范畴的研究较为成熟，而我国在这方面的研究起步较晚，虽然近年来取得了长足进步，并推动了与我国实际相适应的刑事诉讼理论体系的初步形成，但整体上尚处于初级阶段。对于哪些问题属

---

① 习近平．习近平在经济社会领域专家座谈会上的讲话．人民日报，2020-08-25（002）.

② 孙长永．当前刑事诉讼法学研究要注意三个问题．(2020-11-16)[2022-03-24]. https://weibo.com/ttarticle/p/show?id=2309634571847974060097.

③ 陈瑞华．刑事诉讼的前沿问题．北京：中国人民大学出版社，2001：74-75.

于刑事诉讼的基本范畴，学界还有一定争议，但一般认为，主要包括刑事诉讼的目的、价值、结构、职能、条件、主体、客体、行为、理念、法律关系等概念。现择要简介如下。

1. 刑事诉讼目的

刑事诉讼目的是进行刑事诉讼活动所要达到的具体目标。与刑事诉讼法的制定目的略有不同的是，刑事诉讼目的侧重于刑事诉讼活动本身的期待和追求，而刑事诉讼法的制定目的除包含刑事诉讼活动本身的追求外，还蕴藏着法律化或制度化的基本功能性目标——对刑事诉讼活动的保障与规制。刑事诉讼目的是诉讼价值观的集中体现，反映了对刑事诉讼本质属性的认识，是国家对于刑事诉讼结果的基本期待。国家对于刑事诉讼结果的期待并非任意的，而是受到特定时期经济、政治、文化等条件的制约和影响。因此，刑事诉讼目的在不同的国家或者同一国家的不同历史时期有不同的内容。在封建专制国家，通过严惩犯罪以实现国家刑罚权、维护统治秩序，无疑是刑事诉讼所追求的最重要的，甚至是唯一的目的。

在现代法治社会，惩罚犯罪和保障人权成为各国刑事诉讼的共同目的。惩罚犯罪是国家履行公共管理职能、保护公众利益的需要。国家有责任保护社会成员不受犯罪行为侵害，以及在发生犯罪时及时查明犯罪人，并使之受到应得的惩罚，以恢复法律秩序。保障人权作为刑事诉讼的目的，是近代以来人权理论和民主政治发展的结果。保障人权的对象既包括微观层面的诉讼参与人，也包括宏观层面的全体社会成员。保障人权的核心是保障个人免受无根据的或者非法的刑事追究以及犯罪嫌疑人、被告人的合法权益。惩罚犯罪与保障人权之间既有统一性，也有对立的一面，对于如何协调二者的关系，各国刑事诉讼立法与实践有一定的分歧。有些国家以惩罚犯罪作为刑事诉讼最主要的目的，强调以发现真相为必要，务期有罪必罚，在刑事诉讼中虽然也保障和尊重被追诉人等的权利，但不以其为主要目标。有些国家则坚持程序主义或人权至上主义，以尊重个人自由和保障个人人权作为刑事诉讼的首要目标，强调在惩罚犯罪和保障人权问题上，保障人权处于更加优越的地位。我国刑事诉讼基本坚持了惩罚犯罪与保障人权并重的目的观，认为只有把惩罚犯罪与保障人权紧密结合起来，对二者同等看待，才能在国家权力与个人权利之间达到平衡，使刑事诉讼的过程和结果既符合公共利益需要，又能满足个体的基本权利需求。实践中，惩罚犯罪曾经长期作为我国刑事诉讼的首要任务和主要目标。随着“尊重和保障人权”刑事诉讼理念的确立和刑事诉讼法的不断完善，我国刑事司法过程中的人权保障水平大大提升。

2. 刑事诉讼价值

作为一个表征主客体关系的范畴，价值在哲学上指的是客体的存在及其属性对主体（人）的需要的满足。据此，刑事诉讼价值是指刑事诉讼立法及实施活动对主体（国家、社会及一般成员）特定需要的满足，具体包括主体对刑事诉讼功能的特定的根本期待，刑事诉讼在运作中实现这些期待的实际效果以及主体依据这些期待对刑事诉讼程序所进行的评价。刑事诉讼价值既是主体对刑事诉讼的主观期待，又是刑事诉讼立法及实施所反映出来的实际效用，还是立法者设计刑事诉讼程序以及公安司法机关实施刑事诉讼法的评价标准，其既有主观方面的意义，也有实际效用方面的意义以及评价标准方面的意义，三者不能完全割裂开来，更不能以一个方面否定另一个方面。关于刑事诉讼的价值，历史上曾经出现不同的理论与实践，主要包括程序绝对工具主义、程序相对工具主义、程序本位主义以及程序经济效益主义等。程序绝对工具主义认为刑事诉讼只是实现刑法目的的工具，刑事诉讼程序完全是因为刑法的存在而存在。程序相对工具主义认为刑事诉讼程序是实现实体法的工具和手段，但它允许人们在追求程序工具性价值的同时兼顾程序独立的价值目标。程序本位主义则认为刑事诉讼应当以诉讼过程而非诉讼结果作为出发点和评价标准，评价刑事程序的唯一标准是程序本身是否具备一种内在的品质，而不是程序作为实现某种外在目的的手段的有用性。而作为程序工具主义的一个分支，程序经济效益主义将经济效益作为评价刑事诉讼程序的唯一价值标准，强调刑事程序不过是最大程度增加公共福利或经济效益这一外在价值的工具。在我国，程序绝对工具主义一度甚嚣尘上，导致刑讯逼供等程序性违法现象屡禁不止，甚至导致出现程序虚无主义。随着对“重实体、轻程序”观念的反思，刑事诉讼二元价值理论开始占主流地位。该理论通常将刑事诉讼的价值分为目的价值与过程价值、工具价值与独立价值、外部价值与内部价值等。该理论虽然有利于更为全面地把握刑事诉讼的价值内涵，但只是深化对刑事诉讼价值认识的一个视角，即主要是将刑事诉讼法的价值放在刑事诉讼法与刑法的关系中去理解，难以统摄和准确定位刑事诉讼价值的全部内涵，而且容易在根本上淡化刑事诉讼价值的主客体，因为纯粹（不依附于主体需要的）的独立价值、内在价值、过程价值是不存在的，不同价值间的最大区别可能只在于满足主体需要的不同内容和性质。

对刑事诉讼的价值可以有多种概括，但最为基本的刑事诉讼价值是公正和效率。公正既包括实体公正，即案件的实体处理结果所体现的公正，又包括程序公正，即诉讼程序方面所体现的公正。实体公正与程序公正通常是统一的，但有时也不可避免地发生矛盾。正确处理实体公正与程序公正之间的关系，既要求立法者在设计刑事诉讼程序时坚持实体公正与程序公正并重的理念，健全程序规则，完善程序性违法的法律后果，又要求司法者摒弃“重实体、轻程序”的传统观念和做法，树立“程序先于实体”的观念，严格遵守法定程序，自觉贯彻“尊重和保障人权”的宪法原则。效率是指在刑事诉讼中所投入的司法资源与案件处理数量的比例。效率价值要求以一定的司法资源投入换取尽可能多的刑事案件处理。现代刑事诉讼既追求公正，也讲究效率。从广义上说，效率也可以视为公正的一部分，因为如果诉讼效率极端低下，很难说它是公正的。当然，考虑到刑事诉讼的性质和特点，一般并未将效率价值放在与公正价值完全同等的地位，公正优先、兼顾效率，可以说是现代各国刑事诉讼的普遍价值理念。在司法实践中，公安司法机关虽然不能轻视甚至忽视诉讼效率，但应当首先树立公正司法的理念，对效率的追求应当在保证司法公正的前提下进行，不能为了效率价值而牺牲公正价值。

3. 刑事诉讼结构

刑事诉讼结构，又称刑事诉讼形式、刑事诉讼构造或刑事诉讼模式，是指控诉、辩护和审判三方在刑事诉讼过程中的组合方式和相互关系。刑事诉讼结构决定于刑事诉讼目的，从根本上反映一国的刑事诉讼价值观。当然，不同诉讼结构的形成和维持，还要受不同国家诉讼传统、法律文化、政治体制等多种因素的影响。一般认为，人类历史上曾出现过弹劾式诉讼和纠问式诉讼两种类型的诉讼结构。弹劾式诉讼主要实行于古罗马共和时期、欧洲日耳曼法（法兰克王国）和英国的封建时期。弹劾式诉讼实行不告不理，没有国家追诉机关，诉讼由被害人或其他人提出控告，无人控告，法官就不能进行审判；被害人和加害人诉讼地位平等；裁判者居中听审并作出裁判；疑难案件实行神示证据制度。纠问式诉讼则主要盛行于中世纪中后期的欧洲大陆各国。纠问式诉讼下，国家则依职权主动追究犯罪；控诉职能与审判职能通常合一行使；被追诉人诉讼地位客体化，沦为纯粹的追究对象，刑讯合法化、制度化；侦查和审判一般都秘密进行，以书面方式审理；实行法定证据制度。德国1532年《加洛林那法典》和法国1539年的《法兰索瓦一世令》所规定的刑事诉讼程序具有典型的纠问式诉讼的特征。进入近现代社会后，西方国家的刑事诉讼结构主要有职权主义、当事人主义及混合式三种。当事人主义诉讼主要为英美法系国家所奉行，又称对抗制诉讼，它的基本理念是“正当程序”，强调控、辩双方当事人在诉讼中的主体地位和积极作用，由中立的法院居中裁断他们之间的争议，实行“程序上的当事人推进主义”和“实体上的当事人处分主义”。大陆法系则有职权主义诉讼传统，其基本理念是“实体真实”，强调司法机关依职权主动查明案件的事实真相，法院最终对案件的事实负责，实行“职权推进主义”与“职权探知主义”。混合式诉讼是兼采职权主义与当事人主义的因素而形成的诉讼构造，主要实行于第二次世界大战后的日本、意大利等国。混合式诉讼追求刑事诉讼中国家权力与被追诉人权利的平衡，力图通过正当程序实现犯罪控制，一方面借鉴当事人主义诉讼的理念与做法，强化诉讼中控辩双方的平等对抗，加大辩方活动对诉讼进程和结局的影响力，另一方面保留了职权主义诉讼中法官依职权主动调查证据的传统，发挥法官在探知案件事实、发现案件真相方面的积极作用。我国1979年《刑事诉讼法》规定的诉讼程序带有浓厚的“强职权主义”色彩。此后，1996年、2012年、2018年《刑事诉讼法》的三次修正不断强化对被追诉人的权利保障，不断加强对追诉权的控制与规范，不断完善证据规则和庭审规范，不断增强法官裁判活动的中立性，逐步形成了以职权主义为基础，吸收了当事人主义的合理元素，并杂糅诸多本土元素的混合式的诉讼构造。其基本特征为三机关“分工负责”“各管一段”“层层把关”，侦查程序仍具有一定的强职权色彩，提起公诉遵循法定主义为主、便宜主义为辅的原则，审判程序呈现职权主义与当事人主义的糅合。

4. 刑事诉讼职能

刑事诉讼职能是指专门机关和诉讼参与人在刑事诉讼中所承担的特定职责和发挥的特定作用。刑事诉讼参与者的诉讼职能是由其在刑事诉讼中的法律地位和诉讼目的所决定的，并且通过其在刑事诉讼中享有的诉讼权利和承担的诉讼义务来体现。严格说来，每一类诉讼参与者在刑事诉讼中都承担着相应的诉讼职能，即便是如证人、见证人、具有专门知识的人之类的其他诉讼参与人也承担着特定的辅助诉讼职能。但通常认为，刑事诉讼有三大基本诉讼职能，即控诉、辩护和审判。控诉职能是指向法院揭露、证实犯罪并要求法院对被告人确定刑罚的职能。在我国，公诉案件的控诉职能由人民检察院承担，公安机关通过侦查为人民检察院履行控诉职能提供必要的准备。公诉案件的被害人可以辅助人民检察院履行控诉职能。在自诉案件中，控诉职能则由被害人承担，必要时可以由法定代理人或诉讼代理人协助履行。辩护职能则是指针对控诉进行辩解或反驳，提出无罪、罪轻或者应从轻、减轻、免除刑罚处罚材料或意见的职能。辩护职能是辩方通过行使辩护权的方式实现的，当然，这种权利也可以自愿放弃。辩护职能的履行主体首先是犯罪嫌疑人和被告人，其次是被追诉人的辩护人、法定代理人等。辩护制度的发达程度是衡量一个国家刑事诉讼制度以至于整个法律制度民主、文明程度的重要标志之一。审判职能是指通过审理确定被告人是否犯有被指控的罪行和应否处以刑罚以及处以何种刑罚的职能。审判职能由法院承担，法院是世界各国公认的行使审判权的唯一主体。控诉、辩护、审判三大诉讼职能相互联系、相辅相成、相互制约。审判是刑事诉讼的重心，是控诉和辩护的最终依归；控诉是审判的前提和依据，审判的范围受到控诉的限制；辩护针对控诉进行，没有控诉，辩护也无从谈起，而辩护也能发挥对控诉的制衡作用；而没有辩护的审判，公正性难以保障。控诉、辩护和审判共同构成刑事诉讼活动的主要内容，确保刑事诉讼目的的实现。

5. 刑事诉讼行为

刑事诉讼行为是指在刑事诉讼过程中，由刑事诉讼法律关系主体所实施的、构成诉讼程序内容的、可产生诉讼上特定效果的行为。刑事诉讼就是由刑事诉讼法律关系主体的一系列诉讼行为交替、连接而成的一个动态的发展过程。刑事诉讼行为通常具有四个特征：(1) 在刑事诉讼过程中实施，贯穿于刑事诉讼发展的整个过程。(2) 构成诉讼程序的内容，在性质上必须是诉讼活动。(3) 由刑事诉讼法律关系主体所实施。(4) 可产生诉讼上的特定效果。对于刑事诉讼行为，可以从不同的角度进行分类。根据行为的主体不同，刑事诉讼行为可以分为专门机关行为、当事人行为和其他诉讼参与人行为。值得强调的是，在我国，人民检察院的行为性质较为特殊。从诉讼理论上看，人民检察院提起公诉的行为属于当事人行为，其在诉讼地位上相当于原告。但人民检察院还在刑事诉讼中行使审查批准或决定逮捕、法律监督等非当事人诉权所能概括的权力，因此，将人民检察院的行为一概视为当事人行为显然失之简单了。根据诉讼行为是否以意思表示为要素，刑事诉讼行为又可以分为法律行为与事实行为。法律行为是指以意思表示为要素所实施的诉讼法上效果的行为，无特定意思表示即无特定的法律效果。事实行为则不以行为人的意思表示为要素，行为本身就在法律上被赋予一定效果的行为。根据诉讼行为相对于诉讼整体的关系，刑事诉讼行为还可以分为实体形成行为与程序形成行为。前者是指就案件的实体问题使司法者产生认识或心证的行为，后者则是指推动程序的进行、使诉讼法律关系发生或消灭的诉讼行为。实践中，很多诉讼行为往往同时具有实体形成和程序形成的功能。不同类型诉讼行为的构成要件不尽相同，但法律一般均有主体、内容、方式等方面的要求。

6. 刑事诉讼客体

刑事诉讼客体是指刑事诉讼主体实施诉讼行为、进行诉讼活动所针对的对象。刑事诉讼客体是控、辩、审三方组合的诉讼法律关系的共同指向，是特定被告人被指控的特定犯罪事实，俗称“案件”。刑事案件在正式起诉以后被称为“被告案件”，在起诉以前被称为“被疑案件”，二者均由两部分内容构成：一是假定的犯罪嫌疑人或被告人，二是认为应当归责于犯罪嫌疑人或被告人的犯罪事实。关于刑事诉讼客体，有两个基本原理，即单一性原理和同一性原理。所谓单一性，是指从静态的横断面来考察刑事诉讼是不是一个不可分割的整体。刑事案件的单一性取决于被告人的单一性和公诉事实的单一性。被告人单一并且公诉事实单一时，才是单一的刑事案件；被告人为数人（数人被指控犯同一罪）或者公诉事实为数个（一人被指控犯数罪）时，或者被告人与公诉事实同为数个（数人被指控犯数罪）时，均为数个刑事案件。确认案件单一后，通常会产生如下法律效果：(1) 起诉的效力及于单一案件的整体，公诉效力及于全案，不允许只对一个案件的部分事实进行起诉或对一个案件分开起诉。(2) 判决的效力也及于单一案件的整体，判决对于整个刑事案件产生“一事不再理”的效力。所谓同一性，是从动态的、发展的角度考察刑事诉讼是否是一个不可分割的整体，即看诉讼后期的发展与起诉时的被告人和公诉事实是否一致。“同一”案件需兼具被告人同一和公诉犯罪事实同一两个要件。同一性原理一般具有以下功能：(1) 在案件同一性的范围内即便案件的个数发生变化也应当维持公诉的效力。(2) 法院只能在同一公诉事实的范围内进行审理，未被起诉的案件不在审理之列。(3) 就同一诉讼客体而言，控方原则上不能重复起诉，被告人不应因同一诉讼客体而遭受数次追诉。(4) 对于同一诉讼客体，法院的生效判决产生既判力。(5) 控方变更诉讼客体，应当重新给予辩方准备辩护的机会。

7. 刑事诉讼条件

刑事诉讼条件是指法院对案件进行实体审理需要具备的条件。刑事诉讼条件理论认为，只有具备诉讼条件时，法院才需要也才能够对案件进行实体审理，否则，应以形式裁判终结诉讼。根据不同的标准，刑事诉讼条件可以分为形式诉讼条件与实体诉讼条件、一般诉讼条件与特殊诉讼条件、绝对诉讼条件与相对诉讼条件、积极诉讼条件与消极诉讼条件等。其中，形式诉讼条件与实体诉讼条件的划分尤为重要。前者是仅涉及诉讼的程序面、与诉讼的实体面没有直接关联的诉讼条件，因而只产生诉讼上的效果。后者则涉及诉讼的实体面、以实体上是否存在某种事项作为诉讼条件，因而产生实体上的法律效果，受一事不再理原则的约束。各国对刑事诉讼条件的规定不尽相同，理论上也有不同看法，但一般认为形式上的刑事诉讼条件至少包括六种，即被告人存在，被告人有当事人能力，法院对受诉案件有管辖权，同一案件未经在同一或不同法院起诉，提起公诉的程序有效且公诉效力续存，撤回起诉后重新起诉时符合法定条件。而实体诉讼条件则通常包括：对于同一案件没有确定判决，犯罪后的法律没有废止其刑罚，追诉时效尚未完成，以及未经大赦等。欠缺诉讼条件时，法院应以形式裁判终结诉讼程序。至于以何种形式裁判，视所欠缺的诉讼条件而定。在大陆法系国家，一般而言，欠缺形式诉讼条件时，作出不受理或者管辖错误的裁判；欠缺实体诉讼条件时，作出免诉的判决。我国对刑事诉讼条件的研究尚处于起步阶段，实践中对于何种条件下应当作出形式裁判，何种情况下应当作出实体裁判，理解混乱，做法也很不规范。

二、实践动态

（一）2018年修改《刑事诉讼法》的内容和方式

2018年10月26日，第十三届全国人大常委会第六次会议以170票赞成、2票弃权，表决通过了《全国人民代表大会常务委员会关于修改〈中华人民共和国刑事诉讼法〉的决定》。这是我国《刑事诉讼法》自1979年制定后的第三次修改。该决定共包含26项内容，其中，修改条（款）12个，新增条（款）26个。《刑事诉讼法》条文总数从2012年的290条增加到308条。与前两次全面修改相比，2018年修改《刑事诉讼法》是一次部分性的、针对性的、应急性的修改，主要是为了跟进与衔接国家在深化监察体制改革、反腐败追逃追赃、深化司法体制改革等方面取得的重大成果和进展。具体说来主要基于三个考虑："一是为保障国家监察体制改革顺利进行，需要完善监察与刑事诉讼的衔接机制；二是为加强境外追逃工作力度和手段，需要建立刑事缺席审判制度；三是总结认罪认罚从宽制度、速裁程序试点工作经验，需要将可复制、可推广的行之有效做法上升为法律规范，在全国范围内实行。"① 因此，2018年修改《刑事诉讼法》的内容也主要体现在三大方面：一是完善与监察法的衔接机制，调整人民检察院侦查职权。删去人民检察院对贪污贿赂等案件行使侦查权的规定，保留人民检察院在诉讼活动法律监督中发现司法工作人员利用职权实施的非法拘禁、刑讯逼供、非法搜查等侵犯公民权利、损害司法公正的犯罪的侦查权，并相应地修改有关程序规定，完善《刑事诉讼法》关于"侦查"定义的表述。同时，对人民检察院审查起诉监察机关移送的案件、留置措施与刑事强制措施之间的衔接机制作出规定。二是建立刑事缺席审判制度。明确犯罪嫌疑人、被告人潜逃境外的缺席审判程序适用的条件，规定犯罪嫌疑人、被告人潜逃境外的缺席审判的具体程序，规定缺席审判程序中被告人的权利保障规则，并根据司法实践情况和需求，增加对被告人患有严重疾病中止审理和被告人死亡案件可以缺席审判的规定。三是完善刑事案件认罪认罚从宽制度和增加速裁程序。在《刑事诉讼法》第一编第一章明确刑事案件认罪认罚可以依法从宽处理的原则，同时，在其他章节完善刑事案件认罪认罚从宽的程序规定和当事人权利保障规定，增加速裁程序的规定。

值得注意的是，《刑事诉讼法》属于基本法律，按照《宪法》第62条、第67条之规定，原则上应由全国人民代表大会制定和修改，在全国人民代表大会闭会期间，

---

① 沈春耀．关于《中华人民共和国刑事诉讼法（修正草案）》的说明：2018年4月25日在第十三届全国人民代表大会常务委员会第二次会议上．中华人民共和国全国人民代表大会常务委员会公报，2018（6）：726－729.

全国人大常委会可以对全国人民代表大会制定的法律进行部分补充和修改，但是不得同该法律的基本原则相抵触。1996 年和 2012 年两次较大幅度修改《刑事诉讼法》，都是由全国人民代表大会审议通过的；但 2018 年这次修改，考虑到“指向明确、内容特定、幅度有限，不涉及对刑事诉讼法基本原则的修改”，遂参照了以往修改《民事诉讼法》《行政诉讼法》的做法，由全国人大常委会对《刑事诉讼法》进行部分补充和修改，而未提请全国人民代表大会审议。应当说，采用这种修法方式既有明确的《宪法》根据，也能够及时适应经济社会发展和全面深化改革对刑事诉讼制度的变革需求。

（二）我国刑事诉讼在人权保障方面的进步

加强刑事司法领域的人权保障是刑事司法改革的重要方向。刑事司法中充分的人权保障是社会主义司法文明的重要标志，也是世界各国完善刑事诉讼制度普遍的目标及价值选择。我国在刑事司法人权保障方面取得了显著进步，主要体现在以下方面。①

（1）每一次刑事诉讼法的修改完善，均充分贯彻和体现了加强刑事司法人权保障这一主题。1996 年修改《刑事诉讼法》时，就转变了片面强调打击犯罪的指导思想，而是注重打击犯罪和保障人权的结合。2012 年修改《刑事诉讼法》时，明确将“尊重和保障人权”写入法律，规定“不得强迫任何人证实自己有罪”条款，明确了举证责任，并在法律上正式搭建起了我国非法证据排除的制度框架，规范了强制措施制度，确立了羁押必要性审查，充实了被追诉人及辩护人的辩护权，将辩护的时间提前至侦查阶段，完善了申诉、控告程序，加强了对证人、被害人的保护。而 2018 年《刑事诉讼法》的修改，不管是监察调查程序与刑事侦诉审程序衔接机制的完善，还是刑事认罪认罚从宽制度及速裁程序、缺席审判程序、律师值班制度等的建立，无不是对加强刑事司法人权保障理念的贯彻和落实。

（2）推进以审判为中心的刑事诉讼制度改革，完善非法证据排除制度，促进被追诉人获得公正的、实质化的审判。“两院三部”印发关于推进以审判为中心的刑事诉讼制度改革的指导意见和关于办理刑事案件严格排除非法证据的文件②，最高人民法院还印发了有关刑事案件庭前会议、非法证据排除、第一审普通程序法庭调查的三大规程。通过大力推进以审判为中心的刑事诉讼制度及庭审实质化改革，完善审判对侦查、起诉活动的监督制约机制，从源头上防范了刑讯逼供、非法取证等违法行为，推动形成更有利于协调惩罚犯罪与人权保障目标的刑事诉讼格局。

（3）完善认罪认罚从宽制度，落实宽严相济的刑事司法政策。2014 年，我国开始刑事速裁程序的试点。速裁程序可以通过减少审前羁押，对被告人从快处理、从宽量刑，更好发挥社区矫正功能，促使罪犯改造和回归社会。2016 年，全国人大常

---

① 相关数据主要来自最高人民法院、最高人民检察院相关年度的工作报告以及最高人民法院编．中国法院的司法改革（2013－2018）．北京：人民法院出版社，2019：20－26.

② 具体可参见两院三部《以审判为中心的改革意见》以及两院三部《严格排除非法证据规定》。

委会决定将刑事速裁试点改革统一纳入认罪认罚从宽制度改革继续试点两年。2018年《刑事诉讼法》吸收了试点成果，正式在法律层面确立了认罪认罚从宽制度和速裁程序。最高人民检察院工作报告显示，在2021年，认罪认罚从宽制度的适用率已超过85%，量刑建议的采纳率超过97%，一审服判率达到96.5%，高出非认罪认罚案件22个百分点。同时，人民法院的轻刑判决明显上升。在2020年，对41.4万名轻微犯罪被告人适用非监禁刑，对1.2万人免予刑事处罚。

(4) 预防和纠正冤假错案。最高人民法院出台了关于防范刑事冤假错案的指导意见，并且明确要求，贯彻疑罪从无原则，对于定罪证据不足的案件，应当依法宣告被告人无罪，不得降格或者变通作出“留有余地”的判决。2013年至2018年，人民法院通过审判监督程序纠正聂树斌案、呼格吉勒图案、张氏叔侄案等重大刑事冤假错案46起，涉及94人。2014年至2018年，各级人民法院共依法宣告4 868名被告人无罪，依法保障无罪者不受追究，还无罪的人以清白。2019年，依法宣告637名公诉案件被告人和751名自诉案件被告人无罪，按照审判监督程序再审改判刑事案件1 774件。2020年，依法宣告656名公诉案件被告人和384名自诉案件被告人无罪，按照审判监督程序再审改判刑事案件1 818件。2021年，各级人民法院依法宣告511名公诉案件被告人和383名自诉案件被告人无罪，按照审判监督程序再审改判刑事案件2 215件。

(5) 推进刑事案件律师辩护全覆盖，保障律师依法履职。最高人民法院、最高人民检察院及司法部印发了依法保障律师诉讼权利的相关意见，健全了工作机制，为律师依法履职提供保障和便利，充分发挥律师促进公正司法和人权保障的重要作用。同时，还完善了死刑复核案件法律援助制度，依法保障死刑案件被告人获得辩护的权利及律师在死刑复核案件中的各项诉讼权利。2017年10月，最高人民法院、司法部印发关于开展刑事案件律师辩护全覆盖试点工作的办法，开启了刑事案件审判阶段律师辩护全覆盖的试点工作。后来，试点范围逐步扩大。据统计，至2020年年底，全国共有2 368个县（市、区）开展了刑事案件律师辩护全覆盖试点；北京等16个省（区、市）实现县级行政区域试点工作全覆盖；法律援助案件累计达到59万件；值班律师提供法律援助案件达到48万余件。至2021年年底，全国已有2 600多个县（市、区）开展了这项试点工作，北京等25个省（区、市）实现县级行政区域试点工作全覆盖。自2018年起，多地又陆续开始了刑事案件审查起诉阶段律师辩护全覆盖的试点工作。2022年1月1日，《法律援助法》正式施行。为贯彻实施好该法，有关部门表示，力争2022年实现全国县级行政区域试点工作全覆盖，基本实现审判阶段律师刑事辩护的全覆盖，并扩大审查起诉阶段律师刑事辩护全覆盖试点范围。

(6) 积极贯彻少捕慎诉慎押刑事司法政策。少捕慎诉慎押是指对绝大多数的轻罪案件体现当宽则宽，慎重逮捕、羁押、追诉。其基本精神是将刑事强制措施、刑事追诉控制在合理且必要的限度内，体现刑事法谦抑、审慎的要求，实现惩罚犯罪与保障人权的最佳平衡。近年来，为适应社会经济发展及犯罪结构变化，检察机关主动提出和落实少捕慎诉慎押理念，取得了良好的办案效果。在此背景下，2021年

4 月，中央全面依法治国委员会在有关文件中明确提出少捕慎诉慎押刑事司法政策。据统计，2021 年，检察机关全年不批捕 38.5 万人、不起诉 34.8 万人，比 2018 年分别上升 28.3%和 15%；开展羁押必要性审查专项活动，对捕后可不继续羁押的，依法建议释放或变更强制措施 5.6 万人，诉前羁押率从 2018 年的 54.9%降至 2021 年的 42.7%。

（7）完善和落实国家赔偿制度和司法救助制度。最高司法机关制定了一系列关于办理刑事赔偿案件的司法解释，完善了赔偿案件质证程序，规范精神损害抚慰金赔偿标准，充分发挥国家赔偿的权利救济功能，充分保障赔偿请求人的合法权益。从 2014 年至 2018 年，各级人民法院受理国家赔偿案件 31 434 件。在 2019 年，各级人民法院审结国家赔偿案件 1.8 万件。在 2020 年，各级人民法院审结国家赔偿案件 1.8 万件，其中司法赔偿案件 4 172 件，决定赔偿金额 2.7 亿元。同时，最高司法机关也印发了有关加强和规范国家司法救助工作的意见，统一案件受理、救助范围、救助程序及标准，成立了各级司法救助委员会，实现了救助制度法治化和救助案件司法化。2021 年，各级人民检察院救助受害方 4.8 万人，发放救助金 6.1 亿元，同比分别上升 49.9%和 47.2%。各级人民法院司法救助 4 万人，发放救助金 9.2 亿元。

此外，司法机关还通过推进未成年人案件办理工作的专业化、专门化、规范化，依法保障未成年被追诉人的合法权益；通过深化量刑规范化改革，确保规范量刑、罪刑相适、罚当其罪，保证被告人得到更加公正、均衡的量刑结果；通过规范处理涉案财物的司法程序，明确利害关系人诉讼权利，完善权利救济机制；通过修改完善人民法院法庭规则，特别是被告人或上诉人着装规则，彰显被追诉人的诉讼主体地位和现代司法文明。

（三）对犯罪的常态打击与专项治理概况

四十余年来，在中央的政策引领下，专门机关严格遵循刑事诉讼法的有关规定，分工负责、互相配合、互相制约，准确实施刑法，基本实现了有效控制犯罪的目标，确保我国成为“世界上最安全的国家之一”①。统计显示，从 1978 至 1982 年，全国各级法院一审审结刑事案件 93.9 万件（年均 18.8 万件）；1983 至 1987 年，全国各级法院一审审结刑事案件 169.3 万件（年均 33.9 万件），判处罪犯 204.8 万人；1988 至 1992 年，全国各级法院一审审结刑事案件 201.1 万件（年均 40.2 万件），判处罪犯 243.8 万人；1993 至 1997 年，全国各级法院一审审结刑事案件 243.7 万件（年均 48.7 万件），判处罪犯 274.2 万人；1998 至 2002 年，全国各级法院一审审结刑事案件 283 万件（年均 56.6 万件），判处罪犯 322 万人。2003 至 2007 年，全国各级法院一审审结刑事案件 338.5 万件（年均 67.7 万件）；2008 至 2012 年，全国各级法院一审审结刑事案件 414.1 万件（年均 82.8 万件），判处罪犯 523.5 万

① 周强．最高人民法院工作报告：2022 年 3 月 8 日在第十三届全国人民代表大会第五次会议上．中华人民共和国全国人民代表大会常务委员会公报，2022（2）：398.

人；2013 至 2017 年，全国各级法院一审审结刑事案件 548.9 万件（年均 109.8 万件），判处罪犯 607 万人；2018 年，全国各级法院一审审结刑事案件 119.8 万件，判处 143.9 万人；2019 年，全国各级法院一审审结刑事案件 129.7 万件，判处 166 万人；2020 年，全国各级法院一审审结刑事案件 111.6 万件，判处 152.7 万人；2021 年，全国各级法院一审审结刑事案件 125.6 万件，判处罪犯 171.5 万人。[①] 从整体上不难看出，各级法院审结刑事案件的数量及判处罪犯的人数呈逐年上升趋势。但需要注意的是，刑事案件数及判处罪犯人数的总量上升的原因较为复杂。特别是近年来，刑事案件开始出现结构性的变化，危险驾驶罪、帮助信息网络犯罪活动罪等新类型轻罪占据了相当大的比例，而八类主要刑事犯罪案件持续处于低位，占全部刑事案件比重也在稳步下降。这足以表明专门机关依法进行刑事诉讼活动在维护国家安全和社会稳定方面的实际成效。

除了对犯罪的常态化打击，我国还会结合一定时期的犯罪形势和特点，充分发挥政策优势，集中开展对特定类型犯罪的专项打击和治理。除 1983 年开始的针对严重刑事犯罪的四次“严打”外，专门机关经常发起对特定犯罪如近年来的涉疫犯罪、“套路贷”犯罪、电信网络诈骗犯罪、拐卖妇女儿童犯罪等的专项治理，从而在短期内有效遏制特定犯罪的高发态势，及时有效保护人民群众生命财产安全。2018 年 1 月，中共中央、国务院发出《关于开展扫黑除恶专项斗争的通知》，正式拉开了扫黑除恶专项斗争序幕。经过三年努力，全国共打掉涉黑组织 3 644 个，是前 10 年总和的 1.3 倍；打掉涉恶犯罪集团 11 675 个；全国各级法院一审判决涉黑涉恶犯罪案件 3.29 万件、22.55 万人；2020 年全国刑事案件比 2017 年下降 13.1%，八类严重暴力案件下降 30%；2021 年，检察机关起诉涉黑涉恶犯罪下降 70.5%，杀人、抢劫、绑架犯罪下降 6.6%，聚众斗殴、寻衅滋事犯罪下降 20.9%，毒品犯罪下降 18%，专项斗争取得了明显成效。[②]

三、案例应用

德国格夫根案[③]

【案情】2002 年 9 月 27 日，格夫根绑架了一名 11 岁的男孩，并向其父亲索要 100 万欧元的赎金，后格夫根在取赎金时被警方抓获，但其拒绝交代藏匿受害人的地点。法兰克福警察局副局长下令手下对格夫根进行“不会导致肉体伤害”的逼供。于是，警察威胁格夫根，如果再不交代藏匿被害人的地点，将对其身体施加“终生难忘”的痛苦，甚至包括性虐待的可能。格夫根被迫供述并指认了藏匿地点，但遗憾的是，被害人已经被格夫根杀害。警察随后对尸体进行了勘验，并提取了有关物证。被告人在德国法兰克福地区法院受审时提出，其在侦查阶段受到的身体伤害和

---

① 相关数据来源于最高人民法院历年工作报告。

② 李阳．扫黑除恶专项斗争三年成绩单公布答卷旦是平安中国建设的密码．人民法院报，2021-03-31 (1).

③ ECHR，Gfgen v. Germany，no. 22978/05，01/06/2010

性虐待威胁违反了《德国刑事诉讼法典》第136条a款和《欧洲人权公约》第3条，由此申请法院终止诉讼程序或者至少基于暴力威胁的持续性影响而排除其在警察面前所做供述，并禁止使用从非法陈述中派生的实物证据。法庭经过审查，裁定排除了被告人在警察、检察官及法官面前作出的受到了非法取证手段“毒害”的所有陈述，但驳回了格夫根的其他申请，并以故意杀人罪和抢劫罪判处被告人终身监禁。宣判后，格夫根上诉至德国联邦最高法院，并提出，警察以酷刑相威胁的行为已经不仅仅是一个证据排除的问题，还消除了诉讼程序推进的正当基础，因此，法兰克福地区法院驳回被告方程序终止申请的裁定是错误的。但德国联邦最高法院以缺乏依据为由驳回了格夫根的上诉。不久，格夫根又向德国联邦宪法法院提起了违宪之诉。格夫根提出，警方的威胁行为属于《欧洲人权公约》第3条意义上的酷刑，该行为侵犯了自己依据《德国基本法》第104条第1款享有的在拘禁期间获得人道待遇及免受酷刑的权利，也损害了《德国基本法》第1条所赋予的人格尊严权，完全满足了排除通过该行为直接或间接获取的任何证据的条件。但经过审理，德国联邦宪法法院裁决对格夫根的宪法诉求不予支持。随后，格夫根又申诉至欧洲人权法院，声称他受到的威胁已构成《欧洲人权公约》第3条所禁止的酷刑，尤其是派生实物证据的使用侵犯了他获得公正审判的权利。欧洲人权法院第五分庭裁决，申诉人不能声称是违反《欧洲人权公约》第3条行为的受害人，国内法院的诉讼程序也符合《欧洲人权公约》第6条的规定。最后，格夫根又要求欧洲人权法院大审判庭审理此案。大审判庭最终裁决，申诉人虽然仍然可以声称是违反《欧洲人权公约》第3条行为的受害人，但他仅仅是受到了非人道的待遇，而且派生实物证据的使用并未影响审判的公正性。

【问题】在紧急情况下可不可以为了挽救无辜者的生命对被追诉人实施刑讯？

【评析】美国哲学教授迈克尔·莱文曾经在《支持酷刑的情况》一文中提出了一个著名的两难困境假设：假如一个恐怖分子在纽约曼哈顿岛上安放了一枚定时炸弹，而这枚炸弹在某一天的中午即将爆炸……假设这个恐怖分子当天上午的10点钟被抓到，但他拒绝说出炸弹的安放地点。如果营救曼哈顿岛上无辜生命的唯一途径是对这个恐怖分子实施刑讯，那还有什么理由不能这样做？莱文教授提出的定时炸弹困境不仅仅只是假设，类似案件已多次在现实中发生，而格夫根案就是其中之一，只不过刑讯变成刑讯威胁，挽救曼哈顿岛上的无辜生命变成了挽救被绑架的无辜儿童。对于紧急情况下能否为了挽救无辜者而对被追诉人实施刑讯问题，存在两种对立的观点。一种观点从正当防卫或紧急避险或功利主义的角度出发，认为禁止刑讯是原则，但也有例外，在紧急情况下，对于某些恐怖分子，可以经过一定程序，对其实施一定限度的刑讯。这就是所谓的“紧急酷刑”理论。该理论在美国发生“9·11”事件后引起广泛讨论。2001年的《美国反恐法》采取了诸多限制恐怖犯罪被追诉人权利的措施，不仅开始挑战“程序优先原则”，甚至连“米兰达规则”都处于被推翻的危险。美国政府甚至一度提议紧急酷刑的合法化，后被国会否决。另一种观点则认为，禁止刑讯是绝对地禁止，不能有任何减损或改变，即便为了拯救无辜者的生命，也不能使刑讯正当化。大多数学者都持这种态度。现代刑事诉讼越来越强调对公民基本权利的保护和对人的尊重，这是法治社会不应有任何贬损的价值目标。“人类的尊严是在任何情况下都不得侵犯的，而刑讯是对人类尊严最严重的侵犯；这种情况下给予的任何例外都可能会产生权力滥用，并且为道德滑坡大开方便之门。”[①]在格夫根案中，尽管欧洲人权法院大审判庭的裁决只是将格夫根受到的威胁认定为非人道待遇，但还是明确了，警察对格夫根的威胁不会因为目的的正当性（挽救被绑架的儿童）而正当化。

李某亮案[②]

【案情】2001年8月7日，河南叶县人李某亮因涉嫌故意杀人罪被刑事拘留。9月13日，李某亮被批准逮捕。2003年8月，叶县人民法院以故意杀人罪，一审判处李某亮有期徒刑15年，剥夺政治权利5年。李某亮和被害人家属均对判决不服，向平顶山市中级人民法院提起上诉。2003年12月2日，平顶山市中级人民法院经过审理，以“事实不清，证据不足”为由，撤销了叶县人民法院的一审判决，发回叶县人民法院重新审判。2004年2月13日，叶县人民法院对该案进行了重新审理，但未作出判决。之后，此案又被移送到平顶山市中级人民法院进行一审。2004年8月3日，平顶山市中级人民法院作出一审判决，以被告人李某亮犯故意杀人罪判处死刑，剥夺政治权利终身。宣判后，李某亮再次提出上诉。2005年1月22日，河南省高级人民法院经审理，以“事实不清、证据不足”为由，撤销原判，发回重审。2006年4月11日，平顶山市中级人民法院再次作出一审判决，以李某亮犯故意杀人罪判处死刑缓期二年执行，剥夺政治权利终身。2006年9月27日，河南省高级人民法院经过审理，以“事实不清、证据不足”为由，第二次将该案发回重审。2013年4月25日，平顶山市中级人民法院在经历了一整天的庭审后，当庭宣告“李某亮无罪，立即释放”。针对平顶山市中级人民法院的无罪判决，平顶山人民检察院决定不予抗诉。但该检察院申明：李某亮一案，在审问初期，公安机关和检察机关的共计12次讯问中，李某亮本人作有罪供述9次，其中第三次到第九次，连续作了7次有罪供述，并且其有罪供述与现场勘验检查等情况部分能相互印证，不能相互印证的地方，公安机关部分作了合理解释，仍不能完全排除重大嫌疑。建议重新立案侦查。

【问题】对同一个案件在人民法院作出无罪判决后专门机关能否重新追诉？

【评析】刑事诉讼客体同一性原理的基本内容之一就是，对于同一个案件，不能重复起诉或判决。从起诉的视角看，对于同一案件向同一法院两次起诉的，对于后一起诉应当予以驳回；对于同一案件向数家法院提起刑事诉讼的，没有管辖权的法院应当依法裁定不予受理。从判决效力的视角看，对于同一案件已经生效裁判确定的，即产生一事不再理的效力，不允许重复追诉。如果重复起诉，受诉法院不应再进行实体审理，而应当直接判决免诉。刑事诉讼客体同一性原理也是大陆法系国家

① 胡睿超．国际法视野下的紧急刑讯．湖北警官学院学报．2013（8）：80－81．

② 卢美慧．李某亮案不予抗诉 检方促警方再立案．新京报，2013－05－09（A18）．

既判力理论的基本支撑，正是在这样的理论基础之上，大陆法系国家普遍确立了一事不再理原则。刑事诉讼客体同一性原理在英美法系国家同样发挥了在同一案件上维系起诉及判决效力的功能，但在此之外，更多地考虑了重复起诉和裁判对于被追诉人权利的可能侵害以及对国家追诉权的控制，从而确立了禁止双重危险原则。其基本要求是，一个人不能因同一行为或同一罪名受到两次或多次追诉、审判或处罚；否则，被追诉人就会多次被迫处于焦虑和不安全的状态及定罪的风险之中，而且那些本来无罪的被告人受到定罪的可能性就大大地增加了。与大陆法系的一事不再理原则相比，禁止双重危险原则并不局限于法律判决已经生效的情形，其对追诉权的限制更加严格，权利保护的范围更宽。但需要注意的是，基于国情和传统，我国刑事诉讼注重以事实为根据，强调实事求是，因此，刑事诉讼法并没有对重复立案侦查、重复起诉作出明确限制。而《高法解释》第 219 条第 1 款规定，人民法院对提起公诉的案件审查后，对人民法院以事实不清、证据不足为由宣告被告人无罪后，人民检察院根据新的事实、证据重新起诉的，应当依法受理；对法院裁定准许人民检察院撤诉的案件，没有新的影响定罪量刑的事实、证据，重新起诉的，应当退回人民检察院。据此，对于被法院以证据不足为由宣告无罪的案件，只要人民检察院找到了新的证据，就可以再次提起公诉。因此，在李某亮案中，检察机关基于该案证据情况建议公安机关重新立案侦查并不违反法律。

四、知识拓展

刑民交叉案件的司法处理

一般而言，刑事诉讼主要解决被追诉人的刑事责任问题，而民事诉讼用以解决民事纠纷，二者的边界是较为清晰的。但是，在司法实践中，不少刑事案件，尤其是造成财产权益损害的案件，会造成一定的民事法律后果，引致刑事案件与民事案件的法律事实在一定范围内存在交叉关联，出现所谓的刑民交叉现象。对于刑民交叉案件，如何协调民事诉讼与刑事诉讼程序的关系，也成为多年来理论界、实务界持续关注的一个热点问题。先刑后民曾是处理刑民交叉案件的流行思路。而从相关法律及司法解释的规定看，存在先刑后民、刑民并行、先民后刑三种处理原则和方式。刑事附带民事诉讼制度体现出的处理思路就是原则上一并处理，特殊情况下先刑后民。目前，多数人赞同应根据刑民交叉案件的不同类型，确定不同的处理原则。但在刑民交叉案件的类型划分和处理原则构建上，还存在不同认识。一种颇有影响的观点认为，以法律事实中蕴含的法律关系作为标准，可将刑民交叉案件分为三种类型：第一类是案件事实在表象上具有刑民交叉的形式，但只具有单一的民事法律关系；第二类是案件事实在表象上具有刑民交叉的形式，但这一刑民交叉所具有的相互关系在本质上是一种纵向的、属于刑事包容民事的法律关系；第三类则是案件在表象上具有刑民交叉的形式，但刑民交叉的法律关系是一种横向的、属于同位并列的关系。对于第一类刑民交叉案件，其性质并未超出民法或其他刑法前置性法律规定的调整范围，应当遵循“先民后刑”或者“有民无刑”原则。对于第二类刑民交叉案件，应当遵循“先刑后民”或者“刑事附带民事诉讼”的思路。而对于第三类刑民交叉案件，则应当以“刑民并行”为方法或者遵循“桥归桥、路归路”的处理原则。[①] 除了不同性质诉讼程序的优先性，不同诉讼程序中事实和证据的相互影响也是处理刑民交叉案件时值得关注的一个重要问题。一种代表性观点认为，“应确认刑事生效裁判事实认定的特别效力，但要受制于‘必要事实原则’与‘确定事实原则’。民事生效裁判可作为书证，交由刑事法庭判断并说明采纳与否的理由。刑事法庭判断民事诉讼判定的同一事实，应慎用‘穿透原则’否定其合法性及有效性，即使否定亦应采用适当方式。对于某些特殊类型案件，刑事法庭应将民事诉讼判定的事实作为预决事实。对于证据交互使用，应区别裁判已生效与未生效、定案根据与非定案根据、人证与物证等不同情形进行处理。民事诉讼使用刑事诉讼中形成的人证，应遵循民事诉讼规律。对讯问、询问笔录、鉴定意见均应依法审查，注意证据方法与证据形成要素而作适当使用。”[②]

客体同一性原理与法院变更指控罪名

客体同一性原理的基本功能之一就是明确法院审理的范围，确保起诉与审理范围的同一。一般而言，法院只能就控方明确起诉的案件加以审理，未被起诉的案件不在审理之列。案件同一包括人的同一和事实的同一两个方面。各国对事实理解等方面的差异，导致同一性原理的具体内涵以及起诉对于审判范围的限制程度在不同国家有所不同。一般认为，在大陆法系国家，其诉审同一的判断标准多为“自然事实同一说”。大陆法系传统上采职权主义诉讼模式，特别强调法院在程序上的职权推进和实体上的职权探知以及法院适用法律的权力。起诉事实通常被理解为没有经过构成要件整理的自然事实。至于控方对法律适用的意见以及起诉书中刑法条文的记载，仅具有辅助确定审判范围的作用，对法院不具有约束力。因此，在大陆法系国家，法院在对检察官起诉的犯罪事实进行审查后，如果认为检察官认定的罪名不准确，则有权进行变更，且没有种类及范围上的限制，或者改为较轻的罪名，也可能认定为更重的罪名。《德国刑事诉讼法典》第155条明确规定，“法院的调查与裁判，仅限于起诉所称犯罪行为和所指控人员”，“在此范围内，法院有权且有义务独立活动；尤其在刑法的适用上，不受提起的控告约束”[③]。当然，考虑到对辩护权的保障，大陆法系国家通常会对法院变更指控罪名作出程序上的限制，比如，要求变更指控罪名前应告知被告人并为其提供重新准备辩护的机会。《德国刑事诉讼法典》第265条规定，“在事先未特别向被告人指明法律观点已经变更并给予其辩护机会的情况下，不得对被告人依据不同于在法院所准许的公诉书引用的刑法规定作判决”。而英美法系国家在诉审同一上一般实行诉因同一标准。英美法系国家传统上实行诉因制度，作为记载应构成犯罪的特定事实的诉因，包含了起诉方对犯罪事实的法律评

① 杨兴培．刑民交叉案件的类型分析和破解方法．东方法学，2014（4）：5－8．

② 龙宗智．刑民交叉案件中的事实认定与证据使用．法学研究，2018（6）：3．

③ 德国刑事诉讼法典．宗玉琨，译注．北京：知识产权出版社，2013：155．

价。法官的审判受诉因限制，对于诉因包含的指控事实及法律评价的内容，原则上不允许加以变更。当然，作为例外，英美法系国家通常也允许法官在不妨碍被告人辩护权行使的前提下，以不完全等同于诉因的犯罪事实认定被告人的罪名。这些例外情形通常仅限于直接认定较原起诉之罪为轻之犯罪（如将一级谋杀罪改为二级谋杀罪），或者包容于起诉犯罪中之犯罪（如将既遂罪改为未遂罪）等，以确保变更诉因不会构成对被告人的突袭审判或导致其他不正义的结果。在我国，主流观点认为，人民法院有权变更起诉机关指控的罪名，但应限于起诉的自然事实范围内。相关司法解释在处理诉判同一问题时也基本采取了类似理路。《高法解释》指出了起诉对审判的“事实”范围限制，其第297条规定：“审判期间，人民法院发现新的事实，可能影响定罪量刑的，或者需要补查补证的，应当通知人民检察院，由其决定是否补充、变更、追加起诉或者补充侦查。人民检察院不同意或者在指定时间内未回复书面意见的，人民法院应当就起诉指控的事实，依照本解释第二百九十五条的规定作出判决、裁定。”同时，《高法解释》也明确了法院的变更罪名权，其第295条第1款第2项规定：“起诉指控的事实清楚，证据确实、充分，但指控的罪名不当的，应当依据法律和审理认定的事实作出有罪判决。”同时，此处，《高法解释》还兼顾了对辩护权的保障，其第295条第3款规定：“具有第一款第二项规定情形的，人民法院应当在判决前听取控辩双方的意见，保障被告人、辩护人充分行使辩护权。必要时，可以再次开庭，组织控辩双方围绕被告人的行为构成何罪及如何量刑进行辩论。”

刑事诉讼结构的发展趋势

有学者提出，如果称弹劾式诉讼模式为刑事诉讼“第一范式”，称纠问式诉讼模式为刑事诉讼“第二范式”，称资产阶级改革之后所形成的以法德为代表的审问式诉讼模式和以英美为代表的对抗式诉讼模式为刑事诉讼“第三范式”的话，则以协商或合作为基调，以“放弃审判”为特征，以美国辩诉交易制度为代表的刑事诉讼方式，可以称之为刑事诉讼“第四范式”[①]。这种“放弃审判”的诉讼方式通常以检察官为主导，形成了所谓的“检察官司法”现象。“检察官在大量的案件中事实上已经演变为决定是否科处制裁以及制裁的严厉性或宽大程度的官员”，成为“法官之前的裁判者”[②]。至少在部分程序中刑事诉讼权力出现了“从法官决定向检方决定的强烈转变”[③]，检察官的支配地位从推进程序延伸到决定实体结果，从审前阶段拓展到审判阶段，进而形成一种检察主导的刑事司法运行模式。

伴随着认罪认罚从宽制度的建立健全，我国也出现了“检察官法官化”的权力

---

① 熊秋红．比较法视野下的认罪认罚从宽制度：兼论刑事诉讼“第四范式”．比较法研究，2019（5）：96-97.

② ［德］托马斯·魏根特．换了名字的法官?：比较视野下的检察官角色．杨先德，译．北京：法律出版社，2016：359.

③ ［瑞］古尔蒂斯·里恩．美国和欧洲的检察官：瑞士、法国和德国的比较分析．王新玥，等译．北京：法律出版社，2019：1，8.

转移现象，并在实质上形成了一种检察主导的刑事案件处理模式。按照《刑事诉讼法》及相关司法解释的要求，在认罪认罚案件中，检察机关主要通过以下途径发挥主导作用：在审查逮捕期间或者重大案件提前介入时向侦查机关提出开展认罪认罚工作的意见或建议；将被追诉人认罪认罚情况纳入批准或者决定逮捕时的重要考量因素；在审查起诉阶段对认罪认罚的被追诉人依职权启动认罪认罚从宽程序，告知权利和相关法律规定，听取相关诉讼参与人的意见；对认罪认罚的被追诉人提出具体的量刑建议；决定认罪认罚案件的程序适用或者向人民法院提出程序适用或程序转换的建议；主持签署认罪认罚具结书；对被追诉人认罪认罚，但不需要判处刑罚的轻微刑事案件，依法作出不起诉决定；对符合有重大立功或案件涉及国家重大利益等特定条件的认罪认罚被追诉人，依法作出特别不起诉决定；审核公安机关对认罪认罚被追诉人拟作的特别撤案决定；检察机关指控的罪名和提出的量刑建议对法院产生“一般应当采纳”的效果；负责对认罪认罚案件办理全过程的监督。与域外相比，我国在认罪认罚从宽制度中构建的检察主导的程序模式有几个鲜明特点：(1) 该种程序模式整体上契合我国的诉讼传统。(2) 检察官能以不起诉或附条件不起诉方式直接处理一些认罪认罚案件，但没有创立检察官可直接科处刑事制裁的起诉替代程序。(3) 其适用的案件范围不局限于轻微犯罪。(4) 在专门机关与诉讼参与人的沟通方式上，采取的是听取意见方式，与域外的协商模式有一定差别。(5) 在适用条件上不仅要求被追诉人认罪，还通过要求认罚强调被追诉人的真诚悔罪及充分配合追诉的态度。(6) 法律明确规定了检察机关量刑建议对人民法院量刑裁判的制约力。(7) 检察机关既是主导者，又是监督者。[①]

五、文献荐读

1. 孙长永主编. 中国刑事诉讼法制四十年：回顾、反思与展望. 北京：中国政法大学出版社，2021.

2. [美] 虞平，郭志媛编译. 争鸣与思辨：刑事诉讼模式经典论文选译. 北京：北京大学出版社，2012.

3. 陈瑞华. 刑事诉讼的中国模式. 北京：法律出版社，2018.

4. [日] 田口守一. 刑事诉讼的目的. 增补版. 北京：中国政法大学出版社，2011.

5. 白冬. 刑事诉讼人权保障制度的目标模式. 北京：法律出版社，2015.

6. 陈瑞华. 论法学研究方法. 北京：法律出版社，2017.

---

① 闫召华. 检察主导：认罪认罚从宽程序模式的构建. 现代法学，2020 (4)：38-40.

第二编　基本制度

第二章　专门机关与诉讼参与人

一、原理精析

（一）刑事诉讼法律关系主体

刑事诉讼法律关系主体，或称刑事诉讼的参加者，是指参与到刑事诉讼法律关系中的所有单位和个人。任何一个诉讼参加者，不管是以何种缘由、何种方式参与刑事诉讼，也不管是全程参与还是只参与刑事诉讼的某一环节，均承担有特定的诉讼职能，并以此助力于刑事诉讼的顺利推进。在我国，刑事诉讼法律关系主体总体上可以分为两大类，一类是在刑事诉讼中拥有特定权力、承担特定职责，并通常能主导某一诉讼阶段的专门机关，另一类则是参加刑事诉讼，依法享有一定诉讼权利并承担一定的诉讼义务的单位或个人。专门机关分工不同，通过相互间的配合和制约，共同完成刑事诉讼的目的和任务。诉讼参与人因承担的诉讼职能有基本职能与辅助职能之分，与诉讼结果的利害关系也有区别，其在刑事诉讼中的地位及对刑事诉讼进程的影响力有所不同。需要注意的是，虽然有些诉讼参与人对诉讼进程没有实质性影响，甚至在个案中并非不可或缺，但不能因此在个案中淡化乃至否定其参与的意义或作用，正如不能轻视或否定其所承担的诉讼职能对于刑事诉讼的意义。

与刑事诉讼法律关系主体密切相关的一个概念是刑事诉讼主体。长期以来，学界对于如何理解刑事诉讼主体的内涵与外延存在争议。一种观点认为，刑事诉讼主体是在刑事诉讼中直接承担基本诉讼职能，决定基本诉讼构造的单位和个人，仅包括专门机关和直接影响诉讼进程并与诉讼结果有利害关系的当事人。据此，刑事诉讼主体不同于刑事诉讼法律关系主体，刑事诉讼法律关系主体是刑事诉讼主体的上位概念，其在范围上包括刑事诉讼主体但又不局限于刑事诉讼主体。[①] 另一种观点则认为，刑事

---

① 孙彩虹，张进德主编．新编刑事诉讼法学．北京：知识产权出版社，2018：39；李麒主编．刑事诉讼法．北京：法律出版社，2010：38.

诉讼主体是指在刑事诉讼中享有诉讼权利、承担诉讼义务的全部诉讼参加者，即刑事诉讼主体就是刑事诉讼法律关系主体。[①] 而不同国家或地区的刑事诉讼法，对于刑事诉讼主体的理解也是不一样的。日本、韩国以诉讼的不可或缺性或者诉讼构成的基本要素为依据，将刑事诉讼主体界定为“控、辩、审”三方。而《澳门刑事诉讼法典》则在刑事诉讼主体界定上采用了囊括所有诉讼参加者的“泛主体论”观点。[②] 事实上，是否严格区分刑事诉讼主体与刑事诉讼法律关系主体这两个概念本身并不重要，但认识到以下两点至为关键：（1）刑事诉讼主体理论的确产生于特定的历史背景，并以提升被追诉人的诉讼地位为最初目的。刑事诉讼主体理论提出于刑事诉讼制度人本化、民主化的改革进程之中，在推动控审分离、辩护权保障、不自证己罪原则的确立等方面发挥了积极作用。缺少刑事诉讼主体理论的支撑，很难想象被追诉人的诉讼角色能实现“从仅仅是诉讼客体到一种能够积极参与和影响程序进程的诉讼主体的变化”。当然，刑事诉讼主体理论也在不断地与时俱进，并没有固步于最初的研究范围。（2）诉讼职能的确有主次之分，不同诉讼参加人的诉讼地位和作用也各不相同。在刑事诉讼中，控诉、辩护、审判是最为基本的诉讼职能，控、辩、审三方在刑事诉讼中的地位和相互关系决定了一个国家刑事诉讼的基本构造。这是其他辅助诉讼职能的承担者无法比拟的。而且，同为辩方的被追诉人与辩护人、同为控方的检察机关与被害人、同为当事人的被追诉人与被害人等，其在诉讼权利与义务上也有很大差别。不能因为对“主体性”的泛化理解而漠视不同诉讼参加人的差别。

（二）专门机关

1. 专门机关的专门性和人民性

刑事诉讼中的专门机关，是指在刑事诉讼中代表国家，承担特定诉讼职能，行使特定职权，依法进行刑事诉讼活动的国家机关，包括人民法院、人民检察院、公安机关以及其他承担刑事诉讼职能的国家机关。顾名思义，专门性是专门机关的首要特点。作为一个约定俗成、普遍使用的概念，专门机关这一概念虽然没有明确出现在法律条文中，但一般认为，专门机关中的“专门”一词意在强调刑事诉讼中专门机关的三重内涵：其一，参与刑事诉讼的国家机关分工不同，各有专司，以此形成相互间的配合、制约关系，不可互相僭越各自的职权。其二，刑事诉讼中的专门机关带有法定性和专属性，专门机关以外的其他国家机关无权妄自行使刑事诉讼权力。其三，专门机关工作需要与群众路线相结合，但“依靠群众并不等于可以削弱司法机关的专门工作，更不允许以群众办案来代替司法机关的专门工作；群众不能直接行使国家赋予公安机关、检察院、法院的职权；不能‘群众说啥是啥’，‘群众要怎么办就怎么办’”[③]。正如彭真同志于 1979 年在《关于〈中华人民共和国刑事诉讼法（草案）〉的说明》中指出

---

① 樊崇义主编．刑事诉讼法学．北京：法律出版社，2016：96；韩德利主编．刑事诉讼原理与实务．北京：法律出版社，2020：28；曹文安主编．刑事诉讼法学．厦门：厦门大学出版社，2015：52 等．

② 元轶．澳门刑事法学论．北京：知识产权出版社，2015：213.

③ 张子培主编．刑事诉讼法学．北京：群众出版社，1990：88.

的："除公安机关、检察院、法院分别行使侦查、拘留、预审、批准逮捕、检察、提起公诉和审判权以外，其他任何机关、团体和个人都无权行使这些权力。"可见，专门机关这一概念对于正确理解我国刑事诉讼中的权力配置有积极意义。

人民性也是我国刑事诉讼中专门机关的一大特点。我国的法院、检察院在名称上冠以"人民"二字，即是专门机关人民性的直接反映。专门机关的人民性是由党全心全意为人民服务的宗旨、人民民主专政的国家性质、人民代表大会的根本政治制度、公安司法机关职能性质的宪法定位等决定的。专门机关的人民性意味着：一方面，专门机关的工作须以人民为中心，以服务人民为根本宗旨，坚持"人民本位型司法"①。专门机关必须通过公正、准确地执行法律，"让人民群众在每一个司法案件中都能感受到公平正义"②。另一方面，专门机关的工作需要协调好职业性、专业性与人民性、革命性的关系，贯彻好党的群众路线。强调专门机关工作的独立性、自主性并不排斥人民性，群众路线是专门机关工作取得实效的保障，只有坚持与群众路线的有机结合，才能保障刑事司法权威而不神秘、独立而不独断、严格而不机械。一言以蔽之，专门机关的权力来自人民、受托于人民、服务于人民，专门机关的工作必须以人民为中心、对人民负责、受人民监督。

2. 人民法院

人民法院是国家的审判机关，代表国家依法独立行使审判权。作为国家权力的重要组成部分，审判权是指人民法院对刑事案件、民事案件和行政案件进行审理和判决的权力。在刑事诉讼中，人民法院是唯一有权审理并定罪量刑的专门机关，只有经过人民法院审判，才有可能确定被追诉人有罪并判处刑罚。在审判阶段，人民法院始终居于主导地位，负责主持和指挥诉讼活动，并对案件作出裁决。人民法院在依法独立行使审判权时，不受行政机关、社会团体和个人的干涉。对案件的审理和裁判是人民法院的核心职权。人民法院在刑事诉讼中的审判权主要包括直接受理自诉案件的权力、对受理的刑事案件及附带民事案件依法审理和作出裁判的权力、依据审判监督程序对案件进行再审的权力、对违法所得没收案件和强制医疗案件的审判权、审判减刑和假释案件的权力、死刑复核权等。为了保障人民法院有效履行其刑事诉讼职能，除审理和裁判权之外，法律赋予了人民法院如下几类职权：一是采取刑事强制措施的权力。二是调查取证权。三是执行权。四是主持制作刑事和解协议书和主持附带民事诉讼调解的权力。五是采取必要措施，维护法庭秩序和审判权威的权力。六是解释和指导权。

我国人民法院由最高人民法院、地方各级人民法院和专门人民法院构成。各级人民法院均由同级人民代表大会产生，对同级人民代表大会负责，并受其监督。最高人民法院是我国的最高审判机关。最高人民法院可以设巡回法庭，巡回法庭作为

① 何青洲．"人民司法"在中国的实践路线 政治正义的司法实现．北京：中国政法大学出版社，2016：102.

② 习近平．在首都各界纪念现行宪法公布施行三十周年大会上的讲话//中共中央文献研究室．十八大以来重要文献选编：上．北京：中央文献出版社，2014：91.

最高人民法院的组成部分，审理或者办理巡回区内应当由最高人民法院受理的刑事案件。地方各级人民法院分为高级人民法院、中级人民法院和基层人民法院。基层人民法院根据地区、人口和案件情况，可以设立若干人民法庭。人民法庭是基层人民法院的组成部分，根据相关规定①，人民法庭可能管辖某些刑事自诉案件。人民法院上下级之间是监督关系。上级人民法院监督下级人民法院的审判工作，最高人民法院监督地方各级人民法院和专门人民法院的审判工作。

人民法院审判刑事案件主要有三种组织形式，即独任庭、合议庭、审判委员会。独任庭是由法官一人独任审判案件的组织形式。基层人民法院简易程序、速裁程序的案件可以适用独任庭审判。合议庭是由 3 名以上审判人员集体审判案件的组织形式，也是人民法院审判刑事案件最为基本的组织形式。人民法院审判刑事案件除简易程序、速裁程序可适用独任庭外，其他案件均采用合议庭审判。按人员组成，合议庭可分为单一制和混合制两种。单一制的合议庭全部由人民法院的专职审判员组成，而混合制的合议庭则由人民法院专职审判员和人民陪审员共同组成。此外，各级人民法院设审判委员会，审判委员会履行的职能包括讨论决定重大、疑难、复杂案件的法律适用。人民法院在审判刑事案件时，实行人民陪审员陪审的制度。凡人民法院受理的第一审刑事案件，除最高人民法院外，都可以适用人民陪审制审判。《人民陪审员法》及相关司法解释细化规定了人民陪审员参审刑事案件的范围、权利和程序等。

3. 人民检察院

人民检察院是国家的法律监督机关，代表国家行使检察权。法律监督的核心功能是保障法律的正确、统一实施，人民检察院的法律监督是国家监督体系的重要组成部分。人民检察院也是我国的司法机关。人民检察院依法独立行使检察权，不受行政机关、社会团队和个人的干涉。人民检察院享有的广义上的检察权（广义上的法律监督权），在刑事诉讼中主要表现为以下四类权力：一是控诉性质的权力。这类权力主要源自检察机关在刑事诉讼中的控方地位，核心是侦查及起诉权，本质上是“当事人”的诉权，这也是域外检察机关普遍享有的权力。二是诉讼监督性质的权力。这类权力主要源自检察机关法律监督机关的特殊定位，是我国人民检察院特有的权力，旨在对立案、侦查、审判、执行活动等是否合法进行法律监督。三是司法审查性质的权力。这类权力主要源自检察机关作为司法机关的定位，在域外通常由法院行使，如对公安机关提请批准逮捕的申请审查决定是否批准。四是司法解释性质的权力。当然，人民检察院享有的部分职权可能同时带有多重属性。

人民检察院的组织体系包括最高人民检察院、地方各级人民检察院和军事检察院等专门人民检察院。地方人民检察院又分为三级，即省级人民检察院，设区的市级人民检察院，以及基层人民检察院。人民检察院上下级之间是领导和被领导的关系，形成了自上而下集中统一的组织体系。此外，在我国的国家机构体制层面，各

① 最高人民法院《关于全面加强人民法庭工作的决定》（2005 年 9 月 23 日）及最高人民法院《关于人民法庭若干问题的规定》（1999 年 7 月 15 日）。

级人民检察院均由本级人民代表大会产生，对它负责，受它监督。人民检察院内部实行检察长负责制。各级人民检察院由检察长统一领导本院的工作。同时，各级人民检察院设立检察委员会，负责总结检察工作经验，讨论决定重大、疑难、复杂案件，讨论决定其他有关检察工作的重大问题。检察委员会实行民主集中制。

4. 公安机关

公安机关作为各级人民政府的组成部分，是国家的治安保卫机关，负责社会治安和国内安全保卫工作，是武装性质的国家行政力量和刑事司法力量。国家法律授权公安机关参与刑事诉讼活动，与人民法院、人民检察院分工负责、互相配合、互相制约，共同完成刑事诉讼任务，保障《刑事诉讼法》的贯彻实施。公安机关由中华人民共和国公安部、地方各级公安机关与专门公安机关组成，均设置在各级人民政府之中。公安机关实行双重领导体制，一方面各级公安机关要接受本级人民政府的领导；另一方面下级公安机关还要接受上级公安机关的领导。不同地区、不同系统的公安机关则互不隶属，在办案过程中是配合、协作的关系。公安机关内部实行行政首长负责制。

在刑事诉讼中，公安机关主要承担追诉或控诉职能。《刑事诉讼法》将大多数刑事案件的立案、侦查及强制措施的执行权都赋予了公安机关。具体而言，主要包括：（1）对属于自己管辖的刑事案件，在认为有犯罪事实发生并且需要追究刑事责任时，决定立案；（2）对立案侦查的刑事案件，依法实施一系列侦查行为，并进行预审；（3）对犯罪嫌疑人决定、提请采取或执行刑事强制措施；（4）对依法不追究刑事责任的不予立案，已经追究的撤销案件；（5）对侦查终结应当起诉的案件，移送人民检察院审查决定；对不够刑事处罚的犯罪嫌疑人需要行政处理的，依法予以处理或者移送有关部门；（6）对人民检察院作出的不批准逮捕、不起诉的决定要求复议、提请复核；（7）负责部分刑罚的执行、交付执行或代为执行。

5. 其他专门机关

除人民法院、人民检察院和公安机关以外，还有国家安全机关、监察机关、军队保卫部门、中国海警局、监狱等国家机关参与刑事诉讼活动，承担重要的刑事诉讼职能。

国家安全机关依法办理危害国家安全的刑事案件，行使与公安机关相同的职权。依据《国家安全法》的规定，国家安全机关、公安机关依法搜集涉及国家安全的情报信息，在国家安全工作中依法行使侦查、拘留、预审和执行逮捕以及法律规定的其他职权。《反间谍法》也有类似规定。这一方面表明，国家安全机关在刑事诉讼中与公安机关具有相同的法律地位，行使相同的职权，且不限于侦查权；另一方面表明，公安机关也可依法办理危害国家安全案件。因此，《公安规定》明确将危害国家安全犯罪纳入公安机关的管辖范围。

监察机关是行使国家监察职能的专责机关。监察机关依照《监察法》对职务违法和职务犯罪的调查活动不是侦查，不属于刑事诉讼活动。但是，监察机关也可依法参与刑事诉讼的某些环节，承担一定的刑事诉讼职能。比如，为查明案件事实、调查核实证据，监察机关调查人员应法院通知出席法庭，接受审判人员、公诉人、当事人及其辩护人、诉讼代理人等的询问。

军队保卫部门、中国海警局和监狱在刑事诉讼中承担着侦查职能。军队保卫部门对军队内部发生的刑事案件行使侦查权，中国海警局履行海上维权执法职责，对海上发生的刑事案件行使侦查权，监狱则对罪犯在监狱内犯罪的案件进行侦查。军队保卫部门、中国海警局、监狱办理刑事案件，适用《刑事诉讼法》的有关规定。同时，监狱在刑事诉讼中还承担着重要的刑罚执行功能，负责对死刑缓期执行、无期徒刑、有期徒刑判决的执行工作。

（三）诉讼参与人

诉讼参与人是指专门机关工作人员以外参加刑事诉讼活动，享有一定诉讼权利并承担一定诉讼义务的人。所有诉讼参与人都是刑事诉讼法律关系的主体，在刑事诉讼中有一些共同的诉讼权利和诉讼义务。比如，诉讼参与人都有权对审判人员、检察人员和侦查人员侵犯公民诉讼权利和人身侮辱的行为提出控告；都有权使用本民族语言文字进行诉讼，并在不通晓当地通用的语言文字时，要求人民法院、人民检察院和公安机关提供翻译。诉讼参与人也均有义务遵守各项法律规定和诉讼秩序。根据诉讼参与人在诉讼地位、参与诉讼活动的范围和方式以及对刑事诉讼过程的影响程度等方面的差异，诉讼参与人可以划分为当事人和其他诉讼参与人两类。需要注意的是，专门机关工作人员虽然也参加刑事诉讼活动，但其与专门机关的关系是职务委托关系，其是以国家代表的身份出现的，具有明显不同于其他参加诉讼活动者的地位和作用，因此，没有被法律规定为诉讼参与人。《刑事诉讼法》第 108 条第 4 项规定，"'诉讼参与人'是指当事人、法定代理人、诉讼代理人、辩护人、证人、鉴定人和翻译人员"。但该条规定中的列举其实并不全面。《刑事诉讼法》及相关司法解释中已经出现很多该条规定并未明确提及的新类型诉讼参与人，比如见证人、保证人、诉讼代表人、值班律师、具有专门知识的人、利害关系人等。

1. 当事人

当事人是指与案件的处理结果有着直接利害关系，并对诉讼进程或诉讼结果能够产生较大影响、作用的诉讼参与人。较之于其他诉讼参与人，当事人具有两个方面的特征：在实体上，当事人与案件的处理结果有直接利害关系，其合法权益可能会受到刑事诉讼活动过程和结果的直接影响；在程序上，当事人在诉讼中要么处于原告的地位，要么处于被告的地位，在诉讼中拥有较广泛的诉讼权利，对刑事诉讼的启动、进展和终结发挥着重要的推动作用。依据《刑事诉讼法》第 108 条第 2 项的规定，刑事诉讼中的当事人主要包括被害人、自诉人、犯罪嫌疑人、被告人、附带民事诉讼的原告人和被告人。不同类型的当事人在诉讼中享有的诉讼权利也不尽相同，但当事人共有的与诉讼进程、诉讼结果的关系及影响力决定了当事人也共同享有一些重要的诉讼权利，主要包括：申请回避权及对于驳回申请回避的决定申请复议一次的权利；对于司法机关及其工作人员有《刑事诉讼法》第 117 条规定的违法行为之一的提出申诉或者控告的权利；参加法庭调查、质证和辩论，发表意见的权利；申请通知新的证人到庭、调取新的物证及申请重新鉴定或勘验的权利；不服已经发生法律效力的判决、裁定时向人民法院、人民检察院提出申诉的权利；以及使用本民族语言文字进行诉讼等所有诉讼参与人共有的诉讼权利。

（1）犯罪嫌疑人、被告人。

犯罪嫌疑人、被告人是因涉嫌犯罪而受到刑事追诉的人，通常统称为被追诉人。在公诉案件中，因涉嫌犯罪而受到刑事追诉的人在人民检察院向人民法院提起公诉以前，是犯罪嫌疑人，提起公诉以后，则成为被告人。自诉案件中，自诉人向法院提起自诉后，被起诉追究刑事责任的人是被告人。将被追诉人称为犯罪嫌疑人、被告人是诉讼公正、民主和文明的重要标志，有利于防止在人民法院依法判决前使用“人犯”“犯罪分子”“嫌疑犯”等概念所带来有罪推定和主观臆断。在现代各国刑事诉讼中，作为当事人，犯罪嫌疑人、被告人享有诉讼主体的地位，拥有广泛的诉讼权利。当然，虽然犯罪嫌疑人、被告人不是罪犯，但毕竟其是因为涉嫌犯罪处于被追诉人的地位，因此，犯罪嫌疑人、被告人的公民权利必然会受到一定的影响和限制。而且，犯罪嫌疑人、被告人本身是重要的证据来源，犯罪嫌疑人、被告人的供述与辩解是我国法定证据类型之一。

我国刑事诉讼法赋予了犯罪嫌疑人、被告人一系列的诉讼权利，除所有当事人共有的诉讼权利外，还包括：及时获知被控告的罪名、案件情况以及所享有的诉讼权利等；自行辩护，或者委托辩护人辩护，或者依法获得法律援助辩护及值班律师提供的法律帮助；不受强迫证实自己有罪，拒绝回答侦查人员提出的与本案无关的问题；申请变更强制措施，申请启动羁押必要性审查；认罪认罚案件中，就人民检察院从宽处罚的建议等事项向人民检察院提出意见，并要求记录在案；对酌定不起诉决定提出申诉，未成年人犯罪嫌疑人、被告人对附条件不起诉决定提出异议；申请专门机关排除以非法方法收集的证据；向法庭做最后陈述；自诉案件的被告人提出反诉；对一审未生效的裁判提出上诉；对强制医疗决定不服时向上一级人民法院申请复议等。同时，犯罪嫌疑人、被告人还承担有一定的诉讼义务，主要包括：在符合法定条件的情况下承受人身强制措施；接受侦查人员的讯问、搜查、扣押等侦查行为；如实回答侦查人员的提问；承受检察机关的起诉，依法按时出席法庭并接受法庭审判；遵守法庭纪律，听从审判人员指挥；执行或协助执行生效裁判。

在单位犯罪的情况下，单位也可以成为犯罪嫌疑人、被告人，与单位直接负责的主管人员和其他责任人员一起参与刑事诉讼。单位犯罪嫌疑人、被告人的诉讼权利义务，与自然人犯罪嫌疑人、被告人的大致相同。

（2）被害人。

被害人是指其人身、财产和其他权益遭受犯罪行为侵害的人。广义上的被害人在不同的诉讼中有不同的诉讼身份：在刑事公诉案件中，被害人仍以“被害人”名义参与诉讼；在自诉案件中，被害人以“自诉人”的名义参与诉讼；在刑事附带民事诉讼中，被害人则又以“附带民事诉讼原告人”的名义参与诉讼。本章中所讲的被害人仅指公诉案件中的被害人。为了更好地维护被害人的合法权益，我国 1996 年修正的《刑事诉讼法》将被害人的诉讼地位从“其他诉讼参与人”提升为“当事人”。当然，出于控辩平衡等的考虑，《刑事诉讼法》又对作为当事人的被害人的诉讼地位和诉讼权利作出了一定的限制。此外，作为案件事实的知情人，被害人也是重要的证据来源，被害人陈述是法定证据类型之一。

被害人除享有所有当事人共有的诉讼权利外，还享有下列特有权利：1）报案、控告权，以及对公安司法机关的不立案决定，获知原因、申请复议及申请启动立案监督权；2）自案件移送审查起诉之日起，有权委托诉讼代理人；3）不服检察机关的不起诉决定时，有权向上一级检察机关申诉或者向人民法院起诉；4）对有证据证明对被追诉人侵犯自己人身、财产权利的行为应当依法追究刑事责任，而对公安机关或者人民检察院不予追究的案件，被害人有权向人民法院提起自诉；5）对地方各级人民法院第一审的判决不服的，有权请求人民检察院抗诉；6）有权提起附带民事诉讼；7）在法律允许的范围内有权与被追诉人达成刑事和解；8）在法定情形下有权请求公安司法机关保护本人或者近亲属的人身安全；9）在依法不负刑事责任的精神病人强制医疗程序中，被害人对强制医疗决定不服的，有权向上一级人民法院申请复议；10）有权接受国家司法救助等。同时，被害人还须履行以下诉讼义务：1）如实向公安司法机关陈述案件事实；2）接受公安司法机关的传唤，按时到场；3）在法庭上接受询问和回答问题，遵守法庭纪律等。

被害人一般是自然人，但单位也可以成为被害人。单位被害人应由其法定代表人作为代表参加刑事诉讼，法定代表人也可以委托诉讼代理人。单位被害人在刑事诉讼中的诉讼权利和诉讼义务，与自然人被害人的大体相同。

（3）自诉人。

自诉人是指在自诉案件中，以自己的名义直接向人民法院提起诉讼的人。自诉人在诉讼中的地位相当于原告，履行控诉职能。一般而言，刑事诉讼中的自诉人通常是被害人，但依据《刑事诉讼法》的规定，在被害人死亡或者丧失行为能力时，被害人的法定代理人、近亲属有权向人民法院提起诉讼。需要注意的是，在被害人死亡的情况下，被害人的近亲属才能以自己的名义提起自诉，成为自诉人。如果被害人丧失了行为能力或者因受到强制、威吓而无法告诉，被害人的法定代理人或近亲属依法代被害人提起自诉时，被害人依然是名义上的自诉人，被害人的法定代理人、近亲属不是自诉人。自诉人主要享有如下诉讼权利：直接向人民法院提起诉讼；提起附带民事诉讼；委托诉讼代理人；参加法庭调查和辩论，行使当事人在法庭上的一切诉讼权利；申请相关人员回避及对驳回回避申请的决定申请复议；在判决宣告前，同被告人自行和解或者依自己的意愿撤回控诉的一部或全部；对一审未生效的裁判提起上诉；对已生效的裁判不服时提起申诉；对审判人员剥夺其诉讼权利和人身侮辱的行为，向有关部门提出控告等。同时，自诉人也承担着必要的诉讼义务，主要包括：接到人民法院开庭通知后，应当按时出庭，对控告的事实负举证责任；如实提供证据和陈述事实，如捏造事实、伪造证据，要承担诬告陷害的法律责任；接受人民法院的合法传唤，执行人民法院的生效裁判；遵守法庭纪律等。

单位也可以成为自诉人。单位在因撤销、合并或者解散等原因终止的时候，应当允许承受其权利和义务的单位作为自诉人提起自诉。

（4）附带民事诉讼的原告人和被告人。

附带民事诉讼原告人是指在刑事诉讼中，因犯罪行为而遭受物质损失，并在刑事诉讼过程中提出赔偿请求的人。附带民事诉讼原告人在通常情况下是遭受犯罪行为直接侵害的被害人本人或单位，也可以是已经死亡的被害人的近亲属。无行为能力或者限制行为能力的被害人的法定代理人有权提起附带民事诉讼。如果是国家财产、集体财产遭受损失，受损失的单位未提起附带民事诉讼的，人民检察院在提起公诉的时候，可以提起附带民事诉讼，人民检察院列为附带民事诉讼原告人。附带民事诉讼原告人主要享有如下诉讼权利：提起附带民事诉讼，要求赔偿物质损失；委托诉讼代理人；申请回避；申请人民法院采取财产保全措施；申请先予执行；参加法庭调查和法庭辩论，就民事诉讼部分享有当事人在法庭上的一切诉讼权利；请求法院主持调解或者与附带民事诉讼被告人自行和解；对一审裁判的附带民事诉讼部分提起上诉或申诉；放弃附带民事诉讼请求等。同时，附带民事诉讼原告人应当履行如实陈述、对自己提出的主张负举证责任、遵守法庭秩序等诉讼义务。

附带民事诉讼被告人是指在刑事诉讼中因犯罪行为所造成的物质损失被起诉要求承担民事赔偿责任的人。附带民事诉讼被告人通常是刑事被告人，但也有可能是未被追究刑事责任的其他共同侵害人、刑事被告人的监护人、死刑罪犯的遗产继承人、共同犯罪案件审结前死亡的被告人的遗产继承人，以及对被害人的物质损失依法应当承担赔偿责任的其他单位和个人。在委托诉讼代理人、申请回避、参加庭审、调解和解、上诉申诉等方面，附带民事诉讼被告人与附带民事诉讼原告人权利相同，而附带民事诉讼被告人还有提起反诉的权利。

2. 其他诉讼参与人

其他诉讼参与人，是指当事人以外参与刑事诉讼活动并在刑事诉讼中享有一定诉讼权利、承担一定诉讼义务的诉讼参与人，主要包括法定代理人、诉讼代理人、辩护人、值班律师、证人、鉴定人、见证人、具有专门知识的人、保证人、翻译人员等。

（1）法定代理人。

法定代理人是指依据法律规定对被代理人负有专门保护义务并代为进行诉讼的人，主要包括父母、养父母、监护人和负有保护责任的机关、团体的代表。在刑事诉讼中，如果自诉人、被告人、公诉案件被害人、附带民事诉讼的原告人和被告人等是未成年人、无行为能力人或者限制行为能力人时，需要法定代理人代为参加诉讼。法定代理人依据法律规定参加诉讼活动，而非基于委托关系。因此，法定代理人具有独立的法律地位，不受被代理人意志的约束，在进入诉讼和行使代理权时无须经过被代理人同意或者授权。而且，法定代理人的行为视为被代理人的行为，与之具有相同的法律效果。法定代理人在刑事诉讼中享有被代理人所享有的大部分诉讼权利。但法定代理人本质上依然是代理人，属于其他诉讼参与人的范畴。而且，法定代理人不得代被代理人行使或承担与人身有关的特定权利义务，如不得代被代理人服刑、供述、最后陈述等。

（2）诉讼代理人。

诉讼代理人是指接受被代理人等的委托或法律援助机构的指派依法参加诉讼的人。公诉案件被害人及其法定代理人或者近亲属、自诉案件的自诉人及其法定代理人、附带民事诉讼的当事人及其法定代理人以及特别程序中犯罪嫌疑人、被告人的近亲属及其他与涉案财产有利害关系的人，可以委托诉讼代理人。委托诉讼代理人，参照适用《刑事诉讼法》第 33 条有关委托辩护人的规定。诉讼代理人以被代理人名义参加诉讼，原则上只能在被代理人授权范围内活动，不能与被代理人的意志相违背。但诉讼代理人可以依法独立行使某些诉讼权利，如申请回避以及对驳回回避申请的决定申请复议等。

（3）辩护人。

辩护人是指接受犯罪嫌疑人、被告人等的委托或者法律援助机构的指派参加诉讼，帮助犯罪嫌疑人、被告人行使辩护权，依法维护犯罪嫌疑人、被告人诉讼权利和其他合法权益的人。律师、人民团体或者被追诉人所在单位推荐的人、被追诉人的监护人及亲友都可以担任辩护人，但正在被执行刑罚或者依法被剥夺、限制人身自由的人，以及被追诉人的监护人、近亲属以外的被开除公职和被吊销律师、公证员执业证书的人，不得担任辩护人。在侦查阶段，只能由律师担任辩护人。辩护人在刑事诉讼中具有独立的诉讼地位，其根据事实和法律进行辩护活动，并非纯粹的被追诉人的代理人，更不从属于专门机关。即便在认罪认罚案件中，辩护人也有权依法向专门机关提出不同于被追诉人意见的辩护意见。辩护人在刑事诉讼中享有诸多诉讼权利，有些诉讼权利《刑事诉讼法》甚至尚未明确赋予被追诉人，如阅卷权。律师担任辩护人时享有的诉讼权利较之于非律师辩护人更加广泛。在不同诉讼阶段，辩护人的诉讼权利也不尽相同。

（4）值班律师。

值班律师是指法律援助机构通过派驻或者安排的方式，为没有辩护人的犯罪嫌疑人、被告人提供法律帮助的律师。法律援助机构可以在看守所、人民检察院、人民法院等场所设立法律援助工作站，派驻值班律师。犯罪嫌疑人、被告人没有委托辩护人，法律援助机构没有指派律师为其提供辩护的，由值班律师为犯罪嫌疑人、被告人提供法律帮助。值班律师在刑事诉讼中的主要职责包括：为犯罪嫌疑人、被告人提供法律咨询；向犯罪嫌疑人、被告人提出程序选择建议；帮助犯罪嫌疑人、被告人申请变更强制措施；对案件处理提出意见；帮助犯罪嫌疑人、被告人及其近亲属申请法律援助；法律法规规定的其他事项。在认罪认罚案件中，值班律师的主要职责是向犯罪嫌疑人、被告人释明认罪认罚的性质和法律规定，对人民检察院指控罪名、量刑建议、诉讼程序适用等事项提出意见，犯罪嫌疑人签署认罪认罚具结书时在场等。人民法院、人民检察院、看守所应当告知犯罪嫌疑人、被告人有权约见值班律师，并为犯罪嫌疑人、被告人约见值班律师提供便利。值班律师享有会见权、阅卷权、提出意见权等重要的诉讼权利，但由于值班律师主要提供应急性、基础性的法律帮助，其职能定位与辩护人有所不同，因此，其享有的诉讼权利没有辩护人广泛。

（5）证人。

证人是指当事人以外的，了解案件情况并在刑事诉讼中提供证言的诉讼参与人。除生理上、精神上有缺陷或者年幼，不能辨别是非、不能正确表达的人以外，凡是知道案件情况的人，都有作证的义务。在我国，证人必须是自然人，单位不能作证人。证人具有不可替代性和身份优先性，当证人角色与刑事诉讼其他角色发生冲突时，应当优先考虑证人角色。除所有诉讼参与人共享的权利外，证人还享有以下权利：查阅证言笔录，在发现笔录中的内容与作证的内容不符时，要求补充或修改；要求专门机关补偿因履行作证义务而支出的交通、住宿、就餐等费用；因在诉讼中作证，本人或者其近亲属的人身安全面临危险的，向专门机关请求予以保护。同时，证人也承担有如实作证、出庭作证、保守案件秘密、遵守法庭秩序等诉讼义务。

（6）鉴定人。

鉴定人是指根据公安司法机关的指派或聘请，运用自己的专门知识和技能，对案件中的专门性问题进行分析判断并提出鉴定意见的诉讼参与人。刑事诉讼中公安司法机关指派或聘请的鉴定人必须是拥有解决案件中某些专门性问题的知识和技能的自然人，并且必须与本案没有利害关系。一般而言，鉴定人在诉讼中享有下列权利：查阅与鉴定事项有关的案卷材料，必要时参加勘验、检查；要求指派或聘请的机关提供足够的鉴定材料，在提供的材料不充分时，要求有关机关补充材料；同一个专门性问题有两个以上鉴定人鉴定时，可以共同写出一个鉴定意见，也可以分别写出各自的鉴定意见；要求补充鉴定或重新鉴定，并根据鉴定结果重新提出鉴定意见；鉴定条件不具备时，拒绝鉴定；收取鉴定费用；法定情形下请求专门机关保护其本人或者近亲属的人身安全。当然，鉴定人也要承担相应的诉讼义务，主要包括：客观、真实地作出鉴定，对在鉴定过程中了解的案情保密，出席法庭接受双方质证等。

（7）见证人。

见证人是指接受专门机关邀请见证专门机关某项诉讼行为实施过程的诉讼参与人。见证人主要职责是见证诉讼行为的合法性、真实性而非证明案件的实体法事实，而且，见证人具有可替代性，可以由专门机关在符合条件的人中选择。依据《高法解释》第 80 条的要求，生理上、精神上有缺陷或者年幼，不具有相应辨别能力或者不能正确表达的人，与案件有利害关系、可能影响案件公正处理的人，行使勘验、检查、搜查、扣押、组织辨认等监察调查、刑事诉讼职权的监察、公安、司法机关的工作人员或者其聘用的人员等，不能担任见证人。因客观原因无法由符合条件的人员担任见证人的，应当在笔录材料中注明情况，并对相关活动进行全程录音录像。按照刑事诉讼法的规定，在专门机关实施送达法律文书、勘验、检查、搜查、查封、扣押等诉讼行为时可能需要邀请见证人在场，并要求见证人在相关文件、笔录上签名或盖章。

（8）具有专门知识的人。

刑事诉讼中“具有专门知识的人”是指根据公安司法机关的指派、聘请或通知，凭借在某个领域的专门知识参与诉讼活动的人。《刑事诉讼法》第 146 条规定，“为了查明案情，需要解决案件中某些专门性问题的时候，应当指派、聘请有专门知识的人进行鉴定”，因此，广义上“具有专门知识的人”包括鉴定人。而狭义上“具有专门知识的人”则仅指鉴定人以外的具有专门知识的人，常被称作“专家辅助人”。依据《刑事诉讼法》的规定，狭义上“具有专门知识的人”既可能参与审前活动，如接受侦查机关指派或聘请，在侦查人员的主持下进行勘验、检查，也可能参与审判活动，如根据公诉人、当事人和辩护人、诉讼代理人的申请并经人民法院通知，出庭就鉴定人作出的鉴定意见提出意见。“具有专门知识的人”就鉴定意见提出的意见不是鉴定意见。但值得注意的是，依据《高法解释》第100条的规定，因无鉴定机构，或者根据法律、司法解释的规定，指派、聘请有专门知识的人就案件的专门性问题出具的报告，可以作为证据使用。人民法院在审查和认定此类证据时，参照鉴定意见的有关规定。而且，经人民法院通知，出具报告的人拒不出庭作证的，有关报告不得作为定案的根据。

（9）翻译人员。

翻译人员是指接受公安司法机关的指派或聘请，在刑事诉讼中从事语言文字翻译工作的诉讼参与人。翻译人员应当具备通晓被翻译人语言文字及当地通用语言文字并正确传达的能力。为了确保翻译的客观、准确，翻译人员不能与案件或案件当事人有利害关系，否则应当回避。翻译人员有权了解同翻译内容有关的案件情况，有权查阅记载其翻译内容的笔录并要求按翻译实际内容进行修改或补充，有权获得相应的报酬和经济补偿。同时，翻译人员也承担着如实翻译、对翻译活动中获知的案情和他人隐私保守秘密等义务。

二、实践动态

（一）审判委员会制度改革

长期以来，规范审判委员会的工作职责是人民法院的重要改革任务，而改革的核心就是在强化合议庭职责，不断提高审理案件质量的基础上，规范审判委员会讨论具体案件的问题范围，注重发挥其对审判工作中带有根本性、全局性问题进行研究和作出权威性指导的作用。[①] 特别是2013年以后，审判委员会制度改革取得明显进展：最高人民法院制定指导意见，强化审判委员会总结审判经验、统一法律适用、讨论决定审判工作重大事项的职能；除法律规定不公开的外，审判委员会讨论案件的决定及其理由统一在裁判文书中公开；中级以上人民法院根据审判工作需要，按照审判委员会委员专业和工作分工，召开刑事审判、民事行政审判等专业委员会会议。除法律规定的情形和涉及国家外交、安全和社会稳定的重大复杂案件外，审判委员会主要讨论重大、疑难、复杂案件的法律适用问题。各级人民法院审判委员会讨论案件数量均有显著下降。内蒙古自治区高级人民法院审判委员会召开次数同比

① 参见《人民法院五年改革纲要》（1999—2003）及《人民法院第二个五年改革纲要》、《人民法院第三个五年改革纲要（2009—2013）》、《最高人民法院关于深化人民法院司法体制综合配套改革的意见——人民法院第五个五年改革纲要（2019—2023）》等。

下降14.3%，讨论具体案件数同比下降45.1%。海南全省法院审判委员会讨论案件数同比减少41.75%。①

(二) 人民陪审员制度改革

早在最高人民法院第一个五年改革纲要中，就提出落实和加强人民陪审员制度的改革构想。1999年5月，最高人民法院向全国人大常委会提交了《关于提请审议〈关于完善人民陪审员制度的决定（草案）〉的议案》。2004年，全国人大常委会审议通过《关于完善人民陪审员制度的决定》，第一次以单行法律的形式明确了人民陪审员制度。党的十八届三中、四中全会对人民陪审员制度改革提出了新要求。2015年5月，根据中央全面深化改革领导小组审议通过的《人民陪审员制度改革试点方案》和全国人大常委会《关于授权在部分地区开展人民陪审员制度改革试点工作的决定》，最高人民法院和司法部联合发布人民陪审员制度改革试点方案和试点工作实施办法，在10个省（自治区、直辖市）选择50个法院开展为期两年的试点。试点主要内容包括：改革人民陪审员选任条件，完善选任方式，扩大参审范围，明确参审职权，强化职业保障，建立退出机制，发挥人民陪审员熟悉社情民意的优势，逐步实行人民陪审员不再就法律适用问题表决，只参与审理事实认定问题等。2017年4月，全国人大常委会决定将试点期限延长一年。2018年4月，全国人大常委会审议通过最高人民法院关于人民陪审员制度改革试点情况的报告，人民陪审员制度改革试点工作顺利完成，人民陪审工作呈现出“四个转变”：人民陪审员选任方式主要由组织推荐向随机抽选转变，人民陪审员参审职权由全面参审向只参与审理事实问题转变，人民陪审员参审方式由3人合议庭模式向7人以上大合议庭陪审机制转变，人民陪审员审理案件由注重陪审案件“数量”向关注陪审案件“质量”转变。人民陪审员来源更加广泛，结构更加合理，作用发挥更加充分。2018年4月，《人民陪审员法》颁布，人民陪审员制度改革试点成果上升为法律。随后，司法部、最高人民法院、公安部印发《人民陪审员选任办法》。② 2019年2月，最高人民法院“五五改革纲要”提出，要完善人民陪审员管理配套制度，即细化人民陪审员参审案件范围、庭审程序、评议规则等，完善人民陪审员选任、培训、考核、奖惩管理办法，推动完善人民陪审员履职经费保障体制。据统计，2021年，全国共有33.2万名人民陪审员，参审案件237.3万件，其中参与组成七人合议庭审结群众广泛关注、社会影响重大的案件6 670件，充分发挥出人民参与司法的重要作用。③

(三) 法官、检察官办案责任制

近年来，在中央的引领及最高人民法院的大力推动下，各级法院普遍开始实行独任法官、合议庭办案责任制，充分尊重独任法官、合议庭的法定审判组织地位，

① 最高人民法院编．中国法院的司法改革（2013－2018）．北京：人民法院出版社，2019：12.

② 最高人民法院编．中国法院的司法改革（2013－2018）．北京：人民法院出版社，2019：47.

③ 周强．最高人民法院工作报告：2022年3月8日在第十三届全国人民代表大会第五次会议上．（2022－03－08）［2022－09－02］．http://gongbao.court.gov.cn/Details/2c16327a4bc6cc0a26a9caa5450d2a.html.

普遍建立“谁审理，谁裁判，谁负责”的办案责任制，基本取消案件层层请示、逐级审批。合议庭或者法官独任审理案件形成的裁判文书，经合议庭组成人员或者独任法官签署即印发。除审判委员会讨论决定的案件以外，院长、庭长不再审核签发自己未直接参加审理案件的裁判文书。全国法院由独任法官、合议庭直接作出裁判的案件达到案件总数的98%以上，提交审判委员会讨论的案件数量大幅下降。上海法院直接由独任法官、合议庭裁判的案件比例达99.9%，提交审判委员会讨论的案件仅占结案总数的0.1%。①

全国检察机关也积极贯彻党中央关于司法责任制改革各项决策部署，完善和落实“谁办案谁负责、谁决定谁负责”的制度机制。2014年后，在中央政法委统一部署下，全国31个省区市和兵团检察机关分3批开展试点。2015年9月，最高人民检察院发布关于完善人民检察院司法责任制的若干意见，各省级检察院普遍结合实际制定实施细则。最高人民检察院于2017年6月正式启动司法责任制改革，10月起全面推行检察官办案责任制。结合检察人员分类管理改革和员额制改革，检察官办案责任制着力凸显检察官在案件办理中的主体作用，以改变过去“案件承办人、部门负责人、检察长”审批办案模式，赋予员额内检察官在职权范围内独立对案件作出决定的权力，并明确相应司法责任。最高人民检察院制定完善检察官权力清单的指导意见，强调突出检察官主体地位与检察长统一领导检察院工作相统一、明确检察官权力与强化监督制约相统一，确保放权不放任、有权不任性。各省级检察院统一制定辖区内检察官权力清单，明确检察委员会、检察长、检察官的职责权限。根据案件类型、复杂难易程度，实行独任检察官或检察官办案组两种基本办案组织形式，一些地方检察机关还根据办案需要，组建未成年人、知识产权、金融、网络、环境资源案件等专门办案组。完善案件承办确定机制，以随机分案为主、指定分案为辅。建立领导干部带头办理重大、复杂、疑难、新类型案件制度。建立检察官联席会议制度，提供专业参考意见。建立检察官惩戒制度，完善司法责任体系，检察官在职责范围内对办案质量终身负责。②

（四）侦查监督与协作配合办公室

《中共中央关于加强新时代检察机关法律监督工作的意见》提出，要完善检察机关与公安机关等执法司法信息共享、案情通报、案件移送制度，实现行政处罚与刑事处罚依法对接；强化检察机关对刑事立案、侦查活动等的监督，增强及时发现和纠正刑讯逼供、非法取证等侦查违法行为的能力，从源头上防范冤假错案发生。同时，《中共中央关于加强新时代公安工作的意见》也在从严治警、强化监督等方面提出要求。为了贯彻落实中央关于加强刑事诉讼监督和检察机关与公安机关协作配合的改革部署，最高人民检察院、公安部在系统总结执法司法制约监督体系、执法司

---

① 最高人民法院编．中国法院的司法改革（2013－2018）．北京：人民法院出版社，2019：8.

② 曹建明．最高人民检察院关于人民检察院全面深化司法改革情况的报告：2017年11月1日在第十二届全国人民代表大会常务委员会第三十次会议．（2017－11－01）［2022－04－11］．https://www.spp.gov.cn/zdgz/201711/t20171102_204013.shtml.

法责任体系建设经验的基础上，结合落实全国政法队伍教育整顿建章立制重点任务，于 2021 年 10 月 31 日联合制定下发了《关于健全完善侦查监督与协作配合机制的意见》。该意见旨在充分尊重侦查规律、监督需要和司法实践的基础上，为公安机关依法及时高效开展侦查、检察机关依法全面履行检察监督职责提供保障。意见分别就人民检察院、公安机关健全完善监督制约机制、协作配合机制和信息共享机制明确了 14 项具体任务，并就侦查监督与协作配合办公室的设立作出规定，明确该办公室由人民检察院刑事检察部门与公安机关法制部门共同牵头设立，负责侦查监督与协作配合相关机制的组织协调、监督协作、督促落实和咨询指导等，为相关制度机制在办案实践中切实有效落地落实提供平台机制保障。[①] 目前，各地基层检察院与公安机关已普遍在公安机关的执法办案管理中心挂牌建立了侦查监督与协作配合办公室，着力以有力配合、更实监督促侦查办案质量提升。

（五）监察体制改革与监检衔接机制

2018 年 3 月 11 日，十三届全国人大一次会议表决通过了《宪法修正案》，增加了有关监察委员会的各项规定，在宪法层面确认了党的十八大以来深化国家监察体制改革的成果；3 月 20 日，又表决通过了《监察法》，具体规定了监察委员会的组织、职权以及监察工作的具体程序。监察体制改革涉及职务犯罪查办模式的根本性变革：在专门机关权力配置上，大多数职务犯罪转由监察委员会调查，人民检察院在刑事诉讼中的职责出现重大调整；在职务犯罪追诉程序、强制措施和证据等方面也都存在监检衔接问题。经过几年的持续努力，规范化制度化建设初见成效，监检之间初步建立起了权威高效、衔接顺畅的工作机制。2019 年年初，最高人民检察院制定了《人民检察院提前介入监察委员会办理职务犯罪案件工作规定》，为提前介入工作提供了规范指引。2019 年 12 月底，最高人民检察院发布的《高检规则》对检察机关办理职务犯罪案件的程序和机制进行了专门规定。2020 年年底，国家监委、最高人民法院、最高人民检察院、公安部联合下发了《关于加强和完善监察执法与刑事司法衔接机制的意见（试行）》，进一步完善了衔接的制度机制。[②] 2022 年 2 月，《中共中央关于加强新时代检察机关法律监督工作的意见》提出，要进一步加强检察机关与监察机关办案衔接和配合制约，并且对检察机关完善提前介入工作机制、检察机关退回补充调查和自行补充侦查机制等提出了具体要求。

从最高人民检察院工作报告看，监检衔接配合顺畅，互相制约原则也得到有效落实。在 2018 年，人民检察院受理各级监委移送职务犯罪 16 092 人，已起诉 9 802 人，不起诉 250 人，退回补充调查 1 869 人次。在 2019 年，人民检察院受理各级监委移送职务犯罪 24 234 人，同比上升 50.6%。已起诉 18 585 人，同比上升 89.6%；

---

① 最高人民法院、最高人民检察院、公安部联合发布《关于健全完善侦查监督与协作配合机制的意见》健全完善侦查监督与协作配合机制 推进刑事案件办理质效进一步提升. (2021-11-06) [2022-04-12]. https://www.spp.gov.cn/spp/xwfbh/wsfbt/202112/t20211206_537940.shtml#1.

② 林平，田玉. 最高检第三检察厅：完善职务犯罪监检衔接机制，提升指控质效. (2022-02-14) [2022-04-10]. https://www.spp.gov.cn/zdgz/202103/t20210310_511923.shtml.

不起诉704人，退回补充调查7 806人次，不起诉率、退补率同比分别增加1.1%和16.3%。在2020年，人民检察院受理各级监委移送职务犯罪19 760人，已起诉15 346人，不起诉662人，不起诉率同比增加0.5个百分点；退回补充调查4 013人次。在2021年，人民检察院受理各级监委移送职务犯罪20 754人，已起诉16 693人，同比分别上升5%和8.8%。①

（六）企业的刑事司法保护与涉案企业合规改革

强化对企业的刑事司法保护，大力支持企业经营发展，是检察机关办理涉企刑事案件的基本理念。早在2015年，最高人民检察院就提出在办理涉企案件时应严格区分"五个界限"，坚持"三个慎重"。2016年，最高人民检察院制定实施保障和促进非公有制经济发展"18条意见"、加强产权司法保护"22条意见"。2017年又先后发布加强产权司法保护、依法保护企业家合法权益等政策文件。2018年，进一步归纳出11项具体检察政策。②

2020年3月起，最高人民检察院部署在江苏省张家港等6个基层检察院开展涉案企业合规改革试点。其基本思路是，检察机关在办理涉企刑事案件时，要落实好"少捕慎诉慎押"刑事司法政策，依法能不捕的不捕，能不诉的不诉，能提出轻缓量刑建议的提出轻缓量刑建议，同时督促涉案企业作出合规承诺、积极整改、堵漏建制。开展此项改革的直接目的是"防止不当办一个案件，垮掉一个企业"，更高的目标则是"通过办好每一个案件，积极营造法治化营商环境，促进企业规范发展"，进而实现系统治理、诉源治理。2021年3月，最高人民检察院部署在北京、上海、江苏、浙江等10个省份开展第二期试点工作。一些非试点省份检察机关根据本地情况，积极主动在法律框架内开展改革相关工作。稳定的合规改革效果需要健全的监督体系，进行客观、公正、有效的监督评估。2021年9月至12月，最高检、全国工商联等九部门共同成立第三方监督评估机制管委会并下发了两个配套规定，组建了国家层面第三方机制专业人员库。据介绍，经过两期改革试点，10个试点省份检察机关共办理涉企业合规案件766件，其中适用第三方监督评估机制案件503件；部分非试点省份检察机关主动根据本地情况在试点文件框架内探索推进相关工作，办理合规案件223件，其中适用第三方监督评估机制案件98件。2022年4月，最高人民检察院会同全国工商联宣布，涉案企业合规改革试点在全国检察机关全面推开。最高人民检察院正在总结各地试点情况的基础上，加强对涉企业犯罪附条件不起诉等制度的研究，积极推动完善立法。③

（七）值班律师

设立值班律师制度的目的是为刑事诉讼程序中的犯罪嫌疑人、被告人提供即时

---

① 参见2019至2022年最高人民检察院工作报告的相关内容。

② 参见2015至2022年最高人民检察院工作报告的相关内容。

③ 刘硕．新华社：最高检推广"涉案企业合规改革"有何深意？（2022－04－06）［2022－04－10］. https://www.spp.gov.cn/zdgz/202204/t20220406_553447.shtml.

初步的法律服务，以强化刑事司法的人权保障。2003年颁布的《法律援助条例》就规定了被追诉人可以申请律师以法律援助形式提供法律帮助（不限于法律援助辩护）。自2006年至2014年，我国分别在河南修武县、上海浦东新区、山东烟台市等地进行了值班律师制度的试点工作。2014年，中央全面深化改革领导小组正式将“在法院、看守所设置法律援助值班律师办公室”列为我国司法体制改革的重要内容。2014年8月，《关于在部分地区开展刑事案件速裁程序试点工作的办法》提出，“建立法律援助值班律师制度，法律援助机构在人民法院、看守所派驻法律援助值班律师。犯罪嫌疑人、被告人申请提供法律援助的，应当为其指派法律援助值班律师。”2015年6月，《关于完善法律援助制度的意见》进一步明确充分发挥法律援助值班律师在以审判为中心的刑事诉讼制度改革和认罪认罚从宽制度改革试点中的职能作用。2016年7月，两院三部《以审判为中心的改革意见》再次提出设立值班律师制度。2016年11月，《关于在部分地区开展刑事案件认罪认罚从宽制度试点工作的办法》强调要在认罪认罚案件中充分发挥值班律师的作用。至2016年年底，全国已在2000多个看守所建立了法律援助工作站，多个省份实现了在人民法院、看守所法律援助工作站全覆盖。2018年修改后的《刑事诉讼法》正式在法律层面确立了刑事诉讼中的值班律师制度。2019年1月，《全面深化司法行政改革纲要（2018－2022年）》要求“健全完善法律援助值班律师制度，完善值班律师工作运行机制”。2019年7月，《关于加快推进公共法律服务体系建设的意见》提出“加强法律援助值班律师工作，推进法律援助参与认罪认罚从宽案件办理工作，依法保障刑事诉讼当事人合法权益”。2019年10月，两院三部《关于适用认罪认罚从宽制度的指导意见》以专节形式从获得法律帮助权、派驻值班律师、值班律师的职责、法律帮助的衔接、拒绝法律帮助的处理等五大方面，细化了认罪认罚案件中的值班律师制度。2020年8月，《法律援助值班律师工作办法》颁布，全面规定了值班律师制度的运行细则。应当说，值班律师制度建设已初见成效，为被追诉人提供了不少实质性的法律帮助。据统计，从2019年1月至2020年8月，值班律师为犯罪嫌疑人提供法律帮助124.6万人次。当然，实践中也暴露出值班律师法律帮助质量低、经费保障不足等一系列问题，值班律师制度有待进一步完善。

三、案例应用

高某能贩卖、运输毒品案①

【案情】被告人高某能，男，汉族，1971年9月18日出生；1998年因犯贩卖毒品罪被判处死刑，缓期二年执行，经减刑后于2012年7月19日释放；2013年因贩卖、运输毒品罪被某中级人民法院判处死刑，剥夺政治权利终身，并处没收个人全部财产。一审宣判后，被告人高某能提出上诉。某高级人民法院经审理查明的事实、

① 陆建红. 高某能贩卖、运输毒品案：审理死刑案件应当经审判委员会讨论决定//中华人民共和国最高人民法院刑事审判第一、二、三、四、五庭主办. 刑事审判参考：总第112集. 北京：法律出版社，2018：104.

证据与一审无异，遂裁定驳回上诉，维持原判，并依法报请最高人民法院核准。最高人民法院经复核认为，某中级人民法院审理被告人高某能贩卖、运输毒品一案时，未经审判委员会讨论决定，违反了法定诉讼程序，可能影响公正审判，裁定不核准某高级人民法院维持第一审判决的刑事裁定，撤销某高级人民法院和某中级人民法院对被告人高某能以贩卖、运输毒品罪判处死刑，剥夺政治权利终身，并处没收个人全部财产的裁定、判决。

【问题】审判死刑案件是否均应当经过审判委员会讨论决定？

【评析】对于本案一审时未经审判委员会讨论判处被告人死刑是否违反法定程序，最高人民法院在复核时存在两种意见：一种意见认为，一审法院未经审判委员会讨论决定而由合议庭评议后当庭宣判的做法符合法定程序。主要理由是，《刑事诉讼法》并未明确规定死刑案件一定要经过审判委员会讨论决定。而本案合议庭成员全部由审判委员会委员组成，体现了某中级人民法院实际上已经非常重视该案的程序问题。另一种意见则认为，一审法院的做法违反法定诉讼程序，可能影响公正审判。主要理由是，《高法解释》中明确规定，拟判处死刑的案件，合议庭应当提请院长决定提交审判委员会讨论决定。最终，复核裁判采纳了第二种意见。应当说，第二种意见更为合理。首先，依据《人民法院组织法》第 37 条及《刑事诉讼法》第 185 条的规定，讨论决定重大、疑难、复杂案件的法律适用属于审判委员会的职责范围。拟判处死刑案件至少属于重大案件，规定这类案件须由审判委员会讨论决定并未突破审判委员会的法定职责。其次，虽然《刑事诉讼法》未明确规定哪些案件必须经审判委员会讨论决定，但根据全国人大常委会的授权，最高人民法院有权对属于法院审判工作中具体应用法律的问题进行解释。而审判委员会讨论案件的具体范围属于司法解释的权限范围，因此，《高法解释》对拟判死刑的案件须提交审判委员会讨论的要求属于有权解释，是有法律效力的，各级人民法院在审理案件时都必须严格遵守。再次，《高法解释》的相关要求符合“保留死刑，严格控制和慎重适用死刑”的刑事司法政策，可以确保死刑判决取得更好的社会效果，确保死刑案件的公正审判。最后，审判委员会讨论死刑案件，是审判死刑案件的必经程序。程序公正是司法公正的重要方面，审判死刑案件，应当更加重视程序公正，只有程序公正了，才有助于更加严格地把握好事实关、证据关、法律适用关。因此，本案一审法院的做法属于《高法解释》第 429 条规定的“违反法定诉讼程序，可能影响公正审判”的情形，最高人民法院经复核，作出不予核准并撤销原判，发回重新审判的裁定是正确的。

聂某强强奸案[①]

【案情】2016 年 1 月 15 日，聂某强在西安市高新区甘家寨西区东门外等候女友时，发现俩女孩乘出租车回家，遂起性侵之念。聂某强从自己车内取出一把榔头，

---

① 崔永利，张杰. 聂某强终审改判死缓限制减刑 赔偿 90 万元已交到法院.（2018－01－22）[2022－09－04]. https://news. hsw. cn/system/2018/0122/951651. shtml.

尾随二人至甘家寨东三排×号楼×单元门前，持榔头连续猛击俩女孩头部，致二人受伤倒地。其中一女子倒地挣扎时，聂某强拽掉其裤子进行猥亵。随后，聂某强逃离现场。受到侵害的俩女孩是一对姐妹，姐姐16周岁，妹妹14周岁。2016年1月25日，姐姐经抢救无效死亡。妹妹一度昏迷不醒，经法医鉴定，属重伤二级，伤残程度八级。该案一审阶段，聂某强家属只答应赔偿四五十万，受害人家属不接受。西安市中级人民法院认为聂某强的投案自首不足以轻判，而且对于受害人的赔偿没有到位，加之聂某强释放5年内有过强奸罪前科，构成累犯。2016年12月5日，该法院一审判处聂某强死刑。聂某强提起上诉。二审阶段，据报道，被害人家属与被告人家属在赔偿问题上进行了艰难谈判，“从开始的四五十万到最后的九十万元，每次都是五万五万地增加”。由于幸存的妹妹后期需要大量治疗费用，被害人家属无奈接受了90万元的赔偿款，但拒绝写出对聂某强的谅解书。2018年1月20日，陕西省高级人民法院作出终审判决，撤销了西安市中级人民法院的（2016）陕01刑初230号刑事附带民事判决第一项，即被告人聂某强犯故意杀人罪，判处死刑，剥夺政治权利终身之刑事判决部分；上诉人聂某强犯故意杀人罪，判处死刑，缓期二年执行，剥夺政治权利终身；对上诉人聂某强限制减刑。

【问题】如何认识被害人意见在刑事诉讼中的作用?

【评析】我国的刑事诉讼法虽然明确了被害人作为当事人的诉讼地位，但实质上并没有赋予其完整意义上的当事人权利。虽然被害人享有参与刑事诉讼并向专门机关提出意见的权利，但法律并没有明确规定专门机关应当如何对待被害人的意见。实践中，个别专门机关可能无视被害人的态度或意见，但也有个别专门机关走向另一个极端，极为强调被害人的态度或意见。在聂某强强奸案件中，如果没有被害人对赔偿款的最终接受（尽管仍然拒绝谅解），很难想象终审法院会将聂某强的死刑立即执行的判决改为死刑缓期二年执行。在类似案件中，被害人的态度已绝非相关司法解释中所定位的酌定量刑情节或参酌意见那么简单，而成为制约对被追诉人能否判决死刑、能否适用认罪认罚从宽制度的关键因素。专门机关之所以在这些案件中极为重视被害人的意见，除基于对个案中被害人权益的关照和对悔罪要求的形式化理解外，通常还考虑到了办案的社会效果：在办理刑事案件特别是高影响力案件时如果忽视被害人诉求，很容易引发被害方的不满甚至怨恨，促使其不断申诉、上访，或者采取其他过激行为，甚至引发群体性事件，从而严重影响办案的社会效果。但事实上，极端重视被害人的意见与完全无视被害人的利益一样，对刑事诉讼都是弊大于利。一方面，如果被害人漫天要价，被追诉人为了得到从宽处理而被迫接受被害人不合理的诉求，或者是，被害人的经济诉求超越了被追诉人的赔偿能力，导致被追诉人无法承受，进而没有办法得到从宽处理，很容易侵害被追诉人利益。另一方面，赔偿不代表被追诉人一定真诚悔罪，接受赔偿也不代表真的能够弥补被害人的经济或心理损伤。不关注被追诉人是否真诚悔罪以及被害人是否真心谅解，只强调表面上的“悔罪表现”或见之于外的“谅解书”甚或是“接受赔偿”，只要具备这些形式要件，就机械套用同样的从宽标准，并不符合宽严相济及罪刑相适应的基本要求，看似各方皆大欢喜，实则有损司法公正。而且，过于看重赔偿损失这一情节，必然不当放大被追诉人的赔偿能力对裁判结果的影响，易造成“花钱买刑”或“以钱抵刑”现象，影响法律适用的平等性。在刑事诉讼中，专门机关对待被害人的理性态度应该是：重视听取被害人的意见，但是否采纳取决于意见是否合理；重视被害人的利益和态度，但同时也需要兼顾被追诉人利益和公共利益。

四、知识拓展

“检察一体”与检察官统一调用

检察官能否跨区、跨省、跨级调用？这一问题在实践中引发了一定的争议。对此，2018 年修订的《人民检察院组织法》第 24 条第 1 款在列举上级人民检察院可以对下级人民检察院行使的职权时规定，上级人民检察院“可以统一调用辖区的检察人员办理案件”。2019 年颁行的《高检规则》第 9 条第 2 款也强调：“上级人民检察院可以依法统一调用辖区的检察人员办理案件，调用的决定应当以书面形式作出。被调用的检察官可以代表办理案件的人民检察院履行出庭支持公诉等各项检察职责。”以上规定植根于我国宪法确定的上下级检察机关间的领导关系，也体现了“检察一体”的法理原则。一般认为，作为一种体制安排，“检察一体”包含两个基本要素：一是指令性，即检察首长有指挥监督权，纵向上下级检察机关及同一检察机关内部上下级检察官之间系上命下从的领导关系；二是整体性，即各级检察机关作为一个不可分割的整体而存在，各级检察机关和全体检察官相互协调、配合，形成一体，相互之间存在职能协助及职务移转和代理关系。规范中有体现，在检察实践中也获得确认。“检察一体”之所以成为很多国家，特别是大陆法系国家检察制度基本的运作体制和机制，主要就是因为实行检察一体可以增强公诉合力，防止办案检察官误断和滥用权力，统一追诉标准和法律适用等。“检察一体”所蕴含的指令性和整体性要求决定了检察官之间可以相互代理，检察官业务可以彼此转移，因此，跨区、跨省、跨层级调用检察官合乎“检察一体”的要求。在德国、日本、韩国等，异地、异级调派检察官实践中并不罕见，制度上亦无障碍。长期以来，在我国检察制度的建设中，均强调检察权的集中、统一。21 世纪初，最高人民检察院开始明确提出“检察一体化原则”，并着力探索建立检察一体化工作机制，检察机关统一调用辖区内检察人员办案规则逐步上升为明确的法律规范。在我国的政法制度背景下，检察官统一调用制度不仅符合检察制度建设的一般规律，也与我国检察制度的特性较为协调，符合我国检察机关现行的“双重领导（监督）体制”，也符合我国司法制度改革的方向和政治体制的运行逻辑，更是检察办案的现实需要和适应跨行政区划司法和专业司法的紧迫需求。当然，该项制度也急需在具体的程序机制方面进一步完善。[①]

① 龙宗智．论“检察一体”与检察官统一调用制度之完善．中外法学，2022（2）：404－424；张建伟．异地异级调用检察官制度的法理分析．政治与法律，2021（9）：26－38.

刑事诉讼中的检警关系

关于刑事诉讼中的检警关系，世界上存在多种不同的模式。概括起来，主要有以下三种：一是警察检察官模式，即由警察侦查犯罪，并负责起诉；二是检察官主导模式，即检察官在侦查中起主导作用，负责指导、引导、指挥侦查乃至亲自侦查，并负责起诉；三是警察主导模式，即警察主导侦查，起诉则由检察官负责。当然，在有些国家，可能采取的是混合模式。譬如，在澳大利亚的昆士兰州就存在上述三种模式的混合。① 整体上看，警察主导模式占主流地位，警察机关是各国刑事侦查的主要力量。即便在实行检察官主导模式的国家，由于检察机关和警察机关具有不同的隶属关系，也难以形成"上命下从"的"一体化"关系。一般而言，检察机关属于法务系统，警察则属于内务系统，二者虽同系政府职能部门，但检察机关相对独立，检察官具有行政和司法双重属性，政府首长一般不能直接指挥检察官。在德国、意大利等国，检察官的司法属性还被特别强调。美国的情况虽较为特殊，检察官在刑事司法业务上具有一定监督指导乃至指挥侦查官员的权力，但二者在组织和体制上依然互不隶属。② 根据宪法和刑事诉讼法的规定，我国刑事诉讼中的检警之间是一种"分工负责、互相配合、互相制约"的关系，同时，作为法律监督机关，检察机关还负有对公安机关刑事诉讼活动的监督职责。总体而言，这一关系定位是符合中国国情的，在减少"推诿扯皮"、控制权力、保障人权等方面发挥了积极作用。然而，实践运行中也确实暴露出一定的问题，最为突出的问题有两个：其一，检察对侦查活动的调控力度不足，对侦查取证指导不够，难以保障侦查符合起诉工作的需要，影响了控诉合力的形成；其二，检察对侦查的监督不够有力，侦查程序的法治化程度有待提升。为此，在坚持"三机关原则"的前提下，强化检察对侦查的引导和监督是当前优化检警关系的重要任务，而建立侦查监督与协作配合办公室正可谓这一思路之下的努力之举。

刑事诉讼中的检法关系

在我国的刑事诉讼中，"检""法"关系颇为特殊。与域外控辩分立、审判中心的刑事诉讼结构不同，我国传统的刑事诉讼模式是"流水线"式的，"公""检""法"同为主导诉讼的专门机关，没有中心与辅助之分，只是分工不同。"人民法院、人民检察院和公安机关分工负责、互相配合、互相制约"不仅是刑事诉讼的基本原则，更是一项宪法原则。该原则决定了"检""法"之间是分工、合作、制约的平权关系。而在刑事政策和社会观念层面，"检""法"又同为执掌法律适用的司法机关，这无疑进一步增强了"检""法"的平等性和同质性。当然，宪法和刑事诉讼法也同时规定了检察监督原则，在一定意义上凸显了检察机关的地位和作用。但在决定刑事诉讼中"检""法"关系的原则中，"三机关原则"发

① [瑞典] 布瑞恩·艾斯林．比较刑事司法中的检警关系．侯晓焱，译．人民检察，2005（22）：11.

② 龙宗智．评"检警一体化"兼论我国的检警关系．法学研究，2000（2）：55.

挥着更为基础和关键性的作用。值得一提的是，以审判为中心的诉讼制度改革在某种程度上构成了对“三机关原则”的挑战，甚至有论者认为二者的关系不可调和。[①] 但三机关分工配合制约，“是符合中国国情、具有中国特色的诉讼制度，必须坚持”。换言之，“以审判为中心”的诉讼制度改革也不会从根本上改变我国刑事诉讼中专门机关的基本权力配置，“三机关原则”反而会成为“以审判为中心”的诉讼制度改革的底线。

然而，伴随着认罪认罚从宽制度改革的推进，我国刑事诉讼（至少在认罪认罚案件）中的“检”“法”关系发生了一些微妙的变化。依据《刑事诉讼法》第201条之规定，在认罪认罚案件中，对人民检察院的指控意见，人民法院一般应当采纳。该条规定对认罪认罚案件中审判权的裁量空间有所限制，塑造了一种异于非认罪认罚案件的审判权行使逻辑。之所以如此规定，根据权威解释，这是“认罪认罚案件在程序上从简、实体上从宽的重要体现”，一方面，它显示出认罪认罚的法律后果，即总体上人民法院会在案件的实体性判断上从宽把握；另一方面，也能够建立被追诉人对从宽利益直观和稳定的预期，激励被追诉人认罪认罚，促进认罪服判。[②] 但不得不说，在法律上直接规定指控意见的裁判制约力显然有别于域外协商模式下“事实上接受，规范中回避”的进路，很容易掉入大多数国家刻意避开的控审合一、以控代审的制度陷阱。当然，从我国“检”“法”关系特殊性的视角看，第201条对控审分离原则或以审判为中心改革的冲击可能并没有质疑者想象得那么严重。我国的“以审判为中心”是建构在“三机关原则”之上，而在三机关原则语境下，第201条的规定可能只是对认罪认罚案件中“检”“法”分工、权限的细微调整，并未改变三机关分工、配合、制约的基本格局。

“不得强迫任何人证实自己有罪”与“如实回答”义务

2012年《刑事诉讼法》第50条在严禁刑讯逼供的基础上增加规定，“不得强迫任何人证实自己有罪”。然而，对于该条款的性质、内涵，尤其是它与2012年《刑事诉讼法》第118条“如实回答”义务之间的关系，各界的理解不尽相同。一种观点认为，“不强迫自证有罪”实质上赋予了犯罪嫌疑人“开口”与否的自由，与沉默权具有“等效性”和“互释性”。相反，“如实陈述”义务作为强行性规范和义务性规范，则意味着犯罪嫌疑人至少在法律上有“开口”的义务，而无沉默的权利。二者在精神上相互抵牾，在逻辑上无法自洽，存在直接冲突。[③] 也有观点指出：“‘不得强迫任何人证实自己有罪’要点在‘强迫’二字，并不意味着反对一个人自证其

---

① 龙宗智．“以审判为中心”的改革及其限度．中外法学，2015（4）：84.

② 王爱立主编．中华人民共和国刑事诉讼法修改条文解读．北京：中国法制出版社，2018：141-143.

③ 万毅．论“不强迫自证其罪”条款的解释与适用：《刑事诉讼法》解释的策略与技术．法学论坛，2012（3）：31；李建东．论不被强迫自证其罪原则与如实回答义务的冲突与平衡．河南财经政法大学学报，2012（6）：139.

罪。如实回答的义务并没有取消，不得自证其罪和鼓励自愿供述并不冲突。”[①] 我们倾向于后一种观点。一方面，“不得强迫任何人证实自己有罪”不同于域外的不强迫自证有罪原则，并未赋予被追诉人沉默的权利。按照权威解释，之所以增加规定“不强迫自证有罪”，仅是为了进一步防止和遏制刑讯逼供而对司法机关提出的“一个刚性的、严格的要求”[②]。而且，由于“我国刑事诉讼中早就有严禁刑讯逼供这样的规定”，“不强迫自证有罪”可以说是“我国刑事诉讼法一贯坚持的精神”[③]。显然，该条款主要针对的是强迫取证手段，它并没有免除被追诉人接受讯问和如实供述的义务。另一方面，“如实回答”则要求在回答侦查人员提问时，应根据客观情况，有问必答，不能沉默，也不能说谎。至少从形式上看，“如实回答”是一种法律义务，尤其是当需要回答的内容不利于被追诉人时。当然，要求犯罪嫌疑人履行该义务不能借助于“刑讯”等强迫手段。所以，“不强迫自证有罪”和“如实回答”在内容上并没有根本性的冲突。当然，刑事诉讼法并未明确规定不如实回答的不利后果，导致如实回答事实上成为一种“法律劝谕”或“道德义务”。“不得强迫任何人证实自己有罪”条款和“如实回答”义务规定的并存，反映出“鼓励自愿供述、反对强迫取供”的立法精神。

五、文献荐读

1. 左卫民，等. 审判委员会改革实证研究. 北京：北京大学出版社，2018.
2. 龙宗智. 检察官客观义务论. 北京：法律出版社，2014.
3. 杨宇冠. 监察法与刑事诉讼法衔接问题研究. 北京：中国政法大学出版社，2018.
4. 龙建明. 刑事被追诉人权利救济制度研究. 北京：法律出版社，2018.
5. 陈卫东. 刑事诉讼权能的变革与发展. 北京：中国人民大学出版社，2018.
6. 傅宽芝. 刑事诉讼主体 公权与私权. 北京：社会科学文献出版社，2010.
7. 刘涛. 刑事诉讼主体论. 北京：中国人民公安大学出版社，2005.
8. 左卫民. 刑事诉讼中的“人”：一种主体性研究. 中国法学，2021 (5).

---

① 此为陈光中教授的观点．转引自徐俊．“不得强迫任何人证实自己有罪”与“应当如实回答”相冲突. 江西警察学院学报，2011 (5)：8.

② 郎胜．不得自证其罪和如实回答不矛盾. [2022-04-11]. http://news.ynxxb.com/content/2012-3/9/N9757049436.aspx.

③ 郎胜．中华人民共和国刑事诉讼法修改与适用. 北京：新华出版社，2012：117.

第三章　刑事诉讼的基本原则

一、原理精析

（一）刑事诉讼基本原则的概念和特点

刑事诉讼基本原则是由刑事诉讼法规定的，贯穿于刑事诉讼的全部过程或者主要诉讼阶段，国家专门机关和诉讼参与人开展刑事诉讼活动需要遵循的基本准则。刑事诉讼基本原则并不是随意选择或创设的，而是体现了刑事诉讼的发展规律和基本思想，应当与特定社会的经济、政治、文化等条件相适应。刑事诉讼基本原则主要具有以下特点。

第一，法定性。刑事诉讼基本原则是由刑事诉讼法规定的基本法律原则。法律原则需要由法律作出明确规定，是在法律适用过程中应当遵循的基本准则。刑事诉讼基本原则也需要由刑事诉讼法明确作出规定，若刑事诉讼法没有作出明确规定，则不属于刑事诉讼基本原则。需要注意的是，有些国家在刑事诉讼法典中并不规定基本原则，比如德国、日本，但是理论研究中会总结刑事诉讼的基本原则和原理；有些国家在刑事诉讼法典中则规定了基本原则，比如俄罗斯。我国《刑事诉讼法》第一编第一章“任务和基本原则”中规定了刑事诉讼的基本原则，但是该章中的规定并不都是刑事诉讼的基本原则，有些是刑事诉讼的基本制度，比如两审终审制、人民陪审制等。

第二，原理性。刑事诉讼基本原则包含着刑事诉讼的基本原理，体现了刑事诉讼的基本规律；刑事诉讼基本原则反映了刑事诉讼的发展要求，体现了现代刑事诉讼活动的基本价值取向，对于刑事诉讼立法和司法具有指导意义。《刑事诉讼法》通过对基本原则的规定，将刑事诉讼最本质的原理通过立法固定下来，在刑事诉讼法中予以凸显，从而提高基本原则的意义和权威。

第三，普遍性。刑事诉讼基本原则通常贯穿于刑事诉讼的全部过程，对于各项刑事诉讼活动具有普遍指导意义。从适用阶段来看，刑事诉讼基本原则适用于刑事诉讼的各个阶段或者主要阶段。当然也有个别原则仅适用于刑事诉讼的某一阶段，比如审判公开原则就仅适用于审判阶段，这主要是源于纠问式诉讼所采取的秘密审判存在诸多缺点，而审判公开对于保障司法公正具有不可替代的功能，故需要将其确立为刑事诉讼的基本原则。从适用主体来看，不仅犯罪嫌疑人、被告人、被害人、辩护人等诉讼参与人开展的各项刑事诉讼活动需要遵守刑事诉讼基本原则，法院、检察院、公安机关等国家专门机关也需要遵守刑事诉讼基本原则。

第四，约束力。刑事诉讼基本原则具有法律约束力。法律原则虽然具有高度的抽象性和概括性，但它和法律规则都是法律制度的组成部分，同样具有法律约束力。法律规则通常较为明确、具体，其可能存在无法涵盖、相互冲突的地方，此时刑事诉讼基本原则就可以指导相应诉讼行为或者活动的开展。刑事诉讼基本原则并不会因为其概括性和抽象性而丧失约束力，违反了刑事诉讼基本原则，通常也会产生相应的法律后果。

国际上通行的刑事诉讼基本原则主要包括刑事程序法定原则、国家追诉原则、控审分离原则、司法独立原则、无罪推定原则、辩护原则、公开审判原则等。这些国际上通行的刑事诉讼基本原则，有些已经在我国《刑事诉讼法》中明确规定，比如审判公开原则；有些虽然没有在我国《刑事诉讼法》中明确规定，但《刑事诉讼法》的相关内容体现了其基本精神，比如无罪推定原则的基本精神就体现在未经法院依法审判不得确定有罪原则之中。另外，我国《刑事诉讼法》结合基本国情、历史渊源、司法实践等因素确立了一些特有的基本原则，比如依靠群众原则。

（二）侦查权、检察权、审判权专属原则

我国《刑事诉讼法》第 3 条规定："对刑事案件的侦查、拘留、执行逮捕、预审，由公安机关负责。检察、批准逮捕、检察机关直接受理的案件的侦查、提起公诉，由人民检察院负责。审判由人民法院负责。除法律特别规定的以外，其他任何机关、团体和个人都无权行使这些权力。人民法院、人民检察院和公安机关进行刑事诉讼，必须严格遵守本法和其他法律的有关规定。"这是对侦查权、检察权、审判权专属原则的规定。权力专属背后体现了权力分离和职责分开的基本理念。此种权力专属性对于保障案件正确处理和诉讼参与人的诉讼权利具有重要意义。该原则主要具有以下内容。

第一，权力专属性。对刑事案件的侦查权、公诉权、审判权，只能由公安机关、检察院和法院行使，其他机关、组织或者个人无权行使这些权力。对于刑事案件的侦查、起诉、审判，会涉及对公民财产权、人身权甚至生命权等基本权利的干预或剥夺，若对行使上述权力的主体不作限定，就会使公民基本权利处于被不确定人员随意干预或剥夺的危险之中。这将不利于社会秩序稳定和公民权利保障。因此，有必要对侦查权、起诉权、审判权的行使主体予以明确和限定。《刑事诉讼法》将侦查权、起诉权、审判权分别配置给公安机关、检察院和法院行使，这就排除了其他组织或者个人行使上述权力。当然，侦查权主要是由公安机关行使，但是检察院、国

家安全机关、军队保卫部门、海警局、监狱根据法律的特别规定，对于特定范围的刑事案件或特定类型的刑事案件，可以行使侦查权；它们在法律特别规定的范围内可以行使和公安机关相同的职权。

第二，运行法定性。法院、检察院、公安机关必须严格按照法律规定来行使权力。虽然侦查权、公诉权、审判权专属于公安机关、检察院和法院，但是它们在行使上述权力时应当严格按照法律规定，按照《刑事诉讼法》和其他法律对于上述权力规定的适用条件、运行程序等予以行使，而不能违反法律规定。这一方面要求《刑事诉讼法》对公安司法机关各项职权的适用条件、运行程序等作出明确规定，另一方面要求公安司法机关严格按照法律规定来行使各自职权。违反《刑事诉讼法》和其他法律规定行使上述权力，不仅会影响相关证据材料、诉讼活动的法律效力，无法达到权力行使的预期法律结果，也可能会让违法行使上述权力造成严重后果的侦查人员、检察人员、审判人员承担相应法律责任。

第三，职权确定性。侦查权、检察权、审判权专属原则体现了诉讼职能分离的精神，改变了纠问式诉讼中司法官员集侦查、起诉、审判等多种职能于一身的状况。权力过于集中，既不利于防止冤假错案，也不利于刑事诉讼中的人权保障。按照侦查权、检察权、审判权专属原则，法院、检察院、公安机关应当在各自职权范围内行使审判权、公诉权和侦查权，而不得相互混淆、相互替代。法院作为审判机关，仅能行使审判权，而不得行使侦查权、公诉权；检察机关仅能就刑事案件行使公诉权，而不得行使审判权，否则就可能让我国现有控审式刑事诉讼退化为纠问式诉讼。

（三）法院、检察院依法独立行使职权原则

我国《刑事诉讼法》第 5 条规定："人民法院依照法律规定独立行使审判权，人民检察院依照法律规定独立行使检察权，不受行政机关、社会团体和个人的干涉。"该条是对法院、检察院依法独立行使职权原则的规定，其主要包括法院依法独立行使审判权和检察院依法独立行使检察权两项内容。该原则主要目的在于保障法院、检察院依法独立行使审判权、检察权，让法院、检察院能够排除外在干涉，公正地处理案件，独立行使审判权、检察权是公正办案的必要条件和重要保障。该原则既要求法院、检察院在办理案件过程中应当恪守独立审判、独立检察的基本理念，也要求行政机关、社会团体和个人不得干预法院独立审判、检察院独立检察。当然，法院、检察院独立行使审判权、检察权，应当以"依法"为前提条件，即独立行使审判权、检察权必须依照法律规定的权限和程序，不得违反或背离法律。

法院作为国家的审判机关，其在刑事诉讼中承担着对刑事案件的审判权。审判权在本质上是一种判断权，这就要求法院在审判过程中应当保持独立、公正，不受行政机关、社会团体和个人的干涉和影响，否则就会影响对案件的公正审判。公正审判的重要条件就是法官在案件审判中对诉争的各方主体保持中立、不偏不倚，排除各种外在干涉和影响，保持独立审判。检察机关作为国家的法律监督机关，其在刑事诉讼中承担着对刑事案件的公诉权、法律监督权等权力，这要求其在行使上述权力时保持独立，不受地方差异、外界干涉等影响，保证公正地将案件提交法院裁

判，以保障对法律的统一适用和监督。当然，法院依法独立审判和检察院依法独立检察具有共同之处，即它们都要求免受行政机关、社会团体和个人的干涉，但也存在差异。法院作为刑事案件的审判机关，对独立性要求更高，这直接体现在法院上下级之间仅是“监督与被监督的关系”，此种关系的法律设置可以使上下级法院之间保持相对独立性。检察院作为法律监督和公诉机关，则要求在法律监督中保持统一性，在检察机关内部组织关系上需要保持“检察一体”，上下级检察机关是“领导与被领导的关系”，检察机关独立性在“检察一体”组织体系下主要体现为检察机关整体的独立性。

我国法院、检察院依法独立行使职权原则与西方国家的司法独立原则存在不少差别。我国法院、检察院依法独立行使职权，以坚持中国共产党的领导和接受国家权力机关的监督为前提；我国实行的是法院、检察院独立行使审判权和检察权，而不是法官、检察官个人独立行使审判权和检察权。法院、检察院在依法独立行使职权的过程中，需要处理好以下关系。

第一，依法独立行使职权与中国共产党领导的关系。中国共产党领导是中国特色社会主义最本质的特征，中国共产党是我国的执政党，中国共产党领导是法院依法独立行使审判权、检察院依法独立行使检察权的根本保障。当然，中国共产党对司法机关的领导，主要是政治领导、思想领导、组织领导，而不是直接审批案件、参与办案、介入案件，也不能干预和影响法院依法独立审理、检察院依法独立检察。

第二，依法独立行使职权与国家权力机关监督的关系。法院依法独立行使审判权、检察院依法独立行使检察权，应当接受必要的监督，其中就包括国家权力机关的监督。人民代表大会是国家权力机关，法院、检察院是由各级国家权力机关产生的，并向同级权力机关负责并报告工作。人民代表大会对法院、检察院的监督，一般是通过听取工作报告的方式展开，人民代表在发现法院、检察院办案错误或违法时可以提出质询案。

第三，依法独立行使职权与人民群众监督的关系。法院在依法独立行使审判权、检察院在依法独立行使检察权时，应当接受社会公众和人民群众的监督。人民群众认为法院、检察院在行使职权中存在违法行为时，可以通过控告、举报等合法方式进行监督，但不得通过暴力、威胁等方式干扰正常的司法活动。

（四）依靠群众原则

我国《刑事诉讼法》第 6 条规定：“人民法院、人民检察院和公安机关进行刑事诉讼，必须依靠群众……”这是对依靠群众原则的规定。依靠群众原则是在刑事诉讼中贯彻党的群众路线的基本要求和具体体现。群众路线要求一切为了群众，一切依靠群众，从群众中来，到群众中去。刑事诉讼的主要目的就是惩罚犯罪、保护人民。刑事诉讼的各项活动离不开人民群众的参与和支持。在案件办理过程中，要深入开展群众调查研究，发动人民群众向公安司法机关提供破案线索。比如《刑事诉讼法》第 54 条第 1 款规定：“人民法院、人民检察院和公安机关有权向有关单位和个人收集、调取证据。有关单位和个人应当如实提供证据。”公安司法机关对刑事案件证据的收集、调取工作，就需要有关单位和个人予以配合。又比如《刑事诉讼法》第 84 条规定："对于有下列情形的人，任何公民都可以立即扭送公安机关、人民检察院或者人民法院处理：（一）正在实行犯罪或者在犯罪后即时被发觉的；（二）通缉在案的；（三）越狱逃跑的；（四）正在被追捕的。"公民在法定情形下将犯罪嫌疑分子扭送公安司法机关，有利于公安司法机关依法行使职权、惩罚犯罪。这些规定都体现了刑事诉讼中依靠群众的基本原则。人民群众的参与和帮助，有利于公安司法机关更加高效、及时地开展刑事诉讼活动。需要注意的是，刑事诉讼活动具有较强的专业性、复杂性，它并不是人人都可以从事的活动，人民群众的过度参与和介入，也可能会影响刑事诉讼的正常开展。因此，在刑事诉讼中应当注意平衡群众参与和公正司法的关系。

（五）以事实为根据、以法律为准绳原则

我国《刑事诉讼法》第 6 条规定："人民法院、人民检察院和公安机关进行刑事诉讼，……必须以事实为根据，以法律为准绳。……"这是对以事实为根据、以法律为准绳原则的规定。该原则主要目的是正确惩罚犯罪、防止冤假错案，保障无辜的人不受刑事追究。

以事实为依据，要求公安司法机关开展刑事诉讼活动时应当以事实为依据，不能在欠缺相应事实依据的情况下开展有关刑事诉讼活动。公安司法机关处理案件所依据的事实应当建立在证据基础之上，即经过调查属实、有证据证明的事实。比如公安机关在对刑事案件进行立案时，必须"认为有犯罪事实需要追究刑事责任"，才能作出刑事立案决定，不能仅仅依据主观臆想、凭空怀疑就作出刑事立案决定。法院在对被告人定罪量刑时，必须做到案件事实清楚、证据确实充分，不能在事实不清、无法排除合理怀疑的情况下就对被告人定罪量刑。

以法律为准绳，要求公安司法机关开展刑事诉讼活动应当以法律为依据，不能在欠缺法律依据时开展刑事诉讼活动。这里的法律既包括作为实体法的《刑法》等法律，比如法院应当依据《刑法》的规定正确对被告人定罪量刑；也包括作为程序法的《刑事诉讼法》等法律，比如公安机关在立案管辖、侦查取证、适用强制措施时应当严格按照《刑事诉讼法》规定的条件和程序进行。

从以事实为依据、以法律为准绳的相互关系来看，它们都是刑事诉讼中正确处理案件的重要保障，两者紧密联系、缺一不可。以事实为依据是正确适用法律的重要基础和前提，若不以事实为依据，就会让案件处理丧失客观性和公正性，导致对案件的不正确处理。对案件事实的正确认定应当依照法定程序，建立在具有合法性的证据基础之上。公安司法机关认定案件事实，仅是在刑事诉讼中完成了案件处理的阶段性任务，其需要结合对法律的正确适用才能作出最后的处理结果。

（六）适用法律平等原则

我国《刑事诉讼法》第 6 条规定："……对于一切公民，在适用法律上一律平等，在法律面前，不允许有任何特权。"这是对适用法律平等原则的规定。法律平等

适用是司法公正的基本要求，它要求对每一个人平等适用法律，不得因为其性别、种族、职业、家庭出身、社会地位等因素就给予偏袒或者歧视。若两个不同主体实施的犯罪事实和情节大致相同，那么对他们各自给予的刑事处罚也应当大致相同。法律平等适用既可以防止某些主体干扰司法机关公正办案所产生的法律适用不统一、不公正的问题，也可以平等地保护公民合法权益免受国家专门机关工作人员的肆意干扰。

在刑事诉讼中遵循适用法律平等原则，不仅包括在定罪量刑等实体问题上的适用法律平等，也包括赋予当事人相同或对等的诉讼主体地位和诉讼权利义务。比如辩护权，不能让犯罪嫌疑人、被告人因贫穷等而无法行使其辩护权，对于因贫穷等原因而无法委托辩护律师的犯罪嫌疑人、被告人，应当通过法律援助方式为其指派辩护律师，否则就无法实现对当事人辩护权的平等保护。法官在案件审判中，应当保持其中立地位，不能因为当事人性别、种族、职业等因素就存在歧视或偏见。在诉讼程序中，应当保障控辩双方平等对抗，不能因为控诉方是代表国家行使公诉权和法律监督权的检察机关，就偏向性地保护控诉方诉讼权利，而抑制辩护方诉讼权利，比如在开庭前应当保障辩护律师的阅卷权，防止诉讼中证据突袭产生的控辩失衡。

法律平等适用并不意味着绝对平等。由于不同主体之间存在差异，基于此种差异在合理范围给予的差异化待遇具有其合理性。在未成年人刑事案件中，由于未成年犯罪嫌疑人、被告人处于特殊年龄和生理状态，通常需要给予未成年犯罪嫌疑人、被告人更多的程序性权利或待遇，比如合适成年人在场、犯罪记录封存等。若要求未成年人刑事案件和成年人刑事案件适用完全相同的刑事诉讼程序，虽然在形式上实现了法律平等适用，却会产生实质性不平等，比如可能导致未成年人交叉感染，不利于未成年人犯罪预防和社会秩序稳定。

（七）分工负责、相互配合、相互制约原则

我国《刑事诉讼法》第 7 条规定："人民法院、人民检察院和公安机关进行刑事诉讼，应当分工负责，互相配合，互相制约，以保证准确有效地执行法律。"这是对公安司法机关分工负责、相互配合、相互制约原则的规定。该原则主要是调整和规范法院、检察院和公安机关相互关系的基本原则。

分工负责是指在刑事诉讼中法院、检察院和公安机关按照法律规定范围行使各自的职权，三机关需要各负其责、各尽其职，而不能相互混淆、相互替代。分工背后蕴含着刑事诉讼活动中权力分离的基本思想，将侦查权、起诉权、审判权分别配置给公安机关、检察院、法院行使。若将这些权力集中为一体，就会形成纠问式诉讼，也就违背了现代控审式刑事诉讼中的分工负责原则。

相互配合是指在刑事诉讼中法院、检察院和公安机关在查明案件事实、正确适用法律基础上共同承担着惩罚犯罪、保障人权的诉讼目的，其在实现公平正义方面具有共同目的，为了实现这一共同目标，就应当在法律规定的范围相互支持、相互配合，共同完成惩罚犯罪和保障人权的刑事诉讼目的，而不能违反法律，相互推诿、

相互扯皮。

相互制约是指在刑事诉讼中人民法院、人民检察院和公安机关应当在分工负责、相互配合基础上，对于其他国家专门机关开展的刑事诉讼活动加以控制和约束，防止和纠正其他机关出现的错误或偏差，保障案件实体公正和程序公正。相互制约体现在很多程序之中，比如对于公安机关移送批准逮捕的案件，检察院经审查后认为不符合逮捕条件的，可以作出补充侦查决定或者不批捕决定；对于检察院提起公诉的案件，法院经法定程序审理后认为不能排除合理怀疑地证明被告人有罪时，则不能判决被告人有罪。

从分工负责、相互配合、相互制约的关系来看，分工负责是前提条件，没有分工负责就谈不上相互配合、相互制约。相互配合、相互制约则是保障公安司法机关各自法定职权得以有效实现的重要保障。

（八）检察院法律监督原则

我国《刑事诉讼法》第 8 条规定："人民检察院依法对刑事诉讼实行法律监督。"这是对检察院法律监督原则的规定。检察院是我国的法律监督机关，它对刑事诉讼各项活动享有法律监督权。检察院对刑事诉讼的法律监督，有利于督促公安机关依法行使侦查权、法院依法行使审判权，保障法律统一适用和案件公正处理，也有利于纠正公安机关、法院等国家专门机关在刑事诉讼中的违法行为，为公民权利救济和保障提供重要途径。检察院作为国家法律监督机关，对刑事诉讼活动的法律监督本身应当依法进行，这是其进行法律监督的条件。这里的依法监督，既包括依照实体法进行监督，比如检察院认定法院的定罪量刑裁判结果不符合《刑法》的相关规定，可以通过抗诉方式进行法律监督，也包括依据程序法的规定进行法律监督，比如对公安机关违反《刑事诉讼法》进行的侦查活动展开法律监督。

检察院在刑事诉讼中的法律监督权主要包括以下方面：第一，对公安机关的立案活动进行法律监督。比如检察院发现公安机关应当立案侦查而不立案侦查的，应当要求公安机关说明不立案的理由。检察院经审查后认为公安机关说明的不立案理由不能成立，应当通知公安机关立案。公安机关收到检察院的通知立案书后则应当立案。第二，对公安机关的侦查活动进行法律监督。比如检察院可以对公安机关是否采用刑讯逼供以及其他非法方法收集犯罪嫌疑人供述进行法律监督。第三，对于法院的审判活动进行法律监督。检察院既可以对法院裁判结果是否符合法律规定进行法律监督，也可以对法院审判程序是否合法进行法律监督。比如对法院违反管辖，法庭组成人员应当回避而不回避等违法行为予以法律监督。第四，对强制措施和刑罚执行进行法律监督。比如检察院对审前超期羁押进行法律监督，对于减刑、假释等活动进行法律监督等。

（九）使用本民族语言进行诉讼原则

我国《刑事诉讼法》第 9 条规定："各民族公民都有用本民族语言文字进行诉讼的权利。人民法院、人民检察院和公安机关对于不通晓当地通用的语言文字的诉讼参与人，应当为他们翻译。在少数民族聚居或者多民族杂居的地区，应当用当地通用的语言进行审讯，用当地通用的文字发布判决书、布告和其他文件。”这是对使用本民族语言进行诉讼原则的规定。语言权是一项基本人权，各民族公民都有使用本民族语言文字进行诉讼的权利。使用本民族语言进行诉讼原则，既体现了对使用本民族语言进行表达这一基本人权的尊重和保障，也在刑事诉讼活动中贯彻了民族平等原则。为了保障使用本民族语言进行诉讼原则得以实现，公安司法机关应当为各民族的诉讼参与人行使本民族语言的权利提供必要便利和帮助。在少数民族聚居或者多民族杂居的地区，公安司法机关应采用当地通用的语言开展诉讼活动。对于不通晓当地通用语言文字的诉讼参与人，公安司法机关应当为他们提供翻译。

（十）审判公开原则

我国《刑事诉讼法》第 11 条第一句规定：“人民法院审判案件，除本法另有规定的以外，一律公开进行。”这是对审判公开原则的规定。审判公开是指法院审理案件和宣告判决应当公开进行，既应当允许公民到庭旁听，也应当允许媒体采访报道。审判公开是现代诉讼的重要基石。审判公开原则是与审判秘密原则相对立的。在审判秘密原则之下，审判过程和裁判结果通常不向社会公开，因而很容易产生暗箱操作和司法不公。审判公开可以让社会公众知晓审判过程和结果，从而对审判活动予以监督，防止法官枉法裁判。审判公开有利于当事人在公开的法庭上进行辩论、质证，有利于维护他们的诉讼权利；也有利于对社会公众进行法律宣传和教育，增强公民的法治观念和守法意识；还可以对社会危险分子形成威慑，有利于实现犯罪预防。

有些案件公开审判可能会产生各种弊端，比如涉及国家秘密或个人隐私的案件，若公开审判则容易导致国家秘密、个人隐私泄露；对未成年人刑事案件予以公开审判，可能会影响未成年人心理发育，不利于其教育改造和悔过自新。因此，对于这些特定案件可以不公开审理。对于不公开审理的案件，宣判也应当公开。有些需要公开审理的案件，对某些特定环节也不宜公开，比如出于保护出庭证人的人身安全考虑，可以将对特定证人证言的调查不予公开。审判公开是要求审理案件和宣告判决应当公开进行，但并不要求合议庭评议过程公开。对于合议庭评议情况应当予以保密，因为评议公开会影响法官对案件独立自主地发表意见。对于需要公开审判的案件，法院应当在开庭 3 日以前先期公布案由、被告人姓名、开庭时间和地点，从而保障媒体采访报道、公民旁听案件审理。

（十一）被告人有权获得辩护原则

我国《刑事诉讼法》第 11 条第二句规定：“被告人有权获得辩护，人民法院有义务保证被告人获得辩护。”这是对被告人有权获得辩护原则的规定。辩护是犯罪嫌疑人、被告人针对被指控的犯罪事实予以反驳、质疑，提出自己无罪、罪轻或者减轻、免除刑事责任的材料和意见的诉讼活动。辩护权是犯罪嫌疑人、被告人最重要的诉讼权利，若辩护权被限制或剥夺，就会导致控辩双方力量对比完全失衡。这既不利于保障刑事诉讼程序的正当性，也不利于防范刑事冤假错案。《刑事诉讼法》第11条虽然仅规定了“被告人”有权获得辩护，但并不意味着仅有被告人才有权获得辩护。犯罪嫌疑人、被告人是因涉嫌犯罪而处于被刑事追诉中的人在不同诉讼阶段的不同称谓。在立案之后、提起公诉之前，被追诉人被称为犯罪嫌疑人，在提起公诉之后被称为被告人，他们享有获得辩护的权利并不因其名称而发生改变。因此，刑事诉讼中的犯罪嫌疑人、被告人都有权获得辩护，公安司法机关应当依法保证他们获得辩护的权利。

犯罪嫌疑人、被告人有权获得辩护，既是实现程序正义和人权保障的基本要求，也可以保障全面查明事实和公正处理案件，防止偏听偏信。公安司法机关不得以任何借口剥夺或限制犯罪嫌疑人、被告人的辩护权，而应当依法保障犯罪嫌疑人、被告人的辩护权。辩护权既可以由犯罪嫌疑人、被告人自行行使，也可以委托律师等人员代为行使；它不仅可以由被告人、辩护人在法院审判阶段行使，也可以由犯罪嫌疑人、辩护人在侦查阶段和审查起诉阶段行使。犯罪嫌疑人可以在侦查阶段委托律师作为其辩护人，律师在接受委托后可以在侦查阶段作为辩护人介入诉讼，为犯罪嫌疑人提供法律帮助。辩护律师享有会见权、阅卷权、调查取证权等诉讼权利。这些诉讼权利对其充分行使辩护权具有基础性保障作用。犯罪嫌疑人、被告人因经济困难或者其他原因没有委托辩护人的，可以申请法律援助，法律援助机构应当指派律师为其提供辩护。若犯罪嫌疑人、被告人及其辩护人认为公安司法机关违法阻碍其行使辩护权，则可以提出申诉、控告来获得救济。

（十二）未经法院依法审判不得确定有罪原则

我国《刑事诉讼法》第12条规定：“未经人民法院依法判决，对任何人都不得确定有罪。”这是对未经法院依法审判不得确定有罪原则的规定，该原则体现了无罪推定原则的基本精神。遵循该原则主要有以下要求：第一，在未经法院依法判决前，对任何人都不得确认有罪。任何人在被定罪前享有获得法院依法审判的权利，未经法院依法审判，则不得被认定为有罪。需要注意的是，这里的“不得确定有罪”，并不意味着某人在客观上没有实施犯罪活动或不构成犯罪，而仅是在法律层面不得认定为有罪。第二，对被告人的定罪权由法院统一行使。人民法院是我国的审判机关，只有法院才享有对被告人的定罪量刑权，其他任何组织和个人都无权认定被告人有罪。在刑事诉讼中，公安机关、检察院在侦查和审查起诉中虽然可以从程序上认定犯罪嫌疑人的犯罪事实，但此种认定仅具有推进诉讼程序运行的程序意义，而不属于对案件作出的终局性实体认定。第三，法院认定被告人有罪，需要经过依法审判。法院认定被告人有罪，需要经过开庭审理、听取控辩双方意见，达到排除合理怀疑的证明标准，符合刑法的相关规定。若未经法定程序审判，不得确定被告人有罪。

未经法院依法审判不得确定有罪原则，虽然体现了无罪推定原则的基本精神，但与无罪推定原则之间存在差别。无罪推定原则要求在立法层面明确，任何人在未经依法审判证实有罪之前应当被视为无罪之人，即需要法律明确任何人未被依法定罪前处于推定无罪的法律状态。而未经法院依法审判不得确定有罪原则，仅从反面阐释了未经法院依法判决对任何人都不得确定有罪。这里的“不得确定有罪”和“应当视为无罪”存在细微差别。前者并不意味着法律上的无罪推定，其回避了对定罪前处于无罪状态的明确规定，这主要基于我国刑事诉讼立法和司法对客观真实的追求。后者则明确了公民在被定罪之前处于无罪之人的法律地位。我国《刑事诉讼法》的有些规定也并未体现无罪推定原则的精神，比如我国《刑事诉讼法》没有赋予犯罪嫌疑人沉默权，而是设置了犯罪嫌疑人在讯问中的如实回答义务。

（十三）保障诉讼参与人诉讼权利原则

我国《刑事诉讼法》第 14 条规定：“人民法院、人民检察院和公安机关应当保障犯罪嫌疑人、被告人和其他诉讼参与人依法享有的辩护权和其他诉讼权利。诉讼参与人对于审判人员、检察人员和侦查人员侵犯公民诉讼权利和人身侮辱的行为，有权提出控告。”这是对保障诉讼参与人诉讼权利原则的规定。国家民主法治发展的程度，不仅取决于公民在刑事诉讼中享有诉讼权利的数量，也要看对这些诉讼权利保障的程度。对诉讼参与人诉讼权利的保障，既是刑事诉讼活动得以有效开展的重要基础，也是刑事诉讼程序正当性和人权保障的必然要求。诉讼参与人的诉讼权利是由法律赋予的，它们的有效实现离不开公安司法机关的保障和落实。只有在刑事诉讼中切实保障诉讼参与人的各项诉讼权利，才可以体现他们的诉讼主体地位，让他们在刑事诉讼中受到有尊严的对待，才能够保障刑事诉讼活动的顺利开展。明确规定保障诉讼参与人诉讼权利原则，有助于强化公安司法机关工作人员的权利保障意识。

在刑事诉讼中，首先需要保障犯罪嫌疑人、被告人的辩护权，他们既是刑事诉讼中处于被追诉地位的当事人，也是诉讼权利最需要得到保障的诉讼主体。其次需要保障被害人、辩护人、诉讼代理人、证人、鉴定人等诉讼参与人的诉讼权利。诉讼参与人类型较多，不同诉讼参与人在刑事诉讼中的价值功能和诉讼地位并不完全相同，他们依法享有的诉讼权利也并不完全相同。比如犯罪嫌疑人、被告人在刑事诉讼中享有最广泛的权利，包括辩护权、申请回避权、最后陈述权、上诉权等。证人参与诉讼的主要目的是作证，法律仅赋予与其作证活动相关的诉讼权利。对于诉讼参与人的权利保障，需要公安司法机关将其贯彻于刑事诉讼活动的每个阶段，而不仅仅局限于审判阶段。没有救济就没有权利，诉讼参与人的诉讼权利受到侵害时，其有权通过法律手段或途径获得救济，这些救济方式包括上诉、控告、申诉等。

（十四）认罪认罚从宽原则

我国《刑事诉讼法》第 15 条规定：“犯罪嫌疑人、被告人自愿如实供述自己的罪行，承认指控的犯罪事实，愿意接受处罚的，可以依法从宽处理。”这是对认罪认罚从宽原则的规定。我国刑事立法和刑事司法一直贯彻“宽严相济”刑事政策，认罪认罚从宽制度是在刑事诉讼程序中贯彻宽严相济刑事政策的基本要求。对认罪认罚的犯罪嫌疑人、被告人给予从宽处理，既有利于犯罪嫌疑人、被告人悔过改造，也有利于遭受犯罪行为破坏的社会关系的修复，还有利于合理配置司法资源。

认罪是指犯罪嫌疑人、被告人自愿如实供述自己的罪行，承认指控的犯罪事实。认罚是指犯罪嫌疑人、被告人愿意接受司法机关给予的刑罚等处罚。从宽不仅包括实体上的从宽，比如在量刑上给予从宽处理，也包括程序上的从宽，比如适用取保候审等较为轻缓的强制措施，在程序上可以适用简易程序、速裁程序等更加便利高效的诉讼程序。认罪认罚从宽作为刑事诉讼的基本原则之一，不仅可以适用于审判阶段，也可以适用于侦查阶段和审查起诉阶段；不仅适用于轻罪案件，也可以适用于重罪案件。但是，由于不同诉讼阶段有各自的任务和功能，认罪认罚从宽制度的功能和程序也并不完全相同。比如侦查阶段的主要任务是收集证据、查明事实，认罪认罚从宽制度的适用，可以让犯罪嫌疑人积极配合侦查机关的侦查活动，主动交代自己的犯罪事实，从而有利于侦查机关顺利收集证据、查明事实，也有利于其争取获得更为从宽的处理。对于认罪认罚案件，由于控辩双方对定罪量刑问题已经达成合意，法院的审判程序就可以适当简化，将审理重点集中于被告人认罪认罚的自愿性、程序的合法性等问题上。

（十五）法定不予追究原则

我国《刑事诉讼法》第 16 条规定："有下列情形之一的，不追究刑事责任，已经追究的，应当撤销案件，或者不起诉，或者终止审理，或者宣告无罪：（一）情节显著轻微、危害不大，不认为是犯罪的；（二）犯罪已过追诉时效期限的；（三）经特赦令免除刑罚的；（四）依照刑法告诉才处理的犯罪，没有告诉或者撤回告诉的；（五）犯罪嫌疑人、被告人死亡的；（六）其他法律规定免予追究刑事责任的。"这是对法定不予追究原则的规定。在刑事诉讼中，可能会遇到不应当追究刑事责任或者不能追究刑事责任的情况，此时就需要在刑事诉讼中作出不予追究的程序性处理。

我国《刑事诉讼法》第 16 条规定了不予追究刑事责任的六种情形：第一，情节显著轻微、危害不大，不认为是犯罪的。按照刑法的规定，此种情形不构成犯罪，故需要对其不追究刑事责任。第二，犯罪已过追诉时效期限的。若行为人的行为构成犯罪，但是已经超过追诉时效，除经最高人民检察院依法核准追诉的之外，不能再追究刑事责任。第三，经特赦令免除刑罚的。若行为人实施了犯罪行为，且没有被追究或者正在被追究刑事责任，但经国家发布特赦令，免除了其刑罚，则需要根据特赦令不予追究。第四，依照刑法告诉才处理的犯罪，没有告诉或者撤回告诉的。告诉才处理的犯罪，包括侮辱罪、诽谤罪、暴力干涉婚姻自由罪、虐待罪、侵占罪。对于这些告诉才处理的案件，需要由被害人向法院提起自诉。若被害人没有告诉或者撤回告诉，则不应当追诉。第五，犯罪嫌疑人、被告人死亡的。刑罚遵循责任自负原则，若犯罪嫌疑人、被告人死亡，则失去了刑罚适用对象，继续追究刑事责任就没有意义，故不需要继续追究。第六，其他法律规定免予追究刑事责任的。这是兜底性条款，若刑法或者其他有刑事处罚规定的法律中有关于免予追究刑事责任的规定，则应当依照这些法律的规定，不予追究刑事责任。

对于不予追究刑事责任，在刑事诉讼的不同阶段存在不同的程序处理方式。若处于立案阶段，则应当作出不立案决定；若处于侦查阶段，则需要作出撤销案件的决定；若处于审查起诉阶段，则应当作出不起诉决定；若处于审判阶段，则应当裁定终止审理，但是现有证据证明被告人无罪，经缺席审理确认无罪的，应当判决宣告被告人无罪。

二、实践动态

（一）优化司法职权配置，保障依法独立行使司法职权

为了保障法院依法独立行使审判权、检察院依法独立行使检察权，我国各级司法机关开展了优化司法职权配置改革。人财物是司法机关有效运行的重要基础，若司法机关人财物保障机制不能为其提供“防火墙”，则独立行使司法权就很容易沦为空洞的口号。由于我国各地法院、检察院在人员、经费、装备等方面需要由各地党政机关保障，法院、检察院在办理案件中受地方牵制过多，影响了司法机关公正办案。为了让法院、检察院摆脱司法活动受制于地方的局面，我国司法机关开展了省以下地方法院、检察院人财物由省级统一管理的司法改革。“人财物省级统管”的司法改革对于保障我国法律统一实施、保障司法机关依法独立行使司法权具有重要意义。

虽然我国依法独立行使审判权的主体是法院而不是法官，但是仍然需要重视法官在案件审判中的相对独立性和自主性，若法官不能独立自主处理案件，则很容易让裁判丧失公正性。但是，我国审判权、检察权在实践运行中存在“司法行政化”问题，即以行政化的方式办理案件并管理法院和法官或检察院和检察官。在“司法行政化”的管理体制之下，法院、检察院内部的行政管理人员属于管理人员而处于上位，作为办案主体的法官、检察官则属于被管理对象而处于下位。对于某些特定案件的处理，需要经过庭长、院长签批，存在“审者不判、判者不审”的问题，这背离了直接言词审理原则的基本要求，也影响了案件处理的独立性和公正性。为了解决“司法行政化”问题，保障法官、检察官在案件办理中的相对独立性和自主性，我国司法机关开展了人员分类管理和内设结构改革，将检察官、法官作为办案责任主体。

法院、检察院在办理案件过程中，可能会面临行政机关、人大、政协等机关领导干预案件处理，从而影响对案件事实正确认定和法律公正适用。为了防止领导干部等人员插手、干预司法活动，保障司法机关依法独立公正行使职权，我国相继出台了《领导干部干预司法活动、插手具体案件处理的记录、通报和责任追究规定》《司法机关内部人员过问案件的记录和责任追究规定》等规范性文件，要求对插手、过问司法活动的行为予以记录和追责。这些制度对于保障法院依法独立行使审判权、检察院依法独立行使检察权具有重要意义。

（二）网络信息时代的审判公开

刑事诉讼需要遵循审判公开原则，其既包括审判过程公开，也包括裁判结果公开。但是，在不同经济条件、科学技术等因素下，审判公开的方式并不相同，诉讼

信息传播的速度和范围也并不相同。

传统审判公开，主要采取庭审过程允许社会公众旁听、允许媒体记者报道等方式实现。作为庭审物理空间的法庭容量有限，允许旁听的人数受到限制，由此决定了通过旁听方式进行审判公开的范围较为有限。媒体记者报道虽然可以扩大案件审判公开的范围，案件审判情况可以借助电视、报纸等媒体传播而扩大公开范围，但受制于频道、版面等资源限制，能够被媒体记者报道的案件数量较为有限。对于裁判结果的公开，法院一方面是通过公开宣判方式进行，另一方面主要是采取在布告栏、电子屏幕上张贴或发布裁判结果方式，这些使得对裁判结果公开传播的范围较为有限。

在网络信息时代，法院在刑事诉讼中贯彻审判公开原则，除可以采取传统公开方式之外，还可以通过相关的网络平台进行公开。我国各级法院正在探索裁判文书网上公开、庭审活动网上直播等网络公开方式。最高人民法院利用互联网信息技术设立了中国裁判文书网（https://wenshu.court.gov.cn/），作为我国统一公布各级法院生效裁判文书的网络平台；最高人民法院在互联网设立中国庭审公开网（http://tingshen.court.gov.cn/），作为我国各级人民法院开展庭审网络直播的重要平台。这些对于促进网络信息时代的审判公开无疑具有重要意义。但是，通过网络方式对审判过程和裁判结果予以公开，也会引发不少问题。比如裁判文书中可能记载着公民个人信息、个人隐私等内容，裁判文书的网络公开，虽然有利于扩大公开的范围，但也会增加侵犯公民个人信息、个人隐私等风险。又比如庭审网络直播，可能会对证人如实作证、法官公正裁判形成压力，从而对司法公正产生消极影响。

为防止裁判文书网络公开中产生的个人信息泄露等问题，最高人民法院出台了《关于人民法院在互联网公布裁判文书的规定》，其中规定了诸如个人信息的匿名处理、特定信息删除等保护性措施。这些保护措施实现了裁判结果公开和个人信息保护的有效平衡，符合比例原则的基本要求，对于裁判文书网络公开中的个人信息保护具有重要意义。为了规范网络庭审直播，最高人民法院出台了《关于人民法院直播录播庭审活动的规定》《关于人民法院通过互联网公开审判流程信息的规定》等规范性文件，规范各级法院的网络庭审直播活动。

（三）认罪认罚从宽的实践问题

虽然我国《刑事诉讼法》主体内容是以不认罪案件为基础所建构的，但是在刑事司法实践中认罪认罚案件要远多于不认罪案件，实践中绝大多数刑事案件都是通过适用认罪认罚从宽制度进行处理。以 2021 年为例，我国各级检察机关处理的刑事案件中，超过 85%的刑事案件都是适用认罪认罚从宽制度予以处理。[①] 这主要源于犯罪嫌疑人、被告人可以通过认罪认罚从宽制度适用获得更为宽缓的处理，他们可以在认罪认罚中积极改过自新，有利于犯罪特别预防；被害人可以在认罪认罚从宽制度适用中获得相应赔偿和救济，有利于被犯罪行为侵害的社会关系的修复；司法

① 参见 2022 年最高人民检察院工作报告。

机关可以在认罪认罚从宽制度适用中获得提高诉讼效率、优化司法资源配置的效果，有利于减少上诉、申诉案件，增强当事人对案件处理结果的认可度。

在认罪认罚从宽制度的实践运行中，也出现了很多值得研究的问题：第一，被追诉人认罪认罚自愿性保障问题。被追诉人认罪认罚自愿性是认罪认罚从宽制度的重要基础，《刑事诉讼法》设置了公安司法机关告知义务、值班律师、自愿性审查等制度，来保障被追诉人认罪认罚自愿性，但如何让这些制度在认罪认罚案件处理中发挥实质效果，有待进一步研究。第二，检察院量刑建议权和法院定罪量刑权问题。《刑事诉讼法》第 201 条规定了对于认罪认罚案件，人民法院依法作出判决时，一般应当采纳人民检察院指控的罪名和量刑建议。该条在实践运行中就曾引发认罪认罚案件中检察院量刑建议约束法院裁判是否侵犯了法院定罪量刑权的争议。第三，认罪认罚案件中的被告人上诉权问题。在认罪认罚案件中，被告人上诉比例很低，但却引发被告人在认罪认罚案件中上诉权是否应当受到限制、检察院是否可以通过抗诉方式来反制被告人上诉等问题的争议。

三、案例应用

谢某抢劫案①

【案情】检察院以谢某犯抢劫罪向法院提起公诉，一审开庭审理后，谢某的亲属为谢某委托了律师担任辩护人，该律师向法院要求为谢某辩护时，法院没有准许。一审法院判决谢某犯抢劫罪，判处有期徒刑 10 年 6 个月，剥夺政治权利 3 年，并处罚金 2 000 元。

一审宣判后，谢某不服，提起上诉。谢某辩称其未参与抢劫。谢某的辩护人提出：原判认定谢某抢劫的事实不清、证据不足；原审法院违反法定程序，剥夺了谢某获得辩护的权利。

二审法院经审理认为：一审法院拒绝辩护人为被告人提供辩护的做法不当，限制了被告人的诉讼权利，可能影响公正审判，应予纠正。上诉人与其辩护人提出的原审法院限制上诉人获得辩护权利的意见，予以采纳。故裁定撤销原判，发回重审。

发回重审后，一审法院另行组成了合议庭，重新开庭审理了本案。谢某的辩护人到庭参加了诉讼。法院重新审理后认定的事实与原审判决认定的一致，对谢某的定罪量刑与原审相同。宣判后，被告人谢某提出上诉。二审法院经审理后认为原审认定事实清楚，证据确实、充分，适用法律准确。故裁定驳回上诉，维持原判。

【问题】庭审结束后、宣判前限制委托辩护人，是否违反被告人有权获得辩护原则？

【评析】我国《刑事诉讼法》第 11 条规定了被告人有权获得辩护原则。这不仅包括被告人自行进行辩护的权利，也包括被告人委托律师进行辩护的权利。由于犯罪嫌疑人、被告人通常缺乏诉讼经验和法律知识，也缺乏调查权、阅卷权等诉讼权

---

① 南英. 刑事审判参考：总第 91 集. 北京：法律出版社，2014.

利，自行辩护通常很难充分、有效地保护其自身权利，这就需要辩护律师为其提供辩护。作为刑事诉讼的基本原则之一，犯罪嫌疑人、被告人有权获得辩护原则，适用于各个诉讼阶段或环节。在该案中，被告人在一审庭审结束之后才由其亲属代为委托辩护律师。但是，庭审结束后判决宣告前，案件仍然处于诉讼程序之中，此时被告人仍然有权委托律师参与诉讼，辩护律师仍然可以进行辩护活动。该案一审法院不准许辩护律师提供辩护，显然违反了《刑事诉讼法》第 11 条之规定。二审法院对于该程序违法通过撤销原判、发回重审的方式予以制裁。

有观点认为一审法院向谢某送达起诉书副本时已经告知其可以委托辩护人，但其直至庭审结束都没有委托，应当视为已经放弃委托辩护权，故对其亲属在开庭审理后、宣判前委托辩护人参与一审辩护的，不应准许。该观点显然不成立：首先，对于被告人放弃委托辩护律师等诉讼权利，应当以被告人明确、具体的意思表示为准，而不宜以默示或推定的方式来认定被告人放弃诉讼权利。其次，即便被告人作出了放弃委托辩护律师的明确意思表示，也应当承认其享有反悔的权利，以便撤销自己之前作出放弃相关诉讼权利的意思表示。

在该案中，由于被告人是在一审庭审结束后、案件宣判前才委托辩护律师，这就会涉及是否需要重新开庭审理的问题。若不重新开庭审理，辩护律师的阅卷权、会见权、提出辩护意见等诉讼权利很难充分实现，其辩护效果无法得到保障；若重新开庭审理，则会弱化之前已经完成的开庭审理活动的法律效力，甚至会让某些被告人故意利用庭审结束后委托辩护律师来达到拖延诉讼的不当目的。为了平衡辩护权保障和诉讼效率等法律价值之间的冲突，可以由法院根据案件具体情况来裁量决定是否重新开庭审理，比如需要综合考虑被告人之前没有委托辩护人的原因、辩护人的辩护意见是否影响法官在庭审中对案件事实已经形成的心证、公诉人对重新开庭的意见等因素。

秦某抢劫、诈骗、侵占案①

【案情】秦某因涉嫌抢劫、诈骗、侵占被依法逮捕，羁押于看守所。一审法院经公开审理后认定被告人秦某犯抢劫罪，判处死刑，剥夺政治权利终身，并处没收财产人民币 8 万元；犯诈骗罪，判处有期徒刑 6 年；犯侵占罪，判处有期徒刑 2 年；决定执行死刑，剥夺政治权利终身，没收财产人民币 8 万元。追缴被告人秦某违法所得人民币 165 166.84 元。秦某赔偿某煤矿人民币 72 216.6 元，赔偿某煤炭公司人民币 6 113.06 元。供犯罪用的铁锤一把、鱼叉一把、刀三把，予以没收。

一审法院宣判后，被告人秦某对判处没收财产和民事赔偿不服，以一审判决认定的抢劫罪、诈骗罪事实大部分不成立为由，提出上诉。

二审法院依法对本案进行审理。在审理过程中，秦某在看守所内服毒自杀死亡。

【问题】在没收财产、违法所得和犯罪工具中，如何贯彻法定不予追究原则和未经人民法院依法判决对任何人都不得确定有罪原则？

---

① 中华人民共和国最高人民法院刑事审判第一庭. 刑事审判参考. 北京：法律出版社，2000.

【评析】我国《刑事诉讼法》第 16 条规定了法定不予追究原则，对犯罪嫌疑人、被告人不予追究通常包括两方面条件：第一，在实体层面具有不予追究刑事责任的事由或情形；第二，在程序层面需要作出不立案、撤销案件、不起诉、终止审理或者宣告无罪等处理结果。这些不同类型的处理结果，主要取决于在何种诉讼阶段出现法定不予追究情形。若处于立案阶段，则应当作出不立案决定；若处于侦查阶段，则需要作出撤销案件的决定；若处于审查起诉阶段，则应当作出不起诉决定；若处于审判阶段，则应当裁定终止审理，但是若现有证据能够证明被告人无罪，经缺席审理确认无罪的，应当判决宣告被告人无罪。在该案中，秦某在二审程序中死亡，刑事追诉和刑罚已经失去了适用对象，且现有证据不能证明秦某无罪，因此，刑事审判就没有继续开展的必要，法院应当裁定终止审理。

案件终止审理之后，若对被告人判处没收财产刑，则既会违反《刑事诉讼法》第 16 条规定的法定不予追究原则，也会违反《刑事诉讼法》第 12 条规定的未经人民法院依法判决，对任何人都不得确定有罪原则。因为判处没收财产刑，需要以认定被告人有罪为前提，不得在没有确认被告人有罪的情况下对其判处刑罚。若在被告人死亡的情况下判处财产刑，即便在形式上没有定罪，但在实质上已经定罪，这就构成对未经人民法院依法判决对任何人都不得确定有罪原则的违反。因此，在被告人死亡的情况下，人民法院不得对其判处没收财产或者其他刑罚。

对于违法所得和作为犯罪工具的个人财产，该案在审理时我国《刑事诉讼法》尚未建立犯罪嫌疑人、被告人死亡案件违法所得的没收程序。2018 年修正后的《刑事诉讼法》才建立了犯罪嫌疑人、被告人逃匿、死亡案件违法所得的没收程序。被告人在审判程序中死亡，对其定罪量刑的刑事审判程序应当予以终止。但是，任何人不能从自己的违法犯罪行为中获得利益，被告人死亡并不会导致其犯罪违法所得和作为犯罪工具的个人财产就演变为合法财产。若按照《刑事诉讼法》第 298 条之规定，对于该案可以由人民检察院向人民法院提出没收违法所得的申请，启动没收违法所得的特别审判程序。在该程序中，没收财产的范围主要是依照刑法规定追缴的其“违法所得”及“其他涉案财产”。这里的“违法所得”是指因实施犯罪活动而取得的全部财产；“其他涉案财产”一般是指除违法所得以外的与犯罪有关的款物、作案工具和非法持有的违禁品。[①] 因此，本案中秦某犯罪所获赃款、铁锤等犯罪工具都属于违法所得的范围。

被告人死亡案件违法所得的没收程序，并不违反《刑事诉讼法》第 12 条规定的未经人民法院依法判决，对任何人都不得确定有罪原则。《刑事诉讼法》在确定该特别程序的名称时就较为谨慎，仅将其称为“违法所得”的没收程序，而没有将其称为“犯罪所得”的没收程序，这就意味着该特别程序中并没有将已经死亡被告人的行为评价为犯罪。这实际上已经将《刑事诉讼法》第 12 条规定基本原则的精神和要求贯彻于违法所得没收程序中。在违法所得没收程序的司法适用中，法院应当仅对违法所得和涉案财产作出处置，而不得对已经死亡被告人的行为予以《刑法》上的

① 李寿伟主编. 中华人民共和国刑事诉讼法解读. 北京：中国法制出版社，2018：750.

评价，更不能对其作出定罪量刑判决。

钱某故意伤害案[①]

【案情】2019 年 9 月 28 日晚，钱某应朋友邀请在某餐馆与被害人马某等人一起吃饭。其间，钱某与马某因敬酒发生争吵，马某不满钱某喝酒态度持玻璃酒杯用力砸向钱某头部，致其额头受伤流血。钱某随后从餐馆门口其电瓶车内取出一把折叠刀，在厮打过程中刺中马某胸部、腹部。马某随即被送往医院救治，经医治无效于同年 11 月 27 日死亡。案发后，钱某即向公安机关主动投案，如实供述了自己的犯罪行为。案件移送检察机关审查起诉后，钱某表示愿意认罪认罚，在辩护人见证下签署了“认罪认罚具结书”。案发后，被告人钱某向被害人亲属进行了民事赔偿，取得被害人亲属谅解。检察院以钱某犯故意伤害罪向法院提起公诉，提出有期徒刑 12 年的量刑建议。法院经开庭审理，当庭判决采纳检察机关指控的罪名和量刑建议。被告人未上诉，判决已生效。

【问题】在重罪案件中如何贯彻认罪认罚从宽原则？

【评析】我国《刑事诉讼法》第 15 条规定了认罪认罚从宽原则。作为刑事诉讼的基本原则之一，认罪认罚从宽原则既可以适用于审判阶段，也可以适用于侦查阶段、审查起诉阶段；既可以适用于轻罪案件，也可以适用于重罪案件。在该案中，钱某实施了故意伤害致人死亡的行为。按照《刑法》第 234 条之规定，故意伤害致人死亡的，处 10 年以上有期徒刑、无期徒刑或者死刑。《刑事诉讼法》第 15 条规定的认罪认罚从宽原则并没有排除对重罪案件的适用。在钱某实施犯罪行为后，其主动向公安机关投案，如实供述了自己的犯罪行为。案件移送检察机关审查起诉后，钱某自愿认罪认罚，在辩护人见证下签署了“认罪认罚具结书”。因此，该案可以适用认罪认罚从宽制度。

在该案适用认罪认罚从宽制度中，检察机关根据犯罪事实和量刑情节，初步拟定了有期徒刑 15 年的量刑建议。辩护人提出了钱某有正当防卫性质，属防卫过当的辩护意见。检察机关结合证据阐明被告人激愤之下报复伤害的犯罪故意明显，认为不属于针对不法侵害实施的防卫行为。辩护人对检察机关此意见表示认同，同时提交了钱某与被害人亲属达成的调解协议及被害人亲属出具的谅解书。检察机关审查并听取被害方意见后予以采纳，经与被告人及其辩护人沟通协商，将量刑建议调整为有期徒刑 12 年，控辩双方达成一致意见。在该案处理中，检察机关和辩护人之间就量刑问题进行了充分沟通、协商。此种协商既可以保障量刑建议的精确性，也可以提高辩护方对量刑建议的认可度。

四、知识拓展

国际通行的刑事诉讼基本原则

刑事诉讼基本原则体现了刑事诉讼的发展规律和基本思想，各国立法和很多国

---

① 参见最高人民检察院第 82 号指导性案例。

际公约确立了一些共同的刑事诉讼原则，即国际通行的刑事诉讼原则，它们是人类刑事诉讼制度和刑事司法实践的经验总结。下面介绍部分国际通行的刑事诉讼基本原则。

1. 国家追诉原则

对于刑事案件的追诉，应当由检察官代表国家向法院提起公诉，请求法院依法审判后确定被告人的刑事责任。检察官是否提起公诉应当依据法律规定和案件事实，不得受被害人及其他社会成员意志的影响或左右。国家追诉原则，有利于维护国家利益、保障法制统一实施。现代各国刑事诉讼法普遍采取国家追诉原则，由国家专门机关对刑事案件进行侦查、追诉。我国《刑事诉讼法》虽然没有明确规定国家追诉原则，但相关规定体现了国家追诉原则的基本精神，确立了以公诉为主、自诉为辅的刑事起诉制度，绝大多数刑事案件都是由国家专门机关进行立案、侦查和提起公诉。

2. 控审分离原则

在刑事诉讼中，刑事追诉职权和审判职权应当相互分离，将其分别配置给不同机关行使，而不能由同一机关集中行使。由法官对刑事案件进行审判，其不能承担对案件的追诉职能；由检察官对刑事案件提取公诉，其不能承担对案件的审判职能。控审分离原则可以防止法官先入为主的预断，保障案件公正审判，有利于保障控辩平等对抗。我国《刑事诉讼法》没有规定控审分离原则，但很多具体制度体现了控审分离原则的基本要求。比如《刑事诉讼法》规定了侦查权、检察权、审判权专属原则，实现了刑事追诉权和司法裁判权的相互分离；确立了不告不理制度，保障了法院裁判的中立性和公正性。

3. 禁止强迫自证其罪原则

在刑事诉讼中，国家专门机关不得强迫公民提供不利于自己的供述或证言。这里的“强迫”既包括自然意义上的强迫，比如刑讯、威胁、利诱等侵害被追诉人自愿性的取证行为，也包括法律意义上的强迫，比如长期羁押、剥夺律师帮助权、不告知诉讼权利等。① 禁止强迫自证其罪原则，有利于保障被追诉人的人格尊严和诉讼主体地位，有利于防止其沦为刑事追诉的客体和工具。我国《刑事诉讼法》没有在基本原则中规定禁止强迫自证其罪原则，但在证据规则中规定了“不得强迫任何人证实自己有罪”，在取证手段中明确要求“严禁刑讯逼供和以威胁、引诱、欺骗以及其他非法方法收集证据”，并规定了非法证据排除规则。

4. 禁止双重危险原则

该原则要求任何人不得因同一犯罪行为而遭受两次以上的刑事起诉和审判。对公民的同一犯罪行为实施多次刑事追诉，会让其永远处于焦虑和不安全状态，公民自由就无法得到有效保障，也会增加无辜者被错误定罪的风险。基于追求实体公正和客观真实的理念，我国《刑事诉讼法》尚未确立禁止双重危险原则。

---

① 陈瑞华．刑事诉讼法．北京：北京大学出版社，2021：161.

无罪推定原则

无罪推定原则是现代刑事诉讼的基石，它是指任何人在未经依法审判证实有罪之前应当在法律上被视为无罪的人。我国《刑事诉讼法》虽然没有明确规定无罪推定原则，但未经法院依法审判不得确定有罪原则中已经体现了无罪推定原则的主要精神。无罪推定原则体现了人权保障和权力制约的基本理念，它要求国家机关不能借由追诉犯罪之名随意剥夺公民的自由、财产等基本权利，因为他们在法院经依法审判认定有罪之前在法律上是无罪的人，必须在经由法院依法审判且能够排除合理怀疑的情况下才可以被定罪量刑。与无罪推定相对应的是有罪推定。封建专制时代的纠问式刑事诉讼就采取有罪推定原则，任何被追诉的人都仅是刑事追诉客体，而并不具有诉讼主体地位，即便没有经过法院审判，国家机关也可以将嫌疑人作为罪犯对待，可以对其拘禁、处罚，被追诉人有如实供述的义务，在符合法定条件下还可以对其采取刑讯逼供。这种有罪推定原则是不文明、不合理的，在社会发展进步的过程中逐渐被无罪推定原则所取代。

无罪推定原则在实体层面要求控诉方承担证明被告人有罪的证明责任，若控诉方没有提供证据或者提供的证据不能排除合理怀疑地证明被告人有罪，则不能推翻无罪推定，被告人在法律层面将被视为无罪的人。无罪推定原则体现了对社会中绝大多数人都是无罪的这样一个基本事实的尊重，由此决定了任何公民没有义务证明自己无罪。基于该不证自明的事实，任何人在未经法院依法审判证实有罪之前应当在法律上被视为无罪的人。无罪推定原则主要有以下内容：第一，被告人有罪的证明责任需要由控诉方承担，控诉方只有提供证据来推翻无罪推定，法院才能对被告人作出有罪判决。第二，被告人不需要承担自己无罪的证明责任。被告人在刑事诉讼中虽然可以向法院提供证据，但这并不是其履行证明责任的要求，而是其行使辩护权的表现。第三，控诉方没有提供相关证据或者提供的证据没有达到法定证明标准，则意味着无罪推定原则没有被推翻，此时不能认定被告人有罪。在案件事实存疑时，即现有证据既不能排除合理怀疑地证明被告人有罪，也无法充分认定被告人无罪，则应当基于无罪推定原则在法律层面判决被告人无罪。

无罪推定原则在程序层面要求在生效判决认定被告人有罪之前，不能将其作为罪犯并给予罪犯的待遇。作为在法律上推定为无罪的人，犯罪嫌疑人、被告人应当具有诉讼主体地位，其在刑事诉讼中享有各种诉讼权利，比如禁止强迫自证其罪权、辩护权、获得律师帮助权等。在刑事诉讼中，公安司法机关虽然可以对犯罪嫌疑人、被告人适用拘留、逮捕等强制措施，但这只能说明其正在受到刑事追诉，并不意味着其具有犯罪人的地位[①]，不能因为适用强制措施而否定其在法律上为无罪之人的推定。正是基于无罪推定原则，需要由法律对强制措施的适用设置诸多限制条件，从而保障犯罪嫌疑人、被告人具有防御的权利和能力。

---

① 陈瑞华．刑事诉讼法. 北京：北京大学出版社，2021：157.

"以审判为中心"的改革和分工负责、相互配合、相互制约原则

我国刑事诉讼分为立案、侦查、起诉、审判、执行等五个诉讼阶段。从刑事诉讼的纵向构造来看就存在"审判中心主义"和"侦查中心主义"两种路向。前者主张刑事诉讼应当以审判作为中心环节，侦查、起诉主要是为审判活动做准备，执行主要是对审判内容的具体实现；侦查活动、公诉活动应当接受法院的司法审查；法院对案件事实的认定应当依据当庭出示并接受控辩双方质证辩论的证据，而不能通过查阅案件卷宗材料来认定案件事实，检察院向法院移送的卷宗材料对法院并不具有预定的约束力。后者则是侦查在刑事诉讼中占据中心地位，真正决定案件处理结果的是侦查活动，而不是审判活动，侦查机关对案件事实及证据的认定通常决定着审判结果，后续起诉、审判仅仅是对侦查结果的确认。虽然我国《刑事诉讼法》规定了法院、检察院和公安机关在刑事诉讼中分工负责、相互配合、相互制约的基本原则，但是在"侦查中心主义"之下，法院、检察院和公安机关在刑事司法实践中呈现出"重配合、轻制约"的问题，无法真正发挥法院、检察院对公安机关侦查活动的制约功能。

为了克服"侦查中心主义"所带来的种种弊端，党的十八届四中全会《决定》中提出"推进以审判为中心"的诉讼制度改革，确保侦查、审查起诉的案件事实证据经得起法律的检验。全面贯彻证据裁判规则，严格依法收集、固定、保存、审查、运用证据，完善证人、鉴定人出庭制度，保证庭审在查明事实、认定证据、保护诉权、公正裁判中发挥决定性作用。"推进以审判为中心"的诉讼制度改革，有利于克服"侦查中心主义"下法院、检察院和公安机关之间"重配合、轻制约"的问题，发挥审查起诉、审判对侦查活动的有效制约功能，有利于真正贯彻刑事诉讼中分工负责、相互配合、相互制约的基本原则。

认罪认罚从宽与协商性司法

现行《刑事诉讼法》主要是建立在被告人不认罪案件的基础上，它是以国家与被追诉人处于冲突、对抗的状态为理论预设。处于对立地位的双方主体分别是作为国家专门机关的公安机关、检察机关和作为被追诉方的犯罪嫌疑人、被告人。公安机关、检察机关处于强势地位，其拥有各种国家资源，还可以采取具有强制力的搜查、拘留、逮捕等措施。作为被追诉方的犯罪嫌疑人、被告人，则处于弱势地位。控辩双方力量对比处于天然失衡状态，因此，通过权利保障和权力制约实现控辩双方平等对抗，就成为现代刑事诉讼制度的重要内容。为了实现控辩平等对抗，现代各国刑事诉讼制度普遍确立了无罪推定、控审分离、禁止强迫自证其罪、排除合理怀疑的证明标准等原则和制度。

我国《刑事诉讼法》规定了认罪认罚从宽原则和制度。认罪认罚从宽制度是建立在被告人认罪认罚基础之上的，认罪认罚会降低甚至消减控辩双方的对抗与冲突，控辩双方关系从"对抗"转向"非对抗"，这就对建立在被告人不认罪案件基础上的传统刑事诉讼制度提出重大挑战。传统刑事诉讼的很多基本原则、主要制度是否适

用于认罪认罚案件？认罪认罚从宽制度是否导致刑事诉讼制度的分裂？这些问题引发了理论界的巨大争议与分歧。比如在法院、检察院和公安机关的相互关系问题上，有学者主张认罪认罚案件仍然应当遵循“以审判为中心”，强调法院在认罪认罚案件处理中的中心地位；也有学者主张认罪认罚从宽程序的有效运行应当遵循“检察主导”，强调检察机关是认罪认罚从宽程序的主导者。又比如在认罪认罚案件是否应当适用排除合理怀疑的证明标准问题上，有学者认为刑事案件中定罪的证明标准并不会因为被告人认罪认罚而降低，其仍然应当达到排除合理怀疑的证明标准；也有学者主张认罪认罚案件中被告人定罪的证明标准可以适当宽松。

五、文献荐读

1. 陈光中主编. 刑事诉讼法. 北京：高等教育出版社，2021.

2. 陈卫东主编. 刑事诉讼法学. 北京：高等教育出版社，2022.

3. 陈瑞华. 刑事诉讼法. 北京：北京大学出版社，2021.

4. 易延友. 刑事诉讼法：规则 原理 应用. 北京：法律出版社，2019.

5. 闫召华. 合作式司法的中国模式：认罪认罚从宽研究. 北京：中国政法大学出版社，2022.

第四章　管辖与回避

一、原理精析

(一) 管辖与回避制度概述

明确案件的管辖权是刑事诉讼活动中首先要解决的问题。刑事诉讼中的管辖，是指国家专门机关依法在受理案件上的权限划分。在域外的国家和地区，刑事管辖通常指审判管辖，刑事诉讼管辖制度主要解决案件审理法院的适格性问题，即确定哪一个法院有审理一个刑事案件的职权。在我国，刑事诉讼中的管辖是指公安机关、人民检察院、人民法院和其他国家专门机关立案受理刑事案件的权限分工，以及人民法院系统内部受理第一审刑事案件的权限划分。我国的刑事诉讼管辖制度不仅包括针对审理法院的适格性问题的审判管辖制度，还包括解决公安、检察等机关的侦查分工以及法院受理自诉案件的范围问题的职能管辖或立案管辖制度。

刑事诉讼管辖制度是基于国家有效追诉犯罪从而实现刑法维护社会秩序的目的而诞生的，它自诞生起就是刑事诉讼法律制度不可分割的一部分。然而，最初的管辖制度仅限于审判管辖，现代刑事诉讼中的职能管辖制度是刑事诉讼结构转型过程中刑事诉讼职能分化的产物。因此，应将现代刑事管辖制度的诞生轨迹放在诉讼结构发展的脉络中予以把握：在古代弹劾式诉讼中，对犯罪实行私人告发主义，诉讼遵循“不告不理”，法官不能主动收集证据，更不能主动管辖某一案件。随着 1532 年《加洛林那法典》的公布施行，刑事诉讼开始对犯罪实行国家追诉主义，国家权威的代表——法官可以依职权主动对案件进行管辖。不过，由于此时的法官集侦控职能与审判职能于一身，且纠问式诉讼过分强调刑讯以获取口供，法庭的功能被局限于终结程序，导致这个时期未能诞生现代意义上的刑事诉讼管辖制度。从历史上看，纠问式诉讼统治的时代终结于 1789 年法国大革命，革命爆发后，在欧洲大陆诞生了一种结合了弹劾式诉讼与纠问式诉讼的新型诉讼制度。在新制度下由新设的检察官主导侦查程序并代表国家实施起诉，审前程序与审判程序开始分化。这个时期的刑事诉讼开始呈现阶段化特征，侦查阶段的调查结果仅有暂定效力，案件罪责问题的最终确定则成为审判阶段的任务。于是，在革命后的新型诉讼制度中，逐渐产生了现代意义上的审判管辖制度。而且，在控审职能分离后，随着时代的发展，犯罪案件数量愈发膨胀、犯罪种类也愈发复杂多样，犯罪特征的变化对履行侦查职权的机构的专业化程度提出了新要求。因而，控诉职能又分化为侦查职能和审查起诉职能，不过这两种职能并不是完全分离的，由于二者在目标上存在一致性，审查起诉、提起公诉与侦查工作天然地联系在一起，这种联系直接表现为检察机关保留一定的直接侦查权。此外，弹劾式诉讼中的私人告诉传统在现代刑事诉讼法中也以自诉制度的面貌得到保留，因此现代刑事诉讼管辖制度不仅包括旨在明确案件由哪个法院审理并作出裁决的审判管辖制度，还涵盖旨在确定案件由哪个机关直接受理的职能管辖制度。

刑事诉讼中的回避，是指与案件当事人有某种利害关系或其他特殊关系的侦查人员、检察人员、审判人员及其他司法工作人员，不得参加或应当退出刑事诉讼活动的制度。刑事回避制度既是一项古老的诉讼制度，也是现代世界各国所普遍适用的一项制度。根据一般的诉讼理论，回避制度的建立，旨在确保法官、陪审员等人员在诉讼中保持中立无偏的地位，使当事人受到公正的对待，获得公正审判的机会。因此，实行回避制度具有重大意义。其一，有利于案件的公正审理。如果办案人员与案件有利害关系或者其他特殊关系，就有可能不自觉地偏袒一方或者先入为主，从而影响案件办理的客观公正性。严格执行回避制度，就有利于消除这些不公正的因素。其二，有利于消除当事人及其法定代理人的思想顾虑。如果办案人员应当回避而仍参加该案件的办理，即使案件处理得正确，也难以消除当事人及其法定代理人对公正司法的质疑。实行回避制度，有助于消除他们对司法不公的思想顾虑，维护公安司法机关的威信，减少不必要的上诉和申诉。

刑事诉讼管辖制度与回避制度联系密切，二者在保护被追诉人获得公平审判的目标及方式上存在共通性；同时二者作为解决不同问题而诞生的诉讼制度，各有其制度运行的独特机理，因而二者也具有不同的理论基础。值得注意的是，无论是刑事诉讼管辖制度还是回避制度都在我国呈现出与西方国家相异的特征。

首先，刑事诉讼管辖制度与回避制度都为保护被追诉人获得公平审判而赋予被追诉人以“异议权”。

程序参与是程序正义理论的构成要素之一，在刑事诉讼程序中，“参与”的核心在于参与者作为自主的主体，通过积极、主动和自愿的行为影响或改变诉讼的最终结果；“参与”的主要方式则在于参与者行使法律赋予其的“异议权”。就管辖制度而言，一方面，法院管辖问题会直接影响案件事实的认定和法律的适用，从而对公共利益的维护产生十分重要的影响；另一方面，对当事人而言，由哪一个法院管辖也关系到其法定诉讼权利是否能够实现、合法权益是否能得到保障等切身的个人利益问题。因此，管辖制度必须为犯罪嫌疑人、被告人提供程序参与的机会，即赋予被追诉人申请管辖权异议的权利。就回避制度而言，为了切断办案人员与案件的利益牵涉或防止办案人员的偏颇之见，更有必要为被追诉人提供程序参与的空间，而且被追诉人通过行使申请回避的权利参与构建审判的主体，还会使其和社会大众更加认同对诉讼请求的处理结果，也更能接受对案件的判决。因此，无论是申请管辖权异议的权利抑或是申请回避的权利，实质上都是被追诉人基本程序权利的重要组成部分，是保证刑事案件的被追诉人受到公正对待、获得公正审判的有力武器，体现了诉权对司法权的制约。必须指出的是，管辖权异议的问题还与整体回避的问题之间存在直接联系，整体回避的问题本质上就是改变管辖的问题，而管辖变更必须保障当事人的程序参与，亦即需要当事人通过行使“异议权”予以实现。

其次，刑事诉讼管辖制度与回避制度具备不同的理论基础。

（1）法定法官原则。程序法定原则是现代程序法的基石，它又称为合法性原则，它要求刑事诉讼活动的开展必须严格受制于法律。管辖制度作为刑事诉讼制度的重要组成部分，它必须以法定法官原则作为法理基础，这是程序法定原则在管辖制度中的体现。法定法官原则包含三重含义：一是只有法律能够制定和确定法官的管辖权；二是法官及其管辖权的确定，依据的必须是在作为诉讼标的的犯罪事实作出之时已生效的法律；三是该原则旨在约束管辖权的不当行使，从而排除任何随意地甚至任意地作出裁判的可能性。① 法定法官原则在保障当事人的基本程序性权利的行使，防止行政对司法的干预，尤其在阻止指定管辖随意化行使方面起着重要的作用。值得一提的是，贯彻法定法官原则还要注意原则性与灵活性相结合，这是具体问题具体分析的必然要求，符合唯物辩证法关于事物共性与个性相统一的原理。因此，管辖分工既要遵循法律的预先规定，但也应允许在某些特殊情况下进行必要的调整。我国《刑事诉讼法》并未对法定法官原则作出直接规定，但该原则的主要内涵在《刑事诉讼法》关于管辖的规定及具体的司法解释中得到了体现。

（2）中立原则。公平审判原则是现代法治国刑事司法程序的基石性原则，法官或其他司法官员的中立性或不偏颇性构成了该原则的核心内涵。故中立原则作为现代刑事诉讼公正审判原则的基本要求，其主要内涵就是法官不能与案件存在利益牵涉或对当事人存在偏见。具体而言，中立原则包含三项具体要求：一是与案件有牵连的人不得成为该案的裁判官；二是法官不得与案件结果或争议各方有任何利益上或其他方面的关系；三是裁判者不应存有支持或反对某一方参与者的偏见。可见，刑事诉讼中的回避制度正是中立原则在司法程序中的外化形态。1948 年《世界人权宣言》第 10 条规定是中立原则的较为完整的表述，即“人人完全平等地有权由一个独立而无偏袒的法庭进行公正和公开的审判，以确定他的权利和义务并判定对他提出的任何刑事指控。”1966 年联合国《两权公约》第 14 条第 1 项做出了更为全面、完整体现中立原则的规定：“在判定对任何人提出的任何刑事指控或确定他在一件诉讼案中的权利和义务时，人人有资格由一个依法设立的合格的、独立的和无偏倚的法庭进行公正的和公开的审讯。”我国《刑事诉讼法》设立专章规定了旨在确保办案

---

① ［葡］乔治·德·菲格雷多·迪亚士．刑事诉讼法．马哲，缴洁，译．北京：社会科学文献出版社，2019：196.

人员在诉讼中保持中立无偏的回避制度，体现了立法者对中立原则的重视与贯彻。

最后，我国刑事管辖制度与回避制度的制度设计受传统诉讼阶段理论影响较大而呈现阶段化特征。

诉讼阶段理论是根据认识规律而进行的程序设计，起源于苏联的刑事诉讼理论，苏联法学家切里佐夫指出："刑事案件从其开端的时候起直到判决的执行为止是向前运动的，是逐渐发展的，诉讼的各个部分通常叫作诉讼阶段。"① 诉讼阶段理论是现代刑事诉讼程序设计的基础，与之具有同等基石性地位的理论是审判中心理论，二者深刻塑造着刑事程序中的各种法律制度，当然也包括管辖制度与回避制度。审判中心理论的要旨在于，只有审判阶段才具有典型的诉讼形态，侦查、起诉等环节只是审判程序的准备阶段。无论在哪个国家，在哪种诉讼模式中，刑事诉讼程序一般都包含侦查、审查起诉、审判等阶段，诉讼阶段的划分是现代刑事诉讼职能不断分化、发展和整合的结果；审判中心理论的侧重点则在于司法最终解决。西方国家刑事诉讼管辖制度的设计主要是在审判中心理论的指导下进行的，这些国家刑事诉讼活动主要围绕着审判展开，因此这些国家的刑事诉讼管辖立法都仅规定审判管辖，而不对起诉阶段和侦查阶段的管辖作出具体规定。基于同样的理由，西方国家的回避制度的适用对象往往仅涉及具有司法最终裁判权的法官、陪审员。

需要指出的是，我国传统的"诉讼阶段论"有其独特之处，主要是指侦查、起诉和审判作为平行的三个阶段，它们对刑事诉讼目的的实现起着同等重要的作用，它们的诉讼地位没有高低之分。该理论与我国公检法分工负责、互相配合、互相制约的国情相符合，对我国的管辖制度和回避制度产生了较大影响，以至于我国的刑事管辖制度与回避制度呈现出阶段化的特征。具体而言，《刑事诉讼法》虽主要就审判管辖作出规定，但在各机关出台的解释性文件中，还存在对具体案件在侦查、起诉阶段的管辖的具体规定。此外，《刑事诉讼法》规定的回避制度的适用对象不仅涉及审判人员，还包括侦查人员、检察人员等，与此同时，我国《刑事诉讼法》也将被追诉人申请回避的权利从审判阶段延伸至侦查、起诉阶段。

（二）立案管辖

立案管辖又称职能管辖，指的是刑事诉讼法规定的国家专门机关直接立案管辖刑事案件的职权范围，即各有关机关相互之间直接管辖案件的权限划分。立案管辖与国家专门机关的职能分工相适应，主要解决的是刑事案件具体首先由哪一个机关立案受理的问题。我国是立法明确规定职能管辖制度的典型国家，在域外，鲜有国家的刑事诉讼法对职能管辖制度作出明确规定，但是，许多国家的刑事诉讼法或相关规定会涉及侦审机关之间的分工及侦查机关之间的分工，这与我国的职能管辖制度相类似。

我国《刑事诉讼法》第19条以概括性的方式规定了公安机关、人民检察院和人民法院立案管辖的范围。最高人民法院、最高人民检察院和公安部各自发布的关于

---

① ［苏］切里佐夫. 苏维埃刑事诉讼. 中国人民大学刑法教研室，译. 北京：法律出版社，1955：56.

《刑事诉讼法》的司法解释或部门规章中对立案管辖进行了细化规定，六部门《规定》也对刑事案件的立案管辖作出了具体的规定。

我国的立案管辖制度于 1979 年《刑事诉讼法》之中就得到了确立，立案管辖的制度设计的主要根据是公安机关、检察机关与审判机关在刑事诉讼中的职责分工。在我国，立案管辖是一项与在分工负责、互相配合、互相制约原则指导下形成的各管一段的“流水作业式”刑事诉讼构造相配套的重要制度。我国的立案管辖制度有利于公安司法机关有效地行使职权，便于实践中迅速确定某一具体案件由哪一机构管辖，从而有利于保障案件的破获率；同时立案管辖制度也为人民群众根据案件性质向不同的机关进行报案、举报、控告或提起自诉提供了便利。

1. 公安机关直接受理的刑事案件

《刑事诉讼法》第 19 条第 1 款规定：“刑事案件的侦查由公安机关进行，法律另有规定的除外。”公安机关作为国家的治安保卫机关，承担着打击违法犯罪活动，维护国家安全，维护社会治安秩序的职责，具有丰富的犯罪斗争经验和有力的专门侦查手段。刑事案件的立案侦查主要由公安机关负责，既是公安机关性质定位的应有之义，又是法律赋予其的职责所在，更是同犯罪作斗争的现实要求。

除人民法院直接受理的刑事案件以及人民检察院直接受理的刑事案件外，该法条所规定的除外情况主要是指《刑事诉讼法》第 4 条的规定，即“国家安全机关依照法律规定，办理危害国家安全的刑事案件，行使与公安机关相同的职权”，以及《刑事诉讼法》第 308 条的规定“军队保卫部门对军队内部发生的刑事案件行使侦查权。中国海警局履行海上维权执法职责，对海上发生的刑事案件行使侦查权。对罪犯在监狱内犯罪的案件由监狱进行侦查。军队保卫部门、中国海警局、监狱办理刑事案件，适用本法的有关规定。”

2. 人民检察院直接受理的刑事案件

《刑事诉讼法》第 19 条第 2 款规定：“人民检察院在对诉讼活动实行法律监督中发现的司法工作人员利用职权实施的非法拘禁、刑讯逼供、非法搜查等侵犯公民权利、损害司法公正的犯罪，可以由人民检察院立案侦查。对于公安机关管辖的国家机关工作人员利用职权实施的重大犯罪案件，需要由人民检察院直接受理的时候，经省级以上人民检察院决定，可以由人民检察院立案侦查。”依据该条文表述，我国检察机关享有立案侦查权主要是基于其法律监督机关的定位，检察机关享有部分职务犯罪侦查权有利于其更好地行使法律监督、诉讼监督权。

依据最高检《人民检察院立案侦查司法工作人员相关职务犯罪案件规定》第 1 条的规定，检察机关直接受理的案件总共涉及 14 个罪名。具体规定如下。

人民检察院在对诉讼活动实行法律监督中，发现司法工作人员涉嫌利用职权实施的下列侵犯公民权利、损害司法公正的犯罪案件，可以立案侦查：非法拘禁罪（《刑法》第 238 条）（非司法工作人员除外），非法搜查罪（《刑法》第 245 条）（非司法工作人员除外），刑讯逼供罪（《刑法》第 247 条），暴力取证罪（《刑法》第 247 条），虐待被监管人罪（《刑法》第 248 条），滥用职权罪（《刑法》第 397 条）（非司法工作人员滥用职权侵犯公民权利、损害司法公正的情形除外），玩忽职守罪

(《刑法》第397条)(非司法工作人员玩忽职守侵犯公民权利、损害司法公正的情形除外),徇私枉法罪(《刑法》第399条第1款),民事、行政枉法裁判罪(《刑法》第399条第2款),执行判决、裁定失职罪(《刑法》第399条第3款),执行判决、裁定滥用职权罪(《刑法》第399条第3款),私放在押人员罪(《刑法》第400条第1款),失职致使在押人员脱逃罪(《刑法》第400条第2款),徇私舞弊减刑、假释、暂予监外执行罪(《刑法》第401条)。

依据《高检规则》第14条的规定,对于上述所列犯罪案件,由设区的市级人民检察院立案侦查。基层人民检察院发现犯罪线索的,应当报设区的市级人民检察院决定立案侦查。设区的市级人民检察院根据案件情况也可以将案件交由基层人民检察院立案侦查,或者要求基层人民检察院协助侦查。对于刑事执行派出检察院辖区内与刑事执行活动有关的犯罪线索,可以交由刑事执行派出检察院立案侦查。最高人民检察院、省级人民检察院发现犯罪线索的,可以自行立案侦查,也可以将犯罪线索交由指定的省级人民检察院或者设区的市级人民检察院立案侦查。

3. 人民法院直接受理的刑事案件

《刑事诉讼法》第19条第3款规定:"自诉案件,由人民法院直接受理。"所谓"自诉案件"也就是不需要公安机关或者人民检察院进行立案侦查,也无须由人民检察院提起公诉,而是由被害人本人或者其近亲属自行向人民法院起诉,由人民法院直接立案并予以审判的案件。自诉制度属于对弹劾式诉讼中被害人追诉制度的保留,在现代刑事诉讼中,自诉制度体现了当事人诉权对国家追诉权的制约,有利于防止国家滥用起诉权。

我国《刑事诉讼法》第210条规定了自诉案件的范围,具体包括以下三类案件。

一是告诉才处理的案件。

告诉才处理的案件又被称为告诉乃论之罪。告诉乃论的立法规定旨在平衡追诉犯罪的公共利益与被害人的私人利益,因为在一些案件中被害人存在消极的不追诉利益,如侮辱、诽谤案件;或积极的不追诉利益,如亲属之间发生的侵占案件。我国《刑法》第98条对告诉才处理的案件作出规定:"本法所称告诉才处理,是指被害人告诉才处理。如果被害人因受强制、威吓无法告诉的,人民检察院和被害人的近亲属也可以告诉。"依据《刑法》的相关规定,告诉才处理的罪名包括以下四种:(1)《刑法》分则第246条第1款规定的侮辱、诽谤罪;(2)《刑法》分则第257条第1款规定的暴力干涉婚姻自由罪;(3)《刑法》分则第260条第1款规定的虐待罪;(4)《刑法》分则第270条规定的侵占罪。对涉嫌以上罪名的案件,被害人告诉才处理。但是,侮辱、诽谤他人,严重危害社会秩序、国家利益,或者暴力干涉他人婚姻自由,引起被害人死亡或者虐待家庭成员造成重伤、死亡的,不属告诉才处理的范围,应当依法追究犯罪人的刑事责任。

二是被害人有证据证明的轻微刑事案件。

依据《刑事诉讼法》的规定,这类案件要由人民法院直接受理,必须具备两个条件:其一必须是轻微的刑事案件,即犯罪性质、情节轻微,案件事实清楚的刑事案件;其二被害人必须提供证据证明被告人有罪,也即被害人承担其指控的证明责任。依据《高法解释》第1条第2项的规定，该类案件范围具体包括：(1) 故意伤害案（轻伤）；(2) 非法侵入住宅案；(3) 侵犯通信自由案；(4) 重婚案；(5) 遗弃案；(6) 生产、销售伪劣商品案（严重危害社会秩序和国家利益的除外）；(7) 侵犯知识产权案（严重危害社会秩序和国家利益的除外）；(8) 属于《刑法》分则第四章、第五章规定的，对被告人可以判处3年有期徒刑以下刑罚的其他轻微刑事案件。

对于上述八类案件，被害人直接向人民法院起诉的，人民法院应当依法受理。对其中证据不足，可以由公安机关受理的，或者认为对被告人可能判处3年有期徒刑以上刑罚的，应当告知被害人向公安机关报案，或者移送公安机关立案侦查。依据《公安规定》第14条第3项规定，对人民法院直接受理的被害人有证据证明的轻微刑事案件，因证据不足驳回起诉，人民法院移送公安机关或者被害人向公安机关控告的，公安机关应当受理；被害人直接向公安机关控告的，公安机关应当受理。据此，该类案件并不排除经公安机关立案侦查，并由人民检察院提起公诉的可能性。可见，被害人有证据证明的轻微刑事案件较为特殊，具有公诉权、自诉权并行存在，适用程序可以选择的特点。但基于立法规定自诉案件所表露的对私人诉权尊重的精神，对该类案件应当采取自诉权优先的原则。

三是被害人有证据证明对被告人侵犯自己人身、财产权利的行为应当依法追究刑事责任，而公安机关或者人民检察院不予追究被告人刑事责任的案件。

这类案件被称为“公诉转自诉”案件，它在性质上本属于公诉案件的范围，但由于公安机关和检察机关拒绝追究，为了保证被害人的控诉权以及缓解某些案件中老百姓告状无门的问题，《刑事诉讼法》规定该类案件可以由被害人向人民法院起诉，从而转为自诉案件。对该类案件，人民法院应当重点审查是否具备以下四个条件：一是被害人遭受的侵害限定于人身权利或财产权利方面的侵害，对被害人其他权利的侵害，不属于可以提起自诉的案件范围；二是被告人的行为已经构成犯罪，依法应当追究刑事责任，不属于《刑事诉讼法》第16条规定的情形；三是对该案件公安机关或人民检察院应当立案却作出不予立案决定，或者应当起诉却作出不起诉决定，或者不应当撤销案件而作出撤销案件决定；四是对于上述条件和事项，被害人能够提供证据予以证明。

关于《刑事诉讼法》对该类案件的范围的规定，1998年最高人民法院出台的司法解释第1条对其作出了限制性解释，要求“公安机关或者人民检察院已经作出不予追究的书面决定”。2013年《高法解释》则删除了“作出书面决定”的限制，2021年《高法解释》延续了2013年《高法解释》的规定。

4. 管辖冲突及解决

管辖冲突又称立案管辖交叉冲突，是指司法实践中公安机关、人民检察院、人民法院就同一刑事案件在立案管辖上存在交叉的情况。根据法律规定和司法实践，实践中管辖冲突通常存在如下解决方式。

公安机关及其他专门机关在立案后的侦查过程中，如果发现被告人还犯有属于人民法院直接受理的罪行，应分情况进行处理：对于告诉才处理的案件，应告知被害人直接向人民法院起诉；对于被害人有证据证明的轻微刑事案件，公安机关可以受理并立案进行侦查，并在人民检察院提起公诉时，连同公诉案件一并移送人民法院，由人民法院合并审理。

人民法院在审理自诉案件过程中，如果发现被告人还犯有必须由人民检察院提起公诉的罪行，应将新发现的罪行另案移送有管辖权的公安机关处理。

《高检规则》第 18 条第 1 款规定："人民检察院办理直接受理侦查的案件涉及公安机关管辖的刑事案件，应当将属于公安机关管辖的刑事案件移送公安机关。如果涉嫌的主罪属于公安机关管辖，由公安机关为主侦查，人民检察院予以配合；如果涉嫌的主罪属于人民检察院管辖，由人民检察院为主侦查，公安机关予以配合。"

（三）审判管辖

审判管辖指的是法院管辖受理第一审案件的职权范围，即同级法院之间、上下级法院之间和一般法院与专门法院之间，管辖受理第一审案件的权限划分。在我国，审判管辖指的是人民法院系统内部，包括同级人民法院之间、上下级人民法院之间、普通人民法院与专门人民法院之间受理第一审刑事案件的权限划分。

审判管辖在内容上可以分为级别管辖、地域管辖、指定管辖、专门管辖和并案管辖。

1. 级别管辖

级别管辖是指上下级人民法院之间关于审判第一审刑事案件的权限划分，即从纵向上解决案件应由哪一级法院管辖的问题。划分级别管辖的标准取决于犯罪性质、罪名以及刑罚轻重与案件造成的影响等因素，级别管辖的划分与一国审级制度的设置也紧密相关。

级别管辖的制度安排比较能体现一国的刑事诉讼程序设计是否符合诉讼认知规律。通常来说，普通刑事案件中大部分审判管辖权都归于基层法院。原因在于，基层法院与行政区划一样，数量多、分布广且更接近犯罪地群众，由基层法院管辖大部分刑事案件，有利于被告人就近参与诉讼，有利于案件的及时、迅速处理。法院的审级越高，法律赋予法院管辖案件的数量就应该越少，更高级别的法院更多担任的是上诉审查、审判指导或监督的职能而非受理案件。因此，就各国立法例来看，基层法院及其上诉法院是对案件进行实质审理的法院，也是最能体现"审判中心主义"及程序设计的"繁简分流"程度的法院。

我国《刑事诉讼法》对各级法院管辖的第一审案件作出了明确的规定，因为我国实行四级两审制，级别管辖的规定具体包括以下四种情形。

（1）基层人民法院管辖第一审普通刑事案件，但是依照《刑事诉讼法》由上级人民法院管辖的除外。

（2）中级人民法院管辖下列第一审刑事案件：危害国家安全、恐怖活动案件；可能判处无期徒刑、死刑的案件；适用缺席审判程序审理的案件。

（3）高级人民法院管辖的第一审刑事案件，是全省（自治区、直辖市）性的重大刑事案件。

（4）最高人民法院管辖的第一审刑事案件，是全国性的重大刑事案件。

《刑事诉讼法》为了适应审判活动中可能出现的特殊情况的需要，规定了级别管辖的变通，即移送管辖制度。依据《刑事诉讼法》第 24 条的规定，上级人民法院在必要的时候，可以审判下级人民法院管辖的第一审刑事案件；下级人民法院认为案情重大、复杂需要由上级人民法院审判的第一审刑事案件，可以请求移送上一级人民法院审判。

2. 地域管辖

所谓地域管辖，是指同一级人民法院之间关于审判第一审刑事案件的权限划分，即在级别管辖确定之后，从横向上解决具体由哪一个法院管辖的问题。我国《刑事诉讼法》第 25 条规定："刑事案件由犯罪地的人民法院管辖。如果由被告人居住地的人民法院审判更为适宜的，可以由被告人居住地的人民法院管辖。"据此，我国刑事案件的地域管辖以由"犯罪地"人民法院管辖为原则，以由"居住地"人民法院管辖为例外。

此外，依据《刑事诉讼法》第 26 条的规定，我国刑事案件的地域管辖还遵循以最初受理的人民法院管辖为主，以主要犯罪地人民法院管辖为辅的原则。

一是犯罪地人民法院管辖。

所谓犯罪地，《高法解释》、六部门《规定》和《公安规定》都对其作了较为明确的解释，即"犯罪地包括犯罪行为发生地和犯罪结果发生地"。该规定与《刑法》第 6 条第 3 款的规定即"犯罪的行为或者结果有一项发生在中华人民共和国领域内的，就认为是在中华人民共和国领域内犯罪"相一致。此外，《公安规定》第 16 条第 1 款对犯罪地作了进一步解释："……犯罪行为发生地，包括犯罪行为的实施地以及预备地、开始地、途经地、结束地等与犯罪行为有关的地点；犯罪行为有连续、持续或者继续状态的，犯罪行为连续、持续或者继续实施的地方都属于犯罪行为发生地。犯罪结果发生地，包括犯罪对象被侵害地、犯罪所得的实际取得地、藏匿地、转移地、使用地、销售地。"

我国刑事案件的地域管辖之所以以由"犯罪地"人民法院管辖为原则，是因为：(1) 犯罪地通常是与犯罪有关证据的集中地。案件由犯罪地法院管辖，便于公检法三机关协调一致，及时、全面开展调查、核实证据的工作，从而有利于迅速查明案情，正确处理案件。(2) 犯罪地往往也是证人、被害人等诉讼参与人的生活地。案件由犯罪地人民法院管辖，便于他们就近参与诉讼，从而使诉讼参与人免于奔波之劳以及舒缓被害人的情绪并保障诉讼活动的顺利进行。(3) 犯罪地还是进行法治文化宣传的教育地。人民群众通常非常关注自己居住地所发生的犯罪案件，刑事案件由犯罪地的人民法院审判，便于群众旁听和及时掌握案件的审理情况，这不仅有利于发挥法庭审判的教育作用，还有利于加强人民群众对审判活动的监督。

实践中，要注意几类特殊犯罪案件之犯罪地的认定：(1) 针对或者利用计算机网络实施的犯罪案件的犯罪地。《高法解释》第 2 条第 2 款规定："针对或者主要利用计算机网络实施的犯罪，犯罪地包括用于实施犯罪行为的网络服务使用的服务器所在地，网络服务提供者所在地，被侵害的信息网络系统及其管理者所在地，犯罪过程中被告人、被害人使用的信息网络系统所在地，以及被害人被侵害时所在地和被害人财产遭受损失地等。”（2）毒品犯罪案件中的犯罪地。2007年最高人民法院、最高人民检察院、公安部制定了《办理毒品犯罪案件适用法律若干问题的意见》，依据该规定，“犯罪地”包括犯罪预谋地，毒资筹集地，交易进行地，毒品生产地，毒资、毒赃和毒品的藏匿地、转移地，走私或者贩运毒品的目的地以及犯罪嫌疑人被抓获地等。（3）行驶中的交通工具上发生的刑事案件的地域管辖。《公安规定》第18条规定：“行驶中的交通工具上发生的刑事案件，由交通工具最初停靠地公安机关管辖；必要时，交通工具始发地、途经地、目的地公安机关也可以管辖。”

二是被告人居住地人民法院管辖。

《刑事诉讼法》第25条规定：“刑事案件由犯罪地的人民法院管辖。如果由被告人居住地的人民法院审判更为适宜的，可以由被告人居住地的人民法院管辖。”此外，2021年《高法解释》新增了一条规定作为对上述条文的补充，《高法解释》第4条规定：“在中华人民共和国内水、领海发生的刑事案件，由犯罪地或者被告人登陆地的人民法院管辖。由被告人居住地的人民法院审判更为适宜的，可以由被告人居住地的人民法院管辖。”

依据《高法解释》第3条的规定，被告人的户籍地为其居住地。经常居住地与户籍地不一致的，经常居住地为其居住地。经常居住地为被告人被追诉前已连续居住1年以上的地方，但住院就医的除外。被告单位登记的住所地为其居住地。主要营业地或者主要办事机构所在地与登记的住所地不一致的，主要营业地或者主要办事机构所在地为其居住地。此外，《公安规定》第16条第2款对被告人居住地作出了类似的解释。

所谓“更为适宜的”，在司法实践中应由法院据个案情况裁量决定，大体来说由被告人居住地人民法院审判更为适宜的刑事案件一般包括如下情形：被告人系流窜作案，其居住地群众更加了解案情和被告人情况的；被告人在居住地民愤很大，当地群众强烈要求在其居住地审判的；被告人可能判处有期徒刑、拘役、缓刑或者管制，而应在被告人居住地执行的；等等。

三是最初受理地人民法院管辖及主要犯罪地人民法院管辖。

在实践中，有时会遇到同一级别、不同地域的数个法院对同一案件都有管辖权，即管辖权竞合的情形。为避免审判机关不必要的争议而导致诉讼拖延，《刑事诉讼法》第26条明确规定：“几个同级人民法院都有权管辖的案件，由最初受理的人民法院审判。在必要的时候，可以移送主要犯罪地的人民法院审判。”由最初受理的人民法院审判为主，主要是基于诉讼效率及程序安定性的考量，但为适应实践中案件的复杂性，法律作出了在必要的时候可以移送主要犯罪地人民法院审判的规定。

《高法解释》对上述规定进行了较为细化的解释，即《高法解释》第19条规定：“两个以上同级人民法院都有管辖权的案件，由最初受理的人民法院审判。必要时，可以移送主要犯罪地的人民法院审判。管辖权发生争议的，应当在审理期限内协商解决；协商不成的，由争议的人民法院分别层报共同的上级人民法院指定管辖。”该解释确定了管辖权竞合时的解决路径：协商及指定管辖。

四是特殊情况的管辖。

刑事案件的情况错综复杂，有一些特殊案件。针对这些特殊情况，《高法解释》第 5～13 条作出了规定，这些规定大体可以分为两类。

第一，对于在具有中国国籍的舰船、航空器和国际列车，驻外中国使领馆内犯罪的案件管辖问题的规定。(1) 在国际列车上的犯罪，根据我国与相关国家签订的协定确定管辖；没有协定的，由该列车始发或者前方停靠的中国车站所在地负责审判铁路运输刑事案件的人民法院管辖。(2) 在中华人民共和国领域外的中国船舶内的犯罪，由该船舶最初停泊的中国口岸所在地或者被告人登陆地、入境地的人民法院管辖。(3) 在中华人民共和国领域外的中国航空器内的犯罪，由该航空器在中国最初降落地的人民法院管辖。(4) 中国公民在中国驻外使领馆内的犯罪，由其主管单位所在地或者原户籍地的人民法院管辖。

第二，特殊主体犯罪案件的地域管辖问题的规定。(1) 服刑罪犯漏罪和新罪的管辖问题的规定。正在服刑的罪犯在判决宣告前还有其他罪没有判决的，由原审地人民法院管辖；由罪犯服刑地或者犯罪地的人民法院审判更为适宜的，可以由罪犯服刑地或者犯罪地的人民法院管辖。罪犯在服刑期间又犯罪的，由服刑地的人民法院管辖。罪犯在脱逃期间又犯罪的，由服刑地的人民法院管辖。但是，在犯罪地抓获罪犯并发现其在脱逃期间犯罪的，由犯罪地的人民法院管辖。(2) 中国公民在境外犯罪的管辖问题的规定。中国公民在中华人民共和国领域外的犯罪，由其登陆地、入境地、离境前居住地或者现居住地的人民法院管辖；被害人是中国公民的，也可以由被害人离境前居住地或者现居住地的人民法院管辖。(3) 外国人在境外对中华人民共和国或中国公民犯罪的管辖问题的规定。外国人在中华人民共和国领域外对中华人民共和国国家或者公民犯罪，根据《刑法》应当受处罚的，由该外国人登陆地、入境地或者入境后居住地的人民法院管辖，也可以由被害人离境前居住地或者现居住地的人民法院管辖。(4) 对违反国际条约犯罪案件的管辖问题规定。对中华人民共和国缔结或者参加的国际条约所规定的罪行，中华人民共和国在所承担条约义务的范围内行使刑事管辖权的，由被告人被抓获地、登陆地或者入境地的人民法院管辖。

3. 指定管辖

所谓指定管辖，是指在特定情况下，由上级人民法院指定下级人民法院管辖某一具体刑事案件。实践中，指定管辖主要表现为三种情形：一是为防止权势和社会关系影响而改变管辖，主要表现为异地管辖；二是因侦查、控诉力量调配以及其他特殊情况而改变管辖，主要表现为因侦查效益或其他原因通过上级机关指定而改变管辖，以及集中管辖等情形；三是因原管辖公安司法机关及其人员（主要是其负责人）需要回避而改变管辖等。

目前我国《刑事诉讼法》关于指定管辖的规定较为原则化，缺少具体的程序规范，且当事人的管辖异议权也处于缺位状态。另外，《刑事诉讼法》规定的指定管辖，其主体为人民法院，其性质为审判管辖，而公安、检察机关的侦查、批捕、公诉的指定管辖均未涉及。

《刑事诉讼法》关于指定管辖的规定主要为第 27 条："上级人民法院可以指定下

级人民法院审判管辖不明的案件，也可以指定下级人民法院将案件移送其他人民法院审判。”据此，指定管辖主要是用来解决管辖权不明的问题，同时对于管辖权明确，但某种原因使得有管辖权的人民法院不能行使或不便行使管辖权的情形，也可适用指定管辖。

关于指定管辖的程序，依据《高法解释》第 21 和 22 条，上级人民法院指定管辖，应当将指定管辖决定书送达被指定管辖的人民法院和其他有关的人民法院。原受理案件的人民法院在收到上级人民法院改变管辖决定书、同意移送决定书或者指定其他人民法院管辖的决定书后，对公诉案件，应当书面通知同级人民检察院，并将案卷材料退回，同时书面通知当事人；对自诉案件，应当将案卷材料移送被指定管辖的人民法院，并书面通知当事人。

4. 专门管辖

专门管辖，是指各专门人民法院之间，以及专门人民法院与普通人民法院之间关于审判第一审刑事案件的权限划分。《刑事诉讼法》第 28 条规定：“专门人民法院案件的管辖另行规定。”这里的“专门人民法院”，是指根据法律设立的、有权审理刑事案件的专门法院。依据 1979 年《人民法院组织法》，专门人民法院具体是指军事法院和铁路运输法院，但全国铁路运输法院于 2012 年完成管理体制改革后就整体纳入了国家司法体系，之后又进行了跨行政区划法院改革试点，因此 2018 年修订的《人民法院组织法》第 15 条关于专门人民法院的规定删除了“铁路运输法院”。所以，目前刑事案件的专门管辖主要指军事法院的管辖。

军事法院管辖的案件为现役军人和军内在编职工的刑事犯罪案件，主要包括违反《刑法》分则第十章“军人违反职责罪”的犯罪案件。依据《办理军队和地方互涉刑事案件规定》，对于军队、地方互涉刑事案件的管辖权争议问题，一般实行分别管辖制度，即现役军人和非军人共同犯罪的，现役军人由军事法院管辖，非军人由地方人民法院或其他专门法院管辖。但是，涉及国家军事秘密的，全案由军事法院管辖。但在下列情况下，应由地方人民法院或其他专门法院管辖，包括：非军人、随军家属在部队营区犯罪的，军人在办理退役手续后犯罪的，现役军人入伍前犯罪的，退役军人在服役期内犯罪的（犯军人违反职责罪的除外），武装警察部队中的边防、消防、警卫武管人员犯罪的。

改制后的铁路运输法院的刑事案件管辖范围，依照最高人民法院《关于铁路运输法院案件管辖范围的若干规定》的要求，除涉及铁路运输犯罪的各类公诉案件外，还包括刑事自诉案件。另外，2021 年《高法解释》第 5 条新增了列车上犯罪案件的管辖规定。

5. 并案管辖

并案管辖，又称牵连管辖，是指将原本应由不同机关管辖的数个案件合并由同一个机关管辖的做法。并案管辖在性质上属于管辖权的合并，实际上是法定管辖的例外。并案管辖在程序上会产生一种“绑定”效果，即管辖机关可以突破地域管辖和级别管辖制度的法律规定，将原本应由不同机关管辖的数个案件，在程序上合并处理。我国《刑事诉讼法》并未对并案管辖予以规定，实践中主要是依据公安部、最高人民法院、最高人民检察院出台的解释性文件以及六部门《规定》来处理牵连案件管辖的问题。

并案管辖的适用须具备以下条件。

一是实体条件，即适用并案管辖的数个案件之间必须存在关联性，由于对“关联性”一词难以作出准确定义，各国立法普遍采取列举的方式来界定何谓关联性。我国也是如此。依据六部门《规定》第 4 条的规定，可以并案处理的案件限于“牵连案件”，包括：（1）一人犯数罪的；（2）共同犯罪的；（3）共同犯罪的犯罪嫌疑人、被告人还实施其他犯罪的；（4）多个犯罪嫌疑人、被告人实施的犯罪存在关联，并案处理有利于查明案件事实的。并案管辖是基于节约司法资源及便于查明案件事实的考量而产生的管辖制度。对具有关联性的案件进行并案处理有利于案件证据和信息的统一使用，提高诉讼效率，更好地保障司法公正。

二是程序条件，并案管辖适用的程序条件包括：（1）适用并案管辖不能突破职能管辖的规定。依据相关规定，并案管辖必须在公、检、法机关的“职责范围”内适用。关于“职责范围”，《刑事诉讼法》第 3 条第 1 款规定：“对刑事案件的侦查、拘留、执行逮捕、预审，由公安机关负责。检察、批准逮捕、检察机关直接受理的案件的侦查、提起公诉，由人民检察院负责。审判由人民法院负责。除法律特别规定的以外，其他任何机关、团体和个人都无权行使这些权力。”据此，并案管辖的结果不能超越《刑事诉讼法》对公、检、法机关的法定授权范围。（2）适用并案管辖的法院必须是相同类型的法院。并案管辖事实上是对法定管辖的变更与突破，系刑事审判管辖权的扩张，但这种扩张仍须以审判管辖权的同质性为前提，而不能突破专门管辖制度的规定。换言之，普通法院与专门法院之间不能进行牵连管辖。对于相同类型的法院而言，并案管辖意味着法院可以对原本应由其他法院管辖的案件合并立案、合并审判，也意味着法院可以对检察院分案起诉的数个案件合并审判。此外，并案管辖还意味着法院可以对由同一被告人实施的、但分别由检察院提起公诉和自诉人提起自诉的数个案件合并审判。

除了上述条件，《高法解释》还对法院适用并案管辖作出了一些规定。如《高法解释》第 15 条规定：“一人犯数罪、共同犯罪或者其他需要并案审理的案件，其中一人或者一罪属于上级人民法院管辖的，全案由上级人民法院管辖。”《高法解释》第 25 条规定：“第二审人民法院在审理过程中，发现被告人还有其他犯罪没有判决的，参照前条规定处理。第二审人民法院决定并案审理的，应当发回第一审人民法院，由第一审人民法院作出处理。”

（四）回避的适用

1. 回避的适用人员

我国《刑事诉讼法》第 29 条、第 32 条规定的适用回避的人员，主要包括侦查人员、检察人员、审判人员等。

（1）侦查人员，包括直接负责侦查本案的侦查人员、侦查部门负责人和侦查机关负责人。

（2）检察人员，包括各级人民检察院的助理检察员、检察员、检察委员会委员、副检察长和检察长。

（3）审判人员，依据最高人民法院《关于审判人员在诉讼活动中执行回避制度若干问题的规定》第13条的规定，审判人员包括各级人民法院院长、副院长、审判委员会委员、庭长、副庭长、审判员和助理审判员。

（4）书记员，包括在公安机关、人民检察院、人民法院从事诉讼活动记录工作的书记员。

（5）翻译人员，包括任何诉讼阶段中受聘请或者指派承担翻译工作的人员。

（6）鉴定人，包括任何诉讼阶段中受聘请或者指派进行鉴定工作的人员。

依据最高人民法院《关于审判人员在诉讼活动中执行回避制度若干问题的规定》，回避的主体还包括审判人员以外的在编工作人员、人民陪审员、勘验人员、执行员。另据《高检规则》第37条、《公安规定》第40条，回避的规定还适用于司法警察和记录人。

2. 回避的原因

回避的原因，也称回避的法定情形，是指法律规定的适用回避所应当具备的事由。

在英美法系国家，回避制度分为有因回避和无因回避。无因异议权是当事人享有的不需要有事实根据而提出异议，要求陪审员回避的权利。无因异议一经提出，陪审员即应回避，因此无因回避又称为强制回避。有因回避称为有理回避，是指当事人提起回避申请时必须附具原因，出示法官或陪审员可能存有偏见的事实理由的制度。

我国《刑事诉讼法》中并不存在无因回避制度，依据《高法解释》第33条的规定，当事人及其法定代理人申请回避的，应当提供证明材料。且《高法解释》第239条第1款规定："审判长应当询问当事人及其法定代理人、辩护人、诉讼代理人是否申请回避、申请何人回避和申请回避的理由。"因此在我国，所有的回避都是有因回避。依据《刑事诉讼法》第29条、第30条，《法官法》、《检察官法》以及相关司法解释，回避的原因有以下几种。

一是本案的当事人或者是当事人的近亲属。

本案的当事人，是指本案的被害人、自诉人、犯罪嫌疑人、被告人、附带民事诉讼的原告人和被告人；当事人的近亲属，是指上述人员的夫、妻、父、母、子、女、同胞兄弟姊妹。由于具有本项理由的上述人员与该案件的处理结果有着直接或间接的利害关系，他们在担任本案的侦查、检察、审判人员等时，极易从维护自身或者其近亲属的不正当利益出发，歪曲事实、曲解法律，从而不公正地处理案件，或者容易引起人们对其是否能够正确地依法履行职责、秉公执法、公正处理案件产生怀疑，所以应当回避。

依据《高法解释》第27条第4项的规定，审判人员与本案的辩护人、诉讼代理人有近亲属关系的也属于应当回避的情形。在司法实践中，有些审判人员由于与辩护人、诉讼代理人存在近亲属关系，便介绍其代理本案，影响了案件的客观公正审理。因此，存在这种关系的审判人员应当回避。

二是本人或者其近亲属和本案有利害关系。

办案人员或某些诉讼参与人虽然不是本案的当事人或者当事人的近亲属，但他们或其近亲属仍有可能与本案有利害关系，如办案人员或者他的近亲属与被害人或者犯罪嫌疑人、被告人有恋爱关系等。既然办案人员或某些诉讼参与人本人或者他的近亲属与本案有利害关系，就有可能从个人私利出发而不能客观、公正地履行职责和处理案件，因此，应当回避。

三是担任过本案证人、鉴定人、辩护人或者诉讼代理人。

证人在诉讼中具有不可替代性，办案人员若事前已了解案情，就具有向公安司法机关作证的义务。同样，担任过本案鉴定人、辩护人或者诉讼代理人的，基于履行法律赋予的特定诉讼职责，在履行职责的过程中对案件已形成了自己的看法。这些人员若再从事该案的侦查、起诉或审判工作，可能导致先入为主或产生利益牵连，进而影响案件的公正处理。因此，上述人员均应回避。

四是与本案当事人有其他关系，可能影响案件公正处理。

这里所说的与本案当事人有其他关系，法律未作具体规定。它是根据回避制度的立法宗旨，赋予公安司法机关及有关公民的一项授权性规定，是对可能影响公正处理案件的不宜一一列举的情况而作出的原则性规定。当然，与本案当事人有其他关系，不是必须回避的理由，只有这种“其他关系”“可能影响公正处理案件的”，才是应予回避的条件或理由，理解与执行该项规定时，要紧密围绕回避的立法宗旨。比如，审判人员、检察人员、侦查人员与本案当事人在案前有救命之恩或是杀父之仇，就属于可能影响公正处理案件的“其他关系”，应当回避。究其原因和法律理由，就在于这些审判人员“与本案当事人有其他关系，可能影响公正处理案件”。

五是审判人员、检察人员、侦查人员等接受当事人及其委托的人的请客送礼，违反规定会见当事人及其委托人的。

这是因为审判人员、检察人员、侦查人员等享有法律赋予的一定权力，他们的工作关涉犯罪嫌疑人、被告人能否被依法追诉和裁判。可是，有的当事人及其委托人，包括控辩双方的当事人及其法定代理人、诉讼代理人、辩护人以及亲朋好友等，千方百计单独私下约见有关办案人员或者请客送礼、拉关系、“走后门”，为当事人说情，企图左右办案人员，使法律的天平倾斜。而有的办案人员不顾《法官法》第46条、《检察官法》第47条、《人民警察法》第22条的规定，碍于人情或禁不住金钱、物质利益的诱惑，私自会见当事人及其委托的人，接受吃请、收受礼品礼金，甚至索受贿赂，于是“吃人家嘴软、拿人家手短”，办人情案、关系案、金钱案。这是社会上不正之风、腐败现象在公安司法队伍中的体现，是干扰公安司法机关严肃执法、秉公办案的重要因素之一。它的存在与发展，损害了国家法制的统一、法律的尊严，败坏了公安司法机关的形象，破坏了党和人民群众的鱼水关系，危害甚大。因此，应将有关纪律进一步具体化，以促进办案人员及有关诉讼参与人反腐倡廉，确保案件的公正处理。

依据《刑事诉讼法》第30条第2款的规定，审判人员、检察人员、侦查人员违反本条第 1 款规定的，应当依法追究其法律责任，即依据《法官法》《检察官法》《人民警察法》的相关规定视情形分别给予其警告、记过、记大过、降级、撤职、开除等处分。对索贿受贿构成犯罪的，依法应当追究其刑事责任。除行政处分和追究刑事责任以外，有关机关还应对违反上述纪律、法律的办案人员，指令其回避。对方当事人及其法定代理人有证据证明有关办案人员私自会见当事人及其委托的人，或者接受吃请、收受礼品礼金甚至索要贿赂的，有权向有关机关举报，并有权申请有关办案人员等回避。

六是监察、侦查、检察、审判人员参加过本案先前程序的，不得再参与本案其他程序。

依据《刑事诉讼法》第 239 条与第 256 条规定，对于第二审人民法院经过第二审程序裁定发回重审以及人民法院按照审判监督程序重新审判的案件，原审人民法院负责审理此案的原合议庭组成人员应当回避。

在上述规定的基础上，《高法解释》第 29 条及《关于审判人员在诉讼活动中执行回避制度若干问题的规定》第 3 条对此又作了扩大解释，即凡在一个审判程序中参与过本案审判工作的合议庭组成人员或者独任审判员，不得再参与该案其他程序的审判。但是，发回重新审判的案件，在第一审人民法院作出裁判后又进入第二审程序或者死刑复核程序的，原第二审程序或者死刑复核程序中的合议庭组成人员不受本款规定的限制。

同理，《高检规则》第 35 条也规定："参加过同一案件侦查的人员，不得承办该案的审查逮捕、审查起诉、出庭支持公诉和诉讼监督工作，但在审查起诉阶段参加自行补充侦查的人员除外。"此外，《高法解释》第 29 条第 1 款还规定："参与过本案调查、侦查、审查起诉工作的监察、侦查、检察人员，调至人民法院工作的，不得担任本案的审判人员。"

七是任职回避。

依据《法官法》第 36 条的规定，法官从人民法院离任后 2 年内，不得以律师身份担任诉讼代理人或者辩护人。法官从人民法院离任后，不得担任原任职单位办理案件的诉讼代理人或者辩护人，但是作为当事人的监护人或者近亲属代理诉讼或者进行辩护的除外。《检察官法》第 37 条规定，检察官从人民检察院离任后 2 年内，不得以律师身份担任诉讼代理人或者辩护人。检察官从人民检察院离任后，不得担任原任职单位办理案件的诉讼代理人或者辩护人，但是作为当事人的监护人或者近亲属代理诉讼或者进行辩护的除外。

依据《法官法》第 24 条的规定，法官的配偶、父母、子女担任该法官所任职人民法院辖区内律师事务所的合伙人或者设立人的，或者在该法官所任职人民法院辖区内以律师身份担任诉讼代理人、辩护人，或者为诉讼案件当事人提供其他有偿法律服务的，法官应当实行任职回避。依据《检察官法》第 25 条的规定，检察官的配偶、父母、子女担任该检察官所任职人民检察院辖区内律师事务所的合伙人或者设立人的，或者在该检察官所任职人民检察院辖区内以律师身份担任诉讼代理人、辩护人，或者为诉讼案件当事人提供其他有偿法律服务的，检察官应当实行任职回避。

此外，依据最高人民法院于 2020 年 4 月发布的《关于对配偶父母子女从事律师职业的法院领导干部和审判执行人员实行任职回避的规定》的规定，人民法院领导干部和审判执行人员的配偶、父母、子女担任该领导干部和审判执行人员所任职人民法院辖区内律师事务所的合伙人或者设立人的，或者在该领导干部和审判执行人员所任职人民法院辖区内以律师身份担任诉讼代理人、辩护人，或者为诉讼案件当事人提供其他有偿法律服务的，法院领导干部和审判执行人员应当实行任职回避。人民法院在选拔任用干部时，不得将符合任职回避条件的人员作为法院领导干部和审判执行人员的拟任人选。人民法院在招录补充工作人员时，应当向拟招录补充的人员释明有关任职回避规定的相关内容。这里的“法院领导干部”，是指各级人民法院的领导班子成员及审判委员会委员；“审判执行人员”，是指各级人民法院立案、审判、执行、审判监督、国家赔偿等部门的领导班子成员、法官、法官助理、执行员。

（五）回避的程序

1. 回避的提出

回避的提出指的是在刑事诉讼中，法律对回避由谁、在什么时间、通过何种方式提出以及提出时是否需要附具原因或证据材料的规定。依据我国《刑事诉讼法》的相关规定，回避的方式分为以下几种。

（1）自行回避，是指侦查人员、检察人员、审判人员等具有法律规定的应当回避的情形时，自行、主动要求退出刑事诉讼活动的制度。

（2）申请回避，是指审判人员、检察人员、侦查人员等具有应当回避的法定情形而没有自行回避时，案件当事人及其法定代理人、辩护人、诉讼代理人向上述人员所在机关提出申请，要求其予以回避的制度。申请回避权，是法律赋予当事人及其法定代理人等的一项基本诉讼权利。

（3）指令回避，也称为职权回避或决定回避，是指侦查人员、检察人员、审判人员等具有法律规定的应当回避的情形而没有自行回避，当事人及其法定代理人、辩护人、诉讼代理人也没有申请其回避，由法定的人员或组织径行决定，命令其退出该案件诉讼活动的制度。指令回避是自行回避和申请回避的必要补充。

在我国，回避适用于从侦查、起诉、审判到执行的整个刑事诉讼流程，在刑事诉讼的各个环节和阶段，当事人及其法定代理人都有权申请回避，辩护人、诉讼代理人也可以依照《刑事诉讼法》第一编第三章的规定要求回避。同时，申请回避权作为当事人及其法定代理人所享有的一项基本诉讼权利，公安机关、人民检察院、人民法院有义务予以保障。对此，法律和相关司法解释规定了审判人员、检察人员和侦查人员在相关程序环节，均应当告知当事人及其法定代理人享有申请回避的权利，即依据《刑事诉讼法》第 120 条、第 190 条的规定，侦查人员在讯问犯罪嫌疑人的时候，应当告知犯罪嫌疑人享有的诉讼权利；开庭时，审判长告知当事人有权对合议庭组成人员、书记员、公诉人、鉴定人和翻译人员申请回避。《高检规则》第 26 条也规定：“人民检察院应当告知当事人及其法定代理人有依法申请回避的权利，并告知办理相关案件的检察人员、书记员等人员的姓名、职务等有关情况。”

据上所述，我国所有的回避都是有因回避。依据《高法解释》第32条的规定以及《高检规则》与《公安规定》的相关规定，无论是自行回避还是申请回避，均可以通过书面或口头的方式提出；以口头方式提出回避申请的，应当记录在案。但不论采用哪一种方式，都必须说明理由。如果当事人及其法定代理人、辩护人、诉讼代理人是依据《刑事诉讼法》第30条的规定（办案人员违反规定会见当事人及其委托代理人或接受当事人及其委托代理人请客送礼）提出回避申请的，或者依据《高法解释》第28条的规定，对具有如下情形的审判人员提出回避申请的，还应当向申请机关提供有关证明材料：（1）违反规定会见本案当事人、辩护人、诉讼代理人的；（2）为本案当事人推荐、介绍辩护人、诉讼代理人，或者为律师、其他人员介绍办理本案的；（3）索取、接受本案当事人及其委托的人的财物或者其他利益的；（4）接受本案当事人及其委托的人的宴请，或者参加由其支付费用的活动的；（5）向本案当事人及其委托的人借用款物的；（6）有其他不正当行为，可能影响公正审判的。

2. 回避的处理

回避的处理是指法律对回避要求由谁审查并作出决定，以及决定作出后如何救济的规定。依据《刑事诉讼法》第31条第1款的规定，审判人员、检察人员、侦查人员的回避，应当分别由院长、检察长、公安机关负责人决定；院长的回避，由本院审判委员会决定；检察长和公安机关负责人的回避，由同级人民检察院检察委员会决定。

具体而言，分为以下几种情况。

一是对审判人员回避请求的处理。

人民法院审判人员的回避，由人民法院院长决定；审判委员会委员有应当回避情形的，应当自行回避并报院长决定；院长自行申请回避，或者当事人及其法定代理人申请院长回避的，由审判委员会讨论决定。审判委员会讨论时，由副院长主持，院长不得参加。

对驳回申请回避的决定，当事人、法定代理人、辩护人、诉讼代理人可以在接到决定时申请复议一次。对于不属于法定回避原因的，由法庭当庭驳回，并不得申请复议。

二是对检察人员回避请求的处理。

人民检察院检察长的回避，由检察委员会讨论决定。检察委员会讨论检察长回避问题时，由副检察长主持，检察长不得参加。其他检察人员的回避，由检察长决定。

当事人及其法定代理人、辩护人、诉讼代理人对出庭的检察人员提出回避申请，人民法院对具有法定回避原因的，应当决定休庭，并通知人民检察院尽快作出决定；人民法院对不具有法定回避原因的，应当当庭驳回，并不得申请复议。

人民检察院作出驳回申请回避的决定后，应当告知当事人及其法定代理人如不服本决定，有权在收到驳回申请回避的决定书后5日以内向原决定机关申请复议一次。当事人及其法定代理人对驳回申请回避的决定不服申请复议的，决定机关应当在 3 日以内作出复议决定并书面通知申请人。

三是对侦查人员回避请求的处理。

侦查人员的回避，由县级以上公安机关负责人决定；县级以上公安机关负责人的回避，由同级人民检察院检察委员会决定。

当事人及其法定代理人对侦查人员提出回避申请的，公安机关应当在收到回避申请后 2 日以内作出决定并通知申请人；情况复杂的，经县级以上公安机关负责人批准，可以在收到回避申请后 5 日以内作出决定。当事人及其法定代理人对县级以上公安机关负责人提出回避申请的，公安机关应当及时将申请移送同级人民检察院。

当事人及其法定代理人对驳回申请回避的决定不服的，可以在收到驳回申请回避决定书后 5 日以内向作出决定的公安机关申请复议。公安机关应当在收到复议申请后 5 日以内作出复议决定并书面通知申请人。

四是对书记员、鉴定人和翻译人员等回避请求的处理。

在侦查阶段，记录人、翻译人员和鉴定人需要回避的，由县级以上公安机关负责人决定；在审查起诉阶段，书记员、司法警察和人民检察院聘请或者指派的翻译人员、鉴定人的回避由检察长决定；在审判阶段，法官助理、书记员、翻译人员和鉴定人适用审判人员回避的有关规定，其回避问题由院长决定。

3. 回避的效力

回避申请提出以后，在回避决定作出前，刑事诉讼活动应暂时停止，等回避决定作出后再行恢复。但是基于保障侦查活动的连续性和及时性的考量，为保证侦查任务的顺利完成，《刑事诉讼法》第 31 条第 2 款规定，“对侦查人员的回避作出决定前，侦查人员不能停止对案件的侦查”。

对于回避决定作出后，被决定回避的对象此前的诉讼行为是否有效的问题，我国《刑事诉讼法》并没有作出规定，而是由相关司法解释补充规定。依据《公安规定》第 39 条的规定，被决定回避的公安机关负责人、侦查人员在回避决定作出以前所进行的诉讼活动是否有效，由作出决定的机关根据案件情况决定。《高检规则》第 36 条也对该问题作出了规定，即：“被决定回避的检察长在回避决定作出以前所取得的证据和进行的诉讼行为是否有效，由检察委员会根据案件具体情况决定。被决定回避的其他检察人员在回避决定作出以前所取得的证据和进行的诉讼行为是否有效，由检察长根据案件具体情况决定。被决定回避的公安机关负责人在回避决定作出以前所进行的诉讼行为是否有效，由作出决定的人民检察院检察委员会根据案件具体情况决定。”《高法解释》并未对审判人员回避前的诉讼行为是否有效作出规定，但就诉讼原理来看，由于在法庭审判阶段奉行直接言词原则，法官必须亲自践行审理程序，听取双方当事人的陈述与辩论，从而获得案件待证事实的直接印象，因此，根据直接言词原则的要求，审理过程中法官因某种原因无法审理时，不能由其他法官径行代替，而是必须重新进行审理。对审判人员来说，一旦回避的决定作出，此前的诉讼行为即告无效。

二、实践动态

1979年《刑事诉讼法》自实施以来经历了三次重大修改，其中每一次修改都涉及管辖制度的内容。在2012年、2018年修法之后，我国的管辖制度发生了一些较大的变化，主要表现为：一是《刑事诉讼法》与《监察法》的衔接，2018年修法立法者调整了人民检察院侦查职权，从而导致了检察院立案管辖范围的收缩；二是司法实践中，我国的司法机关对刑事管辖制度进行了积极的改革探索，形成了异地审理、集中管辖的实践做法；三是跨行政区划的改革试点。值得一提的是，与管辖制度的频频变动相比，回避制度近年来几无变化。

（一）监察法与刑事诉讼法的衔接

"法法衔接"问题首当其冲的就是案件管辖的协调衔接问题。[①] 2018年《监察法》出台后，监察机关成了行使国家监察职能的专责机关，各级监察委员会依据《监察法》的规定，对所有行使公权力的公职人员进行监察，调查职务违法和职务犯罪。2018年4月16日，中共中央纪律检查委员会和国家监察委员会印发了《国家监察委员会管辖规定（试行）》，依据其规定监察机关的实际管辖范围包括6大类88种职务犯罪案件，其中包括绝大部分原来由检察机关直接受理的刑事案件。因此《监察法》与《刑事诉讼法》的衔接就成为国家监察体制改革和司法体制改革的现实要求，而在"法法衔接"的诸多问题中，在监察调查程序中的监察案件应否适用《刑事诉讼法》，是"法法衔接"系列问题的核心和前提。为了与《监察法》的规定相衔接，2018年《刑事诉讼法》修改调整了检察机关自侦案件的范围，对检察机关立案管辖范围进行了大幅度限缩。依据最高检《人民检察院立案侦查司法工作人员相关职务犯罪案件规定》第1条的规定，检察机关直接受理的案件由原先的53个罪名缩减为14个罪名。这次修改化解了检察机关与监察机关直接受理案件范围的重叠问题，有助于解决司法实践中监察机关调查的案件是否受到《刑事诉讼法》规范的难题。在我国的宪法体制中，监察机关作为一个政治机关，办案以《监察法》为依据，而依据《监察法》的规定，监察机关对于其认为需要起诉的案件可以直接移送人民检察院审查起诉，即监察法的立案效力可以直接作用于刑事诉讼。[②]

此外，《高检规则》第17条规定："人民检察院办理直接受理侦查的案件，发现犯罪嫌疑人同时涉嫌监察机关管辖的职务犯罪线索的，应当及时与同级监察机关沟通。经沟通，认为全案由监察机关管辖更为适宜的，人民检察院应当将案件和相应职务犯罪线索一并移送监察机关；认为由监察机关和人民检察院分别管辖更为适宜的，人民检察院应当将监察机关管辖的相应职务犯罪线索移送监察机关，对依法由人民检察院管辖的犯罪案件继续侦查。人民检察院应当及时将沟通情况报告上一级

① 姚莉．监察案件的立案转化与"法法衔接"．法商研究，2019（1）：24.

② 陈卫东．2018刑事诉讼法修改条文理解与适用．北京：中国法制出版社，2019：4.

人民检察院。沟通期间不得停止对案件的侦查。”

《监察法》第 34 条也规定：“人民法院、人民检察院、公安机关、审计机关等国家机关在工作中发现公职人员涉嫌贪污贿赂、失职渎职等职务违法或者职务犯罪的问题线索，应当移送监察机关，由监察机关依法调查处置。被调查人既涉嫌严重职务违法或者职务犯罪，又涉嫌其他违法犯罪的，一般应当由监察机关为主调查，其他机关予以协助。”

因此，《刑事诉讼法》及相关司法解释的修改为监察委员会向检察机关移送案件的程序衔接奠定了基础，也为处理好检察机关直接受理案件与监察机关调查案件的关系提供了相应的法律依据。《刑事诉讼法》与《监察法》在管辖问题上进行衔接，有利于进一步推进反腐斗争，推进国家治理体系和治理能力的现代化。

（二）管辖的实践探索

1. 异地管辖

我国《刑事诉讼法》规定了刑事案件的管辖以犯罪地管辖为原则、被告人居住地管辖为例外作为法定地域管辖的基本原则。但是，实践中存在刑事案件依法由具有管辖权的法院审判会受到各方面的干扰从而导致难以作出公正判决的情况，这时经由上级法院指定，由不具有管辖权的法院根据指定对该案件进行审理的做法就称为异地管辖。异地管辖是我国指定管辖制度的直接探索，其因可以排除办案过程中可能受到的干扰和阻力而具有一定现实的合理性。我国异地管辖的实践探索最早发生于 2001 年审结的“慕马案”，该案后，逐渐形成了对高官职务犯罪案件异地管辖的司法惯例。2010 年后，涉嫌职务犯罪而异地管辖的案件占比为 94%，地方重大职务犯罪案件占比高达 100%。党的十八大以后，由于国家惩治腐败犯罪力度的加大，在 2015 年、2016 年审理的重大职务犯罪案件急剧增加，但这类案件异地审理的适用率仍未降低，比例高达 93.8%。[①] 且据相关统计，从 2017 年至 2019 年，涉嫌职务犯罪而跨省异地受审的省部级以上的官员有 72 人，厅局级官员有 19 人；因职务犯罪而在省（自治区）内异地受审的厅局级官员人有 275 人。[②]

2. 集中管辖

集中管辖是指上级司法机关将某一类刑事案件通过改变法定管辖而集中到某些或某一特定的司法机关管辖或直接提级管辖的实践做法。集中管辖实质上也是基于指定管辖制度形成的实践做法，但相比于指定管辖的“一案一指”，集中管辖属于面向未来的“类案指定”，是对法定管辖权的扩张，对优化司法资源配置具有一定的积极意义。

这种实践探索源于地方司法机关根据最高人民法院所作的司法解释以及司法改革政策关于建立跨行政区划司法机关的精神，始于 2002 年最高人民法院发布的《关

① 谢小剑，崔晓立．重大职务犯罪案件异地管辖实证分析．昆明理工大学学报（社会科学版），2018（1）：2.

② 孙长永．中国刑事诉讼法制四十年：回顾、反思与展望．北京：中国政法大学出版社，2021：20.

于涉外民商事案件诉讼管辖若干问题的规定》。后来，根据各级公安司法机关陆续出台的文件，集中管辖的案件扩张到了如下类型：第一，未成年人刑事案件，近年来出台的文件如 2020 年湖北省高级人民法院联合省检察院、省公安厅和省司法厅出台的《湖北省未成年人刑事案件集中管辖指导意见》；第二，知识产权犯罪案件，如 2011 年试行的《郑州市知识产权刑事案件提级管辖的若干规定》；第三，涉外、涉台刑事案件，如最高人民法院、最高人民检察院、公安部、国家安全部、司法部于 2013 年 1 月 17 日联合发布的《关于外国人犯罪案件管辖问题的通知》，2013 年 1 月厦门市中级人民法院、厦门市人民检察院、厦门市公安局、厦门市司法局联合发布的《关于确定沧海区人民法院、沧海区人民检察院集中管辖涉台刑事案件的通知》；第四，环保类刑事案件，如 2017 年 4 月，河北省张家口市中级人民法院、市人民检察院、市公安局联合出台《关于开展环境保护刑事案件集中管辖试点工作的实施方案》和《关于环境保护刑事案件实行集中管辖的办理意见（试行）》。此外，除了刑事案件，依据最高人民法院 2013 年发布的《关于开展行政案件相对集中管辖试点工作的通知》，集中管辖还涵盖行政诉讼案件。

(三) 跨行政区划法院改革试点

2013 年 11 月 12 日，《中共中央关于全面深化改革若干重大问题的决定》提出“探索建立与行政区划适当分离的司法管辖制度”。2015 年 2 月《最高人民法院关于全面深化人民法院改革的意见——人民法院第四个五年改革纲要（2014—2018）》明确了改革的时间表与具体方案，表示“到 2017 年底，初步形成科学合理、衔接有序、确保公正的司法管辖制度”。2014 年 10 月 23 日，党的十八届四中全会明确提出：“探索设立跨行政区划的人民法院和人民检察院，办理跨地区案件。”习近平总书记在《关于〈中共中央关于全面推进依法治国若干重大问题的决定〉的说明》中明确指出：“随着社会主义市场经济深入发展和行政诉讼出现，跨行政区划乃至跨境案件越来越多，涉案金额越来越大，导致法院所在地有关部门和领导越来越关注案件处理，甚至利用职权和关系插手案件处理，造成相关诉讼出现‘主客场’现象，不利于平等保护外地当事人合法权益、保障法院独立审判、监督政府依法行政、维护法律公正实施”，因此要“探索设立跨行政区划的人民法院和人民检察院。这有利于排除对审判工作和检察工作的干扰、保障法院和检察院依法独立公正行使审判权和检察权，有利于构建普通案件在行政区划法院审理、特殊案件在跨行政区划法院审理的诉讼格局”。2014 年 12 月 2 日，中央全面深化改革领导小组第七次会议审议通过了《设立跨行政区划人民法院、人民检察院试点方案》。12 月 28 日与 12 月 30 日在依托铁路运输法院的基础上，上海市第三中级人民法院和北京市第四中级人民法院挂牌成立，这标志着跨行政区划人民法院、检察院全面启动试点，全国首批跨行政区划人民法院成立。新设立的跨行政区划法院不存在同级党政机关，没有对应的行政区划，相对超脱，是一项重大的制度创新，具有里程碑的意义。跨行政区划人民法院改革实现了部分预期目标，以北京市第四中级人民法院为例，其实现了上诉案件“零改发”，群体访、越级访“零纪录”的良好质效。但跨行政区划人民法院在案件管辖标准上还存在管辖标准不明确、具体案件范围不够清晰、受案数量不够均衡等问题[①]，这些问题留待进一步的试点探索来解决。

三、案例应用

李某妨害作证案[②]

【案情】2009年12月11日，重庆市公安机关接到龚某模黑社会性质组织罪一案（简称“龚某模案”）被告人龚某模“举报”，称龚某模的辩护律师李某指使其翻供，并要求龚某模编造曾遭到刑讯逼供的伪证。12月12日，重庆市公安机关决定对李某刑事拘留。12月13日，重庆市江北区人民检察院决定对李某批准逮捕。12月16日，重庆市公安局江北分局对该案侦查终结并移送重庆市江北区人民检察院审查起诉。12月18日，重庆市江北区人民检察院决定对李某提起公诉。

2009年12月30日，李某案一审在重庆市江北区人民法院开庭。庭审刚一开始，李某就当场提出申请，要求3位审判员、3位公诉员和书记员集体回避。在李某看来，本案是龚某模案的衍生案，龚某模案与自己的案子均由江北警方同一专案组办理，存在利害关系。李某本人在法庭上发言：“只要在重庆审，我不会有好下场”，“应将案子移交到重庆以外的法院审理”。审判长以法律未就“集体回避”有明文规定为由驳回李某提出的集体回避申请，李某进而提出：“那我逐一申请各位回避，3位审判员申请3次，3位公诉人申请3次，一共6份申请。”审判长同样当庭驳回。对李某提出的案件异地审理的请求，审判长的答复如下：“公诉人指控被告人李某的行为地为重庆市江北区，依照《刑事诉讼法》第二十五条规定，本院依法享有管辖权，无须移交外地审理。被告人李某提出申请于法无据，予以驳回。”此前12月16日，全国20位律师联名上书公安部、全国人大常委会，建议指定重庆市以外的警方异地管辖李某案，李某的辩护律师高某程也提出异地审理的申请，均未获采纳。

2010年1月8日，重庆市江北区人民法院一审宣判，李某获刑2年6个月。2010年1月18日，李某的律师高某程提出上诉，请求改判李某无罪。2010年2月2日，李某案件二审开庭，李某当庭认罪。2010年2月9日，二审宣判，李某终审被改判有期徒刑1年6个月。

【问题】集体回避的法理依据是什么，其与针对办案人员个人适用的回避有何不同？

【评析】在司法活动中，回避是指司法工作人员在具备法定事由或可能出现偏颇之虞时对执行其司法权限内的司法事务的避忌。本案就涉及回避，尤其是集体回避的问题。关于集体回避或整体回避，理论界存在两种不同的观点：一种观点将集体回避定位为根据回避主体的单复数不同而划分的回避情形，指的是回避主

① 史立梅，杨超．跨行政区划法院刑事案件管辖问题研究．法律适用，2017（21）：57－58.

② 李某伪造证据、妨害作证案二审被判一年六个月．（2010－02－09）[2022－08－20]．https://www.chinacourt.org/article/detail/2010/02/id/394875.shtml.

体为独立法人单位整体，包括在其中任职的公务人员，如某个公安机关、检察院、法院、检察委员会、审判委员会、合议庭等法定组织。另一种观点则视集体回避的本质为管辖权的变更，从而集体回避是指有管辖权的国家机关，因该机关的工作人员与案件有利害关系，致使该机关的全体工作人员均不宜行使审判职权，进而由上级机关指定辖区外的其他机关管辖该案的制度。从集体回避的适用要求来看，第二种观点更为合理。因为根据第一种观点，集体回避的特殊性并未得到凸显，即出于对被追诉人在刑事追诉过程中能够获得公平、中立对待的极端重视而造成事实上案件管辖的改变，而且这种改变甚至有可能突破法定法官原则的约束。另外，第一种观点下的集体回避的主体还包含合议庭等法定组织，这其实与个体回避并无“质”上的区别，差异仅在于回避人数“量”上的不同。因此，集体回避应区别于多个个体的回避。

具体到该案中，李某在一审庭审开始即提出，申请 3 位审判员、3 位公诉人和 2 位书记员集体回避。尽管李某声称是“集体回避 ”，但据上所述，这其实并不属于“集体回避 ”，而是属于个体回避的叠加。但是，李某提出的异地审理的请求则应属于集体回避的范畴，因为这涉及管辖权的变动，而李某提出异地审理请求的原因恰恰在于他认为重庆市第一中级人民法院（以下简称重庆一中院）丧失了审理案件的中立性。按照李某的辩护人高某程的观点，即李某案的侦查机关与龚某模案中被指涉嫌刑讯逼供的侦查机关为同一侦查机关。如庭审证明刑讯逼供难以排除，且伤痕鉴定证明龚某模伤痕确系刑讯逼供所致，侦查人员可能涉嫌刑讯逼供犯罪。那么，本案庭审结果必然在李某有罪和侦查人员涉罪间二选其一。所以，李某案庭审结果与同为李某案及龚某模案的侦查机关存在利害关系。而且，依照司法程序起诉李某的公诉机关与起诉龚某模的公诉机关同为重庆市检察院辖下的检察机关，所以，本案庭审结果又与重庆市检察机关存在利害关系。另外，由作为重庆一中院辖区内基层法院的江北区法院审理李某案，则必由重庆一中院作为二审法院，所以，李某案审理结果与重庆一中院同样存在利害关系。根据起诉书指控，李某伪证、妨碍作证行为干扰了重庆市一中院对龚某模案审理工作的正常进行，因此，重庆一中院为李某行为的受害者。现由受害者——重庆一中院及其下级法院江北区人民法院审理加害者李某，颠覆了刑诉法设置的控辩平等、质证辨明是非，法庭居中、客观、独立、公正裁判的法律制度。

值得一提的是，我国并非没有关于集体回避的规定，1998 年最高人民法院出台的《关于执行〈中华人民共和国刑事诉讼法〉若干问题的解释》第 18 条规定：“有管辖权的人民法院因案件涉及本院院长需要回避等原因，不宜行使管辖权的，可以请求上一级人民法院管辖；上一级人民法院也可以指定与提出请求的人民法院同级的其他人民法院管辖。”2021 年《高法解释》第 18 条变更为：“有管辖权的人民法院因案件涉及本院院长需要回避或者其他原因，不宜行使管辖权的，可以请求移送上一级人民法院管辖。上一级人民法院可以管辖，也可以指定与提出请求的人民法院同级的其他人民法院管辖。”即最高人民法院早已通过司法解释默认了整体回避实际上就是管辖权的变更，通过指定管辖来实现。

四、知识拓展

审判权与审判管辖权

通常来说，“无管辖即无审判”。不过，此处所指的审判是指法院以国家名义对有关各方业已发生的权利、义务争执作出最终、权威的审理和裁决的行为。换言之，所谓“无管辖即无审判”是从法院是否可以作出审判行为的视角观察所得出的结论，其意指法院若无管辖权，就不能在诉讼案件中，对有关当事人的权利分配问题作出有约束力裁决的行为。但就审判权来说，其处于更高的维度，是指法院进行审判活动本质上所享有的权能，其与法院的审判管辖权关系密切。我国台湾地区学者陈朴生认为：“刑事审判权之行使，其权限应分配于各法院，称之为法院之管辖。其规定划分法院间所得处理之诉讼案件之范围，曰管辖权，亦即划定各法院可以行使审判权之界限，与审判权之系指划归法院审判之范围者有别。”①

因此，审判权与审判管辖权层次有别，判断顺序也有先后，即法院对具体案件须先有审判权，而后生审判管辖权有无的问题。对同一个刑事案件来说，可能有数个法院拥有审判权，但依据法律对法院管辖权的分配，当某一法院取得管辖权后，其他法院虽有审判权，却无管辖权。简而言之，审判权应为审判管辖权的前提要件。“审判权和审判管辖权二者之间有前后的逻辑脉向，即审判权第一位列，管辖权第二位列。”审判权和审判管辖权还可以看作从不同视域观察的法院所享有的权力，即“审判权是指所有法院应当独自享有的司法裁判权，这种裁判权具有统一性、普遍性和排外性；而管辖权则属于某一个确定法院对具体案件的审判管辖权能，这种权能具有特定性与对内性”②。也可以说，审判权为抽象管辖权，审判管辖权为具体审判权。

审判权与审判管辖权的区分具有重要意义，因为法院若不具备对刑事案件的审判权，国家便自始不具备对该案的具体刑罚权，也就不应发动刑事追诉。对该类案件，检察官应作出不起诉的决定，若错误起诉，法院则应作出不受理的裁定。对于无管辖权的刑事案件，法院则应作出管辖错误的裁定，案件应依法移送至有管辖权的法院，但前法院所进行的诉讼程序并不会因为无管辖权而当然无效。

美国法官回避制度之概览

公平审判权是正当法律程序的核心要求之一，要求法官应不受偏见、利益和不适当动机等的影响，法官必须是一个不偏不倚的裁判者。因而当个案中法官的中立性不能确保时，应当排除或拒却之。我们对英美法系国家回避制度的传统印象是，回避制度的适用对象集中于陪审团审判方式下的陪审员回避，不重视非陪审团（法官）审判的回避，也没有把主持陪审团审判方式的法官作为回避的主要对象。但事

① 陈朴生．刑事诉讼法实务．作者自版，1999：29.

② 桂梦美．刑事诉讼管辖制度研究．北京：中国政法大学出版社，2019：55－56.

实上，美国联邦最高法院在 Caperton v. A. T. Massey Coal Co.，Inc. 案中认为，法官回避的问题涉及联邦宪法第十四修正案所要求的正当法律程序。因而在美国，法官虽不是回避的主要对象，但若有合理怀疑法官无法于个案中保持其中立性，其仍应回避。除此之外，根据相关法律规定，在有下列情形之一时，法官应自行回避。

（1）对当事人之一方有偏见，或知悉与个案中争议有关的事实；

（2）就个案中的争议，曾任辩护人，或曾与任辩护人的律师共事，或曾任重要的证人；

（3）于个案中曾任政府官员、律师、顾问或重要证人，或曾就该个案中的争议表示意见；

（4）知悉自己个人或因信托关系、配偶或同居的未成年子女于该个案中有财务上利益关系，或是判决结果对上述之人其他利益可能会有重要之影响；

（5）自己、配偶、三亲等内的人为：（i）该个案的一方或官员、主管或受托任个案中当事人一方的律师；（ii）法官知悉判决结果对上述之人的利益将会有重要影响；或（iii）法官知悉上述之人可能任重要证人。

上述规则仅适用于联邦法官的回避，在美国州法官的回避适用美国律师代表协会所提议的《模范法官专业行为伦理准则》。该准则第 2.11（A）同样规定了法官无法保持中立地位应自行回避的原则，并例举应予回避的事由，如法官对于当事人一方或其律师有偏见、知悉与个案争议有关联的事实等。[①] 另外，在美国，法官还受到一套专门的原则约束，1990 年美国律师协会代表委员会采纳了名为《司法行为示范法典》的法典，其中有一条强制性标准便是：法官应没有偏见或歧视地履行司法职责。法官在履行司法职责过程中，不该用言语或行为表示偏见或歧视，包括不仅限于种族、性别、宗教、国籍、年龄、残疾、性观念或社会经济地位的偏见或歧视，也不能允许工作人员、法官官员或受法官指导和控制的其他人这样做。除此之外，在美国还有许多判例表现了法官在何种情况下会被视为失去其中立性而应当回避。如在 Mayberry v. Pennsylvania 案中，被告在法庭审判之时，不断以言语挑衅、侮辱承办法官。虽然当时法官未作回应，但待辩论终结为判决时，该法官判决被告触犯 11 项藐视法庭罪，并对其判处 11 年至 22 年的有期徒刑。案件上诉到联邦最高法院后，被告被判处的藐视法庭罪被撤销。联邦最高法院认为法官应在被告侮辱其之情事发生时，立即判决被告藐视法庭或将其驱逐至法庭之外。若当时法官未作处分，则其在辩论程序结束后就成为言语攻击、侮辱的被害人，那么此时基于正当程序的要求，他就失去了对该情事判决的资格，而应由其他法官来判断被告是否构成藐视法庭罪。又如在 Ward v. Monroeville 案中，审判案件的法官为当地市长，被告因违反交通法规被判处有罪并科处罚金。案件上诉后，联邦最高法院判处该案违宪，因为被告人被判处的罚金在该市的财政收入中占据相当的比例，由于市长对市政财税负全部责任，极有可能会为了金

---

① 王兆鹏，张明伟，李荣耕．刑事诉讼法：上．台北：新学林出版股份有限公司，2020：71－72.

钱之利益而失之偏颇，从而有侵害被告人公正审判权之虞。[①]

通过对美国法官回避制度的概览，足见在正当程序理念影响下的美国刑事司法环境中渗透着对当事人公正审判权的尊重。我国《刑事诉讼法》用专章规定了回避制度，并通过列举的方法具体规定了法官应当回避的情形，但没有一般性的规定。美国法中对不具中立性即应自行回避的概括规定，值得我国立法借鉴。

五、文献荐读

1. 张曙. 刑事诉讼管辖制度研究. 北京：法律出版社，2020.
2. ［美］大卫·P. 柯里. 美国联邦法院管辖权. 北京：法律出版社，2004.
3. 熊秋红，余鹏文. 我国刑事诉讼管辖体系之完善. 法学杂志，2022（4）.
4. 卫跃宁. 监察法与刑事诉讼法管辖衔接研究. 法学杂志，2022（4）.
5. 熊秋红. 论公诉与自诉的关系. 中国刑事法杂志，2021（1）.
6. 张品泽. 外国刑事回避制度比较研究. 比较法研究，2004（3）.

① 王兆鹏. 美国刑事诉讼法. 北京：北京大学出版社. 2014：600-601.

第五章　刑事辩护与代理

一、原理精析

（一）刑事辩护

1. 刑事辩护的概念和类型

刑事辩护是指犯罪嫌疑人、被告人及其辩护人为维护犯罪嫌疑人、被告人的诉讼权利和其他合法权益，从事实和法律方面反驳控诉，提出有利于被追诉者的材料和意见的诉讼活动。刑事辩护是针对指控进行的对抗性诉讼活动，具有针对性、反驳性等特点。它由控诉引起，没有控诉就没有辩护。控诉和辩护作为一对基本矛盾，存在于刑事诉讼过程中，也解决于刑事诉讼过程中。辩护一般都是为了帮助被追诉人获得无罪、罪轻或者免予刑事处罚的诉讼结果。① 根据不同的标准，辩护可以划分为如下类型。

（1）自行辩护、委托辩护和法律援助辩护。根据辩护主体的不同，我国的刑事辩护可分为自行辩护、委托辩护和指定法律援助辩护。自行辩护是指犯罪嫌疑人、被告人自己为自己辩护，这种辩护贯穿于整个刑事诉讼过程。委托辩护是指犯罪嫌疑人、被告人通过与法律允许的人签订委托合同，由他人为自己辩护，委托辩护人可以是律师，也可以是其他公民。法律援助辩护是指遇有法律规定的特定情况时，公安司法机关通知法律援助机构为没有委托辩护人的被追诉人指定辩护律师为其辩护。法律援助辩护又可以细分为强制性法律援助辩护和任意性法律援助辩护。在出现强制性法律援助辩护的情形时，公安司法机关应当通知法律援助机构指派律师为

---

① 当然，也存在个别极端的例子，在聂某斌案再审复查听证时就是如此。在聂某斌案的听证会上，本来王某金的辩护律师应当证明王某金在康某花被杀案中无罪，相反，其却拼命证明王某金杀害了康某花，因为只有证明王某金杀了康某花，王某金才可能构成立功，才能最大限度地拖延本案，从而让王某金活下去。

被追诉人提供辩护。而在任意性法律援助辩护的情形下，相关机关对是否通知或指派律师为被追诉人辩护享有一定的裁量权。在我国，国家必须提供强制性法律援助辩护的情形主要包括：被追诉人可能被判处无期徒刑、死刑而没有委托辩护人的；被追诉人是盲聋哑或限制行为能力人而没有委托辩护人的；被追诉人是未成年人而没有委托辩护人的。

（2）无罪辩护、罪轻辩护、量刑辩护、证据辩护和程序辩护。根据辩护的目标、内容、手段等，可以将辩护分为无罪辩护、罪轻辩护、量刑辩护、证据辩护和程序辩护。[①] 无罪辩护是以彻底推翻公诉方的起诉意见，说服法院作出无罪判决为目的的辩护形态。辩方可能以刑法为根据，对公诉方指控的罪名，从犯罪构成要件角度予以彻底否定，这属于实体上的无罪辩护；辩方也可能通过论证控方证据未达到定罪的证明标准，对指控予以否定，这属于证据上的无罪辩护。罪轻辩护是指辩方在论证被追诉人不构成指控罪名的同时，说服司法机关改认被追诉人另一较轻的罪名。量刑辩护则是指辩方主要依据有利于被追诉人的量刑情节，论证被追诉人应受到从轻、减轻处罚或者应被免除刑事处罚。证据辩护是指辩方针对证据证明力和证据能力的辩护以及对控方整个证据体系进行的辩护。证据辩护与其他辩护形态有一定交叉，但也有一定的独立性，比如，辩方针对单个证据证明力的辩护，通常只宜归入证据辩护。而所谓程序辩护，是指通过指出公安司法机关在诉讼程序上存在的违法行为，请求司法机关对这种行为的合法性进行审查，进而宣告其违法或无效的辩护形态。[②]

（3）有效辩护与无效辩护。根据辩护是否有效，可以将其分为有效辩护和无效辩护。有效辩护是与无效辩护相对而言的，这是一种能够使被告人权利实质性实现的辩护形式。有效辩护是对刑辩律师的一项基本要求。若辩护律师在诉讼过程中不能针对指控事实和证据进行有效的攻击和防御，就如同被追诉人缺失律师的辩护，这样的诉讼很难说是公平的。一些现代法治国家将有效辩护规定在法律之中，譬如，在“鲍威尔诉亚拉巴马州案”[③] 中，美国联邦最高法院在宪法层面上确立了被告人有“获得律师有效帮助”的权利，因而获得律师有效辩护属于一项宪法权利。历史地看，“刑事诉讼发达史就是辩护权不断扩大的历史”[④]。这不仅表现为被告人从无权获得辩护到有权获得辩护，更表现为被告人有权获得有效辩护。可以说，从辩护权到有效辩护的演化过程，也是辩护权形式平等理念到实质平等理念的过渡过程。有效辩护的实现，主要需要满足两方面的基础性要件：法律规定的形式保障以及律师辩护技艺的技术保障。在法律规定形式要件方面，对于被告人辩护权的形式规定已经成为现代国家法律甚至宪法的必备条款。同时，作为辩护权的实质体现，有效辩护不仅为现代国家宪法或刑诉法以明文宣示，也成为刑事诉讼的应有之义。辩护

---

① 陈瑞华．刑事诉讼法．北京：北京大学出版社，2021：261-266.

② 陈瑞华，田文昌．刑事辩护的中国经验：田文昌、陈瑞华对话录．增订本．北京：北京大学出版社，2013：67.

③ See Powell v. Alabama，287 U.S. 45（1932）.

④ ［日］松尾浩也．日本刑事诉讼法．丁相顺，译．北京：中国人民大学出版社，2005：30.

技艺也是有效辩护的重要支撑。诸多国际条约或者公约关于律师有效辩护的规定中，也明确地指明了有效辩护的辩护技艺要求，譬如，联合国《律师作用原则》第 6 条规定："任何没有律师的人，在司法需要的情况下，均有权获得按犯罪性质指派给他一名有经验和能力的律师，以便得到有效的法律协助。"可见，保证有"经验和能力"的刑事律师的有效辩护已成为一种普遍趋势，辩护技艺逐步成为有效辩护的内在要求。

无效辩护是指辩护律师提供的辩护服务质量不能达到一定标准，从而对被告人的判决结果造成了不利影响。在美国，最初提出有效辩护时，并没有相应地提出无效辩护的概念。1984 年，美国联邦最高法院通过"斯特里克兰诉华盛顿案"对无效辩护进行了权威性的认定。① 在该案判决中，法官指出："判断任何有效性主张的基本点必须是，律师的行为是否损害了对抗式诉讼的基本功能，以至于难以依赖审判得到一个公正的结果。"基于此，如果被告人要申请法院作出无效辩护的认定，必须证明符合以下两项事实：一是律师辩护工作存在缺陷，即律师不是一个"合格称职的律师"；二是律师的工作缺陷对辩护造成了不利的影响，即存在着一种合理的可能性，若不是律师的行为错误，案件的诉讼结果将是不同的。② 我国刑事诉讼法中并没有无效辩护的规定。究其原因，可能主要是导致无效辩护的因素异常复杂。此外，实行无效辩护制度会在一定程度上引发被追诉人与辩护律师之间的冲突和纠纷。这不仅会加大辩护律师的执业压力，也可能增加司法机关的负担。

2. 刑事辩护的价值

刑事辩护有利于实现对侦查、司法权力的制约。现代刑事诉讼结构是法官居中居上，控辩双方分列两角的等腰三角结构。在等腰三角结构中，辩护人的任务"正是对政府的行为进行监督和挑战"③。辩护人接受委托或指派后就应当成为当事人的忠诚卫士以及诉讼利益的代表，根据事实和法律，综合运用其辩护技艺，保护当事人的合法权益。对于一个辩护人而言，"其法定职责是十分简单和清晰的。这一职责只有一个焦点、一项责任和一种忠诚，那便是为我们的当事人服务，而无须多虑由案件本身或我们的辩护行为所引发的任何其他后果"④。辩护人以国家法令赋予的制度性权利为基础，可以有效地实现对专门机关权力的制约。辩护人的辩护不仅可以是防御性的，即主要针对控方的指控，提出被追诉人无罪、罪轻或者减轻、免除其刑事责任的材料和意见，也可以是进攻性的，譬如，在程序辩护中，主动地对专门机关的程序性违法行为提出控告，从而置相关机关于可能被制裁的境地。可以说，如果缺少辩护人，特别是辩护律师的参与，现代国家以控辩对抗为主要特征的刑事诉讼模式将成为无根之木。

---

① ［美］约书亚·德雷斯勒，艾伦·C. 迈克尔斯．美国刑事诉讼法精解：第 1 卷．吴宏耀，译．北京：北京大学出版社，2009：627.

② ［美］罗纳尔多·V. 戴尔卡门．美国刑事诉讼：法律和实践. 6 版．张鸿巍，等译．武汉：武汉大学出版社，2006：516.

③ ［美］艾伦·德肖维茨．最好的辩护．唐交东，译．北京：法律出版社，2014：335.

④ 江礼华，杨诚．美国刑事诉讼中的辩护．北京：法律出版社，2001：22.

刑事辩护是被追诉人权利的重要保障。在刑事诉讼程序中，面对强大的专门机关，被追诉人很难具备与之抗衡的能力和水平，特别是在被采取强制措施的情况下，其准备辩护的能力被极大削弱、条件被极大限制。在这种情况下，辩护人的有效参与无疑会使被追诉人更容易获得相关知识和信息，增强其诉讼信心，大大提升辩方的辩护能力。辩护权是被追诉人诉讼权利的核心，辩护人是法律规定的被追诉人合法利益的专门维护者，刑事辩护是刑事诉讼中被追诉人权利保障的核心制度。实际上，在对抗制国家的辩护制度设计上，辩护人"被希望甚至被鼓励利用法律的每一个漏洞，利用对手策略上的每一个错误和疏忽，以及利用对法律和事实的每一个解释为当事人辩护。这种制度的导向是，维系保护权利程序的完整性比定罪或执行实体法更为重要"①。

3. 辩护人的职责和权利

依据我国《刑事诉讼法》的规定，辩护人的责任是根据事实和法律，提出犯罪嫌疑人、被告人无罪、罪轻或者减轻、免除其刑事责任的材料和意见，维护犯罪嫌疑人、被告人的诉讼权利和其他合法权益。该规定表明，辩护人与被追诉人的关系具有双重属性。一方面，辩护人应忠诚于被追诉人，以维护被追诉人合法权益作为首要职责，具有辅助性。另一方面，辩护人在进行辩护活动时，应当根据事实和法律，有权提出自己独立的辩护意见，具有一定的独立性。换言之，较之于自行辩护，辩护人辩护带有一定的公共利益色彩，需要遵循更严格的行为准则。正因如此，辩护人才能享有阅卷权、调查权、不受监听的会见交流权等广泛的诉讼权利。当然，辩护人的辅助性和独立性是一个不可分割的整体，辩护人的双重属性共同塑造了辩护人的行为准则。辅助性主要限定辩护人辩护行为的整体目标，独立性则调整辩护人辩护行为的内容和方法。二者并不存在直接冲突。辩护人的每一项辩护活动都要兼顾这两个方面的要求。以辩护人的真实义务为例，独立性决定了辩护人不能向专门机关撒谎，说出来的须均为真实情况，而辅助性则决定了辩护人并不需要将知道的所有真实情况都说出来。同样，辅助性决定了辩护人不能提出不利于被追诉人的意见，独立性决定了辩护人可以提出不同于被追诉人的辩护意见。②

为了确保辩护人有效履行其辩护职责，刑事诉讼赋予了辩护人一系列诉讼权利，主要包括知情权、会见权、阅卷权、调查取证权、申请调取证据权、通信权、申请排除非法证据权、提出意见和提交材料权、申请回避权、申请变更及解除强制措施权、参加庭前会议及庭审权、经被告人同意的上诉权、代理申诉或控告权、被追诉人签署认罪认罚具结书时的在场权等。这些权利有些只有辩护律师才能享有，如调查取证权，有些则是辩护律师与非律师辩护人平等享有的，如申请回避权，有些则是辩护律师与非律师辩护人均能享有，但行使的条件不同，如阅卷权、会见权等。

辩护人所享有的辩护权利与被追诉人所享有的辩护权利既有联系又有区别。依

---

① ［美］罗伯特·戈登．律师独立论：律师独立于当事人．周潞嘉，等译．北京：中国政法大学出版社，1989：13－14.

② 闫召华．辩护冲突中的意见独立原则：以认罪认罚案件为中心．法学家，2020（5）：134－138.

据法律规定，辩护主体在我国刑事诉讼中所享有的诉讼权利可大致分为三种类型。其一是被追诉人自主行使的权利。这些权利中有些身份属性极强，如自愿认罪权、最后陈述权，因而只能由被追诉人自主独立行使。而有些权利，如上诉权，经被追诉人同意或授权，可由辩护人行使或代为行使。其二是被追诉人和辩护人共享的权利，如申请回避和要求复议权、申请变更或解除强制措施权、申请排除非法证据权等。这类权利由被追诉人和辩护人共同享有，各自决定，分别行使。其三是辩护人独享的权利，如阅卷权、会见权、申请调取证据权、核实证据权等。

（二）刑事代理

在1996年《刑事诉讼法》修正后，我国正式确立了刑事代理制度。可以说，刑事代理制度是强化刑事诉讼中人权保障的结果。对刑事代理而言，其不仅有保障被害人等被代理人权利的价值，在协助公安司法机关查明案件事实以及提高诉讼效率方面也有重要意义。

1. 刑事代理的概念

刑事代理是指在刑事诉讼中，代理人接受被代理人或者其法定代理人等人的委托，代为行使被代理人权利且最终法律利益归于被代理人的诉讼行为。我国《刑事诉讼法》第46条第1款规定：公诉案件的被害人及其法定代理人或者近亲属，附带民事诉讼的当事人及其法定代理人，自案件移送审查起诉之日起，有权委托诉讼代理人。自诉案件的自诉人及其法定代理人，附带民事诉讼的当事人及其法定代理人，有权随时委托诉讼代理人。这是我国刑事代理制度的直接法律依据。代理有刑事、民事及行政之分，刑事代理发生在刑事诉讼中，有刑事诉讼才会有刑事代理，这是将其区别于民事代理、行政代理的关键。

2. 刑事代理的意义

首先，刑事代理可以为被代理人提供法律上的有效帮助。被代理人由于缺乏法律专业知识和诉讼技巧，无法充分行使自己的诉讼权利。有了诉讼代理人的帮助，被代理人的合法权益就能得到更好的维护。

其次，代理被代理人参加诉讼活动。实践中，有些被代理人由于犯罪行为致伤、致残或者因生病、出差等不能或不愿意参加诉讼，可以委托诉讼代理人参加诉讼。

再次，协助司法机关准确查明案情，正确处理案件。代理人参加诉讼，可以对案件事实、证据以及案件的处理提出意见或建议，促使公安司法机关在遵守法定程序的前提下，及时查明案件事实，准确适用法律，使案件得到妥善处理。①

最后，增强案件处理结果的可接受性。刑事代理人的介入，增强了被代理方程序的参与性，也加大了被代理人对诉讼程序及案件处理结果的实际影响，可以在一定程度上消弭被代理人对程序和诉讼结果的不满，增强司法裁决的可接受度。

3. 与刑事辩护的关系

（1）刑事辩护与刑事代理的共同点。由于我国刑事代理制度本身就是参照刑事

---

① 陈光中．刑事诉讼法．7版．北京：北京大学出版社，2021：163.

辩护制度制定的，二者不仅都被规定在《刑事诉讼法》第一编第四章“辩护与代理”中，而且二者存在很多相似之处。具体而言，刑事辩护与刑事代理二者的共同点主要体现在：第一，刑事代理与刑事辩护的基本理念相同。二者都是我国诉讼参与人权利保障制度的重要内容，都是“尊重和保障人权”立法精神的体现，都体现了我国刑事程序法治方面的进步。第二，刑事代理人和刑事辩护被委托主体的范围相同。依据我国《刑事诉讼法》第 47 条的规定，委托诉讼代理人，参照委托辩护人的范围进行，即律师、人民团体或者被追诉人所在单位推荐的人、被追诉人的监护人及亲友等都可以担任刑事代理人。但正在被执行刑罚或者依法被剥夺、限制人身自由的人或者属于法律禁止的其他情形的，不得担任。第三，在人数方面，都是只能委托一至二人作为刑事代理人或者刑事辩护人。第四，在职责上，基于委托或法律援助的刑事代理与刑事辩护，本质上都是通过自己的行为为服务对象提供法律帮助，维护服务对象的合法权益。

（2）刑事代理与刑事辩护的区别。第一，二者产生的根据不同。刑事代理除委托或者法律援助机构的指派外，还有可能直接基于法律规定产生。而刑事辩护只能产生于委托或指派。第二，二者服务的对象不同。刑事代理服务的对象主要是公诉案件的被害人、自诉人和附带民事诉讼的当事人，刑事代理人可以接受被害人或自诉人及其法定代理人、近亲属、附带民事诉讼当事人及其法定代理人的委托。根据服务对象的差异，刑事代理还可以进一步细分为公诉案件代理、自诉案件代理以及附带民事诉讼案件代理三种类型。刑事辩护的服务对象则是公诉案件的犯罪嫌疑人、被告人和自诉案件的被告人，刑事辩护人可以接受犯罪嫌疑人、被告人及其监护人、近亲属的委托。第三，刑事代理人与刑事辩护人的诉讼地位不同。辩护人在刑事诉讼中具有独立的诉讼地位，既不受公安司法机关和其他机关、团体或者个人的干涉，也不必完全听从被追诉人意见。刑事代理人则主要是以被代理人的名义参加诉讼，独立性相对较弱。第四，刑事代理人与刑事辩护人的权限范围不同。刑事代理人的权利主要源自被代理人的委托，继受性的权利多，其权限范围通常不能超过被代理人的授权，否则就会因越权其代理行为无效。而辩护人的权利都由法律加以规定，权限范围广，辩护人还享有很多被追诉人所没有的诉讼权利。

4. 刑事代理人的权利

依据《刑事诉讼法》及相关司法解释的规定，刑事代理人主要享有以下权利：（1）阅卷权。《高法解释》第 65 条第 1 款规定，律师担任诉讼代理人的，可以查阅、摘抄、复制案卷材料。其他诉讼代理人经人民法院许可，也可以查阅、摘抄、复制案卷材料。（2）调查取证权。《高法解释》第 65 条第 2 款规定，律师担任诉讼代理人，需要收集、调取与本案有关的证据材料的，参照适用本解释第 59 条至第 61 条的规定。（3）针对认罪认罚发表意见的权利。依据《高法解释》第 349 条的规定，对人民检察院提起公诉的认罪认罚案件，人民法院应当重点审查的内容包括诉讼代理人的意见。（4）出庭权。刑事代理人有权参加庭审，依法就相关内容发问或发表意见、提出证据、申请证人出庭等。（5）要求回避及申请复议的权利。（6）申请排除非法证据及撤回非法证据排除申请的权利。（7）对审判人员、检察人员和侦查人员侵犯公民诉讼权利和人身侮辱的行为提出控告的权利。

二、实践动态

（一）刑事法律援助制度

法律援助制度不仅是一项社会保障制度，也是一项司法人权保障制度。[①] 扩大法律援助范围、提高法律援助质量和增强法律援助保障能力，是刑事法律援助制度发展的基本趋势。1996 年《刑事诉讼法》第 34 条确立了法院在审判阶段指定律师提供辩护的刑事法律援助制度。2003 年国务院颁布的《法律援助条例》进一步扩大刑事法律援助的范围。2012 年修改的《刑事诉讼法》扩大了申请人范围和法律援助对象，提前了法律援助指派律师的时间。2018 年《刑事诉讼法》第 35 条第 2、3 款、第 278 条、第 304 条第 2 款规定，对于下列刑事案件，犯罪嫌疑人、被告人没有委托辩护人的，公安司法机关应当通知法律援助机构指派律师为其提供辩护：（1）犯罪嫌疑人、被告人是盲、聋、哑人，或者是尚未完全丧失辨认或者控制自己行为能力的精神病人；(2)犯罪嫌疑人、被告人可能被判处无期徒刑、死刑；（3）未成年犯罪嫌疑人、被告人；（4）在强制医疗案件中，被申请人或者被告人未委托诉讼代理人。与此同时，2018 年《刑事诉讼法》在法律层面明确了法律援助值班律师为没有委托辩护人的犯罪嫌疑人、被告人提供法律咨询、程序选择建议、申请变更强制措施、对案件处理提出意见等法律帮助。2019 年 2 月，司法部颁发的《全国刑事法律援助服务规范》对刑事法律援助服务的原则、服务类型、服务质量保障等作出专门规定，旨在提升法律援助服务的质量。2020 年 8 月，最高人民法院、最高人民检察院、公安部、安全部、司法部印发的《法律援助值班律师工作办法》明确了值班律师的法律帮助职责、工作程序、保障机制，进一步强化了司法人权保障。历经多次立法修改后，我国刑事法律援助制度实现了“从无到有”“从有到优”的发展。作为刑事法律援助制度的重要内容，法律援助值班律师工作取得了积极成效。据统计，自 2021 年以来，江苏省积极推动法律援助值班律师工作从有形覆盖向有效覆盖转变，值班律师提供法律帮助 79 579 件，其中认罪认罚案件参与率达 82%；办理审查起诉阶段法律援助案件 70 696 件，占案件总量 88.8%；提供程序选择建议 1 037 件，帮助申请变更强制措施 313 件，对案件处理提出意见 3 563 件，有效维护了犯罪嫌疑人、被告人的合法权益。[②] 但是，实践中值班律师仍然存在辩护作用和帮助效果发挥不充分、法律帮助的质效有待提升的问题。

2021 年 8 月 20 日，第十三届全国人民代表大会常务委员会第三十次会议审议通过《法律援助法》，开启了我国法律援助制度发展的“国家法”时代，提升了法律援助制度在国家法律体系中的地位。法律援助作为一项重要的法治民生工程，是“努力让人民群众在每一个案件中都感受到公平正义”的重要制度保证。与 2003 年

---

① 程滔．法律援助制度的创新与发展：以《法律援助法》的颁布为视角．人民论坛，2022（9）：100.

② 江苏省司法厅．我省规范推进法律援助值班律师工作取得积极成效．(2022-05-22)［2022-07-15］. http://sft.jiangsu.gov.cn/art/2022/5/22/art_48513_10457029.html.

《法律援助条例》相比，2021年8月通过的《法律援助法》在刑事法律援助方面具有以下进步与亮点：一是扩充刑事法律援助的范围和对象。《法律援助法》第25条将"申请法律援助的死刑复核案件被告人"和"其他适用普通程序审理的未委托辩护人的被告人"纳入法律援助机构通知指派律师的范围。二是确立无期徒刑、死刑和死刑复核案件法律援助律师的"资格准入"制度。《法律援助法》第26条规定，对可能被判处无期徒刑、死刑的人以及死刑复核案件的被告人，法律援助机构应当指派具有3年以上相关执业经历的律师担任辩护人。三是明确法律援助辩护不得限制或者损害委托辩护的原则。《法律援助法》第27条规定："人民法院、人民检察院、公安机关通知法律援助机构指派律师担任辩护人时，不得限制或者损害犯罪嫌疑人、被告人委托辩护人的权利。"该条确立了委托辩护优先于法律援助辩护，有助于解决实践中法律援助律师"占坑辩护"的问题。四是建立法律援助案件质量保障体系：(1) 强化经费保障，将法律援助相关经费列入本级政府预算（《法律援助法》第4条）；(2) 建立培训制度，要求司法行政部门有计划地对法律援助人员进行培训，提高法律援助人员的专业素质和服务能力（《法律援助法》第54条）；(3) 完善监督考核，要求加强对法律援助服务的监督，制定法律援助服务的质量标准（《法律援助法》第57条），建立投诉查处机制（《法律援助法》第56条）。

尽管《法律援助法》对刑事法律援助的制度设计较之以往规定有一些长足进步，但也存在一些遗憾。其一，这主要表现在法律援助律师能力不足方面，因此，确立更加有效的法律援助律师准入制度成为关键。对于律师准入制度而言，在美国律师职业行为标准规则中，对于律师的法律知识和技能进行了专门要求。其中，决定律师是否具有必备的法律知识和技能的因素包括：法律事务的复杂程度和专业性质，律师的经历，律师在该法律领域中的训练及经验，律师事先对该法律事务的准备和研究，以及是否有可能求教于在该法律领域中已有相当经验的律师或同行合作。在许多情况下，普通律师的法律知识和技能已够用，但在另一些情况下，还要求具备特定法律领域的专业知识。[①] 刑事案件动辄牵涉被告人的重大人身或者财产利益，因此，确立范围更广的律师准入制度成为一种必然的选择。尽管《法律援助法》第26条确立了对于可能判处无期徒刑以上刑事案件辩护律师的准入制度，但是这一法律援助律师准入制度不足以覆盖大多数刑事案件的辩护律师。在将来修法中，应当适当扩展范围，使可能判处10年以上有期徒刑、无期徒刑或者死刑的案件都适用法律援助律师准入制度。其二，依据《法律援助法》第25条规定，死刑复核案件被告人获得法律援助的前提条件是被告人申请法律援助。这意味着如果死刑复核案件的被告人不申请，法院就不需要为其提供法律援助。这会限制死刑复核案件被告人获得法律援助的权利。由于死刑复核可能直接关系到被告人的生死，因而应当与死刑案件的法律援助制度同等对待。在将来《法律援助法》修改中，应当把人民法院为死刑复核案件被告人提供法律援助改为一项强制性的义务。其三，尽管《法律援助法》规定死刑复核案件的被告人有权申请法律援助，但是并未确立被告人申请法律

① 美国律师协会.美国律师职业行为标准规则：释义与评论.北京：中国政法大学出版社，1992：3-4.

援助的告知规则、行使规则、救济规则等。

(二) 获得有效法律帮助

长期以来，建立控辩平等的刑事诉讼制度一直是我国刑事司法改革的重要任务，而推动被追诉人从“有权获得法律帮助”到“有权获得律师的有效法律帮助”是实现控辩实质平等诉讼的关键。伴随着认罪认罚从宽制度的施行，特别是我国被追诉人缺乏阅卷权、沉默权、律师在场权，认罪认罚案件的结构性风险更加突出，因而被追诉人获得有效法律帮助显得越来越重要。2016 年 11 月颁布的《关于在部分地区开展刑事案件认罪认罚从宽制度试点工作的办法》提出“办理认罪认罚案件，应当保障犯罪嫌疑人、被告人获得有效法律帮助，确保其了解认罪认罚的性质和法律后果，自愿认罪认罚”。这是官方文件首次使用“有效法律帮助”的表述，确立了认罪认罚案件被追诉人享有“有效法律帮助”的权利。2018 年 5 月，最高人民法院印发的《关于全面深入推进刑事案件认罪认罚从宽制度试点工作的通知》再次强调“确保被告人获得有效法律帮助，有条件的地方，可以探索值班律师转任辩护人机制”。2019 年颁布的两院三部《关于适用认罪认罚从宽制度的指导意见》和最高人民检察院印发的《高检规则》以同样的表述确认保障犯罪嫌疑人、被告人“获得有效法律帮助”。所谓的“有效法律帮助”，是“法律帮助”和“有效”的结合，即被追诉人不仅应当获得法律帮助，而且这种法律帮助应当是实质的、有效的、有意义价值的。改革者基于我国认罪认罚案件值班律师法律帮助流于形式、未能发挥保障认罪认罚自愿性、真实性和合法性的预期作用而提出“有效法律帮助”概念，旨在解决当前我国认罪认罚从宽制度中存在的明显的控辩失衡问题[①]，以维护协商性司法的诉讼结构。2020 年 8 月，两高三部联合发布的《法律援助值班律师工作办法》对值班律师法律帮助进行了专门性规定。该办法明确了值班律师的职责，要求法律援助机构建立值班律师准入机制、培训机制和退出机制，建立值班律师服务质量考核评估制度，这些举措有助于提升值班律师“有效法律帮助”的服务质量。2021 年，福建省律师协会印发《律师办理认罪认罚案件指引》，该指引要求值班律师为了确认认罪认罚自愿性，必要时应当按照法定程序单独会见犯罪嫌疑人、被告人，并查阅案卷材料、了解案情，提供有效法律帮助。北京、天津、浙江、山东、湖北等地的法院、检察院和司法行政部门出台的认罪认罚从宽制度实施细则，都明确规定保障被追诉人获得有效法律帮助或者辩护，确保被追诉人自愿认罪认罚。从中央和地方出台的文件来看，判断值班律师“有效法律帮助”的标准主要是值班律师是否与检察机关进行量刑沟通、是否向被追诉人阐明认罪认罚的性质和法律后果、是否在场见证签署认罪认罚具结书等。实际上，即便值班律师完成这些规定动作，也很难说值班律师的法律帮助是有效的。特别是由于值班律师功能定位偏差、权利职责不明晰、缺乏有效法律帮助的动力和必要条件，值班律师基本不行使阅卷、会见等权利，更不会进行量刑协商，往往只是在场见证被追诉人签署认罪认罚具结书。司

---

① 龙宗智．完善认罪认罚从宽制度的关键是控辩平衡. 环球法律评论，2020（2）：5－22.

法实践中，值班律师法律帮助的无效化问题依然突出。

需要注意的是，在我国，法律并未规定无效辩护制度，但是，在司法实践中，也有法院因辩护律师重大的程序瑕疵而将案件发回重审的。随着我国刑事辩护制度的发展，也有对无效辩护制度进行立法的必要性。在无效辩护制度中，最为关键的是解决如下问题：其一无效辩护的标准问题。无效辩护的识别标准包括行为无效和结果无效或者二者兼顾的双重标准，主要考察不公正的判决是否是由律师辩护引起的。如果责任属于律师，则判定构成无效辩护，由律师承担一系列的法律后果。一般而言，英美国家对律师无效辩护具有相对成熟的制度规定。对抗制国家判断无效辩护的标准既重视对律师辩护行为本身的评价，又重视对律师辩护行为可能导致的对于被告人不利的诉讼结果的分析；既重视对律师自主辩护的保障，又重视对被告人程序权利和实体权利的维护，在律师自主辩护与被追诉人权利保护之间寻找到了较好的平衡点。[①] 其二无效辩护的举证主体问题。由于无效辩护制度本质上不是公诉案件，因此，应当秉持“谁主张谁举证”的原则，由相关被告人承担举证责任。无效辩护之诉应当由作出相关判决的法院的上级法院管辖。如果上级法院认为符合无效辩护的构成要件，则可以裁定撤销原判、发回重新审判，也可以建议相关的律师管理机构对涉案律师予以惩戒。

（三）律师辩护全覆盖

党的十八届四中全会提出了“以审判为中心的诉讼制度改革”。为推进以审判为中心的刑事诉讼制度改革，加强人权司法保障，充分发挥律师辩护促进公正审判的作用，2017 年 10 月，最高人民法院、司法部联合颁发了《律师辩护全覆盖试点办法》，开始在北京、上海、浙江等 8 个省市开展律师辩护全覆盖试点工作。《律师辩护全覆盖试点办法》第 2 条第 3、4 款规定，将刑事法律援助辩护的范围扩大到法院阶段适用普通程序审理的所有一审案件、二审案件和按照审判监督程序审理的案件。对于适用简易程序、速裁程序审理的案件，被告人没有辩护人的，人民法院应当通知法律援助机构派驻的值班律师为其提供法律帮助。律师辩护全覆盖的目的是让每一件刑事案件都有律师辩护和提供法律帮助，通过律师发挥辩护职责维护当事人合法权益、促进司法公正。2018 年 12 月，司法部又会同最高人民法院联合印发《关于扩大刑事案件律师辩护全覆盖试点范围的通知》，将律师辩护全覆盖试点工作扩大至全国。在 2020 年，我国共有 2 368 个县市区开展了刑事案件审判阶段律师辩护全覆盖试点工作。截至 2020 年 1 月，北京等 11 个省（区、市）刑事案件律师辩护率超过 80%，切实提高了司法人权保障水平，促进了司法公正。[②] 随着审判阶段律师辩护率的不断提升，部分检察机关和司法行政部门开始探索审查起诉阶段律师辩护全覆盖。2020 年 8 月，宁夏回族自治区检察机关会同司法厅、财政厅在部分地区开展审查起诉阶段律师辩护全覆盖试点工作。2021 年 11 月，江苏省泰州市检察机关

① 林劲松．对抗制国家的无效辩护制度．环球法律评论，2006（4）：483．

② 张昊．全国 2 195 个县试点刑事案件律师辩护全覆盖．法制日报，2020－01－18（001）．

与司法局共同制定出台《关于开展审查起诉阶段刑事案件律师辩护全覆盖试点工作的实施办法（试行）》，将150个罪名纳入审查起诉阶段律师辩护全覆盖试点范围。2022年4月，浙江省人民检察院、浙江省司法厅、浙江省律师协会联合印发《关于积极探索开展审查起诉阶段律师辩护全覆盖工作的意见（试行）》，探索将“法律援助律师辩护全覆盖”从审判阶段扩展至审查起诉阶段。地方检察机关探索推行审查起诉阶段律师辩护全覆盖，有助于实现审查起诉阶段与审判阶段律师辩护无缝衔接，有助于突破值班律师法律帮助的局限性，发挥辩护律师审前阶段实质性作用，保障被追诉人认罪认罚自愿性、真实性。应当说，律师辩护全覆盖自试点到全面推广至今已初见成效。据统计，2021年，广东省组织办理刑事通知辩护法律援助案件和刑事通知法律帮助案件174 887件，其中，办理审判阶段通知辩护案件49 620件，因刑事案件律师辩护全覆盖试点工作增加的通知辩护案件41 944件。[①] 再如，从2018年至2021年9月，合肥全市受理审判阶段刑事援助案件12 402件，因开展律师辩护全覆盖工作扩大通知律师辩护的法律援助案件9 022件，占比72.75%。[②] 但是不可否认，律师辩护全覆盖的推广在提高律师辩护率的同时，也存在律师资源不能有效满足法律援助需求、律师辩护质量有待提升、律师工作经费保障不足等问题，因而有待相关配套措施进一步跟进落实。

三、案例应用

莫某某放火案及温某某危险驾驶案

【案情】 2018年1月12日上午，杭州中院官微发布消息称，2018年1月5日下午，该院收到北京市中闻律师事务所律师何某提交的、由被告人莫某某之父签名的代为委托辩护的相关材料。鉴于此前被告人莫某某已接受杭州市法律援助中心指派的两名法律援助律师担任其辩护人，故根据有关规定，本案合议庭成员赴杭州市看守所，将前述事项告知了被告人莫某某，并征询其本人意见。1月9日，被告人莫某某经过考虑后，向杭州中院表示，其本人愿意接受杭州市法律援助中心指派的两名法律援助律师继续担任其辩护人。目前，杭州中院已将上述情况告知北京市中闻律师事务所律师何某。杭州中院表示，该院将依法继续审理本案。[③]

2021年10月，某地检察院办理的温某某涉嫌危险驾驶案中，犯罪嫌疑人温某某已经委托辩护律师，并告知了办案人员。但在签署具结书时，办案人员却通知值班律师进行见证，而没有通知辩护律师到场见证，导致犯罪嫌疑人的近亲属、辩护人对办案程序的合法性提出强烈质疑，并将此作为提起上诉的重要理由。[④]

---

① 广东省司法厅．广东省2021年度法律援助工作情况报告．(2022-05-13)［2022-07-15］. http://sft.gd.gov.cn/sfw/zwgk/sjfb/tjsj/content/post_3929882.html.

② 范天娇．合肥持续推进刑事案件律师辩护全覆盖 助力认罪认罚从宽案件办理．法制日报，2021-09-06 (007).

③ 浙江日报通讯员．杭州中院：莫某某同意由法援律师辩护．(2018-01-12)［2022-07-15］. https://baijiahao.baidu.com/s?id=1589354434698795543&wfr=spider&for=pc.

④ 陈永生．辩护律师优于值班律师至关重要．上海法治报，2022-01-21 (B7).

【问题】委托律师是否具备较之于法律援助律师的优先性?

【评析】我国 1979 年、1996 年、2012 年、2018 年《刑事诉讼法》均未对委托律师和法律援助律师之间的优先性作出明确规定。但从法条顺序看,《刑事诉讼法》是先规定自行辩护,再规定委托辩护,然后再规定在没有委托的特殊情形下的法律援助辩护的,按照立法精神,应当是委托律师优先于法律援助律师的。《高法解释》第 51 条规定:"对法律援助机构指派律师为被告人提供辩护,被告人的监护人、近亲属又代为委托辩护人的,应当听取被告人的意见,由其确定辩护人人选。"该规定体现了在委托律师与法律援助律师冲撞时对被告人自主选择权的尊重,但并未明确规定委托律师优于指派律师的原则。2021 年 8 月通过的《法律援助法》第 27 条对委托律师和法律援助律师之间的关系的规定是:"人民法院、人民检察院、公安机关通知法律援助机构指派律师担任辩护人时,不得限制或者损害犯罪嫌疑人、被告人委托辩护人的权利。"依据这一规定,委托辩护优先于法律援助辩护。但是该规定还是较为粗糙,容易被架空,有待于进一步细化。

同样道理,值班律师作为国家为经济困难的犯罪嫌疑人提供的一种法律援助,较之于委托律师而言处于补充地位。只有当被追诉人没有委托律师时,才能由值班律师在场。如果犯罪嫌疑人已经委托了辩护律师,在签署具结书时不通知辩护律师而由值班律师见证是不合法的,不利于被追诉人合法权利的保障。《刑事诉讼法》第 36 条明确规定,只有被追诉人没有委托辩护人,法律援助机构也没有指派律师为其提供辩护时,才能由值班律师为被追诉人提供法律帮助。这表明辩护律师是优先于值班律师的。最高人民检察院《人民检察院办理认罪认罚案件开展量刑建议工作的指导意见》第 27 条第 2 款更是明确规定:"犯罪嫌疑人有辩护人的,应当由辩护人在场见证具结并签字,不得绕开辩护人安排值班律师代为见证具结。"

美国"快乐湖沉尸案"

【案情】Robert Garrow 在 1973 年杀死了露营学生 Philip Domblewski,同时警方怀疑 Garrow 还另外参与了杀死 Daniel Porter、Susan Petz 以及 Alicia 等几位少女。但苦于找不到尸体,案情一直没有突破。在 Garrow 被捕后不久,Frank Armani 与 Francis Belge 两位律师成为此案的辩护人。在他们介入约 1 个月之后,委托人 Garrow 向两位律师交代了自己的作案经过。他承认自己杀死了 Porter,强奸并杀害了 Hauck 和 Petz。根据委托人的描述,Armani 和 Belge 两位律师找到并核实了两位被害人的尸体,并拍照作为记录。其中一名被害少女 Hauck 的父亲也联系到 Armani,要求其提供关于女儿下落的信息,然而 Armani 守口如瓶。数月之后,警方最终找到了 Hauck 和 Petz 的尸体。由于关键证据缺失,警方仍然无法将这两起案件与 Garrow 案合并。直到 1974 年 6 月该案开庭审理,这一事件才有了转机。为了获得精神病辩护以减轻刑罚,被告人在庭上公开承认杀害了以上四位被害人。事情至此,两位律师在庭审之后随即召开了新闻发布会,他们坦承早就知道被告人的其他罪行,也知晓尸体的下落。此案细节公之于众后在公众媒体与法律界引起轩然大波，公众和媒体批评两位律师的做法。[①]

【问题】如何处理律师忠诚义务与律师真实义务的冲突？[②]

【评析】忠诚义务是律师最重要的职业伦理内容之一，是建构律师其他伦理的基础。被告人在委托律师以后，律师就成为其刑事案件中值得托付的亲密盟友。被告人甚至可以将身家性命完全托付给律师。当然，这一切的前提建立在律师与被告人之间的忠诚信任关系之上。律师对被告人的忠诚是被告人对律师信任的前提，如果这种忠诚信任关系不复存在，刑事辩护制度将面临倒塌的危险。然而，律师真实义务具有相当的理论根基及制度典范。在本源上，辩护律师对事实的真实义务源于现代刑事诉讼的基本理念——证据裁判主义。证据裁判主义不仅要求裁判者根据证据作出理性判断，而且要求其他诉讼职能的承担者以真实的事实或方法作为论证其主张的根据（从禁止自我归罪原则出发，被刑事指控者一般可以例外或限制其义务范围）。辩护律师论证其主张时应当以查明的案件事实或法律拟制的事实为依据，不得提交或依据明知是虚假的证据事实。[③] 应当说，Garrow 的两位辩护律师在接受委托后，与被告人之间就建立了私法契约关系。因此，两位辩护律师基于忠诚信任关系不披露被告人的犯罪秘密是具有职业伦理基础的，当时的法律界人士也坚定地对他们予以支持。然而，律师不仅具有忠诚于其雇主的义务，还在某种程度上具有公法上的义务。可以说，“律师是集众多冲突于一身的人。与这个社会的任何人相比，他同时要面临众多竞争的主张和忠诚。他必须以最佳的状态为当事人服务，但同时，又不能忘记自己是法庭官员（Officer of Court）的现实，因而对整个法律制度的和谐有特殊的义务”[④]。因此，在“快乐湖沉尸案”中，刑辩律师身上集中了两种价值严重分裂的利益内容，这就导致了律师忠诚义务与真实义务之间的严重对峙。然而，既然律师接受被告人一方委托并且获得相应的经济报酬，为何仍要承担公法上的真实义务？其实，这种冲突在法律实践中就体现为律师作为当事人的忠实法律保镖角色及国家司法帮助者角色之间的对峙。可以说，特别是在欧陆法系国家，律师在一定程度上具有国家司法体制内的角色及身份，这就可能导致律师真实义务与忠诚义务之间的严重对立。“像椭圆有两个中心那样。律师也有两个必须依据的中心点。一个中心点是作为独立的司法机关所固有的责任，另一个中心点则是作为受托人需维护与委托人之间的信任、依赖关系。所谓律师是在这两点之间，既要忠实事实，又不能背叛委托人，因而产生了真实义务与保密义务的矛盾。”[⑤] 不仅欧陆很多国家的律师有这两种职业伦理责任冲突之困惑，在日本，也存在律师忠诚义务及真实义务的冲突与纠结。在第二次世界大战之前的日本，帮助法院发现事实、协助刑事司法

---

① 王凌翱．应对道德两难的挑战：儒学对现代法律职业伦理的超越．中外法学，2010（5）：742.

② 在一定程度上，律师真实义务与律师忠诚义务的冲突属于律师职业的社会公共责任与商业主义冲突的具体体现之一，但是，后者的冲突具有更加宽泛的内容。

③ 欧卫安．辩护律师的伦理：以忠诚义务为视点．西南师范大学学报，2005（6）：77.

④ Mary Ann Glendon，A Nation under Lawyers，New York：Farr（Farrar），Straus and Giroux，1992：17.

⑤ ［日］村冈启一，尹琳．辩护人的作用及律师的伦理．外国法译评，1998（2）：26.

是辩护律师的基本义务。在这种意义上，辩护人具有公共性乃至公益性的地位。在与维护嫌疑人、被告人的正当利益不相矛盾的限度内，担负着弄清事实真相的义务。譬如，在律师知道犯人是替代犯人的情况下，其有义务积极地弄清事实真相。二战后，随着职权主义向当事人主义转型，律师职业伦理义务也发生转向，教科书中的主流观点仅指出辩护律师应当追求的是“顺着被告人的利益方向而致力于案件事实的发现”[①]。这种转向意味着律师公共义务的衰败，其一般不再是承担协助司法机关查明案情的法曹，而是成为主要或者仅仅为被告人服务的职业法律人。

四、知识拓展

律师的独立辩护问题

在辩护制度中，近些年来独立辩护制度为域外现代法治国家所重点关注，出现了一些立法、实践与理论的新动态。而我国在律师独立辩护制度问题上尚存在不少争议。

在辩护律师与被追诉人的关系中，到底律师是独立的辩护人还是处处受制于被追诉人的代理人？抑或说，律师在辩护中是基于辩护技艺、职业尊严而采行独立辩护的方式，还是基于对被追诉人意志的尊重及律师忠诚义务等因素而采行以被追诉人为主导的辩护方式？可以说，这两种方式在现代国家中都有其制度典范，同时也都有其内在支撑和外在依据。律师独立辩护的典范国家是欧陆法系的德国。在德国，律师在技术性问题上享有自主决定权，因此在辩护中具有相当的独立性。德国《联邦律师条例》第 1 条中即开宗明义地规定：“律师是独立的司法机关”。第 3 条第 1 项规定：“律师得于所有法律事件为独立顾问及代理人。”可以说，德国辩护律师被视为独立的司法单位，因此在刑事司法中具有自主性司法功能。也即，一般会承认辩护律师的公益色彩及公法地位。在刑事诉讼辩护中，依照教科书的主流观点，辩护人并非单方面为被告人利益的代理人，其也是一类“辅佐人”，立于被告人之侧的“独立的司法机关”[②]。辩护人在诉讼程序中的独立地位显现在维护被告人的利益时，并不像代理人一样，处处受被告人意愿控制。因此，其亦得违背被告人的意愿，为被告人利益而自行声请询问证人，虽然被告人可能不愿该证人曝光；同样的，其亦得声请对被告人进行心理调查（《德国刑事诉讼法典》第81条），虽然被告人自己觉得很正常，也根本不想进入精神病院被观察；虽然被告人已承认自己有罪，辩护人仍得为促请无罪判决之辩护。[③] 在德国，律师有独立辩论权或者辩论时具有相当大的自主决定权。这种职业自主权不仅来自官方法律的专门规定，也来自一种根深蒂固的以国家主义为中心的思维习惯。即使律师由于职业内在要求在刑事诉讼中不能积极实施保护国家利益的行为，其也具有消极意义上通过独立辩护而间接卫护国家

---

① ［日］村冈启一，尹琳．辩护人的作用及律师的伦理．外国法译评，1998（2）：28.
② ［德］克劳斯·罗科信．刑事诉讼法．吴丽琪，译，北京：法律出版社，2003：149.
③ ［德］克劳斯·罗科信．刑事诉讼法．吴丽琪，译，北京：法律出版社，2003：150.

公益的使命，易言之，这是德国律师对国家承担的一种间接职业义务。可以说，德国辩护律师在相当大程度上被强调的是一种公法角色，其有协助法庭查明案件事实的义务，这也是律师具有独立辩护诉讼地位的重要原因。

而以美国[①]为代表的对抗制国家则主要实行以被告人为主导的辩护，其刑事诉讼不是以国家权力为中心运转的，而是被告人的权利构成了刑事诉讼活动的中轴。这在律师及被告人的关系上体现得淋漓尽致。“对抗制中的辩护律师被视为被告之利益的代理人，既然是代理人，行事的最高准则就是为被告（本人）之利益。据此，利益或不利益取决于被告的自主决定，辩护人的作用不过是辅助被告达成其利益与目的而已，本身并无自主性，应该如何辩护，完全以被告之意思为准，受其约束。此外，辩护关系仅属于民法的契约关系，辩护人既无公益色彩也无公法地位。”[②] 在美国对抗制诉讼中，律师全力为被告人辩护是出于人权保障的要求。这种人权不仅是个体意义上的人权，也是一种宏观意义上的人权。律师不仅在表面上保护被告人的利益，还是一种间接的、宏观意义上的民权保卫者，其提供了一种警醒机制，提示代表国家强力的侦控机关应当提高司法人权水平及办理案件的理念。这也是对抗制国家设置律师的初衷。“对抗制、法律援助和对质的权利、禁止自证其罪的特权和大量其他的审判权利，不仅是达到或避免某种审判结果的工具，而且是尊重被指控者人权的宣言——提醒本人或公众我们想要实现的社会以及我们身处社会的类型。”[③] 律师应当以尽职为当事人提供法律服务为使命。这种天职的价值在为被告人利益而全力辩护方面体现得尤为明显。被告人不是国家刑事政策逆来顺受的合作者，而是具有独立权利及意志的主体。即使其可能罪大恶极，令民怨沸腾，如果损害被告人合法诉讼权利就有损害其他人民权利的可能性。这也是以美国为代表的对抗制国家设置律师不遗余力为被告人辩护的核心因素。

在美国，律师辩护是以被告人为导向的辩护。这意味着即使律师具有天纵奇才，掌控超凡脱俗的法律技艺，其独立辩护也必须受制于被告人的意志。辩护律师无篡夺被告人意志自由的权利，因为这涉及美国社会的基本价值理念、法律基础、诉讼模式、法律服务市场习惯等因素。这一切使被告人的决定对律师辩护具有极大的约束性。在美国，近些年来的趋势表明，被告人意志更是被视为首要的考虑因素，律师在某种程度上只是法律顾问而已，其可以向被告人提供法律建议，然而，是否接受建议则由被告人决定。在被告人意思与律师辩护意见发生矛盾时，律师应当服从

---

① 美国律师辩护方式属于以被告人为主导的辩护。同为对抗制国家，英国这种被告人中心主义的辩护方式在程度上却并不明显。“根据习惯，在一定程度上也是根据职业伦理，英国出庭律师不将自己视为客户所雇佣的、不择手段地为其谋取利益的仆人……英国律师不仅仅是一个受雇的律师，而且差不多是位公务员，对整个法律体系的运作负有重要的责任。大量潜在的主张、答辩和论据径直被出庭律师滤除，永远不会被交给法庭。如果不是出庭律师起到了这样的作用，英国不可能维持如此精干的司法系统。”［英］P. S. 阿蒂亚，［美］R. S. 萨默斯．英美法中的形式与实质：法律推理、法律理论和法律制度的比较研究．金敏，等译，北京：中国政法大学出版社，2005：308－309.

② 林钰雄．刑事诉讼法：上．北京：中国人民大学出版社，2005：160－161.

③ ［美］蒙罗·H. 弗里德曼，阿贝·史密斯．律师职业道德的底线．王卫东，译，北京：北京大学出版社，2009：19.

被告人的决定，即使这种决定在作为法律专业人士的律师看来是不可理解的。当然，律师也可以选择退出此案辩护，以维护其职业尊严或实现其职业责任心的平衡。之所以对抗制的美国采行这种以被告人为主导的辩护方式，其原因主要包括：其一，这体现了对被告人尊严的尊重与理解。因为人的需要是多层次、多方面的。在通常情况下，被告人会倾向于获得更轻的刑罚，然而，如果律师采取可能使被告人尊严受到损害的方式辩护，即使辩护效果比较理想，那么，这也可能不是被告人想要的结果。在美国就有此类案例，出于对被告人自主权的尊重，即使被告人可能获得不利的实体结果，律师仍然会按照被告人意见进行辩护。这种以被告人意志为主导的辩护方式导致的不利判决结果，也可能会给律师职业声誉带来不利影响。然而，对被告人尊严的尊重仍然压制了律师作为法律专家独立辩护的冲动。其二，之所以采行被告人为主导的辩护方式，是出自对被告人能力的确信。因为在对抗制的美国，与欧陆法系的辩护观不同，其普遍的观念是人都是具有独立决定自己命运能力的理性主体，其可以独立地思考、权衡并作出最合乎自己利益的判断。而且在现实中，一般而言，被告人确实是最理解自己内心需求的主体。其诉讼决定并不一定完全是出于法律意义上的考量，而是在权衡利弊之下综合作出的抉择。作为"理性经济人"，"被告人会根据经济上的利益最大化原则，作出对自己最有利的判断，因而，利益或不利益，被告人最有发言权，利益的选择取舍，完全取决于被告人的判断和自主决定，被告人所作的意思表示即代表了被告人的利益"①。诚然，律师属于职业法律人士，法律技艺水平要超过被告人，但是，这并不能表示其一定能够代表被告人作出最能符合其利益的选择。被告人属于案件结果最直接的承受者，不可能随意处置自己的权利及命运。特别是被告人在深陷罪案后，会深思熟虑，查阅或者了解相关法律条文，在羁押状态下可以深入地与狱友或其他被告人讨论此类案件法官惯常判决的结果。可以说，被告人也具备了基本的把握案件处理方式的能力。换句话说，如同英美法系陪审员属于"法律门外汉"照样可以根据普通人理性作出是否有罪的裁决一样，被告人也会结合自己的实际情状，参照其了解的法律信息，同样有能力作出符合理性的判断。值得注意的是，被告人一般都会听从律师的诉讼指挥及安排，这不仅是对职业法律权威的尊敬，而且是自我意志选择的结果。同样，如果被告人没有选择与其辩护律师配合，则也可以说明其经过了更为慎重的考虑及抉择。其三，在美国对抗制诉讼模式下，公诉律师并无欧陆法系检察官的客观真实义务，因此，其无法立足客观中立立场兼顾被告人的利益，而律师此时则成为被告人诉讼中唯一可靠的保护人。这种诉讼模式亦是美国采行以被告人为主导辩护的原因。"从诉讼制度的发展历程来看，正是公诉机构的立场和定位决定了辩护人的立场和定位。如果公诉机构在实践中已经不再中立，而是带有强烈的追诉倾向，而法官也无法从中予以一定的干预，那么，辩护律师就必须取得与偏执一端的控方同等的地位，否则就将难以维系诉讼构造的平衡。在检察官已经完全被告人化，法官已不再有能力进行诉讼关照的时候，如果再片面地强调辩护律师的准司法官员的地位，就会极大

① 万毅．从李庄案二审看辩护律师的独立性．江苏行政学院学报，2011（4）：127.

地损害被告人的利益。”[1] 所以，在美国的对抗制诉讼中，只有律师与被告人结成真正的同盟军，协助被告人实现自由意志，才能整体上与对抗制的其他制度构件相协调，以保证对抗制诉讼结构的完整及有效运作。

实际上，无论采取哪种辩护方式，表面上都是辩护律师与被追诉人在辩护中的主导权的不同，同时也隐含着多种价值及理念的冲突。在我国，《刑事诉讼法》规定，辩护律师可以不以被追诉人意志为前提，而是依据事实和法律进行辩护。这确立了辩护律师独立辩护的地位。但是，实践中越来越多的案件出现辩护律师与被追诉人意见相左的情形。此时，辩护律师是依照法律规定独立辩护，还是基于辩护律师与被告人的私法契约关系而以被追诉人为中心进行辩护？对此问题，理论上有不同见解。这实际上是辩护律师与被追诉人在辩护意见不同时辩护主导权的掌控问题，其中内含着辩护律师与被追诉人的复杂关系。正确处置辩护律师与被追诉人在辩护主导权方面的关系，不仅关系到辩护律师的法律地位，更牵涉到对被追诉人法益的实质性保护。在辩护律师与被追诉人谁掌控辩护主导权问题上，我国学界主要存在两种观点。第一种是独立辩护论。这属于传统观点，该观点主要依据我国《刑事诉讼法》和《律师法》的规定，因而具有正统地位。该观点直到现在还具有相当大的影响力。譬如，2013 年 6 月 9 日，铁道部原部长刘某军一案公开审理，围绕着该案的辩护问题引发了律师界的广泛讨论。李律师在微博上对该案辩护律师钱律师率先发难，他认为，如果司法机关存在实体和程序的任何违法行为，辩护律师都应予以明确反对，必要时根据情况予以公开。李律师在公开信中多次提及辩护律师的独立诉讼地位，并以此为立论依据，主张被追诉人本人的意愿应被置于次要地位。[2] 对于独立辩护论而言，其理论根据主要包括：律师独立辩护具有《刑事诉讼法》等法律依据，属于法律“钦定”的诉讼权利；律师独立辩护能够最大限度地发挥律师作为法律专家的技术优势，而不受被追诉人辩护中非专业意见的掣肘，对于被告人利益的维护最为有利；律师独立辩护能够维护律师职业尊严，不使律师因当事人的“五斗米而折腰”。第二种是以被追诉人为中心的辩护论。该观点认为，辩护策略和意见的选择是由被追诉人利益的保护方式，对被追诉人利益、律师利益以及社会利益的价值排序以及其他社会因素的发展变化决定的。在被追诉人利益的保护方式、各种利益的价值排序已发生重大变化的大背景下，在律师过度商业化的今天，我国有必要实现从独立辩护观向最低限度的被追诉人中心主义辩护观的转变。[3] 以被追诉人为中心的辩护观的主要理论依据包括：被追诉人的辩护权利属于原始权利，而辩护律师的辩护权属于继受权利或者传来权利，因此，后者应当服从前者。易言之，在刑事辩护中，被追诉人居于主导地位，而其辩护律师处于从属地位，只能承担辅助者的角色，而不能成为主角，否则就等于律师作为法律专家对被追诉人辩护权进

---

① 陈虎. 独立辩护论的限度. 政法论坛，2013 (4)：40.

② 陈虎. 独立辩护论的限度. 政法论坛，2013 (4)：36.

③ 吴纪奎. 从独立辩护观走向最低限度的被告中心主义辩护观：以辩护律师与被告人之间的辩护意见冲突为中心. 法学家，2011 (6)：108.

行了篡夺；律师接受被追诉人一方律师费用及签订委托合同，二者之间具有私法契约关系而不是公法关系，所以，律师就应当履行其对当事人的忠诚义务，而在辩护中服从被追诉人的意志；以被追诉人为中心的辩护观能够最大限度地维护被告人的人格尊严。因为被追诉人是刑事诉讼中的真正当事人，其有权决定关乎自己命运的辩护意见的内容及方向。事实上，对这两种观点都不宜作绝对化理解。在个案中采取何种方式解决辩护的内部冲突，关键在于对相关利益因素的综合衡量。

五、文献荐读

1. 陈瑞华. 刑事辩护的理念. 北京：法律出版社，2021.

2. 宋远升. 律师论. 北京：中国政法大学出版社，2014.

3. ［美］艾伦·德肖维茨. 最好的辩护. 唐交东，译. 北京：法律出版社，2014.

4. 陈瑞华，田文昌. 刑事辩护的中国经验：田文昌、陈瑞华对话录. 增订本. 北京：北京大学出版社，2013.

5. 林正主编. 完美的辩护：美国名律师胜诉案例精选：上. 北京：中国法制出版社，2016.

6. 熊秋红. 审判中心视野下的律师有效辩护. 当代法学，2017（6）.

第六章　强制措施

一、原理精析

（一）强制措施概述

中国刑事诉讼中的强制措施，是指公安机关①、人民检察院和人民法院为了保证刑事诉讼的顺利进行，依法对犯罪嫌疑人、被告人的人身自由进行限制或者剥夺的强制性方法。

根据上述概念可以看出，中国的刑事强制措施具有以下几个特点：第一，适用主体是公安机关、人民检察院和人民法院。除此之外的任何组织和个人都无权适用刑事强制措施，否则构成违法。第二，适用对象是犯罪嫌疑人、被告人。除此之外，对于刑事诉讼中的其他诉讼参与人和案外人均不得适用强制措施。显然，其适用对象是否有罪系未决状态。这里的犯罪嫌疑人、被告人是指自然人。在单位犯罪中，可以拘传被告单位的诉讼代表人。第三，强制措施的内容是限制或剥夺人身自由。在中国，对物的搜查、扣押等强制处分和对隐私的强制干预，不属于强制措施的范畴。第四，强制措施适用目的具有预防性。即刑事诉讼强制措施适用的目的在于保障刑事诉讼的顺利进行，不带有惩罚的性质。第五，强制措施适用过程具有临时性。即对于已经采取的强制措施，应当根据保证刑事诉讼顺利进行的需要，及时予以变更或者解除。第六，强制措施适用结果具有双重性。即一方面有利于犯罪控制，另一方面会造成对犯罪嫌疑人、被告人人身权利的妨碍。第七，强制措施的适用具有法定性。由于强制措施是对公民人身自由这一基本权利的限制和剥夺，所以，从人权保障角度出发，法律对有关强制措施的适用均从适用主体、适用条件、适用程序等方面予以严格规定，有关适用主体应当依法适用。

① 这里包括其他行使侦查权的有关机关。

就比较法而言，依据大多数国家的立法规定，可以将强制措施分为三类：第一类是对人身自由的强制；第二类是对物的强制处分，如搜查、扣押等；第三类是对隐私的强制干预，如监听、提取指纹、强制采样等。中国的强制措施仅指对人身自由的强制。对物和隐私的强制处置在中国刑事诉讼的定位中，属于侦查手段。侦查手段的决定机关和执行机关合一；而强制措施除公安机关决定适用的以外，决定机关和执行机关实行分离原则。

依据中国刑事诉讼法的规定，刑事诉讼中的强制措施包括拘传、取保候审、监视居住、拘留和逮捕等五种，它们由轻到重构成一个有机整体。拘传对犯罪嫌疑人、被告人人身权利的妨碍程度最轻，逮捕的妨碍程度最重。其中，拘传、取保候审、监视居住属于对人身自由的限制，而拘留和逮捕则属于对人身自由的剥夺。

需要注意的是，中国刑事诉讼法还规定了公民扭送制度。扭送不属于强制措施，它只是法律赋予公民同犯罪行为作斗争的一种法律手段。依据《刑事诉讼法》第84条之规定，对于有下列情形的人，任何公民都可以立即扭送公安机关、人民检察院或者人民法院处理：(1) 正在实行犯罪或者在犯罪后即时被发觉的；(2) 通缉在案的；(3) 越狱逃跑的；(4) 正在被追捕的。公民将上述所列之人扭送到公安司法机关之后，由公安司法机关依法处理，符合条件的可以采取强制措施。

由于强制措施适用结果具有双重性，而其适用的目的在于保证刑事诉讼的顺利进行，所以，从人权保障的角度出发，强制措施的适用应当遵循以下原则：第一，合法性原则。即强制措施的适用必须严格依照法律规定的适用主体、条件、对象、程序和期限等内容进行。第二，合目的性原则。即强制措施的适用必须符合预防性目的，不得将其变成惩罚手段。第三，必要性原则。这一原则包含两层意思：一方面，强制措施的适用对于保证刑事诉讼的顺利进行是必要的，如果不采取也不妨碍刑事诉讼的进行，那么就没有必要采取；另一方面，如果采取侵害性较轻的就足以保证刑事诉讼的顺利进行，那么就没有必要采取侵害性较重的。第四，相当性原则。即在确有必要采取强制措施的情形下，其侵害性要与行为人的人身危险性和行为的社会危害性相适应，其侵害程度不得高于行为人可能受到的刑罚处罚。第五，变更性原则。即强制措施应当随着诉讼的进展和案情的变化而及时予以变更或解除。

具体而言，在考虑是否适用强制措施以及适用何种强制措施时，通常需要考虑以下因素：第一，犯罪嫌疑人、被告人行为的社会危害性。社会危害性越大，采取强制措施以及适用高强度种类强制措施的必要性就越大。第二，案件的事实和证据情况。即根据已经查清的事实和掌握的证据，结合法律规定的适用条件来具体适用强制措施。第三，案件进展程度。即案件事实查清和证据掌握程度越低，适用强制措施的必要性就越大。第四，犯罪嫌疑人、被告人的个人情况。犯罪嫌疑人、被告人的年龄、身体状况、前科、犯罪后表现等，都是适用强制措施时应当考虑的因素。总的来说，在决定适用时主要考虑犯罪嫌疑人、被告人逃避和妨碍侦查、起诉、审判或者其他诉讼行为的可能性及其大小。

强制措施作为一项重要的刑事诉讼法律制度，对于保证刑事诉讼的顺利进行、规范公安司法机关的行为具有重要意义。具体而言，体现在以下几个方面：第一，可以防止犯罪嫌疑人、被告人逃避侦查、起诉和审判。犯罪行为人在实施犯罪行为之后，为了逃避法律制裁，往往会躲避起来，逃避侦查、起诉和审判，及时采取强制措施可以防止这类行为。第二，可以防止犯罪嫌疑人、被告人进行妨害侦查、起诉和审判的活动。犯罪行为人在实施犯罪之后，为了逃避法律制裁，通常会毁灭、伪造证据或者与同案犯串供，及时采取强制措施可以防止这类行为。第三，可以防止犯罪嫌疑人、被告人继续进行犯罪行为。一些犯罪行为人在实施犯罪后，可能会继续实施类似的犯罪行为，也可能杀人灭口等，及时采取强制措施可以防止这类行为。第四，可以防止犯罪嫌疑人、被告人自杀或者发生其他意外事件。一些犯罪行为人在实施犯罪之后，可能畏罪自杀或者发生其他意外事件，及时采取强制措施可以起到防护作用。第五，可以发挥警示作用。及时有效地采取强制措施，既可以震慑潜在犯罪人，也可以鼓励公民积极同犯罪作斗争。第六，规范作用。作为一种法律制度，强制措施的适用可以起到规范公安司法机关公权力行使的作用，防止权力滥用。

（二）拘传

拘传，是指在刑事诉讼过程中，公安机关、人民检察院和人民法院对未被羁押的犯罪嫌疑人、被告人，依法强制其到案接受讯问的强制手段，是中国刑事诉讼强制措施体系中强制程度最低的一种。到案，是指犯罪嫌疑人、被告人根据公安司法机关的要求，到公安司法机关或者其指定的地点接受讯问或审判等。

拘传具有以下几个特点：第一，拘传的对象是未被羁押的犯罪嫌疑人、被告人。如果犯罪嫌疑人、被告人已被羁押，那么可以直接进行讯问，不需要经过拘传程序。第二，拘传的内容是强制就讯，即强制犯罪嫌疑人、被告人到案接受讯问或审判。第三，拘传的目的是讯问。换言之，拘传的目的不是待侦、待诉、待审，因此，实践中非基于讯问目的而进行的拘传，其合法性值得商榷。正是基于拘传的目的在于就讯，犯罪嫌疑人、被告人到案后必须立即讯问，此与其他强制措施有所不同。

拘传与传唤不同。刑事诉讼中的传唤，是指公安机关、人民检察院、人民法院使用传票通知有关当事人到指定地点接受讯问或审判的诉讼活动。尽管两者都有要求有关人员到指定地点接受讯问或审判的共同点，但就性质上而言，拘传是一种强制措施，传唤不是强制措施。由此，拘传与传唤在适用主体和强制力方面均有所不同。对于经传唤无正当理由拒不到案的犯罪嫌疑人、被告人，可以进行拘传。但拘传并不以传唤为前提，公安司法机关根据案情需要可以直接进行拘传。这一点是刑事诉讼中的拘传与民事诉讼中的拘传的重大区别。

在刑事诉讼中使用拘传强制措施，具有以下意义：一是及时获取案件信息，保全证据，查明案件事实。通过拘传强制措施所进行的讯问，可以及时获取有关案件的信息，并且通过有关的信息及时保全有关证据，迅速查明案件事实。二是暂时控制犯罪嫌疑人、被告人。虽然拘传的目的在于讯问，但在这个过程当中对犯罪嫌疑人、被告人的人身自由也起到了限制性作用。这种暂时控制，不仅可以防止其继续危害社会，对其本人而言也是一种保护。

关于拘传的适用条件，《刑事诉讼法》第66条仅作了原则性规定，即“根据案件情况”。有关司法解释及规定也未作出更为详细的规定。一般认为，所谓的“案件情况”，是指案件的严重程度、案件的进展程度、案件事实和证据情况、采取其他强制措施的可能性，以及犯罪嫌疑人、被告人的个人情况，等等。

依据《刑事诉讼法》和有关的司法解释及规定，适用拘传时应当按照下列程序进行：(1) 由案件的经办人提出申请，填写“呈请拘传报告书”，经本部门负责人审核后，由公安机关负责人、人民检察院检察长、人民法院院长批准，签发“拘传证”(法院称为“拘传票”，下同)。“拘传证”上应载明被拘传人的姓名、性别、年龄、籍贯、住址、工作单位、案由、接受讯问的时间和地点，以及拘传的理由。(2) 执行拘传的人员不得少于2人。(3) 拘传应当在被拘传人所在的市、县内进行。公安机关、人民检察院或人民法院在本辖区以外执行拘传的，应当通知当地的公安司法机关，当地的公安司法机关应当予以协助。(4) 拘传时，应当向被拘传人出示“拘传证”，并责令其在“拘传证”上签名、捺指印。对于抗拒拘传的，可以使用械具。(5) 到案后，应当责令其在“拘传证”上填写到案时间，而且应当立即进行讯问。(6) 讯问结束后，应当由其在“拘传证”上填写讯问结束时间，拒绝填写的，应当在“拘传证”上注明。(7) 在拘传期间，应当保证犯罪嫌疑人的饮食和必要的休息时间。(8) 拘传期限届满，未作出采取其他强制措施决定的，应当立即结束拘传。(9) 一次拘传持续的时间不得超过12小时，案情特别重大、复杂，需要采取拘留、逮捕措施的，拘传持续的时间不得超过24小时，不得以连续拘传的形式变相羁押犯罪嫌疑人、被告人，两次拘传间隔的时间一般不得少于12小时。

(三) 取保候审

取保候审，是指在刑事诉讼过程中，公安机关、人民检察院和人民法院责令犯罪嫌疑人、被告人提出保证人或交纳保证金等方式，保证其不逃避或妨碍侦查、起诉和审判，并且随传随到的一种强制手段。

取保候审的特点在于通过担保的方式来保证犯罪嫌疑人、被告人不逃避或者妨碍侦查、起诉和审判，并且随传随到。根据担保方式的不同，取保候审分为保证人保证和保证金保证两种类型。保证人保证方式，主要是通过保证人与犯罪嫌疑人、被告人之间特殊的关系而形成的某种心理上的制约关系来发挥保证作用。保证金保证方式，主要是通过金钱方面的制约关系来发挥保证作用。如果提供保证金的人并非犯罪嫌疑人、被告人本人，那么可以通过提供保证金的人与犯罪嫌疑人、被告人之间的特殊关系来发挥制约作用。需要注意的是，对保证人保证方式和保证金保证方式，只能二者选一。在决定采取何种保证方式时，通常需要考虑涉嫌犯罪行为或被指控犯罪行为的性质，保证人的条件，犯罪嫌疑人、被告人的自身条件等因素。对符合取保候审条件，具有下列情形之一的犯罪嫌疑人、被告人，采取保证人保证方式为宜：(1) 无力交纳保证金的；(2) 系未成年人或者已满75周岁的人；(3) 其他不宜收取保证金的。

取保候审制度的重要意义在于，在尽可能地保障犯罪嫌疑人、被告人的人身自由的情况下，防止犯罪嫌疑人、被告人进行妨碍刑事诉讼的活动。

依据《刑事诉讼法》第 67 条之规定，对有下列情形之一的犯罪嫌疑人、被告人，可以取保候审：(1) 可能判处管制、拘役或者独立适用附加刑的。一般而言，可能判处这些刑罚的犯罪嫌疑人、被告人，由于其罪行较轻，所以逃避、妨碍侦查、起诉和审判的可能性较小，不羁押一般不会发生社会危险性。(2) 可能判处有期徒刑以上刑罚，采取取保候审不致发生社会危险性的。可能判处有期徒刑以上刑罚的犯罪嫌疑人、被告人，虽然涉嫌罪行比较严重，但可能属于初犯、偶犯、胁从犯，或者是过失犯罪、未成年人犯罪等特殊情况。如果综合全案来看，对这些人采取取保候审不致发生社会危险性的话，那么也可以采取取保候审。(3) 患有严重疾病、生活不能自理，怀孕或者正在哺乳自己婴儿的妇女，采取取保候审不致发生社会危险性的。这一规定主要是基于人道主义的考虑。(4) 羁押期限届满，案件尚未办结，需要采取取保候审的。羁押期限，包括侦查羁押、审查起诉、一审、二审等期限。尚未办结，包括需要继续侦查、审查起诉或者审判。这一规定主要是为了避免超期羁押。

适用取保候审，除需要符合法律规定的特定适用对象之外，还需要满足法律规定的保证方式。依据中国有关法律规定，取保候审的保证方式包括保证人保证和保证金保证两种方式。

采取保证人保证方式取保候审的，应当提供符合法定条件的保证人。保证人必须符合下列条件：(1) 与本案无牵连；(2) 有能力履行保证义务；(3) 享有政治权利，人身自由未受到限制；(4) 有固定的住处和收入。上述要求，主要是为了保障保证人能够有效地履行保证义务。保证人是否符合上述条件，由决定机关审查决定。

保证人应当履行下列义务：(1) 监督被保证人遵守《刑事诉讼法》第 71 条的规定；(2) 发现被保证人可能发生或者已经发生违反第 71 条规定的行为的，应当及时向执行机关报告。

采取保证金保证方式取保候审的，应当交纳保证金。交纳人可以是犯罪嫌疑人、被告人本人，也可以是犯罪嫌疑人、被告人之外的其他人。保证金的具体数额应当综合考虑保证诉讼活动正常进行的需要、犯罪嫌疑人的社会危险性、案件的性质和情节、可能判处刑罚的轻重以及犯罪嫌疑人的经济状况等情况确定。依据相关规定，保证金起点数额是 1 000 元，但对于未成年犯罪嫌疑人保证金起点数额则为 500 元。关于保证金数额的上限，现行法律并没有作出明确的规定。

犯罪嫌疑人、被告人在取保候审期间未违反《刑事诉讼法》第 71 条之规定的，取保候审结束的时候，凭解除取保候审的通知或者有关法律文书到银行领取退还的保证金。

取保候审程序的启动有两种方式：一是依申请，即有权提出取保候审申请的人向公安司法机关提出取保候审申请，由公安司法机关决定是否适用取保候审强制措施；二是依职权，即由公安司法机关主动决定适用取保候审强制措施。由于第一种方式包含了公安司法机关审查决定的过程，所以这里仅以第一种方式为样本进行阐述，这样实际上也包含了第二种方式的审查决定过程。

依据《刑事诉讼法》第 38、67、97 条之规定，有权提出取保候审申请的人员包括：犯罪嫌疑人、被告人及其法定代理人、近亲属和辩护人。公安司法机关除要审查犯罪嫌疑人、被告人的条件之外，还要根据保证方式的不同而进行不同的审查。采取保证人保证方式的，应当审查保证人是否符合法定的条件。采取保证金保证方式的，应当审查保证人是否具备交纳保证金的能力。取保候审决定程序，实际上包括两个部分：第一，审批决定前的步骤。即由办案人员制作"呈请取保候审报告书"，经办案部门负责人审核后，由县级以上公安司法机关负责人审批。审批的结果有两种，即同意与不同意。公安司法机关收到取保候审申请之后，应当在 3 日以内作出决定，不同意的，应当告知申请人，并说明不同意的理由。第二，审批决定后的步骤。公安司法机关审批同意之后，应当制作"取保候审决定书"和"执行取保候审通知书"。

依据《刑事诉讼法》第 67 条的规定，取保候审由公安机关执行，即无论是公安机关决定采取的还是人民检察院或人民法院决定采取的取保候审强制措施，均由公安机关执行。公安机关执行取保候审时，应当向取保候审人宣读"取保候审决定书"，由犯罪嫌疑人、被告人签名或盖章，同时告知其应当遵守的法律规定以及违反规定应负的法律责任。但是，人民检察院和人民法院决定采取取保候审强制措施的，由决定机关向犯罪嫌疑人、被告人履行上述手续，并且，在履行上述手续之后，将"取保候审决定书"和"执行取保候审通知书"送达公安机关，由公安机关执行。这里的公安机关是指当地同级公安机关；被告人不在本地居住的，送交其居住地公安机关执行。以保证人方式保证的，还应当同时向公安机关送达"取保候审保证书"。对使用保证金保证的，应当在核实保证金已经存入公安机关指定银行的专门账户后，将银行出具的收款凭证一并送交公安机关。提供保证金的人，应当一次性将保证金存入取保候审保证金专门账户，保证金应当以人民币交纳。

公安机关决定取保候审的，应当及时通知被取保候审人居住地的派出所执行。必要时，办案部门可以协助执行。采取保证人担保形式的，应当同时送交有关法律文书、被取保候审人基本情况、保证人基本情况等材料。采取保证金担保形式的，应当同时送交有关法律文书、被取保候审人基本情况和保证金交纳情况等材料。人民法院、人民检察院决定取保候审的，负责执行的县级公安机关应当在收到法律文书和有关材料后 24 小时以内，指定被取保候审人居住地派出所核实情况后执行。执行取保候审的派出所应当履行下列职责：（1）告知被取保候审人必须遵守的规定，及其违反规定或者在取保候审期间重新犯罪应当承担的法律后果；（2）监督、考察被取保候审人遵守有关规定，及时掌握其活动、住址、工作单位、联系方式及变动情况；（3）监督保证人履行保证义务；（4）被取保候审人违反应当遵守的规定以及保证人未履行保证义务的，应当及时制止、采取紧急措施，同时告知决定机关。人民法院、人民检察院决定取保候审的，负责执行的派出所在批准被取保候审人离开所居住的市、县前，应当征得决定机关同意。

为了保证刑事诉讼的顺利进行，被取保候审人在取保候审期间应当遵守一定的规定。这些规定分为两类：一类是硬性规定，即必须遵守的；另一类是选择性规定。

硬性规定包括：(1) 未经执行机关批准不得离开所居住的市、县；(2) 住址、工作单位和联系方式发生变动的，在 24 小时内向执行机关报告；(3) 在传讯的时候及时到案；(4) 不得以任何形式干扰证人作证；(5) 不得毁灭、伪造证据或者串供。选择性规定包括：(1) 不得进入特定的场所；(2) 不得与特定的人员会见或者通信；(3) 不得从事特定的活动；(4) 将护照等出入境证件、驾驶证交执行机关保存。公安司法机关可以根据案情，责令被取保候审的犯罪嫌疑人、被告人遵守上述一项或多项规定，也可以不作上述任何要求。

被取保候审人如果违反取保候审中规定的义务，那么将会给犯罪嫌疑人、被告人本人、保证人以及代替犯罪嫌疑人、被告人交纳保证金的人带来不利的法律后果。犯罪嫌疑人、被告人已交纳保证金的，可能被没收部分或者全部保证金，并且可能被责令具结悔过，重新交纳保证金、提出保证人，或者被监视居住或逮捕。需要予以逮捕的，可以先行拘留。如果被保证人有违反《刑事诉讼法》第 71 条规定的行为，保证人未履行保证义务的，可以对保证人处以罚款；构成犯罪的，依法追究刑事责任。根据案件事实和法律规定，认为已经构成犯罪的被告人在取保候审期间逃匿的，如果系保证人协助被告人逃匿，或者保证人明知被告人藏匿地点但拒绝向司法机关提供，对保证人应当依法追究刑事责任。如果保证金并非犯罪嫌疑人、被告人本人交纳，那么交纳人的保证金将可能被部分或全部没收。

对于采取保证人保证方式的，如果保证人在取保候审期间不愿继续担保或者丧失担保条件，那么公安司法机关应当责令被取保候审人重新提出保证人或者交纳保证金，或者变更强制措施。人民检察院、人民法院作出变更决定后，应当将变更情况通知公安机关。另外，取保候审也可能因为被取保候审人违反规定的义务而发生变更。

《刑事诉讼法》第 79 条规定，“人民法院、人民检察院和公安机关对犯罪嫌疑人、被告人取保候审最长不得超过十二个月”。这一规定中，到底是每一个机关采取取保候审的期间最长不得超过 12 个月，还是三个机关采取取保候审的期间加起来不得超过 12 个月？对此存在不同理解。实务部门认为，每一个机关采取取保候审的期间最长不得超过 12 个月。

(四) 监视居住

监视居住，是指在刑事诉讼过程中，人民法院、人民检察院、公安机关命令犯罪嫌疑人、被告人不得擅自离开住处或者指定居所，并对其予以监控的一种强制手段。从中国现行有关法律规定来看，监视居住是逮捕的替代性措施，被监视居住的人不被羁押于看守所，而是被监视居住于住所或指定居所，其强制程度弱于逮捕，但强于取保候审。

监视居住的特点在于被监视居住的人的活动范围被局限于住处或者指定的居所，相对于取保候审而言，其活动范围受到了极大的限制。在住所和指定居所空间范围内，被监视居住人享有较为充分的自由，从这个意义上而言，监视居住是对人身自由的限制而非剥夺。

可被适用监视居住的犯罪嫌疑人、被告人必须同时符合两个方面的条件：一是符合逮捕条件，二是具备法定情形。《刑事诉讼法》第 81 条对逮捕条件作了规定。依据《刑事诉讼法》第 74 条第 1 款的规定，采取监视居住需要具备的法定情形包括：(1) 患有严重疾病、生活不能自理的；(2) 怀孕或者正在哺乳自己婴儿的妇女；(3) 系生活不能自理的人的唯一扶养人；(4) 因为案件的特殊情况或者办理案件的需要，采取监视居住措施更为适宜的；(5) 羁押期限届满，案件尚未办结，需要采取监视居住措施的。同时，对符合取保候审条件，但犯罪嫌疑人、被告人不能提出保证人，也不交纳保证金的，可以监视居住。需要注意的是，上述法定情形是采取监视居住的必要条件而不是充分条件，换言之，在符合上述条件下，不一定都采取监视居住。

监视居住，原则上应当在犯罪嫌疑人、被告人的住处执行。固定住处是指犯罪嫌疑人在办案机关所在地的市、县内工作、生活的合法居所。在以下两种情况下可以例外执行，即不在住处执行：(1) 无固定住处；(2) 对于涉嫌危害国家安全犯罪、恐怖活动犯罪、特别重大贿赂犯罪，在住处执行可能有碍侦查的。“有碍侦查”的情形包括：(1) 可能毁灭、伪造证据，干扰证人作证或者串供的；(2) 可能自杀或者逃跑的；(3) 可能导致同案犯逃避侦查的；(4) 在住处执行监视居住可能导致犯罪嫌疑人面临人身危险的；(5) 犯罪嫌疑人的家属或者其所在单位的人员与犯罪有牵连的；(6) 可能对举报人、控告人、证人及其他人员等实施打击报复的。

需要注意的是，对于涉嫌危害国家安全犯罪、恐怖活动犯罪、特别重大贿赂犯罪等犯罪嫌疑人、被告人指定居所监视居住的需要满足下列条件：第一，案件类型，限于危害国家安全犯罪、恐怖活动犯罪、特别重大贿赂犯罪等三类。有下列情形之一的，属于特别重大贿赂犯罪：(1) 涉嫌贿赂犯罪数额在 50 万元以上，犯罪情节恶劣的；(2) 有重大社会影响的；(3) 涉及国家重大利益的。第二，适用主体，限于检察院和公安机关。第三，适用理由，限于“有碍侦查”。第四，批准主体，是上一级检察院或者公安机关。

另外，为了防止变相羁押，依据《刑事诉讼法》第 75 条第 1 款的规定，监视居住不得在羁押场所、专门的办案场所执行。依据六部门《规定》第 15 条的规定，指定居所监视居住的，不得要求被监视居住人支付费用。

监视居住的程序，大体上分为决定和执行两个环节。在监视居住的决定方面，依据有关司法解释及实践，人民法院、检察院和公安机关对犯罪嫌疑人、被告人采取监视居住，由办案人员制作“呈请监视居住报告书”，经部门负责人审核后，由人民法院院长、人民检察院检察长、公安局局长批准，制作“监视居住决定书”和“执行监视居住通知书”。在监视居住的执行方面，依据《刑事诉讼法》第 74 条第 3 款的规定，监视居住由公安机关执行，即人民法院、人民检察院和公安机关决定的监视居住均由公安机关执行。具体而言，监视居住由被监视居住人住处或者指定住所所在地的派出所执行。

由于监视居住原则上在被监视居住人的住处执行，所以通常情况下无须通知家属；但是，指定居所监视居住的除外。依据《刑事诉讼法》第 75 条第 2 款的规定，指定居所监视居住的，除无法通知的以外，应当在执行监视居住后24小时以内，通知被监视居住人的家属。依据《公安规定》第113条第2款的规定，“无法通知”的情形包括：（1）不讲真实姓名、住址、身份不明的；（2）没有家属的；（3）提供的家属联系方式无法取得联系的；（4）因自然灾害等不可抗力导致无法通知的。无法通知的情形消失以后，应当立即通知被监视居住人的家属。无法通知家属的，应当在监视居住通知书中注明原因。被监视居住的人在监视居住期间，其权利应当得到保障。需要注意以下几点：第一，被监视居住的犯罪嫌疑人、被告人委托辩护人的权利，办案机关应当予以保障。第二，指定的居所应当符合下列条件：（1）具备正常的生活、休息条件；（2）便于监视、管理；（3）能够保证办案安全。第三，人民检察院对指定居所监视居住的决定和执行是否合法实行监督。

为了实现监视居住的功能，法律对被监视居住人的义务作了硬性规定。被监视居住的犯罪嫌疑人、被告人应当遵守以下规定：（1）未经执行机关批准不得离开执行监视居住的处所；（2）未经执行机关批准不得会见他人或者通信；（3）在传讯的时候及时到案；（4）不得以任何形式干扰证人作证；（5）不得毁灭、伪造证据或者串供；（6）将护照等出入境证件、身份证件、驾驶证件交执行机关保存。这里，需要注意以下几点：第一，处所是指犯罪嫌疑人的住处或者指定居所。第二，人民法院、人民检察院决定监视居住的，负责执行的派出所在批准被监视居住人离开住处或者指定的居所以及与他人会见或者通信前，应当征得决定机关同意。第三，被采取监视居住的人将护照等出入境证件、驾驶证交执行机关保存属强制性规定，此与取保候审不同。另外，此处还包括将身份证件交存。

为了有效地监控被监视居住的人，执行机关对被监视居住的犯罪嫌疑人、被告人，可以采取电子监控、不定期检查等监视方法对其遵守监视居住规定的情况进行监督；在侦查期间，可以对被监视居住的犯罪嫌疑人的通信进行监控。被监视居住的犯罪嫌疑人、被告人违反法律硬性规定，情节严重的，可以予以逮捕；需要予以逮捕的，可以对犯罪嫌疑人、被告人先行拘留。

依据《刑事诉讼法》第79条第1款的规定，人民法院、人民检察院和公安机关对犯罪嫌疑人、被告人监视居住最长不得超过6个月。依据这一规定，到底是每一个机关采取监视居住的期间最长不得超过6个月，还是三个机关采取监视居住的期间加起来不得超过6个月，对此存在不同理解。对此，实务部门认为，每一个机关采取监视居住的期间最长不得超过6个月。

由于指定居所监视居住对人身自由限制的严厉程度比较高，《刑事诉讼法》第76条规定：“指定居所监视居住的期限应当折抵刑期。被判处管制的，监视居住一日折抵刑期一日；被判处拘役、有期徒刑的，监视居住二日折抵刑期一日。”可见，从效果上而言，指定居所监视居住有别于剥夺人身自由的羁押。

（五）拘留

拘留，是指公安机关、人民检察院在侦查过程中，在紧急情况下，依法临时剥夺现行犯或者重大嫌疑分子人身自由的一种强制措施。相对于拘传、取保候审、监视居住，拘留的强制程度更高，属于对人身自由的剥夺而不是限制。在中国法律体系中，关于拘留，除了刑事拘留，还有行政拘留和民事拘留。三者在法律性质、适用机关、适用对象、适用条件、程序、期限等方面均不同。

拘留具有以下特点：（1）相对于拘传、取保候审、监视居住，拘留属于对人身自由的剥夺而不是限制。（2）拘留的适用主体仅包括公安机关和人民检察院，不包括人民法院。（3）大多情况下，拘留适用于紧急情形。（4）拘留属于临时性措施。由于拘留适用于紧急情形，因此，在拘留之后应当及时变更强制措施，符合逮捕条件的转为逮捕，不符合逮捕条件的可以转为取保候审、监视居住，或者释放被拘留人。采取拘留措施的主要意义在于及时控制现行犯或者重大犯罪嫌疑人，防止其逃跑或者影响取证。

适用拘留措施，必须同时符合两个条件：一是拘留的对象是现行犯或者是重大嫌疑分子。现行犯，是指正在实施犯罪的人。重大嫌疑分子，一般是指侦查机关通过侦查，已经有大量的证据能够证明犯罪系其实施的犯罪嫌疑人。二是具有法定的紧急情形。由于案件类型或侦查机关不同，所谓的紧急情形不尽相同，换言之，公安机关侦查的案件和检察院侦查的案件，其紧急情形不尽相同，详见下述。

依据《刑事诉讼法》第 82 条的规定，具有下列情形之一，公安机关可以先行拘留：（1）正在预备犯罪、实行犯罪或者在犯罪后即时被发觉的；（2）被害人或者在场亲眼看见的人指认他犯罪的；（3）在身边或者住处发现有犯罪证据的；（4）犯罪后企图自杀、逃跑或者在逃的；（5）有毁灭、伪造证据或者串供可能的；（6）不讲真实姓名、住址，身份不明的；（7）有流窜作案、多次作案、结伙作案重大嫌疑的。“流窜作案”，是指跨市、县管辖范围连续作案，或者在居住地作案后逃跑到外市、县继续作案；“多次作案”，是指 3 次以上作案；“结伙作案”，是指 2 人以上共同作案。依据《刑事诉讼法》第 165 条之规定，在下列两种情形下，人民检察院可以先行拘留：（1）犯罪后企图自杀、逃跑或者在逃的；（2）有毁灭、伪造证据或者串供可能的。

拘留的程序大体上可以分为决定和执行两个阶段。在拘留的决定阶段，公安机关拘留犯罪嫌疑人，应当填写“呈请拘留报告书”，经县级以上公安机关负责人批准，制作“拘留证”。检察机关拘留犯罪嫌疑人，应当由办案人员提出意见，部门负责人审核，检察长决定。需要注意的是，对人大代表的拘留需要经过特别的报告或许可程序。

拘留的执行由公安机关负责。公安机关决定的拘留和人民检察院决定的拘留，均由公安机关执行。人民检察院作出的拘留决定，公安机关应当立即执行，人民检察院可以协助公安机关执行。公安机关在异地执行拘留，应当通知被拘留人所在地的公安机关，被拘留人所在地的公安机关应当予以配合。公安机关执行拘留，应当遵守下列程序。

1. 出示拘留证

公安机关工作人员执行拘留时，必须出示“拘留证”，并责令被拘留人在“拘留证”上签名、捺指印，拒绝签名、捺指印的，侦查人员应当注明。依据《公安规定》第 157 条规定，对犯罪嫌疑人执行拘留过程中，应当依法使用约束性警械。遇有暴力性对抗或者暴力犯罪行为，可以依法使用制服性警械或者武器。

2. 立即送看守所

拘留后，应当立即将被拘留人送看守所羁押，至迟不得超过24小时。异地执行拘留的，无法及时将犯罪嫌疑人押解回管辖地的，应当在宣布拘留后立即将其送抓获地看守所羁押，至迟不得超过24小时。到达管辖地后，应当立即将犯罪嫌疑人送看守所。

3. 通知家属

公安执行拘留后，原则上应当在24小时以内，通知被拘留人的家属。在例外的情形下，可以不通知家属。例外情形包括两种：第一，无法通知；第二，涉嫌危害国家安全犯罪、恐怖活动犯罪，通知可能有碍侦查。“无法通知”的情形包括：(1) 不讲真实姓名、住址，身份不明的；(2) 没有家属的；(3) 提供的家属联系方式无法取得联系的；(4) 自然灾害等不可抗力导致无法通知的。“有碍侦查”的情形包括：(1) 可能毁灭、伪造证据，干扰证人作证或者串供的；(2) 可能引起同案犯逃避、妨碍侦查的；(3) 犯罪嫌疑人的家属与犯罪有牵连的。需要注意的是，有碍侦查的情形消失后，应当立即通知被拘留人的家属。对于没有在24小时以内通知家属的，应当在拘留通知书中注明原因。

4. 及时讯问

公安机关、人民检察院对被拘留的人应当在拘留后的24小时以内进行讯问。在发现不应当拘留的时候，必须立即释放，发给释放证明。

5. 提请逮捕

公安机关对被拘留的人，认为需要逮捕的，应当提请人民检察院审查批准。关于提请逮捕的期限，我国法律作出了明确的规定。对于一般案件，公安机关应当在拘留后的3日以内提请审查批准逮捕，在特殊情况下，提请审查批准的时间可以延长1日至4日。对于流窜作案、多次作案、结伙作案的重大嫌疑分子，提请审查批准的时间可以延长至30日。犯罪嫌疑人不讲真实姓名、住址，身份不明的，应当对其身份进行调查。经县级以上公安机关负责人批准，拘留期限自查清其身份之日起计算，但不得停止对其犯罪行为的侦查取证。人民检察院应当自接到公安机关提请批准逮捕书后的7日以内，作出批准逮捕或者不批准逮捕的决定。可见，我国拘留的最长期限是37日。对于直接受理的案件，人民检察院认为被拘留的人需要逮捕的，应当在14日以内作出决定。

另外，2018年《刑事诉讼法》修改，实现了同《监察法》的衔接。其第170条规定，对于监察机关移送起诉的已采取留置措施的案件，人民检察院应当对犯罪嫌疑人先行拘留，留置措施自动解除。人民检察院应当在拘留后的10日以内作出是否逮捕、取保候审或者监视居住的决定。在特殊情况下，决定的时间可以延长1日至4日。人民检察院决定采取强制措施的期间不计入审查起诉期限。

(六) 逮捕

逮捕，是指在刑事诉讼过程中，公安机关、人民检察院和人民法院，依法剥夺犯罪嫌疑人、被告人人身自由并予以羁押的一种强制手段。不同于西方国家的逮捕与羁押分离原则，在我国适用逮捕措施将直接导致羁押的效果。同时，在我国羁押期限通常附随于办案期限，所以，逮捕后往往存在较长期间的羁押。所以，逮捕是我国刑事强制措施中强制程度最高的一种。

逮捕的特征主要体现在以下几个方面：（1）在决定权上，具有逮捕决定权的主体限于人民检察院和人民法院。（2）在效果上，逮捕将导致较长时间地剥夺犯罪嫌疑人、被告人的人身自由，即使其较长时间处于羁押状态。（3）在目的上，逮捕除防止犯罪嫌疑人、被告人实施妨碍刑事诉讼顺利进行的行为之外，还包括防止发生社会危害性行为。可见，适用逮捕措施，对于保障刑事诉讼程序顺利进行，防止犯罪嫌疑人、被告人逃跑、自杀自残、继续实施危害社会行为等均具有重要意义。

依据《刑事诉讼法》第 81 条的规定，逮捕的适用须同时符合下列三个条件：（1）证据条件；（2）罪责条件；（3）社会危险性条件。

所谓证据条件，是指第 81 条第 1 款规定的“有证据证明有犯罪事实”。对何谓“有证据证明有犯罪事实”，《刑事诉讼法》没有进一步的规定。依据有关司法解释和规定，“有证据证明有犯罪事实”是指同时具备下列情形：（1）有证据证明发生了犯罪事实；（2）有证据证明该犯罪事实是犯罪嫌疑人实施的；（3）证明犯罪嫌疑人实施犯罪行为的证据已经查证属实的。犯罪事实既可以是单一犯罪行为的事实，也可以是数个犯罪行为中任何一个犯罪行为的事实。

所谓罪责条件，是指《刑事诉讼法》第 81 条第 1 款规定的“可能判处徒刑以上刑罚”，即根据有证据证明的犯罪事实以及《刑法》的规定，对犯罪嫌疑人、被告人的刑罚处罚最低也要判处有期徒刑以上。这是强制措施适用相当性原则的具体体现。根据这一条件，对于只可能判处管制、拘役、独立适用附加刑而不可能判处有期徒刑以上刑罚的犯罪嫌疑人、被告人，不得适用逮捕措施。

所谓的社会危险性条件，是指采取取保候审尚不足以防止发生特定的社会危险性。依据《刑事诉讼法》第 81 条第 1 款的规定，这些社会危险性包括：（1）可能实施新的犯罪的；（2）有危害国家安全、公共安全或者社会秩序的现实危险的；（3）可能毁灭、伪造证据，干扰证人作证或者串供的；（4）可能对被害人、举报人、控告人实施打击报复的；（5）企图自杀或者逃跑的。

一般而言，对有证据证明有犯罪事实，可能判处徒刑以上刑罚的犯罪嫌疑人、被告人，如果采取取保候审不足以防止上述社会危险性，那么应当予以逮捕。同时，在下列两种情形下，也应当逮捕犯罪嫌疑人、被告人：（1）有证据证明有犯罪事实，可能判处 10 年有期徒刑以上刑罚的；（2）有证据证明有犯罪事实，可能判处有期徒刑以上刑罚，曾经故意犯罪或者身份不明的。此外，被取保候审、监视居住的犯罪嫌疑人、被告人违反取保候审、监视居住规定，情节严重的，可以予以逮捕。关于何谓“违反取保候审、监视居住规定，情节严重”，需要说明的是，根据 2014 年《全国人民代表大会常务委员会关于〈中华人民共和国刑事诉讼法〉第七十九条第三款的解释》，对于被取保候审、监视居住的可能判处徒刑以下刑罚的犯罪嫌疑人、被告人，违反取保候审、监视居住规定，严重影响诉讼活动正常进行的，也可以予以逮捕。

逮捕的程序大体上可以分为决定和执行两个阶段。我国逮捕决定权由人民检察院和人民法院行使。具体而言，逮捕的决定程序，包括人民检察院对公安机关提请逮捕的批准逮捕程序、人民检察院的决定逮捕程序和人民法院的决定逮捕程序。

人民检察院对公安机关提请逮捕的批准逮捕程序如下：首先，提请逮捕。公安机关认为需要逮捕犯罪嫌疑人的，应该制作“提请批准逮捕书”，由县级以上公安机关负责人批准后，连同案卷材料、证据，一并移送同级人民检察院审查批准。

其次，审查逮捕。对于公安机关提请逮捕的案件，由检察机关侦查监督部门办理。依据有关法律和司法解释，办案人员审查批准逮捕的方法，包括以下几个方面的内容：(1) 应当审阅案卷材料和证据；(2) 可以讯问犯罪嫌疑人；(3) 可以询问证人、被害人、鉴定人等诉讼参与人；(4) 可以听取辩护律师的意见，辩护律师提出要求的，应当听取辩护律师的意见。《刑事诉讼法》第 88 条第 1 款特别规定，有下列情形之一的，应当讯问犯罪嫌疑人：(1) 对是否符合逮捕条件有疑问的；(2) 犯罪嫌疑人要求向检察人员当面陈述的；(3) 侦查活动可能有重大违法行为的。

再次，批准决定。侦查监督部门办案人员经过审查之后，提出批准或者不批准的意见，经部门负责人审核后，报检察长批准，重大案件应经检察委员会讨论决定。审查逮捕决定有两种：(1) 对于符合逮捕条件的，作出批准逮捕的决定，制作“批准逮捕决定书”；(2) 对于不符合逮捕条件的，作出不批准逮捕的决定，制作“不批准逮捕决定书”，并且说明不批准逮捕的理由。对公安机关提请批准逮捕的犯罪嫌疑人，已被拘留的，人民检察院应当在收到“提请批准逮捕书”后的 7 日以内作出是否批准逮捕的决定；未被拘留的，应当在收到“提请批准逮捕书”后的 15 日以内作出是否批准逮捕的决定，重大、复杂的案件，不得超过 20 日。对于人民检察院不批准逮捕的，公安机关收到“不批准逮捕决定书”后，应当释放在押的犯罪嫌疑人或者变更强制措施，并将执行回执送达作出不批准逮捕决定的人民检察院。对人民检察院不批准逮捕的决定，公安机关认为有错误需要复议的，可以依法向同级人民检察院提请复议。如果意见不被接受，认为需要复核的，可以依法提请上一级人民检察院复核。上级人民检察院应当立即复核，作出是否变更的决定，通知下级人民检察院和公安机关执行。

人民检察院决定逮捕犯罪嫌疑人有几种不同的情形：(1) 省级以下（不含省级）人民检察院直接受理立案侦查的案件，需要逮捕犯罪嫌疑人的，应当报请上一级人民检察院审查决定。监所、林业等派出人民检察院立案侦查的案件，需要逮捕犯罪嫌疑人的，应当报请上一级人民检察院审查决定。下级人民检察院报请审查逮捕的案件，由侦查部门制作“报请逮捕书”，报检察长或者检察委员会审批后，连同案卷材料、讯问犯罪嫌疑人录音、录像一并报上一级人民检察院审查，报请逮捕时应当说明犯罪嫌疑人的社会危险性并附相关证据材料。(2) 最高人民检察院、省级人民检察院办理直接受理立案侦查的案件，需要逮捕犯罪嫌疑人的，由侦查部门填写“逮捕犯罪嫌疑人意见书”，连同案卷材料、讯问犯罪嫌疑人录音、录像一并移送本院侦查监督部门审查。(3) 人民检察院对于公安机关移送审查起诉尚未逮捕犯罪嫌疑人的案件，认为需要逮捕的，由审查起诉部门填写“逮捕犯罪嫌疑人意见书”，连同案卷材料和证据移送侦查监督部门审查。（4）人民检察院决定逮捕的，由检察长签发“逮捕决定书”，通知公安机关执行。

人民法院决定逮捕被告人有两种情形：（1）对于直接受理的自诉案件，认为需要逮捕被告人的，由办案人员提交人民法院院长决定，对于重大、疑难、复杂案件的被告人的逮捕，提交审判委员会讨论决定。（2）对于检察机关提起公诉时未予逮捕的被告人，人民法院认为符合逮捕条件需要逮捕的，可以决定逮捕。人民法院作出逮捕决定后，应当将“逮捕决定书”等相关材料送交同级公安机关执行，并将“逮捕决定书”抄送人民检察院。

同拘留类似，对于人大代表的逮捕也需要经过特别的报告或许可程序。

我国逮捕的决定权和执行权实行分离原则，逮捕犯罪嫌疑人、被告人一律由公安机关执行。必要时，人民法院、检察机关可以协助执行。公安机关执行逮捕应当遵守以下程序：（1）签发逮捕证。接到人民检察院“批准逮捕决定书”或人民法院、人民检察院决定逮捕的法律文书后，应当由县级以上公安机关负责人签发“逮捕证”，并立即执行。（2）执行人员。执行逮捕的侦查人员不得少于2人。（3）出示“逮捕证”。执行逮捕时，必须出示“逮捕证”，并责令被逮捕人在“逮捕证”上签名、捺指印，拒绝签名、捺指印的，侦查人员应当注明。（4）可以使用警械。依据《公安规定》第157条，对犯罪嫌疑人执行逮捕过程中，应当依法使用约束性警械。遇有暴力性对抗或者暴力犯罪行为，可以依法使用制服性警械或者武器。（5）立即送看守所。逮捕后，应当立即将被逮捕人送看守所羁押。看守所收押犯罪嫌疑人、被告人，应当进行健康和体表检查，并予以记录。（6）通知家属。除无法通知的以外，应当在逮捕后24小时以内，制作“逮捕通知书”，通知被逮捕人的家属。“逮捕通知书”应当写明逮捕原因和羁押处所。这里需要注意以下几点：第一，不通知的理由仅限于“无法通知”，而不包括“有碍侦查”等；第二，无法通知的情形消除后，应当立即通知被逮捕人的家属。第三，对于没有在24小时以内通知家属的，应当在“逮捕通知书”中注明原因。（7）讯问。《刑事诉讼法》第94条规定：“人民法院、人民检察院对于各自决定逮捕的人，公安机关对于经人民检察院批准逮捕的人，都必须在逮捕后的二十四小时以内进行讯问。在发现不应当逮捕的时候，必须立即释放，发给释放证明。”这里需要注意以下几点：第一，讯问的主体，包括人民法院、人民检察院、公安机关；第二，讯问的目的，“是通过讯问，及时查明对犯罪嫌疑人所采取的逮捕措施是否正确，逮捕所依据的证据是否可靠，发现错捕的及时纠正”；第三，发现不应当逮捕的，经县级以上公安机关负责人批准，制作“释放通知书”，送看守所和原批准逮捕的人民检察院。看守所凭“释放通知书”立即释放被逮捕人，并发给“释放证明书”。（8）异地逮捕。公安机关在异地执行逮捕的时候，应当通知被拘留、逮捕人所在地的公安机关，被拘留、逮捕人所在地的公安机关应当予以配合。（9）通知决定机关。对检察机关批准逮捕的案件，应当将执行回执送达作出批准逮捕决定的人民检察院。如果未能执行，也应当将回执送达人民检察院，并写明未能执行的原因。对人民法院、检察机关决定逮捕的案件，公安机关执行逮捕后，应当及时通知决定机关。公安机关未能抓获犯罪嫌疑人、被告人的，应当将执行情况和未能抓获的原因通知决定逮捕的人民检察院、人民法院。对于犯罪嫌疑人、被告人在逃的，在人民检察院、人民法院撤销逮捕决定之前，公安机关应当组织力量继续执行。

二、实践动态

（一）强制措施治理现代化的时代要求

近几年来，强制措施的实践面向发生了很大转变，影响最大者莫过于认罪认罚从宽制度的广泛适用。一方面，该程序事实上发挥了构建多层次刑事审判体系、推动轻微刑事案件审判程序分流的重要功能。另一方面，该程序使得诉讼重心前移，将审查起诉阶段乃至侦查阶段控辩双方之间的博弈与协商的重要性进一步突出。一旦犯罪嫌疑人或被告人认罪，其社会危险性及羁押必要性大大降低，检察机关应当及时进行羁押必要性审查，变更强制措施，缩短羁押期限。另外，少捕慎诉慎押司法政策的出台，意味着“降低羁押率”的努力真正进入实质性变革阶段，这一政策十分有助于缓解乃至消除“构罪即捕”“一捕到底”的顽疾，真正实现刑事强制措施治理现代化。

（二）取保候审的实践现状及改革方向

1966 年联合国《两权公约》第 9 条第 3 款确立了“等候审判的人受监禁不应作为一般规则”原则；换言之，非羁押为原则，羁押为例外。取保候审作为我国最重要的羁押替代性措施，于此有重要意义。

我国取保候审制度随着《刑事诉讼法》1996 年、2018 年的两次修改得到不断完善，在实践中也取得了一定成效。特别是 2012 年以后，取保候审适用率较之前有所提高，客观上减少了羁押措施的适用。另外，保证金的收取与管理也更加规范。

不过总体来看，取保候审的适用率不足 50%，与实现“以取保候审为原则，逮捕为例外”还有相当距离。而非羁押人员数字监控系统的更加广泛使用，也使监控犯罪嫌疑人、被告人更为可能。它依托城市大脑数据管理平台，以定位打卡、划定电子围栏等方式开展监管，量化积分形成监管码以评估被监管对象的风险，增强了非羁押强制措施的约束力，有效降低了适用取保候审措施后犯罪嫌疑人、被告人脱保的风险。此外，少捕慎诉慎押刑事司法政策的出台，进一步为实现“以取保候审为原则，逮捕为例外”提供了政策基础，最高人民检察院为贯彻该政策，开展了羁押必要性审查专项行动，大力推进降羁行动。

综合来看，认罪认罚从宽制度的广泛适用、非羁押人员数字监控能力的提升、少捕慎诉慎押刑事司法政策的出台，均会成为推动取保候审取代逮捕，成为候审之一般措施的制度抓手。

（三）监视居住的实践现状及改革方向

2012 年修改《刑事诉讼法》时，将监视居住从取保候审条文中正式分离，并将其定位为羁押替代性措施，以实现既减少羁押，又防止监视居住滥用之目的。监视居住的整体适用率较低，不同的实证研究虽然略有差别①，但一般不超过10%。

根据监视居住的适用原因可将监视居住类型化为“办案需要型”与“人性需要型”监视居住，前者对应“因为案件的特殊情况或者办理案件的需要，采取监视居住措施更为适宜的”与“羁押期限届满，案件尚未办结，需要采取监视居住措施的”两种适用原因，后者对应“患有严重疾病、生活不能自理的”、“怀孕或者正在哺乳自己婴儿的妇女”与“系生活不能自理的人的唯一扶养人”三种适用原因。“人性需要型”监视居住在刑事实践中问题不大，一方面因其特殊适用情形其适用率注定较低，另一方面其监视居住场所一般在住所或医院，对犯罪嫌疑人、被告人人身自由损害较小。相反，“办案需要型”监视居住在实践中问题较大，其中指定居所监视居住尤其值得注意。

从指居场所来看，实践中存在在看守所监管专用病区、公安派出所、收容教育所执行“办案需要型”指定居所监视居住的情形，这明显违反了《刑事诉讼法》不得在羁押场所、专门的办案办公场所执行的规定。另外，还存在在行政机关、事业单位场所、基层群众自治组织的场所，甚至车库执行“办案需要型”指定居所监视居住的情形，这也不符合“指定居住的地点本质应当为被监视居住人在内的社会公众均可在内正常生活的居住场所，能够满足社会普通人的正常生活需求”② 的标准。更有通过指定管辖并限缩解释“无固定住处”从而扩张指定居所监视居住适用的情形，使指定居所监视居住异化为侦查取证的手段。③ 此外，有学者通过实证研究发现指定居所监视居住后转羁押占到近七成，如此高的转羁押率说明指定居所监视居住并没有发挥“减少羁押”“替代羁押”的作用。④

（四）逮捕的实践现状及改革方向

在规范层面，逮捕是我国刑事强制措施中的唯一一项候审羁押措施。羁押乃剥夺人身自由之措施，一旦误用或滥用，后果严重，因此，限制逮捕不合法、不合理适用，降低未决羁押率始终是刑事司法的核心命题之一。

根据最高人民检察院历年工作报告和《中国法律年鉴》的相关数据，分析以捕诉率为未决羁押率的描述指标后会发现，在1979—2001年的23年间，捕诉率维持在100%上下，且大多数年度捕而不诉率超过100%，这表明逮捕适用普遍化；而2002—2021年的20年间，捕诉率基本上逐年下降且降幅显著，自98%下降至

---

① 刘梅湘．预期目标与理性检视：监视居住的实证研究．中国刑事法杂志，2021（3）：104-122；谢小剑，朱春吉．公安机关适用指定居所监视居住的实证研究：以5 955个大数据样本为对象．中国法律评论，2019（6）：74-87；张智辉，洪流．监视居住适用情况调研报告．中国刑事法杂志，2016（3）：92-111；马静华．公安机关适用指定监视居住措施的实证分析：以一个省会城市为例．法商研究，2015（2）：103-110．

② 程雷．指定居所监视居住实施问题的解释论分析．中国法学，2016（3）：241．

③ 郭烁．论作为“超羁押手段”的指定居所监视居住制度．武汉大学学报（哲学社会科学版），2016（6）：119-125．

④ 谢小剑，朱春吉．公安机关适用指定居所监视居住的实证研究：以5 955个大数据样本为对象．中国法律评论，2019（6）：85．

49%，实现了捕诉率减半，这代表了中国人权保障事业的显著进步。尤其是2012年《刑事诉讼法》进一步细化了逮捕适用条件，新增羁押必要性审查制度，为保障犯罪嫌疑人、被告人人权提供了制度基础。此后，2013年11月党的十八届三中全会提出了“国家治理体系和治理能力现代化”的时代命题，少捕慎诉慎押刑事司法政策的出台，正是公安司法机关为实现刑事强制措施治理现代化而采取的最新举措。

以少捕慎诉慎押刑事司法政策为指导，近两年也出现了诸多改革审查逮捕程序的主张，如：及时调整逮捕条件，进一步提高逮捕适用的程序门槛；推进审查逮捕程序司法化改革，构建审查逮捕听证程序；推进羁押必要性审查高适用工作，定时定阶段进行羁押必要性审查等。

三、案例应用

邹某敏超期羁押申请国家赔偿案

【案情】2004年12月20日，福建省泉州市中级人民法院（以下简称“泉州中院”）作出（2004）泉刑初字第122号刑事判决，以贩卖毒品罪，判处邹某敏无期徒刑，剥夺政治权利终身，并处没收个人全部财产。邹某敏不服，提出上诉。福建省高级人民法院（以下简称“福建高院”）于2005年12月21日作出（2005）闽刑终字第176号刑事裁定，维持原判。

邹某敏不服判决，十余年来一直向福建高院及相关部门提出申诉。直到2017年4月12日，最高人民检察院作出高检刑申再建（2017）1号再审检察建议书，向最高人民法院建议按照审判监督程序对本案重新审判。最高人民法院于2017年6月19日作出（2017）最高法刑监3号《关于原审被告人邹某敏贩卖毒品申诉一案的函》，要求福建高院对本案进行复查。福建高院于2018年1月9日作出（2017）闽刑监3号再审决定书，决定本案由本院进行再审。2018年8月7日，福建高院作出（2018）闽刑再3号刑事判决，确认原生效判决认定邹某敏的“犯罪事实清楚，证据充分”，但“适用法律不当，应予纠正”，依法撤销福建高院（2005）闽刑终字第176号刑事裁定；撤销泉州中院（2004）泉刑初字第122号刑事判决中对邹某敏的定罪量刑部分，判决邹某敏犯非法经营罪，判处有期徒刑2年，并处罚金3万元。邹某敏因该案于2004年4月7日被刑事拘留，同年4月27日被逮捕，2018年4月10日被取保候审。自2004年4月7日起至2018年4月10日止实际被限制人身自由天数为5 117天，其中被错误限制人身自由达4 387天（自2006年4月6日起计算至2018年4月10日）。

2018年9月27日邹某敏以再审无罪为由，向福建高院申请国家赔偿。2018年11月28日，福建高院作出（2018）闽法赔6号国家赔偿决定，驳回邹某敏的国家赔偿申请。邹某敏不服该决定，向最高人民法院赔偿委员会申请作出赔偿决定。2019年6月21日，最高人民法院作出（2019）最高法委赔2号国家赔偿决定，维持福建高院（2018）闽法赔6号国家赔偿决定。此外，邹某敏在向福建高院申请国家赔偿的同时还提出国家司法救助申请，2018年11月28日，福建高院作出

（2018）闽司救赔 2 号国家司法救助决定书，给予邹某敏司法救助金 150 000 元。

邹某敏及其委托代理人在两次国家赔偿申请中都指出，邹某敏符合《国家赔偿法》第 17 条第 3 项所规定的“依照审判监督程序再审改判无罪”的情形。“再审改判无罪”应指原生效判决确定的具体罪名被改判无罪或被撤销，而不是笼统地指原生效判决涉及的案件被再审判决确定全案无罪。而且经再审改判仍然有罪的案件，获得国家赔偿有先例存在，如王本余案、郑传振案、黄兴案。

福建高院与最高人民法院则认为，再审改判无罪系指经过再审确认被告人行为不构成犯罪，邹某敏经过再审后，由贩卖毒品罪改判为非法经营罪，其犯罪事实与原判没有变化，只是在定罪和量刑上发生了变化，将重罪改为轻罪，并非改判为无罪，因此，不属于国家赔偿范围。另外，邹某敏案与王本余等案件的具体情形并不相同。王本余等人之所以获得赔偿是因为原判认定的犯罪事实发生重大变化，致再审改判轻罪进而导致超期服刑，而本案邹某敏的犯罪事实没有变化，仅是由于法律适用不当而再审改判轻罪。福建高院还单独指出邹某敏案不符合最高人民法院的个案批复精神：最高人民法院（2005）赔他字第 7 号《关于轻罪重判不属于国家赔偿范围的答复》、（2013）赔他字第 3 号《关于轻罪重判不属于国家赔偿范围的答复》均明确轻罪重判不属于国家赔偿范围。

【问题】曾被超期羁押或错误适用强制措施但最终确定有罪，能否申请国家赔偿及国家司法救助？

【评析】现行《国家赔偿法》第 17 条第 1 项与第 2 项规定违法拘留、超期拘留以及错误逮捕等情形在刑事赔偿范围内，不过，明确规定只有“其后决定撤销案件、不起诉或者判决宣告无罪终止追究刑事责任的”才符合规定，明确排除曾被超期羁押或错误适用强制措施但最终确定有罪时的国家赔偿。2015 年《刑事赔偿司法解释》第 2 条扩大了《国家赔偿法》第 17 条第 1 项与第 2 项的赔偿范围，其规定解除、撤销拘留或者逮捕措施后虽尚未撤销案件、作出不起诉决定或者判决宣告无罪，但是符合列举情形之一的，属于《国家赔偿法》第 17 条第 1 项、第 2 项规定的“终止追究刑事责任”。

不过即使这样，现行规定仍然排斥曾被超期羁押或错误适用强制措施，但最终确定有罪时的国家赔偿。综合来看，现行国家赔偿司法实践的态度是只有部分事实实质上不构成犯罪才会支持国家赔偿。所谓“部分事实”，主要是指依据 2015 年《刑事赔偿司法解释》第 6 条，数罪并罚的案件经再审改判部分罪名不成立，监禁期限超出再审判决确定的刑期，公民对超期监禁申请国家赔偿的，应当决定予以赔偿。所谓“实质上不构成犯罪”是指“撤销案件、不起诉或者判决宣告无罪”以及 2015 年《刑事赔偿司法解释》第 2 条规定的六项“终止追究刑事责任”的情形。据此，在当前国家赔偿司法实践中，曾被超期羁押或错误适用强制措施但最终确定有罪并不能获得国家赔偿。

当然，这只是当前国家赔偿司法实践的态度，学界普遍认为，无论最终被认定为有罪还是无罪，只要曾经被超期羁押或被错误适用强制措施进而侵犯了被追诉人的人身自由，便应当支持其国家赔偿。事实上，国家侵权与个人侵权于个人影响而言并无不同，按现行规定，一旦发生国家侵权，被侵权人实际上并不是通过诉讼来获得赔偿，而是通过行政式的审批—核准方式“申请”赔偿，如果国家赔偿申请被驳回，赔偿请求人只能向赔偿义务机关的上一级机关申请复议。换言之，被侵权人无法通过诉讼维权，无法以国家为被告提起侵权之诉。立法特殊对待国家侵权，甚至为此单独创设了一整套国家赔偿程序，使得国家侵权从民事侵权法体系中完全脱离出来。

目前，针对这些曾被超期羁押或被错误适用强制措施，但最终确定为有罪之人的情况，可以考虑类同邹某敏案，申请国家司法救助。此外，其还可以依据《国家赔偿法》第 23 条与赔偿义务机关协商进而获得赔偿，最高人民法院发布的国家赔偿典型案例中的黄某案便是如此。该案的简要情况是，1996 年，黄某因两起犯罪事实被福建高院判决犯绑架罪、非法拘禁罪，判处死刑缓期二年执行。2015 年，福建高院再审后撤销绑架罪，黄某因非法拘禁罪被判有期徒刑 3 年，后因被超期羁押 5 841 天，与福建高院协商后获赔 186 万元。

四、知识拓展

构建相对完整的刑事强制措施体系

刑事强制措施作为被追诉人合法权益以及刑事诉讼顺利进行的重要保障和外部条件，自诉讼进程启动伊始就发挥着举足轻重的作用。前文的主要论述对象是人身强制措施，需要说明，就比较法而言，在人身强制措施之外尚有对物的强制措施以及对隐私权的强制措施；在宏观层面构建对人、对物、对隐私权的相对完整的刑事强制措施体系非常必要，也是中国刑事强制措施体系未来的发展方向。

1. 应当以权利化为目标改造当前对人的强制措施的体系结构

具体来说，需要将五种强制措施进行体系化改造。

第一，构建到案措施与候审措施相分离的人身强制措施体系。2012 年《刑事诉讼法》修改没有涉及到案措施与候审措施相分离的制度，只是在规范各自适用的具体条件环节上进行了小修小补。理想的人身强制措施体系应当对人身的刑事强制措施实行到案措施与候审措施的分离，以到案的方式和对被适用强制措施者到案后的处置为界限，分为两大强制措施种类，即强制到案措施和到案后的强制处置措施，前者包括拘传（将现行拘传制度和拘留制度合并）和逮捕，后者包括羁押、取保候审和监视居住。

第二，构建以无证强制到案措施为原则，有证强制到案措施为例外的强制到案措施体系。继分离到案措施与候审措施之后，还应针对强制到案措施内部进行改革，中国现有的强制到案措施基本上均实行“准令状主义”原则，忽视了强制到案之紧急性与灵活性，无法满足无证强制到案的实践需求。具体而言，所谓令状主义，又称为“司法令状原则”，是指侦查机关在刑事诉讼过程中，在对犯罪嫌疑人适用强制措施之前，需要获得享有司法权限的司法官员的授权，并根据其签发的令状才能执行搜查、扣押等强制措施。司法令状主义对于保障公民的合法权益有着极为重要的价值和意义，并为许多国际公约所确认。如联合国《两权公约》第 9 条第 3 款规定："任何因刑事指控被逮捕或拘禁的人，应被迅速带见审判官或其他经法律授权行使司法权力的官员……"联合国《保护所有遭受任何形式拘留或监禁的人的原则》第 4 条也规定："任何形式的拘留或监禁以及影响到在任何形式拘留或监禁下的人的人权的一切措施，均应由司法当局或其他当局以命令为之，或受其有效控制。"从本质上看，令状主义的确立反映了一国诉讼价值取向以及诉讼结构体系的内在理念，对于公民权利的保护具有重要意义。

不过，令状主义原则忽视了强制到案之紧急性与灵活性，无论是针对现行犯还是非现行犯，均需要在采取任意到案措施之后及时采取强制到案措施，以实现诉讼保障之功能。如果严格遵循令状主义原则，一方面犯罪嫌疑人有可能脱逃，另一方面不符合司法效率原则。正是在此意义上，有学者指出，"仅就到案措施的决定而言，采用令状程序还是口头程序于人权保障价值较小，而对侦查目的实现之意义甚大"[①]。更重要的是，强制到案措施能够确保针对犯罪嫌疑人的事实调查和人身保全顺利进行，对侦查的进程和结果影响极其重大，而这一环节持续时间短暂，通常不足一小时，即使采取强制性手段，对犯罪嫌疑人人身利益的影响程度也较小。

第三，完善非羁押性刑事强制措施，构建以非羁押为原则、羁押为例外的候审措施体系。现行取保候审制度应作为主要非羁押性刑事强制措施，辅以监视居住制度。公安机关、人民检察院和人民法院依嫌疑人、被告人申请或依职权适用，依法决定限制自由的程度和内容。为了规范和限制羁押性刑事强制措施的适用，在未来《刑事诉讼法》进一步修改中，也应对羁押性刑事强制措施的适用条件予以严格具体化，彻底从立法上改变司法实践过程中对于羁押性刑事强制措施过度适用的现状。比较可行的建议是将羁押候审的条件规定为："有证据证明有犯罪事实，可能判处三年有期徒刑以上刑罚的犯罪嫌疑人、被告人，采取取保候审方法，尚不足以防止发生社会危险性，而有羁押必要的。"

2. 以物权保护为理念改革对物的强制措施体系

在我国，搜查扣押是一种由侦查人员自行决定的侦查手段，规定在侦查章，系一种"强制性措施"，并没有被纳入刑事强制措施体系中。这一点，从 1979 年《刑事诉讼法》开始，即是如此规定。但就比较法而言，世界各国对警察搜查、扣押的限制均相对严格，需遵循令状主义原则。

具体来说，对于物的强制措施的规定应至少包括三部分内容。第一，完备的程序要件，包括追诉方的申请程序、批准主体的限定、适用条件的规定以及搜查时间、范围等规定；第二，明确规定侦查人员紧急状态的范围以及手段限度，作为有证搜查扣押的例外；第三，规定完善的监督、救济措施，这主要指早日建立对物的非法证据排除规则以及其他程序性制裁手段。

---

① 马静华．新《刑事诉讼法》背景下侦查到案制度实施问题研究．当代法学，2015（2）：123.

3. 以“合理隐私期待理论”为指导完善对隐私权的强制措施

随着科技水平的日新月异，客观上国家对于公民基本权利的干预也愈发多样化。这尤其体现在将一些高科技侦查手段运用于对公民隐私权的干预方面。为了避免侦查人员可能滥用强制措施侵犯公民隐私权，有必要将可能侵犯隐私权的侦查手段纳入刑事强制措施体系。其中，最重要的问题便是划定针对隐私权的强制措施之于公民隐私权的介入限度，或者说公民对于该类强制措施的容忍限度。对此，不妨借鉴比较法视野中发展相对成熟的“合理隐私期待理论”。美国联邦最高法院在卡兹一案的判决中确定了针对搜查措施的“合理隐私期待理论”，即是否达到宪法第四修正案意义上的“搜查”的标准，取决于相对人对此是否具有合理的隐私期待。

结合中国相关实践，其主要内容应包括如下几个方面：首先，建立对于公民不知情的、可能侵犯公民隐私权的侦查手段，由司法机关事先审查批准程序。仅在特殊情况下可以例外，但要在规定时间内获得追认授权。其次，在适用取保候审等非羁押性强制措施并附带技术跟踪手段时，一方面要对犯罪嫌疑人、被告人进行充分告知以保障其知情权；另一方面需要依据犯罪嫌疑人、被告人人身危险性，案件性质等，再决定是否采用，以保障公民对于个人生活基本的“合理隐私期待”。最后，应将侦查机关通过秘密侦查措施或者取保候审附带跟踪手段所获取的公民隐私信息作为保密信息，并作出至少两方面规定：一是以合法手段获取的公民相关信息，不得提供给其他组织、团体与个人；二是侦查过程中获取的，经查与本案无关的信息，应按程序即刻永久删除。

综上所述，相对完整的中国刑事强制措施体系应当从整体上包括对人、对物、对隐私权的强制措施三大部分内容。对人的强制措施应当构建到案措施与候审措施相分离的人身强制措施体系；就到案措施而言，应当构建以无证强制到案措施为原则、以有证强制到案措施为例外的强制到案措施体系；就候审措施而言，应当构建以非羁押为原则、羁押为例外的候审措施体系。对物的与对隐私权的强制措施均应严格贯彻司法令状主义，避免公职人员可能滥用强制措施，随意侵犯公民财产权和隐私权，最终将可能侵犯财产权和隐私权的侦查手段纳入中国刑事强制措施体系之中。

五、文献荐读

1. ［日］田口守一. 刑事诉讼法. 张凌，于秀峰，译. 北京：法律出版社，2019.

2. ［美］约书亚·德雷斯勒，艾伦·C. 迈克尔斯. 美国刑事诉讼法精解 ：第一卷·刑事侦查. 吴宏耀，译. 北京：北京大学出版社，2009.

3. 郭烁. 刑事强制措施体系研究：以非羁押性强制措施为重点. 北京：中国法制出版社，2013.

4. 孙长永. 少捕慎诉慎押刑事司法政策与人身强制措施制度的完善. 中国刑事法杂志，2022（2）.

5. 马静华. 新《刑事诉讼法》背景下侦查到案制度实施问题研究. 当代法学，2015（2）.

第七章　刑事诉讼证据

一、原理精析

(一) 刑事诉讼证据的概念

为证据的概念下一个权威的定义，是我国刑事证据立法的传统。《刑事诉讼法》第 50 条第 1 款规定：“可以用于证明案件事实的材料，都是证据。”一般认为，这是刑事诉讼法对刑事诉讼证据概念的明确规定。据此，刑事诉讼证据是指，可以用于证明案件事实的材料。

梳理立法史可见，刑事诉讼证据的概念经历了从“事实说”到“材料说”的转变。在 2012 年修改《刑事诉讼法》之前，《刑事诉讼法》曾将证据界定为“证明案件真实情况的一切事实”。之所以会出现这种转变，原因在于，“事实说”存在较大的缺陷，即如果采取“事实说”，容易混淆证据与定案根据之间的区别。“既然证据可用来证明案件的‘真实事实’，那么，刑事诉讼法又何来证据只有‘经过查证属实，才能成为定案的根据’之类的规定呢？既然证据已经能够证明案件‘真实情况’，那么，那些为审查证据真实性而举行的举证、质证、辩论活动岂不就是多余的吗？”①

与“事实说”相比，现行的“材料说”定义更科学，更契合诉讼程序动态发展的特点。一方面，“材料说”强调了审查判断证据的重要性。将证据定位于“材料”这个中性词汇，表明证据不一定都是真实、合法的事实，它只是包含各种可能的材料，需要司法工作人员认真进行审查判断。另一方面，“材料说”将证据与定案根据区分开来，强调了证明活动的重要性，更符合诉讼程序动态发展的特点。②

---

① 陈瑞华．刑事证据法．3 版．北京：北京大学出版社，2018：87.

② 《刑事诉讼法学》编写组．刑事诉讼法学．3 版．北京：高等教育出版社，2019：134.

（二）证据转化为定案根据的要求

《刑事诉讼法》第 50 条第 3 款规定："证据必须经过查证属实，才能作为定案的根据。"《高法解释》第 71 条规定："证据未经当庭出示、辨认、质证等法庭调查程序查证属实，不得作为定案的根据。"据此，证据不等于定案根据，证据只有满足某些要求，才能转化为定案根据。

对证据转化为定案根据的要求，理论界有两种观点。传统的观点认为，证据只有具备"关联性""合法性""客观性"才可以作为定案根据。

1. 证据的"三性"

证据的关联性是指，证据与待证的案件事实具有的实质性联系。与待证的案件事实没有实质性联系的材料，不能成为刑事诉讼证据。证据的关联性可以分为正向的关联性和负向的关联性。正向的关联性是指，证据能够证明待证案件事实存在所具有的性质。负向的关联性是指，证据能够证明待证事实不存在所具有的性质。[①]对证据关联性的判断，主要是一种经验和逻辑的判断。

证据的合法性是指，证据的收集、证据的形式等应当符合法律规定的要求。具体而言，要从五个方面确保证据的合法性。

一是取证主体的合法性。《刑事诉讼法》第 3 条第 1 款规定了侦查权、检察权、审判权由专门机关依法行使原则。该条款第二句以禁止性规定的方式，否认了其他机关侦查取证的合法性[②]，其他机关如果违反该禁止性规定，产生的诉讼行为应无效，包括收集的证据应当被排除使用，除非获得了法律的特别授权。目前，行政机关收集的证据材料，可以作为刑事诉讼证据使用，主要是得到了《刑事诉讼法》第 54 条第 2 款的特别授权[③]，但不能以这一特别授权条款否定刑事诉讼法确立的取证主体合法性规定。

二是取证手段的合法性。刑事诉讼法对非法的取证手段作了禁止性规定，侦查机关违反这些禁止性规定，以非法的取证手段取得的证据，应被排除使用。例如，《刑事诉讼法》第 52 条禁止刑讯逼供和以威胁、引诱、欺骗以及其他非法方法收集证据；第 56 条禁止采用暴力、威胁等非法方法收集证人证言、被害人陈述。

三是取证程序的合法性。《刑事诉讼法》第 3 条第 2 款规定："人民法院、人民检察院和公安机关进行刑事诉讼，必须严格遵守本法和其他法律的有关规定。"据此，侦查机关在收集证据时应当遵守刑事诉讼法规定的法定程序。如果侦查机关违反某些重要的取证程序，可能导致取得的证据因欠缺合法性而不能转化为定案根据。

四是证据表现形式的合法性。所谓证据表现形式的合法性是指，证据载体在记

---

① 美国《联邦证据规则》第 401 条规定："在下列情况下，证据具有相关性：(a) 有该证据与没有该证据相比，使得某事实更可能存在或者更不可能存在的任何趋向；并且 (b) 该事实对于确定诉讼具有重要意义（是诉讼上有意义的事实）。"

② 2018 年《刑事诉讼法》对侦查的概念作了修改，"侦查"是指公安机关、人民检察院对于刑事案件，依照法律进行的收集证据、查明案情的工作和有关的强制性措施。可见，侦查包括收集证据活动。

③ 这个特别授权只包括实物证据，不包括言词证据，授权的范围有限。

录证据收集过程和证据相关情况方面符合法定的要求。在某些情况下，如果证据的表现形式不符合法定要求，将导致该证据被排除使用。例如，《高法解释》第 144 条第 1 款规定："证明被告人自首、坦白、立功的证据材料，没有加盖接受被告人投案、坦白、检举揭发等的单位的印章，或者接受人员没有签名的，不得作为定案的根据。"

五是取证对象的合法性。《刑事诉讼法》第 62 条第 2 款规定："生理上、精神上有缺陷或者年幼，不能辨别是非、不能正确表达的人，不能作证人。"据此，刑事诉讼法规定了一类取证对象禁止，即生理上、精神上有缺陷或者年幼，不能辨别是非、不能正确表达的人。侦查机关如果违反上述规定，取得的证人证言不得作为定案根据。

对证据合法性的判断，主要是一种法律规范判断。

证据的客观性是指，证据必须是客观存在的事实，不以人的主观意志为转移。任何来源于主观想象、虚构、猜测、臆断的信息，都因不具有客观性而不能成为定案根据。

2. 证据的"两力"

较新的观点认为，证据只有具备"证据能力"和"证明力"，才可以作为定案根据。

对证据的证据能力的理解，理论界有两种观点，分别是"法律资格说"和"准入法庭"说。

"法律资格说"认为，证据能力也称证据资格，是对证据的法律要求，解决的是证据的法律资格和容许性问题。一项证据要成为法庭认定事实的根据，必须以具有证据能力为前提条件。①

"准入法庭说"认为，证据只有具备证据能力，才允许准入法庭调查，如果欠缺证据能力，该证据就不得准入法庭调查。"证据能力系指某项证据能否提到法庭上调查的问题，即证据有无'资格'或'容许性'的问题，证据能力具备后，始得提出于法院依法定程序进行调查。"②

证据的证明力是指，证据对待证的案件事实具有的证明作用大小。证据的证明力由两个方面构成：一是真实性，也就是证据无论是从其载体还是从所包含的事实来看，都是真实可靠的，而不是伪造或变造的。二是关联性，即证据所包含的事实信息与案件事实具有逻辑上的联系，具有能够证明案件事实成立或者不成立的性质。

在证据能力与证明力的关系上，一般认为，应当先审查证据的证据能力，再审查证据的证明力。"应当先判断证据能力的问题，再审查证明力的有无和大小。对于不具备证据能力的证据，不必进行下一步的证明力审查，更不能作为定案的根据。"③

---

① 《刑事诉讼法学》编写组．刑事诉讼法学．3 版．北京：高等教育出版社，2019：135.

② 陈运财．严格证明法则．月旦法学教室，2004（23）：133.

③ 《刑事诉讼法学》编写组．刑事诉讼法学．3 版．北京：高等教育出版社，2019：136.

（三）证据裁判原则

党的十八届四中全会决定提出，全面贯彻证据裁判规则，保证庭审在查明事实、认定证据、保护诉权、公正裁判中发挥决定性作用。两院三部《以审判为中心的改革意见》规定，严格按照法律规定的证据裁判要求，没有证据不得认定犯罪事实。《法庭调查规程》第 1 条规定，法庭应当坚持证据裁判原则。认定案件事实，必须以证据为根据。证据未经当庭出示、宣读、辨认、质证等法庭调查程序查证属实，不得作为定案的根据。2021 年修改的《高法解释》继续坚持将证据裁判原则作为“证据”一章的总原则，第 69 条规定：“认定案件事实，必须以证据为根据。”第 71 条规定：“证据未经当庭出示、辨认、质证等法庭调查程序查证属实，不得作为定案的根据。”上述规定是我国证据裁判原则的法源依据。

一般认为，证据裁判原则包括如下含义。

第一，认定案件事实只能以证据为根据。该点要义在于，禁止法官以非理性的方式（水审、火审、决斗）、偏见、主观猜测以及外界压力，认定案件事实。对于任何一个犯罪构成要件事实，法官只能根据在案证据进行认定。

第二，认定案件事实只能以具备证据资格的证据为根据。该点要义在于，禁止侦查人员违法收集证据，确保作为定案根据的证据本身具备合法性。

第三，证据只有经过法庭调查程序查证属实才能成为定案根据。该点要义在于，禁止法官规避法庭调查程序，“偷渡”使用证据。同时，该点也昭示出法庭调查程序所具有的重要作用。法庭调查程序的主要作用是为法官评价证据的证明力，形成认定事实的心证基础提供程序性保障。

第四，证据只有达到确实、充分的程度，才能证明犯罪事实。该点要义在于，禁止法官以较低的证明标准作出有罪事实认定，剥夺被告人的生命、自由、财产。

（四）刑事诉讼证据的种类

证据的种类，也称为证据的法定形式，是指法律规定的证据的不同表现形式。《刑事诉讼法》第 50 条第 2 款通过列举方式规定了刑事证据的八个种类，分别为：（1）物证；（2）书证；（3）证人证言；（4）被害人陈述；（5）犯罪嫌疑人、被告人供述和辩解；（6）鉴定意见；（7）勘验、检查、辨认、侦查实验等笔录；（8）视听资料、电子数据。

1. 物证

物证是指以其外部特征、存在状态、物质属性等证明案件事实的物品和痕迹。物证的证明作用是通过其外部或自身固有特征实现的。

物证具有以下特征。

第一，物证以其外部特征、存在状态、物质属性等证明案件事实。

第二，物证的客观性强。

第三，多数物证需依赖科学技术发挥证明价值。

第四，物证通常是间接证据。

刑事诉讼中常见的物证有：（1）犯罪工具；（2）犯罪行为侵犯的对象；（3）犯罪现场遗留下的物品或痕迹；（4）犯罪行为产生的物品。

依据《高法解释》的规定，对物证的审查应当着重注意以下几点：（1）物证是不是原物，物证的照片、录像、复制品与原物是否相符。物证的照片、录像或者复制品，不能反映原物的外形和特征的，不能作为定案的根据。（2）物证的收集程序、方式是否符合法律、有关规定。（3）物证在收集、保管、鉴定过程中是否受损或者改变。（4）物证与案件事实有无关联。（5）与案件事实有关联的物证是否全面收集。物证的来源非常重要，在勘验、检查、搜查过程中提取、扣押的物证，未附笔录或者清单，不能证明物证来源的，不得作为定案的根据。

2. 书证

书证是指以文字、符号、图画等所表达的思想内容来证明案件事实的书画材料或者物品。

书证具有以下特征：

第一，书证以其表达的思想内容来证明案件事实。这是书证与物证的根本区别。如果一个物品不仅能以其记载的内容或表达的思想证明案件事实，而且能以其外部特征、存在状态、物质属性证明案件事实，这个物品就既是书证，也是物证。例如，案发现场收集到一封书信，通过信的内容查出了被告人，属于书证，同时又通过笔迹鉴定得出该信是被害人本人所写，则为物证。

第二，书证具有较强的稳定性。

第三，某些情况下，可以把书证作为直接证据，如犯罪嫌疑人记载作案经过的日记、书信等。

书证与物证同属实物证据，二者在审查、认定方面有许多共同之处。依据《高法解释》的规定，以下两种情形的书证不得作为定案的根据：一是对书证的更改或者更改迹象不能作出合理解释，或者书证的副本、复制件不能反映原件及其内容的，不得作为定案的根据。二是在勘验、检查、搜查过程中提取、扣押的书证，未附笔录或者清单，不能证明书证来源的，不得作为定案的根据。

3. 证人证言

证人证言是指，证人就其感知的案件情况向公安司法机关所作的陈述。

证人证言具有以下特征：

第一，证人陈述的是亲身感知的事实。

第二，证人具有不可替代性。证人既不能由公安司法机关自由选择和指定，也不能由别人代替和更换。证人也不适用回避。

第三，证人是犯罪嫌疑人、被告人、被害人以外的人，一般而言，与犯罪嫌疑人、被告人、被害人相比，其陈述受利害关系影响较小。

《刑事诉讼法》第62条第2款规定："生理上、精神上有缺陷或者年幼，不能辨别是非、不能正确表达的人，不能作证人。"据此，虽然生理上、精神上有缺陷或者年幼，但能够辨别是非并能够将自己感知的案件情况准确表达出来的人，也可以作为证人。对于证人能否辨别是非、能否正确表达，必要时可以进行审查或者鉴定。

依据《高法解释》第 87 条的规定，对证人证言应着重审查以下内容：(1) 证言的内容是否为证人直接感知；(2) 证人作证时的年龄，认知、记忆和表达能力，生理和精神状态是否影响作证；(3) 证人与案件当事人、案件处理结果有无利害关系；(4) 询问证人是否个别进行；(5) 询问笔录的制作、修改是否符合法律、有关规定，是否注明询问的起止时间和地点，首次询问时是否告知证人有关权利义务和法律责任，证人对询问笔录是否核对确认；(6) 询问未成年证人时，是否通知其法定代理人或者《刑事诉讼法》第 281 条第 1 款规定的合适成年人到场，有关人员是否到场；(7) 有无以暴力、威胁等非法方法收集证人证言的情形；(8) 证言之间以及与其他证据之间能否相互印证，有无矛盾；存在矛盾的，能否得到合理解释。

4. 被害人陈述

被害人陈述是指，刑事案件中的被害人就自己所知道的案件事实向公安司法机关所作的陈述。

证人只能是自然人，被害人既可以是自然人，也可以是单位。

相较于证人，被害人与案件的利害关系更紧密，因此，被害人陈述的主观性更强。

由于被害人陈述与证人证言在内容、形式等方面具有相似性，因此，对被害人陈述的审查、认定方法与证人证言基本相同。

5. 犯罪嫌疑人、被告人供述和辩解

犯罪嫌疑人、被告人供述和辩解，也称为“口供”“自白”，是指犯罪嫌疑人、被告人就其涉嫌的犯罪事实向公安司法机关所作的陈述。供述是指不利于犯罪嫌疑人、被告人的陈述，辩解是指有利于犯罪嫌疑人、被告人的陈述。

犯罪嫌疑人、被告人供述和辩解具有以下特征：

第一，犯罪嫌疑人、被告人供述是直接证据，对于全面查明案件事实十分重要。

第二，犯罪嫌疑人、被告人供述和辩解具有较大的虚假性。犯罪嫌疑人、被告人与诉讼处理结果具有最直接的利害关系，面对不利的诉讼后果，犯罪嫌疑人、被告人作出虚假陈述的可能性较大。

第三，犯罪嫌疑人、被告人供述和辩解具有不稳定性，容易出现翻供现象。

依据《高法解释》第 93 条的规定，对犯罪嫌疑人、被告人供述和辩解应当着重审查以下内容：(1) 讯问的时间、地点，讯问人的身份、人数以及讯问方式等是否符合法律、有关规定；(2) 讯问笔录的制作、修改是否符合法律、有关规定，是否注明讯问的具体起止时间和地点，首次讯问时是否告知被告人有关权利和法律规定，被告人是否核对确认；(3) 讯问未成年被告人时，是否通知其法定代理人或者合适成年人到场，有关人员是否到场；(4) 讯问女性未成年被告人时，是否有女性工作人员在场；(5) 有无以刑讯逼供等非法方法收集被告人供述的情形；(6) 被告人的供述是否前后一致，有无反复以及出现反复的原因；(7) 被告人的供述和辩解是否全部随案移送；(8) 被告人的辩解内容是否符合案情和常理，有无矛盾；(9) 被告人的供述和辩解与同案被告人的供述和辩解以及其他证据能否相互印证，有无矛盾，存在矛盾的，能否得到合理解释。

6. 鉴定意见

鉴定意见是指，国家专门机关就案件中的专门性问题，指派或聘请具有专门知识的鉴定人进行鉴定后出具的判断性意见。

理解鉴定意见概念要注意以下几点。

第一，鉴定人必须是由专门机关指派或聘请，当事人不能聘请。因此，犯罪嫌疑人自行到某精神病医院看病，精神病医生对其所作的精神病诊断结论，不是鉴定意见。

第二，必须要具备鉴定人资格。因此，普通医院对被害人伤情的诊断证明是书证，不是鉴定意见。

第三，必须是对事实认定的专门性问题提出分析判断意见。因此，案发后，法官向某位法律专家咨询法律适用问题，专家作出的解答不是鉴定意见。

2005 年，全国人民代表大会常务委员会颁布了《司法鉴定管理决定》，该决定将鉴定意见范畴限定在四个方面：法医类、物证类、声像资料类以及“根据诉讼需要由国务院司法行政部门商最高人民法院、最高人民检察院确定的其他应当对鉴定人和鉴定机构实行登记管理的鉴定事项”。但从实践而言，对鉴定人和鉴定机构没有实行登记管理的鉴定事项，也可出具鉴定意见。

依据《高法解释》第 97 条的规定，对鉴定意见应当着重审查以下内容：（1）鉴定机构和鉴定人是否具有法定资质；（2）鉴定人是否存在应当回避的情形；（3）检材的来源、取得、保管、送检是否符合法律、有关规定，与相关提取笔录、扣押清单等记载的内容是否相符，检材是否可靠；（4）鉴定意见的形式要件是否完备，是否注明提起鉴定的事由、鉴定委托人、鉴定机构、鉴定要求、鉴定过程、鉴定方法、鉴定日期等相关内容，是否由鉴定机构盖章并由鉴定人签名；（5）鉴定程序是否符合法律、有关规定；（6）鉴定的过程和方法是否符合相关专业的规范要求；（7）鉴定意见是否明确；（8）鉴定意见与案件事实有无关联；（9）鉴定意见与勘验、检查笔录及相关照片等其他证据是否矛盾，存在矛盾的，能否得到合理解释；（10）鉴定意见是否依法及时告知相关人员，当事人对鉴定意见有无异议。

7. 勘验、检查、辨认、侦查实验等笔录

勘验、检查笔录，是公安司法人员对与犯罪有关的场所、物品、人身、尸体进行勘验、检查时所作的记录。

辨认笔录，是指对辨认的时间、地点、过程、结果等所作的记录。

侦查实验笔录，是侦查机关对侦查实验的时间、地点、实验条件、实验经过、实验结果等所作的记录。

勘验、检查、辨认、侦查实验等笔录具有以下特征。

第一，勘验、检查、辨认、侦查实验等笔录的制作主体具有特定性，为公安司法机关工作人员。

第二，勘验、检查、辨认、侦查实验等笔录属于对侦查活动的客观记录，不包括记录人员的主观意见。因此，现场分析意见不属于侦查笔录类证据。

第三，勘验、检查、辨认、侦查实验等笔录多属于间接证据，笔录本身不能直接证明曾经发生的案件主要事实。

依据《高法解释》第102条的规定，对勘验、检查笔录应当着重审查以下内容：(1) 勘验、检查是否依法进行，笔录制作是否符合法律、有关规定，勘验、检查人员和见证人是否签名或者盖章。(2) 勘验、检查笔录是否记录了提起勘验、检查的事由，勘验、检查的时间、地点，在场人员、现场方位、周围环境等，现场的物品、人身、尸体等的位置、特征等情况，以及勘验、检查的过程；文字记录与实物或者绘图、照片、录像是否相符；现场、物品、痕迹等是否伪造、有无破坏；人身特征、伤害情况、生理状态有无伪装或者变化等。(3) 补充进行勘验、检查的，是否说明了再次勘验、检查的缘由，前后勘验、检查的情况是否矛盾。

依据《高法解释》第104条的规定，对辨认笔录应当着重审查辨认的过程、方法，以及辨认笔录的制作是否符合有关规定。

依据《高法解释》第106条的规定，对侦查实验笔录应当着重审查实验的过程、方法，以及笔录的制作是否符合有关规定。

8. 视听资料、电子数据

视听资料是指，以录音、录像、计算机磁盘等记载的音像信息来证明案件事实的资料。

电子数据是指，案件发生过程中形成的，以数字化形式存储、处理、传输的，能够证明案件事实的数据。

电子数据包括但不限于下列信息、电子文件。

(1) 网页、博客、微博客、朋友圈、贴吧、网盘等网络平台发布的信息；

(2) 手机短信、电子邮件、即时通信、通讯群组等网络应用服务的通信信息；

(3) 用户注册信息、身份认证信息、电子交易记录、通信记录、登录日志等信息；

(4) 文档、图片、音视频、数字证书、计算机程序等电子文件。

视听资料、电子数据具有以下特征。

第一，视听资料、电子数据具有直观性、连贯性。

第二，视听资料、电子数据具有物质依赖性，其信息均储存于有形的物质载体中。

第三，视听资料、电子数据易被毁损、篡改，导致失真。

依据《高法解释》第108条的规定，对视听资料应当着重审查以下内容：(1) 是否附有提取过程的说明，来源是否合法。(2) 是否为原件，有无复制及复制份数；是复制件的，是否附有无法调取原件的原因、复制件制作过程和原件存放地点的说明，制作人、原视听资料持有人是否签名。(3) 制作过程中是否存在威胁、引诱当事人等违反法律、有关规定的情形。(4) 是否写明制作人、持有人的身份，制作的时间、地点、条件和方法。(5) 内容和制作过程是否真实，有无剪辑、增加、删改等情形。(6) 内容与案件事实有无关联。

依据《高法解释》第110条的规定，对电子数据应当着重审查以下内容：(1) 是否移送原始存储介质；在原始存储介质无法封存、不便移动时，有无说明原因，并注明收集、提取过程及原始存储介质的存放地点或者电子数据的来源等情况。(2) 是否具有数字签名、数字证书等特殊标识。(3) 收集、提取的过程是否可以重现。(4) 如有增加、删除、修改等情形的，是否附有说明。(5) 完整性是否可以保证。

(五) 刑事诉讼证据的分类

证据的分类，是指按照不同标准在理论上将证据划分为不同的类别。证据种类是法律上的规定，证据分类是指学理上的分类。

1. 言词证据与实物证据

按照证据表现形式的不同，可以将证据分为言词证据与实物证据。言词证据是以人的陈述作为存在和表现形式的证据，如证人证言、被害人陈述、犯罪嫌疑人供述和辩解、鉴定意见。实物证据是指以实物、文件等物质载体作为存在和表现形式的证据，如物证、书证、侦查笔录、视听资料、电子数据等。

言词证据与实物证据在如下方面存在着差异。

第一，收集方式的差异。言词证据一般通过询问和讯问的方式取得。实物证据主要通过勘验、搜查、扣押、查封、冻结方式收集。

第二，审查判断方式的差异。言词证据主观性强，重点审查内容本身的真实性、可靠性。实物证据的客观性强，重点审查其来源、出处的真实性、关联性。

第三，运用方式的差异。言词证据可以直接、全面地证明案件的主要事实。实物证据对案件的主要事实大多起间接证明作用。

2. 原始证据与传来证据

根据证据来源的不同，可以将证据分为原始证据和传来证据。原始证据，是直接来源于案件事实且未经复制或者转述的证据。传来证据，是指从原始出处以外的来源获取的证据。如书证的复印件、转述他人感知事实的证言等。

区分原始证据与传来证据的主要意义在于，揭示两类证据在证明力上的差异。一般而言，原始证据直接来源于案件事实，没有经过中间环节，其可靠性要大于传来证据。

传来证据不同于英美证据法上的“传闻证据”。传闻证据是证人在本案法庭审理程序之外作出的用以证明其主张事项真实性的各种陈述。传闻证据规则，又称为传闻证据排除规则，旨在排除传闻证据，强调证人出庭作证，以保证被告人质证权的实现。

3. 直接证据与间接证据

根据证据与案件主要事实的证明关系不同，可以将证据分为直接证据和间接证据。刑事案件中的主要事实，是指犯罪嫌疑人、被告人是否实施了被指控的犯罪事实，亦言之，案件的主要事实采取“人事结合型”，即“案件主要事实＝发生了犯罪事实＋是指控的犯罪嫌疑人所为”。

直接证据，是指能够独立、直接证明案件主要事实的证据。直接证据不必经过推理过程即可证明案件主要事实。

间接证据，是指不能独立、直接证明案件主要事实，而需要通过推理并与其他证据结合起来才能证明案件主要事实的证据。

区分直接证据和间接证据的主要意义在于，两类证据在运用中的差异。直接证据运用起来比较简单、便捷，但是，直接证据多为言词证据，主观性较强，需要对这类证据进行补强才可以将其作为定案根据。

依据《高法解释》第140条的规定，只有间接证据同时符合下列五个条件，才可以认定被告人有罪：（1）证据已经查证属实；（2）证据之间相互印证，不存在无法排除的矛盾和无法解释的疑问；（3）全案证据形成完整的证据链；（4）依据证据认定案件事实足以排除合理怀疑，结论具有唯一性；（5）运用证据进行的推理符合逻辑和经验。

4. 有罪证据和无罪证据

刑事诉讼根据证据的内容和证明作用的不同，可以将证据分为有罪证据和无罪证据。有罪证据是指，能够证明犯罪事实的发生、犯罪行为是犯罪嫌疑人或者被告人所为的证据。无罪证据是指，能够证明案件事实没有发生，或者犯罪行为不是犯罪嫌疑人、被告人所为的证据。

《刑事诉讼法》第52条第一句规定："审判人员、检察人员、侦查人员必须依照法定程序，收集能够证实犯罪嫌疑人、被告人有罪或者无罪、犯罪情节轻重的各种证据。"依据该规定，公安司法机关人员应当客观、全面收集证据，不仅要收集有罪证据，也要收集无罪证据，防止主观臆断和认识的片面性。

（六）刑事诉讼证据规则

刑事诉讼证据规则，是指在刑事诉讼中，控辩双方收集和出示证据，法庭采纳和运用证据认定案件事实必须遵循的重要准则。在我国，刑事诉讼证据规则主要包括关联性规则、非法证据排除规则、补强证据规则、意见证据规则、最佳证据规则。

1. 关联性规则

关联性规则，是指只有与案件事实有关的材料，才能作为证据使用。关联性是证据被采纳的首要条件。没有关联性的证据不具有可采性，但具有关联性的证据未必都具有可采性。

一般而言，英美证据法认为下列几种证据不具有关联性，不得作为认定案件事实的依据：（1）品格证据；（2）类似行为；（3）特定的诉讼行为，例如曾作有罪答辩，后来又撤回等，不得作为不利于被告人的证据采纳；（4）特定的事实行为，例如关于事件发生后某人实施补救措施的事实等；（5）被害人过去的行为，例如在性犯罪案件中，有关被害人过去性行为方面的名声或评价的证据。

我国刑事诉讼法有多个条文体现了关联性规则的精神。如《刑事诉讼法》第50条第1款规定："可以用于证明案件事实的材料，都是证据。"《高法解释》第139条第2款规定："对证据的证明力，应当根据具体情况，从证据与案件事实的关联程度、证据之间的联系等方面进行审查判断。"

2. 非法证据排除规则

非法证据排除规则，是指违反法定程序，以非法方法收集的证据，不具有证据能力，应被法庭排除使用，不得作为定案根据。

依据我国《刑事诉讼法》和《高法解释》的规定，非法证据排除规则适用的范围包括如下几类证据：(1) 采用殴打、违法使用戒具等暴力方法或者变相肉刑的恶劣手段，使犯罪嫌疑人或被告人遭受难以忍受的痛苦而违背意愿作出的供述；(2) 采用以暴力或者严重损害本人及其近亲属合法权益等相威胁的方法，使犯罪嫌疑人或被告人遭受难以忍受的痛苦而违背意愿作出的供述；(3) 采用非法拘禁等非法限制人身自由的方法收集的犯罪嫌疑人或被告人供述；(4) 采用刑讯逼供方法使犯罪嫌疑人或被告人作出供述，之后犯罪嫌疑人或被告人受该刑讯逼供行为影响而作出的与该供述相同的重复性供述；(5) 采用暴力、威胁以及非法限制人身自由等非法方法收集的证人证言、被害人陈述；(6) 收集物证、书证不符合法定程序，可能严重影响司法公正，且不能补正或者作出合理解释的。

3. 补强证据规则

补强证据规则，是指为防止错误认定事实，在运用某一证明力薄弱的证据来认定案件事实时，法律规定需要有其他证据予以补强的规则。被补强的证据称为主证据。用以印证主证据真实性的其他证据，被称为“补强证据”。

补强证据规则主要适用于言词证据。《刑事诉讼法》第 55 条第 1 款第二句中规定：“只有被告人供述，没有其他证据的，不能认定被告人有罪和处以刑罚。”这一规定强调了不能把被告人的供述作为定罪和处罚的唯一证据，被告人供述必须得到其他证据的补强，才能认定被告人有罪和处以刑罚。

关于证人证言的补强，《高法解释》第 143 条规定，下列证据应当慎重使用，有其他证据印证的，可以采信：(1) 生理上、精神上有缺陷，对案件事实的认知和表达存在一定困难，但尚未丧失正确认知、表达能力的被害人、证人和被告人所作的陈述、证言和供述；(2) 与被告人有亲属关系或者其他密切关系的证人所作的有利于被告人的证言，或者与被告人有利害冲突的证人所作的不利于被告人的证言。

补强证据必须满足以下条件：(1) 补强证据必须具有证据能力；(2) 补强证据本身必须具有担保主证据真实的能力；(3) 补强证据必须具有独立的来源，如不能以被告人在前一诉讼阶段的口供，来补强其在后一诉讼阶段的口供。

4. 意见证据规则

意见证据规则，是指证人只能陈述自己亲身感受和经历的事实，不得陈述对该事实作出的推断性意见。

意见证据规则的理论根据主要表现在：(1) 证人发表推断性意见侵害了事实认定者的职权；(2) 证人发表推断性意见可能对案件事实的认定产生误导；(3) 普通证人缺乏发表推断性意见所需要的专门性知识。

《高法解释》第 88 条第 2 款规定：“证人的猜测性、评论性、推断性的证言，不得作为证据使用，但根据一般生活经验判断符合事实的除外。”该规定体现了意见证据规则的精神。

5. 最佳证据规则

最佳证据规则，也称为原始文书规则，是指在以书证来证明案件主要事实时，除非有法定的例外情形，必须提供书证材料的原始件。

《高法解释》第84条第1款规定："据以定案的书证应当是原件。取得原件确有困难的，可以使用副本、复制件。"这一规定体现了最佳证据规则的精神。

二、实践动态

(一) 监察机关依法收集的证据材料在刑事诉讼中的证据资格

2017年10月，党的十九大报告在部署"健全党和国家监督体系"时指出："深化国家监察体制改革，将试点工作在全国推开，组建国家、省、市、县监察委员会，同党的纪律检查机关合署办公，实现对所有行使公权力的公职人员监察全覆盖。"2018年3月20日，十三届全国人大一次会议审议通过了《监察法》，明确了监察工作的原则和方针、监察委员会的产生和职责、监察范围和管辖、监察权限和程序等内容。针对公职人员的职务违法犯罪案件的立案调查活动将由新成立的国家机构监察委员会依据《监察法》实施。至此，我国形成了较有特色的二元式刑事诉讼体系：一是由公安机关等国家机关立案侦查并由检察院审查起诉和法院审判的刑事诉讼体系；二是由监察委员会针对职务犯罪立案调查并由检察院审查起诉和法院审判的刑事诉讼体系。

《监察法》第33条第1款规定："监察机关依照本法规定收集的物证、书证、证人证言、被调查人供述和辩解、视听资料、电子数据等证据材料，在刑事诉讼中可以作为证据使用。"《高法解释》第76条第1款规定："监察机关依法收集的证据材料，在刑事诉讼中可以作为证据使用。"上述规定明确了监察调查证据在刑事诉讼中的证据资格。

从规范性质角度而言，《监察法》第33条第1款是一条注意规定，它的作用主要是发挥"提醒"功能。监察法之所以设立这一注意规定，主要是因为，在这一问题上，以前的做法较为混乱，因此有必要通过作出注意规定的方式提醒司法工作人员。"监察体制改革以前，纪委在双规调查后将涉嫌职务犯罪的案件移送检察院立案侦查，移送证据的做法是：物证、书证等实物证据移送后直接适用于侦查阶段；询问笔录、证人证言等言词证据不直接移送，由检察院重新收集，转化为合法的证据材料。"① 监察体制改革后，监察机关收集的证据材料已经不存在证据转化的问题，但鉴于以前存在证据材料分类转化的做法，为提醒司法工作人员传统的做法已经改变，故而，监察法专门通过作出注意规定的方式进行提示。

需要明确的是，"可以作为证据使用"是指，监察调查证据具有进入刑事诉讼的资格，不需要刑事侦查机关再次履行取证手续，其最终能否成为定案根据，还需要

---

① 陈光中，邵俊．我国监察体制改革若干问题思考．中国法学，2017（4）：33.

接受司法机关的审查。

（二）专门性问题报告和事故调查报告的证据资格

2013年《高法解释》第87条第1款规定："对案件中的专门性问题需要鉴定，但没有法定司法鉴定机构，或者法律、司法解释规定可以进行检验的，可以指派、聘请有专门知识的人进行检验，检验报告可以作为定罪量刑的参考。"

该规定进一步扩展了有专门知识的人在司法证明中发挥作用的空间，但规定本身仍然略显保守：一是将有专门知识的人进行的活动局限于"检验活动"；二是只规定检验报告可以作为定罪量刑的参考，并未明确检验报告的证据资格。实践中上述规定不能满足实务需求，实务部门倾向于作扩大解释。

例如，2020年最高人民法院发布的指导性案例——张永明、毛伟明、张鹭故意损毁名胜古迹案。江西省高级人民法院的生效裁判认为，三被告人打入26个岩钉的行为对巨蟒峰达到造成严重损毁的程度，目前全国没有法定司法鉴定机构可以进行鉴定，但是否构成严重损毁又是被告人是否构成犯罪的关键。2013年《高法解释》第87条规定："对案件中的专门性问题需要鉴定，但没有法定司法鉴定机构，或者法律、司法解释规定可以进行检验的，可以指派、聘请有专门知识的人进行检验，检验报告可以作为定罪量刑的参考……经人民法院通知，检验人拒不出庭作证的，检验报告不得作为定罪量刑的参考。"故对打入26个岩钉的行为是否对巨蟒峰造成严重损毁的这一事实，依法聘请有专门知识的人进行检验合情合理合法。

本案中的四名地学专家都长期从事地学领域的研究，都具有地学领域的专业知识，在地学领域发表过大量论文或专著，或主持过地学方面的重大科研课题，具有对巨蟒峰受损情况这一地学领域的专门问题进行评价的能力。四名专家均属于"有专门知识的人"。

四名专家出具专家意见系接受侦查机关的有权委托，依据自己的专业知识和现场实地勘查、证据查验，经充分讨论、分析，从专业的角度对打岩钉造成巨蟒峰的损毁情况给出明确的专业意见，并共同签名。且经法院通知，四名专家中的两名专家以检验人的身份出庭，对"专家意见"的形成过程进行了详细的说明，并接受了控、辩双方及审判人员的质询。"专家意见"结论明确，程序合法，具有可信性。

综上，本案中的"专家意见"从主体到程序均符合法定要求，从证据角度而言，"专家意见"完全符合《刑事诉讼法》第197条的规定，以及2013年《高法解释》第87条关于有专门知识的人出具检验报告的规定，可以作为定罪量刑的参考。

在生效裁判中，江西省高级人民法院对检验报告的定位仍然是定罪量刑的参考，但最高人民法院发布的指导性案例之裁判要点中，则对此规定作了扩大解释。该裁判要点指出：对刑事案件中的专门性问题需要鉴定，但没有鉴定机构的，可以指派、聘请有专门知识的人就案件的专门性问题出具报告，相关报告在刑事诉讼中可以作为证据使用。

2021 年《高法解释》完全吸收了上述裁判要点，于第 100 条第 1 款规定："因无鉴定机构，或者根据法律、司法解释的规定，指派、聘请有专门知识的人就案件的专门性问题出具的报告，可以作为证据使用。"依据该条，由有专门知识的人出具的专门性问题报告，具备证据资格，经法庭程序查证属实，可以作为定案根据。

此外，《高法解释》第 101 条规定，"有关部门对事故进行调查形成的报告，在刑事诉讼中可以作为证据使用"。该规定进一步赋予事故调查报告在刑事诉讼中的证据资格。

（三）证据收集合法性的法庭调查

2012 年修改的《刑事诉讼法》虽然正式于法律层面确立了非法证据排除规则，但没有吸收两院三部《非法证据排除规定》创设的先行当庭调查原则。2013 年《高法解释》亦没有明确规定该原则，其第 100 条第 2 款规定："对证据收集合法性的调查，根据具体情况，可以在当事人及其辩护人、诉讼代理人提出排除非法证据的申请后进行，也可以在法庭调查结束前一并进行。"依据该条，对证据收集合法性的调查时点，法庭享有裁量权，既可以将时点提前至法庭调查程序的开始阶段，也可以将时点延后至法庭调查结束前。

2017 年，两院三部制定了《严格排除非法证据规定》。该规定承继了两院三部《排除非法证据规定》创设的先行当庭调查原则（第 30 条），并有所发展：一是以禁止性规定的形式进一步明确了排非决定作出前的法律效果；二是创设了当庭裁判原则。同年，最高人民法院制定的"三项规程"[①]，吸收了上述内容，主要体现在《排除非法证据规程》第 18 条（先行当庭调查原则）、第 25 条（当庭裁判原则）、第 4 条（法律效果），《法庭调查规程》第 30 条（先行当庭调查原则）、第 1 条（法律效果）。

对控辩双方达成一致意见的非法证据，《排除非法证据规程》更是将处理时点提前至庭前会议。依据《排除非法证据规程》第 15 条，在庭前会议中，控辩双方如对证据收集的不合法性达成一致意见，该证据不能进入审判期日的法庭调查程序，成为法庭调查对象。这实际意味着，此类证据已在庭前会议阶段被排除。

2021 年《高法解释》吸收了两院三部《严格排除非法证据规定》和"三项规程"的部分内容。其中，第 134 条明确规定了先行当庭调查原则[②]，第 228 条和第 233 条赋予庭前会议对控辩双方达成一致意见的非法证据享有实际排除功能。

由此，一个前置的、独立的非法证据调查处理程序已然成形，具体而言分为两种情况：第一种，在庭前会议中，如果控辩双方已就证据收集的不合法性达成一致意见，则法庭可于庭前会议进行确认，确认后，该非法证据不能进入审判期日的法庭调查程序。第二种，在庭前会议中，如果控辩双方未达成一致意见，且法庭决定

---

① "三项规程"是指《庭前会议规程》、《排除非法证据规程》和《法庭调查规程》。"三项规程"自 2018 年 1 月 1 日起在全国试行。

② 第 134 条规定："庭审期间，法庭决定对证据收集的合法性进行调查的，应当先行当庭调查。但为防止庭审过分迟延，也可以在法庭调查结束前调查。"

启动证据收集合法性调查程序，则法庭应在审判期日进行的法庭调查程序中先行当庭调查该证据收集的合法性。

三、案例应用

赵某海案

【案情】1997 年 10 月 30 日，赵某裳与赵某海打架后失踪。随后，在赵某裳与赵某海所住的赵家楼村的一处枯井中，发现一具无头男尸。无头男尸被认定为是失踪的赵某裳，赵某海被确定为犯罪嫌疑人。柘城县人民检察院将该案报送商丘市人民检察院审查起诉。商丘市人民检察院经审查，认为事实不清、证据不足，遂退回公安机关补充侦查。

2002 年 8 月至 9 月，政法委经讨论，认为该案具备了起诉条件，要求检察机关在 20 日内起诉到法院，并要求法院“快审快判”。于是，商丘市人民检察院于 2002 年 10 月 22 日受理该案，并于同年 11 月 11 日以被告人赵某海犯故意杀人罪向商丘市中级人民法院提起公诉。同年 12 月 5 日，商丘市中级人民法院经审理，判处赵作海死刑，缓期 2 年执行，剥夺政治权利终身。2003 年 2 月 13 日，河南省高级人民法院裁定核准商丘市中级人民法院的判决。后该案因被害人赵某裳“亡者归来”，而被发现是一起冤假错案。

【问题】该案的办理是否违反了证据裁判原则？

【评析】证据裁判原则是我国刑事证据法的基石性原则。2021 年修改的《刑诉法解释》将证据裁判原则作为“证据”一章的总原则，第 69 条规定：“认定案件事实，必须以证据为根据。”

一般认为，证据裁判原则包括如下含义。

第一，认定案件事实只能以证据为根据。该点要义在于，禁止法官以非理性的方式（水审、火审、决斗）、偏见、主观猜测以及外界压力，认定案件事实。

第二，认定案件事实只能以具备证据资格的证据为根据。该点要义在于，禁止侦查人员违法收集证据，确保作为定案根据的证据本身具备合法性。

第三，证据只有经过法庭调查程序查证属实才能成为定案根据。该点要义在于，禁止法官规避法庭调查程序，“偷渡”使用证据。

第四，证据只有达到确实、充分的程度，才能证明犯罪事实。该点要义在于，禁止法官以较低的证明标准作出有罪事实认定，剥夺被告人的生命、自由、财产。

本案中，政法委经讨论，要求检察机关在 20 日内起诉到法院，并要求法院“快审快判”。商丘市中级人民法院经审理，认定赵某海犯故意杀人罪，判处其死刑，缓期 2 年执行，剥夺政治权利终身。商丘市中级人民法院认定赵某海犯故意杀人罪，不是以证据为根据，而是屈从于政法委的外界压力。这一做法直接违反证据裁判原则的第一点含义，因而违反证据裁判原则。

文某非法持有毒品案[1]

【案情】本案被告人文某于2012年2月19日被抓获，20日因涉嫌运输毒品犯罪被立案，21日因吸毒被送戒毒所行政拘留，26日被送看守所执行刑事拘留。在此期间，对证据收集合法性问题的反向证据有：

（1）伤痕照片。案卷材料中，由被告人文某的三面免冠照片能看出其脸部、眼角等处有明显淤青痕迹。

（2）医院急诊病历。2月22日上午10时30分，文某被送医院就诊，病历载明："头部外伤后头痛3天，伤者约3天前头部撞伤。"而3天前即抓捕当天2月19日，医院的体征查体为"双眼睑肿胀青紫"，诊治项目为"螺旋CT平扫（头颅）"，后配药氯霉素滴眼液。2月26日下午3时许，文某因高血压被送医院进行常规心电图检查。

（3）健康检查表。2月21日某戒毒所出具的健康检查表载明文某"双眼青紫"，2月26日某看守所出具的健康检查表载明文某"双眼青紫，左头部痛，自述在派出所被吊飞机和被按在地上所致"。

（4）文某的辩解。在审查起诉阶段，其于3月6日向公诉机关反映，其被抓获当晚及次日，被公安人员打耳光、吊飞机、按在地上打，并描述了两位侦查人员的体貌特征。在庭审中，文某再次反映了挨耳光、蜡烛油滴脚背脚跟等受刑讯逼供的情形，并反映自书说明是在侦查人员恐吓环境下所写，在审查起诉阶段其仍害怕公安人员报复，以及2月26日其系因看守所不收押才去医院就诊的。

【问题】不能排除以非法方法收集的证据是否应当排除？

【评析】依据《刑事诉讼法》第59条、第60条的规定，证据收集合法性的证明责任在于公诉机关，如果证据不能达到确实、充分的证明标准，不能排除非法取证合理怀疑的，对相关证据应当依法予以排除。

本案公诉机关提供的证明证据收集合法性的正向证据，无法达到"确实、充分"的标准。

1. 文某进入某戒毒所时的自书情况说明

该说明载明"本人文某眼睛伤系正常的碰撞，自己撞到的，脚有痛风"。该情况说明系在某戒毒所体检发现文某双眼青紫后所作。从形式看，系在同一张纸上先由侦查人员书写"文某眼睛红肿，其本人称是于2013年2月18日自己不小心撞到的，眼睛无大碍"，再由文某另起一行书写；从内容看，文字明显不通顺，不排除外部因素干扰；从理由看，将自己撞伤尤其是双眼撞伤不尽合理；从主体看，与取证合法性关系较为疏远的戒毒所尚且因被拘留人员有外伤痕迹而要求有书面说明，而与本案更为密切的侦查机关却从未有该方面的要求。

2. 侦查机关关于伤势原因的情况说明

该情况说明载明2月19日晚将文某抓获带至某派出所时才发现其有伤，文某自

---

① 南英. 刑事审判参考：总第97集. 北京：法律出版社，2014.

称是 18 日自己撞到眼部所致。将其送至戒毒所执行行政拘留，其在回答伤势原因时也称是自己所撞。然而，关于文某自称眼部受伤系自身所致的内容，并未在任何一次讯问笔录中得到体现。

3. 侦查机关关于录音录像资料的情况说明

该情况说明仅载明侦查人员就本案审讯过程制作过全程同步录音录像，但因主办人员于 2013 年 4 月调离且其电脑已报废，故该录音录像资料已灭失。案发地公安机关有对所有刑事案件全程同步录音录像的惯例，只是区分是否属于大要案而决定是否另行刻录光盘。该情况说明以主办人员调离、电脑报废作为录音录像资料灭失的理由难以令人信服。

4. 戒毒所出所谈话笔录

该笔录只能证明文某于 2 月 21 日至 26 日在某戒毒所期间未受到戒毒所民警的打骂、体罚，并不能排除侦查期间受侦查人员的刑讯逼供。

综上分析，本案中在被告人文某能够提供确切伤情的证据，且提出其有罪供述系侦查人员刑讯逼供所致的情况下，公诉机关未能提供确实、充分的证据证明侦查机关取证的合法性，不能排除侦查机关系以刑讯逼供的方法获取被告人有罪供述的合理怀疑，故该有罪供述应当依法予以排除。

四、知识拓展

证据"三性"和证据"两力"之间的关系

在我国司法实践和学术研究中，传统的证据"三性"说和较新的证据"两力说"均有运用，由此引发一个问题，证据"三性"和证据"两力"之间的关系为何？对此，有学者从证据属性层次论的角度，对二者之间的关系进行了剖析。

证据属性层次论的第一个体现是区分要素论与结构论。关联性（相关性）、真实性（客观性）和合法性等要素属性是证据评价的基本要素，证据能力（可采性）和证明力等结构属性则体现事实认定的程序结构进程。三个要素属性之间是由相关性统领的平行关系，两个结构属性之间是基于程序结构进程的递进关系；同时，三个要素属性都不同程度地影响着对两个结构属性的审查判断。

证据属性层次论的第二个体现是基于认识论与价值论的区分，可将证据属性分为自然属性与法律属性。在要素属性中，相关性和真实性（客观性）是促进事实认定准确性之内部目标的自然属性，合法性是促进除事实认定准确性之外的外部目标的法律属性；在结构属性中，证据能力（可采性）是属于法律问题的法律属性，证明力是属于事实问题的自然属性。

我国证据法学应从"只注重要素论"或"只注重结构论"迈向"要素论与结构论并重"的研究范式，并在深入理解"证据规则体系是证据属性层次性的逻辑展开"的基础上，通过改造后的西式结构属性或改良后的"中式结构属性三分法"重塑我国的证据规则体系。[①]

大数据证据

近年来，世界范围内司法领域发生了巨变，突出表现为基于机器算法、机器人和高级人工智能等新兴科技的各种大数据材料涌向法庭。我国司法舞台也上演着同样的故事。早期，海量的通信数据、资金流数据、账户信息、网页数据、网络舆情信息、GIS 地理信息及专业数据库的数据被运用于侦查活动中，成为侦查信息化转型的一道道亮丽风景。新近，人们又陆续看到将“舆情分析报告”“百度指数”“淘宝客反作弊系统数据”“轨迹大数据”“公安大数据平台数据”“证券交易监控系统数据”“大数据资金分析报告”等用于证明的情景。

从技术原理上讲，大数据变身证据通常要经过三个环节：第一步是汇总数据并进行数据清洗，第二步是建构分析模型或机器算法，第三步是进行运算形成分析结论。这一过程结束后，就会产生大数据证据。因此，所谓“大数据证据”是指，基于海量电子数据形成的分析结果或报告。在这个定义中，海量的电子数据是“源”，分析得出的结果或报告是“果”。直接起证明作用的往往是“果”——大数据分析结果或报告。例如，在证明涉众型犯罪案件的组织架构时，传统上调查工商注册材料等证明方法面临着工作量巨大、材料真假难辨的困扰，而海量资金流数据等能够像 DNA 一样将涉众型犯罪中不同涉案人员识别并关联起来，揭示不同人员在犯罪组织中的具体角色。

随着大数据证据广泛应用于司法实践中，急需围绕该类证据构建富有特色的证据规则：一是创建以“大”真实性为主的大数据来源真实性规则；二是构建针对机器算法是否可信的大数据分析结果真实性规则；三是探索超越人类经验判断的大数据证据关联性规则。[②]

技术侦查证据

2021 年修改的《高法解释》在第四章“证据”中增加一节“技术调查、侦查证据的审查与认定”，并用七个条文进行了规定。据此，有必要了解技术侦查证据。

《公安规定》第 264 条第 1 款规定：“技术侦查措施是指由设区的市一级以上公安机关负责技术侦查的部门实施的记录监控、行踪监控、通信监控、场所监控等措施。”技术侦查证据，就是侦查机关使用技术侦查措施取得的证据。

从实务运作情况看，技术侦查证据的载体具有多样化特征，这些多样化的证据载体能对多种待证事实发挥证明作用。

1. 视听资料

电话监听是技术侦查措施的重要类型，运用电话监听可以录制通话人的通话内容，形成视听资料。对运用技术侦查措施取得的视听资料，我国审判实践不乏使用

---

① 郑飞．证据属性层次论：基于证据规则结构体系的理论反思．法学研究，2021（2）．

② 刘品新．论大数据证据．环球法律评论，2019（1）．

的案例。

2015年三亚市中级人民法院审理的陈某贩卖、运输毒品罪一案，判决书载明：根据技术工作支持，三亚市公安局禁毒支队缉毒侦查大队在前期侦查本案时收集到的视听资料通话内容：2014年8月28日21时53分许，1515391（陈某）主叫1871726（李某年）内容如下：

陈某说："你有空把那次'猪肉'打包分出来，一包100，回来也跟人家吵架，我夹在中间很难受。"

李某年说："你什么时候上来?"

陈某说："你想我什么时候上?"

李某年说："你十二点钟上来。"

陈某说："我十二点钟从三亚上去吗?"

李某年说："对。"

陈某说："你的'沙'什么时候下来?"

李某年说："我今天叫人上去拿了，后天应该到他的手上。"

陈某说："我是想上去早点，你说十二点钟就十二点钟，那我就找一名司机帮我开车……"①

2. 电子数据

实务中，往往运用技术侦查措施获取手机信息或者通信记录，证明被告人与案发时空的某种联系，并以此作为其他证据的补强证据。

2015年马鞍山市雨山区人民法院审理的盛某、王某诈骗罪案的判决书列举的证据有"两被告人手机通话记录证实手机通话起始时间、通话时长、呼叫类型、对方号码、漫游局数据、基站小区代码。公安机关根据两被告人的通话记录、通话基站代码与被害人陈述的案发时间、地点比对做出的研判报告，证实被告人在案发时间、案发地点有过通话记录"。法官运用这一证据作为辨认笔录和被害人陈述的补强证据。"各被害人对被告人的辨认笔录证实实施诈骗的是本案的被告人，并且在被害人吴某、李某、晋某某、秦某、彭某报称的案发时间段内，两被告人均有相对应的通话记录，且通话地点根据基站定位都是在案发现场或者附近。在被害人陈某、黄某报称的案发时间段内，分别有被告人王某、盛某的主叫记录，主叫的地点根据基站定位就在案发现场或者附近。"②

3. 监听译文

实务中，当庭出示并播放运用监听手段录制的视听资料毕竟是极少数情形，绝大多数情况下，公诉方提交的技术侦查证据是由监听录音转化而来的监听译文。从形式上看，这种监听译文是将监听语音内容转化为文字后形成的一种书面文字记录。例如朱某炎贩卖、运输毒品案，监听译文显示有多段被告人朱某炎与郭某生的通话

---

① 海南省三亚市中级人民法院（2015）三亚刑初字第20号刑事判决书。

② 安徽省马鞍山市雨山区人民法院（2015）雨刑初字第00130号刑事判决书。

内容，摘录情况见表 7－1。①

表 7－1　通话内容摘录

<table>
<tr><td rowspan="4">通话时间：2017 年 4 月 5 日 22：19：09</td><td>郭某生（主叫）</td><td>朱某炎（被叫）</td></tr>
<tr><td>“小海”质量怎么样？</td><td>还好，是白颜色的。</td></tr>
<tr><td>劲怎么样？</td><td>劲还可以。</td></tr>
<tr><td>明天打电话联系。</td><td>—</td></tr>
<tr><td rowspan="3">通话时间：2017 年 4 月 6 日 15：02：32</td><td>朱某炎（主叫）</td><td>郭某生（被叫）</td></tr>
<tr><td>搞好了没有？</td><td>钱拿到了，马上给寄过去，还是寄给你那工行卡里面，40 个。</td></tr>
<tr><td>对，东西一样的好，40 个。</td><td></td></tr>
<tr><td rowspan="3">通话时间：2017 年 4 月 6 日 15：34：33</td><td>朱某炎（主叫）</td><td>郭某生（被叫）</td></tr>
<tr><td>是否要“泡泡”？</td><td>过几天再拿，今天先拿“小海”。</td></tr>
<tr><td>40 个吗？我已讲好了。</td><td>我现在去寄钱。</td></tr>
</table>

4. 情况说明、破案经过、抓获经过和到案经过

尽管出现了视听资料、电子数据和监听译文等新的证据载体，但从实务观察，传统的技侦转化类证据，诸如各种情况说明、破案经过、抓获经过和到案经过仍然在庭审中大量运用。

例如，2015 年梅州市大埔县人民法院审理的冯某某抢劫一案，判决书援引了情况说明：“大埔县公安机关侦办吕某某被入户抢劫案中，根据被害人吕某某反映，其被抢的手提包内有一部开机状态的步步高品牌手机（号码 13430××××12），公安机关将此信息反馈至梅州市公安局技术侦查支队。根据此手机号码，梅州市公安技术侦查支队通过技术侦查手段作出这部步步高手机的机身码及运动轨迹，同时发现案发后有一个手机号码为 13421××××21 的手机运动轨迹与步步高手机运动轨迹相一致，经查手机号码为 13421××××21 的机主是冯某某，从而锁定被告人冯某某的抢劫犯罪事实。”②

五、文献荐读

1. 陈瑞华. 刑事证据法. 3 版. 北京：北京大学出版社，2018.

2. 王进喜. 美国《联邦证据规则》（2011 年重塑版）条解. 北京：中国法制出版社，2012.

3. 刘静坤编著. 最新刑事诉讼法司法解释条文对照与适用要点. 北京：法律出版社，2021.

---

① 江苏省高级人民法院（2017）苏刑终 282 号刑事裁定书。

② 广东省梅州市大埔县人民法院（2015）梅埔法刑初字第 52 号刑事判决书。

4. 艾明. 我国刑事证据能力要件体系重构研究. 现代法学，2020 (3).

5. 郑飞. 证据属性层次论：基于证据规则结构体系的理论反思. 法学研究，2021 (2).

6. 刘品新. 论大数据证据. 环球法律评论，2019 (1).

第八章　刑事诉讼证明

一、原理精析

(一) 刑事诉讼证明概述

对刑事诉讼证明问题的探讨，首先需要明确何谓诉讼证明？我国学者对诉讼证明的概念有不同的认识，其中代表性的观点如下：一是传统“大证明”观，即“诉讼意义上的证明，是特定的机关和诉讼参与人在诉讼过程中，本着查明案件真实情况的目的，依法运用证据来确定和阐明案件事实情况的活动”[①]。二是“小证明”观，即“在刑事诉讼领域，证明应当是指国家公诉机关和诉讼当事人在法庭审理中依照法律规定的程序和要求向审判机关提出证据，运用证据阐明系争事实，论证诉讼主张的活动”[②]。有学者有类似观点，即司法证明是指事实裁判者在证明当事人以及其他证明参与人的参加下，以适用法律为目的，共同确定案件事实的活动。[③] 三是将证明区分为自向证明与他向证明，如有学者认为，“司法活动中的证明，就是指司法人员或者司法活动的参与者运用证据明确或表明案件事实的活动。这包括两层含义，其一是提出事实主张的当事人、律师、检察官等用证据向法官说明或表明案件事实存在与否的活动；其二是法官运用证据查明和认定案件事实的认识活动。狭义的证明，仅指前一种含义上的证明。根据我国有关法律的规定，诉讼证明的主体包括当事人、律师、侦查人员、公诉人员和审判人员等。其中，当事人、律师、侦查人员和公诉人员是他向证明的主体，在某些情况下也可以成为自向证明的主体；

---

① 刘金友主编．证据法学．北京：中国政法大学出版社，2003：167.

② 卞建林主编．刑事证明理论．北京：中国人民公安大学出版社，2004：13.

③ 封利强．司法证明过程论：以系统科学为视角．北京：法律出版社，2012：58－59.

审判人员则只能是自向证明的主体”[①]。我们认为，传统“大证明”观和自向证明均为查明，典型意义上的证明是以诉讼结构的存在为前提[②]，裁判者负责客观中立地进行裁判，控辩双方则负责举证，举证的目的是让裁判者接受控辩双方主张的相关案件事实。

刑事诉讼证明与诉讼主张的关系密切。在刑事诉讼过程中，控辩双方均可能会向法庭提出一定的诉讼主张，并要求法庭对该诉讼主张予以支持。一个完整的诉讼主张包括事实基础和法律依据，例如，公诉机关主张被告人张三犯故意杀人罪，应当判处死刑，剥夺政治权利终身，这一主张的事实基础是被告人张三故意杀害了被害人李四，法律依据是《刑法》第 232 条、第 57 条的规定。然而，与该诉讼主张的法律依据是明确的不同，该诉讼主张的事实基础被告人张三杀害被害人李四的事实并非不证自明。根据证据裁判原则，认定案件事实只能依据证据，张三杀害李四的事实亦不例外。根据法官中立的程序正义原则，法官不是案件事实的亲历者，且与案件结局没有利害关系。因此，被告人张三杀害李四的事实需要公诉机关运用证据证明，且这种证明需要让中立的法官对张三杀害李四的事实形成内心确信。

对于刑事诉讼证明，还可以从证明要素的角度予以理解。一项证明活动，包括论题、论据和论证方式三个要素。其中，论题是举证方提出的案件事实，该事实是相应的诉讼主张的事实基础，属于待证对象或者证明对象。论据是证明的依据，根据证据裁判原则，在现代社会，论据只能是证据材料，而不能是虚幻的、无根据或者科学性不足的材料，例如，现代社会不允许通过梦境、神明的启示等非理性材料认定案件事实。论证方式是运用证据材料的方式，即举证方根据经验、常识和逻辑，对证据材料所蕴含的信息进行辨伪存真、排列组合，最终说服法官确认其所主张的案件事实的真实性。

在上述对刑事诉讼证明问题的讨论中，我们假定法官的角色是消极中立的，法官的职责仅仅是裁判。然而，在我国刑事诉讼中，由于注重对实质真实的追求，法官的职责不仅仅是裁判，法官还要发现案件的事实真相，为此，法律规定法官可以在庭外通过勘验、检查、查封、扣押、鉴定和查询、冻结等方式调查核实证据。这就意味着，我国的法官还负有查明案件事实真相的职责。法官查明事实真相职责的存在，对证明问题，特别是证明责任的分配问题有较大的影响，这是我国刑事诉讼证明问题的特殊性所在。当然，随着对法官中立性和独立性的强调，法官的调查只能是补充性的，不能代替控辩双方的证明。

为确保刑事诉讼证明的有序推进，以下问题需要明确，即证明什么、由谁证明以及证明至何种程度。证明什么涉及证明对象的确定问题，由谁证明涉及证明责任的分配问题，证明至何种程度则涉及证明标准的设定问题。从理论上来说，由于诉讼资源的有限性，对于不同类型的证明对象，在证明程序上应该有所区别。根据证

---

① 何家弘，刘品新．证据法学．北京：法律出版社，2008：197.

② 有学者认为，没有司法裁判活动，就没有司法证明活动。陈瑞华．刑事证据法：4 版．北京：北京大学出版社，2021：442.

明程序的严格与否，可以将证明分为严格证明和自由证明，严格证明对证据的证据能力、法庭调查程序以及证明标准等均具有非常严格的要求，自由证明则相反。严格证明与自由证明的划分，是学界的观点，我国立法对此问题没有规定，一般认为，定罪事实、罪重量刑事实适用严格证明，罪轻量刑事实和程序法事实适用自由证明。

（二）证明对象

1. 证明对象的基本原理

一项完整的诉讼主张包括案件事实和法律依据两个部分。所谓证明对象，是指提出诉讼主张的一方所要证明的案件事实，而该案件事实可以支持该方所提出的诉讼主张的成立。换句话说，该案件事实是诉讼主张的事实依据。诉讼主张不同，所依据的案件事实就不同，最终的证明对象也会不同。诉讼主张的事实基础和法律依据往往具有对应关系，诉讼主张中的法律依据可以分为实体法和程序法，其中，与实体法相对应的案件事实是实体法事实，与程序法相对应的案件事实是程序法事实。据此，可以将证明对象分为实体法事实和程序法事实两大类型。其中，根据实体法事实具体内容的不同，又可以将实体法事实分为定罪事实和量刑事实。

典型意义上的证明以诉讼结构的存在为前提，证明对象问题也不例外。依据1979年《刑事诉讼法》第120条的规定，合议庭进行评议后，根据已经查明的事实、证据和有关的法律规定，作出被告人有罪或者无罪、犯的什么罪、适用什么刑罚或者免除刑罚的判决。结合刑事诉讼法关于法庭职责的规定可以发现，这里强调的是合议庭对案件事实的查明。在这一制度背景下，立法对证明对象问题没有规定。1994年最高人民法院《关于审理刑事案件程序的具体规定》第39条首次对证明对象问题予以规定①，即明确规定八种类型的与定罪量刑有关的案件事实需要运用证据予以证明。此后，关于《刑事诉讼法》修改的建议稿明确建议立法对证明对象问题予以规定②，即证明对象的基本部分是与定罪量刑有关的实体法事实，但从广义上说，某些程序法事实如关于管辖、回避、强制措施、诉讼期限、违反法定程序等也可列为证明对象。然而，该立法建议最终未被立法机关采纳，1996年《刑事诉讼法》没有对证明对象予以规定。

我国现行《刑事诉讼法》也没有关于证明对象的直接规定，但由于立法强调控辩双方的举证责任，强调法庭的中立性并对法庭的查证责任予以限制，可以从刑事诉讼法相关规定中发现有关证明对象的规定。依据《刑事诉讼法》第55条第2款、第198条第1款的规定，定罪量刑的事实都需要证据予以证明。这一规定表明，定

---

① 第39条规定，需要运用证据证明的案件事实包括：(1) 被指控的犯罪行为是否存在；(2) 被指控的行为是否为被告人所实施；(3) 被告人的身份；(4) 实施行为的时间、地点、手段、后果以及其他情节；(5) 被告人的责任以及与其他同案人的关系；(6) 被告人有无罪过，行为的动机、目的；(7) 被告人的行为是否构成犯罪，有无法定或者酌定从重、加重、从轻、减轻处罚以及免除处罚的情节；(8) 其他与定罪量刑有关的事实。

② 陈光中，严端主编．中华人民共和国刑事诉讼法修改建议稿与论证．北京：中国方正出版社，1995：162-163.

罪量刑的事实属于证明对象。依据《刑事诉讼法》第 59 条第 1 款的规定，证据收集合法性问题也需要证明。据此，证据收集合法性事实也属于证明对象。此外，《高法解释》第 72 条、第 132 条等相关规定对证明对象问题予以明确。《高法解释》第 72 条所明确的证明对象包括四类：与定罪量刑有关的事实，有关管辖、回避、延期审理等的程序事实，有关涉案财物处理的事实以及有关附带民事诉讼的事实。《高法解释》第 132 条所明确的证明对象是非法证据排除规则意义上的证据合法性事实（以下简称证据合法性事实）。[①]

证明对象的确立，意义重大。首先，证明对象的确立，明确了刑事诉讼过程中控辩双方攻击防御的对象。对证明对象中涉及的案件事实，承担证明责任的一方要举证证明，对方可以针对证明对象予以防御。其次，证明对象的确立，有助于证明责任的分配。证明对象不同，在分配证明责任时需要考虑的因素也不同。根据无罪推定原则，对于定罪事实，应当由控方承担证明责任，辩方承担证明责任只能是例外，且必须有充足的理由和法律的明确规定。对于量刑事实和程序法事实，证明责任的分配要考虑谁主张谁举证、证据获取的难易程度等因素。最后，证明对象的确立，有助于证明标准的设定。从本质上来说，证明标准是法官心证程度问题，而法官的心证程度有高低之别，证明标准也就有高低之分。证明对象不同，证明对象涉及的案件事实是否认定对被告人的影响不同，证明责任的承担者也不同，证明标准的设定也应该有所区别。例如，罪轻量刑事实对被告人有利，关于罪轻量刑事实的证明标准不宜设置过高，否则，将会让被告人承担不利后果。

需要注意的是，并非与案件相关的所有事实均需要运用证据予以证明。有些事实属于免证事实，不需要提出证据进行证明。依据《高检规则》第 401 条的规定，在法庭审理中，下列事实不必提出证据进行证明：（1）为一般人共同知晓的常识性事实；（2）人民法院生效裁判所确认并且未依审判监督程序重新审理的事实；（3）法律、法规的内容以及适用等属于审判人员履行职务所应当知晓的事实；（4）在法庭审理中不存在异议的程序事实；（5）法律规定的推定事实；（6）自然规律或者定律。

2. 证明对象的基本类型

根据诉讼主张中与证明对象（诉讼主张的事实依据）相对应的法律依据的不同，可以将证明对象分为实体法事实和程序法事实。

（1）实体法事实。

1）定罪事实。

法院审判的核心是判断被告人的行为是否构成犯罪，以公诉案件为例，检察机关向法院提起公诉时会提出这样的诉讼主张，即被告人的行为构成何种犯罪。这一诉讼主张的事实基础是被告人实施了特定的行为，这一诉讼主张的法律依据是刑法关于该罪犯罪构成的规定，而这一行为符合刑法关于该罪犯罪构成的规定。被告人

① 证据合法性事实涉及的类型很多，目前，只有非法证据排除规则意义上的证据合法性事实的解决有明确的诉讼程序规定，其他类型的证据合法性事实往往是通过行政化的方式予以解决。

实施了符合刑法关于某罪犯罪构成的行为的事实就是定罪事实，这是证明对象的核心内容，也是传统法庭审判所要解决的核心问题。

《高法解释》第 72 条第 1 款列举了 11 种需要运用证据证明的案件事实，其中，除第 11 项兜底条款（与定罪量刑有关的其他事实）外，有 6 项主要是关于定罪事实的规定，即（a）被告人、被害人的身份；（b）被指控的犯罪是否存在；（c）被指控的犯罪是否为被告人所实施；（d）被告人有无刑事责任能力，有无罪过，实施犯罪的动机、目的；（e）实施犯罪的时间、地点、手段、后果以及案件起因等；（f）是否系共同犯罪或者犯罪事实存在关联，以及被告人在犯罪中的地位、作用。其中，被告人的身份、被告人有无刑事责任能力属于犯罪主体方面的事实，被告人有无罪过，实施犯罪的动机、目的属于犯罪主观方面的事实，被害人的身份、被指控的犯罪是否存在、被指控的犯罪是否为被告人所实施，以及实施犯罪的时间、地点、手段、后果、案件起因，是否系共同犯罪或者犯罪事实存在关联，被告人在犯罪中的地位、作用等属于犯罪客观方面的事实。需要注意的是，以上列举的定罪事实在具体个案中如何体现，与具体个罪的犯罪构成要件有关。在具体个案的办理中，需要根据具体个罪的犯罪构成要件，确定具体个案中的定罪事实。

2）量刑事实。

为规范法官的量刑活动，2008 年以来，最高人民法院实施了一系列关于量刑规范化的探索和改革。关于量刑规范化的改革主要有两个方面的内容：一是在程序上，将量刑纳入法庭审理程序，确保量刑过程的公开、公正；二是在实体上，改变传统的量刑方法，确立了一套较为科学、系统的量刑操作规范，以此对法官的自由裁量权进行规制。这就意味着，量刑事实进入法庭审判的视野。与定罪事实一样，量刑事实也需要证据予以证明。

《高法解释》第 72 条第 1 款规定的案件事实中，除第 11 项兜底条款外，第 7 项对量刑事实予以规定，即被告人有无从重、从轻、减轻、免除处罚情节。需要注意的是，关于定罪事实的 6 项规定中，有些与量刑也有关联，例如，实施犯罪的动机、犯罪手段、后果、案件起因以及被告人在共同犯罪中的地位、作用等。上述对量刑事实的列举，也是不完全列举，量刑事实的范围，包括与法定量刑情节有关的事实和与酌定量刑情节有关的事实。其中，法定量刑情节由法律明确予以规定，酌定量刑情节则是长期司法实践所形成但尚未上升到法律规定的量刑情节。酌定量刑情节具有时代性和地域性，不同时代，由于刑事政策、社会背景等因素的影响，酌定量刑情节的范围有所不同，不同地域，由于经济发展水平、地方习俗和文化传统等因素的影响，酌定量刑情节的范围也不同。无论是法定量刑情节，还是酌定量刑情节，只要该量刑情节对量刑有影响，与该量刑情节有关的事实就会成为证明对象。

为确保量刑事实认定的科学性，需要对量刑事实进行分类。根据量刑事实与定罪事实的关系，可以将量刑事实分为纯正的量刑事实和非纯正的量刑事实。纯正的量刑事实是指与案件中的量刑有关，而与定罪无关的事实，如自首、坦白、立功、退赃、赔偿损失、被害人谅解、累犯、前科劣迹、一贯表现等。非纯正的量刑事实是指那些与定罪事实相互重合的量刑事实，该类事实“一身兼二任”，既对定罪产生影响，又对量刑产生影响，如犯罪形态、在共同犯罪中的作用等。[①] 以量刑事实对被告人量刑的影响为标准，可以将量刑事实分为罪重事实和罪轻事实。以上分类还可以交叉适用，例如，可以将纯正的量刑事实分为纯正的罪重事实和纯正的罪轻事实，可以将非纯正的量刑事实分为非纯正的罪重事实和非纯正的罪轻事实。对量刑事实的合理分类，有助于合理分配证明责任和设定证明标准。

（2）程序法事实。

在很长一段时间，人们普遍认为，所谓法庭审判，就是解决被告人是否犯罪以及如何承担刑事责任的问题。人们一般认为，程序法事实并非法庭审判所要解决的问题。即使有些问题不得不解决，如回避、管辖异议等，也是通过行政化的程序予以解决。随着 2010 年两院三部《非法证据排除规定》对非法证据排除程序予以明确，证据合法性事实成为法庭审审理的对象，对于证据合法性事实需要遵循一定的程序予以证明。现行《刑事诉讼法》第 58 条第 2 款、第 59 条第 1 款对证据合法性事实的证明予以规定，据此，证据合法性事实也是证明对象的一部分。

依据《刑事诉讼法》第 30 条第 1 款的规定，审判人员、检察人员、侦查人员不得接受当事人及其委托的人的请客送礼，不得违反规定会见当事人及其委托的人。违反前款规定，当事人及其法定代理人有权要求他们回避。《高法解释》第 28 条规定："审判人员具有下列情形之一的，当事人及其法定代理人有权申请其回避：（一）违反规定会见本案当事人、辩护人、诉讼代理人的；（二）为本案当事人推荐、介绍辩护人、诉讼代理人，或者为律师、其他人员介绍办理本案的；（三）索取、接受本案当事人及其委托的人的财物或者其他利益的；（四）接受本案当事人及其委托的人的宴请，或者参加由其支付费用的活动的；（五）向本案当事人及其委托的人借用款物的；（六）有其他不正当行为，可能影响公正审判的。"第 33 条规定："当事人及其法定代理人依照刑事诉讼法第三十条和本解释第二十八条的规定申请回避的，应当提供证明材料。"据此，以公安司法人员有不当行为为由申请回避的，应当提供证明材料。这是否意味着，公安司法人员不当行为的事实也属于证明对象呢？从提供证明材料来看，似乎对这一问题的解决也要遵循诉讼证明的规定，但由于在审判人员本身成为申请回避对象的情况下，如何解决回避问题没有明确的诉讼程序的规定，且在其他情形下对于回避问题的解决是否是通过诉讼程序进行的，存在疑问，因此，在回避问题尚未确立诉讼化的解决方式前，"公安司法人员不当行为"的事实也就谈不上是证明对象。

程序法事实所包含的内容较多，有学者将这些程序法事实分为三类，即职权请求型程序法事实（包括拘留、逮捕、搜查、扣押等）、职权违法争议型程序法事实（包括立案违法争议程序事实、取证合法争议程序事实、公诉权滥用争议事实、审判违法争议程序事实等）和权利主张型程序法事实（管辖权主张程序事实、申请回避程序事实）。[②] 除上文提到的两种程序法事实外，还有大量的程序法事实需要认定。

---

① 张吉喜．量刑证据与证明问题研究．北京：中国人民公安大学出版社，2015：6.

② 王满生．刑事程序法事实证明研究．北京：中国社会科学出版社，2019：87－126.

然而，除证据合法性事实的证明有明确的诉讼程序外，其他程序法事实的认定要么缺乏中立的裁判者，要么缺乏诉讼程序而适用行政程序。[①] 对于这些程序法事实的认定首先应纳入裁判者的审理范围并确立适度诉讼化的处理程序[②]，在此前提下，这些程序法事实才能成为证明对象。

需要注意的是，依据《高检规则》第401条的规定，程序法事实只有在存在异议的情况下才可能会成为证明对象。

（三）证明责任

1. 证明责任的基本原理

证明责任，即证明责任的分配问题，是指对不同的案件事实应当分别由诉讼的哪一方承担证明责任。何谓证明责任？在两大法系有不同的理解。在英美法系，以美国为例，自19世纪以来，通说认为有两种证明责任：一是说服责任，二是提供证据责任。说服责任是“不能说服”时应负的法律后果，由于这种责任通常是由实体法事先确定的，所以又被称为“法定责任”。提供证据责任，又称为“用证据推进的责任”，是指在法庭审理过程中提出足够的证据，以便使法庭或者法官相信确实存在一个可以适当地要求法庭或者陪审团加以考虑的案件或者争点。[③] 其中，说服责任对应陪审团，即说服陪审团裁定被告人有罪的责任，提供证据责任对应法官，即说服法官将案件递交陪审团的责任，或者提出某项证据使某一问题成为争议点的责任。[④] 这种对证明责任的分类方式，与英美法系二元法庭的职责划分有关，即职业法官和陪审团分别负责对案件部分问题的处理。

在大陆法系，以德国为例，关于刑事诉讼中的证明责任问题，主要有三种意见：第一种是“证明责任否定说”，认为职权主义刑事诉讼不存在证明责任的问题；第二种是“法院承担证明责任说”，认为职权主义刑事诉讼虽然存在证明责任，但这一责任是由法院承担的；第三种是“客观证明责任说”，认为职权主义刑事诉讼中不存在主观证明责任，但存在客观证明责任。[⑤] 1883年，德国的格拉查将证明责任区分为主观和客观两种类型的证明责任。[⑥] 其中，客观证明责任是指在刑事审判中，待证事实至审理最后仍然无法确定或未经证明时的法律效果问题，即系争事实真伪不明的不利后果由哪方承担的问题。[⑦] 一般认为，客观证明责任仅是一种特殊的风险分配机制。主观证明责任又称提供证据责任，是指哪一方当事人应当对具体的要件事

---

① 有学者认为，刑事程序性证明的行政化倾向导致程序异化，这种程序异化限缩了程序性证明制度的发展空间。石浩旭．刑事程序性证明理论系统研究．北京：知识产权出版社，2013：160.

② 王彪．程序性辩护中的被告人举证问题研究//潘金贵主编．证据法学论丛：第8卷．北京：中国检察出版社，2021：41.

③ 孙长永，黄维智，赖早兴．刑事证明责任制度研究．北京：中国法制出版社，2009：5-7.

④ 黄永．刑事证明责任分配研究．北京：中国人民公安大学出版社，2006：85.

⑤ 孙长永，黄维智，赖早兴．刑事证明责任制度研究．北京：中国法制出版社，2009：98.

⑥ ［德］汉斯·普维庭．现代证明责任问题．吴越，译．北京：法律出版社，2000：11.

⑦ 林钰雄．刑事诉讼法：上册 总论编．北京：中国人民大学出版社，2005：363.

实举证。[①] 由于在大陆法系职权主义诉讼模式下，法官负有真实发现的职责，即使控方未能提供充足的证据证实被告人有罪，法官也要依职权调查，因此，有学者认为，主观证明责任仅存在于对抗制的诉讼结构。[②] 而客观证明责任仅意味着最终的败诉风险承担问题。

事实上，刑事证明责任制度是以当事人主义的诉讼构造为前提的，在非当事人主义诉讼结构中不存在严格意义上的证明责任制度。尽管如此，在刑事诉讼中仍存在案件事实真伪不明时由谁承担不利后果的问题。从这个意义上说，证明责任制度在两大法系均存在。一般来说，刑事诉讼的证明责任分配比较简单，根据无罪推定最基本、最常用同时也是最为普遍承认的含义，控方负担证明被告有罪的责任。无罪推定不仅决定了控方应负担证明被告有罪的责任，还决定了控方履行证明责任的标准应当是排除合理怀疑地证明被告人有罪，且控方承担的证明责任不能倒置给被告方。[③]

有学者认为，与英美法上的提供证据责任不同，大陆法上的主观证明责任在很大程度上是一个行为责任，因为如果当事人未提供证据或未提供充分证据，他并不一定承担不利的后果。[④] 笔者认为，在典型的当事人主义诉讼模式下，无论是提供证据责任还是彻底说服责任都包含行为责任和结果责任这两种证明责任的基本构成要素[⑤]，即无论何种证明责任都是行为责任和结果责任的统一，只不过在不同的证明责任中证明标准可能会有所不同。之所以有大陆法系的主观证明责任是一种行为责任的认识，主要是因为大陆法系法官负有一定的查明责任。我国 2012 年《刑事诉讼法》第 49 条首次以立法的形式对证明责任制度予以规定，即公诉案件中被告人有罪的举证责任（实际上是证明责任）由人民检察院承担。但立法者要求法官承担“忠于案件事实真相”的责任，在特定条件下法官甚至负有在法庭以外“调查核实”证据以发现案件真实情况的义务。在这种情况下，控辩双方的举证责任与法官的查证责任交织在一起，可能会出现举证不足但最终仍胜诉的情况，然而这里的举证责任已不是典型意义上的证明责任了。

2. 证明责任的分配

（1）实体法事实的证明责任分配。

1）定罪事实的证明责任分配。

《刑事诉讼法》第 51 条规定：“公诉案件中被告人有罪的举证责任由人民检察院承担，自诉案件中被告人有罪的举证责任由自诉人承担。”据此，在我国，控方承担被告人有罪的证明责任，这一规定没有例外。对于为何这样规定，全国人大立法人员认为：“在世界范围内，对刑事诉讼中被告人有罪的举证责任，一般都规定由控方承担，这也符合诉讼规律。我国《刑事诉讼法》第 12 条规定了未经人民法院依法判决，对任何人都不得确定有罪的原则，这次修改增加了不得强迫任何人证实自己有

① ［德］汉斯·普维庭．现代证明责任问题．吴越，译．北京：法律出版社，2006：10.

② 林钰雄．刑事诉讼法：上册 总论编．北京：中国人民大学出版社，2005：363.

③ 黄永．刑事证明责任分配研究．北京：中国人民公安大学出版社，2006：262－270.

④ 汪海燕，胡常龙．刑事证据基本问题研究．北京：法律出版社，2002：92.

⑤ 王雄飞．检察官证明责任研究．北京：中国人民公安大学出版社，2009：38.

罪的规定。从这两个原则出发，人民检察院要求法院判决任何人有罪，就应当提供确实、充分的证据加以证明。”[①]

对于定罪事实证明责任的分配问题，一般不存在争议，但在一些特殊情况下，则存在较大的争议。例如，与正当防卫有关的事实，由谁承担证明责任？对此问题，立法没有规定，从法理上来说，法官只要对正当防卫的存在有合理怀疑，控方就应当排除合理怀疑地证明正当防卫不存在，否则，法官在对正当防卫的存在的合理怀疑无法消除的情况下，就应当认定正当防卫的存在。此外，一般认为，巨额财产来源不明罪中，在检察机关举证证明了基础事实的存在后，被告人一方需要举证证明巨额财产来源的合法性。

2）量刑事实的证明责任分配。

对于量刑事实的证明责任，立法和司法解释均没有明确规定。《高检规则》第61条第3款规定：“人民检察院提起公诉，应当秉持客观公正立场，对被告人有罪、罪重、罪轻的证据都应当向人民法院提出。”第399条第1款规定：“在法庭审理中，公诉人应当客观、全面、公正地向法庭出示与定罪、量刑有关的证明被告人有罪、罪重或者罪轻的证据。”这是否意味着检察机关对量刑事实承担证明责任呢？最高人民检察院检察官认为，这一规定意味着检察机关承担证明责任的客观公正原则。[②]如何理解检察机关承担证明责任的客观公正原则？本书认为，这一规定是对检察机关客观义务的强调，不具有分配证明责任的内涵。道理很简单，虽然按照规定检察机关要移送罪轻证据，但罪轻量刑事实无法认定，最终承担不利后果的是被告人。从法理上来看，对于纯正的罪重量刑事实，应当由控方承担证明责任，对于纯正的罪轻量刑事实，应当由被告人一方承担证明责任。

（2）程序法事实的证明责任分配。

对程序法事实的认定中，目前只有证据合法性事实确立了较为完善的诉讼程序。依据《高法解释》第33条的规定，对于以公安司法人员有不当行为为由申请回避的，当事人及其法定代理人应当提供证明材料。但由于对回避的处理并未采取诉讼化的方式，当事人及其法定代理人提供证明材料的行为是否属于承担证明责任是存在疑问的。

就证据合法性事实的证明责任分配来说，立法规定的是两步式证明责任分配模式。立法对证据合法性事实的调查确立了相对独立的程序。这一程序的启动存在两种方式，一种是依职权启动，另一种是依申请启动。不管是哪种启动方式，启动的前提都是法官对证据收集的合法性产生合理怀疑。在依申请启动时，存在申请方举证的问题。《刑事诉讼法》第58条第2款规定：“当事人及其辩护人、诉讼代理人有权申请人民法院对以非法方法收集的证据依法予以排除。申请排除以非法方法收集的证据的，应当提供相关线索或者材料。”据此，申请启动证据合法性调查程序时，申请方需要承担举证责任。学界通说认为，要求申请方“提供相关线索或材料”，只

---

① 全国人大常委会法制工作委员会刑法室编．关于修改中华人民共和国刑事诉讼法的决定：条文说明、立法理由及相关规定．北京：北京大学出版社，2012：45．

② 童建明，万春主编．《人民检察院刑事诉讼规则》条文释义．北京：中国检察出版社，2020：70－74．

是要求其就侦查人员涉嫌非法取证之事实形成争点，可以将这种要求称为申请方的“争点形成责任”。事实上，“争点形成责任”也是一种证明责任，只不过与这一证明责任相对应的证明标准较低而已，在法官对案件进行审查未发现证据合法性存在问题后，如果辩方未提供线索或者材料让法官对证据合法性产生合理怀疑，则将面临无法启动证据合法性调查程序这一不利后果。《刑事诉讼法》第59条第1款规定：“在对证据收集的合法性进行法庭调查的过程中，人民检察院应当对证据收集的合法性加以证明。”据此，在启动证据合法性调查程序后，检察机关对证据收集的合法性承担证明责任。

需要注意的是，我国立法在控辩双方之间分配证明责任的同时，仍保留了法官的职权调查权力。一方面，在法庭审理过程中，法官可以讯问被告人，询问证人、鉴定人；另一方面，法官可以在庭外对证据进行调查核实，法官在庭外调查核实证据时，可以进行勘验、检查、查封、扣押、鉴定和查询、冻结。法官的职权调查权力源自我国刑事诉讼对实质真实的追求，对实质真实的追求意味着法官负有查明案件事实真相的职责，法官查明案件事实真相则意味着法官的职权调查行为对控辩双方的证明责任有一定的影响，在特定情形下，控辩双方没有充分履行证明责任，并不必然承担不利后果。当然，从法官职权调查权力的历史沿革和相关规定来看，法官职权调查行为只能是补充性的。

（四）证明标准

1. 证明标准的基本原理

证明标准是一个与证明责任具有密切联系的法律概念。所谓证明标准，是指承担证明责任的诉讼一方对待证事实的论证所达到的真实程度。[①] 这里的真实程度，是指裁判者对诉讼认识真实性的某种程度的信念。[②] 在英美法律传统中，证明标准问题通常是依附于证明责任问题之上的。负有证明责任的一方当事人，如果没有将相应事实证明到法律要求的程度，即视为没有履行证明责任。或者说，证明标准是证明责任制度的组成部分。[③] 众所周知，“排除合理怀疑”是英美法系刑事案件定罪的证明标准，至今已有200多年的历史。[④] 在In re Winship案中，美国联邦最高法

---

① 陈瑞华．刑事证据法学．北京：北京大学出版社，2012：244.

② 由于案件的客观事实是一种历史事实，且裁判者并非此客观事实的亲历者，故判断两种案件事实是否符合的标准只能是裁判者以证据材料为基础、以经验法则和逻辑法则为方法所产生的内心信念，就刑事案件定罪而言，这种内心信念需要达到内心确信或者排除合理怀疑的程度。关于证明标准的本质以及何种程度的信念可以作为刑事裁判有罪认定的标准，参见吕卫华．诉讼认识、证明与真实：以刑事诉讼为主要研究对象．北京：中国人民公安大学出版社，2009：183－187。

③ 易延友．论无罪推定的涵义与刑事诉讼法的完善．政法论坛，2012（1）：11.

④ 关于“排除合理怀疑”标准的产生时间，一般认为确立于18世纪末。JAMES Q. W. The Origins of Reasonable Doubt：Theological Roots of the Criminal Trial，London. New Haven：Yale University Press，2008：185－200；BARBARA S. Changing Language，Unchanging Standard：From Satisfied Conscience to Moral Certainty and Beyond Reasonable Doubt. Cardozo Journal of International and Comparative Law，2009，17（2）：276－277.

院将控方对被告人的每一罪行证明到排除合理怀疑的高度作为宪法正当程序条款的重要内容。美国刑事诉讼所要求的陪审团“裁决一致规则”为这一标准的达成增加了难度。

在大陆法系，没有明确的证明标准概念。一般认为，内心确信是自由心证制度下定罪需要达到的心证程度。[①] 法律仅要求法官必须到达“毫无合理怀疑”的主观确信始能为有罪判决。[②] 自由心证原则在法国大革命期间的 1791 年刑法典中得到了最初的确立，在该原则产生初期，“内心确信”标准强调的是法官个人内心被说服的确信，主要依赖他个人甚至是情感的信念，是一个非常侧重于主观方面的证明标准。[③] 1808 年《法国刑事诉讼法典》第 342 条对自由心证原则予以继承，并明确规定：“法律不要求陪审官报告他们建立确信的方法；法律不给他们预定一些规则，使他们必须按照这些规则来决定证据是不是完全和充分；法律所规定的是要他们集中精神，在自己良心深处探求所提出的反对被告人的证据和被告人的辩护手段在自己的理性里发生了什么印象，法律不向他们说‘你们应当把多少证人所证明的每一事实认为是真实的’…… 法律只是向他们提出一个能够概括他们职务上的全部尺度的问题：‘你们是真诚地确信吗？’”[④]《法国刑事诉讼法典》第 353 条也作了类似的规定。《德国刑事诉讼法典》第 261 条也规定：对证据调查的结果，由法庭根据它在审理的全过程中建立起来的内心确信而决定。与传统的自由心证相比，现代自由心证更为强调心证的客观基础，即心证结果是法官运用经验和理性对证据材料进行分析后所得出的结论，且要求法官将其心证形成过程在判决书中加以表述，并接受上级法院的审查。

我国 1996 年《刑事诉讼法》第 162 条第 1 款规定：案件事实清楚，证据确实、充分，依据法律认定被告人有罪的，应当作出有罪判决。因此，一般认为，“案件事实清楚，证据确实、充分”是我国刑事诉讼认定有罪的证明标准。此前的 1979 年《刑事诉讼法》虽然没有对证明标准问题进行明确规定，但根据相关法条的精神，有罪的证明标准仍是“犯罪事实清楚，证据确实、充分”[⑤]，1996 年《刑事诉讼法》第 162 条的规定只不过是在总结司法经验的基础上将其进一步明确化。[⑥] 以上标准可以被称为“证据确实、充分”标准。对于该标准，实践中普遍反映原则性过强、操作性差。为便于司法工作人员掌握，2012 年《刑事诉讼法》第 53 条将“证据确实、

---

① 郑未媚．自由心证原则研究：以刑事诉讼为视角．北京：中国人民公安大学出版社，2008：115.

② 林钰雄．严格证明与刑事证据．北京：法律出版社，2008：88.

③ 邱福军．刑事证明标准研究．北京：中国人民公安大学出版社，2012：24. 这种现象仅存在了很短的时间，此后的自由心证，“因其本质上具有严密逻辑思维推理的判断在内，具有客观性、公开性、可预测性”，并受不同程度的法律限制和监督，因而是一种“具有客观性之自由心证法制”。姜礼增．论自由心证与法定证据法制及其发展趋势：以两岸民事诉讼法制为中心．厦门：厦门大学出版社，2012：41.

④ 汪建成．理想与现实：刑事证据理论的新探索．北京：北京大学出版社，2006：56－57.

⑤ 关于“犯罪事实清楚，证据确实、充分”证明标准的确立过程，参见李玉华．刑事证明标准研究．北京：中国人民公安大学出版社，2008：41－45。

⑥ 全国人大常委会法制工作委员会刑法室编．中华人民共和国刑事诉讼法：条文说明、立法理由及相关规定．北京：北京大学出版社，2008：396.

充分”标准细化为三项内容，其中第三项为综合全案证据，对所认定事实已排除合理怀疑。根据参与立法人员的介绍，这里使用“排除合理怀疑”这一提法，并不是修改了我国刑事诉讼的证明标准，而是从主观方面的角度进一步明确了“证据确实、充分”的含义，便于办案人员把握。[①] 由此可见，传统的刑事诉讼证明标准为“证据确实、充分”标准，而“排除合理怀疑”也成为对“中国刑事诉讼证明标准的一种解释，亦即刑事诉讼中认定案件事实的一项辅助性标准”[②]。

2. 证明标准的设定

（1）实体法事实的证明标准。

1）定罪事实的证明标准。

依据《刑事诉讼法》第 55 条第 1 款、第 200 条的规定，定罪事实的证明标准是案件事实清楚，证据确实、充分。依据《刑事诉讼法》第 55 条第 2 款的规定，证据确实、充分，应当符合三个条件：A. 定罪量刑的事实都有证据证明；B. 据以定案的证据均经法定程序查证属实；C. 综合全案证据，对所认定事实已排除合理怀疑。据此，排除合理怀疑是定罪事实的证明标准，或者说是对“证据确实、充分”标准的一种解释。

2）量刑事实的证明标准。

对于量刑事实的证明标准，《刑事诉讼法》没有明确规定。《高法解释》第 72 条第 2 款规定：“认定被告人有罪和对被告人从重处罚，适用证据确实、充分的证明标准。”据此，罪重量刑事实也适用证据确实、充分的证明标准，也就是排除合理怀疑的证明标准。对于非纯正的量刑事实，由于其“一身兼二任”的特点，也应当适用证据确实、充分的证明标准。对于纯正的罪轻量刑事实应该适用何种证明标准呢？从《高法解释》第 72 条第 2 款的规定来看，似乎不适用“证据确实、充分”的证明标准，应当与定罪事实和罪重量刑事实有所区别，但到底应当适用何种证明标准，并不明确。目前，理论界与实务界的主流观点是应当适用优势证据标准。[③] 从司法实践的情况来看，目前有案例在判决书中明确辩方的举证应达到“优势证据标准”。例如，沈某平受贿案[④]，上海市第二中级人民法院经审理认为，在二审期间辩方提供的证据存有很大疑点，与查明的事实及常理不符，未达到证明其主张的“证据占优势”，结合本案事实、证据、相关法律规定和刑法理论，难以认定上诉人沈某平在案发前给过彭某升 2 万元。

---

① 全国人大常委会法制工作委员会刑法室编．关于修改中华人民共和国刑事诉讼法的决定：条文说明、立法理由及相关规定．北京：北京大学出版社，2012：53.

② 龙宗智．中国法语境中的“排除合理怀疑”．中外法学，2012（6）：1125.

③ 张军主编．刑事证据规则理解与适用．北京：法律出版社，2010：90；张军主编．新刑事诉讼法法官培训教材．北京：法律出版社，2012：163；张吉喜．量刑证据与证明问题研究．北京：中国人民公安大学出版社，2015：48.

④ 沈言．沈某平受贿案：如何把握辩方提交的证据证明标准和作相关证据审查以及出于受贿的故意非法收受他人财物后又退还部分钱款的，如何认定受贿数额//中华人民共和国最高人民法院刑事审判一、二、三、四、五庭主办：刑事审判参考：总第 106 集．北京：法律出版社，2017：99－108.

（2）程序法事实的证明标准。

对于程序法事实，立法仅对证据合法性事实的认定确立了较为完善的诉讼程序。在申请方申请排除非法证据时，需要提供相关线索或者材料。依据《刑事诉讼法》第58条第1款的规定，审判人员认为“可能存在”本法第56条规定的以非法方法收集证据情形的，应当对证据收集的合法性进行法庭调查。据此，申请方提供相关线索或者材料需要达到让审判人员认为“可能存在”非法取证情形程度。换句话说，申请方的举证应该达到让审判人员对证据收集的合法性产生合理怀疑的程度。在启动证据收集合法性调查程序后，检察机关对证据收集的合法性承担证明责任。《刑事诉讼法》第60条规定：“对于经过法庭审理，确认或者不能排除存在本法第五十六条规定的以非法方法收集证据情形，对有关证据应当予以排除。”据此，检察机关对证据收集合法性的证明应达到排除合理怀疑的程度，如果在检察机关举证后审判人员仍“不能排除”存在非法取证情形，就意味着检察机关的举证失败，要承担有关证据被排除的不利后果。

除证据合法性事实外，其他大量的程序法事实的处理遵循的是行政化程序，也就谈不上证明标准问题。当然，如果仅仅从内心确信程度的角度来理解证明标准的话，通过行政化程序解决程序法事实时，也存在相关人员对程序法事实存在与否的内心确信程度问题，还存在达到何种程度的内心确信才能作出相应的处理的问题。对此问题，《刑事诉讼法》和相关司法解释均没有明确。这就意味着相关人员在认定这些程序法事实时可能存在较大的自由裁量权。

二、实践动态

（一）非法实物证据排除中的证明问题

两院三部《非法证据排除规定》对于非法口供的排除程序作了较为明确的规定，对于非法证人证言、被害人陈述的排除，参照非法口供的排除程序。由此便产生一个问题，即非法物证、书证的排除适用何种程序？如何在控辩双方之间分配证明责任？对此，有学者认为，针对侦查人员非法取得的实物证据，我国确立了裁量性排除规则。裁量性排除包括三个环节：一是侦查人员对物证、书证的收集不符合法定程序；二是该违法取证行为“可能影响司法公正”；三是公诉方对该取证不合法的情况进行补正或者合理解释，法院对于不能补正或者合理解释的，作出排除非法证据的决定。要准确适用裁量性排除规则，就需要按照三个步骤来确立证明责任：首先，公诉方要证明侦查人员收集实物证据的合法性。其次，法院在认定实物证据取证不合法的前提下，责令被告方承担证明责任，也就是证明侦查人员的非法取证“可能影响司法公正”。这属于证明责任的转移，被告方要证明违法取证造成了严重后果，如严重影响了司法机关的公正形象，可能造成所获取的实物证据不真实、不可靠，甚至可能造成冤假错案，等等。再次，假如被告方能够证明实物证据的非法取证“可能影响司法公正”，那么，证明责任再次回到公诉方。公诉方需要对该非法取证行为进行必要的程序补正：一是进行单纯的程序补救，二是进行合理的解释或者说明。[①] 根据该学者的观点，在非法物证、书证的排除程序中，被告方需要承担一定的举证责任，即证明侦查机关违反法定程序取证“可能影响司法公正”。对于这一问题，有学者提出不同观点，即在证据合法性的法庭调查程序中，由检察机关承担取证合法的证明责任，其标准是排除合理怀疑的最高证明标准。显然，我国《刑事诉讼法》并没有遵循各国的立法惯例，而是对不同类别的非法证据设置了统一的证明机制。这样，在非法实物证据的排除程序中，最终的证明责任由公诉方承担，即公诉方须举证证明侦查机关没有违法取证，或者虽然取证程序违反了法律规定但并未达到“严重影响司法公正”的程度，或者公诉方能够对“严重影响司法公正”的违法取证行为“予以补正或作出合理解释”[②]。根据这一学者的观点，在非法物证、书证的排除程序中，不存在被告方承担举证责任的问题，即不需要由被告方证明取证程序违法达到了“严重影响司法公正”的程度。根据该学者的观点，一旦侦查机关违法取证得到认定后，就意味着这种违法取证达到了“严重影响司法公正”的程度，公诉方需要证明虽然取证程序违反了法律规定但并未达到“严重影响司法公正”的程度，如果无法证明，则需要对“严重影响司法公正”的违法取证行为“予以补正或者作出合理解释”。

本书认为，依据《刑事诉讼法》第58条、第59条的规定，后一学者的观点是正确的，即非法物证、书证的证明程序与非法言词证据一致，均应由检察机关承担证明责任。主要理由有以下几点：一是立法对证据合法性的举证责任承担问题有明确规定，即人民检察院承担证据合法性的举证责任，故让被告方承担举证责任于法无据；二是法学界一般认为，被告方仅承担争点形成责任，公诉方则承担程序合法的举证责任，法官只在特殊情形下有一定的主动查证职责[③]；三是违反法定程序与“严重影响司法公正”是一个整体，是形式和后果的关系。一般来说，违反特定的法定程序就意味着严重影响司法公正，公诉机关就需要进行补正或者作出合理解释，所谓的补正或者合理解释，实际上就是要求公诉机关证明违反法定程序并没有严重影响案件的实体公正或者对程序公正造成损害。

（二）死刑案件的证明问题

随着一系列死刑冤错案件被披露，学者及部分实务工作者认为我国现行法律规定的死刑案件证明标准有问题，主要体现在两个方面：一是现行的死刑案件证明标准比较模糊，不易把握，建议采用英美法系的排除合理怀疑标准或者中国式的内心确信标准；二是现行的死刑案件证明标准较低是产生冤错案件的原因之一，建议提高死刑案件证明标准。[④] 最终，立法将排除合理怀疑作为证据确实、充分的要求之

---

① 陈瑞华．非法证据排除程序再讨论．法学研究，2014（2）：175－176.

② 高咏．非法证据排除的证明问题研究．北京：中国财政经济出版社，2014：141.

③ 林劲松．论刑事程序合法性的证明．中国刑事法杂志，2013（1）：64－65.

④ 刘梅湘．死刑案件证明标准检讨：以高攀死刑案为范例．人民检察，2006（7）：25－26；陈卫东，李训虎．分而治之：一种完善死刑案件证明标准的思路．人民检察，2007（8）：52.

一，但没有提高死刑案件的证明标准。

虽然相关规定没有提高死刑案件的证明标准，但两院三部《办理死刑案件证据规定》第36条第3款规定："不能排除被告人具有从轻、减轻处罚等量刑情节的，判处死刑应当特别慎重。"最高人民法院法官认为，对于从宽量刑情节，应当尽可能地去查明，在查明后综合衡量是否应对被告人判处死刑。如果确实无法查明，则应特别慎重地适用死刑。这是符合有利于被告人原则的，也对"慎用死刑，严格控制死刑"具有重大意义。[①] 这是否意味着对于死刑案件来说，罪轻量刑事实存在的可能性无法排除的，应当作出有利于被告人的认定呢？这种有利于被告人的认定，是否意味着对于辩方来说，对于罪轻量刑事实的证明只需要达到较低的证明标准即可？从相关案例来看，在一些案件中，当罪轻量刑事实存在的可能性无法排除时，最终作出了有利于被告人的认定。例如，李某某运输毒品案[②]，最高人民法院经复核认为，鉴于不能排除李某某系受他人雇佣、指使而运输毒品，对其依法可不判处死刑立即执行。又如，侯某某、匡某某、何某某抢劫案[③]，侯某某系本案犯意的提起者，与匡某某同为主犯，在一审被判处死刑立即执行的情况下，二审被改判死刑缓期执行，二审法院改判的理由之一是根据现有证据，不能完全排除其关于作案中，为阻止匡某某持剔骨刀捅被害人，其用右手阻拦而致其右手中指、无名指被划伤的辩解。再如，包某某贩卖毒品案[④]，包某某的死刑裁判未被最高人民法院核准，据最高人民法院法官介绍，之所以未核准，主要是本案不排除翟某某（购毒者）为了立功而要求购买毒品越多越好的可能性，包某某是在翟某某的要求下才贩卖了数量如此之大的毒品，本案不能排除存在"数量引诱"。上述案例是否意味着对于死刑案件罪轻量刑事实确立了较低的证明标准，在不能排除罪轻量刑事实存在的情况下，应当认定罪轻量刑事实存在？这一问题值得进一步研究。

三、案例应用

任某玲故意杀人案[⑤]

【案情】 陕西省西安市人民检察院以被告人任某玲犯故意杀人罪，向西安市中级人民法院提起公诉。西安市中级人民法院经审理认为，公诉机关指控被告人任某玲因感情纠葛而报复杀害计某某的事实不清，证据之间存在的疑点和矛盾无法排除，现有证据不能证明起诉书指控的犯罪事实，也不能完全排除他人作案的可能。被告

---

① 张军主编．刑事证据规则理解与适用．北京：法律出版社，2010：268.

② 李静然．李某都运输毒品案//熊选国．刑事审判参考：总第67集．北京：法律出版社，2009：37-42.

③ 高军．侯某辉、匡某荣、何某权抢劫案：在明知他人抢劫的情况下，于暴力行为结束后参与共同搜取被害人财物的行为如何定罪量刑//熊选国．刑事审判参考：总第62集．北京：法律出版社，2008：42-43.

④ 王亚凯．包某龙贩卖毒品案：在毒品犯罪案件中，如何区别侦查机关的"犯意引诱"和"数量引诱"？对不能排除"数量引诱"的毒品犯罪案件能否适用死刑立即执行//熊选国．刑事审判参考：总第75集．北京：法律出版社，2011：67-71.

⑤ 尤青，王勇．任某玲故意杀人案：如何把握"疑罪"的认定标准//南英．刑事审判参考：总第102集．北京：法律出版社，2016：21-31.

人任某玲的辩护人所提本案证据不足、公诉机关指控不能成立的辩护意见，予以采纳。具体如下：第一，公诉机关当庭出示的被害人弥某某陈述，证人华某某、计某宏、王某民等的证言以及手机通话记录等证据，仅能证明任某玲与华某某、弥某某三人存在感情纠葛，任某玲得知华某某因弥某某要与其分手而产生怨恨心理，具有作案动机；任某玲与弥某某在案发当日多次电话联系，并去过作案现场，具有作案时间。第二，被害人弥某某的睡衣及床单上的血迹中检出地西泮及阿普唑仑成分，但含有地西泮及阿普唑仑成分的镇静药物来源及残留物去向，缺乏相应的证据证实。任海玲归案后虽作过有罪供述，但从侦查阶段到审判阶段从未供述过使用镇静药物的情况。第三，任某玲供述中提到的咖啡奶茶杯、烟头、手机、钥匙、血衣等物证，均未提取到案，无法印证其供述的真实性。第四，现场提取的刀具未作指纹鉴定，且刀具上未检出死者计某某的血迹，不能确定该刀具是作案工具，也不能确定任海玲曾持有该刀具。第五，侦查机关对现场周围住户没有系统排查，不能确定被害人弥某某所住院子的大门在案发当晚是否关闭、是否反锁，无法排除案发当晚有其他人进入案发现场。第六，在案证据之间还存在以下矛盾：（1）证人文某某证实，其进入现场后，看见弥某某房中茶几上放着一把水果刀，其把水果刀拨到地上，但现场勘查笔录显示，在进房门左侧白色木柜上放着一把水果刀，刀上有血迹。（2）被害人弥某某称计某某睡前穿白色T恤、裤头，但现场勘查笔录和照片显示，计某某穿的是长裤。（3）任某玲归案后的多次供述存在矛盾。据此，西安市中级人民法院判决宣告被告人任某玲无罪。

一审宣判后，西安市人民检察院提出抗诉，陕西省人民检察院认为，西安市人民检察院抗诉理由成立。陕西省高级人民法院认为：公诉机关提供的证据能够证实被害人计某某遇害，被告人任某玲有作案动机，去过犯罪现场，具有作案时间。但公诉机关证明任某玲杀害计某某的证据不充分，主要依据的是任某玲的供述，而任某玲的供述前后不一，诸多内容不合情理，且未得到其他证据印证。由于案件证据之间存在的矛盾无法排除，依据现有证据不能得出任某玲杀害计某某的唯一结论。据此，陕西省高级人民法院依法裁定驳回抗诉，维持原判。

【问题】证据不足的存疑案件为何要宣告无罪？

【评析】刑事案件涉及被追诉人财产、自由甚至生命的剥夺问题，刑事案件定罪事实的认定意味着国家可以合法地剥夺被追诉人的财产、自由甚至生命。由于定罪结果的严重性，定罪事实的认定应当准确。从理想的状态来说，定罪事实的认定应当与客观发生的事实相一致。只有这样，通过刑事裁判惩罚犯罪才具有正当性。美国有学者认为："如果没有与真实相一致的司法事实认定，那么公民就会对司法程序的公正性和可靠的司法裁判以及有效的纠纷解决丧失信心，这一点不管是在民事案件还是在刑事案件中都无一例外。"① 然而，诉讼认识是一种历史认识，对于历史事

① ［美］罗伯特·萨摩尔，阿西尔·莫兹．事实真实、法律真实与历史真实：事实、法律和历史．徐卉，译//王敏远主编．公法：第4卷．北京：法律出版社，2003：132.

实的认识，只能通过证据进行判断，而无法还原。[①] 另外，受制于人类认识手段的局限性，乃至受对案件事实认识过程中干扰因素的影响以及诉讼资源的有限性等因素的影响，诉讼认识存在错误在所难免。在这种情况下，有必要通过证明标准的设定明确诉讼认识应该达到何种程度才能定案。在设定相应的证明标准时，需要注意两点：一是对证明标准的界定只能从主观上进行，即证明标准是内心确信程度的要求。当然，为了确保这种主观确信程度的客观性，需要通过诉讼程序对裁判者形成内心确信的过程进行有效的规制；二是证明标准的设定也是一种风险分配机制，由于定罪后果的严重性，为了尽可能避免冤枉无辜，需要对定罪事实设置最高的证明标准。根据风险分配的结果，通常情况下，错误的不利后果由控方承担。

对于未达到法定证明标准的案件该如何处理，大体上有三种方式：一是疑罪从有，但在量刑时可能从轻处罚；二是疑罪从挂，即将案件悬置，不给出裁判；三是疑罪从无，以证据不足为由宣告被告人无罪。第一种方式置法定证明标准于不顾，属于“非法”裁判。第二种方式属于拒绝裁判，在审前羁押普遍存在的情况下，对被告人不利。由于我国1979年《刑事诉讼法》对于证据不足的疑罪案件如何处理没有规定，在我国司法注重追求实体真实的背景下，曾经很长一段时间，司法机关往往选择通过这种方式处理证据不足的疑罪案件。第三种方式是现行法律明确规定的证据不足的疑罪的处理方式，即疑罪从无。这是1996年《刑事诉讼法》修改时新增的处理方式，立法之所以这样规定，主要考虑这些因素：在证据不足的情况下宣告无罪，虽然可能会放纵部分真正有罪的人，但也会避免无辜的人被宣告有罪，这是两种价值之间理性选择的结果。本案对被告人任海玲以证据不足为由宣告无罪，是在法律上正式宣告任海玲无罪，贯彻了疑罪从无原则。

李某杰、刘某贩卖毒品案[②]

【案情】江苏省无锡市南长区人民法院以贩卖毒品罪分别对李某杰和刘某判处有期徒刑。一审宣判后，被告人李某杰提出上诉。上诉理由是：李某杰在2013年2月25日被公安机关抓获后，当晚便在公安民警的控制下电话联系了原审被告人刘某，得知刘某在无锡市马山镇的红灯笼网吧上网，即将该线索告知民警。民警查询到该网吧地址后即前往红灯笼网吧将刘辉抓获。李某杰的行为应当构成立功。本案争议的焦点在于：上诉人李某杰是否提供了原审被告人刘某的藏匿地址，以及司法机关是否是根据李某杰提供的线索抓捕了刘辉。一种意见认为，李某杰并未提供刘辉的具体藏匿地址，司法机关抓捕刘某主要是通过相关的技术侦查手段。其理由是，司法机关出具的“案件的侦破、揭发经过”和“情况说明”充分证明了刘某的归案情况，且上述书证的证明力大于当事人供述的证明力，李某杰提出的构成立功的上诉理由不应予以采信。另一种意见认为，李某杰构成立功。其理由是，李某杰的上诉

① 吴宏耀．诉讼认识论纲：以司法裁判中的事实认定为中心．北京：北京大学出版社，2008：18－21.

② 韩锋，王星光．李某杰、刘某贩卖毒品案：立功等从轻处罚事实的认定是适用严格证明标准还是优势证明标准//南英．刑事审判参考：总第100集．北京：法律出版社，2015：97－102.

事实和证据得到刘某当庭供述的印证，而公安机关的材料前后不一，且尚有明显疑点无法排除，认定构成立功证据的证明力大于否定其的证明力。根据优势证据的证明标准，应当认定李梦杰构成立功。最终，人民法院同意后一种观点，认定李梦杰的行为构成立功。

【问题】如何理解从轻量刑事实的证明标准？

【评析】《刑事诉讼法》仅规定了定罪事实的证明责任和证明标准，《高法解释》则对定罪事实和从重处罚的量刑事实的证明标准予以明确，即均遵循“证据确实、充分”的证明标准。对于从轻量刑事实的证明标准，立法和司法解释均没有规定，但对《高法解释》的规定进行体系解释，能够得出从轻量刑事实的证明标准应该比定罪事实和从重量刑事实的证明标准低的结论，但具体如何低、应采用何种证明标准，仍不明确。对于该案为什么对从轻量刑事实适用优势证据标准，该案法官作了较为详细的解释：司法实践中，诸如立功等有利于被告人的量刑情节，通常由被告方提出。相应地，被告方通常会承担主要的证明责任。具体而言，被告方的这种证明责任需要达到优势证据的程度，并在达到这一程度之后，将证明责任再次转移给公诉方。公诉方此时要承担证明该项量刑情节不成立的责任，并需达到优势证据的程度。在被告方与公诉方的证明势均力敌的情况下，法庭通过对控辩双方量刑证据的权衡，最终裁断哪一方的证明达到了相对优势的程度。本案中，上诉人李某杰为证明其有协助公安机关抓捕同案犯的行为，向法庭提供了抓捕前其与同案犯的通话记录，据此证实其通过电话确定了同案犯的具体藏匿地址，并将该地址及时告知了公安机关。公诉方为了证明李某杰不构成立功，向法庭提交了由公安机关出具的“案件的侦破、揭发经过”和“情况说明”。该三份材料虽然均否认李梦杰有提供同案犯具体藏匿地址的行为，始终坚持同案犯的落网是公安机关运用技术侦查手段所致，但具体细节描述前后不一，特别是关于通过同案犯 QQ 锁定其藏匿地址的证明无法得到相关证据的证实。相反，同案犯刘辉的供述证实，其在与李某杰通话过程中曾将自己所处详细位置告知李某杰，后被公安机关抓获。法庭综合衡量后，认为李某杰的上诉理由能够得到同案犯供述的印证，相对于公安机关出具的“案件的侦破、揭发经过”和“情况说明”，可信度更大。本书认为，通过对《高法解释》相关规定的体系解释，结合诉讼法理，该案的这一做法是合适的，也与学界所倡导的对罪轻量刑事实适用优势证据标准的观点相一致。

杨某龙故意杀人案[①]

【案情】河北省保定市中级人民法院审理保定市人民检察院指控被告人杨某龙犯故意杀人罪一案，于 2010 年 8 月 30 日以故意杀人罪判处被告人杨某龙无期徒刑，剥夺政治权利终身。宣判后，附带民事诉讼原告人提出上诉。河北省高级人民法院

① 刘静坤，温小洁．杨某龙故意杀人案：被告方申请排除非法证据的情形，如何把握证据收集合法性的证明责任，以及二审法院如何贯彻疑罪从无原则//南英．刑事审判参考：总第 108 集．北京：法律出版社，2017：26－31.

于2010年12月15日裁定撤销原判，发回重审。保定市中级人民法院依法重新审理后，于2011年9月14日以故意杀人罪判处被告人杨某龙无期徒刑，剥夺政治权利终身。宣判后，附带民事诉讼原告人提出上诉。河北省高级人民法院于2012年3月29日再次裁定撤销原判，发回重审。保定市中级人民法院于2013年1月30日对该案依法重新审理。保定市人民检察院指控被告人杨某龙的行为构成故意杀人罪。被告人杨某龙当庭否认杀害被害人，辩称其有罪供述系侦查人员对其刑讯逼供所得。保定市中级人民法院经审理认定的事实与前两次审理认定的事实基本相同，具体如下：被告人杨某龙与被害人郭某某有不正当男女关系。2009年1月13日19时许，杨增龙因欲与前妻复婚，约郭某某到河北省定州市韩家庄村西砖窑西侧谈分手之事，二人因此发生争执，杨某龙将郭某某打晕，后用刀将郭某某头颅割下，埋到附近小麦田里。

保定市中级人民法院认为，被告人杨某龙故意非法剥夺郭某某生命，其行为已构成故意杀人罪。关于杨某龙提出的有罪供述系侦查人员对其刑讯逼供所得的辩解理由，经查，杨某龙在侦查阶段所作的有罪供述和其主动向公安机关提交的悔过书相同；杨某龙当庭承认作出有罪供述时对其讯问的两名侦查人员郝某某、陆某未对其刑讯逼供，并有庭审录像为证；杨某龙所称刑讯逼供的侦查人员均出庭作证，并称没有对其实施刑讯逼供；看守所体检记录记载杨某龙入所时体表无外伤；除杨某龙供述外，无其他证据证实侦查人员对其有刑讯逼供行为。综上，对该辩解理由不予采纳。保定市中级人民法院以故意杀人罪判处被告人杨某龙无期徒刑，剥夺政治权利终身。

一审宣判后，被告人杨某龙不服，提起上诉。河北省高级人民法院经审理认为，原判据以定案的证据主要是上诉人杨某龙的有罪供述，杨某龙写的悔过书虽明确承认实施了犯罪，但悔过书从证据分类来看也属于被告人供述的一种。杨某龙在侦查期间曾作过有罪供述，但对检察机关推翻有罪供述，称有罪供述系侦查人员刑讯逼供取得，现公安机关讯问录像和指认现场录像均存在瑕疵，讯问录像不是同步录制，指认现场录像中显示指认过程也不完整，未能体现杨某龙指示侦查人员寻找杀人现场和掩埋被害人头颅的地点，指认过程的客观性存疑。杨某龙的有罪供述没有其他客观物证印证，间接证据也未能形成完整的证明体系，在二审期间检察机关亦没有补充证明杨某龙犯罪的新证据。原判认定杨某龙于2009年1月13日杀害被害人郭某某的事实不清，证据不足，不能认定杨某龙有罪。最终，河北省高级人民法院判决撤销原判，宣告上诉人杨某龙无罪。

【问题】被告方申请排除非法证据的，如何把握证据收集合法性的证明责任？

【评析】依据法律规定，在法院启动证据合法性调查程序后，应当由检察机关举证证明证据收集的合法性。从本案的情况来看，一审法院在对证据收集的合法性启动了专门调查程序后，在某种程度上让被告方承担了证明侦查人员刑讯逼供的证明责任。一方面，一审法院指出，杨某龙在侦查阶段所作的有罪供述和其主动向公安机关提交的悔过书相同；杨某龙当庭承认作出有罪供述时对其讯问的两名侦查人员郝某某、陆某未对其刑讯逼供，并有录像为证。这实际上是通过杨某龙的有罪供述本身来证明取证合法性，但这些有罪供述恰恰是杨某龙申请排除的证据，并不能作为证明取证合法性的根据。另一方面，一审法院明确指出，除杨某龙供述外，无其他证据证实侦查人员对其有刑讯逼供行为。这不仅是要求被告人承担侦查人员刑讯逼供的证明责任，而且要求达到“证实”的程度。二审法院经过法庭调查，发现取证工作存在以下问题：一是有关被告人供述的录音录像不完整，二是相关指认录像不完整，三是被告人杨某龙的健康检查笔录与相关讯问录像（讯问录像显示杨某龙额头上有明显的伤痕）存在矛盾，四是取证工作存在其他违反法定程序的行为。二审法院的上述意见实际上表明本案取证的合法性存在疑问，但遗憾的是，二审法院并没有明确写明排除非法证据，最终是从供述及指认过程客观性存疑的角度决定不将有关证据作为定案的根据。本书认为，二审法院的这一做法具有一定的普遍性，即在辩方提出排除非法证据的申请时，往往从真实性存疑的角度排除证据，对证据合法性问题未作明确回应。[①] 对于被告方申请排除证据的，如果法庭对被告方提供的线索或者材料予以审查后，对证据的合法性存在合理怀疑，应当启动证据收集合法性的调查程序，此后，应该由检察机关承担证据收集合法性的证明责任。司法实践中，一些地方的法院在对证据收集合法性进行调查后，往往以辩方未能提供充分的证据证实刑讯逼供等非法取证行为的存在，事实上这就要求辩方承担刑讯逼供行为存在的证明责任。这种做法缺乏法律依据，也不符合基本的法理，是错误的。实际上与对侦查人员追究刑讯逼供罪的实体性制裁不同，非法证据排除规则是一种程序性制裁，对于非法取证行为的证明既不需要也难以达到“证据确实、充分”的程度，要求辩方“证实”刑讯逼供等非法取证行为的存在，既无必要，也是强人所难。

四、知识拓展

法官庭外调查核实证据

在我国刑事法庭上，很长一段时间，遵循的不是证明逻辑，而是查明逻辑。从1979年《刑事诉讼法》的相关规定来看，法官事实上主导了法庭调查，部分案件公诉人可以不出庭，举证活动主要由法官进行。1996年《刑事诉讼法》实行控辩式庭审方式改革后，虽然法官仍在相当程度上主导法庭调查，但举证活动主要由控辩双方进行。由于法官负有查明案件事实真相的职责，立法明确了法官庭外调查核实证据的权力，即“法庭审理过程中，合议庭对证据有疑问的，可以宣布休庭，对证据进行调查核实”。法官庭外调查核实证据时，可以进行勘验、检查、扣押、鉴定和查询、冻结。此后，《刑事诉讼法》经过2012年和2018年两次修改，仍保留了法官庭外调查核实证据的权力。

---

① 本案属于因不真实而排除证据合法性有争议的案件，实践中还有一种做法，即“真实故合法”，证据的真实性不存在问题，所以合法性也没有问题。这两种做法都颠倒了证据的真实性与合法性之间的关系，证据的合法性问题涉及证据的证据能力，即有无本案证据使用的资格问题，在某一证据的合法性没有问题而未被排除，该证据才具有证据能力。此时，才涉及对该证据真实性的审查。关于“真实故合法”的做法，参见易延友. 非法证据排除规则的中国范式. 北京：北京大学出版社，2022：198。

法官庭外调查核实证据对证明制度影响较大，法官庭外调查核实证据影响证明责任的分配和承担，法官庭外调查核实证据意味着控辩双方举证不力不一定要承担不利后果。法官庭外调查核实证据可能会影响法官的中立性，可能因接触到案外信息进而对法官心证产生不当影响；法官庭外调查核实证据可能会导致法官与被告人一方的对立，引发辩审冲突；法官庭外调查核实证据还可能会造成诉讼的拖延，造成被告人被长期羁押。因此，应当对法官庭外调查核实证据的权力进行适当限制，一般来说，对于控方举证不力的情况，应当通知控方补充证据，在控方拒绝补充证据的情况下，根据在案证据裁判[①]，对于可能存在的有利于辩方的证据，从天平倒向弱者的理念出发，应当进行庭外调查核实。

证明标准中的主观因素与客观因素

由于案件的客观事实是一种历史事实，且裁判者并非此客观事实的亲历者，故判断通过证据证明的案件事实与案件的客观事实是否符合的标准只能是裁判者以证据材料为基础、以经验法则和逻辑法则为方法所产生的内心信念，就刑事案件定罪而言，这种内心信念需要达到内心确信或者排除合理怀疑的程度。因此，证明标准本质上是事实认定者内心对诉讼认识真实性的某种程度的信念[②]，或者是内心确信的程度，这种信念或者程度有强弱高低之别。

既然证明标准本质上是内心确信的程度，而这种内心确信本质上是事实认定者的主观心理状态，具有很强的主观性，那么，如何保证事实认定者不滥用这种主观标准进而任意出入人罪呢？事实上，现代各国的刑事诉讼法有一系列方法和程序能够确保证明标准尽可能客观。从方法上来说，事实认定者通过证据认定案件事实时，需要遵循经验法则和逻辑法则。这种经验不是个体经验，而是某种程度上被群体接受的经验，通过经验法则和逻辑法则的运用，能够确保事实认定者的主观心证具有客观性。从程序上来说，合议庭评议机制、救济程序对案件事实和证据的反复审查，均能确保事实认定者的主观心证在不同的主体间进行反复的验证，进而能够使证明标准具有一定的客观性。

五、文献荐读

1. 吴宏耀. 诉讼认识论纲：以司法裁判中的事实认定为中心. 北京：北京大学出版社，2008.

2. 孙长永，黄维智，赖早兴. 刑事证明责任制度研究. 北京：中国法制出版社，2009.

---

① 《高法解释》第274条第3款规定：补充侦查期限届满后，人民检察院未将补充的证据材料移送人民法院的，人民法院可以根据在案证据作出判决、裁定。有学者认为，这一规定和《高法解释》第73条、第122条的规定一起，确立了“证据未移送根据在案证据认定事实”的规则。龙宗智．立法原意何处寻：评2021年最高人民法院适用刑事诉讼法司法解释. 中国法学，2021（4）：261－264.

② 吕卫华．诉讼认识、证明与真实：以刑事诉讼为主要研究对象. 北京：中国人民公安大学出版社，2008：186.

3. 罗海敏. 刑事诉讼严格证明探究. 北京：北京大学出版社，2010.
4. 高咏. 非法证据排除程序研究. 北京：中国法制出版社，2014.
5. 张吉喜. 量刑证据与证明问题研究. 北京：中国人民公安大学出版社，2015.
6. 陈瑞华. 刑事证据法. 4 版. 北京：北京大学出版社，2021.

第九章　附带民事诉讼

一、原理精析

（一）附带民事诉讼概述

附带民事诉讼是指公安司法机关在刑事诉讼过程中，在解决被追诉人刑事责任的同时，附带解决被害人提起的因被告人犯罪行为而遭受的物质损失赔偿问题，或人民检察院提起的国家财产、集体财产遭受损失的赔偿问题所进行的诉讼活动。

《刑事诉讼法》第 101 条规定：“被害人由于被告人的犯罪行为而遭受物质损失的，在刑事诉讼过程中，有权提起附带民事诉讼。被害人死亡或者丧失行为能力的，被害人的法定代理人、近亲属有权提起附带民事诉讼。如果是国家财产、集体财产遭受损失的，人民检察院在提起公诉的时候，可以提起附带民事诉讼。”

最高人民法院、最高人民检察院《关于检察公益诉讼案件适用法律若干问题的解释》第 20 条规定：“人民检察院对破坏生态环境和资源保护，食品药品安全领域侵害众多消费者合法权益，侵害英雄烈士等的姓名、肖像、名誉、荣誉等损害社会公共利益的犯罪行为提起刑事公诉时，可以向人民法院一并提起附带民事公益诉讼，由人民法院同一审判组织审理。人民检察院提起的刑事附带民事公益诉讼案件由审理刑事案件的人民法院管辖。”“附带民事公益诉讼”亦属于附带民事诉讼的一种特殊类型，只不过因为刑事案件涉及破坏生态环境和资源保护、食品药品安全领域侵害众多消费者合法权益等损害社会公共利益的犯罪行为，而由人民检察院在提起公诉时一并提出民事公益诉讼。

由上述规定可知，附带民事诉讼的性质是民事诉讼，但同时又是一种特殊的民事诉讼，其存在以刑事诉讼的成立为前提。因被追诉人的犯罪行为被害人遭受了物质损失，故该犯罪行为导致了两种不同性质的法律责任，也就出现了两种不同性质的诉讼。这种同源却不同质的诉讼在同一诉讼程序中解决，即在刑事诉讼中解决与被告人刑事责任有关的民事责任问题，就构成了刑事附带民事诉讼。因此，在刑事诉讼中处理附带民事诉讼的问题，除适用《刑法》《刑事诉讼法》以外，还应当适用民事法律的有关规定。

在域外，对于由犯罪行为造成的民事损害赔偿问题，有的国家采取附带民事诉讼模式，有的国家实行彻底的刑民分立的诉讼模式。1808年《法国刑事诉讼法》在世界上第一次以法典的形式规定了刑事附带民事诉讼，该法还专门单列一编“因犯罪行为而遭受经济损失的被害人请求赔偿”，“请求定罪科刑的刑事诉讼权，专由依据法律授予这种职权的官吏行使。请求赔偿因重罪或轻罪或违警罪所生损害的民事私诉权，凡属被害人，均得行使”，“民事诉讼与刑事诉讼可以同时提起，也可以分别提起，不以刑事诉讼的提起为前提”。而美国则采取纯粹的民事诉讼方式来解决因犯罪行为造成损害的问题，即被害人一般只能在刑事诉讼终结后通过另行提起民事诉讼来主张权利，获得赔偿，即民事诉讼与刑事诉讼是一种完全平行的关系，由同一事实引起的刑事诉讼与民事诉讼是相互独立的两个诉讼，而且在刑事判决中已经得到确定的内容并不会对民事诉讼产生预决的效力。

一般而言，我国适用附带民事诉讼模式来解决因犯罪行为造成的民事损害赔偿问题，但也允许在刑事判决、裁定生效后另行提起民事诉讼。作为我国刑事诉讼中的一项较为重要的诉讼制度，附带民事诉讼的意义主要体现在以下几个方面：一是有利于维护被害方的合法权益。刑事犯罪往往会给被害人造成经济损失，甚至会造成严重的经济损失，设立附带民事诉讼制度，可以使被害人通过附带民事诉讼程序，得到物质损害赔偿。如果被害人死亡或者丧失行为能力，被害人的法定代理人、近亲属也有权提起附带民事诉讼。如果国家、集体财产因犯罪行为遭受损失，人民检察院可以在提起公诉的时候，提起附带民事诉讼。此外，被害人虽然对刑事判决没有独立的上诉权，但其可以通过民事部分的上诉，直接将案件“带入”第二审程序，获得二审法院的依法全面审理。二是有助于打击犯罪，惩罚犯罪分子。犯罪活动往往不仅对刑法所保护的社会关系造成破坏，给社会主义法制、社会秩序、国家安全和公民人身安全造成危害，而且会造成国家、集体或公民个人财产的损失。附带民事诉讼制度的设立，意味着给他人造成物质损害的犯罪分子不仅要承担刑事责任，而且要承担民事赔偿责任。这对于打击犯罪，惩罚、教育和改造犯罪分子具有重要意义。三是保证人民法院审判工作的统一性和严肃性，便于人民法院全面、正确处理案件。《高法解释》第196条规定：“附带民事诉讼应当同刑事案件一并审判，只有为了防止刑事案件审判的过分迟延，才可以在刑事案件审判后，由同一审判组织继续审理附带民事诉讼；同一审判组织的成员确实不能继续参与审判的，可以更换。”这有利于保证人民法院对案件事实认定的统一性，避免因不同审判组织分别进行审判可能对同一违法犯罪行为或同一案件事实得出不同的结论，维护法院审判工作的严肃性。同时，人民法院适用附带民事诉讼制度来解决犯罪行为引起的民事赔偿问题时，其既要查明被告人的犯罪行为所造成的物质损失情况，确定被告人应当如何承担其损害赔偿的民事责任，也要了解被告人对赔偿的态度和赔偿能力。这对于正确认定案件事实，判断被告人认罪态度和悔罪表现，正确定罪量刑，具有重要的参考价值。四是有助于提高诉讼效率和效益。附带民事诉讼在刑事诉讼过程中一并解决，极大地避免了司法机关的重复工作，节省了司法资源，另外，也可以减轻当事人的讼累。例如，附带民事诉讼不收取诉讼费，这在一定程度上减轻了原告人的经济负担；同时附带民事诉讼在刑事诉讼过程中一并解决，能在一定程度上避免诉讼拖延，也能减轻被告人的讼累。

（二）附带民事诉讼的当事人

附带民事诉讼的当事人，包括附带民事诉讼原告人和附带民事诉讼被告人，我国现行《刑事诉讼法》及相关司法解释对有权提起附带民事诉讼的主体及负有赔偿责任的主体均作出了规定。

1. 附带民事诉讼原告人

附带民事诉讼原告人是指在刑事诉讼中以自己的名义向公安机关、人民检察院、人民法院提出附带民事赔偿请求的人。依据《刑事诉讼法》第 101 条和有关司法解释的规定，可以作为附带民事诉讼原告人的主要如下。

（1）因犯罪行为而遭受物质损失的被害人，包括因被告人犯罪行为而遭受物质损失的一切公民、法人和非法人组织。任何公民或法人由于被告人的犯罪行为而遭受物质损失的，在刑事诉讼过程中，有权提起附带民事诉讼，要求得到经济赔偿，这是附带民事诉讼中最为常见的原告人。

如果被害人是未成年人或限制行为能力人，其法定代理人可以代为提出附带民事诉讼。依据《刑事诉讼法》第 108 条的相关规定，“法定代理人”是指被代理人的父母、养父母、监护人和负有保护责任的机关、团体的代表。

（2）已死亡或者丧失行为能力的被害人的法定代理人、近亲属。

《刑事诉讼法》第 101 条第 1 款第二句规定：“被害人死亡或者丧失行为能力的，被害人的法定代理人、近亲属有权提起附带民事诉讼。”据此，无论是被害人死亡的，还是被害人丧失行为能力的，其法定代理人、近亲属都有权以自己的名义提起附带民事诉讼，从而成为附带民事诉讼原告人。被害人的法定代理人负有保护被害人的责任及代为行使其权利的权利，被害人的近亲属与被害人之间存在婚姻关系或者血缘关系，且通常是被害人的法定继承人，依法享有继承被害人财产的权利，被告人的犯罪行为对已死亡的被害人造成物质损失的，实际上也给被害人的近亲属造成经济损失，所以，在被害人已经死亡的情况下，其近亲属有权向人民法院提起附带民事诉讼。

（3）人民检察院。

如果是国家财产、集体财产遭受损失，受损失的单位未提起附带民事诉讼的，人民检察院在提起公诉时可以提起附带民事诉讼。人民检察院提起附带民事诉讼只限于国家、集体财产因犯罪行为遭受损失的案件，不能代遭受物质损失的公民个人提起附带民事诉讼，只有在受害法人或者非法人组织没有起诉的情况下，人民检察院才能提起附带民事诉讼。

另外，最高人民法院、最高人民检察院《关于检察公益诉讼案件适用法律若干问题的解释》第 20 条规定：“人民检察院对破坏生态环境和资源保护，食品药品安全领域侵害众多消费者合法权益，侵害英雄烈士等的姓名、肖像、名誉、荣誉等损害社会公共利益的犯罪行为提起刑事公诉时，可以向人民法院一并提起附带民事公益诉讼，由人民法院同一审判组织审理。”

人民检察院提起附带民事诉讼时，其身份列为附带民事诉讼原告人，其提起附带民事公益诉讼时的身份则是公益诉讼起诉人。

（4）保险人。

保险人有时也可以成为附带民事诉讼原告人。如果被害人与保险公司签订了保险合同，当投保人因犯罪行为遭受财产损失时，保险公司在向遭受犯罪行为侵害的公民或法人预先支付赔偿金之后，可以作为附带民事诉讼原告人提起附带民事诉讼。

2. 附带民事诉讼被告人

附带民事诉讼被告人，是指对被害人因犯罪行为造成的物质损失而负有赔偿责任的人。在通常情况下，附带民事诉讼的被告人就是刑事被告人本人，但也可以是其他应当依法承担赔偿责任的人员或单位。

依据《高法解释》第180条的规定，附带民事诉讼中依法负有赔偿责任的人主要包括：

（1）刑事被告人及没有被追究刑事责任的其他共同侵害人。附带民事诉讼的被告人通常是刑事诉讼中的被告人，即涉嫌实施了犯罪行为、被检察机关提起公诉或者被害人提起自诉、依法被追究刑事责任的人。这里的被告人不仅包括自然人，还包括企事业单位、机关、团体等法人和其他组织。此外，除那些接受刑事审判被追究刑事责任的刑事被告人以外，那些没有被追究刑事责任的其他共同致害人也可以成为附带民事诉讼的被告人。这是因为，在共同犯罪活动中，有的被告人被起诉到法院追究刑事责任，而有的共同致害人由于情节显著轻微、危害不大，不认为是犯罪，而由公安机关作出行政处罚，或者检察机关作出不起诉决定。例如，与被告人共同实施致使被害人遭受物质损失的行为，但因未达到刑事责任年龄、不具有刑事责任能力而依法不负刑事责任，或者因犯罪情节显著轻微依法未被追究刑事责任的人。虽然这部分人没有被追究刑事责任，但因为他们共同造成被害人物质损失的行为是一个共同加害的侵权行为，这种民事责任不能因为无须承担刑事责任而免除，所以没有被追究刑事责任的共同致害人仍然可以作为附带民事诉讼的被告人被起诉。共同犯罪案件，同案犯在逃的，不应列为附带民事诉讼被告人。逃跑的同案犯到案后，被害人或者其法定代理人、近亲属可以对其提起附带民事诉讼，但已经从其他共同犯罪人处获得足额赔偿的除外。

被害人或者其法定代理人、近亲属仅对部分共同侵害人提起附带民事诉讼的，人民法院应当告知其可以对其他共同侵害人，包括没有被追究刑事责任的共同侵害人一并提起附带民事诉讼，但共同犯罪案件中同案犯在逃的除外。被害人或者其法定代理人、近亲属放弃对其他共同侵害人的诉讼权利的，人民法院应当告知其相应的法律后果，并在裁判文书中说明放弃诉讼请求的情况。

（2）刑事被告人的监护人。在未成年人、尚未完全丧失辨认或者控制自己行为能力的精神病人等限制行为能力人因为实施犯罪行为而需要承担刑事责任的情况下，刑事被告人为未成年人等限制行为能力人本人，但附带民事诉讼的被告人并不限于刑事被告人本人，而应当包括刑事被告人的监护人。这是因为监护人与被监护人之间有法定的监护关系，监护人依法承担监护职责，因其未尽到监护职责，被监护人实施了犯罪行为给被害人造成物质损失时，其监护人应当作为附带民事诉讼的被告人承担连带赔偿责任。

（3）已被执行死刑的罪犯的遗产继承人。刑事被告人被判处死刑并且已经执行的情形下，附带民事诉讼的被告人应当是已经被执行死刑的罪犯的遗产继承人。虽然遗产继承人本身并没有实施犯罪行为，也没有获取非法利益，但一旦继承了被告人的遗产，其就必须承担被告人应当承担的民事赔偿义务。即在这种情况下对被害人的经济赔偿应视为已经死亡的刑事被告人生前所负的债务，属于遗产的清偿范围，死亡罪犯的遗产继承人应当在所继承的遗产范围内承担赔偿责任。

（4）共同犯罪案件中，案件审结前死亡的被告人的遗产继承人。共同犯罪案件中，如果在案件审结以前被告人死亡，已经死亡的被告人的遗产继承人也是附带民事诉讼的被告人。依据《刑事诉讼法》第 16 条的规定，犯罪嫌疑人、被告人死亡的，不追究刑事责任，已经追究的，应当撤销案件，或者不起诉，或者终止审理，或者宣告无罪。但是已经死亡的被告人的犯罪行为给被害人造成了物质损失，仍然需要赔偿。刑事被告人本人虽然死亡无法承担赔偿责任，但他对被害人的赔偿责任应认定为生前债务，对此，共同犯罪人在民事上所应当承担的连带义务使得死亡被告人无法“逃脱”，而其遗产继承人必须待被继承人的生前债务清偿后才能获取遗产利益，故其遗产继承人应当承担赔偿责任，因而是附带民事诉讼的被告人，其赔偿的数额也是以继承遗产的实际数额为限。

（5）对被害人的物质损失依法应当承担赔偿责任的其他单位和个人。这里的“单位”既包括国家机关、社会团体、企事业单位等法人组织，也包括非法人组织。它们成为附带民事诉讼被告人是因为刑事被告人违法执行公务、职务或业务活动而构成犯罪，并且给被害人造成了物质损害。但对于哪些性质的单位必须对工作人员业务活动中的犯罪行为负赔偿责任，存在不同的见解。有学者认为，应当将其限定为国家机关和医疗机构以及车辆所有人或雇主，其他企事业单位对员工的业务活动和职务活动不承担赔偿责任。也有学者认为，企事业单位的工作人员在执行职务中犯罪因而造成物质损害的，有关单位可以成为附带民事诉讼的被告人。

此外，附带民事诉讼被告人的亲友自愿代为赔偿的，应当准许。值得注意的是，即使被告人的亲友愿意承担民事赔偿责任，也不应将其列为附带民事诉讼的被告人，因为他们既非刑事被告人，也不是承担民事责任的主体，这属于民法上民事义务之转移，这种义务转移必须以人民法院确认义务存在为前提，在审判结束前，不宜将为成年被告人自愿承担责任的亲友列为附带民事诉讼的被告人。

（三）附带民事诉讼的提起

提起附带民事诉讼，要遵守《民事诉讼法》和《刑事诉讼法》关于起诉条件、期间和方式的各项规定。

1. 提起附带民事诉讼的条件

《高法解释》第 182 条规定："附带民事诉讼的起诉条件是：（一）起诉人符合法定条件；（二）有明确的被告人；（三）有请求赔偿的具体要求和事实、理由；（四）属于人民法院受理附带民事诉讼的范围。"也即提起附带民事诉讼必须满足四个条件。

第一，提起附带民事诉讼的原告人、法定代理人必须符合法定条件。提起附带民事诉讼的原告人必须是因为犯罪行为而遭受物质损失的被害人，已经死亡或无行为能力被害人的法定代理人、近亲属，符合规定的保险人，提起公诉的人民检察院。主体只有具有附带民事诉讼原告人的资格，才能提起附带民事诉讼。其中，人民检察院提起附带民事诉讼，以被害单位财物被毁坏且没有提起附带民事诉讼为前提。

第二，有明确的被告人。提起附带民事诉讼必须有明确的被告人，即向法院起诉时必须明确指出侵犯自己合法利益或依法负有赔偿责任的对方当事人。只有明确对方当事人，诉讼才能得以进行。

第三，有请求赔偿的具体要求和事实、理由。提起附带民事诉讼，还必须有具体的诉讼请求，即提出应当赔偿的具体数额，同时，对加害事实造成的物质损失要有事实根据，不得虚构和任意定义受害范围，并应承担举证责任，提供相应的证据。关于赔偿范围问题，法律和司法解释已经明确规定应当为物质损失，但是具体包含的内容仍应确定，才利于执行。《刑事诉讼法》第 103 条规定："人民法院审理附带民事诉讼案件，可以进行调解，或者根据物质损失情况作出判决、裁定。"《高法解释》第 192 条规定，对附带民事诉讼作出判决，应当根据犯罪行为造成的物质损失，结合案件具体情况，确定被告人应当赔偿的数额。犯罪行为造成被害人人身损害的，应当赔偿医疗费、护理费、交通费等为治疗和康复支付的合理费用，以及因误工减少的收入。造成被害人残疾的，还应当赔偿残疾生活辅助器具费等费用；造成被害人死亡的，还应当赔偿丧葬费等费用。驾驶机动车致人伤亡或者造成公私财产重大损失，构成犯罪的，依照《中华人民共和国道路交通安全法》第 76 条的规定确定赔偿责任。据此，附带民事诉讼原告人在起诉时应当按照法律规定的范围要求赔偿，附带民事诉讼被告人也可以据此理解自己应当承担的民事责任范围，如果彼此自愿达成调解、和解协议，则可以不受法律规定的具体范围和数额的限制。法院在审理中，确定被告人的刑事责任时，应当考虑双方当事人达成协议的情况。

第四，属于人民法院受理附带民事诉讼的范围。提起附带民事诉讼的案件必须属于人民法院受理附带民事诉讼案件的范围。依据《高法解释》第 175 条至第 177 条的规定，被害人因人身权利受到犯罪侵犯或者财物被犯罪分子毁坏而遭受物质损失的，有权在刑事诉讼过程中提起附带民事诉讼；但因受到犯罪侵犯，提起附带民事诉讼或者单独提起民事诉讼要求赔偿精神损失的，人民法院一般不予受理。被告人非法占有、处置被害人财产的，应当依法予以追缴或者责令退赔；被害人因此提起附带民事诉讼的，人民法院不予受理。追缴、退赔的情况，可以作为量刑情节考虑。国家机关工作人员在行使职权时，侵犯他人人身、财产权利构成犯罪，被害人或者其法定代理人、近亲属提起附带民事诉讼的，人民法院不予受理，但应当告知其可以依法申请国家赔偿。

另外，被害人遭受的物质损失还须由被告人的犯罪行为直接造成，即被告人的犯罪行为与被害人所遭受的物质损失之间必须存在因果关系，存在内在的联系。至于在犯罪过程中由被害人自己的过错造成的损失，则不应由被告人承担。此外，因民事上的债权债务关系纠纷而引起的刑事犯罪，既不能在刑事诉讼过程中解决“债”的问题，也不能将“债”作为提起附带民事诉讼的理由和请求事项。

2. 提起附带民事诉讼的期间

依据《刑事诉讼法》第101条的规定，提起附带民事诉讼的期间是“在刑事诉讼过程中”。在公诉案件中，附带民事诉讼一般应在刑事案件立案以后，到第一审法院宣告判决前提起。因为在刑事立案前，刑事案件是否成立还不能确定，附带民事诉讼的条件尚不存在；在一审法院宣告判决后提起，则失去了附带民事诉讼的意义，也达不到提高诉讼效率和效益的目的。在公诉案件的侦查阶段和审查起诉阶段，有权提起附带民事诉讼的人向公安机关、人民检察院提出赔偿要求的，公安机关、人民检察院应当接受，并在移送起诉时予以注明，人民法院应当按照提起附带民事诉讼对待。被害人等的赔偿要求，经公安机关或人民检察院调解，双方当事人已经达成协议并全部履行的，如果被害人或者其法定代理人、近亲属又坚持向人民法院提起附带民事诉讼，人民法院不予受理，但有证据证明调解违反自愿、合法原则的除外。自诉案件中的自诉人则可以在提起自诉后直接向人民法院提起附带民事诉讼。

《高法解释》第198条规定：“第一审期间未提起附带民事诉讼，在第二审期间提起的，第二审人民法院可以依法进行调解；调解不成的，告知当事人可以在刑事判决、裁定生效后另行提起民事诉讼”。据此，因犯罪行为受到物质损失的被害人如要提起单独的民事诉讼，必须在判决生效后提起，判决生效前甚至审查起诉阶段、侦查阶段均不能提起单独的民事诉讼。

3. 提起附带民事诉讼的方式

人民检察院或者法人等单位提起附带民事诉讼的，应当以书面形式提出。公民个人起诉一般也应当提交附带民事诉状，书写诉状确有困难的，可以口头起诉。但是，无论是书面还是口头起诉，都应当说明被害人和被告人的姓名、年龄、住址、起诉理由以及因犯罪而遭受的物质损失的程度和具体诉讼请求等基本内容。对口头提出的附带民事诉讼，公安司法机关应当将其内容详细记录下来，并应把笔录交提出人审阅，由其确认无误后签名或盖章。

（四）附带民事诉讼的审判

1. 附带民事诉讼的审查和受理

《高法解释》第186条规定：“被害人或者其法定代理人、近亲属提起附带民事诉讼的，人民法院应当在七日以内决定是否受理。符合刑事诉讼法第一百零一条以及本解释有关规定的，应当受理；不符合的，裁定不予受理。”

人民法院受理附带民事诉讼后，应当在5日内向附带民事诉讼的被告人送达附带民事起诉状副本，或者将口头起诉的内容及时通知附带民事诉讼被告人，并制作笔录。被告人是未成年人的，应当将附带民事起诉状副本送达其法定代理人，或者将口头起诉的内容通知其法定代理人。人民法院送达附带民事起诉状副本时，应当根据刑事案件的审理期限，确定被告人或者其法定代理人提交民事答辩状的时间。附带民事诉讼案件的当事人对自己提出的主张，有责任提供证据。

2. 附带民事诉讼审判的原则

附带民事诉讼审判的原则主要有两个，即一并审判原则与调解原则。

《刑事诉讼法》第 104 条规定："附带民事诉讼应当同刑事案件一并审判，只有为了防止刑事案件审判的过分迟延，才可以在刑事案件审判后，由同一审判组织继续审理附带民事诉讼。"据此，一般情况下，附带民事诉讼应当同刑事诉讼一并审理并作出判决。这有利于全面查清案件事实，同时也节省人力、物力和时间。但由于刑事案件的审判是有时间限制的，如果具体案件的诉讼程序进行中附带民事部分同刑事部分一并审判，会影响刑事部分在法定时间内审结时，也可以先审判刑事部分，然后再由同一审判组织审判附带民事部分。如对于被害人遭受的物质损失或被告人的赔偿能力一时难以确定，以及附带民事诉讼当事人因故不能到庭等情况，为了防止刑事案件的过分延迟，附带民事诉讼可以在刑事案件审判后，由同一审判组织继续审理。同一审判组织的成员确实不能继续参与审判的，可以更换。附带民事诉讼部分的延期审理，一般不影响刑事判决的生效。

《刑事诉讼法》第 103 条规定："人民法院审理附带民事诉讼案件，可以进行调解，或者根据物质损失情况作出判决、裁定。"《高法解释》第 190 条第 1 款规定："人民法院审理附带民事诉讼案件，可以根据自愿、合法的原则进行调解。经调解达成协议的，应当制作调解书。调解书经双方当事人签收后即具有法律效力。"这里的"调解"，既包括一审期间的调解，也包括二审期间的调解；既包括对公诉案件附带民事诉讼的调解，也包括对自诉案件附带民事诉讼的调解。附带民事诉讼的调解是一种诉讼中的调解，不是民间调解，故人民法院在调解活动中必须遵守《民事诉讼法》的有关规定。人民法院对附带民事诉讼的调解，必须以自愿、合法为前提，在查清案件事实、分清是非曲直的基础上进行。经调解达成协议的，审判人员应当及时制作调解书。调解书经双方当事人签收后即发生法律效力。如果调解达成协议并当庭执行完毕，可以不制作调解书，但应当制作笔录。笔录经双方当事人、审判人员、书记员签名或盖章即发生法律效力。附带民事诉讼的调解工作有效展开能在一定程度上避免空判，切实保护被害方的合法权益，有效化解社会矛盾，实现案结事了。

3. 附带民事诉讼的审判

依据《刑事诉讼法》第 103 条和第 104 条的规定，附带民事诉讼部分的审理与刑事诉讼的审判进程具有不可分割的紧密关系。在附带民事诉讼案件的审理中，人民法院首先在法庭调查、法庭辩论的基础上确认刑事被告人的犯罪情节，然后才有可能对该犯罪行为所造成的物质损失范围作出认定，进而确定赔偿范围和形式，包括赔偿人的范围。为此，基于附带民事诉讼的这种"附带"性质，它理应同刑事案件一并审判。相应的，虽然此时的民事诉讼是为刑事诉讼所“附带”，但由于其“民事诉讼”性质，因此附带民事诉讼就不可避免地具有与刑事诉讼不同的性质，例如：物质损失的程度、大小和范围，被告人的赔偿能力，赔偿的承担人范围等，对这些情形的认定往往存在一定的困难，有些甚至在诉讼过程中仍处于变化状态，需要进行周密的调查、甄别和科学的鉴定。总之，附带民事诉讼的提起、受理和审理都应当考虑被告人的实际赔偿能力，以利于诉讼的进行，最终实现附带民事诉讼的目的。

刑事案件审判程序中由于较多地牵涉被告人的人身权利问题，不允许久拖不决，不能超越各程序阶段法定的期限，所以，审判附带民事诉讼案件在程序上除必须遵守与一般刑事案件共同的法律规定以外，还应当遵守其他的一些专门规定。依据最高人民法院的有关司法解释，这些具体程序和做法主要包括以下方面。

（1）人民法院审判附带民事诉讼案件，除《刑法》《刑事诉讼法》以及刑事司法解释已有规定的以外，适用民事法律的有关规定。

《刑事诉讼法》第 102 条规定：“人民法院在必要的时候，可以采取保全措施，查封、扣押或者冻结被告人的财产。附带民事诉讼原告人或者人民检察院可以申请人民法院采取保全措施。人民法院采取保全措施，适用民事诉讼法的有关规定。”即人民法院对于可能因被告人的行为或其他原因，附带民事判决难以执行的案件，根据附带民事诉讼原告人的申请，可裁定采取保全措施，如查封、扣押、冻结被告人的财产；附带民事诉讼原告人未提出申请的，人民法院也可以在必要时主动采取保全措施。另外，有权提起附带民事诉讼的人因情况紧急，不立即申请保全将会使其合法权益受到难以弥补的损害的，可以在提起附带民事诉讼前，向被保全财产所在地、被申请人居住地或者对案件有管辖权的人民法院申请采取保全措施。申请人在人民法院受理刑事案件后 15 日以内未提起附带民事诉讼的，人民法院应当解除保全措施。

附带民事诉讼的原告人经传唤，无正当理由拒不到庭，或者未经法庭许可中途退庭的，应当按撤诉处理。刑事被告人以外的附带民事诉讼被告人经传唤，无正当理由拒不到庭，或者未经法庭许可中途退庭的，附带民事诉讼可以缺席判决。

（2）对附带民事诉讼作出判决，应当根据犯罪行为造成的物质损失，结合案件具体情况，确定被告人应当赔偿的数额。

人民检察院提起附带民事诉讼的，人民法院经审理认为附带民事诉讼被告人依法应当承担赔偿责任的，应当判令附带民事诉讼被告人直接向遭受损失的单位作出赔偿；遭受损失的单位已经终止，有权利义务继受人的，应当判令其向继受人作出赔偿；没有权利义务继受人的，应当判令其向人民检察院交付赔偿款，由人民检察院上缴国库。

审理附带民事诉讼案件，人民法院应当结合被告人赔偿被害人物质损失的情况认定其悔罪表现，并在量刑时予以考虑。人民法院认定公诉案件被告人的行为不构成犯罪，对已经提起的附带民事诉讼，经调解不能达成协议的，可以一并作出刑事附带民事判决，也可以告知附带民事诉讼原告人另行提起民事诉讼。人民法院准许人民检察院撤回起诉的公诉案件，对已经提起的附带民事诉讼，可以进行调解；不宜调解或者经调解不能达成协议的，应当裁定驳回起诉，并告知附带民事诉讼原告人可以另行提起民事诉讼。

第二审程序中，刑事附带民事诉讼案件只有附带民事诉讼当事人及其法定代理人上诉的，第一审刑事部分的判决在上诉期满后即发生法律效力。第二审人民法院应当对全案进行审查。经审查，第一审判决的刑事部分并无不当的，第二审人民法院只需就附带民事部分作出处理；第一审判决的附带民事部分事实清楚、适用法律正确的，应当以刑事附带民事裁定维持原判，驳回上诉。应当送监执行的第一审被告人是第二审附带民事诉讼被告人的，在第二审附带民事诉讼案件审结前，可以暂缓送监执行。

人民法院审理刑事附带民事诉讼案件，不收取诉讼费。

二、实践动态

（一）附带民事诉讼的赔偿范围

我国传统刑事司法将精神损害排除在附带民事诉讼赔偿范围以外，对此存在理论和实践的争议。在 2021 年《高法解释》出台之前，附带民事诉讼制度在实践中面临的争议之一就是在普通刑事案件中不支持附带民事诉讼原告人的精神损害赔偿请求。当然，在一些特殊的刑事案件中，是允许提起精神损害赔偿请求的。如 2013 年《高法解释》第 140 条规定，国家工作人员犯罪的，被害人可以主张精神损害赔偿，被害人可以申请国家赔偿。《国家赔偿法》第 35 条也规定，有本法第 3 条或者第 17 条规定情形之一，致人精神损害的，应当在侵权行为影响的范围内，为受害人消除影响，恢复名誉，赔礼道歉；造成严重后果的，应当支付相应的精神损害抚慰金。另外，2013 年《高法解释》第 155 条规定，机动车肇事构成犯罪的，其民事赔偿不受“物质损失”的限制。简言之，国家工作人员犯罪以及交通肇事类案件被害人都有权提起精神损害赔偿。这一例外规定的背后原因在于国家赔偿案件以国家信用为执行保障，机动车肇事案件一般都有交通强制保险作为赔付基础，都不存在不能执行的问题。在刑事案件中，对受到犯罪行为侵害的被害人给予赔偿是公平正义原则的要求，传统“打了不罚，罚了不打”的错误观点以及被告人赔付能力的限制导致精神损害赔偿请求在附带民事诉讼中被原则禁止，不当限制了被害人的民事赔偿权。在我国日益重视国民人格权和民事主体精神利益，并在民事法律中明确规定了精神损害赔偿请求权的情况下，刑事附带民事诉讼不赔偿精神损失的做法受到越来越多的质疑。

2021 年《高法解释》修改了 2013 年《高法解释》第 138 条中关于人民法院对于提起附带民事诉讼要求精神损失的不予受理的规定，将“不予受理”改为“一般不予受理”。其第 175 条第 2 款规定：“因受到犯罪侵犯，提起附带民事诉讼或者单独提起民事诉讼要求赔偿精神损失的，人民法院一般不予受理。”这一修改体现了最高人民法院对附带民事诉讼中的精神损害赔偿请求由一律不予支持到可依具体情况考虑的态度转变。2021 年 6 月 1 日，最高人民检察院发布的《未成年人检察工作白皮书（2020）》披露了上海市宝山区人民检察院对牛某某涉嫌强奸案依法提起公诉并支持被害方提起刑事附带民事诉讼一案，该案中法院判决支持被害人精神损失的诉讼请求，此案作为《高法解释》实施后首例支持附带民事诉讼精神损害赔偿的案件，既赢得了赞誉也引发了争议。

（二）附带民事公益诉讼

附带民事公益诉讼是指检察机关在提起刑事诉讼的同时，就该刑事诉讼所涉及的公益诉讼请求一起提出，法院对此一并加以裁判的诉讼制度。2016年最高人民检察院印发的《关于深入开展公益诉讼试点工作有关问题的意见》首次提出附带民事公益诉讼。此后附带民事公益诉讼成为公益诉讼中的重要类型。2018年3月2日，最高人民法院、最高人民检察院联合发布的《关于检察公益诉讼案件适用法律若干问题的解释》第20条规定：“人民检察院对破坏生态环境和资源保护、食品药品安全领域侵害众多消费者合法权益等损害社会公共利益的犯罪行为提起刑事公诉时，可以向人民法院一并提起附带民事公益诉讼，由人民法院同一审判组织审理。人民检察院提起的附带民事公益诉讼案件由审理刑事案件的人民法院管辖。”据统计，截止到2017年6月底为期两年的检察公益诉讼试点结束，全国检察机关提起的刑事附带民事公益诉讼案件数量为25件。2018年，随着《关于检察公益诉讼案件适用法律若干问题的解释》的全面实施，公益诉讼在全国范围迅速发展，全国检察机关提起公益诉讼3 228件，其中，行政公益诉讼占18.2%，民事公益诉讼占5.1%，而附带民事公益诉讼占76.7%。

附带民事公益诉讼的概念是从刑事附带民事诉讼中衍生而出的。依据《刑事诉讼法》第101条的规定，刑事附带民事诉讼可以分为私益性刑事附带民事诉讼与公益性刑事附带民事诉讼。前者指附带民事诉讼的原告主体是被害人或者在被害人死亡或丧失行为能力时，其法定代理人或近亲属；后者指附带民事诉讼的原告是检察机关。但《刑事诉讼法》第101条第2款规定的由检察机关提起的公益性刑事附带民事诉讼与《关于检察公益诉讼案件适用法律若干问题的解释》第20条规定的刑事附带公益诉讼之间亦有一定区别。前者包括国家财产或集体财产遭到损害时的附带民事诉讼，而后者的范围不仅包括生态环境和资源保护类的公益诉讼，而且包括食品药品安全领域侵害众多消费者的合法权益等公益诉讼，还包括其他类型的国家财产或集体财产遭到侵害时的公益诉讼。具体而言，检察机关提起刑事附带民事诉讼保护的是遭受损失的国家财产和集体财产。当国家财产、集体财产因犯罪而遭受损失时，首先应当提起附带民事诉讼的主体是受损失的单位，当相关单位不提起诉讼时，检察机关才提起刑事附带民事诉讼。在环境和资源等犯罪中，如果属于国家或集体所有的自然资源遭受物质损失，首先应当由相应的政府职能部门或集体组织提起附带民事诉讼。如果政府职能部门或相应的集体组织因各种原因没有提起附带民事诉讼，则由检察机关代表国家或集体提起刑事附带民事诉讼。如果检察机关主张有关环境或资源犯罪给生态环境造成损害，则属于一种公共利益的损害，该利益归属于不特定主体，检察机关据此提起附带民事诉讼的，则应属于附带民事公益诉讼。

由于目前我国关于附带民事公益诉讼制度的规定仅有司法解释，而缺乏立法的系统规定，故附带民事公益诉讼制度的相关理论及实践依然存在诸如诉讼主体、案件管辖、审判组织、审理程序等方面的争议与问题。

三、案例应用

李某强故意毁坏财物案[①]

【案情】李某系牌照号为×××的“华北”牌HC6790型中巴汽车车主，从事个体客运业务。2004年10月，李某通过职业介绍所与李某强相识，双方口头约定由李某强担任李某的客车司机。后李某表示不再雇用李某强，李某强对此心怀不满。2004年11月24日晚，李某强来到位于红桥区丁字沽一号路福源楼附近的天津市公安局红桥分局（以下简称公安红桥分局）下属停车场，趁工作人员不备，持未归还的汽车钥匙，将李某存放于此的牌照号为×××的中巴车开走。次日20时许，李某强驾驶该车行驶至河东区红星路向阳楼57号楼附近时与路边的电线杆相撞，导致车辆受损。李某强将该客车丢弃于河东区晨阳道天池里一号楼附近，随后逃逸。公安机关经侦查，于2004年12月1日将该车找回，当时车内“厦华”牌车载电视及多碟VCD机各一台已经丢失。经天津市红桥区价格认证中心评估，该车辆损坏价值为人民币12 433元，被盗车载电视及VCD机价值为人民币2 250元。2005年2月15日，李某强被抓获归案。公诉机关天津市红桥区人民检察院以涉嫌故意毁坏财物罪对被告人李某强提起公诉。在诉讼过程中，被害人李某以李某强、公安红桥分局为被告，向天津市红桥区人民法院提起刑事附带民事诉讼。李某诉称：李某强在偷开涉案汽车后将车撞损，公安红桥分局下属存车场未尽保管义务，给刑事附带民事诉讼原告造成经济损失，要求李某强赔偿各项损失共计423 646元，公安红桥分局承担连带责任。

【问题】本案中如何确定刑事附带民事诉讼的责任主体与赔偿范围？

【评析】本案是一起偷开机动车的犯罪案件。本案中，由于李某不再雇用李某强担任司机，李某强对此心怀不满，出于蓄意泄愤报复的目的，偷开李某所有的涉案机动车，并在发生事故后将该车丢弃。从李某强的犯罪行为来看，其主观上并没有非法占有该机动车的目的，因而不具有盗窃犯罪的故意，按照最高人民法院《关于审理盗窃案件具体应用法律若干问题的解释》第12条规定，应当认定为故意毁坏公私财物罪。本案中，被害人李某以李某强和公安红桥分局为被告，提起了刑事附带民事诉讼，请求赔偿的范围不仅包括涉案车辆及附属设备的损失，还包括营运损失共计40余万元，并且主张公安红桥分局承担连带责任。对于李某这一附带民事诉讼请求如何处理是本案的一个重要问题。在附带民事诉讼中，应当对被害人承担赔偿责任的主体主要是被告人，实践中也存在一些主体虽然没有实施犯罪行为，但仍应

---

① 天津市红桥区人民检察院诉李某强故意毁坏财物案. 中华人民共和国最高人民法院公报，2007（4）：45-48.

对被害人的损失承担赔偿责任。故本案中，李某强作为被告人无疑应当向李某承担损害赔偿责任。但是，另一刑事附带民事诉讼被告公安红桥分局不属于上述规定中依法负有刑事附带民事赔偿责任的人。公安红桥分局与李某之间的法律关系系保管合同关系，即使李某的损害与公安红桥分局未尽保管合同义务有因果关系，后者承担的是违约责任，这一责任与李某强因犯罪行为而应对李某承担的侵权赔偿责任不具有连带关系。因此，李某在附带民事诉讼中请求公安红桥分局对其损害承担连带赔偿责任的请求于法无据，不应支持。对于李某与公安红桥分局之间的保管合同纠纷，李某可以另行提起民事诉讼。

附带民事诉讼的赔偿范围一般仅限于物质损失，即被害人因犯罪行为已经遭受的实际损失和必然遭受的损失。本案中，刑事附带民事诉讼原告人的诉讼请求包括涉案车辆毁损的价值以及所丢失的车载音像设备的价值，共计人民币 14 683 元，同时还包括营运损失、违约金损失、保证金损失等。其中车辆毁损的价值以及所丢失车载音像设备的价值，属于因犯罪行为遭受的直接损失，李某强应予赔偿。而营运损失、违约金损失以及保证金损失则不属于直接物质损失的范畴，李某对此部分损失的诉讼请求，不应予以支持。

综上所述，被告人李某强因其犯罪行为应当赔偿李某的直接物质损失。李某在刑事附带民事诉讼中请求赔偿间接损失，并主张公安红桥分局对其损害承担连带赔偿责任的诉讼请求不应予以支持。

牛某某强奸案①

【案情】被告人牛某某曾于 2002 年犯抢劫罪和强奸罪被判处有期徒刑 20 年，剥夺政治权利 3 年，罚金 3 万元。2017 年 4 月 16 日牛某某刑满释放。2020 年 7 月牛某某租住于宝山区宝山城市工业园区五星村。张某甲（女，2002 年 12 月出生）与父母也租住于该村内。张某甲因智力残障无法上学及就业，在父母上班后独自在家，有时一人在村里闲逛。2020 年 8 月月底两人相识后，牛某某于 2020 年 8 月 29 日下午、2020 年 9 月 2 日和 9 月 3 日上午，趁张某甲到牛某某暂住处玩耍之机，采用锁门、脱衣、按压双手等方式，多次对张某甲实施奸淫。2020 年 9 月 3 日 20 时许，牛某某的房东到张某甲住处劝说其父亲张某乙不要让张某甲独自一人在村里闲逛，引起张某乙警觉，张某乙当晚与妻子一起询问张某甲相关情况，得知张某甲被牛某某强奸，当晚即向公安机关报警。牛某某于次日上午在暂住处被抓获，到案后承认与张某甲多次发生性关系，但认为二人系男女朋友关系。被害人张某甲后与母亲回原籍共同生活，目前精神状态较差，性格突变，不愿意与陌生人接触。案发后，其父向公安机关表示，张某甲不愿意再次接触与案件有关的事宜，不愿意再次对牛某某进行辨认。上海市静安区人民法院依照上海市第二中级人民法院指定管辖，审理公诉机关指控被告人牛某某犯强奸罪并就附带民事诉讼支持起诉、附带民事诉讼原告人张某甲提起附带民事诉讼残障一案。上海市静安区人民法院经审理认为，被告

① 案例来源：北大法宝，【法宝引证码】CLI. C. 333503850.

人牛某某在明知被害人张某甲系智力残障的情况下，采用暴力、胁迫手段对其实施奸淫，其行为已构成强奸罪，依法应予惩处。牛某某系累犯，依法应从重处罚。关于附带民事诉讼原告人提出要求赔偿精神损失的诉讼请求，上海市静安区人民法院认为，依据《高法解释》第 175 条第 2 款规定，因受到犯罪侵犯，提起附带民事诉讼或者单独提起民事诉讼要求赔偿精神损失的，人民法院一般不予受理。上述规定并未排除个别有特殊情况的刑事案件要求被告人承担精神损害的赔偿责任。依据《民法典》第 1183 条的规定，侵害自然人人身权益造成严重精神损害的，被侵权人有权请求精神损害赔偿。上海市静安区人民法院认为，遭受性侵害对未成年人在自我性别的认同、两性关系的认识乃至三观的形成方面都会产生很大的影响，可能直接影响未成年人的健康成长。除给予受性侵害未成年人人身损害和心理康复治疗等直接物质损失的赔偿外，给予一定的精神损害赔偿，更能体现对未成年人优先、特殊保护的原则。本案中，被害人系轻度精神发育迟滞的未成年人，存在性自我防卫能力在内的自我保护能力削弱，但是其应与正常人享有同等的人格权。案发后被害人脾气暴躁，害怕与陌生人接触，不敢一人睡觉等行为，都是精神受损害的一种表现。与正常人相比，被害人由于受到智力水平的限制，认知能力降低，自我修复、调节能力也会同时削弱，这种精神伤害可能伴随其一生。被害人在遭受侵害后未产生直接物质损失，被告人牛某某也未作任何经济赔偿。现被害人提出精神损害赔偿的诉讼请求，合情合理，且被告人牛某某也表示同意，法院应予以支持；公诉机关对附带民事部分的支持起诉意见，法院予以采纳。双方就具体的赔偿数额未能达成一致，上海市静安区人民法院根据被告人犯罪行为的严重程度以及对被害人所造成的影响等因素，并结合本案的具体情况，酌情予以确定。据此，依照《刑法》第 236 条第 1 款、第 65 条第 1 款、第 55 条第 1 款、第 56 条第 1 款、第 64 条，《民法典》第 183 条、第 187 条，《民事诉讼法》第 15 条，《高法解释》第 201 条的规定，上海市静安区人民法院于 2021 年 3 月 10 日作出判决：（1）被告人牛某某犯强奸罪，判处有期徒刑 10 年，剥夺政治权利 1 年。（2）被告人牛某某自判决生效之日起 30 日内一次性赔偿附带民事诉讼原告人张某甲精神抚慰金 3 万元（该款项由法定代理人张某乙、邢某具领）。

【问题】如何理解《高法解释》第 175 条第 2 款的规定？

【评析】自 2021 年 1 月 1 日起实施的《民法典》第 1183 条规定，侵犯自然人人身权益造成严重精神损害，被侵权人有权请求精神损害赔偿。同时，该条将精神损害的索赔主体限定为自然人，即法人或非法人组织不享有精神赔偿权。2021 年 3 月 1 日起实施的《高法解释》第 175 条第 2 款规定，被害人因受到犯罪侵犯，提起附带民事诉讼或者单独提起民事诉讼要求赔偿精神损失的，人民法院一般不予受理。该条款修改是对《民法典》人格权编中有关精神损害赔偿条款的回应，表明特殊情况下，人民法院可以受理刑事附带民事诉讼中提出的精神损害赔偿，即《高法解释》第 175 条规定的“一般”允许“例外”情形。

《高法解释》起草小组在解读中对该问题持较为保守的态度，倾向于与 2013 年《高法解释》保持一致，但对新增“一般”的表述则认为是为了“更好地适应司法实践的复杂情况”。同时《高法解释》对“例外”的情形并未明确，故在实践中，对此例外宜作严格限定。即附带民事诉讼精神损害赔偿案件的受理范围应严格限定于侵害公民人身权利犯罪内，另外应将“造成严重精神损害后果”作为精神损害赔偿案件受理要件前置。在本案中，被告人牛某某利用暴力手段，对智障未成年人多次实施奸淫，侵犯了未成年女性的性自主权，应依照刑法规定，承担相应刑事责任。在本案中，有证据显示，被害人被性侵犯后，存在脾气暴躁、害怕与陌生人接触、不敢一人睡觉等情况，这表明被告人牛某某的侵权行为严重影响了被害人的日常生活，对其造成了永久性心理伤害。被害人虽智力残障，但其人格权一样受法律保护，同时，结合被告人牛某某对智力残障的未成年被害人多次奸淫的事实，以及从未成年人健康成长方面考虑，可以认定给被害人造成了严重精神损害。故人民法院支持被害人提起的精神赔偿是合理的。

陈某、杨某非法捕捞水产品案①

【案情】2019 年 12 月 31 日，某县人民政府发布《关于某国家级水产品种质资源保护区实行全面禁渔的通告》，公告某国家级水产品种质资源保护区自 2020 年 1 月 1 日起保护区范围内实行全面禁渔。2020 年 7 月 16 日至 29 日，陈某、杨某夫妻二人在未办理捕捞手续的情况下，多次到某国家级水产品种质资源保护区使用灯光诱捕、扳罾的方式捕鱼，捕获各种鱼类共计 500 千克，非法获利 3 500 元。7 月 29 日 1 时许，陈某、杨某进行非法捕鱼时被当场查获，非法捕捞的扳罾渔网等禁用工具及渔获物 159.9 千克被扣押。11 月 3 日，某县农业农村局出具《关于对破坏渔业资源进行生态修复的意见》，建议陈某、杨某购买价值 7 000 元的四大家鱼冬片鱼种进行生态修复。公诉机关以非法捕捞水产品罪对二人提起公诉，同时也对二人提起附带民事公益诉讼。

【问题】附带民事公益诉讼起诉人诉请两被告承担惩罚性赔偿，人民法院应否支持？

【评析】破坏生态类侵权行为损害的是不特定多数人的合法权益，生态环境一旦遭受破坏，修复的成本远大于受破坏的资源本身价值，甚至有些难以恢复，因而环境权益受到国家法律的特别保护，需用最严格的法治手段保护生态环境。《民法典》规定了破坏生态侵权行为，应承担民事责任，并可适用惩罚性赔偿。陈某、杨某在国家设立的水生生物保护区使用禁用方法捕捞水产品，破坏了水生生物资源，对水生态系统和水生生物食物链造成了损害，应承担赔礼道歉、生态修复和惩罚性赔偿民事责任。

本案中，陈某、杨某具有侵犯社会环境公共利益的重大过错，陈某、杨某是当地渔民，长期从事捕捞作业，对当地的水域范围、种质资源以及国家禁捕规定非常熟悉。其深夜越界到某国家级水产品种质资源保护区非法捕捞，行为具有隐蔽性，更反映出其破坏国家设立水生生物保护区、损害社会公共利益、逃避法律责任追究的恶意，主观重大过错明显。同时陈某、杨某非法捕捞行为客观上造成某种质资源

---

① 案例来源：北大法宝，【法宝引证码】CLI. C. 419765852.

的减损，属情节严重、损害后果较大。自然资源生态环境遭受破坏的损害后果具有长期性、难恢复的特点。陈某、杨某未取得捕捞许可，其捕捞行为涵盖了非法捕捞的全部法律禁止项，是危害性大的捕捞行为，捕捞鱼类数量累积达 500 千克，对保护区水生生物环境造成了严重损害，进而也对社会公共利益造成了严重损害。为保障社会公众环境权益，阻遏环境违法行为，陈某、杨某依法应承担惩罚性赔偿。对惩罚性赔偿金的具体数额，附带民事公益诉讼起诉人可综合考虑陈某、杨某的过错程度、案件情节、损害后果及其实际经济履行能力，诉请陈某、杨某共同承担惩罚性赔偿金，对该诉讼主张人民法院理应予以支持。

四、知识拓展

附带民事诉讼中的死亡赔偿金与残疾赔偿金问题

对于附带民事诉讼中是否判赔死亡赔偿金与残疾赔偿金（以下简称“两金”），最早作出规定的刑事司法解释是 2000 年最高人民法院《关于刑事附带民事诉讼范围问题的规定》（法释〔2000〕47 号，现已失效）。该规定第 1 条第 2 款对 1996 年《刑事诉讼法》第 77 条第 1 款作出反面解释，认为后者以明确规定物质损失的方式排除了被害人就精神损害提起附带民事诉讼的权利。2002 年最高人民法院《关于人民法院是否受理刑事案件被害人提起精神损害赔偿民事诉讼问题的批复》（法释〔2002〕17 号，现已失效）不仅重申上述规定第 1 条第 2 款的裁判规则，还进一步排除了被害人另行提起民事诉讼以寻求精神损害赔偿的可能性。同时 2006 年第五次全国刑事审判工作会议上，最高人民法院领导在总结讲话中首次提出，死亡补偿金不能作为人民法院判决确定赔偿数额的根据。2013 年《高法解释》制定时，最高人民法院审判委员会对“两金”问题作了重点审议、研究，明确“两金”不在附带民事诉讼的赔偿范围，但和解、调解的，赔偿范围、数额不受此限制。关于附带民事诉讼中的赔偿范围，该解释第 155 条第 2 款作了比较细致的规定：“犯罪行为造成被害人人身损害的，应当赔偿医疗费、护理费、交通费等为治疗和康复支付的合理费用，以及因误工减少的收入。造成被害人残疾的，还应当赔偿残疾生活辅助具费等费用；造成被害人死亡的，还应当赔偿丧葬费等费用。”该规定未列明“两金”。至此，作为民事一般侵权案件中主要赔偿项目的死亡赔偿金，根据刑事司法解释，基本上被排除在附带民事诉讼的赔偿范围之外。

2021 年《高法解释》第 175 条第 2 款增加了“一般”二字，表明在特殊情况下人民法院可以在附带民事诉讼中判决被告人支付精神损害抚慰金以及死亡赔偿金。这一规定在实践中很快得到运用。但是，对于另行提起的民事诉讼中可否判赔死亡赔偿金，2021 年《高法解释》作了更严格的限制。依据 2013 年《高法解释》第 164 条、第 138 条第 2 款，如果被害人或其近亲属另行提起民事诉讼，赔偿范围仅受不得请求赔偿精神损失的限制，是否受该解释第 155 条第 2 款、第 3 款的限制并不明确。如果将死亡赔偿金理解为对物质损失的赔偿，则在另行提起的民事诉讼中应当支持原告有关死亡赔偿金的请求。然而，依据 2021 年《高法解释》的有关规定，即使将死亡赔偿金理解为对物质损失的赔偿，在另行提起的民事诉讼中原则上也不予赔偿。

但值得注意的是，我国民事立法和司法解释中最早对死亡赔偿金作出规定的是2001年最高人民法院《关于确定民事侵权精神损害赔偿责任若干问题的解释》，其中第9条规定精神损害抚慰金包括3种方式：致人残疾的，为残疾赔偿金；致人死亡的，为死亡赔偿金；针对其他精神损害情形的抚慰金。这里将死亡赔偿金定位为一种精神损害抚慰金。该解释发布前后，上述规定和批复相继发布，将精神损害抚慰金排除出附带民事诉讼的赔偿范围，从而也将死亡赔偿金排除在附带民事诉讼的赔偿范围之外。但2003年最高人民法院《关于审理人身损害赔偿案件适用法律若干问题的解释》（法释〔2003〕20号）将死亡赔偿金从精神损害赔偿中分离出来，定性为财产损失赔偿。该司法解释将死亡赔偿金与精神损害抚慰金规定在不同的条文中，即第17条第3款、第18条第1款。依据该解释第31条第1款的规定，死亡赔偿金属于财产损失赔偿。依照这些规定，死亡赔偿金属于《刑事诉讼法》中的“物质损失”，应当在附带民事诉讼中判决赔偿。基于此，一些法院在附带民事诉讼中开始支持原告人提出的数额较低的死亡赔偿金，或者采取变通措施，即不在裁判文书中写明死亡赔偿金，但实际上支持附带民事诉讼中原告人有关死亡赔偿金的请求。也有一些法院在个案判决中全额支持附带民事诉讼原告人有关死亡赔偿金的请求。2009年《侵权责任法》基本吸收了2003年最高人民法院《关于审理人身损害赔偿案件适用法律若干问题的解释》的有关规定，将死亡赔偿金规定于第16条，同时将精神损害抚慰金规定于第22条，再次明确了死亡赔偿金的财产损失赔偿属性。但是，2013年《高法解释》依然沿袭前述规定和批复的有关内容，未将死亡赔偿金纳入其第155条第2款的赔偿范围。至此，附带民事诉讼中不判赔死亡赔偿金的认识误区依然未得到矫正，此后出台的《民法典》以及2022年修改后的最高人民法院《关于审理人身损害赔偿案件适用法律若干问题的解释》也未能改变这一局面。[①] 简言之，民事立法和司法解释中不断明确死亡赔偿金属于财产损失赔偿，因而属于《刑事诉讼法》中“物质损失”的赔偿。但是，刑事诉讼中的有关解释却始终将死亡赔偿金排除出附带民事诉讼甚至另行提起的民事诉讼的赔偿范围。

党的十八届四中全会《决定》指出：“公正是法治的生命线。司法公正对社会公正具有重要引领作用，司法不公对社会公正具有致命破坏作用。”具体到附带民事诉讼案件，如果其判决的赔偿金额明显低于民事一般侵权案件，司法公正和社会公正就难以得到彰显。只有在附带民事诉讼中严格适用《刑事诉讼法》《民法典》等法律的有关规定，切实保护刑事案件被害人的民事权利，才能充分实现司法公正，引领社会公正。因此，在附带民事诉讼中，法院虽然可以出于诉讼便利和节约诉讼资源考虑而将被害人民事权利保护问题并入刑事程序中与刑事问题一并处理，但不能认为处理前者是处理后者的附属品，而是要实现保障私权的目的，就应在刑事案件中充分保护被害人的民事权利，对有关“两金”问题作审慎处理。

---

① 张新宝，曹权之．刑事附带民事诉讼案件的死亡赔偿金问题研究．中州学刊．2021（11）：43－51.

附带民事公益诉讼制度的完善

由于我国附带民事公益诉讼的立法规范尚属空白，而有关司法解释的内容则显得略为粗疏，附带民事公益诉讼制度在实践运行中出现了一些问题与争议，主要包括以下几个方面。

一是附带民事公益诉讼中诉前公告程序的存废问题。有学者认为，诉前公告程序会加长刑事被告人的羁押期。如果履行诉前公告程序，刑事诉讼程序将因30日的等待期而中止，这必将延误整个刑事诉讼案件的进程，无端加长了刑事被告人被羁押的时间，不利于对刑事诉讼被告人的诉权保障。同时诉前公告程序难以保障公益诉讼证据收集的充分性和及时性。当然，检察机关进行诉前公告程序的主要目的在于向具有公益诉权的有关组织或国家法律规定的有关机关发出信号，提示这些组织或机关及时行使公益诉权；在这些组织或机关行使公益诉权发动相应的公益诉讼时，检察机关则不行使公益诉权。在附带民事公益诉讼中，如果检察机关不履行诉前公告程序，则有关组织或机关可能无法获知潜在的公益诉讼信息，因而不能在检察机关决定行使公益诉权之前提起公益诉讼，从而致使这些组织或机关在公益诉讼中处于缺位状态。然而，这样一种缺憾是可以弥补的，检察机关不进行诉前公告程序，法院仍然可以进行诉讼中的公告程序，如果确实有适当的国家机关或社会组织愿意进行附带民事公益诉讼，则这些组织或机关可以和检察机关共同以原告的身份进行诉讼。这样既可兼顾附带民事公益诉讼的效率价值，亦可兼顾检察机关提起附带民事公益诉讼的谦抑性原则，也有利于有关国家机关或社会组织发挥其在公益诉讼中的应有作用。

二是附带民事公益诉讼的案件管辖问题。《关于检察公益诉讼案件适用法律若干问题的解释》第20条第2款规定："人民检察院提起的刑事附带民事公益诉讼案件由审理刑事案件的人民法院管辖。"其采取了由刑事诉讼的管辖决定民事公益诉讼的管辖之立法原则。《刑事诉讼法》第20条规定："基层人民法院管辖第一审普通刑事案件，但是依照本法由上级人民法院管辖的除外。"第21条规定："中级人民法院管辖下列第一审刑事案件：（一）危害国家安全、恐怖活动案件；（二）可能判处无期徒刑、死刑的案件。"据此，通常的附带民事公益诉讼一般由基层法院管辖，但单独的民事公益诉讼案件原则上是由中级人民法院管辖的，然而，同样的民事公益诉讼案件一旦以附带民事公益诉讼的形式表现出来，通常就要降低一个审级，变成了由基层法院管辖。这不仅在司法解释与立法规定之间形成了冲突，更有意思的是，被刑事诉讼所附带的民事公益诉讼通常要较之于单独的民事公益诉讼更为重大，然而前者的法院审级却要比后者的法院审级更低，这样在法理解释上便带来了难题。[①]

三是附带民事公益诉讼中的和解与调解。《人民检察院提起公益诉讼试点工作实施办法》第23条规定，民事公益诉讼案件，检察机关可以与被告和解，法院可以调解。和解协议、调解协议不得损害社会公共利益。附带民事公益诉讼应当允许和解

---

① 汤维建．刑事附带民事公益诉讼研究．上海政法学院学报（法治论丛）．2022，37（01）：28-43.

与调解，但其和解与调解制度应当考虑一些因素，如附带民事公益诉讼中的和解与调解有助于刑事被告人认罪悔罪，也是其认罪认罚的实际表现，有助于实现刑事司法的诉讼目标，体现出了刑事司法“宽严相济”的司法政策，同时该制度和做法也与刑事诉讼和解制度具有内在的契合性和等值性，在一定意义上甚至可以说，刑事诉讼的和解已被融合于附带民事公益诉讼的和解与调解之中。最高人民法院、最高人民检察院 2016 年联合发布的《关于办理环境污染刑事案件适用法律若干问题的解释》第 5 条规定，对刚达到构罪标准但积极修复所造成的环境损害的，认为其有悔罪表现，应当从宽处理。另外，如果被告人的侵害公益的行为触犯相关的行政法律法规，其将受到相应的行政制裁，承担相应的行政责任。附带民事公益诉讼中的和解与调解有助于将行政机关导入其中，由行政机关根据和解、调解的相关情节，斟酌决定其行政制裁方式和强度，同时也有助于行政机关监督和解协议或调解协议的执行。最后还需强化公众的参与渠道。在附带民事公益诉讼的和解与调解中，应当建立公开听证制度，将人大代表、专家学者、社会民意代表人士、相关部门或单位的代表等汇聚在一起，向其全面阐述案情，公开听取其意见和建议。这不仅有助于和解与调解协议的公平公正形成，而且导入了社会监督力量，确保了社会公众对附带民事公益诉讼和解与调解方案的知情权、参与权和监督权，也是司法民主化在附带民事公益诉讼中的表征和彰显。和解与调解协议达成后，若属和解协议，检察院应当予以公示；若属调解协议，法院应当予以公示。公示期为 1 个月。在公示期内如果没有收到有关的反对意见或不同观点，或者这些反对意见或不同观点难以成立、不具有典型意义，则和解协议和调解协议生效。如果和解协议生效了，检察院则不再提起附带民事公益诉讼；如果调解协议生效了，附带民事公益诉讼的司法结果由此得到确定。在和解协议与调解协议的执行过程中，检察机关应当加大监督力度，确保和解协议与调解协议完整及时实现。①

五、文献荐读

1. 陈立斌. 刑事附带民事诉讼案件审理精要. 北京：北京大学出版社，2018.

2. 杨良胜编. 刑事附带民事诉讼理论与实践探索. 北京：人民法院出版社，2015.

3. 段厚省. 我国刑事附带民事诉讼拒斥精神损害赔偿的立场批判与制度重构. 政治与法律，2021 (12).

4. 夏伟. 基于大数据样本的刑事附带民事诉讼司法重构经验与逻辑. 法学论坛，2021 (5).

5. 陈卫东，柴煜峰. 刑事附带民事诉讼制度的新发展. 华东政法大学学报，2012 (5).

6. 汤维建. 刑事附带民事公益诉讼研究. 上海政法学院学报，2022 (1).

7. 张新宝，曹权之. 刑事附带民事诉讼案件的死亡赔偿金问题研究. 中州学刊，2021 (11).

① 汤维建. 刑事附带民事公益诉讼研究. 上海政法学院学报（法治论丛）. 2022 (1)：28-43.

第十章　期间与送达

一、原理精析

（一）期间概述

期间通常指从某一时间起直至另一时间止的时限。刑事诉讼中的期间，是指公安司法机关和诉讼参与人完成某项刑事诉讼行为必须遵守的法定期限。

刑事诉讼期间分为法定期间与指定期间。所谓法定期间是由法律明确规定的期间，法定期间的开始基于某种法律行为或者法律事实的发生，在法定期间内实施的行为才产生法律效力。法定期间又可以分为专门机关应当遵守的时间和当事人及其他诉讼参与人应当遵守的时间。所谓指定期间，是指由国家专门机关在具体案件办理中指定的期间。

在刑事诉讼中，除期间之外，还有期日。期日是指国家专门机关和诉讼参与人共同进行刑事诉讼活动的具体日期。《刑事诉讼法》对期日未作具体规定，在司法实践中通常由国家专门机关根据法律规定的期间和案件的具体情况予以指定。期日和期间在刑事诉讼中都是规范时间的概念，但二者也有区别，主要表现在：一是时间单位不同。期日是时间点，如某日、某时；期间则是时间段，指一定期限内的时间。二是渊源不同。期日由国家专门机关指定，遇有特殊情况可以另行指定；期间原则上由法律规定，一般不能任意变更。三是约束力不同。期日是国家专门机关和诉讼参与人共同进行某项诉讼活动的时间要求；期间是国家专门机关和诉讼参与人完成某项诉讼活动各自应当遵守的时间要求。

刑事诉讼期间的意义主要表现在两个方面：一是有利于提高诉讼效率。对于国家专门机关而言，《刑事诉讼法》规定的诉讼期间有利于督促其及时行使法定职权。对于诉讼参与人而言，《刑事诉讼法》规定的诉讼期间有利于其及时行使诉讼权利、履行诉讼义务，如果超过法定期间就不能行使相关诉讼权利了，或者会承担相应的不利后果。公安司法机关和诉讼参与人都应当严格遵守刑事诉讼期间，违反法定期间属于违法行为，将直接产生相应的法律后果。例如，公安机关拘留犯罪嫌疑人超过了法定期限，被拘留人或其家属有权要求释放，公安机关必须立即释放；又如，有上诉权的人在法定期限内无正当理由没有提起上诉，则丧失上诉权。二是有利于实现诉讼公正，保障诉讼参与人的合法权益。《刑事诉讼法》规定的羁押期间有助于防止对犯罪嫌疑人、被告人“以捕代罚”和“久押不决”，以切实保护犯罪嫌疑人、被告人的人身自由权利。《刑事诉讼法》规定审查起诉期限以及一审、二审、审判监督程序的审理期限，有助于防止案件久拖不决。

（二）期间的计算

1. 期间的计算单位与计算方法

《刑事诉讼法》第 105 条第 1 款规定：“期间以时、日、月计算。”以时、日计算的，开始之时和日不计算在时间以内；以日计算的，应当从第二日起计算。由于开始的时和日都不算，说明这两种计量单位不能互相换算，例如拘留后应当在 24 小时以内进行讯问，不可以用 1 日代替。

《高法解释》第 202 条第 1 款规定：“以月计算的期间，自本月某日至下月同日为一个月；期限起算日为本月最后一日的，至下月最后一日为一个月；下月同日不存在的，自本月某日至下月最后一日为一个月；半个月一律按十五日计算”。例如，人民检察院 1 月 31 日将案卷退回公安机关补充侦查，但是由于 2 月没有 30 日，所以此时的期满之日应当认为是 2 月的最后一日。

《高法解释》第 202 条第 2 款对以年和月为单位的刑期计算作出了明确规定，以年计算的刑期，自本年本月某日至次年同月同日的前一日为 1 年；次年同月同日不存在的，自本年本月某日至次年同月最后一日的前一日为 1 年。以月计算的刑期，自本月某日至下月同日的前一日为 1 个月；刑期起算日为本月最后一日的，至下月最后一日的前一日为 1 个月；下月同日不存在的，自本月某日至下月最后一日的前一日为 1 个月；半个月一律按 15 日计算。

2. 特殊情形下期间的计算

为了确保诉讼活动的及时展开和顺利进行，期间的最后一日为节假日，以节假日后的第一个工作日为期间届满的日期。但对于犯罪嫌疑人、被告人或者罪犯在押期间，应当至期间届满之日为止，不得因节假日而延长在押期限至节假日后的第一日。例如，如果拘留期限届满之日为 1 月 1 日，不应顺延；如果被告人上诉的届满之日为 1 月 1 日，则应顺延至元旦节后的第一个工作日。

对于法定期间的计算，不包括路途上的时间。《刑事诉讼法》第 105 条第 3 款规定：“法定期间不包括路途上的时间。上诉状或者其他文件在期满前已经交邮的，不算过期。”当事人及其他诉讼参与人的住所或者工作地点如果距离公安司法机关比较远，则路途上的时间应当从法定期间内予以扣除。同时，这也适用于公安司法机关，即有关诉讼文件材料在公安司法机关之间传递过程中的时间，也应从法定期间内扣除。通过邮寄的上诉状或者其他诉讼文件，应当以在当地交邮盖戳的时间为标准确定法定期间的执行。在法定期间届满前已经交邮的，即使文件到达司法机关时已经超过法定期限，仍然认为有效。

3. 期间的重新计算

期间的重新计算是指由于发生了法定的情况，原来已经进行的期间归于无效，而从新发生情况之时起计算期间。重新计算期间仅适用于公安司法机关的办案期限。具体情形包括：

在侦查期间，发现犯罪嫌疑人另有重要罪行的，自发现之日起重新计算侦查羁押期限。另有重要罪行是指与逮捕时的罪行不同种的重大犯罪和同种的影响罪名认定、量刑档次的重大犯罪。犯罪嫌疑人不讲真实姓名，住址、身份不明的，侦查羁押期限自查清其身份之日起计算，但是不得停止对其犯罪行为的侦查取证。

公安机关或者人民检察院补充侦查完毕，将案件移送人民检察院或者人民法院后，人民检察院或者人民法院重新计算审查起诉或者审理期限。发回原审人民法院重新审判的案件，原审人民法院从收到发回案件之日起，重新计算审理期限。

人民检察院和人民法院改变管辖的公诉案件，从改变管辖后的办案机关收到案件之日起计算办案期限。

另外，要注意区分重新计算期限和不计入期限，前者是有了新情况、新程序而重新计算，且只适用于公安司法机关；而后者则是指有关司法活动的时间不计入法定期间，如犯罪嫌疑人、被告人在押的案件，对他们做精神病鉴定的期间，不计入办案期限，除此以外的其他鉴定时间都应当计入办案期限。对于因鉴定时间较长，办案期限届满仍不能终结的案件，自期限届满之日起，应当对犯罪嫌疑人、被告人变更强制措施，改为取保候审或者监视居住。

（三）期间的耽误与恢复

期间的耽误是指当事人没有在法定期间内完成应当进行的诉讼行为，从而对其诉讼活动产生一定影响的情形。其具体情形主要包括：一是当事人无正当理由而耽误诉讼期间的，应承担相应的法律后果。如当事人因为遗忘耽误了上诉期，则应承担失去上诉权的后果。二是当事人由于不可抗拒的原因或有其他正当理由而耽误期间的，有权要求诉讼期间的恢复。

期间的恢复是指当事人由于不能抗拒的原因或者有其他正当理由而耽误期间的，在障碍消除后 5 日以内，申请人民法院准许其继续进行应当在期满以前完成的诉讼行为的一种补救措施。依据《刑事诉讼法》第 106 条的规定，期间的恢复必须具备以下条件：（1）由当事人提出申请恢复期间。由于只有当事人才与案件裁判结果有着切身的利害关系，因而只有当事人才有权提出恢复诉讼期间的申请，其他诉讼参与人无权提出这种申请。（2）期间的耽误是由于不能抗拒的原因或有其他正当理由。不能抗拒的原因是指在诉讼活动中，发生了当事人不可预见又无法避免和无法克服的实际困难，例如，发生地震、洪水、战争，当事人无法实施诉讼行为。其他正当理由，是指足以使当事人停止诉讼行为的特殊事由，如当事人突发重病，等等。（3）当事人的申请应当在障碍消除后的 5 日以内提出。期间的恢复须在法定期间内完成，否则即失去恢复期间的权利。（4）恢复期间需经人民法院裁定批准。人民法院在接到当事人的申请后，经过审查，认为当事人确实存在不能抗拒的原因或者其他正当理由的，应当裁定准许其继续进行未完成的诉讼活动，即期间恢复与否最终取决于法院的裁定。

（四）送达概述

刑事诉讼中的送达是指公安机关、人民检察院、人民法院按照法定程序和行为方式将诉讼文件送交收件人的诉讼活动。送达作为一项诉讼行为，具有以下特点。

首先，送达的主体只能是公安司法机关。送达主体只能是公安机关、人民检察院、人民法院，收件人可以是诉讼参与人，也可以是有关机关和单位，故诉讼参与人向公安司法机关递交诉讼文件不是刑事诉讼意义上的送达。

其次，送达的内容是各种诉讼文件，如传票、起诉书、判决书等，即公安司法机关制作的诉讼文件是送达的主要内容。此外，自诉状副本、附带民事诉讼诉状和答辩状副本、上诉状副本等诉讼文件都是通过人民法院送达的。

最后，送达的方式和程序是法定的。实施送达行为必须依照法律规定办理，否则无法产生法律效力。送达是诉讼程序的组成部分，它直接关系到整个刑事诉讼活动能否顺利进行、诉讼任务能否切实完成。收件人只有按时收到诉讼文件，才能了解其中的内容，按时参加诉讼活动，行使诉讼权利，履行诉讼义务。某些诉讼文件只有按照送达程序送达收件人，才能发生法律效力，例如当事人收到一审判决书后才开始计算上诉期限。还有的诉讼文件会引起一定的法律后果，例如当事人在法定期间内收到人民法院的传票，就必须按时出席法庭，如果没有收到，则有权拒绝出庭。因此，严格执行法律有关送达的规定非常重要。

（五）送达的种类及程序

依据《刑事诉讼法》第107条的规定和《高法解释》第204条至208条的规定，送达的主要方式和程序如下。

1. 直接送达

直接送达，又称交付送达，是指公安司法机关将诉讼文件直接送交收件人的一种送达方式。依据法律规定，送达通常应当将诉讼文件交给收件人本人，由收件人本人在送达回证上记明收到的日期，并且签名或者盖章。如收件人本人不在时，其成年家属或者单位负责人代为签收，代收人也应当在送达回证上记明收到的日期，并且签名或者盖章，这也属于直接送达。直接送达的程序是：送达人员将诉讼文件交给收件人本人，收件人本人在送达回证上记明收到日期，并且签名或者盖章。如果收件人本人不在，由他的成年家属或者所在单位的负责人代收，代收人也应当在送达回证上记明收到日期，并且签名或者盖章。收件人本人或者代收人在送达回证上签收的日期为送达日期。

公安司法机关送达诉讼文件，一般应当以直接送达为原则。因为直接送达可靠性强、所需时间短、效率高，故对重要诉讼文件公安司法机关通常都采用这种方式。

2. 留置送达

留置送达是指收件人或者代收人拒绝签收向其送达的诉讼文件时，送达人依法将文件留在收件人住处的送达方式。留置送达必须具备的条件是：收件人或者代收人拒绝接收诉讼文件或者拒绝签名、盖章。找不到收件人或代收人，不能采用留置送达。留置送达要求在收件人本人或者代收人拒绝接收或者拒绝签名、盖章的情况下，送达人邀请他的邻居或者其他见证人到场，说明情况，把诉讼文件留在他的住处，并在送达回证上记明拒绝的事由、送达日期，由送达人签名，即认为已经送达。另外，也可以把诉讼文件留在受送达人的住处，并采用拍照、录像等方式记录送达过程。诉讼文件的留置送达与直接送达具有同样的法律效力。但是，并非所有的诉讼文件都可以适用留置送达，例如，调解书就不宜适用。

3. 委托送达

委托送达是指承办案件的公安司法机关直接送达诉讼文件有困难的，委托收件人所在地的公安司法机关代为交给收件人的送达方式。如，收件人不住在承办案件的公安司法机关所在地，且直接送达确有困难的情况下，可以适用委托送达。运用委托送达的程序是：委托机关应当出具委托函，并将委托函、欲送达的诉讼文件及送达回证寄送给受委托的机关。受托机关应当指派专人及时办理，其收到委托送达的诉讼文件后，应登记并于10日内送交收件人，并将送达回证尽快转回委托机关。如果无法送达，应当及时将不能送达的原因迅速告知委托机关，并将需要送达的文书和回证退回，以免耽误诉讼的进行。

4. 邮寄送达

邮寄送达是指公安司法机关在直接送达有困难的情况下，通过邮局将诉讼文件邮寄给收件人的送达方式。邮寄送达的程序是：公安司法机关将诉讼文件、送达回证挂号邮寄给收件人，收件人签收挂号邮寄的诉讼文件后即认为已经送达。挂号回执上注明的日期为送达的日期。

5. 转交送达

转交送达是指对特殊收件人由有关部门转交诉讼文件的送达方式，即公安司法机关将诉讼文件交收件人所在机关、单位代收后再转给收件人的送达方式。它通常适用于军人、正在服刑的人等。诉讼文件的收件人是军人的，应当通过所在部队团以上单位的政治部门转交；收件人正在服刑的，应当通过所在监所或者其他执行机关转交。代为转交的部门、单位收到诉讼文件后，应当立即交收件人签收，并将送达回证及时退回送达的司法机关。采取转交送达的方式主要考虑到收件人的特殊情况。收件人是军人的，通过转交送达有利于维护部队的机密，同时还有利于部队政治机关及时了解情况，做好收件人的思想工作，保持部队稳定。对正在服刑和正在被强制性教育的人，通过转交送达，有利于有关单位了解情况，及时掌握收件人的思想状况，防止发生意外。

此外，2018年《刑事诉讼法》增设了缺席审判制度，其中涉及向境外的犯罪嫌疑人、被告人送达诉讼文书，其送达程序相对较为特殊。依据《刑事诉讼法》第

292条的规定，对于犯罪嫌疑人、被告人在境外的贪污贿赂案件和需要及时进行审判并经最高人民检察院核准的严重危害国家安全犯罪、恐怖活动犯罪，人民检察院提起公诉后，人民法院经审查，认为符合缺席审判程序适用条件的，应当通过有关国际条约规定的或者外交途径提出的司法协助方式，或者被告人所在地法律允许的其他方式，将传票和人民检察院的起诉书副本送达被告人。传票和起诉书副本送达后，被告人未按要求到案的，人民法院应当开庭审理，依法作出判决，并对违法所得及其他涉案财产作出处理。《高法解释》第495条规定："人民法院向在中华人民共和国领域外居住的中国籍当事人送达刑事诉讼文书，经所在国法律允许或者经所在国同意的，可以委托我国驻受送达人所在国的使领馆代为送达，还可以在受送达人所在国法律允许的前提下，采用传真、电子邮件等能够确认受送达人收悉的方式送达。"

另外应注意，在特别程序中，犯罪嫌疑人、被告人逃匿、死亡案件中的违法所得的没收程序中，人民法院在受理没收违法所得的申请后，应当发出公告，公告期满后对没收违法所得的申请进行审理。这可被视为新的送达形式即公告送达。

二、实践动态

（一）刑事诉讼期间恢复制度的实践运行

刑事诉讼期间恢复制度对当事人合法权益维护等有着较为突出的作用。但是这方面的立法较为粗疏，导致该制度在司法实践中的适用存在一些问题，主要体现在以下两个方面。

首先，在申请期间恢复的主体方面，现行立法规定仅当事人有权申请恢复期间。现有立法将期间恢复启动的申请权享有者限定于当事人，即仅被害人、自诉人、犯罪嫌疑人、被告人、附带民事诉讼原告人和被告人等与诉讼结果和案件事实存有利害关系的主体方有权申请启动期间恢复。启动主体单一化模式对于充分维护当事人合法权益尚有欠缺，如当事人在专业知识、诉讼经验方面有欠缺，那么仅能由其本人独自提起期间恢复申请，则有可能因申请程序、证据、形式等方面的问题而难以得到法院的支持。故如将享有期间恢复启动的申请权的主体扩展至辩护人、诉讼代理人等，无疑对于本制度的良性运行有较大的现实意义。

其次，对期间恢复申请的处置程序的行政化色彩强烈。对于期间恢复活动的实际处置，结合了《刑事诉讼法》《高法解释》等的规定，期间恢复与否由人民法院进行审查，而除当事人以外其他诉讼主体的参与则无涉及，现阶段刑事诉讼期间恢复制度的处置程序显示出较为明显的封闭性、双边性，缺乏当事人参与和意见表达机制等。①

（二）刑事诉讼文书数字化送达的实践探索

2021年8月1日起实施的《人民法院在线诉讼规则》作为首部规范在线诉讼活动的司法解释，从诉讼角度明确了针对速裁、减刑、假释等案件均可适用在线诉讼

---

① 吕子逸．检视与重构：试论刑事诉讼期间恢复制度．湘江青年法学．2020（1）：34－35.

审理。虽然刑事诉讼法及其相关司法解释并未对刑事诉讼中适用数字化送达作出明确规定，但在浙江等地已经开始在刑事诉讼中探索引入数字化送达机制，这种做法能在有效提升司法效率、减少司法成本的同时实现程序正义。

如浙江省宁波市宁海县检察院在浙江省检察院牵头下，联合温州市文成县、杭州市滨江区检察院建设的浙江检察数字化送达系统于 2021 年 10 月进入试点运行，该项目主要以手机短信、智能应用等电子通信方式为载体，利用移动互联网、人工智能等数字化技术手段，打造多渠道、多形式的法律文书线上送达模式。

以往的法律文书送达，检察官一般需要电话联系当事人到院签收，或者以检察专递的方式将文书邮寄至当事人居住地，送达时长在 1 天至 3 天不等。而现在，数字化送达使检察官逐渐从烦琐的文书邮寄工作中解脱出来，通过网络将法律文书送达至当事人手中。当事人点击短信链接或者进入浙江检察微信小程序，便可查阅下载送达的法律文书。①

刑事诉讼文书数字化送达毕竟是一种新的送达方式，在一定程度上欠缺有效的规范约束，送达机制又是连接诉讼各阶段、推动整个诉讼进程、保护特定人员权利的重要工具，故刑事诉讼文书数字化送达机制的设计应更加全面和严谨，有必要对数字化送达在适用范围、法律效力、救济途径和监督等方面予以明确，特别要保障受送达人，特别是犯罪嫌疑人、被告人的诉讼权利不因线上送达而减损。②

三、案例应用

王某交通肇事案③

【案情】 2019 年 5 月 10 日，北京市顺义区人民法院对王某交通肇事一案作出一审判决，判处王某有期徒刑 10 个月缓刑 1 年，并于当日将判决书送达提起公诉的北京市顺义区人民检察院。检察机关在法定期限内未提出抗诉，被告人王某亦未上诉，该判决于 2019 年 5 月 21 日（含）起生效。2019 年 5 月 20 日，法院向被害人（已死亡）近亲属委托的诉讼代理人邮寄判决书，诉讼代理人于 2019 年 5 月 22 日签收。2019 年 5 月 27 日，被害人近亲属以王某未赔偿经济损失不应当判处缓刑且量刑畸轻为由请求检察机关抗诉。

【问题】 人民法院超期送达的行为能否阻却已死亡被害人抗诉请求权的行使？

【评析】 依据《刑事诉讼法》第 229 条的规定，被害人及其法定代理人不服地方各级人民法院第一审的判决的，自收到判决书后 5 日以内，有权请求人民检察院提出抗诉。《高检规则》亦有相应规定。由此可见，不服人民法院一审判决向检察机关请求抗诉的权利主体只有被害人及其法定代理人。法定代理人是指被代理人（一般

---

① 蔡俊杰．法律文书“数字化送达”又快又安全浙江宁海：技术赋能检察办案．检察日报，2022－04－13（2）．

② 林国，黄羡迪．一体化语境下刑事数字化送达机制之探析．上海法学研究（集刊）．上海：上海人民出版社，2022．

③ 案例来源：北大法宝，【法宝引证码】CLI. C. 410752143.

为未成年人、限制刑事责任能力人或者无刑事责任能力人）的父母、养父母、监护人和负有保护责任的机关、团体的代表。若已死亡的被害人非未成年人、限制或者无刑事责任能力的精神病人，其近亲属显然不属于《刑事诉讼法》第 108 条规定的法定代理人，不是抗诉请求权的权利主体。但通过对刑事诉讼法规定的体系解释却可以得出，没有法定代理人的，已死亡被害人的近亲属具有替代性被害人的法律地位。我国刑事诉讼法及相关司法解释，明确赋予被害人近亲属的诉讼权利主要有：同意辩护律师向己方人员收集证据、公诉案件自案件移送审查起诉之日起获得告知并委托诉讼代理人、公诉案件被害人死亡时提起附带民事诉讼、被害人死亡或者丧失行为能力时提起自诉与代为和解等。赋予犯罪嫌疑人、被告人近亲属的权利主要有：代为委托辩护人、申请变更或者解除强制措施、申请法律援助、对已经发生法律效力的判决裁定的申诉权，等等。对比上述规定，可以发现无论是被害人的近亲属，还是犯罪嫌疑人、被告人的近亲属，其在被害人和犯罪嫌疑人、被告人权利受限时有权代为行使本应由被害人和犯罪嫌疑人、被告人本人行使的权利，而这种权利受限就包括已死亡、被限制人身自由等情形。通过明确赋予被害人近亲属的诉讼权利，可以得知已死亡被害人近亲属有权行使提起附带民事诉讼和自诉这两种应由被害人本人行使的权利，而抗诉请求权相较于该两种权利并无实质特殊性，反而因抗诉请求权依附并从属于检察机关的抗诉权而被滥用的风险更小，予以额外限制并无必要。另外，从《刑事诉讼法》第 108 条第 5 项关于诉讼代理人的范围表述来看，该条明确将被害人的近亲属与被害人、被害人的法定代理人予以并列，被害人的近亲属在一定情况下享有与被害人及其法定代理人相同的法律地位和权利亦存在合理空间。赋予已死亡且无法定代理人的被害人的近亲属以抗诉请求权：一是有利于平衡和保障刑事公诉案件的各方当事人的权利。刑事公诉案件中被告人上诉的比例较高，而被害人及其法定代理人请求抗诉的比例却很低，有些地方甚至常年为零，如果再否定本案情况下的被害人近亲属的抗诉请求权，将更加不利于保障被害人的权利。二是与国家公诉权设置的初衷和架构相协调。刑事公诉案件的国家追诉制度，旨在通过国家公权力的运行来修复已严重受损的社会关系，惩罚犯罪以使得部分犯罪中被害人的私权利受到国家公权力的维护，如否定已死亡被害人近亲属的请求抗诉权，将堵塞部分刑事公诉案件中被害人权益保障的唯一救济途径，与国家公诉权的设置初衷背道而驰。

在本案中，人民法院于判决后第 10 日邮寄判决书给被害人近亲属委托的诉讼代理人的行为属于审理活动违法。《刑事诉讼法》第 202 条第 2 款规定：“当庭宣告判决的，应当在五日以内将判决书送达当事人和提起公诉的人民检察院；定期宣告判决的，应当在宣告后立即将判决书送达当事人和提起公诉的人民检察院。判决书应当同时送达辩护人、诉讼代理人。”第 105 条第 3 款第一句规定：“法定期间不包括路途上的时间。”至于“立即”应限定为多长时间，虽然法律条文并未明确表述，但通过体系解释可以推出应当少于当庭宣告判决的 5 日，甚至更短。依据《刑事诉讼法》第 229 条的规定，甚至可以得出定期宣告中的立即送达应当为当日送达的结论，因为被害人行使抗诉请求权期限为 5 日，检察机关依被害人申请审查决定是否提出抗诉的期限也为5日，二者相加与检察机关应当在10日内决定是否抗诉的期限相同。本案一审判决系定期宣告的情形，人民法院在判决宣告后第十日交付邮寄被害人近亲属委托的诉讼代理人，显然不属于“立即送达”的范围。就此情况，依据《刑事诉讼法》《高检规则》的规定，人民检察院发现人民法院审理案件违反法律规定的诉讼程序，有权向人民法院提出纠正意见。

同时《刑事诉讼法》第229条规定：“被害人及其法定代理人不服地方各级人民法院第一审的判决的，自收到判决书后五日以内，有权请求人民检察院提出抗诉。人民检察院自收到被害人及其法定代理人的请求后5日以内，应当作出是否抗诉的决定并且答复请求人。”故法律未预留针对被害人在收到判决书后5日为请求抗诉不予受理的空间和例外情形，本案一审判决于2019年5月22日中午由被害人近亲属委托的诉讼代理人签收，请求抗诉期限应自5月23日至5月27日截止，被害人近亲属在5月27日下午向法院申请抗诉，符合法律规定，应当依法予以保障，检察机关应当依法受理该申请并立即进行审查。

另外，《刑事诉讼法》第230条规定，不服判决的上诉和抗诉的期限为10日，不服裁定的上诉和抗诉的期限为5日，从接到判决书、裁定书的第二日起算。该条规定的是检察机关依职权提出抗诉的情形，被害人行使抗诉请求权不受该条限制。理由有三。

一是法律不应当对被害人的抗诉请求权作不当限制。法律规定之所以对检察机关抗诉权进行限制，旨在督促检察机关及时行使职权，以尽快使审判结果进入确定和稳定状态，保障当事各方合法权利，及时化解社会矛盾。而被害人抗诉请求权等程序权利是当事人实现其实体权利的前提，对程序权利的不当限制将直接导致当事人实体权利丧失。

二是不能将审判机关的违法、不当行为所造成的后果转嫁给当事人。审判机关的违法、不当行为应当被置于公权力监督体系之中，如行使法律监督职能的检察机关在执行法律时作机械理解，相当于变相支持将审判机关的违法、不当行为的法律后果强加于当事人，坐视审判公权力侵犯当事人私权而不顾。

三是如此理解与法律规定的期间计算原则相协调。《刑事诉讼法》第105条第3款第一句规定，法定期间不包括路途上的时间。实践中大量存在因路途遥远等客观原因而法律文书无法及时送达的情形，而相关当事人的诉讼权利并未因此而丧失，依此，被害人的抗诉请求权更不应因晚于检察机关收到判决书而丧失。

程某昌贪污案[①]

【案情】2000年12月7日至2000年12月15日，被告人程某昌利用担任豫港（集团）有限公司董事长的职务便利，以在新西兰设立分公司为由，先后三次指使财务人员将公款转入其名下支票账户及其在新西兰开设的个人账户，非法占有公款港

① 张晨，赵红旗. 刑事缺席审判第一案程某昌贪污案一审开庭.（2021-12-09）[2022-07-20]. https://m.gmw.cn/baijia/2021-12/09/1302713675.html.

元、新西兰元、美元折合人民币共计 308.88 万余元。程某昌于 2001 年 2 月 7 日逃往国外。2002 年 2 月 8 日，国际刑警组织对其发布红色通报。郑州市人民检察院提请适用缺席审判程序，以贪污罪追究其刑事责任。

【问题】缺席审判案件中，对于潜逃境外的被追诉人应怎样送达有关诉讼文书？

【评析】《刑事诉讼法》第 292 条规定："人民法院应当通过有关国际条约规定的或者外交途径提出的司法协助方式，或者被告人所在地法律允许的其他方式，将传票和人民检察院的起诉书副本送达被告人。传票和起诉书副本送达后，被告人未按要求到案的，人民法院应当开庭审理，依法作出判决，并对违法所得及其他涉案财产作出处理。"同时《高法解释》第 600 条规定："对人民检察院依照刑事诉讼法第二百九十一条第一款的规定提起公诉的案件，人民法院立案后，应当将传票和起诉书副本送达被告人，传票应当载明被告人到案期限以及不按要求到案的法律后果等事项；应当将起诉书副本送达被告人近亲属，告知其有权代为委托辩护人，并通知其敦促被告人归案。"《高法解释》第 495 条规定："人民法院向在中华人民共和国领域外居住的当事人送达刑事诉讼文书，可以采用下列方式：（一）根据受送达人所在国与中华人民共和国缔结或者共同参加的国际条约规定的方式送达；（二）通过外交途径送达；（三）对中国籍当事人，所在国法律允许或者经所在国同意的，可以委托我国驻受送达人所在国的使领馆代为送达；（四）当事人是自诉案件的自诉人或者附带民事诉讼原告人的，可以向有权代其接受送达的诉讼代理人送达；（五）当事人是外国单位的，可以向其在中华人民共和国领域内设立的代表机构或者有权接受送达的分支机构、业务代办人送达；（六）受送达人所在国法律允许的，可以邮寄送达；自邮寄之日起满三个月，送达回证未退回，但根据各种情况足以认定已经送达的，视为送达；（七）受送达人所在国法律允许的，可以采用传真、电子邮件等能够确认受送达人收悉的方式送达。"由于本案中被告人程某昌在境外，故人民法院可以通过上述途径将有关诉讼文书送达给被告人。值得注意的是，由于缺席审判案件中被告人在境外，对于有关送达方式、送达时间问题应当合理解决，如在不能确定潜逃境外的被告人是否接到裁判文书的情况下，为确保被告人知晓判决文书，可以探索使用公告送达裁判文书，以确保当事人能依法行使有关诉讼权利。

四、知识拓展

一审公诉案件审理期限制度改革探索

刑事诉讼领域，审理期限制度是我国具有鲜明特色的制度。在公诉案件审判领域，只有一审审判程序会区分为普通程序、简易程序和速裁程序，由此，审理期限制度体系化集中体现在一审阶段。在公诉案件一审阶段，疑难复杂案件的审理期限较长，而简单轻微案件的审理期限偏短，这种审理期限制度所具有的层级化特点直接反映了我国刑事诉讼体系繁简分流演进的整体路径。[①] 但我国一审公诉案件审理

① 赵恒．一审公诉案件审理期限制度改革研究．广东社会科学．2022（03）：266－276.

期限制度依然存在不少现实难题，如现行审限制度未能充分适应审判繁简分流的需要，在实践中突出表现为，以简省审判环节为显著特征的速裁程序，因审理期限制度设计的不合理导致适用率偏低。《刑事诉讼法》在计算速裁程序的审理期限时将法定节假日包含在内，而之前的试点文件中，适用速裁程序的案件审理期限则仅限于“工作日”。实践中，一些法官在审理速裁案件期间，往往因“受理后十日以内审结”的审限压力而更倾向于选择适用简易程序或者普通程序进行审理，即使对于可能判处1年有期徒刑以下刑罚的刑事案件，不少法院亦做如此处理。另外，一审公诉案件审理期限制度促使审判程序转换频繁，在一定程度上降低了审判活动繁简分流的诉讼效率。有实证研究表明，在速裁程序中，超过50%的检察官和法官反映起诉和审理期限太短，不得不将部分案件转入简易程序和普通程序。此外，一审公诉案件审理期限制度也可能影响法院与公安机关之间的职权配置关系，甚至损害被追诉人与被害人的合法权利等。因此，在完善一审公诉案件审理期限制度时，不应以一概延长或者缩短审理期限为主要方式，而应当综合考虑侦查、审查起诉和审判的运行规律，明确认罪认罚从宽制度对一审公诉案件审理期限的多元影响，在尊重三类审判程序审理期限层次化方案的同时，既要针对愈加精简的审判活动设置较短的审理期限，又要考虑普通程序审理疑难复杂案件的实际需要，适当延长相应的审理期限，还有必要有针对性地调整审查起诉期限制度，以充分保证检察机关获得相对合理且充足的审查起诉办案时间，完成权利义务告知、案情审查、控辩具结、量刑建议等工作，尤其是确保提出量刑建议的精准性，提高认罪认罚案件审查起诉质量，避免检法两家多次沟通，甚至是变更审判程序等因素导致的诉讼拖延现象，进而也可以保障法院在适当的审理期限内依法履行审判职权。

延长侦查羁押期限制度的完善

侦查羁押期限延长制度，是指犯罪嫌疑人被批准（决定）逮捕之后，在一般羁押期间内无法完成侦查终结，而依法对已有羁押期限予以延长的诉讼制度。依据《刑事诉讼法》的规定，我国的侦查羁押期限包括2个月羁押期限、3个月羁押期限、5个月羁押期限、7个月羁押期限和无期限羁押等五种类型，其中，第一种羁押期限为一般羁押期限，其余四种羁押期限属于羁押期限延长的范畴。在实践中，延长侦查羁押期限案件办理中存在批准率高、实质审查弱化等问题，因而受到较多质疑。同时，延长羁押期限的具体审查模式也存在一些较为突出的问题，延长侦查羁押期限审查的救济渠道也较为匮乏。为了提高延长侦查羁押期限案件办理质量，有效回归延长侦查羁押期限制度在惩罚犯罪、保障人权方面的基本功能，就必须从审查模式改革入手，强化延长侦查羁押期限案件的实质性审查，并考虑对现行两级审办案模式进行改革。例如，可以探索设立专门的延长侦查羁押期限案件办理组，以办案力量分流为辅助途径，加强延长侦查羁押期限案件办理的专业化建设。同时还要适当关注被追诉人的权利保障，明确犯罪嫌疑人及其近亲属、辩护律师在延长侦查羁押期限程序中享有的权利，如知情权、辩护权、羁押必要性审查申请权等。最后，还有必要明确适用侦查羁押期限延长的比例原则，使得决定是否羁押、是否对羁押期限延长以及羁押期限延长的长短与涉嫌犯罪的严重程度以及犯罪嫌疑人可能被科处的刑罚相适应。[①] 具体来说，可以严格限制对案情复杂但属于轻罪的案件适用延长侦查羁押期限。

五、文献荐读

1. 赵恒. 一审公诉案件审理期限制度改革研究. 广东社会科学，2022（5）.

2. 李新，彭辉，王莉. 人权保障视野下的羁押期限与办案期限探析. 人民检察，2014（18）.

3. 王国新. 我国侦查羁押期限延长制度的立法完善. 人民检察，2015（23）.

4. 陈锦波. 电子送达的实践图景与规范体系. 浙江学刊，2020（1）.

---

① 王国新 . 我国侦查羁押期限延长制度的立法完善. 人民检察，2015（23）：58－60.

第三编　基本程序

第十一章　立案程序

一、原理精析

（一）立案的概念和意义

1. 立案的概念

刑事诉讼中的立案，是指公安机关、人民检察院、人民法院对于报案、控告、举报、自首等方面的材料，依照管辖范围进行审查，以判明是否确有犯罪事实存在和应否追究刑事责任，并依法决定是否作为刑事案件进行侦查或审判的一种诉讼活动。

立案作为刑事诉讼开始的标志，是每一个刑事案件都必须经过的法定阶段，并且这一诉讼阶段具有相对独立性和特定的诉讼任务。只有经过立案程序，才能依照《刑事诉讼法》规定的程序进行侦查、起诉和审判。在遇到诸如现行犯等紧急情况时，可以在立案前采取必要的强制措施。

《刑事诉讼法》第 109 条规定："公安机关或者人民检察院发现犯罪事实或者犯罪嫌疑人，应当按照管辖范围，立案侦查。"第 114 条规定："对于自诉案件，被害人有权向人民法院直接起诉。被害人死亡或者丧失行为能力的，被害人的法定代理人、近亲属有权向人民法院起诉。人民法院应当依法受理。"由此可见，立案是国家法律赋予公安司法机关的一项重要职权，除此以外，其他任何机关、团体、企事业单位或个人都无权立案。但公安司法机关行使立案决定权，也必须严格遵守立案的法定程序，严格把握立案的条件和标准，不能超越各自的管辖范围和逾越法定职权，以保证国家法律的统一贯彻实施，既要做到准确、及时打击犯罪、惩罚犯罪，又要充分保护公民的合法权益不受侵犯。

综观世界各国有关诉讼立法，除苏联、东欧和蒙古等国家与我国一样，将提起刑事诉讼即立案作为独立的诉讼阶段在其刑事诉讼法典中加以明确规定以外，法国、美国、英国、日本、意大利等国家的刑事诉讼立法都不将立案视为独立的诉讼阶段。例如，在美国，刑事诉讼程序可以分为审前程序、审理程序和审后程序三个阶段。审前程序包括提出控告、逮捕、在警察局“登记”、逮捕后在治安法官前聆讯、预审、正式起诉、传讯、被告人答辩几个步骤[①]，这里立案不是独立的刑事诉讼程序。而《苏俄刑事诉讼法典》第八章、《蒙古人民共和国刑事诉讼法典》第九章都专门规定了提起刑事诉讼程序，并对提起刑事诉讼的理由和根据，对犯罪行为的申请和告发、自首，审查有关对犯罪行为的申请和告发义务，提起刑事诉讼的程序，拒绝提起刑事诉讼，提起刑事诉讼后对案件的移送，以及检察长对提起刑事诉讼的合法性的监督等问题作了明确规定。[②]

2. 立案的意义

立案在刑事诉讼中的重要意义主要体现在以下几个方面。

（1）立案是刑事诉讼的开端和必经程序。

立案、侦查、起诉、审判和执行是刑事诉讼法所确定的五个程序阶段。公安司法机关进行刑事诉讼，必须严格依照法定程序进行，不能随意超越、颠倒任何一个诉讼阶段，只有这样，才能保证准确、及时、有效地处理刑事案件，保证刑事诉讼任务和目的的实现。尽管并非每个案件都必须经过这五个程序，但是在刑事诉讼中，立案却是每个刑事案件都必须经过的法定程序。只有经过立案，其他诉讼阶段才能依次进行，公安司法机关进行侦查、起诉和审判活动才有法律依据，才能产生法律效力。尽管在紧急情况下，法律允许公安机关、人民检察院在审查决定立案的同时，采取某些诸如拘留犯罪嫌疑人、勘验、检查、搜查、鉴定等强制措施或侦查方法，但这些诉讼活动的开展，仍然是为了完成立案的任务，即查明犯罪事实是否发生和是否需要追究刑事责任，并且事先必须经过有关主管领导的批准，事后必须迅速补办立案手续。总之，没有立案程序，便没有刑事诉讼的整个过程。

（2）正确、及时立案有利于迅速揭露犯罪和惩罚犯罪。

公安司法机关通过刑事诉讼同犯罪行为作斗争，是从立案开始的。因此，一旦发现预备实施、正在实施或已经实施的犯罪行为，并需要追究刑事责任的，必须迅速组织力量，严格按照法定立案条件进行审查，准确、及时立案，积极开展侦查或审判，发现、收集证据，揭露犯罪、证实犯罪和惩罚犯罪，使一切依法应当被追究刑事责任的犯罪分子不能逃避法律的制裁。

（3）正确、及时立案能有效地保护公民的合法权益不受侵犯。

刑事诉讼法所确立的保障无罪的人不受刑事追究，保护公民的人身权利、民主权利和其他合法权益不受侵犯的任务，体现在立案阶段，就是要求公安司法机关通过立案前的审查，发现不具有犯罪事实或者依法不应当追究被告人刑事责任的，就不应当立案，从而避免公安司法机关对不应当追究刑事责任的无辜者错误地进行刑

---

① 美国联邦刑事诉讼规则和证据规则．卞建林，译．北京：中国政法大学出版社，1996：5－6.

② 蒙古人民共和国刑事诉讼法典．申君贵，译．重庆：西南政法学院诉讼法教研室，1985：48－51. 苏俄刑事诉讼法典．张仲麟，等译．北京：中国政法大学出版社，1989：215－216.

事追究，防止和减少冤假错案，从刑事诉讼的第一道关口上保障公民的合法权益不受侵犯。

（二）立案的材料来源和条件

1. 立案的材料来源

立案的材料来源，是指公安司法机关获取有关犯罪事实及犯罪嫌疑人情况的材料的渠道或途径。

立案必须要建立在一定事实基础上。公安司法机关在作出是否立案的决定之前，必须审查立案材料来源是否真实可靠，判断其是否符合立案的条件。因此，对于来源不清、匿名举报或道听途说等的材料，在未经查证属实之前，均不能作为立案的根据。

依据刑事诉讼法的规定及司法实践，立案的材料来源主要有以下几个方面。

（1）公安机关或者人民检察院自行发现的犯罪事实或者犯罪嫌疑人。

我国《刑事诉讼法》第 109 条规定："公安机关或者人民检察院发现犯罪事实或者犯罪嫌疑人，应当按照管辖范围，立案侦查。"公安机关作为国家治安保卫机关，常常处在同犯罪作斗争的第一线，在日常工作中，特别是在侦查过程中，一旦发现有犯罪事实，并需要追究犯罪嫌疑人的刑事责任，应当按照管辖范围，主动、迅速立案侦查。而人民检察院在审查批捕、审查起诉等活动中发现有犯罪事实，并需要追究刑事责任的，也应当按照管辖范围迅速立案侦查。对于不属于自己立案管辖范围的案件，不管是公安机关还是人民检察院，都应当及时移送有关主管机关，以保证准确、及时地惩罚犯罪，并避免和克服工作中可能出现的就案办案、等案上门以及职责不清，甚至越权管辖的现象。至于人民法院在审理案件过程中，以及国家安全机关、军队内部保卫部门、监狱等在依照刑事诉讼法的有关规定办理刑事案件过程中，发现和获得的犯罪事实及犯罪嫌疑人的材料，符合立案条件的，也应当按照管辖规定，迅速立案或者及时移送有关主管机关。

（2）单位和个人的报案或者举报。

单位和个人的报案或者举报，是公安司法机关决定是否立案的重要材料来源。《刑事诉讼法》第 110 条第 1 款规定："任何单位和个人发现有犯罪事实或者犯罪嫌疑人，有权利也有义务向公安机关、人民检察院或者人民法院报案或者举报。"

报案，是指单位或者个人发现有犯罪事实发生，向公安机关、人民检察院、人民法院揭露和报告的行为。举报，是指单位和个人将其发现的犯罪事实或者犯罪嫌疑人，向公安机关、人民检察院或者人民法院检举、揭发的行为。报案和举报之间的区别在于：第一，从对象来看，报案一般针对的是犯罪事实的发生，向公安司法机关报告某个地点发生了什么事件或者什么犯罪事实，但并不知犯罪嫌疑人为何人；举报的对象既可以是犯罪事实，也可以是怀疑实施了犯罪的犯罪嫌疑人，也就是说，举报者往往知道犯罪嫌疑人为何人或者了解犯罪嫌疑人的情况。第二，从材料详细、具体、明确的程度来看，报案一般比较简单、笼统，在很多情况下，报案者只是向公安司法机关说明案件的发生，以引起对此问题的关注和重视；举报一般要详细、具体得多，举报主体往往会向公安司法机关揭露犯罪嫌疑人犯罪的有关情节。第三，从主体上来看，报案主体是任何发现犯罪事实发生的单位或者个人，包括作为当事人的被害人；举报主体一般是当事人以外的知情者，他们与犯罪事实或者犯罪嫌疑人没有牵连或者利害关系，检举、揭发是出于社会公德、良知和法律意识，其目的是维护国家、集体或者他人的合法利益。

向公安司法机关报案或者举报犯罪事实或者犯罪嫌疑人，既是任何单位和个人依法享有的权利，也是其依法应当履行的义务。从司法实践的情况看，许多案件，特别是一些重大案件多是通过报案或举报所提供的线索而破获的。为方便单位和公民报案或举报，公安司法机关还设置了诸如“110 接警中心”等专司此项职能的机构，从而不仅使告发揭露犯罪行为的方式、手段形成规范化的制度，而且有利于提高人民群众同犯罪作斗争的积极性，更进一步地体现刑事诉讼实行专门机关与群众相结合的原则。

（3）被害人的报案或者控告。

《刑事诉讼法》第 110 条第 2 款规定：“被害人对侵犯其人身、财产权利的犯罪事实或者犯罪嫌疑人，有权向公安机关、人民检察院或者人民法院报案或者控告。”被害人作为遭受犯罪行为直接侵害的对象，一方面具有揭露犯罪、追究犯罪的强烈愿望和积极主动性；另一方面在许多案件中，因为被害人与犯罪嫌疑人有过直接接触，能够提供较为详细、具体的有关犯罪事实和犯罪嫌疑人的情况，其控告对于追究犯罪具有重要的证据价值。因此，被害人的报案或者控告也是立案材料的主要来源。

被害人的报案，与其他单位和个人的报案在内容上具有相同性，即告发、揭露的只是有关犯罪事实而不知犯罪嫌疑人是何人，但是两者在范围及主体方面存在明显差别。被害人报案的范围，仅限于其人身、财产权利遭受犯罪行为侵害的事实，而其他单位和个人的报案，其范围不受犯罪行为性质的限制。被害人是案件当事人之一，被害人的报案是为了自身的合法权益，其与案件处理结果具有直接利害关系，而其他单位和个人报案是为了维护他人的合法权益，其通常与案件没有直接的利害关系。

控告，是指被害人就其人身权利、财产权利遭受犯罪侵害的事实以及犯罪嫌疑人的有关情况，向公安司法机关进行揭露和告发，要求依法追究其刑事责任的行为。被害人死亡或者丧失行为能力的，其法定代理人、近亲属也有权提出控告。控告和举报虽然都是揭露和告发犯罪事实和犯罪嫌疑人的行为，但二者之间在内容及主体方面存在差异。被害人作为案件当事人，对于案件事实的发生过程、情节和犯罪嫌疑人的情况比较了解，因此被害人的控告内容中可供公安司法机关利用的案件线索或有价值的成分，比一般单位和个人的报案要多。控告是由遭受罪行直接侵害的人所提出，控告人主要是为了维护自身的权益而要求依法处理；而举报一般则是为了伸张正义，维护国家、集体或者他人的合法权益而检举、揭发犯罪嫌疑人及其犯罪事实。

（4）犯罪人的自首。

自首，是指犯罪人在实施犯罪行为之后，自动投案，如实交代自己的罪行并接受国家公安司法机关的审查和审判的行为。

具体而言，自动投案，是指犯罪事实或者犯罪嫌疑人未被司法机关发觉，或者虽被发觉，但是犯罪嫌疑人尚未受到讯问、未被采取强制措施时，主动向公安机关、人民检察院或者人民法院投案。犯罪嫌疑人向其他单位、城乡基层组织或者其他有关负责人员投案的；犯罪嫌疑人因病、伤或者为了减轻犯罪后果，委托他人先代为投案，或者先以信电投案的；罪行尚未被司法机关发觉，仅因形迹可疑，被有关组织或者司法机关盘问、教育后，主动交代自己的罪行的；犯罪后逃跑，在被通缉、追捕过程中，主动投案的；经查实确已准备去投案，或者正在投案途中，被公安机关捕获的，应当视为自动投案。并非出于犯罪嫌疑人主动，而是经亲友规劝、陪同归案的；公安机关通知犯罪嫌疑人的亲友，或者亲友主动报案后，将犯罪嫌疑人送去投案的，也应当视为自动投案。

如实供述自己的罪行，是指犯罪嫌疑人自动投案后，如实交代自己的主要犯罪事实。共同犯罪案件中的犯罪嫌疑人，除如实供述自己的罪行外，还应当供述所知的同案犯，主犯则应当供述所知其他同案犯的共同犯罪事实，才能认定为自首。犯有数罪的犯罪嫌疑人仅如实供述所犯数罪中部分犯罪的，只对如实供述部分犯罪的行为，认定为自首。

依据《刑法》的相关规定，对于自首的犯罪分子，可以从轻或者减轻处罚；对于犯罪较轻的，可以免除处罚。因此，刑事诉讼法将犯罪人的自首确立为重要的立案材料来源之一，含有鼓励犯罪分子积极主动投案自首，以争取国家法律宽大处理的用意。

以上四个方面是刑事诉讼法规定的立案材料来源，除此以外，在司法实践中，上级机关交办的案件以及有关机关移送的案件，通常也是刑事立案的重要材料来源。如市场监管、税务、海关等行政执法机关，在行政执法活动中如果发现行为人的行为已经构成犯罪，需要追究刑事责任的，应当按照有关管辖规定向公安司法机关移送，以通过刑事诉讼程序，依法追究行为人的法律责任。例如，依据《审计署、公安部关于建立案件移送制度和加强工作协作配合的通知》（审发〔2000〕42）的有关规定，审计机关在审计过程中，发现被审计单位或者有关责任人员有犯罪嫌疑，属于公安机关管辖刑事案件范围的，应当填写“审计机关移送处理书”，连同案件有关证据材料一并及时移送同级公安机关。

2. 立案的条件

立案必须以一定的事实材料为依据，但这并不意味着有了一定的事实材料就能够立案。只有当这些材料所反映的事实符合立案的法定条件时，才能做到正确、合法、及时立案。《刑事诉讼法》第 112 条第一句规定：“人民法院、人民检察院或者公安机关对于报案、控告、举报和自首的材料，应当按照管辖范围，迅速进行审查，认为有犯罪事实需要追究刑事责任的时候，应当立案；认为没有犯罪事实，或者犯罪事实显著轻微，不需要追究刑事责任的时候，不予立案，并且将不立案的原因通知控告人。”依据这一规定，立案必须同时具备两个条件。

（1）有犯罪事实。

有犯罪事实，作为立案的事实条件，包括两方面的含义：一是在刑事诉讼中，需要立案追究刑事责任的必须是依照刑法规定构成犯罪的行为，而非一般违法，违反党纪、政纪，违反社会主义道德的行为。即立案首先要划清罪与非罪的界限。二是犯罪事实必须有一定的证据证明确已发生和存在，绝非出于公安司法工作人员的主观想象或猜测，更不是道听途说、捕风捉影或凭空捏造。当然，由于立案只是刑事诉讼的起始阶段，尚不能要求证据达到能够证实犯罪嫌疑人为何人以及犯罪的目的、动机、手段、方法等一切情节的程度。查明犯罪嫌疑人，查清案件的全部事实情节，应当是立案以后侦查阶段的任务。立案时只要具有能够足以证明犯罪事实已经发生的证据材料即可。

（2）需要追究刑事责任。

需要追究刑事责任，作为立案的法律条件，是指行为人的行为已构成犯罪，并且依照刑法的有关规定应当处以刑罚。立案是以追究行为人的刑事责任为前提的，但并非所有的犯罪行为，法律都规定需要追究刑事责任。因此，法律规定不追究刑事责任的，就是缺乏立案的法律条件，公安司法机关就不应当立案。所谓法律规定不追究刑事责任，主要是指《刑事诉讼法》第 16 条规定的六种情形：1）情节显著轻微、危害不大，不认为是犯罪的；2）犯罪已过追诉时效期限的；3）经特赦令免除刑罚的；4）依照刑法告诉才处理的犯罪，没有告诉或者撤回告诉的；5）犯罪嫌疑人、被告人死亡的；6）其他法律规定免予追究刑事责任的。

具有以上六种情形之一的，公安司法机关就不应当追究刑事责任，不予立案；对于已经立案的，也应当撤销案件，或者不起诉，或者终止审理，或者宣告无罪。

总之，法律规定的立案的两个条件必须同时具备，缺一不可。在司法实践中，公、检、法三机关办理刑事案件，一定要准确把握立案的条件，并将法律规定的立案条件作为审查确定是否开始刑事诉讼程序的根本依据，保证刑事诉讼活动从一开始就能正确、合法、及时地进行，并保证案件的质量，顺利完成刑事诉讼法的任务。

为了统一执行国家的刑事法律，正确把握立案的条件，公安部、最高人民检察院和最高人民法院依据《刑事诉讼法》的有关规定，对各自管辖的刑事案件都分别或联合制定了具体的立案标准，如：1999 年 9 月 16 日最高人民检察院发布的《关于人民检察院直接受理立案侦查案件立案标准的规定（试行）》；2012 年 5 月 16 日最高人民检察院、公安部发布的《关于公安机关管辖的刑事案件立案追诉标准的规定（三）》；2013 年 4 月 4 日最高人民法院、最高人民检察院施行的《关于办理盗窃刑事案件适用法律若干问题的解释》；2011 年 12 月 26 日最高人民法院发布的《关于国家赔偿案件立案工作的规定》等。立案条件是立案标准的法律依据，而立案标准则是立案条件的具体化。对于公安司法机关而言，在作出是否立案的决定时，对立案的条件和立案的标准都应当掌握和执行。

自诉案件由于不经过侦查程序，自诉人向人民法院起诉后，如果符合立案条件，人民法院就应当受理，并直接进入审判程序。因此，自诉案件的立案条件应当高于公诉案件，即自诉案件的立案条件除应当具备公诉案件的两个立案条件以外，依据《高法解释》第 316 条的规定，还应当具备下列条件：1）属于自诉案件范围；2）属于该人民法院管辖；3）刑事案件的被害人告诉的；4）有明确的被告人、具体的诉讼请求和能证明被告人犯罪事实的证据。如果该案件属于《刑事诉讼法》第 210 条第 3 项规定的自诉案件，还应当符合《刑事诉讼法》第 112、180 条的规定。

（三）立案的程序

1. 立案材料的接受

报案、控告、举报、自首材料是刑事案件材料的最主要来源，公安机关、人民检察院、人民法院必须予以妥善处理，为以后的刑事诉讼活动做好准备。依据刑事诉讼法的有关规定，对立案材料的接受应当注意以下几点。

（1）依据《刑事诉讼法》第 110 条的规定，公安机关、人民检察院或者人民法院对于任何单位、个人和被害人的报案、举报和控告以及犯罪人的自首，无论是否属于自己的管辖范围，都应当接受，不得推诿或者拒绝。因为《刑事诉讼法》关于管辖的划分是针对公、检、法三机关的职责权限而言的，单位、个人或被害人的报案、举报、控告以及犯罪人的自首并不受此限。公、检、法机关接受后，发现不属于自己管辖的应当移送主管机关处理，并且通知报案人、控告人、举报人或自首的犯罪人。对于不属于自己管辖又必须采取紧急措施的，应当先采取紧急措施，然后再移送主管机关，以防止犯罪嫌疑人逃跑、自杀、行凶、毁灭罪证等妨碍或逃避侦查、起诉和审判行为的发生。

（2）为了便于单位、个人以及被害人行使报案、控告、举报权，有利于群众及时同犯罪作斗争，保护国家、社会和公民个人的合法利益，法律规定，报案、控告、举报既可以书面方式提出，也可以口头方式提出，两者具有同等的法律效力。接受口头报案、控告、举报的公安人员、检察人员和审判人员，应当就报案、控告、举报的内容认真、详细地写成笔录，经宣读无误后，由报案人、控告人、举报人签名或者盖章。对于单位报案、控告、举报的，应当由单位负责人签名或者盖章，以便查证和防止诬告陷害。对于犯罪人的自首，接受自首的公安司法人员也应当将犯罪人投案自首的时间、地点，以及其供述的犯罪行为发生的过程、情节、手段、后果等写成笔录，并经宣读无误后，由自首人签名或考盖章。

（3）为了保证公安司法机关准确、及时打击犯罪、惩罚犯罪，保障无辜的公民不受诬告陷害，保证控告、举报的真实性，法律规定，接受控告、举报的司法工作人员，应当向控告人、举报人说明诬告而导致的法律责任，以使他们能够实事求是，尽量客观、准确、全面地揭发、控告自己所知道的有关犯罪事实或犯罪嫌疑人的情况；同时，为了不挫伤控告人、举报人揭露犯罪、同犯罪作斗争的积极性，消除其存在的思想顾虑，法律还要求司法工作人员严格区分错告、误告与诬告。只要不是捏造事实、伪造证据，即使控告、举报的事实有出入，甚至是错告的，也要和诬告严格加以区别。但对于故意捏造事实，伪造证据，有意诬告陷害，构成犯罪的，应当依法追究其刑事责任。

（4）对于自诉案件，被害人有权直接向人民法院起诉。被害人死亡或者丧失行为能力的，被害人的法定代理人、近亲属有权向人民法院起诉，人民法院应当受理。这里需要特别指出的是，对于满足《刑事诉讼法》第 210 条第 3 项规定的条件，即被害人有证据证明被告人侵犯自己人身、财产权利的案件，公安机关、人民检察院、人民法院本应追究被告人的刑事责任，但作了不立案、不起诉或不追究刑事责任的决定，被害人直接向人民法院递交有关犯罪事实材料要求起诉的，如果符合法律规定的公诉转化为自诉的条件，人民法院也不得以该案属于公诉案件为借口而拒绝受理。

（5）专门机关应当充分保障报案人、控告人和举报人的人身和财产安全。由于报案、控告和举报是公安司法机关立案的重要材料来源，对于及时侦破案件，查获犯罪嫌疑人，打击、惩罚犯罪，维护国家和人民利益具有十分重要的意义，因此，为了保护人民群众同犯罪作斗争的积极性，《刑事诉讼法》第111条第3款规定："公安机关、人民检察院或者人民法院应当保障报案人、控告人、举报人及其近亲属的安全。报案人、控告人、举报人如果不愿公开自己的姓名和报案、控告、举报的行为，应当为他保守秘密。"依据这一规定，公安机关、人民检察院、人民法院应当采取必要措施，切实保障报案人、控告人、举报人及其近亲属的人身、财产安全。凡对报案人、控告人、举报人进行威胁、侮辱、殴打或者打击报复、陷害的，都应当严肃查处；构成犯罪的，应当依法追究其刑事责任。其中，如果是国家工作人员滥用职权、假公济私，对控告人、举报人等实行报复陷害的，依据《刑法》第254条的规定，应"处二年以下有期徒刑或者拘役；情节严重的，处二年以上七年以下有期徒刑"。对于尚不够刑罚处罚的，依法给予治安管理处罚，或者建议有关主管部门予以党纪、政纪处分。对于报案人、控告人、举报人不愿公开自己的姓名和报案、控告、举报行为的，公安司法机关也负有为其保守秘密的义务，以防止打击报复行为的发生，充分保护报案人、控告人、举报人的人身和财产安全。

公安机关、人民检察院和人民法院的工作人员，在接受报案、控告、举报或者犯罪人自首的立案材料后，应当填写"受理刑事案件登记表"，并出具回执。

2. 对立案材料的审查

依据《刑事诉讼法》第112条的规定，人民法院、人民检察院或者公安机关，对于报案、控告、举报和自首的材料，应当按照管辖范围迅速进行审查。

对立案材料的审查，就是确认犯罪事实和分析判断这种犯罪事实是否需要追究刑事责任的过程，是正确及时立案的关键。立案还是不立案，取决于对材料审查的结果。而审查材料的过程，也就是根据法律所规定的立案条件，确认有无犯罪事实和分析、评断这种犯罪事实是否需要追究刑事责任的过程。因此，对立案材料的审查，是一项十分重要的工作。

人民法院、人民检察院、公安机关对于立案材料审查的内容，如前所述，主要是案件是否属于本部门管辖，是否符合立案条件。而对立案材料审查的方法，通常则是根据已掌握的材料和证据，确认有犯罪事实存在，依法应当追究刑事责任的，应当迅速作出立案决定；对于经过审查认为证据不足，不能判明犯罪事实是否发生的，或对立案材料尚有疑问的，可以要求报案人、控告人、举报人补充材料或者进一步说明情况。公安司法机关也可以自行调查、收集证据，必要时可以采取勘验、检查、鉴定、询问知情人等一般调查方法。但通常情况下，人民检察院和公安机关对案件的侦查活动，以及人民法院对案件的审判活动，均应在立案以后进行。此外，对立案材料的审查，公安司法机关还可以委托发案单位进行调查，或者公安司法机关与发案单位或其上级主管部门等共同进行调查。

对于自诉案件，由于法律要求自诉人在提出控诉时，应当同时提出证明犯罪事实发生的各种证据，因此人民法院在审查过程中，如果认为自诉人提出的证据不充分，可以要求自诉人提出补充证实有关犯罪事实的材料，但立案前法院不能进行调查。

总之，立案前的审查，仅仅是为了查明是否确有犯罪事实发生，以便判明是否需要立案追究其刑事责任，而不是要求查明犯罪的目的、动机、手段、过程等全部的犯罪事实，也不要求在这一阶段查清谁是犯罪嫌疑人，因为这是立案以后侦查阶段的任务。因此，司法实践中存在的“不破不立”“先破后立”等“提高”刑事案件破案率的做法都是错误的，应予以纠正。

3. 对立案材料的处理

对立案材料的处理，是指公安机关、人民检察院或者人民法院对报案、控告、举报和自首的材料进行审查后，根据事实和法律所作出的立案或不立案的决定。

（1）立案决定。

公安机关、人民检察院、人民法院经过对立案材料的审查，认为符合立案条件，即确有犯罪事实发生，对行为人依法需要追究刑事责任时，应当作出立案的决定。

公安机关接受案件后，经审查，认为有犯罪事实需要追究刑事责任，且属于自己管辖的，经县级以上公安机关负责人批准，予以立案。人民检察院对于直接受理的案件，经审查认为有犯罪事实需要追究刑事责任的，应当制作立案报告书，经检察长批准后予以立案。在决定立案之日起 3 日以内，将立案备案登记表、提请立案报告和立案决定书一并报送上一级人民检察院备案。对自诉案件，人民法院应当在 15 日内审查完毕；经审查，符合受理条件的，应当决定立案，并书面通知自诉人或者代为告诉人。

决定立案的，应当先由承办人员写出“立案报告书”或者填写“立案报告表”。“立案报告书”的内容应当写明：立案机关的名称；立案的材料来源和案由；发案的时间、地点、犯罪事实、现有的证据材料；立案的法律根据和初步意见；立案的时间；承办人姓名；等等。然后，承办人员将制作好的“立案报告书”或“立案报告表”连同有关证据材料报送本机关主管领导审批。经批准后，填写“立案决定书”并由负责审批人签名或盖章，以标志正式立案。

关于自诉案件，经过审查，如果认为符合立案条件，人民法院应当在收到自诉状或者口头告诉第二日起 15 日以内作出立案决定，并书面通知自诉人或者代为告诉人。

（2）不立案决定。

接受立案材料的公安司法机关，经审查，如果认为不符合立案条件，即没有犯罪事实发生，或者不需要追究刑事责任时，应当作出不立案的决定。决定不予立案的，应当制作“不立案决定书”，写明案件的材料来源，决定不立案的理由和法律依据，决定不立案的机关等。“不立案决定书”也必须经过主管机关或者主管部门的负责人批准。

为了充分维护控告人的合法权益，监督公安司法机关的立案行为，如果案件材料来源于控告人提出的控告，公安机关和人民检察院作出不立案决定后，应当通知控告人。对有控告人的案件，决定不予立案的，公安机关应当制作不予立案通知书，并在3日以内送达控告人。人民检察院决定不予立案的，如果是被害人控告的，应当制作不立案通知书，写明案由和案件来源、决定不立案的原因和法律依据，由侦查部门在15日以内送达控告人，同时告知本院控告检察部门。

控告人如果对不立案决定不服，有以下三种救济途径。

其一，依据《公安规定》第179条的规定，控告人对公安机关不予立案决定不服的，可以在收到不予立案通知书后7日以内向作出决定的公安机关申请复议；公安机关应当在收到复议申请后30日以内作出决定，并将决定书送达控告人。控告人对不予立案的复议决定不服的，可以在收到复议决定书后7日以内向上一级公安机关申请复核；上一级公安机关应当在收到复核申请后30日以内作出决定。对上级公安机关撤销不予立案决定的，下级公安机关应当执行。

依据《高检规则》第173条的规定，控告人对于人民检察院不立案的决定不服的，可以在收到"不立案通知书"后10日以内向上一级人民检察院申请复议。不立案的复议，由上一级人民检察院负责侦查的部门审查办理。

其二，控告人对于公安机关不立案的决定不服，还有权向人民检察院提出申诉，请求人民检察院按照立案监督程序要求公安机关立案。

其三，如果控告人有证据证明对被控告人侵犯自己人身、财产权利的行为应当依法追究刑事责任，而公安机关、人民检察院作出不立案决定的，控告人有权直接向人民法院起诉。

对自诉案件，人民法院应当在15日内审查完毕，经审查，不符合受理条件的，应当说服自诉人撤回起诉；自诉人不撤回起诉的，裁定不予受理。自诉人对不予受理的裁定不服的，可以提起上诉；第二审人民法院查明第一审人民法院作出的不予受理裁定有错误的，应当在撤销原裁定的同时，指令第一审人民法院立案受理。

对于某些控告、举报的材料，虽不够立案条件，但公安司法机关审查后发现不具备立案条件的案件中的行为人有严重错误，或者存在一般的违法乱纪行为，需要其他有关机关处理的，应当将报案、控告、举报或自首材料移送有关主管机关处理，并通知控告人、报案人、举报人和自首人。

（3）撤案。

经过侦查，发现具有以下情形之一的，应当撤销案件：1）没有犯罪事实的；2）犯罪情节显著轻微、危害不大、不认为是犯罪的；3）犯罪已过追诉时效期限的；4）经特赦令免除刑罚的；5）犯罪嫌疑人死亡的；6）其他依法不追究刑事责任的。对于经过侦查，发现有犯罪事实需要追究，但不是立案侦查的犯罪嫌疑人实施的，或者共同犯罪案件中部分犯罪嫌疑人不够刑事处罚的，应当对有关犯罪嫌疑人终止侦查，并对该案件继续侦查。

需要撤销案件或者对犯罪嫌疑人终止侦查的，办案部门应当制作撤销案件报告书或者终止侦查报告书。公安机关作出撤销案件决定后，公安机关应当在 3 日内告知原犯罪嫌疑人、被害人或者近亲属、法定代理人以及案件移送机关。作出终止侦查决定后，公安机关应当在 3 日内告知原犯罪嫌疑人。

公安机关撤销案件以后又发现新的事实或者证据，认为有犯罪事实需要追究刑事责任的，应当重新立案侦查。对犯罪嫌疑人终止侦查后又发现新的事实或者证据的，认为有犯罪事实需要追究刑事责任的，应当继续侦查。

(四) 立案监督

人民检察院对刑事诉讼实行法律监督，是我国刑事诉讼的一项基本原则。立案是刑事诉讼中的独立诉讼阶段，人民检察院依法对刑事诉讼实行法律监督，自然包括对立案活动的监督。立案监督，又称立案备查，是指人民检察院依法对公安机关的立案活动是否合法进行监督。其任务是确保依法立案，防止和纠正有案不立和违法立案，依法、及时打击犯罪，保护公民的合法权利，保障国家法律的统一、正确实施，维护社会和谐稳定。具体而言，立案监督包括两个方面：一是对公安机关应当立案而不立案情形的监督；二是对公安机关不应当立案而立案情形的监督。

“深化司法责任制综合配套改革，加强司法制约监督，健全社会公平正义法治保障制度，努力让人民群众在每一个司法案件中感受到公平正义”，是习近平总书记在中央全面依法治国工作会议上对司法为民提出的新要求。立案监督是贯彻落实司法为民的重要组成部分，是刑事司法领域保障人权的重要一环。1979 年《刑事诉讼法》没有明确规定人民检察院对公安机关实行立案监督，人民检察院在法律监督活动中发现不应立案而公安机关已立案侦查的案件，主要通过审查批捕、审查起诉加以纠正。在司法实践中，还存在着较为严重的“有案不立”“以罚代刑”等应立案而不予立案的问题。这些问题的存在，不仅有碍法律的统一、正确实施，损害法律的权威和尊严，而且造成了对犯罪打击不力的现象。鉴于此，修正后的《刑事诉讼法》就人民检察院对公安机关立案活动的监督作了专门规定，从而使人民检察院对公安机关的立案监督有了明确的法律依据，加强和完善了人民检察院刑事法律监督职能，并有利于打击和惩罚犯罪，防止罪犯逍遥法外、逃避法律制裁，维护国家和人民的利益，保证国家法律的统一、正确实施。

1. 对应当立案而不立案的监督

依据《刑事诉讼法》第 113 条和最高人民检察院、公安部《关于刑事立案监督有关问题的规定（试行）》（高检会〔2010〕5 号）的有关规定，被害人及其法定代理人、近亲属或者行政执法机关，认为公安机关对其控告或者移送的案件应当立案侦查而不立案侦查，向人民检察院提出的，或者人民检察院发现公安机关可能存在应当立案侦查而不立案侦查情形的，应当依法进行审查。

人民检察院对于公安机关应当立案而不立案的线索进行审查后，应当根据不同情况分别作出处理：（1）没有犯罪事实发生，或者犯罪情节显著轻微不需要追究刑事责任，或者具有其他依法不追究刑事责任情形的，及时答复投诉人或者行政执法机关；（2）不属于被投诉的公安机关管辖的，应当将有管辖权的机关告知投诉人或者行政执法机关，并建议向该机关控告或者移送；(3) 公安机关尚未作出不予立案决定的，移送公安机关处理；(4) 有犯罪事实需要追究刑事责任，属于被投诉的公安机关管辖，且公安机关已作出不立案决定的，经检察长批准，应当要求公安机关书面说明不立案理由。

人民检察院要求公安机关说明不立案理由，应当制作“要求说明不立案理由通知书”，及时送达公安机关。公安机关应当在收到“要求说明不立案理由通知书”后7日以内作出书面说明，客观反映不立案的情况、依据和理由，连同有关证据材料复印件回复人民检察院。公安机关主动立案的，应当将“立案决定书”复印件及时送达人民检察院。

公安机关说明不立案的理由后，人民检察院应当进行审查，认为公安机关不立案理由不能成立的，经检察长决定，应当通知公安机关立案。人民检察院通知公安机关立案，应当制作“通知立案书”，说明依据和理由，连同证据材料送达公安机关，并且告知公安机关应当在收到“通知立案书”后15日以内立案，并将“立案决定书”及时送达人民检察院。

公安机关在收到“通知立案书”后超过15日不予立案或者未要求复议、提请复核的，人民检察院应当发出“纠正违法通知书”。公安机关仍不纠正的，报上一级人民检察院协商同级公安机关处理。

为了防止监督立案后消极侦查或不侦查，监督立案后3个月未侦查终结的，人民检察院可以发出“立案监督案件催办函”，公安机关应当及时向人民检察院反馈侦查进展情况。

2. 对不应当立案而立案的监督

依据最高人民检察院、公安部《关于刑事立案监督有关问题的规定（试行）》（高检会〔2010〕5号）和《高检规则》的有关规定，人民检察院对于不服公安机关立案决定的投诉，可以移送立案的公安机关处理。但是，人民检察院经审查，有证据证明公安机关可能存在违法动用刑事手段插手民事、经济纠纷，或者办案人员利用立案实施报复陷害、敲诈勒索以及谋取其他非法利益等违法立案情形，且已采取刑事拘留等强制措施或者搜查、扣押、冻结等强制性侦查措施，尚未提请批准逮捕或者移送审查起诉的，经检察长批准，应当要求公安机关书面说明立案理由。

人民检察院要求公安机关说明立案理由，应当制作“要求说明立案理由通知书”，及时送达公安机关。公安机关应当在收到“要求说明立案理由通知书”后7日以内作出书面说明，客观反映立案的情况、依据和理由，连同有关证据材料复印件回复人民检察院。公安机关主动撤销案件的，应当将“撤销案件决定书”复印件及时送达人民检察院。

公安机关说明立案的理由后，人民检察院应当进行审查，认为公安机关立案理由不能成立的，经检察长决定，应当通知公安机关撤销案件。人民检察院通知公安机关撤销案件，应当制作“通知撤销案件书”，说明依据和理由，连同证据材料送达公安机关。公安机关对“通知撤销案件书”没有异议的应当立即撤销案件，并将“撤销案件决定书”及时送达人民检察院。

公安机关在收到“通知撤销案件书”后超过15日不撤销案件的，人民检察院应当发出“纠正违法通知书”。公安机关仍不纠正的，报上一级人民检察院协商同级公安机关处理。

公安机关认为人民检察院撤销案件通知有错误，要求同级人民检察院复议的，人民检察院应当重新审查。在收到“要求复议意见书”和案卷材料后7日以内作出是否变更的决定，并通知公安机关。公安机关不接受人民检察院复议决定，提请上一级人民检察院复核的，上级人民检察院应当在收到“提请复核意见书”和案卷材料后15日以内作出是否变更的决定，通知下级人民检察院和公安机关执行。上级人民检察院复核认为撤销案件通知有错误的，下级人民检察院应当立即纠正；上级人民检察院复核认为撤销案件通知正确的，应当作出复核决定并送达下级公安机关。

二、实践动态

“捕诉一体”下立案监督的发展方向

2018年以来，全国检察机关陆续推进“捕诉合一”改革，改变以往按照职能划分内设机构与岗位职责的做法，将审查逮捕与审查起诉职能合并由同一检察官或者检察官办案组行使。[①] 正因“捕诉一体”要求检察官一体办理审查逮捕和审查起诉案件，长期适应捕诉分离的检察官需要一定时间去适应、融入新的工作机制。对于办案检察官而言，审查逮捕、审查起诉是“被动受案型”工作，分到案件后必须办理；逮捕、起诉的较大工作量也占用了检察官的主要时间与精力。立案监督则往往是一种“主动开展型”工作，除当事人控告外，不存在被动分案的压力，所以检察官往往容易将其作为一种“副业”，由此也产生了审查逮捕、审查起诉被视为“硬任务”并积极完成，而立案监督等监督职能被当作“软任务”，被忽视、弱化的问题。[②] 为避免立案监督受到弱化，在“捕诉一体”的背景下，立案监督需要适应新时代的发展要求与检察事业发展方向，积极谋划转型发展。

1. 切实做好立案监督，避免职能弱化

审查逮捕、审查起诉与立案监督等诉讼监督职能均是检察官的法定职责，必须牢固树立监督与办案相统一的理念，坚持在办案中监督，在监督中办案。检察机关不能放任违法的立案或不立案活动。检察官责任制不仅应当包括错案责任，也应当包括监督责任。检察官故意放弃立案监督职责，或者因重大过失而立案监督失职，造成严重后果的，应当承担“监督过失责任”[③]。

为落实立案监督，司法实践中很多检察机关探索建立立案监督案件化工作机制。具体而言，该工作机制包括程序规范、证据规则、管理流程、质量标准、办案机制

① 邓思清．捕诉合一是中国司法体制下的合理选择．检察日报，2018-06-06 (3)．
② 朱静，杜国伟．“捕诉一体”视野下检察监督的实践偏离与理性回归．中国检察官，2021 (7)：47．
③ 陈晨，张东生主编．公诉环节的诉讼监督．北京：法律出版社，2015：17．

等五个基本要素[①]，拥有自身专门的实体、程序及证据规则，需要经过完整的线索发现与初查、立案、调查核实、监督纠正、跟踪回复程序，在统一业务应用系统等检察机关办案系统中单独建案办理，在形式上建立案卡、案号、业务卷宗、业务档案。立案监督案件化对检察官个体层面以及检察机关组织层面均有其积极价值。对检察官个体而言，案件化的立案监督业务可以使立案监督评价体系落在实处，为检察官员额确定提供参考依据，实现科学认定司法责任，充分调动监督者主观能动性。对检察机关组织而言，立案监督案件化可以全面反映立案监督的受理、调查、处理、跟踪等过程，可以保障立案监督按照法定规则运行。

2. 把握立案监督规律，避免“硬捕硬诉”

当前司法实务中存在一种担忧，检察机关监督立案后，随着侦查取证与诉讼推进，发现案件中收集的证据材料及查明的事实情况达不到逮捕、起诉的要求，但由于“捕诉一体”要求同一检察官负责从监督立案至逮捕、起诉的全流程工作，承办检察官难以否定自己的监督立案决定，可能导致对案件“硬捕硬诉”。具体而言，对于监督立案案件，承办检察官仍然应当依法审查逮捕、审查起诉，严格按照法定条件与证明标准，审查判断案件处理结果。对于未达到法定证明标准的案件，即使是自己监督立案的，也不能“硬捕硬诉”，应当依法不批准逮捕或者不起诉。而对于应当立案侦查但公安机关不予立案侦查的案件，检察机关要坚持依职权或依申请开展监督立案。监督工作中，要遵守有犯罪事实需要追究刑事责任的立案标准，履行证明责任。实际工作中，检察官监督立案后，深入侦查或者客观情况变化均为案件新增了丰富的证据材料，检察官对案件经历了“去粗取精、去伪存真、由此及彼、由表及里”的渐进认识过程[②]，既可能发现案件确实应当追究刑事责任，也可能发现不应当追究刑事责任或者证明犯罪的证据不充分，对此不能用后来的认识结论去否定先前的监督立案决定，也不能因为先前的监督立案决定导致案件非捕不可、非诉不可。问题的关键还是在于界定科学合理的监督立案的条件与证明标准，特别是注意不能将监督立案的条件与证明标准完全与逮捕、起诉的条件与证明标准等同。在此基础上，对于监督立案本身合乎法律与当时事实证据的案件，即使后来依法不逮捕、不起诉，也不能认为立案监督错误，更不能对不应逮捕、起诉的监督立案案件“硬捕硬诉”。因此，应当注意在立案标准与逮捕、起诉、判刑标准之间寻求平衡，切实推动立案监督工作科学、健康开展。

3. 利用大数据技术助力立案监督

检察机关的传统办案是人工收集信息并进行处理。大数据时代的工作模式则是在信息化的基础上将数据处理和模型建立变得智能化。检察机关开展立案监督，应当充分发挥大数据技术的支撑作用。一是依托公安机关警务信息系统，完善检警案件信息共享平台。党的十八届四中全会《决定》明确提出建立“行政执法机关、公安机关、检察机关、审判机关信息共享、案情通报、案件移送制度”，建设整个司法

① 韩晓峰，陈超然．诉讼监督事项案件化的思考：以侦查监督为分析视角．人民检察，2016（21）：34．

② 毛泽东．实践论．毛泽东选集：第1卷．北京：人民出版社，1991：291．

系统的政法专线网络，这是国家信息化战略的重要部署。实践中，一些地方检察机关已经作出了卓有成效的探索。平台不但能够实现信息共享，提供数据的来源，而且能够通过分析已输入的案件，帮助办案人员掌握各类型犯罪的发案规律、作案手段、高危环节、高发领域以及犯罪嫌疑人信息等，对立案监督工作具有指导、参考、应用价值。平台建设要充分体现信息共享的设计理念，使公安机关不仅仅是案件信息的提供者，还能及时获取检察机关的监督审核情况，实现办案信息的流转互通和互惠共赢。

二是提高信息梳理及运用能力。面对公安机关的海量案件信息，获取不等同于有效运用，借助技术手段仅仅是实现了对受案立案信息的及时了解，但是如何通过对数据信息的梳理分析，发现其中存在的问题，是考验检察人员立案监督能力的关键。充分依托统一业务应用系统的丰富资源是一个可行的路径，通过大数据分析手段建立检察机关立案监督案件线索分析模块。对现有系统的搜集、录入功能进行优化，做好数据采集工作，构建检察机关内部的监督信息运用综合管理平台模块，进行大数据的挖掘和深层分析，从而获得对立案监督有用的预测性结论，指引立案监督的重点和方向。[①]

4. 探索重大案件立案监督公开听证机制

刑事立案作为刑事追诉的起点，涉及公民的基本权利。立案监督程序公开是正当程序的题中之意，其实质是通过公开机制保障当事人的合法权益。[②] 程序公开强调适度向社会公开，关键是向案件当事人公开，对某些重大敏感案件、社会影响力较大的刑事案件可以邀请人大代表、人民监督员等群体参与并发表意见。通过与案件关涉的行政执法机关、被害人及其诉讼代理人、犯罪嫌疑人及其辩护律师参与并充分表达意见的立案监督听证程序，检察机关可以及时了解案件经过，听取当事人的意见并记录在案。这有助于改变传统书面阅卷的弊端，增强审查的亲历性，尽可能还原事实真相，作出客观公正的决定；基于程序所具有的独立价值，公开听证程序的设置还有助于彰显社会规则和秩序、体现公民的社会主体地位、尊重和保障当事人的参与权利、提高司法裁决的社会接受程度。与此同时，听证程序借助当事人的深度参与和程序的公开性，也更加有助于实现对检察权的有效制约，最大限度地规范立案监督决策的作出与执行，以保护当事人的合法权益，切实维护司法公正。

三、案例应用

温某某合同诈骗立案监督案[③]

【案情】犯罪嫌疑人温某某，男，1975 年 10 月出生，广西壮族自治区钦州市甲水务有限公司（本案以下简称甲公司）负责人。

---

① 孙谦．刑事立案与法律监督．中国刑事法杂志，2019（3）：15.

② 宋英辉．刑事诉讼原理．北京：法律出版社，2014：79.

③ 案例来源：最高检发布第二十四批指导性案例之二：检例第 91 号.

2010年4月至5月间，甲公司分别与乙建设有限公司（本案以下简称乙公司）、丙建设股份有限公司（本案以下简称丙公司）签订钦州市钦北区引水供水工程“建设工程施工合同”。根据合同约定，乙公司和丙公司分别向甲公司支付70万元和110万元的施工合同履约保证金。工程报建审批手续完成后，甲公司和乙公司、丙公司因工程款支付问题发生纠纷。2011年8月31日，丙公司广西分公司经理王某某到南宁市公安局良庆分局（本案以下简称良庆公安分局）报案，该局于2011年10月14日对甲公司负责人温某某以涉嫌合同诈骗罪刑事立案。此后，公安机关未传唤温某某，也未采取刑事强制措施，直至2019年8月13日，温某某被公安机关采取刑事拘留措施，并被延长刑事拘留期限至2019年9月12日。2019年8月26日，温某某的辩护律师向南宁市良庆区人民检察院提出监督申请，认为甲公司与乙公司、丙公司之间的纠纷系支付工程款方面的经济纠纷，并非合同诈骗，请求检察机关监督公安机关撤销案件。南宁市良庆区人民检察院经审查，决定予以受理。经走访良庆公安分局，查阅侦查卷宗，核实有关问题，并听取辩护律师意见，接收辩护律师提交的证据材料，南宁市良庆区人民检察院查明：一是甲公司案发前处于正常生产经营状态，2006年至2009年间，经政府有关部门审批，同意甲公司建设钦州市钦北区引水供水工程项目，资金由甲公司自筹；二是甲公司与乙公司、丙公司签订“建设工程施工合同”后，向钦州市环境保护局钦北分局等政府部门递交了办理“钦北区引水工程项目管道线路走向意见”的报批手续，但报建审批手续未能在约定的开工日前完成，双方因此另行签订补充协议，约定了甲公司所应承担的违约责任；三是报建审批手续完成后，乙公司、丙公司要求先支付工程预付款才进场施工，甲公司要求按照工程进度支付工程款，双方协商不下，乙公司、丙公司未进场施工，甲公司也未退还履约保证金；四是甲公司在该项目工程中投入勘测、复垦、自来水厂建设等资金3 000多万元，收取的180万元履约保证金已用于自来水厂的生产经营。2019年9月16日，南宁市良庆区人民检察院向良庆公安分局发出“要求说明立案理由通知书”。良庆公安分局回复认为，温某某以甲公司钦州市钦北区引水供水工程项目与乙公司、丙公司签订合同，并收取履约保证金，而该项目的建设环评及规划许可均未获得政府相关部门批准，不具备实际履行建设工程能力，其行为涉嫌合同诈骗。良庆区人民检察院认为，甲公司与乙公司、丙公司签订“建设工程施工合同”时，引水供水工程项目已经政府有关部门审批同意。合同签订后，甲公司按约定向政府职能部门提交该项目报建手续，得到了相关职能部门的答复，在项目工程未能如期开工后，甲公司又采取签订补充协议、承担相应违约责任等补救措施，并且甲公司在该项目工程中投入大量资金，收取的履约保证金也用于公司生产经营。因此，不足以认定温某某在签订合同时具有虚构事实或者隐瞒真相的行为和非法占有对方财物的目的，公安机关以合同诈骗罪予以刑事立案的理由不能成立。对于甲公司不退还施工合同履约保证金的行为，乙公司、丙公司可以向人民法院提起民事诉讼。同时，南宁市良庆区人民检察院审查认为，该案系公安机关立案后久侦未结形成的侦查环节“挂案”，应当监督公安机关依法处理。2019年9月27日，南宁市良庆区人民检察院向良庆公安分局发出“通知撤销案件书”。

【问题】请问南宁市良庆区人民检察院的做法是否符合相关法律规定？为什么？

【评析】近年来，从检察机关接收的群众控告申诉案件类型看，反映涉非公经济纠纷的案件呈递增趋势，而其中反映的对涉非公经济案件越权管辖、违规立案、违规干涉民事裁判执行等问题又相对突出，还有一些企业反映自身合法权益受到犯罪行为侵害，但是报案不立案或者遭遇推诿。这类违法违规办案行为对当事企业的伤害很大，有时甚至难以弥补，严重损害司法权威和司法公信力，破坏公平竞争、健康有序的市场秩序，也影响和动摇人民群众对公平正义的信心，检察机关有必要立足监督本职，加大刑事立案监督办案力度，及时予以监督纠正。检察机关对公安机关不应当立案而立案的，应当依法监督撤销案件。检察机关负有立案监督职责，有权监督纠正公安机关不应当立案而立案的行为。涉案企业认为公安机关对企业之间的合同纠纷以合同诈骗进行刑事立案，向检察机关提出监督申请的，检察机关应当受理并进行审查，认为需要公安机关说明立案理由的，应当书面通知公安机关，认为公安机关立案理由不能成立的，应当制作“通知撤销案件书”，通知公安机关撤销案件。注意审查涉案企业在签订、履行合同过程中是否具有虚构事实、隐瞒真相的行为，是否有《刑法》第224条规定的五种情形之一。注重从合同项目真实性、标的物用途、有无实际履约行为、是否有逃匿和转移资产的行为、资金去向、违约原因等方面，综合认定是否具有诈骗的故意，避免片面关注行为结果而忽略主观上是否具有非法占有的目的。对于签订合同时具有部分履约能力，其后完善履约能力并积极履约的，不能以合同诈骗罪追究刑事责任。对于公安机关立案后久侦未结形成的“挂案”，检察机关应当提出监督意见。由于立案标准、工作程序和认识分歧等原因，有些涉民营企业刑事案件逾期滞留在侦查环节，既未被撤销，又未被移送审查起诉，形成“挂案”，导致民营企业及企业相关人员长期处于被追诉状态，严重影响企业的正常生产经营，破坏当地营商环境，也损害了司法机关的公信力。检察机关发现侦查环节“挂案”的，应当对公安机关的立案行为进行监督，同时也要对公安机关侦查过程中的违法行为依法提出纠正意见。

四、知识拓展

刑事立案制度的实践意义

自1979年《刑事诉讼法》出台以来，刑事立案标准在理论界就一直饱受争议，有学者以西方“三权分立”制度框架下的刑事诉讼模式为蓝本，提出了修改、降低甚至废除刑事立案标准的观点。[①] 也有学者从立案审查主体的设置不合理、立案的审查手段不明确、立案条件过高、立案监督流于形式等角度，论述立案的废除可能。[②]

随着《刑事诉讼法》三次修改的尘埃落定，我国刑事立案标准在法律层面尽显

---

① 施鹏鹏，陈真楠．初查程序废除论：兼论刑事立案机制的调整．社会科学，2014（9）：105.

② 杨在平，王红霞．试论以侦查作为启动刑事诉讼程序的必然性．理论探索，2010（1）：126－130.

历久弥坚之态势。我国刑事立案制度变革和发展，并不是在一种真空状态下进行的，而是在我国社会环境下成长起来。[①] 事实上，刑事立案标准在法律制度和司法实践中能够契合立法者的效果期冀。一方面，作为刑事诉讼中权力控制的中国特色，刑事立案标准在防止刑事诉讼随意开启的同时，也为检察机关监督刑事立案提供了具体的法律依据。另一方面，在违法和犯罪二元分立的责任追究体制之下，刑事立案标准在区分案件性质、程序分流和缓解供给不足等方面具有一定的作用。[②]

1. 落实案件分流，提高诉讼效率

刑事立案阶段的案件分流有利于在源头上优化司法资源配置，确保刑事诉讼整体效率价值的提升。一方面，刑事立案程序能够对案件的性质进行初步界定，将不构成犯罪的案件及时排除在刑事诉讼程序之外，减少后续不必要的侦查、起诉和审判环节，进而减少人力、物力和财力等司法资源的无端损耗。另一方面，刑事立案程序能够确定刑事案件的管辖机关，实现案件在国家专门机关之间的有序流转，避免举报人、报案人和控告人来回空跑，节约了诉讼时间，有利于案件快速进入刑事诉讼程序。在过于强调职权主义思想观念的既有格局中，刑事诉讼程序一旦开启，就存在着追诉惯性，很难停顿。倘若大多数案件不加筛选地进入刑事诉讼程序，即便构建批量式的刑事诉讼处置模式恐怕也无济于事。“迄今为止，我国以简化刑事审判程序为中心的改革思路，已经被运用到极致，没有进一步改革的空间。”[③] 面对有限的司法资源，刑事追诉力量应当集中投入到那些追诉利益更为显著的案件当中。从这个视角出发，刑事立案程序的案件分流功能无疑是缓解刑事司法供给不足症状的一剂良药。

2. 防止权力滥用，约束强制措施

我国的权力控制模式极具中国特色，投射在刑事立案制度上，体现为通过法定程序来控制侦查权和审判权的扩张。事实上，在我国的刑事诉讼场域下，公安机关、人民检察院和人民法院之间并不存在所谓的权力中心，而是流水线上的一段，都有自己的“射程”[④]。在这种情形下，通过外部的司法授权和司法审查来控制侦查权或者审判权不具有可操作性。何况，在政治地位影响诉讼权力的实际格局中，公安机关对人民检察院和人民法院的影响不可忽视。因此，对于强制措施的控制不得不依靠法定的程序设计。如果说西方主要是通过司法授权的方式来控制强制措施的肆意扩张，那么我国采用的就是通过立案制度来为强制措施设置程序屏障。[⑤] 刑事立案制度的重要价值就是为国家专门机关开启刑事诉讼程序确立一个专门的阶段。通过设定一定的条件和手续，防止侦查以及审判程序开启的随意性，进而制约强制性侦

---

① 吴洪淇．刑事证据制度变革的基本逻辑：以 1996—2017 年我国刑事证据规范为考察对象．中外法学，2018（1）：101.

② 朱良．论刑事立案标准的三重意蕴．贵州社会科学，2022（3）：96.

③ 陈瑞华．司法改革体制导论．北京：法律出版社，2018：439.

④ 陈瑞华．刑事诉讼的前沿问题．北京：中国人民大学出版社，2016：284.

⑤ 朱良．我国刑事立案制度的发展轨迹与未来展望．河北法学，2021（12）：110.

查措施和技术侦查措施的任意适用。[①] 一般情况下，不论是扣押、查封和冻结等财产类强制性措施还是取保候审、监视居住、拘留和逮捕等人身类强制性措施，都应当在刑事立案之后才能适用。

3. 保障公民权利，强化程序意识

虽然发现犯罪和惩罚犯罪是刑事诉讼的首要目标，但这绝不意味着国家专门机关可以不择手段和不计代价地发现案件事实。作为我国刑事诉讼程序不可分割的部分，刑事立案制度的设置对于保障人权具有不可替代的重要性。事实上，刑事诉讼立案程序中的人权保障与刑事诉讼其他程序中的人权保障在性质上具有同一性，只是由于所处的刑事诉讼阶段不同，在人权保障的内容上有所区别。同时，处于刑事诉讼的开端，刑事立案具有开启刑事诉讼程序和过滤非刑事案件的重要功能，其总是可以以这样或者那样的方式，对社会公众以及刑事案件的结果造成直接或者间接的影响。

具体来讲，刑事立案直接决定着普通公众是否进入刑事诉讼程序，进而影响犯罪嫌疑人、被告人的人身自由和财产安全这两个人权体系中的核心内容。为了最大限度地发挥刑事诉讼程序的效能和降低负面影响，世界各国崇尚法治的人们都在孜孜以求地寻找并实践着保障人权的"游戏规则"。一定意义上讲，刑事立案阶段的人权保障程度更能表征一个国家刑事诉讼程序在人权保障上的价值取向和实际能力。[②] 强化抑或淡化对被追究者人权的保护，是区分不同治国理念及法治阶段的重要标志。

五、文献荐读

1. 陈卫东主编. 刑事立案与侦查. 北京：中国检察出版社，2017.
2. 刘铭. 公安机关刑事立案研究. 北京：中国人民公安大学出版社，2019.
3. 左卫民，等. 中国刑事诉讼运行机制实证研究. 北京：法律出版社，2007.
4. 孙谦. 刑事立案与法律监督. 中国刑事法杂志，2019 (3).
5. 马婷婷. 公诉案件立案功能论：以公安机关为视角. 法学评论，2018 (2).
6. 朱良. 我国刑事立案制度的发展轨迹与未来展望. 河北法学，2021 (12).

---

① 陈海平．论批捕权转隶法院. 河北法学，2021 (6)：182.

② 陈卫东主编．刑事审前程序与人权保障. 北京：中国法制出版社，2008：1.

第十二章　侦查程序

一、原理精析

(一) 侦查的概念

"侦查"一词在我国刑事司法领域曾数次变迁。在新中国成立之前，我国受大陆法系的影响，将审判前由检察官与司法警察主导的刑事犯罪调查活动称为"侦查"。新中国成立后，受军事活动影响，将调查犯罪的刑事司法活动视为军事术语"侦察"，造成实践中军事侦察与刑事侦察的混用。1979 年《刑事诉讼法》使用"侦查"这一法律术语，之后随着我国刑事司法制度与法律体系的不断完善，"侦查"与"侦察"混用的现象已逐渐消弭，"侦查"已成为法治时代刑事司法活动中专门的法律术语。

《刑事诉讼法》第 108 条第 1 项规定："'侦查'是指公安机关、人民检察院对于刑事案件，依照法律进行的收集证据、查明案情的工作和有关的强制性措施"。该条明确了侦查的概念。

侦查的内涵包括：

第一，侦查是国家专门机关的一项专属权力。依据我国《刑事诉讼法》相关规定及刑事立案管辖制度，公安机关是大多数刑事案件的侦查机关，检察机关、国家安全机关、军队保卫部门、中国海警局、监狱等依据我国立案管辖的规定行使侦查权。除此之外，其他任何机关和个人都无权开展侦查活动，采取侦查措施。需要注意的是，监察机关对职务犯罪案件行使的是调查权，而不是侦查权。

第二，侦查是专门性调查活动与有关强制性措施的总称。专门性调查活动是侦查机关为收集犯罪证据、查明犯罪事实所进行的调查活动。需要注意的是，这里的"强制性措施"和"强制措施"的范围是不一样的。我国通说认为，强制措施仅仅指《刑事诉讼法》"强制措施"一章中所规定的拘传、取保候审、监视居住、拘留和逮捕这五种限制或者剥夺人身自由的措施。强制性措施不仅包括这五种强制措施，还包括查封、扣押、冻结、搜查等强制性的侦查措施。

第三，侦查是公诉案件的必经程序。刑事诉讼活动中有自诉案件与公诉案件之分。一般而言，自诉案件可以由自诉人直接向法院提起审判程序，而公诉案件需要经侦查机关立案后，对案件进行全面的侦查活动，即公诉案件未经侦查程序，不得直接进入审查起诉程序，更不得直接进入审判程序。[①]

（二）侦查程序的原则与价值

1. 侦查程序的原则

第一，客观、全面原则。《刑事诉讼法》第 115 条第一句规定："公安机关对已经立案的刑事案件，应当进行侦查，收集、调取犯罪嫌疑人有罪或者无罪、罪轻或者罪重的证据材料。"据此，侦查人员在侦查过程中，应当一切从实际出发，坚持重事实、重证据、重调查研究的态度，认真分析、研究案情，如实反映案件的客观真实，切忌主观臆断、先入为主。在收集证据时要注意全面性，既要收集能够证明犯罪嫌疑人有罪、罪重的证据，又要收集能够证明犯罪嫌疑人无罪、罪轻的证据。

第二，遵守法定程序原则。《刑事诉讼法》第 3 条第 2 款规定："人民法院、人民检察院和公安机关进行刑事诉讼，必须严格遵守本法和其他法律的有关规定。"第 52 条第一句规定："审判人员、检察人员、侦查人员必须依照法定程序，收集能够证实犯罪嫌疑人、被告人有罪或者无罪、犯罪情节轻重的各种证据。"据此，侦查机关和侦查人员在开展侦查活动时，应当严格遵守法律规定的程序。侦查人员必须增强法治观念，严格依照《刑事诉讼法》规定的法定程序，采取侦查措施，收集犯罪证据，依法进行侦查终结活动。

第三，比例原则。比例原则是现代公法的"帝王条款"。作为公权力的一种，侦查权在行使过程中也需要遵守比例原则。比例原则包含以下三个层次的内容。

其一，适当性原则。该原则要求侦查措施的行使必须基于特定的事实，为了实现法定的侦查目的。

其二，必要性原则。其基本含义是面对多种均能实现侦查目的的侦查措施时，侦查机关应当选择相对对个人权利侵害较小的侦查措施。德国行政法学者弗莱纳曾用一句名言来解释此原则："警察不可用大炮打麻雀。因为用鸟枪就足够了，而用大炮打小鸟，无论击中与否，炮声都会惊扰四邻，因而违反了比例原则。"

在现代法治国家中，必要性原则是一个强行性的法律问题，而非裁量问题，易言之，当存在多个可能的侦查措施时，侦查机关必须选择对公民权利损害最小的措施，这是法律的强行性规定，侦查机关对此不享有自由裁量权。例如，由于监听措施可能会严重侵犯相关当事人的通信秘密和通信自由，因此现代法治国家均要求侦查机关在采取监听措施时，须遵守最后手段原则。

其三，相称性原则。相称性原则的基本要求是，侦查机关在采取侦查措施时，

---

① 陈瑞华主编．刑事诉讼法．北京：北京大学出版社，2021：366．

其对公民个人权利造成的损害与其所保护的国家和社会公益之间应保持一定的比例关系，具言之，即使侦查机关采取了合适且在当时条件下对公民权利损害最小的措施，但如果该措施对公民个人权利造成的损害与其所保护的国家和社会公益显然不成比例，即对公民个人权利的损害大于其所保护的国家和社会公益，那么，该措施仍然是违反比例原则的基本要求的。

总体而言，适当性原则强调的是目的和手段之间的对应关系，即特定手段适合于实现法律规定的特定目的。必要性原则强调的是手段与手段之间的对比关系，即当实现同一目的存在多个不同手段时，应当选择对公民权利损害最小的手段。相称性原则强调的是行为可能损害的个人权利与其所能保护的国家和社会公益之间的对比关系，即任何职权行为对公民个人权利造成的损害都不得大于其所能保护的国家和社会公益。三者之间是紧密联系、层层递进的关系。完整的比例原则应当包含上述三个子原则的内容。

第四，侦查不公开原则。侦查不公开原则，也称为侦查秘密原则，是指侦查人员在开展侦查活动时必须严格遵守侦查纪律，保守侦查秘密，不得随意向外界透露案件相关信息以及侦查措施的采取情况。

大陆法系职权主义国家较为重视侦查不公开原则。例如，《法国刑事诉讼法典》在第一编“负责公诉和预审的机关”第11条规定：“除法律另有规定的以外，侦查和预审程序一律秘密进行，并不得损害犯罪嫌疑人的权利。”意大利《刑事诉讼法》第329条明确规定了侦查不公开原则：“公诉人和司法警察进行侦查活动应当保密，直至被告人能够了解之时。”

我国《刑事诉讼法》虽然没有明文规定侦查不公开原则，但公安部制定的许多规范性文件均体现了侦查不公开原则的精神。总体而言，遵守侦查不公开原则就是要做到对以下事项保密。

其一，侦查工作中获知的情况和线索。侦查工作中获取的情况和线索涉及的范围较广，常见的有：(1) 通过现场勘查获取的犯罪现场内部的情况，如犯罪的痕迹及其遗留的部位，被害人受侵害的部位及创伤，尸体的位置，现场增加物及减少物的情况；(2) 通过调查访问所获取的被害人或其他人员的情况和隐私；(3) 侦查工作涉及的国家秘密和商业秘密；(4) 检举人和控告人的基本情况，犯罪嫌疑人的基本情况；(5) 需要保密的其他情况，如被害人或关键证人受伤后抢救无效而死亡，但出于查明案情，获取证据的需要，而将被害人已死亡的情况保密。

其二，侦查过程中侦查措施和手段的实施情况，包括各种侦查措施、手段的组织部署、秘密侦查力量的布建等。

2. 侦查程序的目的

以往研究侦查程序的目的，侧重于从程序角度进行，例如，围绕着侦查程序目的提出了三种学说：审判准备观、公诉准备观以及侦查独立观。[①] 诚然，程序意义上的侦查目的观对我们认识侦查程序在刑事诉讼中的地位和作用具有重要意义，但

---

① 谢佑平，万毅．刑事侦查制度原理．北京：中国人民公安大学出版社，2003：68－77.

这些学说无助于解决微观层面的侦查破案问题。因此，有必要从成功实现侦查破案这一目的来解析侦查程序的目的。

依据侦查工作流程，可以将侦查程序的目的分解为三种主要类型：

一是实现探索性目的，即通过侦查活动的前期开展，从不特定人群中发现特定的嫌疑人（“侦”的阶段——无目标性）；

二是实现证（查）明性目的，即通过侦查活动的深入开展，进一步收集证据证明犯罪事实是否由该特定的嫌疑人实施（“查”的阶段——有目标性）；

三是实现缉捕性目的，如果能够确证该特定的嫌疑人实施了犯罪，则将其缉捕归案（“捕”的阶段——有目标性）。

(1) 探索性目的。

从认识论的角度而言，侦查活动与公诉活动、审判活动的主要区别在于，公诉活动、审判活动在进行时已有特定的认识对象——犯罪嫌疑人及其犯罪事实，而侦查活动在发动之际，并未有特定的认识对象，而是要通过一连串侦查措施的采取，从不特定的人群中发现特定的嫌疑目标。有学者指出：“侦查活动中的事实发现是一种直接面向生活的‘由果溯因’的回溯性认识，其本质在于查明；司法裁判中的事实认定则是一种围绕特定事实命题而展开的论证活动，其本质在于说服。”①

正是由于侦查活动中的认识具有如此鲜明的特点，因此无论是实务界还是理论界均认为侦查活动具有探索性、灵活性、流动性的性质。探索性目的实现的重要标志是从不特定人群中发现特定的嫌疑人，只有发现了特定的嫌疑人，才能为进一步实现证（查）明性目的和缉捕性目的提供认识的基础，否则，证（查）明性目的和缉捕性目的的实现就成了无源之水、无本之木。

(2) 证（查）明性目的。

证明有两种基本形式，一种是自向证明，另一种是他向证明。自向证明就是向自己证明。一般来说，证明者先提出一个假设的结论，然后去寻找证据，并按照一定规则运用证据去证明该结论是正确的或可以成立的。他向证明是向他人证明。证明者在证明时已经知道或者认为自己已经知道了证明的结论，但是他人不知道或不相信，所以要用证据向他人证明。②

在侦查活动中，侦查主体既要进行自向证明也要进行他向证明。

首先，在实现探索性目的的基础上，侦查主体要进一步围绕着该特定的嫌疑人，收集证据证明犯罪事实是否由该特定的嫌疑人实施，从而形成一定的内心确信，完成自向证明活动。

其次，在自向证明的基础上，侦查主体还要向检察官和法官进行他向证明，使检察官和法官相信自己得出的证明结论。

(3) 缉捕性目的。

一般而言，刑事诉讼中起诉、审判程序的开启须以特定犯罪嫌疑人到案为前提。

---

① 吴宏耀．诉讼认识论纲：以司法裁判中的事实认定为中心．北京：北京大学出版社，2008：3.

② 何家弘主编．证据法学研究．北京：中国人民大学出版社，2007：107.

为确保特定犯罪嫌疑人到案，各国刑事诉讼法均规定有“侦查到案措施”，如英美法的传票传唤、逮捕，法国法的传唤、拘留，德国法的传唤、拘传、逮捕、暂时逮捕，等等。[①] 我国刑事诉讼法也规定了拘传、拘留、逮捕、通缉等多项“侦查到案措施”，旨在实现侦查程序的缉捕性目的。

需要指出的是，以上阐述主要是基于一般侦查活动流程所作的类型学分析，由于案情复杂程度不同，在实际侦查过程中，这三个目的的实现并不是单次单线单向的关系，而是可能呈现多样化的结合。例如，在现行犯场合，探索性目的、证（查）明性目的和缉捕性目的是以瞬间重叠的形式实现的，以至于很难清楚地划分三个阶段。而在某些复杂案件的侦破过程中，可能要在探索性目的和证（查）明性目的间作多次往返运动，如第一次探索出的特定嫌疑人在随后的证明性活动中被否定了嫌疑，为此需要进行新的侦查探索活动。再如，在侦查共同犯罪案件中，证（查）明性目的的实现和探索性目的的实现可能互有交叉，如在讯问某特定犯罪嫌疑人时，该人又交代出新的同伙。

（三）侦查构造

侦查构造是“一种由预定目的所决定的侦查机关、犯罪嫌疑人及其辩护人之间的关系，以及侦查机关与公诉机关、审判机关之间的相互关系，是一种主导的价值理念，其核心意旨是侦查权力在侦查程序进行中的主导性（或依附性）程度，侦查程序在刑事诉讼程序中是否具有独立性地位”[②]。

1. 侦查构造的发展

侦查构造研究的发端可以追溯至帕克的双重模式理论，从犯罪控制模式和正当程序模式的角度看，侦查构造可以分为犯罪控制侦查构造与正当程序侦查构造。

犯罪控制侦查构造的理论基础是效率与有罪推定，意味着侦查程序的自身价值沦为工具价值，其主要目的是控制犯罪，强调减少对侦查程序的法律限制，通过扩大侦查机关的权力并信赖警察的能力有效控制犯罪，降低犯罪率。正当程序侦查构造则强调人权至上，对非正式、行政化的调查程序能否发现案件事实提出了质疑，认为侦查程序的内在价值追求应为程序正义，其主要目的是保护人权，侦查程序运作要受到严格的法律限制，并需获得法官的审查授权。不难发现，两种侦查构造模式的价值取向存在各自的偏颇与缺陷，侦查活动无论因循何种侦查构造都将出现某种重大的价值偏失。因此，当今世界各国几乎没有纯粹的犯罪控制侦查构造与纯粹的正当程序侦查构造。

随着国际人权运动的深入及理论界对诉讼制度本质研究的日益发展，越来越多的学说和观点不再将侦查程序视为审前程序的一个组成部分，而是逐渐突出侦查程序的重要性与独立性。在此语境下，产生了不同于帕克理论为基础的侦查构造观，

---

① 马静华．中国刑事诉讼运行机制实证研究（三）：以侦查到案制度为中心．北京：法律出版社，2010：9-10.

② 张桂霞主编．刑事侦查程序．北京：中国人民公安大学出版社，2007：39.

主要为纠问式侦查构造、弹劾式侦查构造及诉讼式侦查构造。

纠问式侦查构造主要将侦查视为一种工具性手段，调查取证、发现事实真相及查获犯罪嫌疑人只是侦查机关单方面的行政调查活动，故此种侦查构造具有行政化的色彩，缺乏基本的诉讼程序形态，当事人的基本人权难以得到保障，属于一种失衡的非正当程序。

弹劾式侦查构造将侦查纳入刑事诉讼程序的轨道，强调侦查程序是公诉、审判程序的准备阶段，并由法官以许可令状的方式对侦查活动进行司法授权与审查，故此种侦查构造具有诉讼化的基本雏形。但在现代诉讼制度中，侦查机关与犯罪嫌疑人及其辩护人难以拥有完全平等的诉讼地位，同时侦查机关的独立性被过度压制，严重抑制了侦查职能的发挥。

诉讼式侦查构造将侦查程序视为独立的诉讼程序且兼顾正当程序与实体真实，并按照审判程序的模式设立由检察机关主导的侦查机关、犯罪嫌疑人及其辩护人、检察机关三方架构，但检察机关的中立性与法院相比，存在权力属性与渊源上的差异，检察机关仍属于行政机关，故此种侦查构造并不能真正实现程序正义价值。

事实上，多数国家并未采取纯粹的某一侦查构造模式，而是进行了不同程度的混合，只是在社会价值观与司法传统的影响下在发现实体真实与保障人权之间有不同程度的侧重，进而形成了不同的构造模式。英美法系国家的侦查构造以自由价值为基础，带有明显的弹劾式色彩。整个侦查程序的设计注重对人权的保障，期望通过赋予程序双方平等的侦查权来实现控辩双方的平等对抗。大陆法系国家受传统纠问式诉讼制度的影响，侦查构造将发现实体真实作为主要目标，带有纠问式的显著特点，将整个审前程序视为实现公正诉讼结果的一种工具。实践中，随着两大法系诉讼制度的不断交流与发展，现代西方法治国家已摒弃了单一的侦查构造价值观念，而是对侦查程序进行“诉讼化”构造，将国家追求刑事犯罪侦查活动纳入了诉讼的运行轨道。

2. 我国的侦查构造

我国刑事诉讼的“流水作业式构造”，对整个刑事司法体制运行产生了重要影响，侦查程序作为这一“流水线”上的第一道工序却时常成为整个诉讼过程的中心。从我国侦查程序的本身构造看，它并不具有基本的诉讼形态，而是典型的“行政构造”。侦查被设计为收集犯罪证据、查明犯罪事实的单方面调查活动，犯罪嫌疑人基本处于诉讼客体的地位，不存在其为收集证据进行的调查活动。侦查过程中，犯罪嫌疑人大多处于羁押状态，基本失去了核实证据的机会，尽管法律允许辩护律师向侦查机关发表辩护意见，但又对律师的辩护作出了多方面的限制，导致辩护律师参与的范围及影响力过于弱小，难以与侦查机关形成对抗。同时，侦查程序中缺乏中立的裁判者参与，强制措施与强制性侦查行为的选择与实施没有确立司法审查机制，完全由侦查机关自行授权、自行实施，其主要目的是有效控制犯罪、查明案件事实。总之，我国侦查构造不存在典型的“控诉、辩护、裁判”三方构造诉讼形态，反而带有“超职权主义”的特征。

2014年，我国提出“以审判为中心”的诉讼制度改革理念，试图改变我国长期存在的“侦查中心”问题。这项改革通过加强审判程序的终局性与权威性，确保法院对侦查程序与审查起诉活动的审查与检验，倒逼侦查机关与检察机关尊重司法规律、遵守法律程序。但由于缺乏配套的改革措施，原来公检法三机关流水作业模式并未得到实质改变，因此，我国的侦查构造仍具有明显的“行政构造”色彩。

（四）侦查行为

侦查行为是侦查机关为收集证据材料，查明案件事实，证实犯罪，查获犯罪嫌疑人而进行的专门性调查工作。我国刑事诉讼法对八种主要侦查行为进行了专门规定，分别是：（1）讯问犯罪嫌疑人；（2）询问证人和被害人；（3）勘验、检查；（4）搜查；（5）查封、扣押；（6）鉴定；（7）技术侦查措施；（8）通缉。在侦查实践中，除这八种侦查行为，还有其他侦查行为得到广泛运用。其中，有的侦查行为不具有强制性，对公民的基本权益侵害较小；而有的侦查行为具有强制性，对公民的基本权益侵害较重。根据侦查行为的强制力及对公民基本权益的侵犯程度，可将侦查活动中运用的侦查行为分为任意性侦查行为和强制性侦查行为。

1. 任意性侦查行为

任意性侦查行为是无须采取强制手段，不限制或剥夺人身自由或其他权益的专门性调查活动。任意性侦查行为一般由侦查机关负责人审批，侦查人员实施。侦查人员只需持有证明文件便可采取相关侦查行为，但要形成侦查笔录或清单，由侦查人员、见证人等相关人员签字或盖章后，随案移送给人民检察院。侦查实践中主要的任意性侦查行为有：勘验、检查；询问证人和被害人；查询、调取；鉴定等。

勘验、检查。勘验、检查是指侦查人员通过对与犯罪有关的场所、物品、尸体、人身等进行勘验和检查，以发现、收集和固定与犯罪相关的各种痕迹和物品的侦查行为。依据《刑事诉讼法》相关规定，勘验、检查分为现场勘验、物证检验、尸体检验、人身检查和侦查实验。勘验、检查的情况一律形成侦查笔录，由参加勘验、检查的相关人员和见证人签字或盖章。

询问证人、被害人。询问证人、被害人是侦查人员通过询问证人、被害人，了解案件有关情况的一种侦查活动。刑事诉讼法对询问证人、被害人的地点进行了专门规定，包括：犯罪现场询问，所在单位、住所询问，证人提出的地点询问，通知证人、被害人到人民检察院或者公安机关接受询问。询问证人、被害人应当个别进行并告知相应的法律责任，以保障证言的真实性、可靠性并防止其作伪证。

查询、调取。查询是侦查人员根据侦查犯罪的需要，依法向银行或其他金融机构查询犯罪嫌疑人存款、汇款、债券、股票、基金份额等财产的一项常规性侦查措施。调取是侦查人员为查明案件有关事实向与案件有关的单位或个人获取相关证据材料的侦查活动，调取一般要征得被调取对象的同意，调取过程要写成调取证据笔录并纳入侦查案卷中。

鉴定。鉴定是指侦查机关为了查明案情，指派、委托或聘请具有专门知识的人对案件中的某些专门性问题进行鉴别和判断的一种侦查活动。依据《刑事诉讼法》的规定，鉴定人鉴定后，应当写出鉴定意见，并签名或盖章，鉴定意见还应加盖鉴定机构的印章。

2. 强制性侦查行为

强制性侦查行为是侦查机关为查明案情、收集证据材料、查获犯罪嫌疑人所采取的限制或剥夺人身自由、财产权或其他权益的专门性调查活动。侦查活动中强制性侦查行为主要有讯问犯罪嫌疑人，搜查、扣押，查封、冻结，辨认，通缉等。我国侦查程序并未确立司法审查机制，侦查人员采取强制性侦查行为只需要得到侦查机关负责人的批准，获得相关许可令状。相较任意性侦查行为，侦查人员实施强制性侦查行为时要受到相对严格的程序控制。如采取强制性侦查行为时，审批的级别较高，侦查人员执行时需要出示相关令状等。

讯问犯罪嫌疑人。讯问犯罪嫌疑人是侦查机关查明案情、收集证据的重要手段，实践中侦查人员讯问犯罪嫌疑人带有强制性，犯罪嫌疑人负有如实回答的义务。为保障犯罪嫌疑人的基本权利，侦查机关讯问犯罪嫌疑人必须严格遵守刑事诉讼法的规定，如：讯问主体必须是侦查人员且不得少于两人；采取拘留、逮捕措施后，讯问应当在看守所内进行；讯问犯罪嫌疑人应当个别进行；讯问前应当告知犯罪嫌疑人相关权利义务；严禁刑讯逼供；要制作讯问笔录并交犯罪嫌疑人核对无误后签名或盖章；特殊情形下讯问应当全程录音、录像；等等。

搜查、扣押。搜查是侦查人员在侦查过程中为发现和收集证据、查获犯罪嫌疑人，对有关人身、物品、处所等进行的搜索和检查行为。扣押是侦查人员发现与犯罪有关的物品或其他实物证据后依法将其予以扣留和保全的侦查行为。搜查、扣押一律由县级公安机关负责人批准决定。实践中，两种侦查行为联系密切，搜查过程中侦查人员发现相关证据材料后，随即采取扣押措施。搜查、扣押要制作搜查笔录、扣押物品清单，并由侦查人员、被搜查人、被扣押人及见证人签名。

查封、冻结。查封、冻结是针对涉案财物的强制性侦查措施。《刑事诉讼法》第144条第1款规定："人民检察院、公安机关根据侦查犯罪的需要，可以依照规定查询、冻结犯罪嫌疑人的存款、汇款、债券、股票、基金份额等财产。有关单位和个人应当配合。"一般而言，扣押用于证明案件事实的财物、文件；查封用于保存在银行或其他金融机构的存款、股票、债券等。查封、扣押都要由侦查人员实施，并开列相关清单，由侦查人员、持有人和见证人签字或盖章。

辨认。辨认是侦查机关为查获犯罪嫌疑人、核实案件证据，组织被害人、证人及犯罪嫌疑人对与犯罪有关的物品、文件、尸体、场所等进行辨别确认的一种侦查行为。依据《刑事诉讼法》及相关司法解释，辨认应当在侦查人员的主持下进行，且侦查人员不得少于2人。在辨认前，侦查人员要详细询问被辨认对象的特征，并告知辨认人相应的法律后果。辨认过程中要遵循个别辨认、混杂辨认等规则。侦查人员要制作辨认笔录，由侦查人员及其他参与辨认的相关人员签字或盖章，必要时要对辨认过程进行录音录像。

通缉。通缉是侦查机关为查获在逃的犯罪嫌疑人，以通缉令的形式通告有关公安机关及其他有关单位协助强制缉捕归案的侦查行为。依据《刑事诉讼法》及《公安规定》的相关规定：（1）通缉的对象是应当逮捕在逃及越狱在逃的犯罪嫌疑人、被告人及罪犯。(2) 通缉令只能由公安机关发布。人民检察院自行侦查的案件可以作出通缉的决定，但由公安机关发布通缉令，并追捕归案。(3) 县级以上公安机关可以直接发布在本辖区范围内的通缉令，超出本辖区的，要由上级公安机关发布通缉令。全国公安机关都有义务配合缉拿被通缉的犯罪嫌疑人。

3. 秘密侦查行为

技术侦查措施。技术侦查措施是指，由设区的市一级以上公安机关负责技术侦查的部门实施的记录监控、行踪监控、通信监控、场所监控等措施。

采取技术侦查措施应当遵守如下原则：

(1) 立案后使用原则。《刑事诉讼法》第 150 条第 1 款："公安机关在立案后，对于危害国家安全犯罪、恐怖活动犯罪、黑社会性质的组织犯罪、重大毒品犯罪或者其他严重危害社会的犯罪案件，根据侦查犯罪的需要，经过严格的批准手续，可以采取技术侦查措施。"

(2) 重罪原则。依据《刑事诉讼法》第 150 条第 1 款的规定，只能针对危害国家安全犯罪、恐怖活动犯罪、黑社会性质的组织犯罪、重大毒品犯罪或者其他严重危害社会的犯罪案件，采取技术侦查措施。

(3) 必要性原则。根据侦查犯罪的需要而采取，一般为常规侦查措施不能达到侦查目的或者很难达到侦查目的的情况下使用。

(4) 关联性原则。《公安规定》第 264 条第 2 款规定："技术侦查措施的适用对象是犯罪嫌疑人、被告人以及与犯罪活动直接关联的人员。"

(5) 审批原则。《公安规定》第 265 条第 1 款规定："需要采取技术侦查措施的，应当制作呈请采取技术侦查措施报告书，报设区的市一级以上公安机关负责人批准，制作采取技术侦查措施决定书。"

此外，技术侦查措施的适用期限有明确限制，每次适用期限在 3 个月以内，根据案情可以适当延长适用期限，但每次延长不得超过 3 个月。采取技术侦查措施获取的材料，只能用于对犯罪的侦查、起诉和审判，不得用于其他用途。

隐匿身份侦查和控制下交付。隐匿身份侦查是指，侦查人员以隐匿身份的方式接触正在实施或准备实施犯罪的嫌疑人，获取其信任，进而实现对犯罪案件的侦破，并实现对犯罪嫌疑人的抓捕。实施隐蔽身份侦查，不得诱使他人犯罪，不得采用可能危害公共安全或者发生重大人身危险的方法。控制下交付是指，侦查机关在发现非法或可疑交易的物品后，在对物品进行秘密监控的情况下，允许非法或可疑物品继续流转，从而查明参与该项犯罪的人员并彻底查明案件的一种侦查措施。该项侦查措施一般用于涉及给付毒品等违禁品的犯罪活动。

(五) 侦查终结

侦查终结是指侦查机关依法经过侦查程序后，依照法定条件决定结束侦查并对案件依法作出处理的诉讼活动。经过侦查程序，侦查机关可以作出两种决定：(1) 撤销案件的决定；(2) 侦查终结的决定。撤销案件是侦查机关对于没有达到移送起诉条件的案件依法终止侦查程序的决定，如在案件事实不清、证据不足，犯罪嫌疑人死亡，犯罪已过追诉时效等情形下，侦查机关都可依法作出撤销案件的决定，因此，撤销案件可以在侦查程序的任一阶段作出。侦查终结则是侦查程序的最后阶段，标志着侦查活动的最终结束，因此侦查终结只能适用于那些符合移送起诉条件的案件。①

1. 侦查终结的法定条件

《刑事诉讼法》第 162 条第 1 款规定："公安机关侦查终结的案件，应当做到犯罪事实清楚，证据确实、充分，并且写出起诉意见书，连同案卷材料、证据一并移送同级人民检察院审查决定；同时将案件移送情况告知犯罪嫌疑人及其辩护律师。"《公安规定》第 283 条规定："侦查终结的案件，应当同时符合以下条件：（一）案件事实清楚；（二）证据确实、充分；（三）犯罪性质和罪名认定正确；（四）法律手续完备；（五）依法应当追究刑事责任。"据此，侦查终结必须同时具备以下基本条件：（1）案件事实清楚、证据确实充分；（2）案件定性准确、适用罪名正确；（3）法律手续完备；（4）依法应追究犯罪嫌疑人的刑事责任。

同时，《刑事诉讼法》第 161 条规定："在案件侦查终结前，辩护律师提出要求的，侦查机关应当听取辩护律师的意见，并记录在案。辩护律师提出书面意见的，应当附卷。"该规定一方面使犯罪嫌疑人的辩护权在侦查程序中得到一定的尊重与实现，另一方面保证侦查机关对刑事案件进一步作出正确的处理。因此，在侦查程序改革背景下，"侦查终结前，辩护律师提出要求的，侦查机关应当听取辩护律师的意见"也应成为侦查终结的法定条件之一。②

2. 提出"起诉意见书"或"不起诉意见书"

"起诉意见书"是侦查机关作出侦查终结决定后向检察机关提交的诉讼文书，其具有启动检察机关审查起诉程序之效力，但对检察机关是否起诉不具备预定约束力，即人民检察院对于公安机关移交审查起诉的案件经过审查起诉，对于不符合起诉条件的案件可以作出不起诉决定，符合起诉条件的案件，起诉对象及适用法律条文等不受"起诉意见书"的限制。

此外，人民检察院自行侦查的案件经过侦查，认为符合侦查终结法定条件的，侦查人员应当制作侦查终结报告及"起诉意见书"。对于犯罪情节轻微，依法不需要刑事处罚或免除处罚的案件，侦查人员则应当制作侦查终结报告及"不起诉意见书"。其中侦查终结报告、"起诉意见书"及"不起诉意见书"由侦查部门负责人审核、检察长决定，之后连同案卷一并移交审查起诉部门审查。

二、实践动态

（一）"审判中心主义"改革下的侦查程序

刑事诉讼活动是由"控、辩、审"三方通过在侦查、起诉和审判程序中实施具

① 陈瑞华主编．刑事诉讼法．北京：北京大学出版社，2021：378.

② 樊崇义主编．刑事诉讼法学．5 版．北京：法律出版社，2020：377.

体诉讼行为，解决犯罪问题的司法活动，审判程序作为刑事司法活动中的最后阶段，直接决定被告人的命运，理应成为三方结构的中心，其他诉讼程序或诉讼行为都应为审判程序服务。但是，在立法与司法实践中，我国刑事诉讼程序一直以“诉讼阶段论”为基础，强调“控、辩、审”三方“分工负责”的重要性，侦查、起诉、审判程序各司其职，且在刑事诉讼活动中并无位阶之分。其中，侦查作为“诉讼阶段”的第一道工序，成为最关键的环节，后续的起诉和审判程序沦为对“上一道工序”的复核与确认。同时，2012 年修改的《刑事诉讼法》确立了“案卷笔录中心主义”的诉讼程序，侦查案卷在很大程度上成为最终决定司法审判结果的因素，法院的庭审活动在一定程度上成为“走过场”的表演，导致在实践中形成诉讼结构异化的“侦查中心主义”。

“侦查中心主义”的流弊导致在侦查程序中刑讯逼供、超期羁押等严重侵害犯罪嫌疑人的现象时有发生，而且从平反的冤案来看，主要是侦查阶段出现重大问题，而审判程序受“侦查中心”的影响被边缘化，难以发挥其核心性和独立性，及时纠正错误。针对“侦查中心主义”诉讼模式存在的问题，2014 年，党的十八届四中全会《决定》，提出推进“以审判为中心”的诉讼制度改革。2016 年 7 月，两院三部《以审判为中心的改革意见》，进一步强调和规范了这一改革的内容。2018 年 1 月 1 日，最高人民法院在全国试行“三项规程”，同年修改的《刑事诉讼法》对这一改革内容进行了细化。“以审判为中心”的刑事诉讼制度改革试图打破“侦查中心主义”的不合理诉讼结构，对侦查活动提出了更高的要求。

“以审判为中心”的刑事诉讼制度改革倒逼侦查机关尊重诉讼规律、遵守法律程序、提高办案质量。实行改革以来，侦查机关取证要求更加严格，侦查人员法治观念和法治意识不断增强，犯罪嫌疑人的人权得到保障。尤其是随着“三项规程”的发布、《刑事诉讼法》的修改，过去时有发生的刑讯逼供问题得到抑制，辩护律师在侦查阶段的地位得到提升。当然，中国的刑事诉讼体制改革并非一朝一夕便可完成，就侦查程序而言，未来还可以逐步建立公诉引导侦查机制，确立对强制性侦查行为的司法审查机制。

（二）侦查讯问的实践现状及发展方向

讯问是刑事诉讼活动中最重要的侦查行为，也是侦查机关最容易侵犯犯罪嫌疑人人权的环节。新中国成立后，党和国家一直较为重视侦查讯问的合法性、正当性问题，1979 年第一部《刑事诉讼法》即对侦查讯问程序作出了法律规定，随后历经 1996 年、2012 年及 2018 年《刑事诉讼法》修改，我国的侦查讯问程序不断完善，法治化程度不断提高。经过 40 余年的制度积累，我国逐步在刑事诉讼中建立起比较系统的侦查讯问程序控制机制，从多个方面对讯问行为进行了全面规制，如讯问的主体控制、时空限制、全程录音录像制度、对犯罪嫌疑人的权利告知、侦查讯问的行为规范要求、讯问未成年人和聋、哑等犯罪嫌疑人的特殊要求等。法律规范的设定保证了整个讯问程序的合法性、规范性，并提高了讯问程序违法的制度成本。

实践证明，逐渐建立的制度体系在诉讼活动法治化进程中已初见成效，有学者统计发现，2013年以后刑讯逼供犯罪案件在低位徘徊[①]，甚至在一些地区几乎绝迹。但这并非说明非法讯问行为已得到根本治理，实践中仍然需要关注疲劳审讯，逼供、诱供等非法讯问行为。

此外，2020年春节疫情的暴发给我国侦查执法提出了挑战，表现在讯问活动“面对面”的行为方式与疫情防控政策相矛盾。实践中各地公安机关开始尝试以远程讯问解决这一难题。事实上，早在2012年，最高人民法院、公安部就已经发布《关于在看守所建设远程视频讯问室的通知》，如今看守所、公安机关内部已配备远程讯（询）问室，只是疫情暴发以前远程讯问应用极少，且相关法律规范并未明确规定此方式。疫情防控期间，远程讯问方式逐渐兴起，且公安部2020年修订的《公安规定》在（异地）办案协作中新增了远程视频讯问条款，为远程讯问提供了一定的规范依据。虽然远程讯问处于初级阶段，相关法律规范也较为粗疏，但其具有提升诉讼效率的重要价值，如何在疫情防控常态化背景下合理应用远程讯问，值得进一步关注和研究。[②]

（三）搜查、扣押的实践现状及发展方向

搜查、扣押是我国侦查机关发现、提取、保全证据的重要侦查行为，其属于对“物”的强制措施，随着社会主义市场经济及人权保障思潮的不断发展，我国立法机关对搜查、扣押措施不断进行调整完善，以期在惩罚犯罪与保障人权之间取得平衡。

1979年《刑事诉讼法》奠定了搜查、扣押制度的基本框架，随后的历次修法并未对其作出根本性变革，只是为适应经济环境及司法实践的需要对扣押对象进行了扩展。2012年《刑事诉讼法》修改后，相关机关针对涉案财物的搜查、扣押制度出台了一系列规范性文件，以解决司法活动中出现的实践难题。纵观40余年的立法实践，可以发现立法机关不断注意到搜查、扣押的强制干预性，并通过法律规范加强规制，但侦查实践中仍存在一些问题，对公民人身权利和财产权利造成侵害。

2012年《刑事诉讼法》修改，将电子数据列为法定证据之一，但并未针对电子数据的搜查、扣押作出具体规定，造成执法上的困惑，同年最高人民法院的《高法解释》也只是对电子数据的审查判断作出规定，2016年两院一部《电子证据规定》虽然对电子数据的取证、审查判断等作出要求，但主要目的是保证电子数据的真实性，对搜查、扣押等取证方式并未作出具体程序规定。而2019年公安部发布的《公安机关办理刑事案件电子数据取证规则》并未对搜查、扣押与其他取证措施进行区分。另外，《刑事诉讼法》与两院一部《电子证据规定》、《公安机关办理刑事案件电子数据取证规则》属不同的法律位阶，两院一部《电子证据规定》、《公安机关办理刑事案件电子数据取证规则》中创设的新的取证方式并未在上位法中得到确认，这就导致侦查机关搜查、扣押电子数据的活动缺乏《刑事诉讼法》的法律规制。

---

① 孙长永主编．中国刑事诉讼法制四十年：回顾、反思与展望．北京：中国政法大学出版社，2021：489.

② 田力男．远程侦查讯问程序问题研究．中国刑事法杂志，2021（5）：140－157.

三、案例应用

赵某某危险驾驶案[①]

【案情】黑龙江省建三江农垦区人民检察院指控：2014 年 10 月 9 日 11 时许，被告人赵某某同李某甲等两位朋友在黑龙江省洪河农场千纸鹤饭店吃饭，赵某某喝了两瓶多啤酒。14 时许，赵某某独自一人酒后驾驶黑 A×××××蒙迪欧牌小型轿车由千纸鹤饭店到洪河农场宾馆，后又返回千纸鹤饭店。15 时许，赵某某又独自一人酒后驾驶同一辆轿车由千纸鹤饭店到洪河农场机关。赵某某酒后在洪河农场机关打砸闹事，赶到的洪河农场派出所民警予以制止，并将其带至洪河农场派出所办案区，同时发现赵某某涉嫌酒后驾驶机动车，于当日将该案移交建三江交警大队。经黑龙江省民强司法鉴定中心检验报告书鉴定：赵某某血液中乙醇含量为 144.5mg/100ml，属醉酒驾驶机动车。2014 年 10 月 14 日，被告人赵某某在黑龙江省建三江洪河派出所民警办理治安案件过程中到案。

公诉机关认为，被告人赵某某在道路上醉酒驾驶机动车，其行为触犯了《刑法》第 133 条之一的规定，应当以危险驾驶罪追究其刑事责任。

公诉机关提供的指控证据包括黑龙江省公安厅技侦部门调取的赵某某所使用的两个手机号 186××××0555、138××××4572 自 2014 年 10 月 3 日至 2015 年 3 月 31 日的通话详单。对此证据，辩护律师认为，依据 2012 年《刑事诉讼法》第 148 条（现第 150 条），《公安规定》第 254 条、255 条、256 条，公安机关使用技术侦查手段进行侦查活动，仅限于危害国家安全犯罪、恐怖活动犯罪、黑社会性质的组织犯罪、重大的毒品犯罪或者其他重大危害社会的犯罪案件，根据侦查犯罪的需要，经过严格的审批手续，才可以实施。本案中被告人被控犯有危险驾驶罪，不属于上述法定的适用技术侦查手段进行侦查的案件，侦查机关滥用技术侦查手段，严重地侵犯了被告人及证人的通信自由和通信秘密，是严重的违法行为，其所获材料不能作为证据使用。

对这一辩护意见，法官认为，侦查机关调取被告人与证人的通话记录仅仅是依职权向有关部门调取的书证，并非技术侦查措施，辩护人对技术侦查措施的理解过于宽泛，对辩护人的辩护意见不予支持。

【问题】本案中调取被告人手机通信记录的行为是否属于技术侦查措施？

【评析】2012 年《公安规定》第 255 条第 1 款规定：技术侦查措施是指由设区的市一级以上公安机关负责技术侦查措施的部门实施的记录监控、行踪监控、通信监控、场所监控等措施。这是我国目前规范性文件中对技术侦查措施概念所作的最明确界定。考虑到技术侦查措施一直由公安机关负责实施，这一概念界定的权威性不言而喻。

仔细分析这一定义，至少可以总结出技术侦查措施的如下特征。

---

① 黑龙江省建三江农垦法院（2015）建刑初字第 42 号刑事判决书。

第一，技术侦查措施的实施主体具有特定性。可以说这一特征是将技术侦查措施和刑事诉讼法规定的其他侦查措施加以区别的最重要特征，依据2012年《公安规定》第255条第1款，技术侦查措施只能由设区的市一级以上公安机关负责技术侦查措施的部门实施。[①] 我国公安机关内部负责技术侦查措施的部门发展历史悠久，20世纪50年代中期，经党中央、国务院批准，公安部成立技术侦察局，之后，全国省、市两级公安机关逐步组建技术侦察部门。至90年代初，全国地市级以上公安机关均组建了技术侦察部门，开展了技术侦察工作。自组建之初，技术侦察部门就定位于隐蔽战线，与其相关的所有事项，包括技术侦察手段建设使用情况、技术侦察专用器材以及技术侦察民警身份等，都要求严格保密。中共中央、中央政法委和公安部通过制定下发秘密甚至绝密等级的内部政策文件来指导、管理技术侦察工作，规范技术侦察手段的使用。

1998年9月，根据国务院办公厅文件和公安部党委的决定，公安部技术侦察局更名为行动技术局，随后全国省、市两级公安机关的技术侦察部门更名为行动技术部门。2009年12月，根据国务院办公厅新文件精神，公安部行动技术局重新更名为技术侦察局。目前负责技术侦查措施的部门只在设区的市一级以上公安机关设立，一般称为技术侦察支队（设区的市一级公安机关）和技术侦察总队、技术侦察局（省、自治区、直辖市公安机关）。

第二，技术侦查措施具有秘密性。在我国，技术侦查措施从属于秘密侦查措施，秘密性是其显著特征，也正是因为技术侦查措施具备这一特征，其才能在打击隐蔽性强的重大犯罪中发挥重要作用。技术侦查措施的秘密性主要体现在：一是秘密收集侦查对象的相关信息，例如利用监听技术收集侦查对象的通话内容信息；二是秘密利用侦查对象的相关信息开展侦查活动。

第三，技术侦查措施具有权利干预性。技术侦查措施具有很强的权利干预性，例如，通信监控措施会干预公民的通信自由和通信秘密权，场所监控措施会干预公民的住宅不受侵犯权，行踪监控会干预公民的隐私权，记录监控会干预公民的个人信息权益。正是由于技术侦查措施具有较强的权利干预性，相比于其他侦查措施，刑事诉讼法对其的规制密度更高（如限定了案件适用范围，要求适用严格的批准手续等）。

本案中争议的一大焦点是：侦查机关调取被告人手机通信记录的行为是否属于技术侦查措施？本书认为，调取手机通信记录的行为应当属于技术侦查措施，主要原因在于：

首先，从实施主体看，技术侦查措施的实施主体具有特定性，即由设区的市一级以上公安机关负责技术侦查措施的部门实施。本案中，调取被告人手机通信记录是由黑龙江省公安厅技侦部门实施的，符合技术侦查措施实施主体具有特定性这一特征。

其次，从秘密性而言，侦查机关调取被告人手机通信记录时，并没有告知当事

---

① 从这一规定也可以看出，公安部并没有将隐匿身份侦查措施视为标准意义上的技术侦查措施，因为就侦查实践而言，隐匿身份侦查措施大多由立案侦查部门直接实施，并不需要负责技术侦查措施的部门去实施。

人，调取行为具有秘密性。

再次，从措施种类而言，调取手机通信记录的行为应当归属为四大类监控措施之一。《公安规定》将技术侦查措施划分为记录监控、行踪监控、通信监控、场所监控四大类，调取手机通信记录的行为至少可以归为通信监控或者记录监控之一种，符合措施种类的要求。

最后，从权利干预性而言，调取手机通信记录干预公民的通信自由和通信秘密权，应当受到更为严格的程序规制。

调取通信记录干预公民的通信自由和通信秘密权，这一点已得到全国人大法工委的肯认。2003 年，湖南某县人民法院在执行一起行政诉讼案件时，因该县移动通信营业部拒绝提供某通信用户的电话记录详单，对该营业部处以 3 万元罚款。而依据《电信条例》和《湖南省通信条例》，移动通信公司有义务保护用户的通信自由和通信秘密。2003 年 11 月 6 日，有关当事人请求省人大法工委就人民法院是否有权检查移动通信用户通信记录作出法律解释。2004 年 5 月 17 日，湖南省人大法工委、省人民法院、省监察厅、省通信管理局召开座谈会，省人大法工委通报了全国人大法工委就有关法律问题的交换意见：用户通话记录属于宪法保护的通信秘密范畴，人民法院依照民事诉讼法调查取证时，应符合宪法规定，不得侵犯公民的基本权利。从这一意见可以看出，全国人大认为，调取通信记录干预了公民基本权利。①

综合以上分析，不应将调取手机通信记录视为一般的调取证据措施，否则调取证据措施将架空《刑事诉讼法》关于技术侦查措施的特别规定，使立法严格规制技术侦查措施的意图落空。在肯定调取手机通信记录属于技术侦查措施的前提下，本案侦查机关调取手机通信记录的行为违反法定程序。这主要是因为，无论是《刑事诉讼法》还是《公安规定》，均要求技术侦查措施适用的案件范围为重大犯罪案件，本案中被告人涉嫌的是危险驾驶罪，按照刑法规定，法定刑仅为拘役，不属于重大犯罪案件，侦查机关违反法律规定，扩大了技术侦查措施适用的案件范围。

四、知识拓展

侦查程序的法治化

党的十九届四中全会对坚持和完善中国特色社会主义制度、推进国家治理体系和治理能力现代化作出全面部署。坚持全面依法治国，是中国特色社会主义国家制度和国家治理体系的显著优势。② 在全面依法治国的背景下，侦查程序作为刑事诉讼活动的发端，对审查起诉、审判程序发挥着举足轻重的作用，可以说侦查程序的

---

① 张国香，宁杰．法院调取当事人通话记录是否违宪：对电信条例“拒绝”法院取证的不同认识．人民法院报，2004－05－26.

② 习近平．推进全面依法治国，发挥法治在国家治理体系和治理能力现代化中的积极作用．求是，2020(22)：4－7.

运行状况很大程度上决定了刑事司法活动的法治化程度。党的十八届四中全会以来，立法机关便对侦查程序法治化提出了更高的要求，2012 年、2018 年修改的《刑事诉讼法》对侦查程序的法律规定作出了调整，在一定程度上促进了侦查程序的规范运行，保障了当事人的合法权益。但受种种客观因素的影响，现行侦查程序的运行尚不完全符合法治化要求，需要进一步改革侦查程序以符合国家治理体系和治理能力现代化的基本要求。

1. 程序公正

“重实体，轻程序”一直是我国司法实践中的顽疾，尤其在侦查程序中受“侦查中心主义”的影响，侦查机关办理刑事案件只注重案件结果，简化甚至规避程序规定一度成为侦查活动的常态。对程序正义的长期“搁置”将有损侦查程序，乃至整个司法活动的公信力。随着司法体制改革的不断推进，片面追求实体正义的传统法律观念已向实体公正与程序公正兼重转移。其实，早在 2016 年 5 月，中央全面深化改革领导小组第二十四次会议审议通过的《关于深化公安执法规范化建设的意见》便提出实现执法队伍专业化、执法行为标准化、执法管理系统化、执法流程信息化，以保障执法质量和执法公信力。其目的就是要更新传统执法观念，强化执法人员的程序意识，使执法机关获得民众的认可与信任。程序公正作为现代诉讼制度的基石，已成为整个社会的共识。因此，侦查程序的法治化要求侦查机关在诉讼活动中必须以程序公正为指导，以刑事诉讼法等法律规范为准则，保障公民的合法权益。就此而言，立法技术上应在“以审判为中心”的刑事诉讼制度改革背景下对侦查程序进行精细化改革，待诉讼制度改革相对成熟时，对侦查程序进行诉讼化改造，真正将公平、正义的法治精神注入侦查程序。

2. 人权保障

人权保障是法治国家的永恒主题，也是刑事诉讼制度的重要原则。《世界人权宣言》、联合国《两权公约》、《禁止酷刑和其他残忍、不人道或有侮辱人格的待遇或处罚公约》均对公民的基本权利保护作出规定，联合国于 1979 年通过的《执法人员行为守则》第 2 条明确规定：“执法人员在执行任务时，应尊重并保护人的尊严，并且维护每个人的人权。”① 现代刑事诉讼活动具有惩罚犯罪与保障人权的双重目的。法理上讲，惩罚犯罪与保障人权并无位阶之分，惩罚犯罪在于查明案件事实，保障无辜的人不受刑事追究，保障人权则是在刑事诉讼活动中尊重、保障犯罪嫌疑人、被告人的基本权利。但在诉讼实践中，尤其是侦查活动中，惩罚犯罪与保障人权始终是处于“竞争”状态，两者长期处于无法兼顾的状态。

在我国超职权主义的诉讼模式下，侦查程序在很长一段时间以惩罚犯罪为首要目的。党的十八届四中全会以来，建设中国特色社会主义法治国家的发展目标对侦查程序法治化提出了更高的要求，“以审判为中心”的刑事诉讼制度改革也以人权保障为基本内涵。基于此，侦查程序的法治化便要改变传统的惩罚犯罪理念，向人权保障的侦查程序转型。具体而言，在侦查程序中纳入人权保障的理念，需要继续扩

---

① 卞建林．论公安刑事执法规范化．东方法学，2019 (4)：4-13.

大犯罪嫌疑人及辩护律师的权利，与侦查权的扩张性相比，历次修改的《刑事诉讼法》对犯罪嫌疑人及辩护律师的权利的扩展并不能满足现代法治的基本要求；我国“行政构造”式的侦查程序显然与现代刑事司法理念相悖，因而需要逐步引入司法审查机制或司法令状制度，逐步实现程序双方的实质对等。当然，人权保障理念的转变并非一时之功，其必须根植于我国的特定国情，遵循循序渐进的发展规律，使侦查程序的法治化与我国的政治、经济、社会等发展相符合。

3. 贯彻证据裁判原则

我国刑事诉讼法确立了“以事实为根据，以法律为准绳”的原则，且《刑诉法解释》规定“认定案件事实，必须以证据为根据”。自此，我国确立了证据裁判原则。证据裁判原则要求法院只能根据证据认定案件事实，“以审判为中心”的刑事诉讼制度改革重申法院对证据审查的重要性。我国传统诉讼活动要求侦查人员发挥主观能动性，积极收集证据，发现事实真相，导致侦查活动普遍存在“先入为主”的有罪推定。加之，我国证据审查曾长期奉行“案卷笔录中心主义”，使得侦查机关制作的案卷成为检察机关、法院审查证据的重要依据。

“以审判为中心”的刑事诉讼制度改革要求法院加强对证据的实质性审查，倒逼侦查程序证据收集行为，使其更加规范化、法治化。具体来讲，侦查程序贯彻证据裁判原则就是要突破过去“口供中心主义”的藩篱，依法客观、全面、及时地收集证据；在证据审查上，建立客观性证据审查模式①；注重过程证据的收集和运用等。② 总之，作为刑事诉讼活动的重要环节，侦查程序属于诉讼证明的第一阶段，在收集证据的同时要以证据裁判原则为指引，加强对证据的审查。

大数据侦查的法律规制

在新犯罪形势下，大数据侦查在新一代信息技术的助力下被广泛运用于侦查程序中。侦查措施在侦查实践中是一个开放动态的发展体系，大数据侦查作为一种高度技术性的新型侦查措施涵盖刑事犯罪案件的查明与预测。与传统的侦查措施不同，大数据侦查的适用范围、运行模式等呈现出其独特性。传统侦查程序中，侦查机关普遍采用由人到案、由案到人、依赖经验性、人力密集型等侦查模式③，大数据侦查则是以海量的公民个人信息为基础发现犯罪线索、查明案件真相。相较传统的侦查措施，大数据侦查更强调侦查权的主动性和能动性，在有效预测犯罪风险、提高破案能力和效率的同时，亦加剧了与公民个人信息权利的冲突。学界对于大数据侦查的蓬勃发展表现出更多的担忧，在相关法律规范尚未将大数据侦查纳入法治轨道的情况下，这一技术红利便很有可能因缺乏必要的约束而肆意扩张。

首先，大数据侦查的适用有违程序法定原则。基于大数据侦查对公民个人信息

---

① 张可，陈刚．审判中心视野下侦查程序的改革与完善．河南社会科学，2016（6）：64－70．

② 卞建林．论公安刑事执法规范化．东方法学，2019（4）：4－13．

③ 程雷．大数据侦查的法律控制．中国社会科学，2018（11）：156－180．

权利的强制干预性，大数据侦查应属于强制性侦查行为的范畴，程序法定原则要求强制性侦查行为的实施应以法律规定为准则。而现行《刑事诉讼法》并未对大数据侦查的类型、适用范围及实施作明确规定，既有法律规范只涉及与大数据侦查相关的证据收集调取、勘验检查与技术侦查，这显然无法满足大数据侦查实践的多样性。[①] 概言之，程序法定原则的偏离使法律规范严重滞后于大数据侦查的实际发展，难以对大数据侦查形成有效约束。

其次，大数据侦查运用可能与无罪推定原则相悖。大数据侦查的预测性、相关性等特征要求对犯罪案件的侦查提前启动。在侦查程序中普遍存在的“先入为主”观念尚未得到完全矫正的情况下，大数据侦查将强化侦查人员“有罪推定”的观念，削弱无罪推定原则对公民权利的保护。[②]

最后，大数据侦查的应用将加剧控辩双方在侦查程序中的不平等。受我国超职权主义诉讼模式的影响，侦查程序中控辩双方的能力本就存在较大差距，大数据侦查利用的海量数据与高科技技术将进一步加剧控辩双方资源、力量的不平等。

诚然，大数据侦查是数字社会犯罪治理的必要选择，不能因为其存在的风险就排斥大数据侦查的应用与发展。应充分认识到大数据侦查对国家安全、社会安全的重要性，并对其进行必要的程序控制，以实现大数据侦查的理性回归。未来在《刑事诉讼法》修改时应将大数据侦查纳入法律的调整范围，设专章对大数据侦查相关问题作出具体规定，在立法技术上，要认识到大数据侦查对公民基本权利的强制干预性，自觉以基本权利干预理论作为立法的指导思想[③]，实现程序合法原则的回归。当下，大数据侦查的应用需严格遵守比例原则，将大数据侦查的运行控制在合理限度之内。即大数据侦查的运用必须与侦查目的、案情等相适应，大数据侦查适用中对公民个人权利干预程度不得超过刑事诉讼程序所欲实现的公民权益保护程度。控辩平等原则是现代刑事诉讼的基本理念之一，在对大数据侦查进行程序控制的同时，应根据侦查程序的固有规律及特点，适度引入个人权利保护机制，保持侦查程序中控辩双方力量的基本平衡。

五、文献荐读

1. 刘梅湘. 侦查中的网络监控法制化研究. 北京：法律出版社，2017.

2. 孙长永. 侦查程序与人权保障：中国侦查程序的改革和完善. 北京：中国法制出版社，2009.

3. 王燃. 大数据侦查. 北京：清华大学出版社，2017.

---

① 刘玫，陈雨楠. 从冲突到融入：刑事侦查中公民个人信息保护的规则建构. 法治研究，2021 (5)：34-45.

② 卞建林，钱程. 大数据侦查的适用限度与程序规制. 贵州社会科学，2022 (3)：78-86.

③ 艾明. 资讯科技基本权的创设及对德国线上搜索措施立法的影响：兼论我国网络远程勘验措施的立法完善. 学习与探索，2021 (4)：64-73.

4. 倪铁. 程序法治框架中的侦查权运作机制论衡. 北京：法律出版社，2017.

5. 卞建林. 论公安刑事执法规范化. 东方法学，2019（4）.

6. 张可，陈刚. 审判中心视野下侦查程序的改革与完善. 河南社会科学，2016（6）.

7. 程雷. 大数据侦查的法律控制. 中国社会科学，2018（11）.

第十三章 起诉程序

一、原理精析

（一）起诉概述

1. 起诉的概念

起诉，是指法定的机关或者个人依照法律规定以书面或口头方式对犯罪人提出指控，要求法院对犯罪事实进行确认并追究犯罪人刑事责任的行为。从本质上说，起诉是国家法律赋予社会主体在其合法权益受到刑事侵害时，请求审判机关通过行使审判权惩罚犯罪和保护合法权益的活动。

起诉是刑事诉讼的重要程序之一。刑事起诉，是指享有控诉权的国家机关和公民依法向法院提起诉讼，要求法院对指控的犯罪进行审判，以确定被告人刑事责任并予以刑事制裁的诉讼活动。刑事起诉的基本意义源于犯罪追究程序本身的性质。现代刑事程序废除纠问制度，实行原、被告和法官三方组合的“诉讼主义”，在程序上的一个基本点是贯彻“不告不理原则”，即以起诉为审判的前提，没有起诉人的起诉，法院不能主动追究犯罪。

2. 起诉的意义

起诉，是审判行为的驱动力，是刑事审判产生和存在的前提，没有起诉，也就没有审判。尤其是在公诉案件中，“公诉程序是侦查和审判的连接点，可以说公诉的状态决定了整个刑事司法的状态”①。在现代刑事诉讼中，起诉具有十分重要的意义。

大致说来，起诉的意义主要表现在如下几方面。

---

① ［日］田口守一．刑事诉讼法．张凌，于秀峰，译．北京：中国政法大学出版社．2019：197.

首先，启动刑事审判程序。为防止法院审判权的滥用，保障法庭审判中控辩双方的诉讼主体地位，现代刑事诉讼确立了不告不理原则。起诉，决定着对犯罪行为追诉机制的正式启动，是揭露犯罪、惩罚犯罪的必经程序。只有享有起诉权的主体的起诉行为才能启动审判程序；没有法定起诉主体的起诉，法院就不能进行审判。检察官、被害人以及其他法律规定享有起诉权的主体由此成为裁判入口的把关者，这就摒除了法院自诉自审、被告人沦为程序客体的纠问式做法。

其次，限制法院的审判范围。根据现代刑事诉讼的控审分离原则和不告不理原则，起诉在启动审判程序的同时，也限制着审判的范围和空间，表现在：第一，没有被起诉的事实，审判机关不能审判；第二，没有被起诉的人，审判机关不能主动追究刑事责任；第三，审判结论所确认的事实和人，必须与起诉指控的事实和人相一致。法官应当在起诉指控的范围内审判案件，而不得审判未经起诉的被告人或者犯罪行为，以防止法官恣意审判，侵害检察机关的公诉权和当事人的合法权益。

再次，禁止再次起诉。为了维护公民的权益及司法的程序，对检察院已起诉的同一案件不得再行起诉。也就是说，一旦就某一案件向某法院提起诉讼，就不能再向法院起诉或向另一法院起诉，除非检察机关已依法定程序撤回了诉讼。

最后，履行控诉职能。通过起诉活动，公诉人或者自诉人充分履行作为现代刑事诉讼三大主要职能之一的控诉职能，使法院能够依据法律规定的程序和标准将犯罪人绳之以法，实现控制犯罪的诉讼目的。在控辩审三方组合而成的现代刑事诉讼结构中，离开了控诉职能的发挥，所谓的控制犯罪目的要么难以实现，要么是通过非正当的程序和方式实现。

3. 起诉的方式

根据起诉主体的不同，可以将刑事起诉分为公诉和自诉。作为一种特定的诉讼程序，公诉是指在刑事诉讼过程中，法定的专门机关代表国家依法决定是否向法院提出刑事指控，请求法院通过审判对被指控的人追究刑事责任的活动，具体包括审查起诉以及作出提起公诉、不起诉或者附条件不起诉的决定等。自诉则是指刑事被害人或其法定代理人以及其他法律规定享有起诉权的个人或者单位依法直接向法院提出刑事指控，请求法院通过审判对被指控的人追究刑事责任的活动。

考察起诉制度产生和发展的历史进程，可以发现，人类最早的起诉方式是私诉，即由被害人直接向有管辖权的司法机关控告犯罪人。随着刑事起诉制度的发展，控诉人的范围又由被害人扩大到一般民众，一般民众也可以行使控诉权，形成“公众追诉”的形式。随着社会发展，犯罪性质认识的深入、司法经验的积累以及国家职能的进一步强化，仅有私诉已不能满足解决冲突、惩罚犯罪的需要。公元 14 世纪，法国设立了代表国家对犯罪进行追诉的检察官及检察机关，这标志着公诉制度在刑事诉讼中得到正式确认。由于公诉本身具有优越性，此后，它已逐渐成为世界各国刑事诉讼中的主要起诉形式。

在公诉制度上，存在起诉法定主义和起诉便宜主义之分。起诉法定主义，要求对于凡构成犯罪即具备法定起诉条件的刑事案件，不论犯罪嫌疑人及其罪行有何具体情况，公诉机关都必须毫无例外地提起公诉，而不得作出不予起诉的决定。起诉便宜主义就是允许公诉机关对于已构成犯罪、具备起诉条件的刑事案件，从被告人及其罪行等具体情况以及刑事政策等出发，作出不起诉的决定。目前，世界上多数国家都采取起诉便宜主义，但在具体规定上又各有不同。[①] 一般来说，起诉法定主义可以避免公诉机关滥用公诉权，保证法律的严肃性。但是，它不问案件的具体情况，硬性要求一律起诉，过于刻板，缺乏灵活性，可能使一些不应被开庭审判的人受到开庭审判。起诉便宜主义则便于公诉机关根据刑事政策和具体案情，灵活决定是否起诉，对于实际上没有追诉必要者，可以不提起公诉，从而可以免除许多不必要的诉讼程序。但是，在起诉便宜主义制度下，也存在公诉机关滥用公诉权的可能，因此，许多国家都设计有公诉权力监督制约机制。

我国对刑事诉讼的起诉，实行以公诉为主，自诉为辅的方式，即除了刑事诉讼法规定的，由人民法院直接受理的少数案件以外，对绝大多数刑事案件都实行公诉。人民检察院是行使国家公诉权的专门机关，其他任何机关、团体和个人都不能行使这项国家权力。人民检察院公诉活动的内容，包括审查起诉、提起公诉、出庭支持公诉以及由提起公诉所派生出来的不起诉等活动。其中，提起公诉是人民检察院公诉活动的核心内容，审查起诉是提起公诉的准备和基础，出庭支持公诉则是提起公诉活动在人民法院审判阶段的延伸。

（二）审查起诉

1. 审查起诉的概念、特点和意义

审查起诉是指人民检察院对公安机关侦查终结移送起诉的案件和监察机关调查终结移送起诉的案件依法进行全面审查，并决定是否将犯罪嫌疑人交付人民法院审判的一项诉讼活动，也是我国刑事诉讼法对公诉案件确立的一个独立的诉讼阶段。

在我国，审查起诉主要具有以下特点：第一，审查起诉的主体是人民检察院。《刑事诉讼法》第169条规定："凡需要提起公诉的案件，一律由人民检察院审查决定。"据此，在我国，提起公诉的权力由人民检察院代表国家统一行使，其他任何机关、团体、组织或者个人都无权行使。人民检察院在决定提起公诉之前，必须依照法定的程序和标准对案件进行全面审查。第二，审查起诉的对象有三类：一是公安机关侦查终结移送人民检察院审查起诉的案件；二是监察机关调查终结移送人民检察院审查起诉的案件；三是人民检察院侦查部门侦查终结移送人民检察院捕诉部门起诉的案件。第三，审查起诉的内容具有全面性。人民检察院在决定是否提起公诉之前，必须依照法定的程序和标准对案件进行全面审查。第四，审查起诉的程序具有独立性。审查起诉是我国刑事诉讼法对公诉案件确立的一个独立的诉讼阶段。

一些西方国家在起诉与审判之间设置了由法官主导的庭前起诉审查制度，以便尽早过滤掉起诉不当或者滥行起诉的案件，将被指控人从刑事程序中解脱出来，并减轻法院的审判负担。[②] 我国刑事诉讼法没有设立此类由法官主导的起诉审查程序，

---

① 杨诚，单民．中外刑事公诉制度．北京：法律出版社．2000：65.

② 孙谦．刑事起诉制度．北京：中国检察出版社．2017：151.

因而人民检察院自身对侦查终结或监察机关调查终结案件进行的审查起诉活动就具有相当重要的意义。

作为刑事公诉案件的必经程序，审查起诉是连接侦查和审判程序的纽带，对于刑事案件的正确处理，实现刑事诉讼的任务具有重要意义：其一，审查起诉是追究和惩罚犯罪，实现国家刑罚权的重要程序环节。通过审查，对那些犯罪事实清楚，证据确实、充分，依法应当追究刑事责任的犯罪嫌疑人提起公诉，交付审判，以实现国家刑罚请求权，追究和惩治犯罪。其二，审查起诉是人民检察院实现侦查监督职能的重要方式。审查起诉作为刑事诉讼的“第二道工序”，对侦查工作成果进行质量检验和把关，发现和纠正侦查活动中的违法情况，从而督促侦查机关严格依照法律规定的程序办案。其三，审查起诉是保证案件质量，保障公民合法权益不受侵犯的重要阶段。通过审查起诉保证了追诉的公正性和准确性，防止将无罪的人或者依法不应追究刑事责任的人以及指控犯罪证据不足的人提交审判，保障了公民的合法权益。

2. 审查起诉的程序

人民检察院审查起诉的基本步骤和方法如下。

（1）审阅案卷材料。

审阅案卷材料，是检察机关接触案件、掌握案情的开始，是查清事实、核实证据的基础。审查起诉人员应当对审查起诉的 13 项内容严格地逐项进行审查。[①] 特别是要认真审阅起诉意见书认定的犯罪事实与随案移送的证据材料是否相一致，侦查人员或监察人员对犯罪性质、罪名的认定以及共同犯罪案件中犯罪嫌疑人的责任划分是否有足够的事实和法律依据支撑。

审查起诉人员应当全面审阅案件材料，必要时制作阅卷笔录，发现问题时，可以向侦查人员或监察人员询问。《刑事诉讼法》第 175 条、第 56 条规定，人民检察院审查案件，认为可能存在以非法方法收集证据情形的，可以要求侦查机关对证据收集的合法性作出说明；经调查如果确认有应当排除的证据的，应当依法予以排除，不得作为起诉决定的依据。《高检规则》第 341 条规定：“人民检察院在审查起诉中

---

① 依据《高检规则》第 330 条，人民检察院审查移送起诉的案件，应当查明：（1）犯罪嫌疑人身份状况是否清楚，包括姓名、性别、国籍、出生年月日、职业和单位等；单位犯罪的，单位的相关情况是否清楚。（2）犯罪事实、情节是否清楚；实施犯罪的时间、地点、手段、危害后果是否明确。（3）认定犯罪性质和罪名的意见是否正确；有无法定的从重、从轻、减轻或者免除处罚情节及酌定从重、从轻情节；共同犯罪案件的犯罪嫌疑人在犯罪活动中的责任认定是否恰当。（4）犯罪嫌疑人是否认罪认罚。（5）证明犯罪事实的证据材料是否随案移送；证明相关财产系违法所得的证据材料是否随案移送；不宜移送的证据的清单、复制件、照片或者其他证明文件是否随案移送。（6）证据是否确实、充分，是否依法收集，有无应当排除非法证据的情形。（7）采取侦查措施包括技术侦查措施的法律手续和诉讼文书是否完备。（8）有无遗漏罪行和其他应当追究刑事责任的人。（9）是否属于不应当追究刑事责任的。（10）有无附带民事诉讼；对于国家财产、集体财产遭受损失的，是否需要由人民检察院提起附带民事诉讼；对于破坏生态环境和资源保护，食品药品安全领域侵害众多消费者合法权益，侵害英雄烈士的姓名、肖像、名誉、荣誉等损害社会公共利益的行为，是否需要由人民检察院提起附带民事公益诉讼。（11）采取的强制措施是否适当，对于已经逮捕的犯罪嫌疑人，有无继续羁押的必要。（12）侦查活动是否合法。（13）涉案财物是否查封、扣押、冻结并妥善保管，清单是否齐备；对被害人合法财产的返还和对违禁品或者不宜长期保存的物品的处理是否妥当，移送的证明文件是否完备。

发现有应当排除的非法证据，应当依法排除，同时可以要求监察机关或者公安机关另行指派调查人员或者侦查人员重新取证。必要时，人民检察院也可以自行调查取证。”《监察法》第33条第2、3款也规定：“监察机关在收集、固定、审查、运用证据时，应当与刑事审判关于证据的要求和标准相一致。以非法方法收集的证据应当依法予以排除，不得作为案件处置的依据。”由此，强调了人民检察院在审查起诉过程中对侦查人员或监察人员非法取得的证据的调查和排除责任。

（2）讯问犯罪嫌疑人。

《刑事诉讼法》第173条第1款中规定，人民检察院审查案件，应当讯问犯罪嫌疑人。据此，讯问犯罪嫌疑人是人民检察院审查起诉的必经程序和法定方法。审查起诉阶段讯问犯罪嫌疑人与侦查阶段讯问犯罪嫌疑人的侧重点有所不同。前者主要是通过讯问，直接听取犯罪嫌疑人的供述和辩解，进一步核实口供的可靠性，分析口供与其他证据之间有无矛盾，查清犯罪事实和情节，以便正确认定犯罪性质和罪名，同时了解和掌握犯罪嫌疑人的思想动态和认罪态度，为出庭公诉做好准备。

人民检察院讯问犯罪嫌疑人时，应当首先告知其在审查起诉阶段所享有的诉讼权利。犯罪嫌疑人认罪的，人民检察院还应当听取其对下列事项的意见，并记录在案：1）涉嫌的犯罪事实、罪名及适用的法律规定；2）从轻、减轻或者免除处罚等从宽处罚的建议；3）认罪认罚后案件审理适用的程序；4）其他需要听取意见的事项。犯罪嫌疑人自愿认罪，同意量刑建议和程序适用的，除少数例外情形外，应当在辩护人或者值班律师在场的情况下签署认罪认罚具结书。其次，既要听取犯罪嫌疑人的有罪供述，又要听取犯罪嫌疑人无罪或者罪轻的辩解。犯罪嫌疑人提出受到刑讯逼供或者存在诱供、指供等非法取证情形，审查起诉人员认为可能属实的，有权要求侦查人员对证据收集的合法性作出说明。再次，应当由2名以上办案人员进行，并制作笔录。最后，讯问未成年犯罪嫌疑人时，应当通知其法定代理人到场。无法通知、法定代理人不能到场或者法定代理人是共犯的，也可以通知未成年犯罪嫌疑人的其他成年亲属，所在学校、单位、居住地基层组织或者未成年人保护组织的代表到场，并将有关情况记录在案。到场的法定代理人可以代为行使未成年犯罪嫌疑人的诉讼权利。到场的法定代理人或者其他人员认为办案人员在讯问中侵犯未成年人合法权益的，可以提出意见。讯问笔录应当交给到场的法定代理人或者其他人员阅读或者向他宣读。讯问女性未成年犯罪嫌疑人，应当有女工作人员在场。

（3）听取被害人的意见。

《刑事诉讼法》第173条将听取被害人的意见也规定为人民检察院审查起诉的必经程序。被害人在刑事诉讼中具有双重地位。从与案件的利害关系上讲，被害人是当事人；就其陈述可以作为证据而言，被害人又是证人。因此，检察机关在审查起诉时应当听取被害人的意见，以保证其合法权益能得到充分的保护。应当指出的是，听取被害人的意见，不意味着被害人的意见对检察机关具有法律约束力，是否采纳被害人的意见，由检察机关在实事求是的基础上决定。

人民检察院听取被害人的意见，首先，应当告知其在审查起诉阶段所享有的诉讼权利。犯罪嫌疑人认罪认罚的，人民检察院还应当听取被害人对下列事项的意见，并记录在案：1）涉嫌的犯罪事实、罪名及适用的法律规定；2）从轻、减轻或者免除处罚等从宽处罚的建议；3）认罪认罚后案件审理适用的程序；4）其他需要听取意见的事项。其次，应当由2名以上办案人员进行，并记录在案。直接听取被害人的意见有困难的，可以向被害人发出书面通知，由其提出书面意见，被害人在指定期限内未提出意见的，应当记录在案。被害人提出书面意见的，应当附卷。最后，询问未成年被害人，适用《刑事诉讼法》关于讯问未成年犯罪嫌疑人时应当通知其法定代理人等到场的有关规定。

（4）听取辩护人或值班律师、诉讼代理人的意见。

依据《刑事诉讼法》第173条规定，人民检察院审查起诉时，还应当听取辩护人或值班律师、诉讼代理人的意见，并记录在案。直接听取辩护人或值班律师、诉讼代理人的意见有困难的，可以向其发出书面通知，由其提出书面意见，在指定期限内未提出意见的，应当记录在案。辩护人或值班律师、诉讼代理人提出书面意见的，应当附卷。犯罪嫌疑人认罪认罚的，人民检察院还应当听取辩护人或值班律师、诉讼代理人对下列事项的意见，并记录在案：1）涉嫌的犯罪事实、罪名及适用的法律规定；2）从轻、减轻或者免除处罚等从宽处罚的建议；3）认罪认罚后案件审理适用的程序；4）其他需要听取意见的事项。此外，听取辩护人或值班律师、诉讼代理人的意见，应当由2名以上审查起诉人员进行。

要求审查起诉人员将辩护人或值班律师、诉讼代理人的意见记录在案，并在辩护人或值班律师、诉讼代理人提出书面意见时予以附卷，其目的在于，强化审查起诉人员对辩护人或值班律师、诉讼代理人意见的尊重和收集，提高审查起诉人员审查起诉及其处理决定的质量，保障当事人的合法权益。

（5）进行必要的鉴定活动。

依据《高检规则》的规定，在审查起诉中，人民检察院认为需要对案件中某些专门性问题进行鉴定而侦查机关没有鉴定的，应当要求侦查机关进行鉴定；必要时也可以由人民检察院进行鉴定或者由人民检察院送交有鉴定资格的人进行。人民检察院自行进行鉴定的，可以商请侦查机关派员参加，必要时可以聘请有鉴定资格的人参加。

此外，在审查起诉中，发现犯罪嫌疑人可能患有精神病的，人民检察院应当依照有关规定对犯罪嫌疑人进行鉴定。犯罪嫌疑人的辩护人或者近亲属以犯罪嫌疑人可能患有精神病为由而申请对犯罪嫌疑人进行鉴定的，人民检察院也可以依照有关规定对犯罪嫌疑人进行鉴定，鉴定费用由申请方承担。

（6）调查核实其他证据。

办案人员在审阅案卷材料，讯问犯罪嫌疑人，听取辩护人、被害人及其诉讼代理人的意见以及进行必要的鉴定活动之后，如果发现公安机关或者监察机关移送的证据材料有疑点或者相互之间存在矛盾的，可以通过进一步调查公安机关或者监察机关已经收集到的有关证据来核实。主要包括以下情形：1）人民检察院审查案件时，对公安机关的勘验、检查，认为需要复验、复查时，应当要求公安机关复验、复查，并且可以派检察人员参加；也可以自行复验、复查，商请公安机关派员参加，必要时也可以聘请专门技术人员参加。2）人民检察院对鉴定意见有疑问的，可以询问鉴定人并制作笔录附卷，也可以指派检察技术人员或者聘请有鉴定资格的人对案件中的某些专门性问题进行补充鉴定或者重新鉴定。审查起诉部门对审查起诉案件中涉及专门技术问题的证据材料需要进行审查的，可以送交检察技术人员或者其他具有专门知识的人员审查。检察技术人员或者其他具有专门知识的人员审查后应当出具审查意见。3）人民检察院对物证、书证、视听资料、电子数据及勘验、检查、辨认、侦查实验等笔录存在疑问的，可以要求侦查人员提供获取、制作的有关情况，必要时也可以询问提供物证、书证、视听资料、电子数据及勘验、检查、辨认、侦查实验等笔录的人员和见证人并制作笔录附卷，对物证、书证、视听资料、电子数据等进行技术鉴定。4）人民检察院对证人证言笔录存在疑问或者认为对证人的询问不具体或者有遗漏的，可以对证人进行询问并制作笔录附卷。

（7）补充侦查或者补充调查。

依据《刑事诉讼法》第 175 条和《高检规则》第 346、348 条的规定，人民检察院审查案件，可以要求公安机关提供法庭审判所必需的证据材料。对于需要补充侦查的，可以退回公安机关补充侦查，也可以自行侦查。对于退回公安机关补充侦查的案件，应当在 1 个月以内补充侦查完毕。补充侦查以 2 次为限。《监察法》第 47 条第 3 款规定：“人民检察院经审查，认为需要补充核实的，应当退回监察机关补充调查，必要时可以自行补充侦查。对于补充调查的案件，应当在一个月内补充调查完毕。补充调查以二次为限。”《刑事诉讼法》第 170 条第 1 款也规定：“……人民检察院经审查，认为需要补充核实的，应当退回监察机关补充调查，必要时可以自行补充侦查。”人民检察院在审查起诉中决定自行侦查的，应当在审查起诉期限内侦查完毕。

《高检规则》第 342 条、第 345 条规定，人民检察院退回补充侦查或者自行侦查主要适用于其认为犯罪事实不清、证据不足或者遗漏罪行、遗漏同案犯罪嫌疑人等情形。实践中，自行侦查的案件则一般适用于以下情形：侦查中有逼供行为的，口供与其他证据矛盾较大的，经侦查人员补充侦查后仍未查清的，与侦查人员在认定案件事实和证据上有分歧的，退回补充侦查可能延误办案期限的，等等。

此外，需要指出的是，《监察法》第 47 条第 1 款规定，对监察机关移送的案件，人民检察院依照《刑事诉讼法》对被调查人采取强制措施，以保障审查起诉及后续诉讼活动的顺利进行。《刑事诉讼法》第 170 条第 2 款规定：“对于监察机关移送起诉的已采取留置措施的案件，人民检察院应当对犯罪嫌疑人先行拘留，留置措施自动解除。人民检察院应当在拘留后的十日以内作出是否逮捕、取保候审或者监视居住的决定。在特殊情况下，决定的时间可以延长一日至四日。人民检察院决定采取强制措施的期间不计入审查起诉期限。”

3. 审查起诉后的处理

审查起诉人员对案件进行审查后，应当制作案件审查报告，提出起诉、不起诉或者附条件不起诉以及是否需要提起附带民事诉讼的意见，经审查起诉部门负责人审核，报请检察长或者检察委员会决定。人民检察院办理监察机关移送起诉的案件，拟作不起诉决定的，应当报请上一级人民检察院批准。

为贯彻刑事诉讼及时性原则，保障犯罪嫌疑人的合法权益，《刑事诉讼法》第172条和《高检规则》第351条规定，人民检察院对于监察机关、公安机关移送起诉的案件，应当在1个月以内作出决定，重大、复杂的案件，报经检察长批准，可以延长半个月。犯罪嫌疑人认罪认罚，符合速裁程序适用条件的，应当在10日内作出决定；对可能判处的有期徒刑超过1年的，可以延长至15日。改变管辖的，从改变后的人民检察院收到案件之日起计算审查起诉期限。

此外，对于补充侦查或者补充调查的案件，应当在1个月以内补充侦查或者补充调查完毕。补充侦查或者补充调查以2次为限。每一次补充侦查或者补充调查完毕移送审查起诉后，人民检察院都要重新计算审查起诉期限。

（三）提起公诉

1. 提起公诉的概念和条件

《刑事诉讼法》第176条第1款明确了提起公诉的概念和条件："人民检察院认为犯罪嫌疑人的犯罪事实已经查清，证据确实、充分，依法应当追究刑事责任的，应当作出起诉决定，按照审判管辖的规定，向人民法院提起公诉，并将案卷材料、证据移送人民法院。"

提起公诉的条件有以下几个方面。

一是犯罪嫌疑人的犯罪事实已经查清，证据确实、充分。依据《高检规则》第355条的规定，具有下列情形之一的，可以确认犯罪事实已经查清：（1）属于单一罪行的案件，查清的事实足以定罪量刑或者与定罪量刑有关的事实已经查清，不影响定罪量刑的事实无法查清的；（2）属于数个罪行的案件，部分罪行已经查清并符合起诉条件，其他罪行无法查清的；（3）无法查清作案工具、赃物去向，但有其他证据足以对被告人定罪量刑的；（4）证人证言、犯罪嫌疑人供述和辩解、被害人陈述的内容主要情节一致，个别情节不一致，但不影响定罪的。对于符合第2项情形的，应当以已经查清的罪行起诉。

至于"证据确实、充分"，依据《刑事诉讼法》第55条的规定，应当符合以下条件：（1）定罪量刑的事实都有证据证明；（2）据以定案的证据均经法定程序查证属实；（3）综合全案证据，对所认定事实已排除合理怀疑。

二是依法应当追究刑事责任。依法应当追究刑事责任是指犯罪嫌疑人实施了某种犯罪行为，而且既不具有《刑事诉讼法》第16条规定的六种情形之一，也不属于《刑事诉讼法》第177条第2款规定的"犯罪情节轻微，依照刑法规定不需要判处刑罚或者免除刑罚"的情形。

三是符合审判管辖的规定。属于受诉人民法院管辖，是提起公诉的程序要件。人民法院系统内部对一审案件审判有明确分工，起诉时必须符合审判管辖的规定，人民法院才会受理。

需要说明的是：对犯罪嫌疑人提起公诉，必须同时具备上述三个条件，缺一不可；刑事诉讼法对人民检察院决定提起公诉的案件在事实和证据上的要求是“人民检察院认为犯罪嫌疑人的犯罪事实已经查清，证据确实、充分”。这里使用了“人民检察院认为”这样带有主观色彩的限制词，区别于《刑事诉讼法》第200条关于有罪判决的判决条件的规定，“案件事实清楚，证据确实、充分”。《刑事诉讼法》这样规定是贯彻《刑事诉讼法》第12条确立的“未经人民法院依法判决，对任何人都不得确定有罪”这一原则的体现。

2. 起诉书的制作和移送

人民检察院决定对犯罪嫌疑人提起公诉的，必须制作起诉书。起诉书是人民检察院代表国家向人民法院提出追究被告人刑事责任的诉讼请求的重要法律文书。这是人民法院受理案件对被告人进行审判的依据，也是进行法庭调查和辩论的基础，既直接关系到被告人的切身利益，也关系到国家法律的正确统一实施。

起诉书的内容，应当包括下列几个部分：

（1）首部。包括制作起诉书的人民检察院的名称、文号（由制作起诉书的人民检察院的简称、案件性质、起诉年度、案件顺序号组成）等。

（2）被告人（被告单位）的基本情况。包括姓名、性别、出生年月日、出生地、身份证号码、民族、文化程度、职业、工作单位及职务、住址，是否受过刑事处罚，采取强制措施的情况及在押被告人的关押处所等；如果是单位犯罪，应写明犯罪单位的名称，所在地址，法定代表人或代表的姓名、职务；如果还有应当负刑事责任的“直接负责的主管人员或其他直接责任人员”，应当按上述被告人基本情况叙写。

被告人的真实姓名、住址无法查清的，应当按其绰号或者自报的姓名、自报的年龄制作起诉书，并在起诉书中注明。被告人自报的姓名可能造成损害他人名誉、败坏道德风俗等不良影响的，可以对被告人编号并按编号制作起诉书，并在起诉书中附具被告人的照片，记明足以确定被告人面貌、体格、指纹以及其他反映被告人特征的事项。

（3）案由和案件来源。案由是指案件的内容摘要，通常只写出犯罪主体和认定的罪名。案件来源则主要写明由哪个侦查机关侦查终结或者系监察机关调查终结，并于何时移送人民检察院审查起诉，何时受理，何时基于何种原因退回补充侦查、补充调查或者延长审查起诉期限，何时审查终结等。

（4）案件事实。这部分是起诉书的重点，包括犯罪的时间、地点、经过、手段、动机、目的、危害后果等与定罪量刑有关的事实要素。其一，对起诉书所指控的所有犯罪事实，无论是一人一罪、多人一罪，还是一人多罪、多人多罪，都必须逐一列举，对于犯罪手段相同的同一犯罪可以概括叙写。其二，叙述案件事实，一般可按照时间先后顺序；一人多罪的，应当按照各种犯罪的轻重顺序叙述，把重罪放在前面，把轻罪放在后面；多人多罪的，应按照主犯、从犯或者重罪、轻罪的顺序叙述，突出主犯、重罪。其三，叙写案件事实时，可以根据案件事实的不同情况，采取相应的表述方式，通常包括犯罪的时间、地点，实施行为的经过、手段、目的、动机，危害后果和被告人案发后的表现及认罪态度等内容，特别要将属于犯罪构成要件或者与定罪量刑有关的事实要素列为重点。

（5）证据。应当指明证据的名称、种类。叙写证据时，一般应当采取“一事一证”的方式，即在每一起案件事实后，写明据以认定的主要证据。对于作案多起的一般刑事案件，如果案件事实是概括叙述的，证据的叙写也可以采取“一罪一证”的方式，即在该种犯罪后概括写明主要证据的种类。

（6）起诉的根据和理由，包括被告人触犯的刑法条款，犯罪的性质及认定的罪名，处罚条款，法定从轻、减轻或者从重处罚的情节，共同犯罪各被告人应负的罪责，提出的量刑建议等。

（7）尾部。其主要包括起诉书送达的人民法院名称、具体承办案件公诉人的法律职务和姓名、签发起诉书的年月日、人民检察院公章等。

（8）附项。其主要包括：被告人现在处所；证人、鉴定人、需要出庭的有专门知识的人的名单（应当列明姓名、性别、年龄、职业、住址、联系方式，并注明证人、鉴定人是否出庭）；需要保护的被害人、证人、鉴定人的名单；涉案款物情况；附带民事诉讼以及其他需要附注的情况。

依据《刑事诉讼法》第 176 条规定，人民检察院认为犯罪嫌疑人的犯罪事实已经查清，证据确实、充分，依法应当追究刑事责任的，应当作出起诉决定，按照审判管辖的规定，向人民法院提起公诉，并将案卷材料、证据移送人民法院。将案卷材料、证据移送人民法院有利于辩护人在审判阶段充分查阅案卷和法官更好地把握案情，主持庭审，但也容易使法官在审前形成预断。

（四）不起诉

1. 不起诉的概念

不起诉，是指人民检察院对侦查终结案件进行审查后，认为犯罪嫌疑人的行为不符合起诉条件或者没有必要起诉的，依法作出不将犯罪嫌疑人提交人民法院进行审判、追究刑事责任的一种处理决定。

对不起诉制度应把握四个要素：其一，不起诉的性质是检察机关对刑事案件进行起诉审查后所采取的一种法律处置方式。其二，不起诉的根据在于案件不具备起诉条件或根据案件的实际情况不适宜提起诉讼。其三，不起诉决定的法律效力是不将案件交付人民法院审判，从而在审查起诉阶段终止刑事诉讼。对于犯罪嫌疑人而言，不起诉决定意味着其行为在法律上是无罪的。其四，检察机关的不起诉决定具有确定效力，如不具备法律要求的条件，不得改变已发生效力的不起诉决定再行提起公诉。

2. 不起诉的种类和适用条件

依据《刑事诉讼法》的规定，我国不起诉的种类包括法定不起诉、酌定不起诉、证据不足不起诉、特殊的裁量不起诉及附条件不起诉，其适用条件各不相同。

（1）法定不起诉。

法定不起诉又称绝对不起诉，是指人民检察院对于公安机关或者监察机关移送审查起诉的案件，发现犯罪嫌疑人没有犯罪事实，或者符合《刑事诉讼法》第 16 条规定的情形之一的，应当作出的不起诉决定。在这种情况下，人民检察院没有追诉权，或者已经丧失了追诉权，或者缺乏诉讼条件，因此不能进行起诉裁量，而必须经检察长或者检察委员会决定，依法作出不起诉决定。

《刑事诉讼法》第177条第1款规定："犯罪嫌疑人没有犯罪事实，或者有本法第十六条规定的情形之一的，人民检察院应当作出不起诉决定。"据此，法定不起诉适用于以下七种情形：1）犯罪嫌疑人没有犯罪事实；2）情节显著轻微、危害不大，不认为是犯罪的；3）犯罪已过追诉时效期限的；4）经特赦令免除刑罚的；5）依照刑法告诉才处理的犯罪，没有告诉或者撤回告诉的；6）犯罪嫌疑人、被告人死亡的；7）其他法律规定免予追究刑事责任的。

（2）酌定不起诉。

酌定不起诉又称相对不起诉，是指人民检察院经审查认为犯罪嫌疑人的行为虽然构成犯罪，但情节轻微，依照刑法规定不需要判处刑罚或者免除刑罚的，可以作出的不起诉决定。在这种情况下，人民检察院被赋予了根据刑事政策和公共利益裁量决定如何处理的权力，既可以提起公诉，也可以不起诉。

《刑事诉讼法》第177条第2款规定："对于犯罪情节轻微，依照刑法规定不需要判处刑罚或者免除刑罚的，人民检察院可以作出不起诉决定。"据此，酌定不起诉的适用必须同时具备以下两个条件：一是人民检察院认为犯罪嫌疑人的行为符合刑法规定的犯罪构成要件，已经构成犯罪，应当负刑事责任。二是犯罪情节轻微，依照刑法规定不需要判处刑罚或者免除刑罚。其中，"刑法规定不需要判处刑罚"的情况，主要是指《刑法》第37条规定的"对于犯罪情节轻微不需要判处刑罚的，可以免予刑事处罚"的情形。

酌定不起诉是起诉便宜主义在我国刑事诉讼中的体现。不难理解，酌定不起诉的合理适用对于贯彻宽严相济的刑事司法政策，教育挽救犯罪嫌疑人，节约诉讼资源，以及稳定社会秩序，具有重要的意义。当然，如果制约不足，出现起诉裁量权的滥用，其危害也是很大的，因此，酌定不起诉要经检察长或者检察委员会决定。

（3）证据不足不起诉。

证据不足不起诉，又称存疑不起诉，是指人民检察院对于经过两次补充侦查或者补充调查的案件，仍然认为证据不足，不符合起诉条件的，应当作出不起诉决定。《刑事诉讼法》第175条第4款规定："对于二次补充侦查的案件，人民检察院仍然认为证据不足，不符合起诉条件的，应当作出不起诉的决定。"这种不起诉的前提条件是必须经过了两次补充侦查或者补充调查。没有经过补充侦查或者补充调查的案件，不能直接作出这种不起诉决定；经过一次补充侦查或者补充调查，人民检察院仍然认为证据不足，不符合起诉条件，且没有退回补充侦查或者补充调查必要的，可以作出不起诉决定。

《高检规则》第368条规定："具有下列情形之一，不能确定犯罪嫌疑人构成犯罪和需要追究刑事责任的，属于证据不足，不符合起诉条件：（一）犯罪构成要件事实缺乏必要的证据予以证明的；（二）据以定罪的证据存在疑问，无法查证属实的；（三）据以定罪的证据之间、证据与案件事实之间的矛盾不能合理排除的；（四）根据证据得出的结论具有其他可能性，不能排除合理怀疑的；（五）根据证据认定案件事实不符合逻辑和经验法则，得出的结论明显不符合常理的。”第 369 条规定，人民检察院决定证据不足不起诉的，在发现新的证据，符合起诉条件时，可以提起公诉。

（4）附条件不起诉。

该种不起诉适用于未成年犯罪嫌疑人。依据《刑事诉讼法》第 282 条第 1、3 款的规定，对于未成年人涉嫌《刑法》分则第四章、第五章、第六章规定的犯罪，可能判处 1 年有期徒刑以下刑罚，符合起诉条件，但有悔罪表现的，人民检察院可以作出附条件不起诉的决定。人民检察院在作出附条件不起诉的决定以前，应当听取公安机关、被害人的意见。未成年犯罪嫌疑人及其法定代理人对人民检察院决定附条件不起诉有异议的，人民检察院应当作出起诉的决定。

（5）特殊的裁量不起诉。

《刑事诉讼法》第 182 条第 1 款规定：“犯罪嫌疑人自愿如实供述涉嫌犯罪的事实，有重大立功或者案件涉及国家重大利益的，经最高人民检察院核准……人民检察院可以作出不起诉决定，也可以对涉嫌数罪中的一项或者多项不起诉。”据此，检察机关裁量不起诉的权力扩展到了符合条件的重罪案件，这就在一定程度上改变了我国传统上以起诉法定主义为主、轻罪案件才适当兼采起诉便宜主义的审查起诉原则，为宽严相济刑事政策的适用提供了更为广阔的空间。

3. 不起诉的程序

人民检察院决定不起诉的案件，应当制作“不起诉决定书”。“不起诉决定书”是人民检察院代表国家确认犯罪嫌疑人不构成犯罪、依法不追究其刑事责任的司法文书，具有终止诉讼的法律效力。“不起诉决定书”的主要内容包括：

（1）被不起诉人的基本情况，包括：姓名、性别、出生年月日、出生地和户籍地、民族、文化程度、职业、工作单位及职务、住址、身份证号码，是否受过刑事处分，采取强制措施的情况以及羁押处所等；如果是单位犯罪，应当写明犯罪单位的名称和组织机构代码、所在地址、联系方式，法定代表人和诉讼代表人的姓名、职务、联系方式。

（2）案由和案件来源。案由应当写移送审查起诉时或者侦查终结时认定的行为性质，而不是审查起诉部门认定的行为性质。案件来源包括公安机关移送、本院侦查终结、其他人民检察院移送等情况。应当写明移送审查起诉的时间和退回补充侦查的情况以及本院受理日期。

（3）案件事实。案件事实包括否定或者指控被不起诉人构成犯罪的事实以及作为不起诉决定根据的事实。应当根据四种不起诉的性质、内容和特点，针对案件具体情况各有侧重点地叙写。

（4）不起诉的法律根据和理由。写明作出不起诉决定适用的法律条款。

（5）查封、扣押、冻结的涉案款物的处理情况。

（6）有关告知事项。这主要包括：有被害人的案件，“不起诉决定书”应当写明被害人享有申诉权及起诉权；酌定不起诉决定，还应当写明被不起诉人享有申诉权；等等。

不起诉的决定应当由人民检察院公开宣布，公开宣布不起诉决定的活动应当记入笔录。“不起诉决定书”自公开宣布之日起生效。被不起诉人在押的，应当立即释放；被采取其他强制措施的，应当通知执行机关解除。

4. 被不起诉人和涉案财物的处理

人民检察院决定不起诉的案件，应当同时对侦查中查封、扣押、冻结的财物解除查封、扣押、冻结。对被不起诉人需要给予行政处罚、行政处分或者需要没收其违法所得的，人民检察院应当提出检察意见，连同“不起诉决定书”一并移送有关主管机关处理，并要求有关主管机关及时通报处理情况，有关主管机关应当将处理结果及时通知人民检察院。

人民检察院决定不起诉的案件，对犯罪嫌疑人违法所得及其他涉案财产应当区分不同情形，作出相应处理：(1) 因犯罪嫌疑人死亡而不起诉的，依照《刑法》规定应当追缴其违法所得及其他涉案财产的，按照《刑事诉讼法》关于犯罪嫌疑人、被告人逃匿、死亡案件违法所得的没收程序处理。(2) 因其他原因不起诉的，对于查封、扣押、冻结的犯罪嫌疑人违法所得及其他涉案财产需要没收的，应当提出检察建议，移送有关主管机关处理。(3) 对于冻结的犯罪嫌疑人存款、汇款、债券、股票、基金份额等财产需要返还被害人的，可以通知金融机构返还被害人；对于查封、扣押的犯罪嫌疑人的违法所得及其他涉案财产需要返还被害人的，直接决定返还被害人。人民检察院申请人民法院裁定处理犯罪嫌疑人涉案财产的，应当向人民法院移送有关案件材料。

此外，人民检察院决定不起诉的案件，需要对侦查或者监察调查中查封、扣押、冻结的财物解除查封、扣押、冻结的，应当书面通知作出查封、扣押、冻结决定的机关或者执行查封、扣押、冻结决定的机关解除查封、扣押、冻结。

5. 对不起诉决定不服的救济

对于有被害人的案件，被害人如果对不起诉决定不服，可以向人民检察院申诉，也可以不经申诉直接向人民法院提起自诉。依据《刑事诉讼法》第 180 条及最高人民检察院有关司法解释规定，被害人如果对人民检察院的不起诉决定不服，可以自收到“不起诉决定书”后 7 日以内向上一级人民检察院申诉，请求提起公诉。上一级人民检察院对不起诉决定进行复查后作出起诉决定的，应当撤销下级人民检察院的不起诉决定，交由下级人民检察院提起公诉，并将复查决定抄送移送审查起诉的公安机关。对人民检察院维持不起诉决定的，被害人可以向人民法院起诉。被害人也可以不经申诉，直接向人民法院起诉。人民法院受理案件后，人民检察院应当将有关案件材料移送人民法院。与这一规定相对应的是《刑事诉讼法》第 210 条第 3 项规定的自诉案件，即“被害人有证据证明对被告人侵犯自己人身、财产权利的行为应当依法追究刑事责任，而公安机关或者人民检察院不予追究被告人刑事责任的案件”。该规定赋予被害人对这部分公诉案件的自诉权，从外部强化了对人民检察院不起诉决定的有效制约，有利于督促人民检察院正确行使权力、严格执法。

由于酌定不起诉实际上肯定了被不起诉人的行为构成犯罪，被不起诉人如果不服，可以自收到决定书后 7 日以内向人民检察院申诉。人民检察院应当作出复查决定，通知被不起诉的人，同时抄送公安机关。

对于公安机关移送起诉的案件，人民检察院作出不起诉决定后，公安机关认为不起诉决定有错误时，可以要求作出该不起诉决定的人民检察院进行复议。人民检察院应当在收到“要求复议意见书”后30日内作出复议决定，并通知公安机关。如果意见不被接受，公安机关还可以向上一级人民检察院提请复核。上一级人民检察院应当在收到提请复核意见后30日内作出决定，制作“复核决定书”送交下级人民检察院提请复核的公安机关；改变下级人民检察院的决定的，应当撤销下级人民检察院的不起诉决定，交由下级人民检察院提起公诉。

对于监察机关移送起诉的案件，依据《监察法》第47条第4款的规定，监察机关移送起诉的案件，有《刑事诉讼法》规定的不起诉的情形的，经上一级人民检察院批准，人民检察院依法作出不起诉的决定。

（五）刑事自诉

1. 自诉案件的概念及范围

自诉案件，是指享有起诉权的人依法提起刑事诉讼，并由人民法院直接受理的案件。在国家追诉主义占主导地位的现代刑事诉讼中，自诉是立足于保护被害人利益的必要补充，是刑事诉讼法实行国家追诉主义兼采私人追诉主义的产物。

依据《刑事诉讼法》第210条的规定，“自诉案件包括下列案件：（一）告诉才处理的案件；（二）被害人有证据证明的轻微刑事案件；（三）被害人有证据证明对被告人侵犯自己人身、财产权利的行为应当依法追究刑事责任，而公安机关或者人民检察院不予追究被告人刑事责任的案件”。

2. 提起自诉的条件

依据刑事诉讼法的有关规定和司法解释，提起自诉必须具备以下条件。

（1）自诉人是本案的被害人或者其法定代理人、近亲属。被害人是遭受犯罪行为直接侵害的人，对于法律规定允许自诉的案件，当然有权直接向人民法院提起自诉，要求追究被告人的刑事责任。现代各国立法都把自诉案件的提起控诉、支持控诉和撤回控诉的权力，交由被害人及其法定代理人。例如，《德国刑事诉讼法典》第374条明确规定，对于法律允许自诉的案件，被害人不需要先向检察官申请，可以径行用自诉的方式予以追究。德国《刑法典》第77条规定，犯罪须告诉乃论者，告诉权由被害人行使。我国《刑事诉讼法》第114条第一句也明确规定：“对于自诉案件，被害人有权向人民法院直接起诉。”

我国《刑事诉讼法》第114条第二句规定：“被害人死亡或者丧失行为能力的，被害人的法定代理人、近亲属有权向人民法院起诉。人民法院应当依法受理。”司法实践中，自诉案件中被害人往往由于死亡、丧失行为能力或者其他原因不能行使起诉的权利，这不利于处罚犯罪分子和保护被害人的合法权益，因此，赋予被害人的法定代理人、近亲属直接向人民法院起诉的权利，这是在被害人自诉机制受到阻却时的一种补救措施，有利于打击犯罪和保护无辜。

（2）属于《刑事诉讼法》第210条和有关司法解释确定的案件范围。依据《刑事诉讼法》第210条的规定，我国的刑事自诉案件包括三类。此外，依照《刑事诉讼法》第180条的规定，被害人对人民检察院不起诉决定不服而向人民法院起诉的案件，也属于自诉案件。自诉的提起，不能超出上述范围，否则，人民法院有权不予受理。

（3）属于受理人民法院管辖范围。自诉人提起自诉，必须向有管辖权的人民法院提出，对于不属于自己管辖的案件，即使具备自诉案件的其他条件，该人民法院也有权不予受理。因此，自诉人提起自诉时，应当遵守刑事诉讼法关于管辖的规定。

（4）有明确的被告人、具体的诉讼请求和证明被告人犯罪事实的证据。自诉案件的被告人，必须是被指控侵犯他人正当合法权益、已构成犯罪，并且应当追究刑事责任的人。自诉人不能将与案件无关的其他人作为被告。被告人已经死亡或者被告人下落不明的，自诉都将无法成立。提起自诉时，自诉人必须有具体的诉讼请求，并附有相应的证据。诉讼请求是指自诉人对被告人应否承担刑事责任以及承担何种刑事责任的态度，应尽可能明确、具体，有理有据。由于自诉案件的举证责任主要由自诉人负担，因此，自诉人起诉时，应举出有关证据，以证明自己的诉讼请求和主张。

3. 提起自诉的程序

自诉人提起自诉时，应当向人民法院提交刑事自诉状；如果提起附带民事诉讼的，还应当提交刑事附带民事自诉状。为便于自诉人告诉，刑事诉讼法规定自诉人书写自诉状确有困难的，可以口头告诉，由人民法院工作人员作出告诉笔录，向自诉人宣读；自诉人确认无误后，应当签名或者盖章。

自诉状或者告诉笔录应当包括以下内容：

（1）自诉人、被告人、代为告诉人的姓名、性别、年龄、民族、出生地、文化程度、职业、工作单位、住址；

（2）被告人犯罪行为的时间、地点、手段、情节和危害后果等；

（3）具体的诉讼请求；

（4）致送人民法院的名称及具状时间；

（5）证人的姓名、住址及其他证据的名称、来源等。

如果被告人是二人以上的，自诉人在告诉时需按被告人的人数提供自诉状副本。

人民法院收到自诉人的起诉状或口头起诉后，应立即按受理条件进行立案前的初步审查，对于符合受理条件的，应立即立案审理，并告知自诉人。对于不符合受理条件的，应迅速通知自诉人并告知不受理的理由。自诉人坚持告诉的，人民法院可以裁定驳回起诉。

二、实践动态

“少捕慎诉慎押”刑事司法政策

2021年4月，最高人民检察院《“十四五”时期检察工作发展规划》强调落实“少捕慎诉慎押”。2021年7月，最高人民检察院在全国检察机关组织开展为期6个月的羁押必要性审查专项活动，推动落实少捕慎诉慎押刑事司法政策。少捕慎诉慎押刑事司法政策的提出，对检察机关在新的形势下做优刑事检察、参与社会治理提出了更高的要求。

1.“少捕慎诉慎押”刑事司法政策的内涵及提出背景

少捕慎诉慎押是党和国家确立的刑事司法政策，是宽严相济刑事政策在刑事诉讼程序中的具体要求，是继认罪认罚从宽制度之后确立的一项重大的刑事司法政策。所谓少捕，是指在刑事诉讼中应当尽量少逮捕人，并且严格将逮捕措施限定为确保刑事诉讼顺利进行的一种预防性措施，使非羁押诉讼成为刑事诉讼的常态。所谓慎诉，是指从严掌握刑事案件进入审判程序的实体条件和证据标准；对于符合起诉条件的案件，如果检察机关根据案件事实、情节以及犯罪嫌疑人的具体情况和认罪认罚态度，认为不起诉更加有利于维护公共利益和犯罪嫌疑人、被害人的合法权益，有利于促进经济社会发展和修复社会关系的，尽量适用不起诉手段终止诉讼。所谓慎押，是指在少捕的基础上，通过落实捕后羁押必要性审查制度等，保障被逮捕人及其法定代理人、近亲属和辩护人申请变更或者解除强制措施的诉讼权利，尽量缩短审前羁押期限，减少审前羁押人数。①

确立少捕慎诉慎押刑事司法政策有着深刻的时代背景、实践基础，大体上包括三个方面：一是经过改革开放 40 多年来的经济社会发展和法治建设，我国犯罪结构和刑罚结构逐渐轻缓化，特别是以危险驾驶罪等轻微犯罪入刑为代表的积极主义刑事立法，迫切需要裁量主义的刑事司法与之相匹配，以优化刑事司法资源配置，更好地贯彻宽严相济刑事政策，实现繁简分流。二是刑事诉讼中认罪认罚从宽制度的普遍推行，要求公安司法机关对自愿认罪认罚的犯罪嫌疑人、被告人依法给予从宽处理，以便及时有效地惩罚犯罪，加强人权司法保障，提高刑事司法效率，在更高程度上实现司法公正和司法效率有机统一。三是随着手机定位、路面监控、“非羁码”等电子监控手段的广泛应用，公安司法机关对未被羁押的犯罪嫌疑人、被告人的监控能力大幅度提升，即使对犯罪嫌疑人、被告人不予逮捕羁押，仍然可以较为便利地保证其随传随到，保障刑事诉讼的顺利进行。

在此背景下，确立少捕慎诉慎押刑事司法政策正当其时，是司法机关践行以人民为中心、全面依法治国、回应经济社会发展需要的重大举措，是司法履职助推国家治理能力现代化的具体体现，也是对长期以来刑事诉讼过度依赖逮捕羁押、强制措施功能异化的适时纠偏。

2.“少捕慎诉慎押”刑事司法政策的价值功能

落实少捕慎诉慎押的刑事司法政策，是检察机关坚持以人民为中心的根本立场的具体体现，有利于促进司法办案“三个效果”的有机统一，也是深化新时代能动司法的必然要求。

认真落实这一刑事司法政策，首先，有利于引导广大司法人员进一步摒弃“重

① 庄永廉，孙长永，苗生明，等．少捕慎诉慎押刑事司法政策的内涵功能及其落实．人民检察，2021（15）：37－38.

打击轻保护”“重实体轻程序”的陈旧司法观念，牢固树立“惩治犯罪与保障人权并重”“实体公正和程序公正并重”等现代司法观念。其次，有利于促进不捕不诉和羁押必要性审查工作机制以及相关业务考核机制的不断完善，减少逮捕人数和捕后适用轻缓刑的人数，缩短审前羁押期限，从而在刑事诉讼中进一步贯彻落实尊重和保障人权的宪法原则。再次，有利于检察机关行使不捕、不诉裁量权，并通过不捕、不诉与涉罪企业合规、当事人和解、认罪认罚从宽等制度的有机融合，有效化解社会矛盾，促进社会治理体系不断完善。最后，有利于节约司法资源。羁押需要场地、人员、设备等各方面大量资源投入，被羁押人员不能正常生产生活、创造价值也是羁押隐形的成本，因此，把“非羁押诉讼”变成司法人员的自觉行动，能够大幅度降低因逮捕、羁押而产生的司法成本，减少社会负担。

3. 贯彻落实“少捕慎诉慎押”刑事司法政策面临的难题

近年来，公安司法机关努力推动减少逮捕羁押，取得了一定成效，但还存在一些亟待解决的问题。首先，“重实体轻程序”“重打击轻保护”的传统观念仍有市场，公安司法人员轻视甚至忽视逮捕羁押作为诉讼强制措施的基本功能，而更加看重逮捕羁押在震慑犯罪、维护稳定以及确保追诉成功等方面的作用。其次，强制措施制度设计不够完善。逮捕的社会危险性条件、羁押必要性审查主观性较强，取保候审、监视居住适用标准被“人为拔高”，这造成实践中逮捕羁押大量适用。再次，提请逮捕、审查逮捕、延长羁押期限、羁押必要性审查的程序存在浓厚的“行政化”色彩，缺乏司法程序“告知”“听审”“说理”等要素；取保候审保证方式约束力不强、对被取保候审人有效监管措施不足、违反取保候审规定惩戒力度不够等问题，使得非羁押强制措施难以满足保障诉讼的需要。最后，非羁押措施适用中实现对犯罪嫌疑人的有效管制还存在一定难度。部分地区实行的“非羁码”在确保犯罪嫌疑人遵守刑事诉讼法规定等方面有着较好的效果，但是由于不同地区的硬件、软件条件存在较大差别，该类措施未能在较大范围内实行。

4. “少捕慎诉慎押”刑事司法政策的完善路径

少捕慎诉慎押的落实关涉深层司法问题，其深入发展需要多方面合力。

其一，需转变办案理念与方式。改变传统的“惩罚犯罪”的司法观念，强化行使不起诉裁量权的意识，着力提升刑事司法中的人权保障理念。改变书面化、单方化和封闭式为主的逮捕羁押审查方式，充分运用检察听证方式进行审查。建立健全刑事案件信息共享互通机制，统一执法司法标准，健全制度机制，增强贯彻少捕慎诉的自觉性。

其二，需完善侦查监督与协作配合机制。随着严重暴力犯罪比例明显下降，轻罪率不断上升，公安机关大量的提请逮捕案件，在浪费司法资源的同时，还将造成案件当事人的诉累和司法程序的空转。应当加强源头治理，依法科学重塑提请逮捕案件的标准，将不具有社会危险性、不符合逮捕条件的轻罪犯罪嫌疑人分离在提请逮捕程序之外。同时，推行轻罪案件刑拘后“直诉”程序的运转机制，降低羁押成本，提升司法效率。

其三，需完善相关刑事诉讼制度。少捕慎诉慎押刑事司法政策所触及的司法问题是综合性、长期性的，还需要立法层面对逮捕羁押措施、非羁押强制措施、刑事不起诉等重要制度进行系统完善，在制度长期良性运行下逐步达到改革目的。完善逮捕羁押制度，确立以非羁押为主、羁押为辅的强制措施适用原则，在现有法律框架内对逮捕羁押制度进行改良；深化审查逮捕程序的诉讼化改造，提升检察官亲历性和多方参与性，强化犯罪嫌疑人、被告人的权利保障。发展非羁押强制措施，从细化适用条件、强化执行力度、完善配套措施等方面对监视居住和取保候审进行完善；丰富羁押替代措施类型，考虑增设定期报告行踪、限制从事特定活动、强制接受医疗检查与治疗等羁押替代措施。适当扩大不起诉的适用范围，重点改造附条件不起诉制度。建立涉罪企业合规不起诉制度，扩大轻罪不起诉的适用范围，通过非刑罚化处理实现消化诉源、修复社会关系的治理目标。

三、案例应用

赵某正当防卫案[①]

【案情】李某被邹某关在门外，便酒后滋事，用力踢踹邹某暂住处防盗门，强行进入房间与邹某发生肢体冲突，引来邻居围观。此时，暂住在该楼 5 楼××单元的赵某听到叫喊声，下楼查看，见李某把邹某摁在墙上并殴打其头部。为制止李某的伤害行为，赵某从背后拉拽李某，致其摔倒在地。起身后，李某又要殴打赵某，并进行言语威胁，赵某随即将李某推倒在地，并朝倒地的李某腹部踩了一脚。后赵某拿起房间内的凳子欲砸向李某，被邹某拦下，随后赵某被其女友劝离现场。经法医鉴定，李某腹部横结肠破裂，伤情属于重伤二级。邹某伤情属于轻微伤。关于本案，2019 年 2 月 20 日，福州市公安局晋安分局以赵某涉嫌过失致人重伤罪向晋安区人民检察院移送起诉。2 月 21 日，晋安区人民检察院以防卫过当作出相对不起诉决定。后在最高人民检察院指导下，福建省人民检察院指令福州市人民检察院对该案进行了审查。经审查，赵某的行为属于正当防卫，不应当追究刑事责任，原不起诉决定书认定防卫过当属适用法律错误，依法决定予以撤销，对赵某作出无罪的不起诉决定。

【问题】检察机关从相对不起诉决定改为法定不起诉决定的法理依据是什么？

【评析】赵某的行为属于正当防卫，不应当追究其刑事责任，原不起诉决定书认定防卫过当属适用法律错误，应依法决定予以撤销，依据《刑事诉讼法》第 177 条第 1 款规定，并参照最高人民检察院 2018 年 12 月发布的第十二批指导性案例，对赵某作出无罪的不起诉决定。严格依法对赵某一案进行纠正，有利于鼓励见义勇为行为，弘扬社会正气。

本案离不开对赵某行为的分析，即赵某的行为是否符合正当防卫的要件。赵某的行为符合正当防卫的要件。《刑法》第 20 条第 1 款规定："为了使国家、公共利

---

① 新华社．检察机关依法纠正赵宇案处理决定．(2019－03－01)［2022－07－11］. https://china.huanqiu.com/article/9CaKrnKiB5g.

益、本人或者他人的人身、财产和其他权利免受正在进行的不法侵害，而采取的制止不法侵害的行为，对不法侵害人造成损害的，属于正当防卫，不负刑事责任。”本案中，李某强行踹门进入他人住宅，将邹某摁在墙上并用手机击打邹某头部，其行为属于“正在对他人的人身进行不法侵害”的情形。赵某在这种情况下，上前制止李某殴打他人，其目的是阻止李某继续殴打邹某，其行为具有正当性、防卫性，属于“为了使他人的人身免受正在进行的不法侵害”的情形。

此外，赵某的防卫行为没有明显超过必要限度。《刑法》第 20 条第 2 款规定，“正当防卫明显超过必要限度造成重大损害的，应当负刑事责任”。本案不应适用这一规定。首先，从防卫行为上看，赵某在制止李某正在进行的不法侵害行为过程中始终是赤手空拳与李某扭打，其实施的具体行为仅是阻止、拉拽李某致李某倒地，情急之下踩了李某一脚，虽然造成了李某重伤二级的后果，但是，从赵某防卫的手段、打击李某的身体部位、在李某言语威胁下踩一脚等具体情节来看，不应认定为“明显超过必要限度”；其次，从行为目的上看，赵某在制止李某殴打他人的过程中，与李某发生扭打是一个完整、连续的过程，整个过程均以制止不法侵害为目的。李某倒地后仍然用言语威胁，邹某仍然面临再次遭李某殴打的现实危险，赵某在当时环境下踩李某一脚的行为，应当认定为在“必要的限度”内。

因此，福州市晋安区人民检察院以防卫过当对赵某作出相对不起诉决定属于适用法律错误。《刑事诉讼法》第 177 条第 2 款规定，“对于犯罪情节轻微，依照刑法规定不需要判处刑罚或者免除刑罚的，人民检察院可以作出不起诉决定。”福州市晋安区人民检察院首次对赵某不起诉，就是依据这一规定作出的。这种不起诉通常称为相对不起诉，虽然在结论上是不追究其刑事责任，但仍然认定其有犯罪事实存在，只是因防卫过当、情节轻微，而不再追究刑事责任。检察机关经重新审查本案的事实证据和具体情况，进行认真分析和研究后认为，赵某的行为属正当防卫，没有明显超过必要限度，应当依照《刑事诉讼法》第 177 条第 1 款的规定，以“犯罪嫌疑人没有犯罪事实”作出不起诉决定。这次对赵某作出的是无罪的不起诉决定，也就是通常所说的法定不起诉。

检察机关应以事实为根据、以法律为准绳审查本案的事实证据，及时对错误的司法结论作出纠正，认定赵某的行为属于正当防卫，依法不负刑事责任，这不仅有利于鼓励见义勇为，弘扬社会正气，更是检察机关把社会主义核心价值观融入办案过程，使司法活动既遵从法律规范又符合道德标准，既守护公平正义又弘扬美德善行，最终实现“法、理、情”的统一的表现。

四、知识拓展

涉罪企业合规不起诉

2020 年 7 月 21 日，习近平总书记在民营企业座谈会上强调指出，要依法平等保护各种所有制企业产权和自主经营权，要依法保护企业家合法权益，加强产权和知识产权保护，营造激励企业家干事创业的浓厚氛围。[①] 对此，最高人民法院发布第三批保护产权和企业家合法权益典型案例；最高人民检察院积极探索涉罪企业合规不起诉制度，以贯彻落实习近平法治思想和习近平总书记的系列重要讲话精神，及时回应人民群众关切的问题。

涉罪企业合规不起诉制度，是检察机关对于那些涉嫌犯罪的企业，发现其具有建立合规体系意愿的，可以责令其针对违法犯罪事实，提出专项合规计划，督促其推进企业合规管理体系的建设，然后作出相对不起诉决定的机制规则的总称。[②] 这项制度是从国家层面推动企业进行合规建设的刑事策略，是落实保护民营经济发展战略、拓展检察机关社会治理功能的又一重大制度探索。[③] 在最高人民检察院的积极推动下，广东、浙江、江苏、上海等地检察机关纷纷开展涉罪企业合规不起诉制度试点工作。随着两期改革工作的推进，各试点单位形成了各具特色的经验做法。结合已有改革成果，最高人民检察院等单位出台了《关于建立涉案企业合规第三方监督评估机制的指导意见（试行）》（以下简称《指导意见》），为涉罪企业合规不起诉实践提供了明确指引。

构建涉罪企业合规不起诉制度有利于优化营商环境，实现对涉案企业惩治与保障、严管与厚爱的平衡，弥补追责体系的缺陷。附条件不起诉制度的有序运行与认罪认罚从宽制度的全面适用，为构建涉罪企业合规不起诉制度提供了充分的制度基础。实际上，现代企业管理中早有合规的身影，但没有被冠以合规的名称，而多以“公司治理”“企业内控”“风险管理”等名义实施。从这个意义上讲，我国合规实践早已展开。[④] 与此同时，我国检察机关已经开始了企业合规管理改革探索工作，并取得初步成效，这为我国建立涉罪企业合规不起诉制度奠定了坚实的实践基础。然而，对涉罪企业不起诉制度的具体模式仍处于初步摸索阶段，特别是关于合规不起诉制度的适用范围、适用对象、适行方式合规有效性的标准等方面。

1. 关于适用对象的范围问题

关于涉罪企业合规不起诉制度适用对象问题的争议，主要集中在两个方面。其一，该制度是否适用于涉罪企业的主要责任人。我国《刑法》对单位犯罪实行“双罚制”，即在企业犯罪中，既要处罚涉罪企业，又要处罚主要管理者或主要责任人。但从司法实践的情况看，在涉及单位的刑事案件中，往往重在追诉主要管理者或主要责任人，真正追诉单位的数量较少。主要原因是证明个人行为属于企业犯罪的难度较大，单位犯罪的追究最终演化为只追究涉罪的个人。中国的部分企业仍为家族式管理模式，导致在涉罪后难以区分犯罪主观方面是源自单位意志还是个人意志，企业与企业家犯罪相互勾连。如果采用“放过企业不放过企业家”的治罪方式，企业刑事合规的考察整改难以实现预期效果。当前试点改革对企业和个人同时适用涉

---

① 习近平：在民营企业座谈会上的讲话．（2018－11－01）［2022－06－01］．http://www.xinhuanet.com/politics/2018－11/01/c_1123649488.htm.

② 陈瑞华．企业合规不起诉制度研究．中国刑事法杂志，2021（1）：81.

③ 周新．涉罪企业合规不起诉制度重点问题研究．云南社会科学，2022（2）：140.

④ 李本灿．企业犯罪预防中合规计划制度的借鉴．中国法学，2015（5）.

罪合规不起诉制度，实际是基于中国企业治理结构现状考察后的结果，但也因此引发了学界关于以企业刑事合规对自然人出罪正当性的讨论，例如，有观点认为，对自然人同时适用涉罪企业合规不起诉制度与罪刑相适应的基本刑法原则相背离。[①]

其二，中小微企业是否可以适用涉罪企业合规不起诉制度。从已有的经验来看，企业合规计划的建立往往需要花费巨大的成本，不可避免地会给公司业务和效益带来负面影响。[②] 在域外，适用刑事合规计划的国家通常对适用范围作出限定，即一般只有财力雄厚的大中型企业才有资本通过事先或者事后的刑事合规计划获得从宽处罚机会，而数量众多的小微型企业恐怕很难获得这样的机会。[③] 因此，出于合规成本与能力等因素的考虑，一些学者认为，企业合规的相关刑事豁免或减免制度体系应限于大中型企业。[④] 但这也带来该制度适用范围过窄的问题。据调查数据显示，中国企业类商事主体超过 4 100 万家，其中资金规模在 5 000 万元以上的企业只有 36.81 万家，只占企业总量的约 8.9‰。中国 99%以上的企业均是营业规模在 5 000 万元以下的中小企业，还有 8 000 万家以上个体工商户。[⑤] 可见，中小微企业数量占据市场经济企业数量的绝大多数。司法实践中，大量的企业犯罪案件都是中小微企业为获取更高额的经营利润，铤而走险触犯刑法。而一旦被追究刑事责任，往往连带对其主要负责人采取羁押性强制措施或最终定罪量刑，这可能导致企业的停产、倒闭。因此，对中小微企业推行合规计划，既有现实基础也有实践需要。

2. 关于不起诉的运行方式问题

从本质上说，涉罪企业合规不起诉制度是一种推动企业合规的刑事激励措施，旨在以不起诉方式促进企业建立和完善合规管理体系。但究竟是以现有的相对不起诉制度为依托，还是拓展附条件不起诉范围，目前看来二者的利弊均较为明显。与突破相对不起诉的适用范围相比，附条件不起诉是建立刑事合规体系的最佳方式，有必要通过拓宽附条件不起诉的范围增强改革的普遍适用性。[⑥] 而在法律制度尚未变化时，刑事合规改革的推进采相对不起诉方式似乎更符合现实要求，这也成为试点中较为常见的做法。例如，在最高人民检察院公布的企业合规改革试点典型案例中，检察机关多选择以相对不起诉方式了结案件。但检察机关适用相对不起诉范围限于情节轻微的刑事案件，由此刑事合规不起诉的适用难免具有一定的局限性。有学者提出，对企业合规案件可以采用撤回起诉的方式，从而避免法律制度障碍，解决后期的监管不力问题，另外，还可以通过法院审查机制的方式增强合规监管。[⑦] 这不同于利用传统的不起诉制度推行合规的思路，而是与域外暂缓起诉协议具有相

---

① 黎宏．企业合规不起诉：误解及纠正．中国法律评论，2021（3）：180.

② 赵恒．认罪答辩视域下的刑事合规计划．法学论坛，2020，35（4）：150.

③ 赵恒．涉罪企业认罪认罚从宽制度研究．法学，2020（4）：126.

④ 陈瑞华．企业合规不起诉改革的八大争议问题．中国法律评论，2021（4）；李奋飞．论企业合规检察建议．中国刑事法杂志，2021（1）；等等。

⑤ 工信部部长肖亚庆：我国现有 4 000 多万企业中 95%以上是中小企业．（2021-03-08）[2022-06-01]. http://www.china.com.cn/lianghui/news/2021-03/08/content_77287627.shtml.

⑥ 赵恒．企业附条件不起诉制度的理论前瞻．中国检察官，2020（17）：44.

⑦ 杨宇冠．企业合规案件撤回起诉和监管问题研究．甘肃社会科学，2021（05）：94.

似的机理，即并非对案件没有提起公诉，而是移送法院后暂时不审判，待合规考察结束后再行决定是否定罪量刑。这一改革方案是以不告不理的基本诉讼原理为基础的，充分发挥了检察机关撤回起诉权的作为空间，目前实践中尚未有以撤回起诉的方式完成合规整改的先例。

3. 关于合规有效性的标准问题

在涉罪企业合规不起诉制度中，评估企业合规整改后符合有效性标准，是检察机关依法作出不起诉决定的关键依据之一。而涉罪企业合规不起诉制度的难点在于合规有效性标准，即检察机关如何确定涉罪企业推行的合规计划得到有效实施并达成预期目标。各种企业的行业领域有别、组织规模不同，如何制定科学、合理的合规计划认定标准，显得尤为复杂。对于这一问题，学界大多提出借鉴美英等国家的合规计划有效性认定标准的主张。[①] 但也有学者提出，国外合规计划有效性的认定标准未必符合中国国情。[②]《指导意见》第 11 条对涉案企业合规计划评估进行了原则性的规定：涉案企业提交的合规计划主要围绕与企业涉嫌犯罪有密切联系的企业内部治理结构、规章制度、人员管理等方面存在的问题，制定刑事合规计划和组织体系。由此可见，合规有效性评价的具体标准也应当围绕上述几个方面展开。

目前企业合规改革仍处于初步试点阶段，主流的方式是采用“最低标准”，即从合规计划的制定、风险评估体系、审计会计的内部控制、培训沟通、举报和报告机制、违规后的惩戒和补救措施等方面，按照事前、事中和事后进行全流程的监控。同时，国家相关部门制发的合规管理指引和规范要素，也可以为企业提供参考性指引。总体而言，判断涉罪企业建立并推行的合规计划是否有效，绝不单是审查企业是否拟定了一份看似规范而无可挑剔的书面文件，更应当看企业是否制定和采取了是促进企业转变治理结构、组织体系、经营方式和企业文化的系统性制度措施。检察机关开展涉案企业合规工作，是为了督促涉案企业及其负责人承诺并且落实可监管、可检查的合规整改措施，把管理的漏洞堵上，防止重蹈覆辙。根据涉企案件涉及的刑事案件性质不同，涉案企业需要重点整改的内容应当有区分，根据涉案企业的规模大小不同，评估的标准也应当进行区分。从涉案企业涉及刑事案件的性质划分，评估标准的要素应当包括基础合规要素和知识产权、涉税、环境等专项合规要素，如涉及侵犯知识产权的案件，对大型、中型涉案企业根据合规整改的需要，基础合规要素评价包括应当制定基本的企业合规管理规范，并根据企业规模，建立适当的合规组织体系。知识产权专项合规要素评价应当包括建立知识产权专项预防、识别、应对机制；对小型、微型企业的合规管理规范、合规组织体系、预防机制、识别机制、应对机制可以参照大型、中型企业标准予以适当降低，重点围绕预防企业涉嫌具体犯罪罪名的相关情况建立简明扼要的规范、体系、机制，注重企业合规整改计划的效果，通过实施合规整改，达到避免企业再次发生同类犯罪的效果。

---

① 陈瑞华．有效合规计划的基本标准：美国司法部《公司合规计划评价》简介．中国律师，2019（9）；周振杰，赖祎婧．合规计划有效性的具体判断：以英国 SG 案为例．法律适用，2018（14）．

② 邓峰．公司合规的源流及中国的制度局限．比较法研究，2020（1）：36．

五、文献荐读

1. 孙谦主编. 刑事起诉制度. 北京：中国检察出版社，2017：151.
2. 林仪明. 新中国公诉制度史. 上海：上海人民出版社，2019.
3. 孙力，王振峰. 合规不起诉研究. 北京：中国检察出版社，2021.
4. 孙谦. 全面依法治国背景下的刑事公诉. 法学研究，2017 (3).
5. 熊秋红. 论公诉与自诉的关系. 中国刑事法杂志，2021 (1).
6. 李奋飞. “调查——公诉”模式研究. 法学杂志，2018 (6).

第十四章　第一审程序

一、原理精析

（一）第一审程序概述

第一审程序是刑事审判的必经程序，与其他审判程序相比，第一审程序的程序规则最为全面、完备，第二审程序、死刑复核程序、审判监督程序等其他刑事审判程序均是参照第一审程序进行的。对于第一审程序，根据不同的标准可以划分为不同的类型。根据适用的案件类型，可以将第一审程序分为公诉案件第一审程序和自诉案件第一审程序；根据审判程序的繁简程度，可以将第一审程序分为普通程序和简化程序，根据程序简化的程度，又可以将简化程序分为简易程序和速裁程序。

（二）公诉案件第一审程序

此处的公诉案件第一审程序，指的是公诉案件第一审普通程序。这是最为完整的第一审程序。根据诉讼阶段和所要解决的任务的不同，可以将公诉案件第一审普通程序分为庭前审查、庭前准备和庭前会议以及法庭审理程序三个部分。此外，为确保庭审正常进行，法官负有维护法庭秩序和法庭纪律的职责。

1. 庭前审查

刑事案件庭前审查程序的目的是审查案件是否符合开庭审判的条件，决定是否将被告人交付法庭审判。根据庭前审查的内容是否涉及案件实体问题，可以将庭前审查分为程序性审查和实体性审查。依据 1979 年《刑事诉讼法》第 108 条的规定①，人民法院对公诉案件的庭前审查是实质性审查，即对犯罪事实和证据进行实

---

① 1979 年《刑事诉讼法》第 108 条规定：人民法院对提起公诉的案件进行审查后，对于犯罪事实清楚、证据充分的，应当决定开庭审判；对于主要事实不清、证据不足的，可以退回人民检察院补充侦查；对于不需要判刑的，可以要求人民检察院撤回起诉。

质性的全面审查。为了确保法院对公诉案件进行实质性审查，法律要求人民检察院提起公诉时，将案卷材料、证据移送人民法院，即实行卷宗移送主义。

1979年《刑事诉讼法》对于庭前审查的规定，导致实践中普遍存在审判人员“先入为主”“先定后审”的现象。[①] 针对这一现象，1996年《刑事诉讼法》对庭前审查程序进行了较大的修改，即将实体性全面审查改为以程序性的形式审查为主，即只对以下几个方面的程序性内容进行审查：起诉书是否有明确的指控犯罪事实，有无证据目录，有无证人名单，有无主要证据的复印件或者照片。具体来说，审查的性质由原来的全面审查转变为程序性审查为主，主要体现在以下几个方面：(1) 将开庭审判案件的条件由原来的“犯罪事实清楚、证据充分”改为有明确的指控犯罪事实并且附有相关证据目录等；(2) 对移送的材料不再要求检察机关移送全卷或者原卷，只移送与起诉书有关的证据目录、证人名单和主要证据复印件或者照片；(3) 对审查后的处理，只规定对符合开庭条件的应当决定开庭审判，取消了1979年《刑事诉讼法》中可以退回补充侦查或者要求人民检察院撤回起诉的规定。1996年《刑事诉讼法》关于案卷移送问题的修改，是为了解决案卷移送导致的审判人员“先入为主”“先定后审”的问题，然而，由于受种种因素影响，这一修改又产生了新的问题：一方面，由于检察机关在移送证据时可以自行决定主要证据复印件的范围，在审判阶段辩护律师无法全面阅卷进而无法进行有效的辩护准备工作[②]，且检察机关移送的几乎全部是不利于被告人的证据，法官在阅读这些不利于被告人的主要证据复印件后，可能会对被告人产生更加不利的影响；另一方面，司法解释规定检察机关在庭审后应当移送案卷材料，遂导致实践中普遍存在法官在庭后通过阅读案卷材料作出裁判。[③]

由于1996年《刑事诉讼法》修改时确立的移送主要证据复印件的做法在司法实践中的效果不好[④]，2012年《刑事诉讼法》在保留庭前对案件进行程序性审查的同时，对案卷移送规则进行了修改，即从复印件主义变为全卷移送主义。[⑤]《刑事诉讼法》对庭前审查的相关内容未作修改。

依据现行法律规定，人民法院对公诉案件进行程序性审查，且以书面审查为主。依据2021年《高法解释》第218条的规定，对提起公诉的案件，人民法院应当在收到起诉书（一式八份，每增加一名被告人，增加起诉书五份）和案卷、证据后，对

---

① 胡康生，李福成．中华人民共和国刑事诉讼法释义．北京：法律出版社 1996：171.

② 有学者将这种做法称为检察院“依法隐瞒证据”，这侵犯了辩护一方的质证权和辩护权。孙长永．刑事庭审方式改革出现的问题评析．中国法学，2002 (3)：144-145.

③ 有学者认为，庭后全面移送材料带来的一个问题是所谓心证不在庭审中形成，而是靠“默读审判”，在庭下和庭后形成。龙宗智．刑事庭审制度研究．北京：中国政法大学出版社，2001：236.

④ 据全国人大立法人员介绍，效果不好主要表现为法官在庭前对大部分案卷材料并不熟悉，不了解案件主要争议的问题，难以更好地主持、把握庭审活动，而且由于检察机关不在庭前移送全部案卷材料，辩护律师也无法通过到法院阅卷了解全案证据，特别是对被告人有利的证据。全国人大常委会法制工作委员会刑法室．关于修改中华人民共和国刑事诉讼法的决定：条文说明、立法理由及相关规定．北京：北京大学出版社，2012：207.

⑤ 对这一演变及其原因的分析，参见陈瑞华．案卷移送制度的演变与反思．政法论坛，2012，30 (05)：14-24。

管辖问题、起诉书的列明、证据材料移送情况、对违法所得或涉案财物采取的措施及移送情况、附带民事诉讼情况、各种法律手续和诉讼文书情况、有无《刑事诉讼法》第16条第2项至第6项规定的不追究刑事责任的情形等进行审查。人民法院应在7日内审查完毕。在对提起公诉的案件审查后，人民法院可能采取以下三种处理方式：一是退回人民检察院，适用的情形包括发现不属于本院管辖的，发现属于《刑事诉讼法》第16条第2项至第6项规定情形的（如属于告诉才处理的案件，应当同时告知被害人有权提起自诉），被告人不在案的（但是，对人民检察院按照缺席审判程序提起公诉的，应当依照本解释第二十四章的规定作出处理），依照本解释第296条规定裁定准许撤诉的案件，没有新的影响定罪量刑的事实、证据，重新起诉的。二是通知补充材料，发现需要补充材料的情形，通知人民检察院在3日以内补送材料。三是依法受理，对于各方面符合条件，以及依照《刑事诉讼法》第200条第3项规定宣告被告人无罪后，人民检察院根据新的事实、证据重新起诉的，或者被告人真实身份不明，但符合《刑事诉讼法》第160条第2款规定的，均应当依法受理。值得注意的是，2012年《六部门规定》第25条强调，对于人民检察院提起公诉的案件，人民法院都应当受理。人民法院对提起公诉的案件进行审查后，对于起诉书中有明确的指控犯罪事实并且附有案卷材料、证据的，应当决定开庭审判，不得以材料不充足为由而不开庭审判。

综上，依据现行法律规定，人民法院对于人民检察院提起公诉的案件，没有驳回起诉的权力。只要起诉书中有明确的指控犯罪事实的，就应当决定开庭审判，不能以材料不全、证据不足等理由不受理案件。

2. 庭前准备和庭前会议

人民法院决定对案件开庭审判后，为了确保法庭审判有序且公正地进行，在开庭审判前要进行相应的准备工作。以准备工作是否在每个案件中必须存在为根据，可以将准备工作分为庭前准备和庭前会议两个部分。

（1）庭前准备。

在每个案件开庭审判前，法庭都要进行下列准备活动。

第一，确定合议庭组成人员。依据法律规定，能够审理案件的审判组织有合议庭和独任庭两种，除基层人民法院适用简易程序、速裁程序的案件可以由审判员一人独任审判外，其他所有的案件均由合议庭审理。为确保公正审判，对于普通程序来说，在决定开庭审判后，首先应当依法确定审判长和合议庭组成人员。此外，还应确定法官助理和书记员。

第二，送达起诉书副本给被告人及其辩护人。为了确保被告人及其辩护人知道对被告人指控的性质和事实依据，法律规定，人民法院决定开庭审判后，应当将人民检察院的起诉书副本送达被告人、辩护人。为确保辩护方有充分的时间准备庭审辩护，应当至迟在开庭10日之前送达起诉书副本。同时，人民法院应告知被告人有权聘请辩护人，对于被告人未委托辩护人的，在必要时依法通知法律援助机构指派律师为其提供辩护。

第三，送达开庭通知书和传票。法庭审判需要控辩审等多方的有效参与，因此，法庭要确定开庭时间，并及时通知相关人员，方便相关人员准备参加庭审。依据法律规定，人民法院决定开庭审判的公诉案件，在确定开庭日期后，应当至迟在开庭3日前，将包括有开庭时间、地点的开庭通知书送达人民检察院，将包含有开庭时间、地点的传票送达当事人，将包括有开庭时间、地点的出庭通知书送达辩护人、诉讼代理人、法定代理人、证人、鉴定人和翻译人员等。依据2021年《高法解释》第221条的规定，除传票和出庭通知书外，通知有关人员出庭，也可以采取电话、短信、传真、电子邮件、即时通讯等能够确认对方收悉的方式；对被害人人数众多的涉众型犯罪案件，可以通过互联网公布相关文书，通知有关人员出庭。

第四，公布审判案件的信息。依据审判公开原则的要求，公开审判的案件，应当对社会公众公开，具体表现为允许公民旁听审判。为保障公众了解案件审理时间、地点等信息，进而合理安排时间，决定是否旁听案件，法律规定，公开审判的案件，应当在开庭3日以前通过张贴布告、播放电子屏幕等方式先期公布案由、被告人姓名、开庭时间和地点等信息。

（2）庭前会议。

依据《刑事诉讼法》第187条第2款的规定，在开庭以前，审判人员可以召集公诉人、当事人和辩护人、诉讼代理人，对回避、出庭证人名单、非法证据排除等与审判相关的问题，了解情况，听取意见。该程序是2012年《刑事诉讼法》新增加的内容，这一程序设计允许法庭于开庭前，在控辩双方同时参与下，就案件的程序性争议问题集中听取意见。这样规定有利于确定庭审重点，便于法官把握庭审重点，有助于提高庭审效率，保证庭审质量。[①] 对于2012年《刑事诉讼法》新增的这一程序，最高人民法院法官认为，这标志着庭前会议程序在我国刑事诉讼中的正式确立，对审判人员对庭审活动做充分准备，准确把握庭审重点，保障庭审顺畅进行，提升庭审效率具有重要意义。[②] 2013年《高法解释》第99条、第183条和第184条直接将该程序命名为庭前会议。2017年，最高人民法院印发《庭前会议规程》，对庭前会议程序予以完善。2021年《高法解释》在《庭前会议规程》的基础上，对庭前会议程序予以细化。

依据2021年《高法解释》的规定，可以从以下几个方面理解庭前会议程序。

第一，何时召开庭前会议。如果案件证据材料较多、案情重大复杂，或者控辩双方对事实、证据存在较大争议，或者案件的社会影响重大等，人民法院可以决定召开庭前会议。控辩双方可以申请人民法院召开庭前会议，提出申请应当说明理由。人民法院经审查认为有必要的，应当召开庭前会议。如果决定不召开的，应当告知申请人。

第二，庭前会议的功能。依据法律规定，庭前会议的功能是审判人员召集相关人员，就与审判相关的问题，了解情况，听取意见。依据2021年《高法解释》第

---

① 全国人大常委会法制工作委员会刑法室．关于修改中华人民共和国刑事诉讼法的决定：条文说明、立法理由及相关规定．北京：北京大学出版社，2012：21.

② 江必新．《最高人民法院关于适用中华人民共和国刑事诉讼法的解释》理解与适用．北京：中国法制出版社，2013：186.

228条的规定，庭前会议可以就是否对案件管辖有异议、是否申请有关人员回避、是否申请不公开审理等十项与审判有关的问题了解情况，听取意见。庭前会议中，人民法院可以开展附带民事调解。对可能导致庭审中断的程序性事项，人民法院可以在庭前会议后依法作出处理，并在庭审中说明处理决定和理由。控辩双方没有新的理由，在庭审中再次提出有关申请或者异议的，法庭可以在说明庭前会议情况和处理决定理由后，依法予以驳回。庭前会议情况应当制作笔录，由参会人员核对后签名。庭前会议中，审判人员可以询问控辩双方对证据材料有无异议，对有异议的证据，应当在庭审时重点调查；无异议的，庭审时举证、质证可以简化。

第三，庭前会议的参加人员。庭前会议由审判长主持，合议庭其他审判员也可以主持庭前会议。召开庭前会议应当通知公诉人、辩护人到场。庭前会议准备就非法证据排除了解情况、听取意见，或者准备询问控辩双方对证据材料的意见的，应当通知被告人到场。有多名被告人的案件，可以根据情况确定参加庭前会议的被告人。

第四，庭前会议的召开方式。庭前会议一般不公开进行。根据案件情况，庭前会议可以采用视频等方式进行。

第五，庭前会议处理相关问题的效力。人民法院在庭前会议中听取控辩双方对案件事实、证据材料的意见后，对明显事实不清、证据不足的案件，可以建议人民检察院补充材料或者撤回起诉。建议撤回起诉的案件，人民检察院不同意的，开庭审理后，没有新的事实和理由，一般不准许撤回起诉。对召开庭前会议的案件，可以在开庭时告知庭前会议情况。对庭前会议中达成一致意见的事项，法庭在向控辩双方核实后，可以当庭予以确认；未达成一致意见的事项，法庭可以归纳控辩双方争议焦点，听取控辩双方意见，依法作出处理。控辩双方在庭前会议中就有关事项达成一致意见，在庭审中反悔的，除有正当理由外，法庭一般不再进行处理。

3. 法庭审理程序

在庭前相关程序进行完毕后，案件进入法庭审理程序。依据法律规定，法庭审理程序分为开庭、法庭调查、法庭辩论、被告人最后陈述、评议和宣判五个阶段。

(1) 开庭。

为确保庭审顺利进行，确保法庭的严肃性和庭审秩序，开庭审理前，书记员应当依次做好下列工作：受审判长委托，查明公诉人、当事人、辩护人、诉讼代理人、证人及其他诉讼参与人是否到庭；核实旁听人员中是否有证人、鉴定人、有专门知识的人；请公诉人、辩护人、诉讼代理人及其他诉讼参与人入庭；宣读法庭规则；请审判长、审判员、人民陪审员入庭；审判人员就座后，向审判长报告开庭前的准备工作已经就绪。

在书记员报告准备工作已经就绪后，审判长宣布开庭。此后，审判长应当进行下列活动。

第一，审判长宣布开庭，传被告人到庭后，应当查明被告人的下列情况：1）姓名、出生日期、民族、出生地、文化程度、职业、住址，或者被告单位的名称、住所地、法定代表人、实际控制人以及诉讼代表人的姓名、职务；2）是否受过刑事处罚、行政处罚、处分及其种类、时间；3）是否被采取留置措施及留置的时间，是否被采取强制措施及强制措施的种类、时间；4）收到起诉书副本的日期；有附带民事诉讼的，附带民事诉讼被告人收到附带民事起诉状的日期。被告人较多的，可以在开庭前查明上述情况，但开庭时审判长应当作出说明。审判长宣布案件的来源、起诉的案由、附带民事诉讼当事人的姓名及是否公开审理；不公开审理的，应当宣布理由。

第二，审判长宣布合议庭组成人员、法官助理、书记员、公诉人的名单，以及辩护人、诉讼代理人、鉴定人、翻译人员等诉讼参与人的名单。

第三，审判长应当告知当事人及其法定代理人、辩护人、诉讼代理人在法庭审理过程中依法享有下列诉讼权利：1）可以申请合议庭组成人员、法官助理、书记员、公诉人、鉴定人和翻译人员回避；2）可以提出证据，申请通知新的证人到庭、调取新的证据，申请重新鉴定或者勘验；3）被告人可以自行辩护；4）被告人可以在法庭辩论终结后作最后陈述。

审判长应当询问当事人及其法定代理人、辩护人、诉讼代理人是否申请回避、申请何人回避和申请回避的理由。当事人及其法定代理人、辩护人、诉讼代理人申请回避的，依照《刑事诉讼法》及相关司法解释的有关规定处理。同意或者驳回回避申请的决定及复议决定，由审判长宣布，并说明理由。必要时，也可以由院长到庭宣布。

依据《庭前会议规程》第 24 条的规定，对庭前会议处理管辖异议、申请回避、申请不公开审理等事项的，法庭可以在告知当事人诉讼权利后宣布庭前会议报告的相关内容。

（2）法庭调查。

在审判长宣布开庭并告知相关诉讼权利后，审判进入法庭调查环节。在这一阶段，法庭主要是对证据进行审查、核实，以查明案件事实真相。根据证据裁判原则和《刑事诉讼法》的相关规定，认定案件事实只能以证据为依据，且所有证据都必须在法庭上查证属实才能作为定案的根据。因此，法庭调查是法庭审判的核心环节。根据法庭调查的内容，可以将法庭调查分为三个阶段。

第一阶段，公诉人宣读起诉书和当事人陈述。审判长宣布法庭调查开庭后，应当先由公诉人宣读起诉书；有附带民事诉讼的，再由附带民事诉讼原告人或者其法定代理人、诉讼代理人宣读附带民事起诉状。对于召开庭前会议的案件，在宣读起诉书后，法庭应当宣布庭前会议报告的主要内容；有多起犯罪事实的案件，可以在有关犯罪事实的法庭调查开始前，分别宣布庭前会议报告的相关内容。宣布庭前会议报告后，对于庭前会议中达成一致意见的事项，法庭向控辩双方核实后当庭予以确认；对于未达成一致意见的事项，法庭可以归纳控辩双方争议焦点，听取控辩双方意见，依法作出处理。控辩双方在庭前会议中就有关事项达成一致意见，在庭审中反悔的，除有正当理由外，法庭一般不再进行处理。

宣读起诉书的目的是明确指控的范围，在公诉人宣读起诉书后，需要当事人对起诉书指控的案件事实表明态度，即在审判长主持下，被告人、被害人可以就起诉书指控的犯罪事实分别陈述。这一陈述的作用是明确法庭调查的重点，因此，这一陈述是结论性的，即对起诉书指控的案件事实有无异议，有何种异议，不需要进行辩论。这一陈述本身不能作为证据使用，只是被告人、被害人对起诉书指控的一种表态。

第二阶段，控辩双方举证、质证。在公诉人宣读起诉书且被告人、被害人进行陈述后，进入控辩双方举证阶段。公诉人、被害人及其法定代理人、诉讼代理人，附带民事诉讼原告人及其诉讼代理人，以及被告人及其辩护人均可以举证。具体顺序是，先审理刑事部分，公诉人先行举证，举证方式包括申请讯问被告人，向当事人发问，申请证人、鉴定人、有专门知识的人、调查人员、侦查人员或者其他人员出庭，以及出示各种书面证据或者实物证据；被害人及其法定代理人、诉讼代理人也可以申请相关人员出庭；在控诉方举证后，被告人及其法定代理人、辩护人可以提请法庭通知证人、鉴定人、有专门知识的人、调查人员、侦查人员或者其他人员出庭，出示各种书面证据或者实物证据。在刑事部分审理结束后，再审理附带民事诉讼部分，此时，由附带民事诉讼的原告人及其诉讼代理人和被告人及其诉讼代理人先后举证。在举证方当庭出示证据后，由对方发表质证意见。

首先，讯问被告人，向当事人发问。在我国，被告人、被害人不仅是当事人，也是重要的证据提供者。由于当事人有权全程参与法庭审判，为了尽可能缓和当事人和证据提供者两种身份之间的矛盾，在公诉人宣读起诉书，被告人、被害人分别陈述后，相关人员会讯问被告人，向被告人、被害人发问。具体来说，在审判长主持下，公诉人可以就起诉书指控的犯罪事实讯问被告人。经审判长准许，被害人及其法定代理人、诉讼代理人可以就公诉人讯问的犯罪事实补充发问；附带民事诉讼原告人及其法定代理人、诉讼代理人可以就附带民事部分的事实向被告人发问；被告人的法定代理人、辩护人，附带民事诉讼被告人及其法定代理人、诉讼代理人可以在控诉方、附带民事诉讼原告方就某一问题讯问、发问完毕后向被告人发问。根据案件情况，就证据问题对被告人的讯问、发问可以在举证、质证环节进行。为了避免被告人之间相互影响，讯问同案审理的被告人，应当分别进行。经审判长准许，控辩双方可以向被害人、附带民事诉讼原告人发问。必要时，审判人员可以讯问被告人，也可以向被害人、附带民事诉讼当事人发问。有多名被告人的案件，对被告人的讯问应当分别进行。被告人供述之间存在实质性差异的，法庭可以传唤有关被告人到庭对质。审判长可以分别讯问被告人，就供述的实质性差异进行调查核实。经审判长准许，控辩双方可以向被告人讯问、发问。审判长认为有必要的，可以准许被告人之间相互发问。根据案件审理需要，审判长可以安排被告人与证人、被害人依照前述方式进行对质。

其次，询问证人、鉴定人。一是证人出庭的条件。《刑事诉讼法》第 61 条第一句规定：“证人证言必须在法庭上经过公诉人、被害人和被告人、辩护人双方质证并且查实以后，才能作为定案的根据。”第 195 条规定：“公诉人、辩护人应当向法庭出示物证，让当事人辨认，对未到庭的证人的证言笔录、鉴定人的鉴定意见、勘验笔录和其他作为证据的文书，应当当庭宣读。审判人员应当听取公诉人、当事人和辩护人、诉讼代理人的意见。”上述规定，导致对何谓质证存在不同的理解[①]，进而导致实践中证人普遍不出庭作证。为解决证人不出庭的问题，刑事诉讼法和相关规定对证人出庭的条件予以明确。《刑事诉讼法》第192条第1款规定：“公诉人、当事人或者辩护人、诉讼代理人对证人证言有异议，且该证人证言对案件定罪量刑有重大影响，人民法院认为证人有必要出庭作证的，证人应当出庭作证。”《法庭调查规程》第13条第1款对此予以修改，规定：“控辩双方对证人证言、被害人陈述有异议，申请证人、被害人出庭，人民法院经审查认为证人证言、被害人陈述对案件定罪量刑有重大影响的，应当通知证人、被害人出庭。”人民警察就执行职务时目击的犯罪情况作为证人出庭作证，适用上述规定。二是视频作证问题。为解决证人由于客观原因无法出庭作证的实际困难，《法庭调查规程》第14条第1款规定：“应当出庭作证的证人，在庭审期间因身患严重疾病等客观原因确实无法出庭的，可以通过视频等方式远程作证。”《高法解释》第253条规定：“证人具有下列情形之一，无法出庭作证的，人民法院可以准许其不出庭：（一）庭审期间身患严重疾病或者行动极为不便的；（二）居所远离开庭地点且交通极为不便的；（三）身处国外短期无法回国的；（四）有其他客观原因，确实无法出庭的。具有前款规定情形的，可以通过视频等方式作证。”三是强制证人出庭问题。经人民法院通知，证人没有正当理由不出庭作证的，人民法院可以强制其到庭，但是被告人的配偶、父母、子女除外。强制证人出庭的，应当由院长签发强制证人出庭令，由法警执行。必要时，可以商请公安机关协助。四是证人作证的具体程序。证人作证，审判人员应当告知他要如实地提供证言和有意作伪证或者隐匿罪证要负的法律责任。公诉人、当事人和辩护人、诉讼代理人经审判长许可，可以对证人、鉴定人发问。审判长认为发问的内容与案件无关的时候，应当制止。审判人员可以询问证人、鉴定人。证人出庭时，法庭应当核实其身份、与当事人以及本案的关系，并告知其有关权利义务和法律责任。证人应当保证向法庭如实提供证言，并在保证书上签名。证人出庭后，一般先向法庭陈述证言；其后，经审判长许可，由申请通知证人出庭的一方发问，发问完毕后，对方也可以发问。法庭依职权通知证人出庭的，发问顺序由审判长根据案件情况确定。向证人发问应当遵循的规则主要包括：1）发问的内容应当与本案事实有关；2）不得以诱导方式发问；3）不得威胁证人；4）不得损害证人的人格尊严。证人不得旁听对本案的审理，在其作证后，审判长应当告知其退庭。证人证言之间存在实质性差异的，法庭可以传唤有关证人到庭对质。审判长可以分别询问证人，就证言的实质性差异进行调查核实。审判长认为有必要的，可以准许证人之间相互发问。五是证人庭前书面证言的使用问题。证人出庭作证的，其庭前证言一般不再出示、宣读，但也有两个例外：1）证人出庭作证时遗忘或者遗漏庭前证言的关键内容，需要向证人作出必要提示的；2）证人的当庭证言与庭前证言存在矛盾，需要证人作出合理解释的。据此，证人出庭的，其庭前书面证言的使用有所限制，但证人不出庭的，其庭前书面证言的使用反而不受影响。

---

① 王颂勃．刑事诉讼法庭质证规则研究．北京：中国人民公安大学出版社，2015：161.

《刑事诉讼法》第192条第3款规定："公诉人、当事人或者辩护人、诉讼代理人对鉴定意见有异议，人民法院认为鉴定人有必要出庭的，鉴定人应当出庭作证。经人民法院通知，鉴定人拒不出庭作证的，鉴定意见不得作为定案的根据。"据此，经法院通知，鉴定人拒不出庭作证的，鉴定意见直接予以排除，这就相当于对鉴定意见适用传闻证据排除规则。

最后，出示实物证据，宣读鉴定意见和有关笔录。除人证外，控辩双方还可以出示实物证据，宣读各种类型的书面证据材料。《刑事诉讼法》第195条规定："公诉人、辩护人应当向法庭出示物证，让当事人辨认，对未到庭的证人的证言笔录、鉴定人的鉴定意见、勘验笔录和其他作为证据的文书，应当当庭宣读。审判人员应当听取公诉人、当事人和辩护人、诉讼代理人的意见。"控辩双方申请出示证据，应当说明证据的名称、来源和拟证明的事实。法庭认为有必要的，应当准许。已经移送人民法院的案卷和证据材料，控辩双方需要出示的，可以向法庭提出申请，法庭可以准许。实践中，由于证人、鉴定人等一般不出庭作证，实物证据往往以照片、录像等形式作为证据使用，法庭举证主要就是控辩双方（主要是控方）向法庭出示案卷材料中所包含的各种类型的书面证据。①

需要注意的是，举证时应当区分不同情况采取不同的举证方式，对可能影响定罪量刑的关键证据和控辩双方存在争议的证据，一般应当单独举证、质证，并单独听取质证意见。对控辩双方无异议的非关键证据，举证方可以仅就证据的名称及拟证明的事实作出说明。对控辩双方举证时询问证人、出示证据的具体顺序，一般由控辩双方自行决定。但在控辩双方举示证据前，往往要先作一定的说明，即拟举示何种证据证明何种案件事实。召开庭前会议的案件，举证、质证可以按照庭前会议确定的方式进行。此外，根据案件和庭审情况，法庭可以对控辩双方的举证、质证方式进行必要的指引。

第三阶段，法庭调查核实存疑证据和量刑事实、证据的调查。在我国，法官不是完全消极的裁判者，法官还负有发现案件事实真相的职责。为此，法律赋予法庭庭外调查核实证据的权力。《刑事诉讼法》第196条规定："法庭审理过程中，合议庭对证据有疑问的，可以宣布休庭，对证据进行调查核实。人民法院调查核实证据，可以进行勘验、检查、查封、扣押、鉴定和查询、冻结。"对此，司法解释予以了限制，《高法解释》第271条第1款规定："法庭对证据有疑问的，可以告知公诉人、当事人及其法定代理人、辩护人、诉讼代理人补充证据或者作出说明；必要时，可以宣布休庭，对证据进行调查核实。"据此，法庭庭外调查核实证据有严格限制，即必要时才对有疑问的证据进行调查核实。换句话说，法庭庭外职权调查应处于补充地位。②

对于量刑事实、证据的调查，根据被告人是否认罪，往往采取不同的调查方式。

---

① 有学者将以笔录为中心的调查方式称作"间接式"的物证调查方式，与此相对应的是直接式的物证调查方式，据该学者调查，实践中采用直接式调查方法对物证进行调查的案件屈指可数。左卫民，等．庭审实质化改革实证研究：以法庭调查方式为重点．北京：法律出版社，2021：245-247.

② 林铁军．刑事诉讼中法院职权调查问题研究．北京：法律出版社，2016：248.

对于被告人不认罪的案件，法庭调查分为定罪事实的调查程序和量刑事实的调查程序，实行“定罪与量刑相对分离”的诉讼程序。对于被告人认罪的案件，法庭调查主要围绕量刑和其他有争议的问题进行。

（3）法庭辩论。

法庭调查结束后，开始法庭辩论阶段。在法庭辩论阶段，公诉人、当事人和辩护人、诉讼代理人围绕犯罪事实能否认定，被告人是否应负刑事责任，应负怎样的刑事责任等，对证据、事实认定和法律适用等问题发表各自的意见并进行相互辩论。法庭辩论的目的是使控辩双方有机会表明己方观点，充分阐述理由和根据，从程序上保障当事人和诉讼参与人的诉讼参与权等诉讼权益，为实体上的正确处理提供不同方面的意见。具体来说，法庭辩论需要注意以下几点。

第一，法庭辩论的时间。《刑事诉讼法》第198条第2款规定：“经审判长许可，公诉人、当事人和辩护人、诉讼代理人可以对证据和案件情况发表意见并且可以互相辩论。”据此，法庭辩论的时间并不确定。《高法解释》第280条规定：“合议庭认为案件事实已经调查清楚的，应当由审判长宣布法庭调查结束，开始就定罪、量刑、涉案财物处理的事实、证据、适用法律等问题进行法庭辩论。”依据上述规定，学界一般认为，法庭辩论分为两种，一种是专门的法庭辩论阶段，另一种是法庭调查阶段的辩论，经审判长许可，控辩双方可随时根据案件具体情况进行。[①] 法庭辩论过程中，合议庭发现与定罪、量刑有关的新的事实，有必要调查的，审判长可以宣布恢复法庭调查，在对新的事实调查后，继续法庭辩论。

第二，法庭辩论的顺序。依据《高法解释》第281条的规定，法庭辩论通常按照下列顺序进行：1）公诉人发言；2）被害人及其诉讼代理人发言；3）被告人自行辩护；4）辩护人辩护；5）控辩双方进行辩论。控辩双方各自发言一次是一个回合，根据需要，法庭辩论可以分为多个回合，直至双方没有新的意见为止。附带民事部分的辩论按照先原告方后被告方的顺序进行，也可以进行多个回合。司法实践中，公诉人的第一次发言通常称为发表公诉词，辩护人的第一次发言称为发表辩护词。发表公诉词时，公诉人代表人民检察院，对指控的犯罪事实、证据、法律适用以及如何对被告人定罪量刑进行阐述，核心是表明指控犯罪的根据和理由，同时，指出犯罪的危害后果，通过法庭辩论达到支持公诉、宣传法制、教育群众等目的。发表辩护词时，辩护人既可以对全案的证据、法律适用等问题提出综合性辩护意见，也可以重点对某一方面的问题提出不同意见，重点是指出对被告人有利的内容，请求法庭采纳辩护意见。

第三，检察院的量刑建议。依据《刑事诉讼法》第176条及第201条的规定，犯罪嫌疑人认罪认罚的，人民检察院应当就主刑、附加刑、是否适用缓刑等提出量刑建议，并随案移送认罪认罚具结书等材料，人民法院依法作出判决时，除非遇有法定例外情形，一般应当采纳人民检察院指控的罪名和量刑建议。据此，对于认罪认罚案件，人民检察院应当提出量刑建议，且法院一般应当采纳检察院的量刑建议。

---

① 孙长永．刑事诉讼法学．4版．北京：法律出版社，2019：345.

对于其他类型的案件，人民检察院是否应该提出量刑建议以及量刑建议的效力如何，立法并未规定。对此，《高法解释》第282条规定：“人民检察院可以提出量刑建议并说明理由；建议判处管制、宣告缓刑的，一般应当附有调查评估报告，或者附有委托调查函。当事人及其辩护人、诉讼代理人可以对量刑提出意见并说明理由。”

第四，法官引导控辩双方辩论。对被告人认罪的案件，法庭辩论时，应当指引控辩双方主要围绕量刑和其他有争议的问题进行。对被告人不认罪或者辩护人作无罪辩护的案件，法庭辩论时，可以指引控辩双方先辩论定罪问题，后辩论量刑和其他问题。法庭辩论过程中，审判长应当充分听取控辩双方的意见，对控辩双方与案件无关、重复或者指责对方的发言应当提醒、制止。

第五，辩论终结。在控辩双方已经充分发表意见后，审判长应当及时宣布辩论终结。

（4）被告人最后陈述。

审判长宣布法庭辩论终结后，合议庭应当保证被告人充分行使最后陈述的权利。被告人最后陈述是法庭审判的一个独立环节，最后陈述还是被告人享有的不受剥夺的权利，不管案件适用的是普通程序，还是简易程序、速裁程序，不管被告人是否认罪，被告人都有最后陈述的权利。

被告人之所以有最后陈述的权利，是因要给予被告人最后一个陈述的机会，听取他对案件的意见，以确保法庭裁判的正确性。因此，审判人员应当切实保障被告人最后陈述的权利，只要被告人的陈述不超出本案范围，就要让其充分陈述。[①] 被告人在最后陈述时，如果提出了新的事实、证据或者辩解理由，合议庭可以进行程序回转，即恢复法庭调查或者法庭辩论。

（5）评议和宣判。

在被告人最后陈述后，审判长宣布休庭，此后，案件进入合议庭进行评议阶段，合议庭评议后作出判决，然后由法庭公开宣布判决并将判决书送达当事人和提起公诉的人民检察院。具体来说，有以下问题需要注意。

第一，案件评议。所谓案件评议，是合议庭组成人员在已经进行的法庭审理活动的基础上，对证据、事实认定和法律适用等问题进行讨论、分析、判断并依法对案件作出裁判的诉讼活动。合议庭评议案件，应当根据已经查明的事实、证据和有关法律规定，在充分考虑控辩双方意见的基础上，确定被告人是否有罪、构成何罪，有无从重、从轻、减轻或者免除处罚情节，应否处以刑罚、判处何种刑罚，附带民事诉讼如何解决，查封、扣押、冻结的财物及其孳息如何处理等；并依法作出判决、裁定。司法实践中，除合议庭评议案件和审判委员会讨论案件外，还存在院庭长讨论案件、向上级法院请示案件等案件决策方式。[②]

第二，案件裁判。在被告人最后陈述后，审判长宣布休庭，合议庭进行评议，根据已经查明的事实、证据和有关的法律规定，分别作出以下判决：1）案件事实清

---

① 易延友．刑事诉讼法：规则 原理 应用．北京：法律出版社，2019，506.

② 王彪．刑事诉讼的中国问题与地方经验．北京：北京大学出版社，2022：92－121.

楚，证据确实、充分，依据法律认定被告人有罪的，应当作出有罪判决；2）依据法律认定被告人无罪的，应当作出无罪判决；3）证据不足，不能认定被告人有罪的，应当作出证据不足、指控的犯罪不能成立的无罪判决。《高法解释》第295条将上述内容细化为十种情形。对于被告人因未达到刑事责任年龄，不予刑事处罚的，以及被告人是精神病人，在不能辨认或者不能控制自己行为时造成危害结果，不予刑事处罚的，该条解释明确要求，应当判决宣告被告人不负刑事责任。而对于犯罪已过追诉时效期限且不是必须追诉，或者经特赦令免除刑罚的，属于告诉才处理的案件，则应当裁定终止审理。对于被告人死亡的，也应当裁定终止审理，但有证据证明被告人无罪，经缺席审理确认无罪的，应当判决宣告被告人无罪。

第三，案件宣判与送达。在作出裁判后，法庭应当公开宣判，并将裁判文书在法定的时间内送达相关单位或者人员。宣告判决，一律公开进行。当庭宣告判决的，应当在5日以内将判决书送达当事人和提起公诉的人民检察院；定期宣告判决的，应当在宣告后立即将判决书送达当事人和提起公诉的人民检察院。判决书应当同时送达辩护人、诉讼代理人、法定代理人，并可以送达被告人的近亲属。被害人死亡，其近亲属申请领取判决书的，人民法院应当及时提供。判决生效后，还应当送达被告人的所在单位或者户籍地的公安派出所，或者被告单位的注册登记机关。被告人系外国人，且在境内有居住地的，应当送达居住地的公安派出所。

4. 法庭秩序

正常的法庭秩序是庭审有效进行的保证，也是法庭权威性的体现。在法庭审判过程中，法庭秩序由审判长维护，为此，法律赋予审判长相应的权力。对于违反法庭秩序的相关人员，审判长可以进行相应的处罚。在法庭审判过程中，如果诉讼参与人或者旁听人员违反法庭秩序，审判长应当警告制止。对不听制止的，可以强行带出法庭；情节严重的，处以1 000元以下的罚款或者15日以下的拘留。罚款、拘留必须经院长批准。被处罚人对罚款、拘留的决定不服的，可以向上一级人民法院申请复议。复议期间不停止执行。对聚众哄闹、冲击法庭或者侮辱、诽谤、威胁、殴打司法工作人员或者诉讼参与人，严重扰乱法庭秩序，构成犯罪的，依法追究刑事责任。

（三）自诉案件第一审程序

刑事自诉案件，是指被害人或者其法定代理人、近亲属为追究被告人的刑事责任，直接向人民法院提起诉讼，由人民法院受理的刑事案件。

1. 提起自诉的条件和形式要求

自诉的提起需要满足相应的条件。《刑事诉讼法》第210条规定："自诉案件包括下列案件：（一）告诉才处理的案件；（二）被害人有证据证明的轻微刑事案件；（三）被害人有证据证明对被告人侵犯自己人身、财产权利的行为应当依法追究刑事责任，而公安机关或者人民检察院不予追究被告人刑事责任的案件。"据此，只有以上三种类型的案件才能作为自诉案件向法院提起。除此以外，提起自诉还需要满足一些其他条件，具体包括：属于本院管辖，被害人告诉，有明确的被告人、具体的诉讼请求和证明被告人犯罪事实的证据。自诉案件，如果被害人死亡、丧失行为能力或者因受强制、威吓等无法告诉，或者是限制行为能力人以及因年老、患病、盲、聋、哑等不能亲自告诉，其法定代理人、近亲属告诉或者代为告诉的，人民法院应当依法受理。被害人的法定代理人、近亲属告诉或者代为告诉的，应当提供与被害人关系的证明和被害人不能亲自告诉的原因的证明。

提起自诉应当提交刑事自诉状；同时提起附带民事诉讼的，应当提交刑事附带民事自诉状。

2. 自诉案件的受理、审查程序

对自诉案件，人民法院应当在15日以内审查完毕，对于符合受理条件的，应当决定立案，并书面通知自诉人或者代为告诉人。不符合条件的，应当说服自诉人撤回起诉；自诉人不撤回起诉的，裁定不予受理。在受理以后，对于犯罪事实清楚、有足够证据的案件，人民法院应当开庭审判；对于缺乏罪证的自诉案件，如果自诉人提不出补充证据，应当说服自诉人撤回自诉，或者裁定驳回。自诉人经两次依法传唤，无正当理由拒不到庭的，或者未经法庭许可中途退庭的，按撤诉处理。自诉人对不予受理或者驳回起诉的裁定不服的，可以提起上诉。

自诉人的诉权可以放弃。自诉人明知有其他共同侵害人，但只对部分侵害人提起自诉的，人民法院应当受理，并告知其放弃告诉的法律后果；自诉人放弃告诉，判决宣告后又对其他共同侵害人就同一事实提起自诉的，人民法院不予受理。共同被害人中只有部分人告诉的，人民法院应当通知其他被害人参加诉讼，并告知其不参加诉讼的法律后果。被通知人接到通知后表示不参加诉讼或者不出庭的，视为放弃告诉。第一审宣判后，被通知人就同一事实又提起自诉的，人民法院不予受理。

3. 自诉案件审理程序的特点

由于自诉案件本身的特殊性，自诉案件的审理程序有一些不同于公诉案件第一审程序的特点。

第一，对于告诉才处理的案件和被害人有证据证明的轻微刑事案件，可以调解。自诉人在宣告判决前，可以同被告人自行和解或者撤回自诉。人民法院审理自诉案件，可以在查明事实、分清是非的基础上，根据自愿、合法的原则进行调解。调解达成协议的，应当制作刑事调解书，由审判人员、法官助理、书记员署名，并加盖人民法院印章。调解书经双方当事人签收后，即具有法律效力。调解没有达成协议，或者调解书签收前当事人反悔的，应当及时作出判决。公诉转自诉的案件不适用调解。

第二，可以和解。判决宣告前，自诉案件的当事人可以自行和解，自诉人可以撤回自诉。人民法院经审查，认为和解、撤回自诉确属自愿的，应当裁定准许；认为系被强迫、威吓等，并非自愿的，不予准许。

第三，可以反诉。反诉是指在自诉案件审理过程中，自诉案件的被告人作为被害人向受理自诉案件的人民法院控告自诉人犯有与本案有关联的犯罪行为，要求人民法院合并审理，依法追究其刑事责任的诉讼行为。告诉才处理和被害人有证据证明的轻微刑事案件的被告人或者其法定代理人在诉讼过程中，可以对自诉人提起反诉，但反诉的对象必须是本案自诉人，且反诉的内容必须是与本案有关的行为。反诉案件适用自诉案件的规定，应当与自诉案件一并审理。自诉人撤诉的，不影响反诉案件的继续审理。

第四，程序简化。自诉案件特别是前两类自诉案件通常较为简单、轻微，如符合简易程序适用条件，可以适用简易程序审理。不适用简易程序审理的自诉案件，参照适用公诉案件第一审普通程序的有关规定。

第五，协助取证。自诉案件当事人因客观原因不能取得的证据，申请人民法院调取的，应当说明理由，并提供相关线索或者材料。人民法院认为有必要的，应当及时调取。对通过信息网络实施的侮辱、诽谤行为，被害人向人民法院告诉，但提供证据确有困难的，人民法院可以要求公安机关提供协助。

（四）简易程序

简易程序是相对于普通程序而言的，是指基层法院在审理某些简单轻微的刑事案件时所适用的、较第一审普通程序相对简化的程序。从世界范围来看，随着刑事诉讼程序的正当化和案件数量的增加，对于认罪案件，往往适用较普通程序简化的程序。我国 1996 年《刑事诉讼法》首次设置简易程序，2012 年修改《刑事诉讼法》时对简易程序予以进一步完善。

1. 简易程序的适用范围

刑事诉讼法从正反两个方面对于简易程序的适用范围予以明确。《刑事诉讼法》第 214 条规定："基层人民法院管辖的案件，符合下列条件的，可以适用简易程序审判：（一）案件事实清楚、证据充分的；（二）被告人承认自己所犯罪行，对指控的犯罪事实没有异议的；（三）被告人对适用简易程序没有异议的。人民检察院在提起公诉的时候，可以建议人民法院适用简易程序。"而第 215 条则从反面作出了规定："有下列情形之一的，不适用简易程序：（一）被告人是盲、聋、哑人，或者是尚未完全丧失辨认或者控制自己行为能力的精神病人的；（二）有重大社会影响的；（三）共同犯罪案件中部分被告人不认罪或者对适用简易程序有异议的；（四）其他不宜适用简易程序审理的。"对于以上两条规定，《高法解释》第 359 条、第 360 条又分别进行细化，对于不适用简易程序的情形，增加规定了两种，即辩护人作无罪辩护的，以及被告人认罪但经审查认为可能不构成犯罪的。

2. 简易程序的特点

第一，在适用范围上，简易程序只适用于基层人民法院按照第一审程序审理的刑事案件。

第二，在审判组织上，适用简易程序时，对可能判处 3 年有期徒刑以下刑罚的，可以组成合议庭进行审判，也可以由审判员一人独任审判；对可能判处的有期徒刑超过 3 年的，应当组成合议庭进行审判。

第三，被告人可以不同意适用。适用简易程序审理案件，审判人员应当询问被告人对指控的犯罪事实的意见，告知被告人适用简易程序审理的法律规定，确认被告人是否同意适用简易程序审理。

第四，庭前准备程序和庭审程序均大为简化。适用简易程序审理案件，不受《刑事诉讼法》“第一审程序”一章“公诉案件”一节关于送达期限、讯问被告人、询问证人和鉴定人、出示证据、法庭辩论程序规定的限制。但在判决宣告前应当听取被告人的最后陈述意见。公诉人可以摘读起诉书。公诉人、辩护人、审判人员对被告人的讯问、发问可以简化或者省略。对控辩双方无异议的证据，可以仅就证据的名称及所证明的事项作出说明。对控辩双方有异议或者法庭认为有必要调查核实的证据，应当出示，并进行质证。控辩双方对与定罪量刑有关的事实、证据没有异议的，法庭审理可以直接围绕罪名确定和量刑问题进行。适用简易程序审理案件，裁判文书也可以简化，一般应当当庭宣判。

第五，审理期限缩短。适用简易程序审理案件，人民法院应当在受理后20日内审结；对可能判处的有期徒刑超过3年的，可以延长至1个半月。

（五）速裁程序

1. 速裁程序的适用条件

2018年修改《刑事诉讼法》时对认罪认罚从宽制度予以规定的同时，在普通程序、简易程序之外增设了速裁程序，且规定适用速裁程序的前提是被告人认罪认罚。刑事诉讼法从正反两个方面对速裁程序的适用条件进行了规定。《刑事诉讼法》第222条规定：“基层人民法院管辖的可能判处三年有期徒刑以下刑罚的案件，案件事实清楚，证据确实、充分，被告人认罪认罚并同意适用速裁程序的，可以适用速裁程序，由审判员一人独任审判。人民检察院在提起公诉的时候，可以建议人民法院适用速裁程序。”第223条规定：“有下列情形之一的，不适用速裁程序：（一）被告人是盲、聋、哑人，或者是尚未完全丧失辨认或者控制自己行为能力的精神病人的；（二）被告人是未成年人的；（三）案件有重大社会影响的；（四）共同犯罪案件中部分被告人对指控的犯罪事实、罪名、量刑建议或者适用速裁程序有异议的；（五）被告人与被害人或者其法定代理人没有就附带民事诉讼赔偿等事项达成调解或者和解协议的；（六）其他不宜适用速裁程序审理的。”《高法解释》第369条及第370条又分别对上述规定进行了细化，在不适用速裁程序的情形中增加了两种情形：（1）被告人与被害人或者其法定代理人没有就附带民事诉讼赔偿等事项达成调解、和解协议的；（2）辩护人作无罪辩护的。

2. 速裁案件的审理程序

适用速裁程序审理的案件，庭审程序大为简化。适用速裁程序审理案件，不受《刑事诉讼法》“第一审程序”一章“公诉案件”一节规定的送达期限的限制，一般不进行法庭调查、法庭辩论，但在判决宣告前应当听取辩护人的意见和被告人的最后陈述意见。适用速裁程序审理案件，应当当庭宣判。人民法院应当在开庭前将开庭的时间、地点通知人民检察院、被告人和辩护人，也可以通知其他诉讼参与人。通知可以采用简便方式，但应当记录在案。适用速裁程序审理案件，可以集中开庭，逐案审理。公诉人简读起诉书后，审判人员应当当庭询问被告人对指控事实、证据、量刑建议以及适用速裁程序的意见，核实具结书签署的自愿性、真实性、合法性，并核实附带民事诉讼赔偿等情况。适用速裁程序审理案件，裁判文书可以简化，应当当庭宣判。

3. 速裁程序的审理期限

适用速裁程序审理案件，人民法院应当在受理后 10 日以内审结；对可能判处的有期徒刑超过 1 年的，可以延长至 15 日。

二、实践动态

（一）以审判为中心的诉讼制度改革

2013 年 10 月，最高人民法院在第六次全国刑事审判工作会议上提出“审判案件应当以庭审为中心”，要求“事实证据调查在法庭，定罪量刑辩论在法庭，裁判结果形成于法庭”。2014 年 10 月，党的十八届四中全会《决定》提出要“推进以审判为中心的诉讼制度改革”，“保证庭审在查明事实、认定证据、保护诉权和公正裁判中发挥决定性作用”。2016 年 7 月印发的两院三部《以审判为中心的改革意见》中既有对现行法律规定的进一步强调，也有对现有程序法制度和相关工作机制的完善要求，如：“建立健全符合证据裁判要求、适应各类案件特点的证据收集指引”；“在案件侦查终结前，犯罪嫌疑人提出无罪或者罪轻辩解，辩护律师提出犯罪嫌疑人无罪或者依法不应追究刑事责任的意见，侦查机关应当依法予以核实”；“建立人民检察院退回补充侦查引导和说理机制，明确补充侦查方向、标准和要求”；“规范法庭调查程序，确保诉讼证据出示在法庭、案件事实查明在法庭”；“完善对证人、鉴定人的法庭质证规则”，“完善法庭辩论规则，确保控辩意见发表在法庭”；“完善当庭宣判制度，确保裁判结果形成在法庭”；“健全当事人、辩护人和其他诉讼参与人的权利保障制度”，“建立法律援助值班律师制度，法律援助机构在看守所、人民法院派驻值班律师，为犯罪嫌疑人、被告人提供法律帮助”；“推进案件繁简分流，优化司法资源配置”；等等。

（二）审判权运行机制改革

在我国法院内部，长期以来存在一种独特的控制刑事裁判权的方法，即对刑事裁判权运行的过程和结果予以控制，其本质是以行政方式审判案件并管理法院和法官。由于审判权力运行机制的行政化，“审者不判、判者不审”现象较为普遍。一方面，审判委员会作为法院内部集体行使审判权的组织有权讨论决定重大案件，并且其决定对合议庭具有约束力；另一方面，各种形式的案件审批活动广泛存在，架空了具体审判案件的合议庭或独任庭，以至于在庭审结束之后，法官仍有可能需要经历一系列的请示汇报或者审批后才能作出裁判，因而庭审实质化无从实现。针对上述情况，党的十八届四中全会《决定》明确要求“完善主审法官、合议庭、主任检察员、主办侦查员办案责任制，落实谁办案谁负责”。2015 年 9 月发布的《司法责任制意见》明确规定，除审判委员会讨论决定的案件外，院长、副院长、庭长对其未直接参加审理案件的裁判文书不再进行审核签发。《司法责任制意见》还对法官的履职保障、审判责任的认定和追究等问题作出明确规定。

(三) 认罪认罚从宽制度改革

党的十八届四中全会《决定》在第四部分“保证公正司法，提高司法公信力”的第三部分“优化司法职权配置”中明确提出，完善刑事诉讼中认罪认罚从宽制度。为落实这一改革部署，2016 年 9 月 3 日，第十二届全国人民代表大会常务委员会第二十二次会议通过《关于授权最高人民法院、最高人民检察院在部分地区开展刑事案件认罪认罚从宽制度试点工作的决定》，授权最高人民法院和最高人民检察院在北京、天津、上海、重庆、沈阳、大连、南京、杭州、福州、厦门、济南、青岛、郑州、武汉、长沙、广州、深圳、西安开展刑事案件认罪认罚从宽制度试点工作。2016 年 11 月 11 日，最高人民法院、最高人民检察院、公安部、国家安全部、司法部联合发布《关于在部分地区开展刑事案件认罪认罚从宽制度试点工作的办法》(法〔2016〕386 号)，为认罪认罚案件的办理提供依据。与此同时，2014 年 6 月 27 日第十二届全国人民代表大会常务委员会第九次会议授权最高人民法院和最高人民检察院在上述地区开展的刑事速裁程序试点工作，按照新的试点办法继续试行。在经过 2 年试点后，2018 年 10 月 26 日，第十三届全国人民代表大会常务委员会第六次会议通过《关于修改〈中华人民共和国刑事诉讼法〉的决定》，在总结试点经验的基础上，立法正式确立认罪认罚从宽制度，将认罪认罚从宽作为刑事诉讼的基本原则之一，并对认罪认罚从宽制度的具体运行问题予以规定。2019 年 10 月 11 日发布的两院三部《关于适用认罪认罚从宽制度的指导意见》，对认罪认罚相关问题予以细化和明确。习近平总书记在 2019 年中央政法工作会议上强调，要深化诉讼制度改革，推进案件繁简分流、轻重分离、快慢分道。认罪认罚从宽制度改革是落实习近平总书记讲话精神的重要措施之一。在认罪认罚案件中，适用速裁程序的一般不再质证，适用简易程序的可以简化质证，适用普通程序的可以简化审理。适用速裁程序审理案件，可以集中审理，文书可以简化；适用简易程序审理案件，文书可以简化；适用普通程序审理案件，裁判文书也可以适当简化。

三、案例应用

刘某军受贿、滥用职权案[①]

【案情】2013 年 6 月 9 日，铁道部原部长刘某军案在北京市二中院开庭审理。刘志军的辩护人钱某阳称，无论是案卷还是庭审，均未涉及刘某军接受性贿赂的内容，检方也未对此提出指控。庭审时，检方指控刘某军涉嫌受贿罪和滥用职权罪，受贿数额 6 460 余万元。

法院召集庭前会议。刘某军案庭审后，有网友称，检方指控刘志军收受 11 人钱物 6 460 余万元，再加上滥用职权罪等指控，共涉及 400 份证据，庭审怎么只用了 3

---

① 张媛，张玉学. 刘志军受审 未涉及接受性贿赂. 新京报，2013 - 06 - 11 (A13).

个半小时？刘某军辩护律师介绍："庭审中所有证据都出示了。因庭前曾到刘某军所在的秦城监狱开过一天的会议，一些没异议的证据，只在庭上简略地出示了，所以，半天就把庭审结束了。"北京市二中院也表示，在刘某军案开庭前，法院召集公诉人、刘某军及其辩护律师参加了庭前会议，对是否申请回避等问题了解情况、听取意见。刘某军的辩护律师认为，庭审总体质量还是比较高的，"我也比较满意"。

【问题】如何理解庭前会议的功能？

【评析】依据《刑事诉讼法》第187条第2款的规定，庭前会议的功能是"了解情况，听取意见"。根据全国人大立法人员的介绍，该款是关于开庭前听取有关程序问题的意见的规定。这一程序设计允许法官于开庭前，在控辩双方同时参与的情形下，对案件的程序性争议问题集中听取意见。这样规定有利于确定庭审重点，便于法官把握庭审重点，有助于提高庭审效率，保证庭审质量。[①] 对《刑事诉讼法》第187条第2款进行解读，有两个问题值得探讨：一是如何理解"回避、出庭证人名单、非法证据排除等与审判有关的问题"；二是如何理解"了解情况，听取意见"。前者涉及庭前会议解决问题的性质，后者涉及庭前会议的效力问题。从条文本身的用语和全国人大立法人员的介绍来看，庭前会议只涉及程序问题，庭前会议中仅对有关程序问题"了解情况，听取意见"，不对程序问题作出具有法律效力的裁判，即庭前会议对程序问题不进行实质性的处理。从实践情况来看，司法实践中，庭前会议的功能有扩张之势，庭前会议不仅涉及程序问题，还涉及对证据有无异议的问题，庭前会议中达成的一致意见具有一定的效力。两院三部《严格排除非法证据规定》第25条的规定进一步强化了庭前会议解决证据合法性问题的功能。

晏某荣故意杀人、抢劫案[②]

【案情】某市人民检察院指控被告人晏某荣因分家、建房等问题与其父晏某奉（殁年76岁）产生矛盾，遂蓄意谋害。2006年9月13日晚，晏某荣潜入晏某奉家中，趁晏某奉、陈某秀夫妇熟睡之机，持锄把击打晏某奉头部数下，还用挖勺、拳头击打晏某奉眼部数下。陈某秀被惊醒欲起身，晏某荣又持锄把猛击其头部一下，将其打倒在床上，还用锄把击打其左边手臂一下。之后，晏某荣扼压陈某秀颈部逼迫其说出家中藏钱处，并抢走现金人民币2 800元。晏某奉因被钝器打击头部致严重颅脑损伤于案发当晚死亡，陈某秀的损伤程度为轻伤。被告人晏某荣庭审时辩解其没有杀害晏某奉。其辩护人提出，本案证据存在疑点，尚未达到确实、充分的程度，公诉机关指控的罪名不能成立。某市第二中级人民法院经依法公开审理后认为，公诉机关指控被告人晏某荣杀害晏某奉、打伤陈某秀并劫取钱财的事实不清，证据之间存在的疑点和矛盾无法排除，指控的罪名不能成立，不予支持。依照《刑事诉讼法》第162条第3项和最高人民法院《关于执行〈中华人民共和国刑事诉讼法〉

---

① 李寿伟．中华人民共和国刑事诉讼法解读．北京：中国法制出版社，2018：460－461.

② 周进，徐海，徐万祥．晏某荣故意杀人、抢劫案：关键证据存在疑点，无法排除合理怀疑的案件，应当宣告无罪．//南英．刑事审判参考：总第83集．北京：法律出版社，2012：22－32.

若干问题的解释》第176条第4项之规定，判决被告人晏某荣无罪。一审宣判后，公诉机关提出抗诉，某市高级人民法院二审裁定驳回抗诉，维持原判。

【问题】立法为何规定两种无罪判决？

【评析】1996年《刑事诉讼法》第162条首次在立法上将无罪判决分为两种，即依法律认定的无罪和证据不足、指控的犯罪不能成立的无罪，前者可以称为“确定无罪”，后者可以称为“证据不足的无罪”。1979年《刑事诉讼法》第120条规定：“在被告人最后陈述后，审判长宣布休庭，合议庭进行评议，根据已经查明的事实、证据和有关的法律规定，作出被告人有罪或者无罪、犯的什么罪、适用什么刑罚或者免除刑罚的判决。”这一规定要求根据查明的事实判决有罪或者无罪，如果事实无法查明该如何判决则没有规定。这一规定的前提是事实是能够查明的，但实践中的情况是，很多案件的事实无法查明，由于法律没有规定事实无法查明时该如何处理，实践中对于疑罪案件要么勉强判决有罪，要么拖延不作裁判。1996年《刑事诉讼法》第162条明确在证据不足的情况下应该判决无罪，在当时的现实条件下，这一规定具有积极意义。然而，根据无罪推定原则，在法院宣告被告人有罪之前，被告人在法律上是无罪的，且被告人不需要证明自己无罪。立法将“证据不足的无罪”与“确定无罪”予以区分，意味着对“证据不足的无罪”的被告人区别对待，显然违反了无罪推定原则的要求。因此，从长远来看，应该废除这种区分，将两种无罪并为一种。

贵州黎某洪涉黑案①

【案情】2012年1月9日，号称“贵州打黑第一案”的黎庆洪等组织领导参加黑社会性质组织案（以下简称黎某洪案）在贵阳市贵州红林厂俱乐部内重审开庭。该案庭审第一天便火药味十足，庭审焦点基本集中在审理程序上。焦点一：公诉人及审判长身份之争。庭审伊始，被告人黎某洪向法庭申请公诉人回避。黎某洪称，6名公诉人中有5人系贵阳市人民检察院的检察员，而非小河区人民检察院的。众辩护人随即集体向“空降”小河区人民检察院的公诉人“开火”。公诉人当庭宣读小河区人民检察院的任命文件，表明他们系因办理该案被临时任命为助理检察员。对于被告人提出回避的申请，法庭休庭之后，经小河区人民检察院检察长作出决定，予以驳回。随后，被告人又提出申请复议，再被驳回。被告人黎某洪还当庭提出审判长回避的请求，审判长经请示院长，宣布了驳回要求其回避的请求的决定。焦点二：区法院能否管辖此案？就该案的管辖权，辩护人表示，小河区人民法院不具有此案的管辖权。他们认为，此案原一审在贵阳中院，被省高院二审撤销一审判决之后，发回贵阳中院重审，而非小河区人民法院。审级的变化明显是在规避贵州省高院的审判监督。法庭休庭后，当场宣布贵阳中院指定小河区人民法院管辖的文件，并表示原一审案件与此案系两个案件，而不是一个案件。辩护人表示不服，但辩护人的意见未被法庭采纳。焦点三：非法证据排除的顺序之辩。黎某洪在法庭上表示，自

---

① 唐宁．政协委员被控涉黑三年三审：贵州黎庆洪涉黑案疑云．民主与法制时报，2012-01-16（A03）．

己曾遭受刑讯逼供，手上有伤，要求鉴定伤情。公诉人出示了三份格式基本一致的“情况说明”，表明侦查人员取证合法、程序适当，并无刑讯逼供。法庭启动非法证据排除程序，对这三份材料进行质证，辩护人提出调取审讯录音、录像资料，但12日上午开庭时，公诉人以时间紧为由拒绝出示录音、录像。全国人大代表、黑龙江省律师迟某生就此问题发言，但被审判长制止，迟某生要求继续发言被训诫，迟某生仍要求发言，审判法官遂要求法警将其“开除”出法庭。正当众多法警冲到迟某生面前时，迟某生突然晕倒，被急送医院治疗，法庭也因此一度休庭。辩护人仍对非法证据排除程序力争，审判长表示，因被告人人数众多，待讯问完全案被告人后，视被告人是否都提出此项要求再定。而在迟某生之前，法庭已经驱逐三名律师。被驱律师杨某跨告诉记者，法庭要求其写“具结悔过书”后可以继续辩护，他们拒绝了这一要求。“我们没有错”，他说。

【问题】如何看待刑事诉讼中的辩审冲突现象？

【评析】由于受各种因素的影响，辩审冲突现象在实践中经常发生。[①] 以冲突的内容为依据，可以将“辩审冲突”分为三种类型：程序问题上的“辩审冲突”、证据问题上的“辩审冲突”和诉讼行为方式上的“辩审冲突”。引发冲突的直接原因是部分法官的行为存在不当之处，部分律师的辩护方式存在问题；引发冲突的根本原因是中国社会背景的变迁、改革话语与审判实践的分裂，法院权威与社会预期存在差距以及相关制度存在问题。“辩审冲突”既可能损害被告人的合法权益、影响案件的有效分流，也可能影响司法公信力和司法权威。引发“辩审冲突”的原因是多方面的，对“辩审冲突”的治理需要从多个层面进行。由于问题的复杂性，彻底解决“辩审冲突”需要较长时间的努力。

四、知识拓展

量刑建议“一般应当采纳”条款的理解

依据《刑事诉讼法》第201条的规定，对于认罪认罚案件，人民法院依法作出判决时，一般应当采纳人民检察院指控的罪名和量刑建议，除非案件存在特殊情形、量刑建议明显不当且人民检察院拒绝调整量刑建议或者调整后仍明显不当。如何看待和理解这一规定，理论界与实务界存在不同的观点。有学者认为，认罪认罚从宽案件中的量刑建议由于结合了控辩双方的协商合意，具有司法公信力，对于法院的量刑裁判具有一定的拘束力。这一拘束力表现在即使是面对确定刑量刑建议，除非有法定的例外情形，法院原则上也要采纳。如果量刑建议有些许偏差，但非明显不当，法院也要保持宽容度和容错性，采纳量刑建议。对于量刑建议明显不当的，法院不能直接作出量刑裁判，而须前置性地先建议检察院调整量刑建议，如果检察院不调整量刑建议或调整量刑建议后仍然明显不当的，法院才可依法裁判。[②] 有学者

---

① 王彪．刑事诉讼中的“辩审冲突”现象研究．中国刑事法杂志，2015（6）：89－106．

② 董坤．认罪认罚案件量刑建议精准化与法院采纳．国家检察官学院学报，2020，28（3）：35．

则认为，《刑事诉讼法》第 201 条的“一般应当采纳”条款，在立法论上存在明显失误，对控审分离这一刑事诉讼基本原则造成了相当程度的冲击。为化解立法带来的不利影响，应在解释论层面探索适用该条款的妥善方案。一方面，允许法官在提供特别论证的基础上，不采纳检察机关的量刑建议，并通过上诉审的事后审查机制敦促法官善尽论证义务。另一方面，当法院决定不采纳指控罪名与量刑建议作判决时，应充分保障被告人的程序选择权，并探索在审判阶段适用认罪认罚从宽制度的具体方式。[①] 有法官认为，司法实践中，要注意“一般应当”不是“应当”，因此对量刑建议不能照单全收；同时也要注意“一般应当”不是“可以”，因此，斤斤计较式的不采纳要尽量避免。[②] 此后，《高法解释》第 352 条、第 353 条、第 354 条对“一般应当采纳”的相关问题予以进一步明确。我们认为，认罪认罚案件的量刑建议与一般案件的不同，主要是认罪认罚案件的量刑建议在一定程度上体现了控辩双方的合意和国家公权力机关对被告人的承诺，为体现对合意的尊重以及承诺的严肃性，在量刑建议没有明显不当的情况下，应当采纳量刑建议。人民法院在审查量刑建议是否明显不当时，应当充分考量控辩双方协商以及具体个案的特殊性，避免机械量刑。

合议庭的评议和裁判程序[③]

最高人民法院第六次刑事审判工作会议以来，刑事庭审实质化改革在全国陆续展开。实质化的庭审离不开科学、有效的评议和裁判规则。现行立法和司法解释对合议庭的评议和裁判规则的规定尚不够明确，以至于在陪审员参与审判的情况下，合而不议的现象普遍存在。在一些基层法院，有的陪审员不参与合议庭的评议，而直接在评议笔录上签名，在评议时完全听从法官的意见，而不发表自己的意见；在只有职业法官组成合议庭的情况下，主审法官几乎包办了评议和裁判的全部任务，其他合议庭成员仅仅是开庭时“出场”一下，合议制实际上变成了独任制。这与庭审实质化、司法民主化的精神是背道而驰的。至于合议庭如何进行科学的评议，特别是陪审员如何有效地参与评议和裁判，不同国家的做法不同。考虑到我国陪审员参审不仅有利于实现司法民主，而且可以在一定程度上消解职业法官因为阅卷或者职业惯性所可能产生的预断，陪审员参与合议庭评议和裁判的规则应当充分保障陪审功能的实现。为此，我们建议，参审制合议庭应当在确保陪审员人数多于法官的前提下，在评议和裁判时遵守下列规则：（1）法官总结和提示规则，即在进行评议之前，主审法官（审判长）应当对本案的证据和法律问题进行总结，对需要议评的问题作出提示，并就相关法律问题向陪审员作出准确的解释；（2）定罪问题和量刑问题分别评议和表决的规则；（3）资浅陪审员优先发表评议意见的规则，即评议时针对所要评议的所有问题由陪审员先于法官发表意见，陪审员之间按照资历由浅而

① 孙远．“一般应当采纳”条款的立法失误及解释论应对．法学杂志，2020（6）：112.

② 杨立新．对认罪认罚从宽制度中量刑建议问题的思考．人民司法，2020（1）：10.

③ 孙长永，王彪．刑事庭审实质化的理念、制度和技术．现代法学，2017（2）：143.

深的顺序发表意见；（4）合议庭成员评议和表决权平等规则，即在裁判权限范围内，每名陪审员与法官享有同等的独立发表意见并作出表决的权利，在相互沟通过程中，法官不得强迫陪审员接受自己的意见；（5）表决结果实行少数服从多数的规则，其中对判处死刑和无期徒刑的案件，定罪和量刑应当经过三分之二以上合议庭成员同意，方为有效。

至于职业法官组成的合议庭评议和裁判活动，根据2010年最高人民法院发布的《关于进一步加强合议庭职责的若干规定》的精神和庭审实质化的改革要求，除参照上述规则执行以外，还要从评议规则上补充以下要求：（1）全体合议庭成员根据案件的庭审情况进行集体评议，杜绝"形合实独"现象，否则裁判无效；（2）合议庭评议过程和内容一律保密，确保合议庭根据庭审结果依法自主进行民主评议，根据评议结果独立地作出裁判结论；（3）合议庭成员应当针对案件的证据采信、事实认定、法律适用、裁判结果以及诉讼程序等问题充分发表意见，尤其是对控辩双方有争议的事实和法律问题要进行认真、全面的评议，以便在裁判文书中作出有针对性的裁判和说理。

五、文献荐读

1. 陈瑞华. 刑事审判原理论. 3版. 北京：法律出版社，2020.

2. 左卫民等. 庭审实质化改革实证研究. 北京：法律出版社，2021.

3. 龙宗智. 刑事庭审制度研究. 北京：中国政法大学出版社，2001.

4. 肖仕卫. 刑事判决是如何形成的：以S省C区法院实践为中心的考察. 北京：中国检察出版社，2009.

5. 陈如超. 刑事法官的证据调查权研究. 北京：中国人民公安大学出版社，2011.

6. 兰荣杰. 刑事判决是如何形成的？基于三个基层法院的实证研究. 北京：北京大学出版社，2013.

7. 孙长永，王彪. 刑事庭审实质化的理念、制度和技术. 现代法学，2017（2）.

第十五章　第二审程序

一、原理精析

（一）第二审程序概述

第二审程序是指对于未生效的一审判决、裁定，请求上一级法院再次进行审理的程序。我国刑事诉讼的审级制度是两审终审制，除最高人民法院审理的案件是一审终审外，案件经过两审即宣告终结，不得就第二审人民法院作出的裁判再行上诉或抗诉。原则上第二审人民法院作出的终审判决、裁定，自宣告之日起发生法律效力，但存在两种特殊情况：第一是死刑案件中，需经死刑复核程序后，裁判才发生法律效力；第二是在法定刑以下量刑的案件，需经最高人民法院核准后，裁判才发生法律效力。

除基层人民法院以外的各级人民法院，都可以成为第二审人民法院。第二审程序遵循不告不理原则，以法定期限内上诉或抗诉为启动条件，并非刑事诉讼的必经程序。第二审程序不是第二次审理程序，对于同一案件的第二次审理既可能是第二审程序，也可能是第一审程序，还可能是再审程序。

第二审程序具有以下三方面的诉讼功能：首先，第二审程序具有司法救济功能，是被告人充分行使辩护权、获得公正审判的重要制度保障。也正是在这个意义上，联合国《两权公约》第 14 条第 5 项规定："凡被判定有罪者，应有权由一个较高级法庭对其定罪及刑罚依法进行复审。"其次，第二审程序具有防止错误裁判的功能，对一审法院认定的事实和适用的法律进行审查，有助于发现一审裁判中可能存在的错误，进而及时予以纠正。最后，第二审程序具有监督下级人民法院审判工作的功能，是对《宪法》所规定的上下级人民法院之间监督与被监督关系的体现。

（二）第二审程序的特有原则

基于其自身定位与功能，第二审程序遵循其特有的原则，其中主要涉及两项原则：一是全面审查原则，二是上诉不加刑原则。

1. 全面审查原则

全面审查原则是指，第二审法院审判上诉或抗诉案件时，对第一审法院裁判中的事实认定和法律适用问题，进行全面审理，不受上诉或抗诉的范围限制。该原则具有以下五方面含义：第一，第二审既审查事实认定，又审查法律适用。第二，第二审既审查上诉或抗诉中涉及的内容，也审查没有涉及的其他内容，前者是第二审程序审理的重点。第三，第二审既审查实体方面的内容，也审查程序方面的内容。第四，针对共同犯罪案件，第二审既审查与上诉或被抗诉被告人相关的案情和法律适用，也审查与未上诉或被抗诉被告人相关的案情和法律适用。第五，对附带民事诉讼部分提出上诉的，第二审既要审理附带民事诉讼的部分，也要审理刑事诉讼部分。

全面审查原则并非要求第二审人民法院对所有事实与法律问题平均分配司法资源，而是应当明确事实与法律争议，对有争议的问题予以重点审查。就重点内容的侧重而言，主要包括以下案件内容：（1）第一审判决认定的事实是否清楚，证据是否确实、充分；（2）第一审判决适用法律是否正确，量刑是否适当；（3）在调查、侦查、审查起诉、第一审程序中，有无违反法定程序的情形；（4）上诉、抗诉是否提出新的事实、证据；（5）被告人供述和辩解情况；（6）辩护人的辩护意见及采纳情况；（7）附带民事部分的判决、裁定是否合法、适当；（8）对涉案财物的处理是否正确；（9）第一审人民法院合议庭、审判委员会讨论的意见。

2. 上诉不加刑原则

我国刑事诉讼法中的上诉不加刑原则是指第二审人民法院审判被告人一方上诉的案件，不得加重被告人刑事处罚的原则。实行上诉不加刑原则的目的一方面在于消除被告人一方寻求司法救济的顾虑，充分保障被告人上诉权的行使；另一方面在于促使更多案件受到两级法院的审查，从而尽可能发现和纠正一审中事实认定与法律适用等方面的错误。我国上诉不加刑原则仅适用于仅有被告人一方上诉的情形；人民检察院提出抗诉或者自诉人提出上诉的案件，不受该原则的限制，第二审人民法院可以改判加重被告人的刑罚。

根据上诉不加刑原则的含义，延伸出以下四方面具体要求，第一，针对原判决认定事实没有错误，但适用法律有错误或者量刑不当的情形，二审法院改判时不得加重被告人的刑罚。第二，针对原判决事实不清楚或者证据不足的情形，二审法院自行改判的，不得加重被告人的刑罚；发回重审的，除非有新的犯罪事实且人民检察院补充起诉的以外，原审人民法院也不得加重被告人的刑罚；上述情形下原审人民法院依法作出判决后，人民检察院抗诉的，第二审人民法院不得改判为重于原审人民法院第一次判处的刑罚。第三，共同犯罪案件中，抗诉或自诉人上诉仅针对部分被告人的，第二审人民法院尽管进行全案审查，但不得对其他同案被告人加重刑罚。第四，针对一审裁判确实刑罚畸轻、必须依法改判的，应当在第二审判决、裁定生效后，通过审判监督程序重新审判。

就“加重刑罚”的具体形式而言，除直接改变刑罚种类或加重同类刑罚以外，还涉及同案被告人刑罚、刑罚执行方式、非刑罚处罚方式等方面的间接加重的问题。具体而言，上诉不加刑原则还包含以下间接加重刑罚的禁止性要求：(1) 同案审理的案件，只有部分被告人上诉的，既不得加重上诉人的刑罚，也不得加重其他同案被告人的刑罚；(2) 原判认定的罪名不当，二审法院可以改变罪名，但不得加重刑罚或者对刑罚执行产生不利影响；(3) 原判认定的罪数不当，二审法院可以改变罪数并调整刑罚，但不得加重决定执行的刑罚或者对刑罚执行产生不利影响；(4) 原判对被告人宣告缓刑的，不得撤销缓刑或者延长缓刑考验期；(5) 原判没有宣告职业禁止、禁止令的，二审法院不得增加宣告，原判宣告职业禁止、禁止令的，二审法院不得增加内容或延长期限；(6) 原判对被告人判处死刑缓期执行没有限制减刑、决定终身监禁的，二审法院不得限制减刑或决定终身监禁；(7) 原判判处的刑罚不当、应当适用附加刑而没有适用的，二审法院不得直接加重刑罚、适用附加刑。

(三) 第二审程序的提起

第二审程序的启动方式有上诉和抗诉两种，二者均发生移送审判的效力，但二者在主体、性质、功能、法律效果等方面存在诸多实质性差异。

1. 上诉

上诉是当事人一方启动第二审程序的方式。就上诉权的主体而言，根据其在诉讼中的法律地位不同，可以区分为有独立上诉权的主体和没有独立上诉权的主体。其中，有独立上诉权的主体包括两类：第一类是自诉人、被告人或者他们的法定代理人；第二类是附带民事诉讼的当事人及其法定代理人，此类主体仅可以针对附带民事诉讼部分提出上诉，且上诉不影响刑事裁判在上诉期届满后的生效和执行。没有独立上诉权的主体包括被告人的辩护人和近亲属，其只有经过被告人同意，才能提起上诉。

上诉权是保障当事人获得公正审判和有效行使辩护权的重要程序性权利，《刑事诉讼法》确立了一系列保障和便利权利行使的诉讼制度：一是明确不得以任何借口剥夺被告人的上诉权；二是在理由上对上诉没有任何限制，只要上诉人在法定期限内提出上诉，不论理由是否充分均应当允许[①]；三是在形式上允许用书状或口头的方式提起，并且即便上诉状不完全符合相关规定的内容，人民法院也应当保障上诉权并且启动二审程序[②]；四是在提起对象上可以直接向上一级人民法院提起，也可以通过原审人民法院提起。

上诉权受到严格的期间限制，针对一审判决的上诉期间是 10 日，针对一审裁定

---

① 由于上诉没有理由限制，实践中也出现了被告人非因“不服”一审裁判而进行的上诉，典型的是基于“留所服刑”目的的进行的无诉求上诉，即被告人为了在看守所而非在监狱服刑，通过上诉以延长羁押期限、折抵服刑时间。这一现象在认罪认罚从宽案件中也较为明显。卞建林，陈卫东．新刑事诉讼法实施问题研究．北京：中国法制出版社，2017：198；董坤．认罪认罚从宽案件中留所上诉问题研究．内蒙古社会科学（汉文版），2019，40（3）：117－124.

② 对此，2021 年《高法解释》特意在第 379 条中修改了相关表述，将之前版本中的“应当包括”修改为“一般包括”，进一步便于被告人上诉。

的上诉期间是5日，二者均从上诉人接到判决书、裁定书的第二日起算。自上诉期间内，上诉人可以随时撤回上诉，人民法院应当准许，此时第一审裁判自上诉期满之日起生效。上诉人在上诉期满后要求撤回上诉的，第二审法院根据不同情形作出处理：一是经审查认为原判认定事实和适用法律正确、量刑适当的，应当裁定准许，此时第一审裁判自第二审裁定书送达上诉人之日起生效；二是经审查认为原判确有错误的，应当不予准许，继续按照上诉案件审理；三是在死刑立即执行案件中，被告人在第二审开庭后宣告裁判前申请撤回上诉的，应当不予准许，继续按照上诉案件审理。考虑到上诉人可能在上诉期满前多次变更意思表示，法律规定明确了是否上诉以其在上诉期满前最后一次意思表示为准。需要注意的是，实践中存在上诉人经人民法院传唤但不到庭的情形，对此并非直接按照撤回上诉处理，人民法院可以裁定中止审理，也可以在必要时商请公安机关追逃。这体现出刑事诉讼和民事诉讼的差异。

在仅针对附带民事诉讼部分上诉的案件中，第一审刑事部分的判决在上诉期满后即发生法律效力。基于全面审查原则，第二审人民法院对此类案件的审查不仅限于附带民事诉讼部分，还涉及刑事部分；此时如果人民法院认为已经生效的刑事部分的裁判确有错误，则需要启动审判监督程序，对刑事部分和附带民事部分一并审理。

2. 抗诉

抗诉是检察机关启动第二审程序的方式，是其公诉权的重要组成部分，同时也是其作为国家法律监督机关履行法律监督职责的体现。在刑事诉讼法中，抗诉包含两种类型：一种是二审抗诉，另一种是再审抗诉。此处的抗诉仅指前一种。

提出抗诉的主体是作出一审裁判的人民法院的同级人民检察院，其他两类主体可能影响抗诉的提出。第一类是被害人及其法定代理人，其在刑事诉讼中不享有上诉权，仅有权请求人民检察院提出抗诉。第二类是上一级人民检察院。尽管抗诉的主体是原审法院的同级人民检察院，但出席第二审法庭并支持抗诉的是上一级人民检察院，一审人民检察院在提起抗诉时，需要同时将抗诉书抄送上一级人民检察院。上级人民检察院如果认为抗诉不当，可以向同级人民法院撤回抗诉，并且通知下级人民检察院。

区别于上诉的无理由限制，抗诉需要以一审裁判在事实认定或法律适用上“确有错误”为前提。“确有错误”主要涉及以下情形：(1) 认定的事实确有错误或者据以定罪量刑的证据不确实、不充分的；(2) 有确实、充分的证据证明有罪判无罪或者无罪判有罪的；(3) 重罪轻判、轻罪重判，适用刑罚明显不当的；(4) 认定罪名不正确，一罪判数罪、数罪判一罪，影响量刑或者造成严重社会影响的；(5) 免除刑事处罚或者适用缓刑、禁止令、限制减刑等错误的；(6) 人民法院在审理过程中严重违反法律规定的诉讼程序的。

就启动第二审程序而言，人民检察院提起抗诉具有如下具体要求：一是是否抗诉需报请检察长决定，二是必须制作抗诉书，三是必须通过原审人民法院提交，四是需同时将抗诉书副本和案卷材料报送上一级人民检察院。

抗诉的期间与上诉的相同。人民检察院要求撤回抗诉的，无论是自行要求撤回，还是上一级人民检察院要求撤回，人民法院根据不同情形作出处理。第一种情形是在抗诉期间内要求撤回，此时第二审人民法院应当准许，第一审裁判自抗诉期满之日起生效。第二种情形是在抗诉期满后要求撤回，第二审人民法院可以裁定准许，此时第一审裁判自第二审裁定书送达抗诉机关之日起生效；但第二审人民法院认为原判存在将无罪判为有罪、轻罪重判等情形的，不予准许并继续审理。需要注意的是，在抗诉案件中，人民检察院接到开庭通知后不派员出庭且未说明原因的，第二审人民法院可以裁定按人民检察院撤回抗诉处理。

（四）第二审程序的审理方式

第二审的审理方式有两种：第一种是开庭审理，第二种是不开庭审理。二者主要以第二审程序的启动方式为划分标准。针对抗诉案件，第二审人民法院原则上采用开庭审理方式。针对上诉案件，开庭审理则限于特定情形：一是上诉人对第一审认定的事实、证据提出异议，可能影响定罪量刑的上诉案件；二是被告人被判处死刑的上诉案件，既包括被判处死刑立即执行的案件，也包括被判处死刑缓期二年执行的案件；三是其他应当开庭审理的案件。针对上述原本应当开庭审理的案件，第二审人民法院通过审查案件认为原判事实不清、证据不足，或者存在《刑事诉讼法》第 238 条规定的应当撤销原判、发回重审的违反诉讼程序的情形，可以不开庭审理。

第二审采用开庭审理方式时，其程序与第一审具有较多的相似性，因此除法律专门规定外，参照第一审程序的规定进行，应当通知人民检察院派员出庭，通知辩护人、代理人、证人及其他诉讼参与人到庭，经过法庭调查、法庭辩论、听取被告人最后陈述、合议庭评议后作出判决。开庭审理的地点既可以是第二审人民法院所在地，也可以是案件发生地或原审人民法院所在地。凡开庭审理的案件，同级人民检察院均应当派员出席法庭。由于出庭支持抗诉的人民检察院并非原审人民检察院，因此需要为第二审人民检察院留下充分的准备时间，第二审人民法院在决定开庭审理后应当及时通知人民检察院查阅案卷，人民检察院应当在接到通知之日起 1 个月内查阅完毕，无法完成的可以商请人民法院延期审理。人民检察院查阅案卷的时间不计入审理期限。

具体而言，第二审开庭审理除参照第一审程序有关规定以外，还应遵循以下程序。在法庭调查阶段，审判人员宣读第一审判决书、裁定书后，上诉案件由上诉人或者辩护人先宣读上诉状或者陈述上诉理由，抗诉案件由检察员先宣读抗诉书；既有上诉又有抗诉的案件，先由检察员宣读抗诉书，再由上诉人或者辩护人宣读上诉状或者陈述上诉理由。法庭辩论阶段的发言顺序取决于第二审程序的启动方式：一是上诉案件中，先由上诉人、辩护人发言，后由检察员、诉讼代理人发言；二是抗诉案件中，先由检察员、诉讼代理人发言，后由被告人、辩护人发言；三是既有上诉又有抗诉的案件中，先由检察员、诉讼代理人发言，后由上诉人、辩护人发言。

第二审人民法院采用不开庭方式审理案件，尽管可以提升诉讼效率，但一定程度上削弱了程序的公正性，限制了法官能够获取的案件信息，因此立法也对此类审理方式设置了一些程序性要求，主要包括两方面：一是合议庭仍然应当讯问被告人，并听取其他当事人、辩护人、诉讼代理人的意见；二是全体合议庭成员应当阅卷，并且必要时应当提交书面阅卷意见。

第二审程序不论采用何种审理方式，一般均应当在 2 个月内审结。在以下特殊情形中，经省、自治区、直辖市高级人民法院批准或者决定，可以延长 2 个月：(1) 可能判处死刑的案件；(2) 附带民事诉讼的案件；(3) 交通十分不便的边远地区的重大复杂案件；(4) 重大的犯罪集团案件；(5) 流窜作案的重大复杂案件；(6) 犯罪涉及面广，取证困难的重大复杂案件。因特殊情况还需要延长审限的，需报最高人民法院批准。最高人民法院受理上诉、抗诉案件，如果需要延长审理期限，由最高人民法院自行决定。此外，针对发回重审的案件，原审人民法院自收到发回的案件之日起，重新计算审理期限。

(五) 第二审程序的裁判方式

第二审人民法院经过对案件的审理，既可能维持原判，也可能撤销原判。原则上，只要一审裁判事实清楚，证据确实、充分，适用法律正确，二审人民法院就应当裁定驳回上诉或抗诉、维持原判。维持原判的裁定一经宣告和送达，原一审判决自动生效并开始执行，刑事诉讼程序至此终止。

在撤销原判的案件中，第二审人民法院根据案件具体情况，可能采取两种处理方式：一种是自行改判，另一种是裁定发回原审人民法院重新审理。由于第二审采用的是全面审理原则，人民法院可以对全案进行审查，因此在原判决事实不清或证据不足的情况下，第二审人民法院可以在上述两种方式中进行选择，既可以在查清事实后改判，也可以发回重审。因该情形发回重审的，被告人或人民检察院就重审裁判上诉或抗诉时，第二审人民法院不得再将该案件发回重审，只能维持原判或者自行改判。这一限制发回重审的规定是在 2012 年《刑事诉讼法》修改时增设的，主要目的在于避免产生案件被反复发回、久拖不决的情形。

除上述情形中人民法院可以自行选择外，《刑事诉讼法》对于撤销原判的两种处理方式明确了各自适用的具体情形。其中，仅能改判而不能发回重审的情形主要包括两种：一是原判决认定事实没有错误，但适用法律有错误；二是原判决认定事实没有错误，适用法律也正确，但量刑不当。上述两种情形中，案件争议主要集中在法律而非事实层面，没有必要发回原审法院重新进行全案审理。

仅能发回重审而不能直接改判的情形主要指向的是第一审审理存在违反法律规定的诉讼程序、可能影响公正审判的案件，具体包括五种情形：(1) 违反公开审判规定；(2) 违反回避制度；(3) 剥夺或限制当事人的法定诉讼权利；(4) 审判组织的组成不合法；(5) 其他情形。对此需要从四个方面来理解：第一是并非所有违反法定程序的情形均应当发回重审，这种违反应当达到了“可能影响公正审判”的程度。第二是针对违反公开审判、回避、审判组织相关规定的情形，其本身已经构成对公正审判的实质性违反。第三是针对剥夺或限制当事人法定诉讼权利的情形，同样需要达到“可能影响公正审判”的程度。第四是区别于“事实不清或证据不足”

情况下的发回重审，此种因违反程序规定的发回重审没有次数限制。

此外需要注意的一种情形是，被告人在第二审程序中死亡的，原则上第二审人民法院应当裁定终止审理。但是如果根据已查明的案件事实和认定的证据材料，能够确认被告人无罪的，应当按照缺席审判程序判决宣告被告人无罪。

在涉及多名被告人的案件中，基于节约司法资源、保障审判顺利进行的考虑，上述裁判方式可能并存。部分被告人的犯罪事实不清、证据不足或者有新的犯罪事实需要追诉，且有关犯罪与其他同案被告人没有关联的，第二审人民法院根据案件情况，可以对该部分被告人分案处理，将该部分被告人发回原审人民法院重新审判，其他被告人由第二审人民法院继续审理并作出裁判。原审人民法院重新作出判决后，被告人上诉或人民检察院抗诉而重新进入第二审程序的，如果第二审人民法院尚未就其他被告人的案件作出裁判，可以并案审理。

针对发回重审的案件，为确保第二审的实质性，原审人民法院需要对审判组织进行调整，集中体现在以下三个方面：第一是原审人民法院应当另行组成合议庭进行审理；第二是新的合议庭应当由审判员 3 人或 5 人组成；第三是原审适用速裁程序审理的案件，因“事实不清或证据不足”发回重审的，原审法院适用第一审普通程序审理。

就宣判方式而言，第二审人民法院可以自行宣判，也可以委托第一审人民法院代为宣判，并代为向当事人送达第二审裁判文书。委托宣判时，第二审人民法院仍然应当自行直接向同级人民检察院送达第二审裁判文书。代为宣判的第一审人民法院应当在宣判后 5 日内将宣判笔录送交第二审人民法院，并在送达完毕后及时将送达回证送交第二审人民法院。

（六）第二审程序的特殊事项处理

第二审程序中，除上述一般性程序外，还会涉及刑事案件与附带民事诉讼案件交叉、自诉案件以及涉案财物处理等情况。

1. 附带民事诉讼案件处理的特殊规定

附带民事诉讼案件的第二审程序同样适用全面审查原则，这就意味着无论第二审程序如何启动，均有可能涉及附带民事诉讼部分的审查和处理，其中主要涉及以下两方面的特殊情形。

第一是针对刑事部分或附带民事部分单独启动二审程序时，另一部分在上诉或抗诉期满后随即生效。第二审人民法院依照全面审查原则，仍然需要全案审查刑事和民事部分；如果发现已生效的部分存在错误，应当按照审判监督程序对该生效部分进行再审。此时未生效部分该如何处理，取决于该部分是刑事还是民事。如果未生效部分是刑事部分，则该部分适用第二审程序进行审查，审判监督程序仅处理附带民事部分；如果未生效部分是附带民事部分，则附带民事部分的第二审与刑事再审合并审理。之所以如此处理，原因在于案件的刑事部分是附带民事诉讼的审理基础；当刑事部分存在错误时，再审法院无法直接单独就附带民事部分先行作出裁判，而是需要将其并入刑事再审之中。

第二是在第二审期间，第一审附带民事诉讼原告人增加独立的诉讼请求，或者第一审附带民事诉讼被告人提出反诉的，这二者均超出了原案范围，第二审人民法院可以进行调解；调解不成的，第二审人民法院应当告知当事人另行起诉。

2. 自诉案件处理的特殊规定

自诉案件的第二审程序在两个方面具有特殊性。

第一是调解与和解。与第一审程序类似，自诉案件的第二审程序同样允许调解或当事人自行和解。针对调解结案的情形，人民法院应当制作调解书，此时第一审裁判视为自动撤销。针对和解后当事人申请撤诉的情形，人民法院应当进行审查，如果和解和撤诉确属自愿，人民法院应当裁定准许，并撤销第一审裁判；如果发现和解、撤诉系强迫、威吓所致，则人民法院不予准许。

第二是反诉。自诉案件中，被告人可以对自诉人提起反诉，这一情形也可能出现在第二审程序中。此时该反诉超出了原案范围，人民法院应当告知当事人另行起诉。

3. 涉案财物的处理规定

在第二审程序中，针对查封、扣押、冻结的涉案财物及其孳息，公检法机关有义务妥善保管以供核查，并制作清单随案移送。任何单位和个人不得挪用或自行处理。针对作为证据使用的实物，第一审人民法院原则上应当随案移送第二审人民法院；对于不宜移送的实物，可以不移送实物本身，但应当移送清单、照片或其他证明文件。

为加强对涉案财物的审查，最高人民法院在 2021 年修订《高法解释》时特别将“涉案财物处理是否正确”纳入第二审程序审查的重点内容之中。第二审人民法院审查时发现第一审判决没有对随案移送的涉案财物及其孳息作出处理的，可以裁定撤销原判，发回原审人民法院重新审判，此时原审人民法院应当对涉案财物及其孳息一并作出处理。

二、实践动态

在传统刑事诉讼法学的研究中，第二审程序所受的关注度相对较低，但随着审判理论的不断完善、诉讼程序的改革不断深入，第二审程序也逐渐经历了一系列改革。党的十八届四中全会《决定》中强调要“完善审级制度”，将第二审程序的性质和功能定位于“解决事实法律争议”之上，强调实现“二审终审”。2012 年《刑事诉讼法》修改时集中完善了第二审程序中审理方式、裁判方式等诸多具体制度，并一定程度上协调了第一审与第二审的关系。具体而言，第二审程序的改革主要涉及以下三个方面：第一是适度调整全面审查原则；第二是强化第二审程序的实质性；第三是细化上诉不加刑的情形。

（一）全面审查原则的适度调整

在世界范围内，第二审程序的程序构造主要包括复审制、续审制和事后审查制三种模式，我国刑事第二审程序采用的是“以复审制为主、以续审制为辅”的模式[①]，全面审查原则是这一模式的重要体现。该原则于1979年《刑事诉讼法》中确立，尽管自设立之初就受到诸多质疑，例如有学者指出全面审查原则违反不告不理这一司法权运作的基本原则，亦有学者认为该原则不符合诉讼效率原则，等等。[②]但是考虑到我国采用二审终审制，并且考虑到控辩双方的力量对比差异，历次《刑事诉讼法》修改均保留了这一原则。[③] 随着审级制度改革的不断深入，第二审程序纠错和救济的功能进一步凸显，并形成了一些相关制度的调整。

第一是在审查对象上明确重点审理范围，在全面审查的基础上，重点审理第一审裁判中存在争议或疑问的部分。在开庭审理时，重点审查主要体现在对审理程序的适当简化：一是宣读第一审判决书，可以只宣读案由、主要事实、证据名称和判决主文等；二是法庭调查应当重点围绕对第一审判决提出异议的事实、证据以及新的证据等进行，对没有异议的事实、证据和情节，可以直接确认；三是对同案审理案件中未上诉的被告人，未被申请出庭或者人民法院认为没有必要到庭的，可以不再传唤到庭；四是被告人犯有数罪的案件，对其中事实清楚且无异议的犯罪，可以不在庭审时审理。

第二是在审判组织上调整合议庭的构成。调整审判组织构成、明确审判员与人民陪审员的合理分工是近年来刑事诉讼法改革的重点之一，其主要与审判活动的性质和功能相适应。这一点尤为明显地体现在7人合议庭的分工上，其中人民陪审员对事实认定独立发表意见并参与表决，但对法律适用是“可以发表意见，但不参加表决”，反映出的是审判员与人民陪审员在法律适用与事实认定上的分工差异。[④] 依据《刑事诉讼法》《人民陪审员法》等相关法律及司法解释，第二审程序中合议庭无论采3人庭还是5人庭，均只能由审判员组成。参照陪审员制度改革的逻辑，这一构成设定反映出第二审程序尽管遵循全面审查原则，但在事实与法律上似乎更侧重于后者。也有学者基于此提出陪审员制度改革与第二审单一复审制之间的张力，并提出根据第一审合议庭构成设置多元多轨的上诉结构。[⑤]

第三是在裁判方式上明确发回重审与第一审的区别。裁定撤销原判、发回重审是第二审程序的主要裁判方式之一。根据发回重审的原因不同，有学者将其区分为“实体补救型发回重审”和“程序补救型发回重审”两种类型，前者指向的是“原判决事实不清楚或证据不足”的情形，后者指向的是违反法定诉讼程序、可能影响公

---

① 牟绿叶．人民陪审员参与刑事审判的上诉审构造．当代法学，2021，35（4）：125－136.

② 陈卫东，李奋飞．刑事二审“全面审查原则”的理性反思．中国人民大学学报，2001（2）：78－83；张智辉，武小凤．二审全面审查制度应当废除．现代法学，2006（3）：168－173；秦宗文．刑事二审全面审查原则新探．现代法学，2007（3）：176－185.

③ 陈光中，曾新华．刑事诉讼法再修改视野下的二审程序改革．中国法学，2011（5）：5－18.

④ 魏晓娜．刑事审判中的事实问题与法律问题：从审判权限分工的视角展开．中外法学，2019，31（6）：1578－1597.

⑤ 牟绿叶．人民陪审员参与刑事审判的上诉审构造．当代法学，2021，35（4）：125－136；杨杰辉，夏灵颖．陪审制度与上诉审制度的衔接与协调．甘肃政法学院学报，2019（6）：90－103.

正审判的情形。[①] 依据最高人民法院的相关解释，发回重审并非对第一审程序的重复；无论是“实体补救”还是“程序补救”，均不适用陪审员审理。[②]

（二）第二审程序实质性的强化

第二审程序的纠错或救济功能依赖于其能够有效地对第一审裁判进行实质性审查，这也构成了近年来第二审程序改革的一系列措施，主要体现在以下两个方面。

第一是在审理方式上明确开庭审理的范围。我国《宪法》第130条第一句规定：“人民法院审理案件，除法律规定的特别情况外，一律公开进行。”这一规定是公开审判原则的宪法确认，并且不局限于某一审级。[③] 长期以来我国刑事第二审程序是以不开庭审理为原则、开庭审理为例外。这不仅与《宪法》条文精神相悖，同时也不利于发挥第二审程序的固有功能。1996年《刑事诉讼法》修改时明确了第二审程序以开庭审理为原则、以调查讯问的审理方式为补充，是对第二审程序审判方式的重大调整[④]；2012年再次修改时进一步明确了开庭审理的具体情形，以期提升开庭审理的可操作性。目前死刑案件和抗诉案件的开庭审理基本上得到保证，但相关实证研究表明，在以救济功能为主的上诉案件中，第二审开庭审理的状况仍相对有限[⑤]，同时存在着重案、繁案不开庭的情形[⑥]，因而关于上诉案件开庭审理的情形有待进一步明晰。

第二是提升第二审程序中辩护权的保障。辩护权是被告人最为重要的诉讼权利，对于切实有效保障被告人获得程序救济、提高第二审程序质量具有重要意义，特别是考虑到第二审程序针对上诉案件可能采用调查讯问的不开庭审理方式，强化辩护权就更为关键。对此，现有规定明确了以下相关事项：一是第二审期间被告人既可以继续委托第一审辩护人，也可以另行委托辩护人；二是共同犯罪案件中，没有上诉或被抗诉的同案被告人仍然可以委托辩护人；三是第二审人民法院经审查决定不开庭审理的，应当依法及时告知辩护律师[⑦]；四是在不开庭审理的情况下，明确要求第二审人民法院听取辩护人意见；五是明确将违反被告人诉讼权利且可能影响公正审判的案件列为应当发回重审的情形。

尽管存在上述规定，但在司法实践中仍然存在减损被告人辩护权的现象，例如

---

① 陈瑞华．刑事诉讼法．北京：北京大学出版社，2021：453-455.

② 最高人民法院政治部编著．《中华人民共和国人民陪审员法》条文理解与适用．北京：人民法院出版社，2018：175.

③ 杨名跨，童之伟．刑事上诉案不开庭审理之宪法学检讨．湖北社会科学，2022（1）：137-144.

④ 陈光中，曾新华．刑事诉讼法再修改视野下的二审程序改革．中国法学，2011（5）：5-18.

⑤ 李永升，张素敏．审判中心语境下刑事二审的问题研判与路径优化：以Z市中级人民法院近5年二审庭审运行实践为分析样本．齐鲁学刊，2022（2）：96-107；刘科学．刑事诉讼中鉴定人出庭制度的运行现状及其改进：以88份裁判文书为研究样本．中国应用法学，2021（5）：149-161；詹小平．刑事二审案件开庭审理的实证研究：基于受贿案件的刑事二审审理方式研究．四川师范大学学报（社会科学版），2020，47（5）：46-56.

⑥ 郭天武，卢诗瑶．我国刑事二审审理方式的异化与回归．华南师范大学学报（社会科学版），2020（2）：114-129，191.

⑦ 最高人民法院、最高人民检察院、公安部《关于依法保障律师执业权利的规定》第6条第2款。

有学者发现第二审人民法院一般不以原审人民法院侵犯被告人获得法律援助权利而撤销原判[①]；实践中也存在不予及时通知辩护律师程序事项或限制律师发表意见[②]、人民检察院在二审庭审中变更抗诉意见等可能损及辩护权有效实施的情况。[③] 对此，最高人民检察院在指导性案例中表示，"二审上诉案件决定不开庭审理但未听取辩护律师意见属于程序违法"，并且"二审上诉案件决定不开庭审理的，辩护律师发表意见权、知情权等执业权利应当得到保障"[④]。

(三) 上诉不加刑适用情形的明确

第二审程序充分发挥救济功能的关键在于上诉不加刑原则的贯彻落实，该原则自1979年《刑事诉讼法》确立以来，经历了不断细化和完善的过程。上诉不加刑原则的具体适用一则与不同审级间关系和各自审理范围密切相关，二则与实体法中刑罚制度变化相关联，三则与相关诉讼制度安排相互联动。近年来围绕上诉不加刑原则的立法与实践探索主要集中于以下三个方面。

一是从实质法层面明确"加刑"的含义。近年来，刑法中的刑罚及刑罚执行体系不断发生变化，一方面在传统刑罚体系之外增设了禁止令［《刑法修正案（八）》］、职业禁止［《刑法修正案（十）》］等类似于保安处分的措施；另一方面逐步设立并细化了不得假释（1997年《刑法》）、限制减刑［《刑法修正案（八）》］等规制刑罚执行的规定，这些实体法上的变化均不断扩大"加刑"的内涵和外延，其范围已经远远超过狭义的刑罚概念。2012年《刑事诉讼法》修改时将缓刑、禁止令、死缓限制减刑等纳入"加刑"的范围，2021年最高人民法院在修改《高法解释》时进一步将"不得加重被告人的刑罚"更改为"不得对被告人的刑罚作出实质不利的改判"（第401条），并基于此修改了相应的具体情形，反映出"加刑"判断标准由形式转向实质。

二是从审级关系角度出发，明晰第二审发回重审中该原则的适用。相对于第二审人民法院直接裁判，发回重审的情况相对复杂，其核心在于在仅有被告人一方上诉的情况下公诉的变动问题。观察相关法律规定可以看出，对于这类问题，第二审人民法院处理的基本原则是以第二审程序启动时的情形为准，除法律规定的例外情形，启动后公诉的变化原则上不打破上诉不加刑原则。这一思路具体表现为以下两类情形。

第一，发回重审后，检察机关补充或变更起诉的情形。发回重审后原审人民法院原则上按照第一审程序审理案件，在法院宣告判决前，人民检察院可以变更、追加或补充起诉。针对补充起诉的情形，《刑事诉讼法》和相关司法解释均明确规定，除非人民检察院因新犯罪事实而补充起诉，否则原审人民法院不得加重被告人的刑

---

① 陈永生．论刑事法律援助的保障机制：以法律援助范围之扩大为分析重点．政治与法律，2022（6）：160-176．

② 2021年最高人民检察院"保障律师执业权利典型案例"之"律师侯某某申请发表意见权监督案"。

③ 李崇涛．论二审检察院能否新增抗诉请求及其合理控制．交大法学，2020（3）：159-173．

④ 2021年最高人民检察院"保障律师执业权利典型案例"之"律师侯某某申请发表意见权监督案"。

罚。根据最高人民法院研究室刑事处的解释，这里的“新的犯罪事实”是指原起诉犯罪以外的犯罪事实，认定数额有误并不在此列。[①] 针对变更起诉的情形，其一般不涉及事实、证据的变化，而主要是在罪名、适用法律等方面进行变更，此时原审人民法院可以改变罪名，但不能加重原判刑罚。

第二，发回重审后，原审人民法院重新判决后人民检察院抗诉的情形。尽管此时出现了抗诉，但是在第二审程序已经启动之后，如果允许在此种情形下增加被告人刑罚，则无异于架空“上诉不加刑原则”。因此对于此种情形，法律也明确规定此时第二审人民法院不得改判为重于原审人民法院第一次判处的刑罚。这里需要注意的是，如果原审人民法院在发回重审后减轻了刑罚或减少了罪名，人民检察院抗诉的，此时第二审人民法院仍然以原审人民法院第一次判决为基准适用“上诉不加刑原则”，即可以在原审第一次判决的范围内，加重原审第二次判决的刑罚。

在现实中还存在着借由审判管辖错误以严重程序违法为由，发回原审法院以外法院进行重审，以此规避上诉不加刑原则的案件。[②] 这里就涉及上诉不加刑是否以审判组织的同一性为前提。从发回重审案件需要原审法院重新组成合议庭进行审理就可以看出，该前提并不成立，通过绕开法律规定中的“原审法院”来加重刑罚的做法，实质上与上诉不加刑原则的基本精神和内涵相悖。

三是在程序联动层面，探索相关诉讼制度对该原则适用的影响，其中尤为典型的是认罪认罚从宽制度，其核心问题在于：认罪认罚的被告人一方提起上诉，是否受上诉不加刑的制约，以及如果受其制约，如何调整被告人因认罪认罚而获得的从宽处置。当前《刑事诉讼法》并未就上述问题作出明确规定，因此原则上上诉不加刑原则仍然适用于认罪认罚从宽案件。但是由此两项制度之间即产生张力：一则在于尽管上诉无须理由，但被告人的认罪认罚极大地压缩了等二审的救济功能；二则在于上诉实质性地消解了认罪认罚从宽的诉讼效率价值；三则在于在前两者的基础上，上诉使得被告人一审所获得的从宽处置失去了正当性依据。此时如果仍然概括性地适用上诉不加刑原则，则可能导致被告人在利用该原则固定从宽利益的同时，利用上诉获取留所服刑等额外利益，从而形成滥用两项制度的程序性投机。[③]

针对上述情形，在实践中产生了检察机关同步抗诉以“收回利益”的做法，即针对认罪认罚被告人上诉的案件，检察机关以被告人不再符合从宽条件、原审裁判据以从轻处罚的事实情节发生变化为由提起抗诉，以此从形式上规避上诉不加刑原则的限制。[④] 这一做法尽管具有其合理性，但在司法实践中也产生了诸如“报复性

① 杨万明主编．新《刑事诉讼法》司法适用解答．北京：人民法院出版社，2018：266.

② 相关案件案情及评议参见董坤．刑事诉讼法解释学：范式转型与体系建构．比较法研究，2021（4）：53-68。

③ 董坤．认罪认罚从宽案件中留所上诉问题研究．内蒙古社会科学（汉文版），2019，40（3）：117-124.

④ 这一做法在试点探索时也被部分地方规范性文件固定了下来。孙长永．认罪认罚从宽制度的基本内涵．中国法学，2019（3）：204-222.

抗诉”等单纯以抗诉对抗上诉的情形[①]，一定程度上削弱了第二审程序的救济功能，并且与现行法律制度关于抗诉权的启动规则存在紧张关系。[②]

三、案例应用

余金平交通肇事案

【案情】2019年6月5日21时许，被告人余金平酒后驾驶白色丰田牌小型普通客车行驶至北京市门头沟区河堤路1公里处时，在行车道内持续向右偏离并进入人行道，车辆前部右侧撞到被害人宋某致其死亡，撞人后余金平驾车逃逸，擦拭车身血迹，回现场观望，之后逃离。经北京民生物证科学司法鉴定所鉴定，被害人宋某为颅脑损伤合并创伤性休克死亡。经北京市公安局门头沟分局交通支队认定，被告人余金平发生事故时系酒后驾车，且驾车逃逸，负事故全部责任。2019年6月6日5时许，被告人余金平到公安机关自动投案，如实供述了自己的罪行。2019年6月17日，被告人余金平的家属赔偿被害人宋某的近亲属各项经济损失共计人民币160万元，获得了被害人近亲属的谅解。

鉴于被告人犯罪情节较轻、认罪悔罪态度好，没有再犯罪的危险，自愿认罪认罚并签署具结书，北京市门头沟区人民检察院作出有期徒刑3年、缓刑4年的量刑建议。北京市门头沟区人民法院于2019年9月11日作出（2019）京0109刑初138号刑事判决，以交通肇事罪判处被告人余金平有期徒刑2年。余金平不服提出上诉；门头沟区人民检察院认为量刑建议并非明显不当，法院应当采纳量刑建议，以原判量刑错误为由提起抗诉。

北京市第一中级人民法院认为，本案事实清楚，证据确实、充分，定罪正确，审判程序合法，但认定余金平的行为构成自首并据此对其减轻处罚，以及认定余金平酒后驾驶机动车却并未据此对其从重处罚不当，遂于2019年12月30日作出（2019）京01刑终628号刑事判决，驳回抗诉、上诉，撤销一审判决，改判有期徒刑3年6个月。

【问题】人民检察院为被告人利益抗诉，第二审人民法院能否加重被告人刑罚？

【评析】余金平交通肇事案尽管并非通常意义上的大案要案，但是反映出实体法与程序法方面的诸多在理论与实践上尚未厘清的关键问题，其中涉及第二审程序的部分更是具有较强的代表性。本案的核心争议点之一在于，人民检察院以原判决量刑过重为由提起抗诉，第二审人民法院能否加重被告人的刑罚。

之所以产生这一争议，是因为我国《刑事诉讼法》确立的原则是“上诉不加刑”而非“禁止不利变更”，反映出的是司法实践中“抗轻不抗重”的普遍做法，并由此形成了当前法律制度中的盲区。所谓“禁止不利变更”，强调的是救济程序中不得对

---

① 谢登科．论认罪认罚案件被告人上诉权及其限定．暨南学报（哲学社会科学版），2022，44（5）：79－91.

② 郭烁．二审上诉问题重述：以认罪认罚案件为例．中国法学，2020（3）：244－260.

相对人作出比原决定或裁判更为不利的处置[①]；具体到刑事诉讼程序，主要是指案件经一审裁判之后，在后续审级中不得宣告比原裁判更重的刑罚。[②] 该原则的重点不在于后续审级程序的启动方式，而在于在实质层面判断裁判结果是否相较于原审而言对于被告人更不利。上诉不加刑原则可以说是禁止不利变更原则的具体体现[③]，但是在存在多种后续审级启动方式且上诉仅为其中之一时，禁止不利变更原则并不仅适用于"上诉"这一种情形，还会拓展至其他启动方式，其中就包括公诉机关为被告人利益而启动后续审级的情形。

从我国当前刑事诉讼法相关规定来看，第二审程序中的禁止不利变更原则仅体现在被告人一方上诉案件中，这也形成了本案中的不同观点。一种观点认为，依据《刑事诉讼法》第 237 条第 2 款之规定，"人民检察院提出抗诉或者自诉人提出上诉"不受上诉不加刑原则的限制，人民法院应当凭借法律而非依法理作出判决[④]，在"全国人大常委会未作出过立法解释，全国人大常委会法工委刑法室所作释义不具有法律效力且前后反复，最高人民法院未有相关解释"的情况下[⑤]，第二审人民法院改判加重刑罚并未违反相关法律规定。另一种观点则认为，在抗诉与上诉具有同质性的情况下，对于上诉不加刑原则应当进行实质性判断；第二审人民法院反向加重刑罚，"虽然具备现时的合法性，但正当性与合理性不足"[⑥]。

需要注意的是，不同观点之间的争议往往并不在于是否支持禁止不利变更原则，而是在于是否应当由司法代替立法来承担修改法律的职能。在立法尚未明确禁止抗诉案件中第二审法院加重刑罚的情况下，北京市第一中级人民法院的判决即便合理性存在争议，也并不构成对法律的违反。同时，本案也反映出长期以来存在的刑事诉权与审判权、法律监督、审级监督等的关系问题。第二审程序适用的全面审查原则不受上诉或抗诉范围限制，意味着人民法院当然可能作出与抗诉事由相悖的裁判，问题在于第二审人民法院超出抗诉事由加重刑罚是否有"自诉自审"之嫌。[⑦]

本案延伸出的另一个与上诉不加刑原则相关的问题是何为"加重刑罚"。近年来，我国相关法律和司法解释不断细化"加刑"的具体情形，也从侧面反映出这一问题的复杂性。本案在两个层面涉及对量刑轻重的评价：一是涉及认罪认罚之后的"从宽"评价，二是涉及第二审改判后的轻重评价。其中，前者涉及人民检察院抗诉是否为被告人之利益，在此基础上才进一步形成第二审判决是否适用上诉不加刑原

---

① 邓子滨．刑事诉讼原理．北京：北京大学出版社，2019：494-495.

② ［日］田口守一．刑事诉讼法．7版．北京：法律出版社，2019：576-577.

③ 张建伟．刑事诉讼法通义．2版．北京：北京大学出版社，2016：540.

④ 顾永忠．对余金平交通肇事案的几点思考：兼与龙宗智、车浩、门金玲教授交流．中国法律评论，2020（3）：97-108.

⑤ 刘计划．抗诉的效力与上诉不加刑原则的适用：基于余金平交通肇事案二审改判的分析．法学，2021（6）：174-191.

⑥ 龙宗智．余金平交通肇事案法理重述．中国法律评论，2020（3）：87-96.

⑦ 对于这一问题同样存在争议，支持方观点参见龙宗智．余金平交通肇事案法理重述．中国法律评论，2020（3）：87-96；反对方观点参见刘计划．抗诉的效力与上诉不加刑原则的适用：基于余金平交通肇事案二审改判的分析．法学，2021（6）：174-191。

则的问题。

本案中，人民检察院建议的量刑幅度是“判三缓四”，第一审人民法院的判决是实刑 2 年，第二审人民法院改判为实刑 3 年 6 个月。其中，第二审之刑罚为加重并无异议，争议主要集中于“实刑 2 年”与“判三缓四”的轻重对比。对此，有观点认为，缓刑作为附着于主刑的刑罚执行方式，不应单独判断，有期徒刑仅能根据判决刑期长短进行判断，因此“实刑 2 年”并未加重刑罚。[①] 也有观点认为，刑罚执行方式具有独立且特殊的法律意义、功能和效果，应当纳入判断刑罚轻重的要素中去[②]；这也是 2021 年最高人民法院修改《高法解释》相关条文时表达出的一个观点，即将“对刑罚执行产生不利影响”纳入“对被告人的刑罚作出实质不利的改判”的范围之中。

也有学者指出，两种刑罚究竟何者对于被告人更有利，与案件的具体情形相关，例如被告人在裁判生效前被审前羁押，从折抵刑期的角度出发，其可能更倾向于选择实刑而非缓刑。[③] 日本学者田口守一教授曾提及日本的两个相关判例，采用的也是类似的考量，其中一例认为，在综合考察全案的基础上，将“一年惩役”变更为“一年六个月的惩役缓期执行附加三年保护观察”，“不能认为在实质上对被告人不利”；另一例则认为“把禁锢 10 个月变更为惩役 8 个月，不属于不利益变更”[④]。如果从广义的“不利”而非狭义的“加刑”的角度考虑，这一问题可能进一步拓展至诸如禁止令、强制医疗等类保安处分的施加之上。[⑤]

可以说，余金平案在一定程度上促成了新一轮关于刑事第二审程序的研究热潮，同时也暴露出刑事诉讼制度建设过程中存在的诸多问题，例如审级关系问题、检法关系问题、不同诉讼制度之间的互动关系问题、实体法与程序法关系问题，以及实务经验与理论研究的关系问题等。该案是典型的以小见大的代表性案例。

四、知识拓展

认罪认罚从宽与上诉权的关系

近年来，刑事诉讼法的重要改革之一是认罪认罚从宽制度，2018 年修改《刑事诉讼法》时将其列入基本原则，反映出的是该项制度与刑事诉讼各项原则、阶段及规则之间的普遍关联，同时也从制度协调与衔接层面对理论探索和立法建设提出了一系列新的挑战。第二审作为兼具保障裁判质量和救济公民权利的基础性制度，与认罪认罚从宽制度之间存在张力，集中体现在上诉权之上。有学者通过梳理大量基

① 江溯．余某某交通肇事案二审判决违反上诉不加刑原则吗？（2020－04－23）［2022－07－01］. https://mp.weixin.qq.com/s/JLNWW7ZuHE5kuCevi1EczA.

② 吴宏耀．“判三缓四”与两年有期徒刑究竟孰轻孰重呢？（2020－04－23）［2022－07－01］. https://mp.weixin.qq.com/s/BesAPg1JVujdwmctr-pUew.

③ 龙宗智．余金平交通肇事案法理重述．中国法律评论，2020（3）：87－96.

④ ［日］田口守一．刑事诉讼法．7 版．北京：法律出版社，2019：576－577.

⑤ 牟绿叶．刑事程序禁止不利益变更原则及其中国化．中外法学，2022，34（2）：465－484.

层人民法院认罪认罚案件的第二审裁判文书发现，第二审程序启动的最主要方式是被告人一方上诉，占到其调查的 4 799 份文书中的 96.1%[①]，这一占比也从侧面反映出上诉之于认罪认罚从宽案件第二审程序的重要性。

上诉权之所以与认罪认罚从宽存在紧张关系，原因主要在于此类案件中被告人的双认行为一则基本上消除了提起第二审程序的实质理由，二则已然在第一审程序中为其换取从宽处置之利益，三则以协助提升司法效率、节约司法资源为从宽之主要对价。此时被告人如果上诉，既可能推翻双认之内容，也可能单纯地因滥用程序而消耗司法资源，二者均会消解从宽处置的正当性依据。基于此，是否以及如何限制认罪认罚从宽案件中的被告人上诉权的问题受到诸多关注，不少学者提出了限制被告人上诉权的具体方案，例如针对速裁案件程序适用一审终审制[②]、严格限制上诉理由[③]、建立上诉许可制[④]等，限制上诉权的观点大有成为主流的趋势。对此，相关探讨需要回归到第二审制度本身，具体而言可以细化为四个方面的问题：一是基于我国现有法律框架，限制上诉权是否具有制度空间；二是认罪认罚是否包含放弃上诉权的条件或产生类似法律效果；三是一审从宽基础丧失是否属于抗诉的正当理由；四是是否应当在认罪认罚从宽案件中限制上诉权，以及具体的限制方式。

其一，限制上诉权的法律空间。无论以何种理由限制上诉权，相关制度设计均需要放置在上诉权的整体法律框架之下予以分析。我国现行《刑事诉讼法》明确禁止以任何借口剥夺被告人的上诉权（第 227 条第 3 款），这意味着即便以被告人在原审程序中认罪认罚并签署具结书为由，被告人仍然享有完整的上诉权。如果单纯从形式上对该条文进行修改以允许特定案件中限制被告人上诉权，其并非难事；问题的关键在于此类“无因上诉”背后的原理、司法生态及制度机制[⑤]，尤其涉及以下两个方面：第一是与职权主义诉讼构造的关系。基于该诉讼构造，第二审程序承担着诸多超乎权利救济以外的功能，集中体现在上级人民法院对下级人民法院的审判监督职能，以及第二审人民法院的全面审查制度之上。基于此，限制上诉权的法律效果将不仅及于被告人，还可能会削弱第二审的审查纠错、统一法律适用、保障裁判公正等职权功能。此外，现行法并不禁止控方在第二审程序中提出新证据或新事实，上诉不加刑原则亦对此种情形设置了例外，此时被告人可能处于既失去从宽处置，又无法获得救济的不利地位。[⑥] 第二是与两审终审的审级制度的关系。两审终审的审级制度一者意味着被告人获得救济的程序有限性，从而使得第二审程序之于权利保障的重要性更高；二者在结合职权主义诉讼构造的情况下，第二审程序的全

① 张青．认罪认罚案件二审实践的逻辑与反思：以 4 799 份二审裁判文书为样本．环球法律评论，2020，42 (6)：122 - 140.

② 陈卫东．认罪认罚从宽制度研究．中国法学，2016 (2)：48 - 64.

③ 谢登科．论认罪认罚案件被告人上诉权及其限定．暨南学报（哲学社会科学版），2022，44 (5)：79 - 91；朱孝清．认罪认罚从宽制度相关制度机制的完善．中国刑事法杂志，2020 (4)：3 - 14.

④ 赵菁．认罪认罚案件上诉问题研究．法学论坛，2020，35 (1)：152 - 160.

⑤ 郭烁．二审上诉问题重述：以认罪认罚案件为例．中国法学，2020 (3)：244 - 260；熊秋红．比较法视野下的认罪认罚从宽制度：兼论刑事诉讼“第四范式”．比较法研究，2019 (5)：80 - 101.

⑥ 孙长永．认罪认罚从宽制度实施中的五个矛盾及其化解．政治与法律，2021 (1)：2 - 20.

面审查可能会形成反向弱化第一审程序的效果[1]；三者对于认罪认罚这种被告人“反常规行为”的自愿性审查需要更加谨慎。从这个角度讲，二审终审制意味着不仅不宜弱化认罪认罚从宽案件的审查，反而应当有所加强，这与限制被告人上诉权方向并不一致。

其二，认罪认罚与放弃上诉权。就认罪认罚是否包含放弃上诉权而言，目前我国刑事诉讼法尚无明确规定，有实践调研显示，在速裁案件中，绝大多数认罪认罚的被告人会选择放弃上诉权，事实上形成了将放弃上诉权纳入了认罪认罚的条件之下的效果。[2] 也正是在这个意义上，有观点将上诉权与认罪认罚的反悔权联系起来进行论述，特别是认为无正当理由的反悔不应得到支持，也不应开启第二审审判程序。[3]

对此，需要结合我国当前认罪认罚从宽制度的内在逻辑和运行机理进行分析。尽管认罪认罚从宽具有一定的协议外形，但从目前的相关规范性文件来看并未将其视为控辩双方的协议，而更多地定性为犯罪嫌疑人、被告人自主、自愿的主动配合；从宽处置并非构成协议的对价，而是居于主导地位的司法机关的“奖励”。更进一步讲，尽管对于认罪认罚案件中的检察机关量刑建议，法院“一般应当”采纳，但最终裁量权仍然归属于法院，从宽处置同样不应单纯地视为检察机关的协议对价，余金平案反映出的即是这一情况。从这一逻辑出发，我们很难将被告人的上诉行为定性为契约框架下的反悔，更难以套用违约的概念进行定性和处置。

其三，从宽基础丧失时的抗诉。就认罪认罚案件中从宽基础丧失是否构成抗诉理由而言，其指向的是“技术性抗诉”，即实践中为应对此类案件中被告人上诉而形成的做法，人民检察院通过借助“抗诉不受上诉不加刑原则限制”的规则，撤销对被告人的从宽处置。有学者认为此处的抗诉是检察机关对认罪认罚案件履行法律监督职能的体现。[4] 依据现行法，区别于被告人上诉的无理由限制，人民检察院针对原审裁判提起抗诉须以“确有错误”为理由，这就涉及被告人上诉而导致的从宽基础丧失，是否属于“原审裁判确有错误”。

对此，当前学术研究中存在两种观点。一种观点认为，认罪认罚案件被告人上诉的情形可以纳入《刑事诉讼法》第238条第5项规定的“其他违反法律规定的诉讼程序，可能影响公正审判”的情形，以此作为人民检察院抗诉的法律依据。[5] 另一种观点则认为，在此种情况下，原审裁判并无错误，人民检察院以“收回量刑减让”为目的，难以直接套用“确有错误”的法律规定。[6] 在后一种观点中，仍然存在进一步的分歧，即是否应当增补抗诉理由，有学者认为需要立法在通常情形之外

---

① 郭烁．二审上诉问题重述：以认罪认罚案件为例．中国法学，2020（3）：244-260．

② 陈瑞华．认罪认罚从宽制度的若干争议问题．中国法学，2017（1）：42．

③ 刘少军．性质、内容及效力：完善认罪认罚从宽具结书的三个维度．政法论坛，2020，38（5）：108-118．

④ 鲍键，陈申骁．认罪认罚案件被告人上诉的检察监督．人民检察，2019（12）：57-60．

⑤ 鲍键，陈申骁．认罪认罚案件被告人上诉的检察监督．人民检察，2019（12）：57-60．

⑥ 汪海燕．被追诉人认罪认罚的撤回．法学研究，2020，42（5）：175-193．

为认罪认罚被告人上诉案件的抗诉增设专门的事由[①]；亦有学者对此类“技术性抗诉”予以否认。[②]

在支持人民检察院在认罪认罚被告人上诉的案件中同步提起抗诉的前提下，延伸出的一个普遍观点是，应当就该抗诉权进行必要的限制以避免人民检察院滥用抗诉权。具体而言，限制方式主要在于区分不同类型的上诉，这与下一部分的上诉权限制是一体两面[③]，因此在下一部分具体介绍。

其四，限制被告人上诉权的具体方式。就认罪认罚案件中限制上诉权的具体方式而言，相关研究目前主要从两个角度切入：一是针对上诉权本身进行直接限制，二是通过扩大抗诉权范围予以间接限制。二者的核心均在于对上诉进行类型化区分，重点在于规制现有制度框架下，被告人滥用上诉不加刑和认罪认罚从宽的情形。对此，当前主要有以下两方面的思路。第一种思路是基于案件适用的程序类型对上诉权进行划分，即针对适用速裁程序的认罪认罚案件原则上采取一审终审制。[④] 对此亦有学者提出在其中进一步区分1年以下刑罚案件和其他案件，前者适用时设置放弃上诉权的条件。[⑤] 这种思路的本质是对轻罪案件限制上诉权，但也有学者指出，轻罪与重罪案件在认罪认罚这一性质上并无差异，基于公正这一首要因素的考量，并从避免冤错案件的角度出发，即便针对轻罪案件也不应当限制被告人的上诉权。[⑥] 第二种思路是基于上诉的理由对上诉权进行限制，例如有学者区分了“违约性上诉”和“救济性上诉”，前者指向的是被告人通过上诉以获取认罪认罚从宽制度以外的其他利益，后者则指向被告人因一审裁判存在错误而寻求救济[⑦]，上诉权应当主要适用于后者，对于前者则应当予以限制。这种基于上诉理由的限制在世界其他国家或地区也有所体现，例如英美法对认罪被告人基于定罪问题的上诉权予以严格限制，但对于量刑问题的上诉权仍然给予保障；意大利对于上诉权进行了限制，而德国则要求充分保障被告人的上诉权。[⑧] 但是对上述制度能否直接予以借鉴，仍然存在较大的论证空间。

五、文献荐读

1. 陈光中主编. 中国刑事二审程序改革之研究. 北京：北京大学出版社，2011.

2. 卞建林，陈卫东，等. 新刑事诉讼法实施问题研究，北京：中国法制出版

---

① 朱孝清. 认罪认罚从宽制度相关制度机制的完善. 中国刑事法杂志，2020（4）：3－14.

② 郭烁. 二审上诉问题重述：以认罪认罚案件为例. 中国法学，2020（3）：244－260.

③ 例如有观点认为如果立法不宜直接限制上诉，则可以通过完善抗诉制度以改革认罪认罚从宽案件的二审程序。

④ 陈卫东. 认罪认罚从宽制度研究. 中国法学，2016（2）：48－64.

⑤ 臧德胜，杨妮. 论认罪认罚从宽制度中被告人上诉权的设置：以诉讼效益原则为依据. 人民司法（应用），2018（34）：18－23.

⑥ 汪海燕. 被追诉人认罪认罚的撤回. 法学研究，2020，42（5）：175－193.

⑦ 谢登科. 论认罪认罚案件被告人上诉权及其限定. 暨南学报（哲学社会科学版），2022，44（5）：79－91.

⑧ 孙长永. 比较法视野下认罪认罚案件被告人的上诉权. 比较法研究，2019（3）：37－52.

社，2017.

3. 北京市律师协会. 刑事二审再审改判案例：诉讼过程与争点剖析. 北京：法律出版社，2017.

4. 郭烁. 二审上诉问题重述：以认罪认罚案件为例. 中国法学，2020 (3).

5. 牟绿叶. 刑事程序禁止不利益变更原则及其中国化. 中外法学，2022 (2).

第十六章　审判监督程序

一、原理精析

(一) 审判监督程序概述

1. 审判监督程序的概念和特征

审判监督程序是指人民法院、人民检察院对已经发生法律效力的判决和裁定，发现在认定事实或者适用法律上确有错误，依法提起并对案件重新审判的特别审判程序。对已生效裁判依法再行审理的程序，域外称之为“非常上诉为称程序”、“再审程序”或“特别救济程序”等。我国刑事诉讼法中对审判监督程序的称谓主要参照了苏联的模式，强调监督主体积极发挥职权作用，督促落实“实事求是”“有错必纠”“不枉不纵”等原则，最大限度实现刑事诉讼法的任务。

实践中，常将审判监督程序与再审程序两个概念混用。立法中也未对审判监督程序与再审作严格区分。《刑事诉讼法》第三编第五章即“审判监督程序”一章中，四次提及审判监督程序（最高人民检察院、上级人民检察院，“有权按照审判监督程序向同级人民法院提出抗诉”；“人民法院按照审判监督程序重新审判的案件”；“人民法院按照审判监督程序审判的案件”；“接受抗诉的人民法院按照审判监督程序审判抗诉的案件”），六次提到再审（“有权提审或者指令下级人民法院再审”，“可以指令下级人民法院再审”，“人民法院开庭审理的再审案件”，“人民法院决定再审的案件”，“人民检察院提出抗诉的再审案件”，“应当在作出提审、再审决定之日起三个月以内审结”）。事实上，两个概念既有紧密联系，也有一定的区别。再审属于审判监督程序的内容，但再审很难涵盖审判监督程序的所有内容。再审的重心是“再”字，凸显的是案件的重新审判或再次审理，不能像审判监督程序那样体现出对公权力的制约和督促，充分体现出该种审判程序的监督性质，也难以彰显人民检察院在我国审判监督程序中的独特作用。值得注意的是，立法中在六次提到再审时，内涵上也不统一，有的是在广义上使用，指称的是所有依照审判监督程序进行的重新审判，有的则是在狭义上使用，仅指与提审概念相对的指令给下级法院的重新审判。

作为一种带有监督性质的特殊审判程序和为确有错误的裁判设置的补救程序，我国的审判监督程序具有以下特征。

第一，审理对象特殊。与第二审程序以未生效的第一审判决和裁定为审理对象不同，审判监督程序的审理对象是已经发生法律效力的判决和裁定，包括正在执行或者已经执行完毕的裁判。

第二，提起主体特定。审判监督程序只能由最高人民法院、上级人民法院及各级人民法院院长提交审判委员会讨论决定提起，或者由最高人民检察院、上级人民检察院抗诉提起，体现法院系统自身和人民检察院对生效裁判的监督。当事人及其法定代理人等的申诉只是提起审判监督程序的材料来源。当然，法院有权提起审判监督程序，意味着审判监督程序可以由人民法院自行启动，这显然不同于第一审程序、第二审程序实行的“不告（起诉、上诉、抗诉）不理”。

第三，启动条件严格。审判监督程序并非审理刑事案件的必经程序，它是针对确有错误的生效裁判的特殊程序，人民法院、人民检察院只要发现生效裁判确有错误才可以提起审判监督程序。当然，这里的错误不仅局限于实体错误，还包括严重的程序问题；错误的领域也不仅局限于案件定罪事实、量刑，还有涉案财物处理问题等。

第四，启动无期限限制。无论何时，只要发现原裁判确有错误，符合应当改判的条件的，相关主体都应当提起审判监督程序。

第五，审理法院灵活。依审判监督程序审判案件的法院，既可以是原来的第一审法院或者第二审法院，也可以是提审的任何上级法院。上级法院还有权依法指定下级法院再审。

第六，依法改判与“再审不加刑”。域外不少国家的再审程序遵循禁止双重危险的国家司法准则，甚至只允许启动有利于被告的再审。但我国并无此项限制，按照审判监督程序重新审判后，既可能减轻被告人的刑罚，也可能加重被告人的刑罚。但依据《高法解释》第469条的规定，除人民检察院抗诉的以外，再审一般不得加重原审被告人的刑罚。再审决定书或者抗诉书只针对部分原审被告人的，不得加重其他同案原审被告人的刑罚。

2. 审判监督程序的意义

（1）保证刑罚权得到正确行使。刑罚权的行使涉及生命自由权等公民的基本权利，从这个意义上而言，每一个案件都关系重大。虽然生效裁判的稳定性应该得到保障，但按照“实事求是”“不枉不纵”的指导思想，生效裁判的稳定性应该建立在裁判的正确性之上。尽管一个刑事案件通常会经历立案、侦查、审查起诉、第一审程序、第二审程序等的层层把关，但裁判仍有可能在认定事实、适用法律等方面存在错误。在发现生效裁判确有错误、符合改判条件的情况下，以既判力等为由拒不纠正既不尊重客观事实，也不符合中央提出的要让人民群众在每一个司法案件中感受到公平正义的要求。所以，刑事诉讼法需要提供一种补救和纠误机制，确保刑罚权的正确行使。这是审判监督程序存在的根本依据。

（2）有利于强化审判监督。审判监督程序只是审判监督的途径之一。审判工作要受到权力机关、监察机关、检察机关、当事人、律师、社会等相关主体的监察和督促。这些监督性质不同，力度和效果不一，但共同构成了审判监督体系，借以制衡审判工作，确保办案质量。以检察机关对审判工作的监督而言，依照审判监督程序提出抗诉也仅仅是检察机关审判监督工作的一部分，除此之外，还有对审判活动的监督、对第一审未生效裁判的监督，等等。通过审判监督程序等强化对审判活动的监督，既可以督促人民法院及时纠正错案，也可以通过总结经验教训，增强人民法院防冤杜错的主动性，减少错案的产生。在昭雪的一些冤假错案中，有一些是因为极其偶然的因素才被发现，导致司法机关仓促、被动启动审判监督程序，在一定程度上影响了司法机关的公信力。

（3）有利于保障当事人的合法权益。一个错误裁判的出现通常意味着一部分当事人的合法权益受到了侵犯。因此，保障刑罚权的正确行使进而纠正错误裁判和保障当事人的合法权益在绝大多数情况下是一致的。域外很多国家只允许有利于被告的再审或者对不利于被告的再审施加极为严格的限制，主要也是着眼于人权保障的要求。我国审判监督程序中的诸多规定，例如申诉的主体、情形和效力、再审不加刑原则等，也处处体现了对于保障被害人、被追诉人等的合法权益的重视。

（二）提起审判监督程序的材料来源及审查处理

1. 申诉

所谓审判监督程序中的申诉，是指申诉权人对人民法院的生效裁判不服，以书状或者口头形式向人民法院或者人民检察院提出该裁判在认定事实或适用法律上的错误并要求重新审判的行为。申诉是启动审判监督程序最为重要的材料来源。这是因为每一个刑事案件的处理都关系到当事人的切身利益，而对案件事实认定、法律适用是否错误，当事人往往也有最直观的感受和认识，对错误裁判提出异议既有动力也有条件。我国宪法规定了公民的申诉权，即中华人民共和国公民对于任何国家机关和国家工作人员的违法失职行为，有向有关国家机关提出申诉、控告或者检举的权利。可以说，宪法中的申诉是审判监督程序中申诉的基础，而审判监督程序中的申诉则是宪法中公民申诉权的具体化。应当指出，审判监督程序中的申诉也只是刑事诉讼中申诉的一种。刑事诉讼涉及很多专门机关，对这些专门机关的违法失职行为及相关决定，当事人及诉讼参与人都依法享有提出申诉、控告的权利。而审判监督程序中的申诉则主要是针对法院生效裁判的。

（1）申诉的主体。依据《刑事诉讼法》第252条规定，当事人及其法定代理人、近亲属有权提出申诉。此外，依据《高法解释》第451条的规定，案外人认为已经发生法律效力的判决、裁定侵害其合法权益，提出申诉的，人民法院也应当审查处理。申诉可以委托律师代为进行，此时，受托律师的身份是申诉代理人。

（2）申诉的对象。申诉的对象是已经发生法律效力的判决和裁定，包括生效但尚未交付执行的，或者生效在执行中的，甚至是生效且已执行完毕的。审判监督程序中申诉的对象原则上只能是判决、裁定，不包括决定；而且，通常限于刑事裁判，如果仅仅对刑事附带民事判决中的附带民事部分提出申诉，法院一般不予再审立案，但有证据证明民事部分明显失当且原审被告人有赔偿能力的除外。

(3) 申诉的期限。《刑事诉讼法》中并没有对申诉期限作明确要求；但为了督促申诉权人及时行使权利，促进错案被及时调查纠正，最高法《关于规范人民法院再审立案的若干意见（试行）》第10条规定，人民法院对刑事案件的申诉人在刑罚执行完毕后两年内提出的申诉，应当受理；超过两年提出申诉，如原审被告人可能无罪的，两年期限内提出申诉但人民法院未受理的，案件疑难、复杂、重大的，也应当受理。

(4) 申诉的效力。申诉不能停止判决、裁定的执行。这主要是因为生效的裁判已经获得了强制执行力，这种执行力体现了审判的权威性与法律的强制性。而申诉只是审判监督程序立案的材料来源之一。只有人民法院、人民检察院经过审查，认为申诉适格，进而启动了审判监督程序后，才可以依据《刑事诉讼法》第257条第2款的规定，“决定中止原判决、裁定的执行”。当申诉符合法定条件时，人民法院、人民检察院应当依法启动审判监督程序。

(5) 申诉的形式要求。依据《高法解释》第452条规定，向人民法院申诉，应当提交的材料包括申诉状，原一、二审判决书、裁定书等法律文书以及其他相关材料。申诉状应当写明当事人的基本情况、联系方式以及申诉的事实与理由。经过人民法院复查或者再审的，应当附有驳回申诉通知书、再审决定书、再审判决书、裁定书。以有新的证据证明原判决、裁定认定的事实确有错误为由申诉的，应当同时附有相关证据材料。申请人民法院调查取证的，应当附有相关线索或者材料。只有申诉符合上述要求，人民法院才会出具收悉材料的回执。申诉不符合上述要求的，人民法院会告知申诉人补充材料，申诉人拒绝补充必要材料且无正当理由的，人民法院将不予审查。

(6) 申诉的审查处理。人民法院、人民检察院负责对申诉进行审查处理，为此，最高人民法院、最高人民检察院均构建了申诉的审查处理规则。以人民法院为例：依据《高法解释》规定，申诉原则上由终审人民法院审查处理，但在特定情况下，也可能由第一审人民法院、上一级人民法院甚至上级人民法院审查处理。最高人民法院或者上级人民法院可以指定终审人民法院以外的人民法院对申诉进行审查。被指定的人民法院审查后，应当制作审查报告，提出处理意见，层报最高人民法院或者上级人民法院审查处理。对死刑案件的申诉，可以由原核准的人民法院直接审查处理，也可以交由原审人民法院审查。原审人民法院应当制作审查报告，提出处理意见，层报原核准的人民法院审查处理。对立案审查的申诉案件，人民法院可以听取当事人和原办案单位的意见，也可以对原判据以定罪量刑的证据和新的证据进行核实。必要时，可以进行听证。

(7) 申诉审查处理的期限。依据《高法解释》第457条的规定，对立案审查的申诉案件，应当在3个月以内作出决定，至迟不得超过6个月。因案件疑难、复杂、重大或者其他特殊原因需要延长审查期限的，经上一级人民法院批准可以延长一次审理期限，期限为 3 个月。因特殊情况还需要延长的，应当报请最高人民法院批准。申请批准延长审理期限的，应当在期限届满 15 日以前层报。有权决定的人民法院不同意的，应当在审理期限届满 5 日以前作出决定。因特殊情况报请最高人民法院批准延长审理期限，最高人民法院经审查，予以批准的，可以延长审理期限 1 至 3 个月。期限届满案件仍然不能审结的，可以再次提出申请。

（8）应当重新审判的申诉情形。《刑事诉讼法》第 253 条列举了能够引起“重新审判”的申诉的五种法定情形。《高法解释》第 457 条又将其细化十种情况，具体包括：有新的证据证明原判决、裁定认定的事实确有错误，可能影响定罪量刑的；据以定罪量刑的证据不确实、不充分、依法应当排除的；证明案件事实的主要证据之间存在矛盾的；主要事实依据被依法变更或者撤销的；认定罪名错误的；量刑明显不当的；对违法所得或者其他涉案财物的处理确有明显错误的；违反法律关于溯及力规定的；违反法定诉讼程序，可能影响公正裁判的；审判人员在审理该案件时有贪污受贿、徇私舞弊、枉法裁判行为的。申诉不具有上述情形的，应当说服申诉人撤回申诉；对仍然坚持申诉的，应当书面通知驳回。申诉人对驳回申诉不服的，可以向上一级人民法院申诉。上一级人民法院经审查认为申诉不符合相关规定的，应当说服申诉人撤回申诉；对仍然坚持申诉的，应当驳回或者通知不予重新审判。

2. 其他材料来源

除申诉以外，提起审判监督程序的材料来源还包括以下几个。

第一，公安司法机关通过办案或者复查案件发现的错案。公安司法机关在办案过程中，有时候会发现其他案件的错误线索。例如，云南杜培武案、内蒙古呼格吉勒图案的错误都是因为真凶在其他案件中主动交代了本案的犯罪事实而发现的。此外，公安司法机关为了保证办案质量，会定期或不定期地对所办案件进行评析、复查，在这一过程中，也能够发现错案。

第二，各级人民代表大会代表提出的相关议案或质询。各级人民代表大会代表在视察工作或调查访问过程中，可能了解到人民法院的某些裁判有可能存在错误，从而提出相关议案，或者向司法机关提出质询意见。这些议案或质询也是审判监督程序立案的重要材料来源。人民法院对各级人民代表大会代表提出的这些议案或质询，应当及时审查处理。

第三，人民群众、社会舆论、新闻媒体对生效裁判提出的意见。在我国，国家机关、社会团体、企事业单位、新闻媒体、人民群众对人民法院的刑事审判活动有权进行社会监督或者舆论监督。如果相关主体认为已经发生法律效力的裁判确有错误，也可以通过来信、来电、来访或者在自媒体发布信息、新闻报道等形式，口头或者书面向司法机关表达意见，促使司法机关重视相关情况并进行复查。这也是司法机关提起审判监督程序的重要材料来源。

（三）审判监督程序的提起

1. 提起的主体与程序

（1）各级人民法院院长和审判委员会。各级人民法院院长对本院已经发生法律效力的判决和裁定，如果发现在认定事实或者在适用法律上确有错误，可以提交审判委员会讨论决定提起审判监督程序。

(2) 最高人民法院或上级人民法院。最高人民法院对各级人民法院已经发生法律效力的判决和裁定，上级人民法院对下级人民法院已经发生法律效力的判决和裁定，如果发现确有错误，有权提审。最高人民法院对各级人民法院已经发生法律效力的判决和裁定，上级人民法院对下级人民法院已经发生法律效力的判决和裁定，如果发现确有错误，有权指令下级人民法院再审。上级人民法院指令下级人民法院再审的，应当指令原审人民法院以外的下级人民法院审理；由原审人民法院审理更为适宜的，也可以指令原审人民法院审理。人民检察院抗诉的案件，人民法院对于原判决事实不清楚或者证据不足的，可以指令下级人民法院再审。涉及新证据需要指令下级人民法院再审的，接受抗诉的人民法院应当在接受抗诉之日起 1 个月以内作出决定，并将指令再审决定书送达提出抗诉的人民检察院。

(3) 最高人民检察院或上级人民检察院。最高人民检察院对各级人民法院已经发生法律效力的判决和裁定，上级人民检察院对下级人民法院已经发生法律效力的判决和裁定，如果发现确有错误，有权按照审判监督程序向同级人民法院提出抗诉。人民检察院抗诉的案件，接受抗诉的人民法院应当组成合议庭重新审理，对于原判决事实不清楚或者证据不足的，可以指令下级人民法院再审。

2. 提起审判监督程序的理由

《刑事诉讼法》第 253 条规定，提起审判监督程序的理由是发现原审生效裁判“在认定事实上或者在适用法律上确有错误”。上已述及，《高法解释》第 457 条对何谓“在认定事实上或者在适用法律上确有错误”作了具体的列举。此外，《高检规则》第 591 条也规定，人民检察院认为人民法院已经发生法律效力的判决、裁定确有错误，具有下列情形之一的，应当按照审判监督程序向人民法院提出抗诉：一是有新的证据证明原判决、裁定认定的事实确有错误，可能影响定罪量刑的；二是据以定罪量刑的证据不确实、不充分的；三是据以定罪的证据依法应当予以排除的；四是据以定罪量刑的主要证据之间存在矛盾的；五是原判决、裁定的主要事实依据被依法变更或撤销的；六是认定罪名错误且明显影响量刑的；七是量刑明显不当的；八是违反法律关于追诉时效期限的规定的；九是违反法律规定的诉讼程序，可能影响公正裁判审判的；十是审判人员在审理该案件时有贪污受贿、徇私舞弊、枉法裁判行为的。

(四) 依审判监督程序对案件进行的重新审判

1. 重新审判的启动

依据《高法解释》第 464 条的规定，对决定依照审判监督程序重新审判的案件，人民法院应当制作再审决定书。据此，人民法院制作再审决定书是人民法院决定按审判监督程序启动重审的标志。而对于人民检察院依照审判监督程序提起抗诉的案件，重新审判程序的启动则以人民法院立案为标志。依据《高法解释》第 462 条规定，对人民检察院依照审判监督程序提出抗诉的案件，人民法院应当在收到抗诉书后1个月以内立案。但是，有下列情形之一的，应当区别情况予以处理：不属于本院管辖的，应当将案件退回人民检察院；按照抗诉书提供的住址无法向被抗诉的原审被告人送达抗诉书的，应当通知人民检察院在3日以内重新提供原审被告人的住址，逾期未提供的，将案件退回人民检察院；以有新的证据为由提出抗诉，但未附相关证据材料或者有关证据不是指向原起诉事实的，应当通知人民检察院在3日以内补送相关材料，逾期未补送的，将案件退回人民检察院。决定退回的抗诉案件，人民检察院经补充相关材料后再次抗诉，经审查符合受理条件的，人民法院应当受理。

2. 审理的范围

依照审判监督程序重新审判的案件，无论是否开庭审理，人民法院都应当重点针对申诉、抗诉和决定再审的理由进行审理。必要时应当对原判决、裁定认定的事实、证据和适用法律进行全面审查。不难看出，依审判监督程序进行的重新审判，在审理范围上奉行的是以重点审查为原则、以全面审查为补充。

3. 审理的组织

依据《刑事诉讼法》第256条第1款的规定，人民法院按照审判监督程序重新审判的案件，由原审人民法院审理的，应当另行组成合议庭进行。《高法解释》第463条规定，对人民检察院依照审判监督程序提出抗诉的案件，接受抗诉的人民法院应当组成合议庭审理。这些规定表明，按照审判监督程序重新审理的审判组织，均为合议制。

4. 审理的程序

人民法院按照审判监督程序重新审判的案件，由原审人民法院审理的，应当另行组成合议庭进行。原来是第一审案件，应当依照第一审程序进行审判，所作的判决、裁定可以上诉、抗诉；原来是第二审案件，或者是上级人民法院提审的案件，应当依照第二审程序进行审判，所作的判决、裁定是终审的判决、裁定。符合刑事诉讼法规定的缺席审判条件的，可以进行缺席审判。对依照审判监督程序重新审判的案件，人民法院在依照第一审程序进行审判的过程中，发现原审被告人还有其他犯罪的，一般应当并案审理，但分案审理更为适宜的，可以分案审理。

重新审理的程序可以分为开庭审理和不开庭审理两种方式。刑事诉讼法未对开庭审理和不开庭审理的具体程序作出规定，依据有关司法解释，应当开庭审理的案件主要包括：依照第一审程序审理的，依照第二审程序需要对事实或者证据进行审理的，人民检察院按照审判监督程序提出抗诉的，可能对原审被告人（原审上诉人）加重刑罚的，有其他应当开庭审理情形的。开庭审理时，主要遵循以下程序规则。

开庭审理前，原审被告人（原审上诉人）到达开庭地点后，合议庭应当查明原审被告人（原审上诉人）基本情况，告知原审被告人（原审上诉人）享有辩护权和最后陈述权。审判长宣布合议庭组成人员及书记员，检察员、辩护人、鉴定人和翻译人员的名单，并告知当事人及其法定代理人享有申请回避的权利。

人民法院开庭审理的再审案件，同级人民检察院应当派员出席法庭。人民法院审理共同犯罪再审案件，如果人民法院再审决定书或者人民检察院抗诉书只对部分同案原审被告人（同案原审上诉人）提起再审，其他未涉及的同案原审被告人不出庭不影响案件审理的，可以不出庭参与诉讼。

人民法院审理人民检察院抗诉的再审案件，人民检察院在开庭审理前撤回抗诉的，应当裁定准许；人民检察院接到出庭通知后不派员出庭，且未说明原因的，可以裁定按撤回抗诉处理，并通知诉讼参与人。人民法院审理申诉人申诉的再审案件，申诉人在再审期间撤回申诉的，可以裁定准许；但认为原判确有错误的，应当不予准许，继续按照再审案件审理。申诉人经依法通知无正当理由拒不到庭，或者未经法庭许可中途退庭的，可以裁定按撤回申诉处理，但申诉人不是原审当事人的除外。

人民法院决定再审的，由合议庭组成人员宣读再审决定书。根据人民检察院提出抗诉进行再审的，由检察人员宣读抗诉书。当事人及其法定代理人、近亲属提出申诉的，由原审被告人（原审上诉人）及其辩护人陈述申诉理由。

在审判长主持下，检辩双方应就案件的事实、证据和适用法律等问题分别进行陈述。合议庭对检辩双方无争议和有争议的事实、证据及适用法律问题进行归纳，予以确认。就检辩双方有争议的问题，进行法庭调查和辩论。对提出的新证据或者有异议的原审据以定罪量刑的证据进行质证。

进入辩论阶段，原审被告人（原审上诉人）及其法定代理人、近亲属提出申诉的，先由原审被告人（原审上诉人）及其辩护人发表辩护意见，然后由检察人员发言，被害人及其代理人发言。被害人及其法定代理人、近亲属提出申诉的，先由被害人及其代理人发言，检察人员发言，然后由原审被告人（原审上诉人）及其辩护人发表辩护意见。人民检察院提出抗诉的，先由检察人员发言，被害人及其代理人发言，然后由原审被告人（原审上诉人）及其辩护人发表辩护意见。既有申诉又有抗诉的，先由检察人员发言，后由申诉方当事人及其代理人或者辩护人发言或者发表辩护意见，然后由对方当事人及其代理人或辩护人发言或者发表辩护意见。检察人员、当事人和辩护人、诉讼代理人经审判长许可，可以互相辩论。合议庭根据检辩双方举证、质证和辩论情况，可以当庭宣布认证结果。

5. 重新审判期间原审判决、裁定的效力

人民法院按照审判监督程序审判的案件，可以决定中止原判决、裁定的执行。所谓中止执行，是指暂时停止执行，并不是彻底否定原判决、裁定的效力。只有依据审判监督程序重新审理完毕，作出改判或者撤销原判、发回重审的裁定之后，原裁判才会失去法律效力。实践中，重新审判期间，一般不中止原判决、裁定的执行。依据《高法解释》第 464 条规定，再审期间不停止原判决、裁定的执行，但被告人可能经再审改判无罪，或者可能经再审减轻原判刑罚而致刑期届满的，可以决定中止原判决、裁定的执行。如果人民法院决定中止原判决、裁定执行的，应当制作书面的决定书。

6. 强制措施的采取

《刑事诉讼法》第 257 第 1 款规定：人民法院决定再审的案件，需要对被告人采取强制措施的，由人民法院依法决定；人民检察院提出抗诉的再审案件，需要对被告人采取强制措施的，由人民检察院依法决定。同时，《高法解释》第464条规定，再审期间可以决定中止原判决、裁定的执行，必要时可以对被告人采取取保候审、监视居住措施。《高检规则》第600条规定，人民检察院办理按照审判监督程序抗诉的案件，认为需要对被告人采取强制措施的，参照本规则相关规定。决定采取强制措施应当经检察长批准。

7. 重新审判后的处理

《刑事诉讼法》对于重新审判后的案件如何处理未作出明确规定。依据《高法解释》第472条的规定，依照审判监督程序对案件重新审判后，应当按照下列情形分别处理：第一，原判决、裁定认定事实和适用法律正确、量刑适当的，应当裁定驳回申诉或者抗诉，维持原判决、裁定。第二，原判决、裁定定罪准确、量刑适当，但在认定事实、适用法律等方面有瑕疵的，应当裁定纠正并维持原判决、裁定。第三，原判决、裁定认定事实没有错误，但适用法律错误，或者量刑不当的，应当撤销原判决、裁定，依法改判。第四，依照第二审程序审理的案件，原判决、裁定事实不清或者证据不足的，可以在查清事实后改判，也可以裁定撤销原判，发回原审人民法院重新审判。原判决、裁定事实不清或者证据不足，经审理事实已经查清的，应当根据查清的事实依法裁判；事实仍无法查清，证据不足，不能认定被告人有罪的，应当撤销原判决、裁定，判决宣告被告人无罪。

原判决、裁定认定被告人姓名等身份信息有误，但认定事实和适用法律正确、量刑适当的，作出生效判决、裁定的人民法院可以通过裁定对有关信息予以更正。对再审改判宣告无罪并依法享有申请国家赔偿权利的当事人，人民法院宣判时，应当告知其在判决发生法律效力后可以依法申请国家赔偿。

8. 重新审判的期限

人民法院按照审判监督程序重新审判的案件，应当在作出提审、再审决定之日起3个月以内审结，需要延长期限的，不得超过6个月。接受抗诉的人民法院按照审判监督程序审判抗诉的案件，审理期限也适用这一规定；对需要指令下级人民法院再审的，应当自接受抗诉之日起1个月以内作出决定。

二、实践动态

（一）预防和纠正冤假错案工作成效显著

自2012年《刑事诉讼法》颁布、实施后，对冤假错案的防范和纠正日益受到重视。2013年8月，中央政法委出台了首个关于切实防止冤假错案的指导意见，要求公安司法人员在职责范围内对办案质量终身负责，并建立健全冤假错案的责任追究机制。9月，最高人民检察院下发了《关于切实履行检察职能防止和纠正冤假错案的若干意见》，对在检察环节完善防止和纠正冤假错案的工作机制等提出了明确要求。10月，最高人民法院印发了《关于建立健全防范刑事冤假错案工作机制的意见》，强调各级审判机关要严格履行职责，坚守防止冤假错案的底线，对确有冤错可能的控告和申诉，应当依法复查，原判决、裁定确有错误的，依法及时纠正。2016

年12月，最高人民法院对聂树斌案经过再审改判无罪，纠正这起历时22年的重大疑难复杂案件，充分彰显了对人权司法保障的高度重视和对证据裁判、疑罪从无等法律原则的坚定贯彻。据统计，2013年至2018年，人民法院通过审判监督程序纠正聂树斌案、呼格吉勒图案、张氏叔侄案等重大刑事冤假错案46起，涉及94人，明显提振了全社会对司法公正的信心。从2014年至2018年，各级人民法院共依法宣告4 868名被告人无罪，确保无罪者不受追究。[①] 最高人民法院近年来的工作报告显示，2019年，各级人民法院坚持罪刑法定、疑罪从无、证据裁判，依法宣告637名公诉案件被告人和751名自诉案件被告人无罪，还无罪的人以清白，避免冤假错案发生；各级人民法院坚持实事求是、有错必纠，按照审判监督程序再审改判刑事案件1 774件，山东等地法院依法纠正张志超案等重大冤错案件。2020年，各级人民法院依法宣告656名公诉案件被告人和384名自诉案件被告人无罪；按照审判监督程序再审改判刑事案件1 818件，江西、云南的法院分别再审改判张玉环、何学光无罪。2021年，各级人民法院依法宣告511名公诉案件被告人无罪和383名自诉案件被告人无罪，按照审判监督程序再审改判刑事案件2 215件。

（二）审判监督程序规范层面的进展

我国1979年《刑事诉讼法》，即首部《刑事诉讼法》在第三编“审判”的第五章专门规定了“审判监督程序”。当时立法仅用三个条文的内容初步搭建了该制度的程序框架，明确了申诉、提起审判监督程序的主体、重新审判案件所适用的程序等比较重要的内容。虽然1979年对审判监督程序规定得较为简略，但具有开创意义。此后，1996年《刑事诉讼法》、2012年《刑事诉讼法》均在第三编“审判”的第五章规定了“审判监督程序”，并针对司法实践中逐渐出现的新问题增加了相关条文和内容。1996年《刑事诉讼法》将有关审判监督程序的条文增修至五条，主要增加规定了需要重新审判的情形、抗诉案件审理程序、指令再审的特别规定、审理期限等程序和要求。2012年《刑事诉讼法》又将有关审判监督程序的规定增加至八条，重点细化了需要重新审判的情形，增加规定了指令再审的人民法院、人民检察院派员出席再审法庭、再审期间的强制措施、原裁判的中止执行等内容。2018年《刑事诉讼法》的修改略显紧促，并没有因应审判监督实践的新变化而对审判监督程序一章的内容作出调整。但随后颁布的《高法解释》《高检规则》等相关司法解释对此有所弥补，针对实践中的新问题，从诸多方面完善了审判监督程序的实施细则。仅《高法解释》就对七个条文进行了实质性调整，并新增了三个条文。其中，《高法解释》新增第454条，主要是扩大了审查申诉的管辖法院范围，新规定了指定异地审查制度，即：最高人民法院或者上级人民法院可以指定终审人民法院以外的人民法院对申诉进行审查；被指定的人民法院审查后，应当制作审查报告，提出处理意见，层报最高人民法院或者上级人民法院审查处理。“聂某斌案”等案件的再审经过表明，指定异地审查制度有利于保证申诉审查的客观公正，符合申请人和社会公众的期待，

① 最高人民法院．中国法院的司法改革（2013—2018）．北京：人民法院出版社，2019：21.

因此，司法解释对其予以确认。《高法解释》又新增第456条，提炼实践经验，完善了审查申诉案件的方法，明确规定人民法院对立案审查的申诉案件，可以听取当事人和原办案单位的意见，也可以对原判据以定罪量刑的证据和新的证据进行核实。必要时，可以进行听证。《高法解释》新增第467条，对再审中的并案和分案具体作出程序规定，即依照审判监督程序重新审判的案件，人民法院在依照第一审程序进行审判的过程中，发现原审被告人还有其他犯罪的，一般应当并案审理，但分案审理更为适宜的，可以分案审理。此外，《高法解释》还在第457条新增了一种应当重新审判的申诉情形，即对违法所得或者其他涉案财物的处理确有明显错误的。同时，在第458条新增了属于《刑事诉讼法》第253条第1项规定的"新的证据"的一种情形："原判决、裁定所依据的被告人供述、证人证言等证据发生变化，影响定罪量刑，且有合理理由的。"显然，《高法解释》对审判监督程序的相关完善均是对实践中突出问题的及时回应。

三、案例应用

"聂某斌案"[①]

【案情】河北省石家庄市人民检察院指控被告人聂某斌犯故意杀人罪、强奸妇女罪一案，石家庄市中级人民法院于1995年3月15日作出（1995）石刑初字第53号刑事附带民事判决。宣判后，被告人聂某斌、附带民事诉讼原告人分别提出上诉。1995年4月25日，河北省高级人民法院作出（1995）冀刑一终字第129号刑事附带民事判决，并根据最高人民法院授权高级人民法院核准部分死刑案件的规定，核准聂某斌死刑。2007年5月，申诉人张某枝、聂某生、聂某惠向河北省高级人民法院和多个部门提出申诉，请求宣告聂某斌无罪。2014年12月4日，根据河北省高级人民法院请求，最高人民法院指令山东省高级人民法院复查本案。2014年12月12日，山东省高级人民法院立案复查当天，该院复查工作合议庭法官会见了聂某斌近亲属和其代理人，依法向聂某斌母亲张某枝送达了立案复查决定书。2015年3月17日，聂某斌案申诉律师李某亭、陈某武在山东省高级人民法院首次查阅完整卷宗。2015年4月28日，山东省高级人民法院就该案召开听证会，听取了申诉人及其代理律师、原办案单位代表意见。因案件重大、复杂，复查工作涉及面广，经报请最高人民法院批准，四次延长复查期限，每次延长3个月。山东省高级人民法院经复查认为，原审判决缺少能够锁定聂某斌作案的客观证据，在被告人作案时间、作案工具、被害人死因等方面存在重大疑问，不能排除他人作案的可能性，原审认定聂某斌犯故意杀人罪、强奸妇女罪的证据不确实、不充分，建议最高人民法院启动审判监督程序重新审判，并报请最高人民法院审查。2016年6月6日，最高人民法院决定依法提审原审被告人聂某斌故意杀人、强奸妇女一案，按照审判监督程序

① 聂某斌故意杀人、强奸妇女案再审判决书［（2016）最高法刑再3号］.（2016-12-02）［2022-08-01］http://shanghai.xinmin.cn/xmsq/2016/12/02/30652505.html.

重新审判，并于2016年6月8日在山东省高级人民法院向聂某斌的母亲送达了再审决定书。2016年12月2日，最高人民法院第二巡回法庭对原审被告人聂某斌故意杀人、强奸妇女再审案公开宣判，宣告撤销原审判决，宣告聂树斌无罪。

【问题】如何理解“聂某斌案”中的申诉审查主体、方式及期限？

【评析】由于“聂某斌案”的申诉审查及再审主要发生在2014年至2016年，因此，当时适用的程序法是2012年《刑事诉讼法》及2013年《高法解释》。

关于申诉审查的主体。2013年《高法解释》第373条中规定：“申诉由终审人民法院审查处理。但是，第二审人民法院裁定准许撤回上诉的案件，申诉人对第一审判决提出申诉的，可以由第一审人民法院审查处理。上一级人民法院对未经终审人民法院审查处理的申诉，可以告知申诉人向终审人民法院提出申诉，或者直接交终审人民法院审查处理，并告知申诉人；案件疑难、复杂、重大的，也可以直接审查处理。”第374条第1款规定：“对死刑案件的申诉，可以由原核准的人民法院直接审查处理，也可以交由原审人民法院审查。原审人民法院应当写出审查报告，提出处理意见，层报原核准的人民法院审查处理。”“聂某斌案”终审人民法院和原核准人民法院均是河北省高级人民法院，因此，依据规定，原则上应当由河北省高级人民法院对聂某斌方的申诉进行审查处理。当然，因为该案“疑难、复杂、重大”，最高人民法院也可以直接对申诉审查处理。但实际上，“聂某斌案”的处理方式是指定山东省高级人民法院复查。之所以如此，主要考虑到该案是一起社会高度关注的重大复杂案件，指定异地复查更有利于确保审查处理的客观公正。然而，这样处理其实缺乏明确的规范根据，因此，最高人民法院在相关文书中强调如此指定是“根据河北省高级人民法院申请和有关法律规定精神”。正是为了弥补这一制度缺陷，2021年《高法解释》增加规定了指定异地审查规则。需要注意的是，根据这一新规，被最高人民法院或上级人民法院指定的人民法院只是有权进行审查，而不是审查处理，其在审查后，应当制作审查报告，提出处理意见，层报最高人民法院或者上级人民法院审查处理。因此，“聂某斌案”中申诉审查的处理意见（再审决定书）是由最高人民法院作出的。

关于申诉审查的方式。2013年《高法解释》并没有明确申诉审查的方式。“聂某斌案”中，山东省高级人民法院在对案件进行复查时，严格奉行了“公开、公平、公正”的原则，充分保障了申诉律师查阅、摘抄、复制相关案卷材料的权利，并且组织了听证会，听取了包括申诉人及其代理律师、原办案单位代表、法学专家等在内的多方意见。应当说，这样的审查方式成为作出公正的核查结论及处理意见的有力保障。2021年《高法解释》吸收了此类案件的办理经验，增加规定了申诉审查的方式。

关于申诉审查的期限。2013年《高法解释》第375条第1款规定：“对立案审查的申诉案件，应当在三个月内作出决定，至迟不得超过六个月。”但“聂某斌案”对申诉的复查经过四次延期，超过了18个月，显然不符合第375条的期限要求。根据相关文书，最高人民法院四次延长申诉审查期限的主要依据是2013年《高法解释》第173条及第222条第1款、第2款。第173条规定：“申请上级人民法院批准延长审理期限，应当在期限届满十五日前层报。有权决定的人民法院不同意延长的，应当在审理期限届满五日前作出决定。因特殊情况申请最高人民法院批准延长审理期限，最高人民法院经审查，予以批准的，可以延长审理期限一至三个月。期限届满案件仍然不能审结的，可以再次提出申请。”而第222条主要规定的是庭审中因延期审理而需要延期审理的情况。也就是说，这两条规定其实都是针对审理期限的。申诉的审查期限套用这两条规定多少显得有点牵强。为了使之后类似的申诉审查期限延长于法有据，2021年《高法解释》增加规定：因案件疑难、复杂、重大或者其他特殊原因需要延长审查期限的，参照本解释第210条的规定处理，而该解释的第210条其实就是经过调整的2013年《高法解释》的第173条。

“陈某案”①

【案情】1992年12月25日19时30分许，海南省海口市振东区上坡下村109号发生火灾。19时58分，海口市消防中队接警后赶到现场救火，并在灭火过程中发现室内有一具尸体，立即向公安机关报案。20时30分，海口市公安局接报警后派员赴现场进行现场勘查及调查工作。经走访调查后确定，死者是居住在109号的钟某，曾经在此处租住的陈某有重大作案嫌疑。同年12月28日，公安机关将犯罪嫌疑人陈某抓获。1993年9月25日，海口市人民检察院以陈某涉嫌故意杀人罪，将其批准逮捕。1993年11月29日，海口市人民检察院以涉嫌故意杀人罪对陈满提起公诉。1994年11月9日，海口市中级人民法院以故意杀人罪判处陈某死刑，缓期2年执行，剥夺政治权利终身；以放火罪，判处有期徒刑9年，决定执行死刑，缓期2年执行，剥夺政治权利终身。1994年11月13日，海口市人民检察院以原审判决量刑过轻，应当判处死刑立即执行为由提出抗诉。1999年4月15日，海南省高级人民法院驳回抗诉，维持原判。

判决生效后，陈某的父母提出申诉。2001年11月8日，海南省高级人民法院经复查驳回申诉。陈某的父母仍不服，向海南省人民检察院提出申诉。2013年4月9日，海南省人民检察院经审查，认为申诉人的申诉理由不成立，不符合立案复查条件。陈某不服，向最高人民检察院提出申诉。2015年2月10日，最高人民检察院按照审判监督程序向最高人民法院提出抗诉。最高人民检察院复查认为，原审判决据以定案的证据不确实、不充分，认定原审被告人陈某故意杀人、放火的事实不清，证据不足：原审裁判认定陈某具有作案时间与在案证据证明的案件事实不符；原审裁判认定事实的证据不足，部分重要证据未经依法查证属实；陈其有罪供述的真实性存在疑问。2015年4月24日，最高人民法院作出再审决定，指令浙江省高级人民法院再审。2015年12月29日，浙江省高级人民法院公开开庭审理了本案。法院经过审理认为，原审裁判认定原审被告人陈某故意杀人并放火焚尸灭迹的事实不清、证据不足，指控的犯罪不能成立。2016年1月25日，浙江省高级人民法院

---

① 中华人民共和国最高人民检察院：第七批指导性案例．陈某申诉案【检例第26号】.（2016-08-11）[2022-08-02]. https://www.spp.gov.cn/spp/jczdal/201608/t20160811_163240.shtml.

作出再审判决：撤销原审判决裁定，原审被告人陈某无罪。

【问题】 如何理解“陈某案”中启动再审的事由和程序？

【评析】 首先看“陈某案”中再审的材料来源和启动事由。如上所述，提起审判监督程序的材料来源主要包括：刑事申诉，人民法院、人民检察院在办理案件过程中和检察工作时发现的错误裁判，各级人民代表大会代表提出的纠正错案的议案，机关、团体、企事业单位、新闻媒介、人民群众等对生效裁判、裁定提出的质疑、意见和情况反映，等等。其中，刑事申诉是提起审判监督程序的最主要材料来源。“陈某案”中，在海南省高级人民法院驳回海口市人民检察院的抗诉，维持原判，判决生效后，陈某的父母先后向海南省高级人民法院、海南省人民检察院提出申诉，前者被驳回申诉，后者经审查，认为申诉人的申诉理由不成立，不符合立案复查条件。此后，陈某不服，继续向最高人民检察院提出申诉，最高人民检察院在一定程度上认可了申诉理由，按照审判监督程序向最高人民法院提出抗诉。本案中提起审判监督程序的材料来源正是陈某及其近亲属的申诉。申诉与上诉不同，申诉不会必然引起审判监督程序，审判监督程序应否提起最终取决于申诉是否符合法定的情形。本案中，申诉的理由主要围绕证据证明力以及全案证据未能达到法定证明标准，即据以定罪量刑的证据不确实、不充分，证明案件事实的主要证据之间存在矛盾等。具体包括：陈某作案时间与关键证人证词不符，有证据证明案发时陈某不具备作案时间；本案中重要证据，如带血白衬衫、黑色男西装等物品在侦查阶段丢失，没有在原审人民法院庭审中出示并接受检验，未经依法查证属实，因此不能作为定案的根据；原审裁判认定原审被告人陈某实施杀人、放火行为的主要证据，除陈某有罪供述为直接证据外，在案物证均无法证明与被害人或犯罪事实相关联；主要证据之间存在矛盾；被告人供述不稳定，真实性存疑；等等。从最高人民检察院的抗诉理由以及最高人民法院作出再审决定的依据看，该案审判监督程序的启动事由为法律所列举的“据以定罪量刑的证据不确实、不充分、依法应当予以排除，或者证明案件事实的主要证据之间存在矛盾”。

其次看本案审判监督程序提起的主体及程序。本案审判监督程序的提起过程颇为特殊。判决生效后，陈某方先是向海南省高级人民法院提出申诉。2001 年 11 月 8 日，海南省高级人民法院经复查驳回申诉。陈某方又向海南省人民检察院提出申诉。海南省人民检察院经审查，认为申诉人的申诉理由不符合立案复查条件。随后，陈某方又向最高人民检察院提出申诉。最高人民检察院审查后认为申诉理由成立，2015 年 2 月 10 日，按照审判监督程序向最高人民法院提出抗诉。2015 年 4 月 24 日，最高人民法院作出再审决定，指令浙江省高级人民法院再审。上已述及，刑事诉讼法规定了审判监督程序的三种启动方式：（1）各级人民法院院长对本院已经发生法律效力的判决和裁定，如果发现在认定事实上或者在适用法律上确有错误，必须提交审判委员会处理；（2）最高人民法院对各级人民法院已经发生法律效力的判决和裁定，上级人民法院对下级人民法院已经发生法律效力的判决和裁定，如果发现确有错误，有权提审或者指令下级人民法院再审；（3）最高人民检察院对各级人民法院已经发生法律效力的判决和裁定，上级人民检察院对下级人民法院已经发生法律效力的判决和裁定，如果发现确有错误，有权按照审判监督程序向同级人民法院提出抗诉。但在陈某案中，既有检察机关的抗诉，又有人民法院的再审决定，那到底采取的是上述第二种启动方式，还是第三种启动方式呢？

事实上，不管是在最高人民检察院抗诉书的表述中，还是在最高人民法院再审决定书的表述中，均认可最高人民检察院是按照审判监督程序向最高人民法院提起了抗诉。换言之，最高人民检察院已经启动了审判监督程序，提起抗诉已经属于审判监督程序的一部分。既然最高人民检察院已经启动了审判监督程序，又该如何理解最高人民法院的再审决定书呢？我们认为，此处的再审决定书不具有启动再审（审判监督程序）的效果，而只是发挥了指令再审的作用。其实，在该案中，最高人民法院作出再审决定书是不妥当的。2015 年，当时的《高法解释》第 382 条规定："对决定依照审判监督程序重新审判的案件，除人民检察院抗诉的以外，人民法院应当制作再审决定书。"也就是说，人民检察院抗诉的案件，无须制作再审决定书。之所以这样规定，是因为抗诉已经启动了审判监督程序，已经无须再对是否符合启动事由进行审查了，否则就是重复审查，而且会影响人民检察院抗诉的权威性。因此，2013 年《高法解释》第 381 条明确规定，对人民检察院依照审判监督程序提出抗诉的案件，接受抗诉的人民法院应当组成合议庭审理。该条又规定，对原判事实不清、证据不足，包括有新的证据证明原判可能有错误，需要指令下级人民法院再审的，应当在立案之日起 1 个月内作出决定，并将指令再审决定书送达抗诉的人民检察院。在陈满案中，接到最高人民检察院的抗诉，最高人民法院应当组成合议庭审理该案，如果需要指定浙江省高级人民法院再审，需要作出的也不应该是再审决定书，而应当是指令再审决定书。指令再审决定书与再审决定书虽仅两字之差，却性质迥异，代表着审判监督程序的不同启动方式。即便是 2021 年《高法解释》在其第 464 条调整了 2021 年《高法解释》第 382 条的表述，在应当制作决定书的要求中，去除了"除人民检察院抗诉的以外"，但依照审判监督程序启动的基本法理，在人民检察院抗诉的情况下，与人民法院主动启动审判监督程序一样，要求制作再审决定书，反而容易淆乱人民法院与人民检察院在提起审判监督程序中的职权划分。

在陈某案的再审决定书中，最高人民法院再审决定是这样表述的："最高人民检察院抗诉认为，海南省高级人民法院（1994）琼刑终字第 81 号刑事裁定书定案的证据不确实、不充分，认定原审被告人故意杀人、放火的事实不清、证据不足。原审裁定认定事实错误，导致适用法律错误，提请依法判处。本院经审查认为，海南省高级人民法院（1994）琼刑终字第 81 号刑事裁定认定被告人陈某犯故意杀人、放火罪的事实不清、证据不足。依照《中华人民共和国刑事诉讼法》第二百四十三条第四款、第二百四十四条，《最高人民法院关于适用〈中华人民共和国刑事诉讼法〉的解释》第三百七十九条第二款、第三百八十一条的规定，决定如下：一、指令浙江省高级人民法院对本案进行审理。二、本案再审期间不停止原判决、裁定的执行。"不难看出，最高人民法院的再审决定书决定的主要是指令再审问题以及是否停止原判决、裁定的执行问题，并未涉及审判监督程序或重新审判活动的启动问题。

四、知识拓展

审判监督程序的启动困境

在我国审判监督程序启动问题上，存在两个看似矛盾的现象与问题，即在理论或制度层面的条件“宽”与实践层面的启动“难”，特别是“申诉难”问题。

制度层面突出的问题是条件宽泛。启动理由和条件较为抽象和笼统，即便有具体情形的列举，也缺乏可操作性，易被曲解，而且未区分是否有利或不利于被告人，对提起不利于被告人的审判监督程序无任何附加条件。从提起审判监督程序的主体看，审判监督体现着司法机关，特别是上级司法机关对各级人民法院生效裁判的监督和制约，行政化色彩浓厚，只要司法机关相信生效裁判确有错误便能启动审判监督程序。而且，各级人民法院院长及审判委员会、上级人民法院、最高人民法院和上级人民检察院及最高人民检察院，均可以对生效裁判提起审判监督程序，启动主体范围宽泛。特别是人民法院自己主动提起审判监督程序，与控审分离、不告不理、审判中立性等现代刑事诉讼理念与原则关系紧张，容易造成法院角色冲突。有学者指出，对职权主导、有错必纠的片面强调容易导致启动审判监督程序的随意性，加之有些案件当事人反复申诉、缠诉，导致有些案件终审不终、多次重审，会影响到裁判的权威性和司法的公信力。①

而实践层面最突出的问题是启动难，特别是申诉启动难问题。有学者在梳理研究了 24 个重大冤错案件的昭雪过程后发现，这些冤案的纠正普遍都经历了十几年乃至二十几年的漫长过程。在此期间，被冤者及其家属持续申诉、上访，律师以及社会人士鼎力支持，媒体不断报道，最终才促使司法机关启动审判监督程序。而且，有些案件之所以能够启动审判监督程序，除这些因素之外，还仰仗一些较为偶然的因素，如真凶出现或者“亡者归来”。导致申诉难、审判监督程序启动难的原因非常复杂，既包括制度层面的问题，也有观念、体制层面的问题；既有裁判生效前各诉讼环节的问题，也有审判监督程序本身的问题。主要由终审人民法院负责申诉的审查处理很难突破自我责难的行为困境，当事人申诉的条件被拔高为司法机关主动启动再审的条件，“确有错误”条件被拔高为确实无罪或者真相完全查清，再加之证据保管制度的不健全等，在此背景下，申诉难、启动难就不难理解了。②

以上两大问题看似矛盾，实则是一个问题的两个方面。仅着眼于纠错，主要依赖职权启动，理论上容易导致审判监督程序的随意启动，尤其是不利于被告的审判监督程序的随意启动。但当职权消极惰怠时，仅仅作为审判监督程序提起之材料来源的申诉，当然就很难启动审判监督程序。对于上述问题，一方面，可吸收禁止双重危险原则的精神内核，合理调整启动的主体和条件，找到实现公正与效率、有错必纠与人权保障、裁判稳定与裁判准确的最佳平衡点。另一方面，可通过增强申诉

---

① 卞建林，桂梦美．启动刑事审判监督程序的困境与出路．法学，2016（4）：42-46.

② 陈永生，邵聪．冤案难以纠正的制度反思：以审判监督程序为重点的分析．比较法研究，2018（4）：68-80.

的法律效果，改革申诉审查及再审的负责机关，厘清申诉及再审的证明标准，健全定罪后的证据保管制度，以全面疏通审判监督程序启动的障碍和堵点。

美国的“无辜者拯救项目”①

1983年，美国一个名叫吉姆·麦克罗斯奇的退伍军人在美国新泽西州的普林斯顿市创立了一个致力于为误判者洗脱罪名的非营利性组织——“百夫长事工”(Centurion Ministries)。该组织的宗旨是通过重新检视证据和审判经过，帮助美国国内和加拿大被定罪的无辜者昭雪申冤。由于当时大多数误判案件中尚未保存可供进行DNA检测的证据，“百夫长事工”的主要工作是自担费用，实地调查走访，为身无分文的无辜者提供完全免费的法律援助，并且帮助每个通过其努力得以无罪释放的人寻找住所、工作和重新融入社会。该组织已成功帮助数十位无辜者重获自由。“百夫长事工”可谓美国“无辜者拯救计划”的发端和先行者。

1992年，美国的谢克和诺伊费尔德创立了全美首个“无辜者拯救项目”，2004年，其成为独立的非营利组织，但事实上该组织自成立以来就主要依附于纽约叶史瓦大学本杰明·N. 卡多佐法学院，该组织的创始人和核心成员多为该法学院的教授或兼职教师。“无辜者拯救项目”的自我定位是：“作为全国性的诉讼和公共政策组织，旨在通过定罪后的DNA检测使遭受误判的人获得无罪释放，并且改革美国的刑事司法系统，以预防新的司法不公。”2015年，纽约的“无辜者拯救项目”有72名专职人员，设置有律师、律师助理、案件分析师等职位。据统计，在纽约的“无辜者拯救项目”所有的求助申请中，43%的案件通过检测证明了申请者的无辜，42%的案件则进一步确认了检方的指控，另有15%的案件DNA检测结果是非确定性的或者不足以作为证据使用。

此后，随着DNA技术的大力推广及其在释冤中的广泛应用，类似的“无辜者拯救项目”如雨后春笋般在美国各地成立。发展至今，美国大部分州都至少有一个“无辜者拯救项目”类组织，其多为大学法学院内部设立的实践教学机构或附属于大学法学院的非营利性组织。很多法学院的教授、学生以及律师都自愿加入这类组织中为无辜者提供帮助。2000年，10个类似组织齐聚芝加哥，召开了首届“无辜者网络”大会。截止到2015年5月，“无辜者网络”已经有69个正式成员，而且，其成员已不局限于美国的组织，还包括到澳大利亚、加拿大、新西兰、法国等的组织。

“无辜者拯救项目”获取案源的渠道主要包括直接受理无罪申请者的来信、法院分派、社会机构和提供法律服务者的推荐、利用媒体获得的可能无辜案件等。面对堆积如山的无罪申请，“无辜者拯救项目”会通过“预先筛选评估”“审查筛选问卷”“初步调查”等步骤，从中有效筛选出既满足案件受理标准又具有翻案可能性的案

---

① 李奋飞．刑事误判治理中的社会参与：以美国无辜者计划为范例．比较法研究，2016（1）：76－95；石头．美国“无辜者拯救项目”始末．（2014－06－23）［2022－08－02］．https://world.huanqiu.com/article/9CaKrnJF6Mt. Vanessa Meterko，Jaime Henderson，Prahelika Gadtaula. Just Data：Advancing the Lnnocence Movement：An Introduction to the 2022 Innocence Project Scholarship Issue，Wrongful Conviction Law Review (WCLR). Vol. 3，Issue 3 (2022)：163－165.

件。一般而言，为了实现“向最困窘的无辜蒙冤者提供他们最难以得到却最急需的法律服务”，“无辜者拯救项目”均设置有严格的受理标准，这些要求通常包括：“申请人无力聘请私人律师或者无法获得委派律师的帮助”，无罪申请案件必须用尽所有可能的直接上诉权，案件存在可供检测的 DNA 证据。此外，大多数组织还要求被关押的申请人必须被判有重罪或者还有很长时间的刑期没有执行完毕，以及申请案件必须是申请人可能实际无辜的案件。部分组织有受理案件地域上的限制。

“无辜者拯救项目”通过多年发展，取得了令人瞩目的成就，不仅帮助不少无辜者洗脱罪名，重获自由，开始了新的生活，也推动了美国刑事司法及刑事立法的完善，提高了公众对误判问题的认识，增加了错案防纠的社会参与，同时还促进了与误判有关的学术研究以及美国“诊所式”法学教育的发展，丰富了法律实践教学的手段和方式。美国政界对“无辜者拯救项目”也普遍支持，最显著的体现是美国国会 2004 年以绝对高票通过的《普遍公正法》，该法赋予联邦司法系统中囚犯在申请定罪后 DNA 检测程序、法律代理和政府赔偿等方面的优待，同时也通过“激励资金援助”，鼓励各州的司法系统建立定罪后 DNA 检测项目。

五、文献荐读

1. 封利强. 刑事错案的防范与纠正机制. 杭州：浙江工商大学出版社，2019.

2. 程相鹏. 刑事再审程序专论. 北京：中国政法大学出版社，2018.

3. 焦悦勤. 刑事审判监督程序研究. 北京：法律出版社，2013.

4. [德] 托马斯·达恩史戴特. 失灵的司法 德国冤错案启示录. 郑惠芬，译. 北京：法律出版社，2017.

5. [加] 肯特·罗奇. 错案问题比较研究. 蒋娜，译，北京：中国检察出版社，2015.

6. 何家弘，刘译砜. 刑事错案申诉再审制度实证研究. 国家检察官学院学报，2015 (6).

第十七章　执行程序

一、原理精析

（一）执行程序概述

1. 执行的概念和特点

在刑事诉讼程序中，执行是指刑罚执行机关将已生效的判决、裁定所确定的内容付诸实施的诉讼活动。根据法院生效判决所确定的刑罚内容，刑事执行可分为死刑的执行、无期徒刑的执行、有期徒刑的执行、拘役的执行、管制的执行以及各种附加刑的执行。

执行程序具有以下特点：(1) 合法性，是指刑罚执行机关所执行的对象必须是已经发生法律效力的判决和裁定，执行活动必须依照法律规定的程序进行。(2) 强制性，是指已经发生法律效力的判决和裁定具有普遍的约束力，任何机关、团体和个人都应当执行。尤其是被判刑人，不论其是否同意裁判所确定的内容，都应当被强制无条件执行。(3) 排他性，是指对于一起案件，只能作出一个有效的判决，此判决没有被依法定程序撤销以前，不能作出其他的判决，同时也不允许出现与其相矛盾的其他处理决定。(4) 及时性，是指人民法院的判决和裁定一经生效就应当迅速执行，任何机关、团体和个人都无权阻止和拖延。(5) 执行主体的广泛性，是指有权力和职责执行生效裁判的机关、单位和机构在范围上的宽泛性和层次上的多样化。

2. 执行的性质

刑事执行权作为一种国家权力可以分为执行实施权和执行裁判权。前者主要是指执行机关将各种生效裁判交付实施以及对被执行人进行监管、矫正等方面的权力，后者则是指刑事执行机关对生效裁判的内容及其执行方式作出变更的权力。由于生效裁判是经过法定程序作出的法律结论，其具有强制性和终局性，而执行是将判决或裁定中所宣告的刑罚和其他决定付诸实施，因此它在整个刑事诉讼过程中占有重要地位，故对于生效裁判的内容和执行方式的变更必须严格遵守正规的法定程序，且应当将其纳入刑事执行中的诉讼问题进行探讨。

3. 执行的依据

刑事执行的依据是已经发生法律效力的判决和裁定。依据《刑事诉讼法》第259条、《刑法》第48条和《高法解释》第417条、第429条第1款的规定，发生法律效力的判决和裁定包括四种：已过法定期限没有上诉、抗诉的判决和裁定；终审的判决和裁定；高级人民法院核准的死刑缓期二年执行的判决和裁定；最高人民法院的判决和核准的死刑，对具有特殊情况的案件在法定刑以下处刑、特殊假释核准的裁判。

4. 执行的主体

有权力和职责执行生效裁判的机关，皆为执行主体，包括人民法院、人民检察院、公安机关、监狱、未成年犯管教所、拘役所、看守所、社区矫正机构等。按照各执行主体的职能的不同，可以把执行主体分为三类：（1）执行机关。执行机关负责将生效裁判所确定的刑罚付诸实施，包括人民法院、监狱、看守所、公安机关、未成年犯管教所和社区矫正机构。这些执行机关及其所执行的刑罚种类分别是：人民法院负责对无罪、免予刑事处罚、罚金、没收财产和死刑立即执行判决的执行；监狱和未成年犯管教所负责对无期徒刑和有期徒刑判决的执行，监狱还负责对死缓判决的执行；对于被判处有期徒刑的罪犯，在被交付执行刑罚前，剩余刑期在3个月以下的，由看守所代为执行；对被判处拘役、剥夺政治权利的罪犯，由公安机关执行；社区矫正机构负责对被判处管制、宣告缓刑、假释或者暂予监外执行的罪犯的执行。（2）执行指挥机关。以死刑立即执行案件为例，需要由多机关共同参与，如法院负责行刑和整体的指挥，公安机关负责执行场所的警戒，人民检察院负责临场监督。（3）执行监督机关。人民检察院是刑事执行的监督机关。人民检察院对执行活动实行监督的主要内容包括：在人民法院执行死刑时，同级人民检察院派员临场监督；对决定暂予监外执行、减刑、假释以及罪犯在服刑期间又犯罪等情形，人民检察院实行监督；监狱和其他执行机关在执行中，如果认为有错误或罪犯提出申诉而转请人民检察院处理的，由人民检察院依法加以处理。

（二）各种判决、裁定的执行程序

1. 死刑立即执行判决的执行

依据我国《刑事诉讼法》和《高法解释》的规定，死刑立即执行判决的执行可以大致分为三个阶段。

第一阶段为：执行死刑前。死刑立即执行命令的签发和期限。最高人民法院判处和核准的死刑立即执行的判决，应当由最高人民法院院长签发执行死刑的命令。最高人民法院的执行死刑命令，由高级人民法院交付第一审人民法院执行。第一审人民法院接到执行死刑命令后，应当在7日内执行。临场执行死刑时，由人民法院审判人员负责指挥执行。对于执行死刑的主体，人民法院有条件执行的，应交付司法警察执行；没有条件执行的，可交公安机关的武装警察执行。执行死刑前，指挥执行的审判人员应当对罪犯验明正身，讯问有无遗言、信札，并制作笔录，再交执行人员执行死刑。执行死刑应当公布，禁止游街示众或者其他有辱罪犯人格的行为。此外，死刑罪犯执行前应保障同近亲属会见权。依据《高法解释》第505条的规定：第一审人民法院在执行死刑前，应当告知罪犯有权会见其近亲属。罪犯申请会见并提供具体联系方式的，人民法院应当通知其近亲属。确实无法与罪犯近亲属取得联系，或者其近亲属拒绝会见的，应当告知罪犯。罪犯近亲属申请会见的，人民法院应当准许并及时安排，但罪犯拒绝会见的除外。罪犯拒绝会见的，应当记录在案并及时告知其近亲属；必要时，应当录音录像。罪犯申请会见未成年子女的，应当经未成年子女的监护人同意；会见可能影响未成年人身心健康的，人民法院可以通过视频方式安排会见，会见时监护人应当在场。会见一般在罪犯羁押场所进行。会见情况应当记录在案，附卷存档。

第二阶段为：执行死刑。关于执行死刑的方法。依据《刑事诉讼法》第263条第2款的规定，采用枪决、注射以外的其他方法执行死刑的，应当先报请最高人民法院批准。关于执行死刑的场所。执行的场所应当在刑场或者指定的羁押场所。所谓“刑场”是传统意义上由执行机关设置的执行死刑的场所。刑场不得设在繁华地区、交通要道和旅游区附近。所谓“指定的羁押场所”是人民法院指定的监狱或看守所。执行死刑应严格控制刑场，除依法执行死刑的司法工作人员以外，其他任何人不准进入刑场。

第三阶段为：执行死刑后。执行死刑后，在场书记员应当写成笔录，笔录应当记明执行的具体情况，包括执行死刑的时间、地点、方法，指挥执行的审判人员、临场监督的人民检察院检察人员、负责执行人员的姓名，执行死刑具体情况等。交付执行的人民法院应将执行死刑的情况以及所附执行死刑前后的照片，及时逐级报告核准死刑的最高人民法院。此外，执行死刑后，交付执行的人民法院应当通知罪犯家属，做好罪犯遗物、遗款清点移交工作。罪犯被执行死刑后的骨灰或尸体，由负责执行的人民法院通知罪犯家属在期限内领取。没有火化条件或者因民族、宗教等原因不宜火化的，通知领取尸体。过期不领取的，由人民法院通知有关单位处理，并要求有关单位出具处理情况的说明。罪犯骨灰或尸体的处理情况，应当记录在案。

2. 死缓、无期徒刑、有期徒刑和拘役判决的执行

死刑缓期二年执行、无期徒刑、有期徒刑、拘役虽然都属于限制人身自由的刑罚，但由于犯罪性质不同、刑种不同、刑期不同、犯罪人是否成年不同等，其执行方式、执行场所等方面都有所不同。

（1）执行主体。依据《刑事诉讼法》第264条的规定，罪犯被交付执行刑罚的时候，应当由交付执行的人民法院在判决生效后10日以内将有关的法律文书送达公安机关、监狱或者其他执行机关。对被判处死刑缓期二年执行、无期徒刑、有期徒刑的罪犯，由公安机关依法将该罪犯送交监狱执行刑罚。对被判处有期徒刑的罪犯，

在被交付执行刑罚前，剩余刑期在3个月以下的，由看守所代为执行。对被判处拘役的罪犯，由公安机关执行。对未成年犯应当在未成年犯管教所执行刑罚。对那些不需要再由监所关押执行的罪犯，将判决、裁定、决定文书送交社区矫正机构执行。

(2) 执行中的文书移送。依据《刑事诉讼法》第264条第1款的规定，罪犯被交付执行刑罚的时候，应当由交付执行的人民法院在判决生效后10日以内将有关的法律文书送达公安机关、监狱或者其他执行机关。送达法律文书有利于执行机关了解罪犯的犯罪性质、认罪态度等，以便于执行机关有针对性地进行教育改造，充分发挥刑罚执行的作用。依据《监狱法》第16条和《高法解释》第511条的规定，这些文书包括：1）人民检察院的起诉书副本、自诉状复印件；2）人民法院的判决书、裁定书；3）人民法院的执行通知书；4）人民法院的结案登记表。监狱没有收到上述文件的，不得收监；上述文件不齐全或者记载有误的，作出生效判决的人民法院应当及时补充齐全或者作出更正；对其中可能导致错误收监的，不予收监。

(3) 交付执行的期限。《监狱法》第15条规定："人民法院对被判处死刑缓期二年执行、无期徒刑、有期徒刑的罪犯，应当将执行通知书、判决书送达羁押该罪犯的公安机关，公安机关应当自收到执行通知书、判决书之日起1个月内将该罪犯送交监狱执行刑罚。罪犯在被交付执行刑罚前，剩余刑期在3个月以下的，由看守所代为执行。"该条第2款的规定旨在减少手续、节省时间和利于改造，与此同时也应当注意，在看守所执行应当同未决犯罪嫌疑人、被告人分别关押、区别对待。依据《高法解释》第512条的规定，同案审理的案件中，部分被告人被判处死刑，对未判处死刑的同案被告人需要羁押执行刑罚的，应当在其判决、裁定生效后10日内交付执行。但是该同案被告人参与实施有关死刑之罪的，应当在最高人民法院复核讯问被判处死刑的被告人后交付执行。

(4) 关于收押和执行程序。依据《监狱法》第17、18条的规定，罪犯被交付执行刑罚，送达的法律文书齐备没有错误的，应当予以收监。罪犯收监后，监狱应当对其进行身体检查。经检查，对于具有暂予监外执行情形的，监狱可以提出书面意见，报省级以上监狱管理机关批准。同时，对罪犯收监时，应当严格检查其人身和所携带的物品。非生活必需品，由监狱代为保管或者征得罪犯同意退回其家属，违禁品予以没收。

(5) 关于刑期的计算。被判处有期徒刑、拘役的刑期，从判决执行之日起计算，判决前被拘留和逮捕的，羁押1日抵刑期1日；被指定居所监视居住的，2日折抵刑期1日。服刑期满，执行机关应立即释放并发放释放证明。死刑缓期执行的期间，从判决或者裁定核准死刑缓期执行的法律文书宣告或者送达之日起计算。死刑缓期执行期满，依法应当减刑的，人民法院应当及时减刑，死刑缓期执行期满减为无期徒刑、有期徒刑的，刑期自死刑缓期执行期满之日起计算。

3. 有期徒刑缓刑、拘役缓刑判决的执行

(1) 缓刑的条件与执行机关。依据《刑法》第72条的规定，缓刑包括拘役缓刑和有期徒刑缓刑，是人民法院对于被判处拘役、3年以下有期徒刑的犯罪分子，依据其犯罪情节和悔罪表现，认为没有再犯罪的危险，且宣告缓刑不会对所居住社区产生重大的不良影响的，规定一定的考验期，暂缓其刑罚的执行，若犯罪分子在考验期内没有发生法定撤销缓刑的情形，原判刑罚就不再执行的制度。依据《刑事诉讼法》第269条的规定，对被判处管制、宣告缓刑、假释或暂予监外执行的罪犯，依法实行社区矫正，由社区矫正机构负责执行。

(2) 宣告缓刑的程序。依据《高法解释》第519条的规定，对被宣告缓刑的罪犯，人民法院应当依法确定社区矫正执行地。社区矫正执行地为罪犯的居住地；罪犯在多个地方居住的，可以确定其经常居住地为执行地；罪犯的居住地、经常居住地无法确定或者不适宜执行社区矫正的，应当根据有利于罪犯接受矫正、更好地融入社会的原则，确定执行地。宣判时，应当告知罪犯自判决、裁定生效之日起10日以内到执行地社区矫正机构报到，以及不按期报到的后果。人民法院应当自判决、裁定生效之日起5日以内通知执行地社区矫正机构，并在10日以内将判决书、裁定书、执行通知书等法律文书送达执行地社区矫正机构，同时抄送人民检察院和执行地公安机关。人民法院与社区矫正执行地不在同一地方的，由执行地社区矫正机构将法律文书转送所在地的人民检察院和公安机关。

(3) 缓刑考验期。对于被判处有期徒刑、拘役缓刑的罪犯，在宣告缓刑时，应当同时宣告缓刑考验期。依据《刑法》第73条的规定，拘役的缓刑考验期为原判刑期以上1年以下，但是不能少于2个月。有期徒刑的缓刑考验期为原判刑期以上5年以下，但是不能少于1年。

(4) 宣告缓刑后的限制。被宣告缓刑的罪犯没有附加剥夺政治权利的，缓刑期间不应限制其政治权利，参加劳动的实行同工同酬。依据《刑法修正案（八）》的规定，可以根据犯罪情况同时禁止罪犯在缓刑考验期内从事特定活动、进入特定区域和场所或接触特定的人，禁止令由司法行政机关指导管理的社区矫正机构负责执行。

(5) 缓刑考验期满。如果罪犯在考验期内没有违反《刑法》第75条的规定及人民法院判决书中的禁止令，缓刑考验期满，原判刑罚不再执行，并向群众公开宣告；如果罪犯在考验期内犯新罪或发现判决宣告以前还有其他没有判决的罪行，应当撤销缓刑，对新罪或漏罪作出判决，然后把前罪和后罪依照数罪并罚原则决定执行的刑罚，收监执行。被宣告缓刑的罪犯，在缓刑考验期内违反法律、行政法规以及有关缓刑监督管理规定，情节严重的，应当撤销缓刑，执行原判刑罚。已执行的缓刑考验期不能折抵刑期，但是判决执行前先行羁押日期应予折抵。

4. 管制判决的执行

(1) 管制的内涵与执行机关。管制是我国独创的独立的刑种，是指对罪犯不予关押，但限制其一定人身自由、依法实行社区矫正的刑罚方法。管制是我国主刑中最轻的一种刑罚方法，属于限制自由刑。对判处管制的犯罪分子，依据《刑事诉讼法》第269条规定，依法实行社区矫正，由社区矫正机构负责执行。

(2) 管制期限。依据《刑法》第38条第1款和第41条的规定，管制的期限为3个月以上2年以下，从判决执行之日起计算；判决执行以前先行羁押的，羁押1日折抵刑期2日；判决执行以前被指定居所监视居住的，监视居住1日折抵刑期

1日。

(3) 管制执行期间的义务。依据《刑法》第39条的规定，被判处管制的犯罪分子，在执行期间，应当遵守下列规定：遵守法律、行政法规、服从监督；未经执行机关批准不得行使言论、出版、集会、结社、示威自由的权利；按执行机关规定报告活动情况；遵守关于会客的规定；离开所居住的市、县或迁居，应经批准。此外，依据《刑法》第38条第2款的规定，人民法院还可以根据犯罪情况，同时禁止犯罪分子在执行期间从事特定活动，进入特定区域、场所，接触特定的人。违反禁止令的规定的，由公安机关依照《治安管理处罚法》的规定处罚。

5. 剥夺政治权利判决的执行

剥夺政治权利，是指剥夺犯罪分子参加国家管理与政治活动权利的刑罚方法，属于资格刑。具体是指剥夺下列权利：选举权和被选举权，言论、出版、集会、结社、游行、示威自由的权利，担任国家机关职务的权利，担任国有公司、企业、事业单位和人民团体领导职务的权利。依据《刑事诉讼法》第270条的规定，被判处剥夺政治权利的罪犯，由公安机关执行。剥夺政治权利既可以附加适用，也可以独立适用。

6. 罚金、没收财产的执行

(1) 罚金的内涵与执行主体。罚金，是人民法院依法判决犯罪公民或犯罪单位，向国家缴纳一定数额金钱的刑罚方法，不得以其他刑罚代替罚金。罚金判决由第一审人民法院负责裁判执行的机构执行。依据《刑法》第53条的规定，我国罚金刑的执行方式分为：一次缴纳、分期缴纳、强制缴纳、随时追缴。罚金应当在判决、裁定发生法律效力后3个月内执行完毕，至迟不能超过6个月。依据《高法解释》第523条、第524条和最高人民法院《关于财产刑执行问题若干问题的规定》第11条的规定，罚金在判决规定的期限内一次或者分期缴纳，期满无故不缴纳或者未足额缴纳的，人民法院应当强制缴纳，经强制缴纳仍不能全部缴纳的，在任何时候，包括主刑执行完毕后，发现被执行人有可供执行的财产的，应当追缴。因遭遇不能抗拒的灾祸等情形而缴纳罚金确有困难，执行人申请延期缴纳、酌情减少或者免除罚金的，应当提交相关证明材料，人民法院应当在收到申请后1个月以内作出裁定。符合法定条件的，应当准许；不符合条件的，驳回申请。行政机关对被告人就同一事实已经处以罚款的，人民法院判处罚金时应当折抵，扣除行政处罚已执行的部分。

中止执行或终结执行的情形。依据《财产刑执行规定》第8条的规定，执行财产刑过程中，具有下列情形之一的，人民法院应当裁定中止执行，中止执行的原因消除后，恢复执行：执行标的物系人民法院或者仲裁机构正在审理案件的争议标的物，需等待该案件审理完毕确定权属的；案外人对执行标的物提出异议的；应当中止执行的其他情形。依据《高法解释》第529条的规定，在执行财产刑过程中，具有下列情形之一的，人民法院应当裁定终结执行：据以执行的判决、裁定被撤销的；被执行人死亡或者被执行死刑，且无财产可供执行的；被判处罚金的单位终止，且无财产可供执行的；依照《刑法》第53条规定免除罚金的；应当终结执行的其他情形。

（2）没收财产的执行。没收财产，是指将犯罪分子个人所有财产的部分或全部强制无偿地收归国有的刑罚方法。没收财产的范围，仅限于犯罪分子本人所有的部分或全部财产，不得没收属于犯罪分子家属所有或应有的财产。没收财产可以附加适用，也可以独立适用。没收财产的判决，无论是附加适用还是独立适用，都由人民法院执行；在必要的时候，可以会同公安机关执行。对于没收的财产，人民法院应当按照有关规定及时上缴国库或财政部门，任何机关、单位和个人都不得私用、调换及压价拍卖或变相私分。对于没收财产以前罪犯所负的正当债务，需要以没收的财产偿还的，经债权人请求，应当偿还。

7. 无罪判决、免除刑罚判决的执行

无罪判决，是指人民法院依法确认被告人的行为不构成犯罪或者依法不追究和不能追究其刑事责任的一种决定。而免除刑事处罚判决，是人民法院依法作出的确认被告人有罪但因具有法定免除刑罚情形而免予刑事处罚的决定。依据《刑事诉讼法》第260条的规定，第一审人民法院判决被告人无罪、免除刑事处罚的，如果被告人在押，在宣判后应当立即释放。由此可知，无罪、免除刑事处罚的判决，由人民法院执行。同时，如果人民法院作出无罪和免除刑罚判决，在其未发生法律效力以前，就应当立即释放已被羁押的被告人。由人民法院将无罪或者免除刑事处罚的判决书连同执行通知书送交看守所，看守所在接到上述法律文书后应当立即释放被关押的被告人。

应当注意的是，立即释放在押被告人并不符合我国《刑事诉讼法》第259条第1款规定的判决和裁定在发生法律效力后执行，故其并不属于刑事执行，而是刑事诉讼法的一项特殊规定，旨在使无罪的公民及时恢复人身自由或使虽然有罪但免除刑事处罚的人及时得到法律保护。

8. 社区矫正的执行

社区矫正是指将符合条件的罪犯放置于社区内，由专门国家机关在相关社会团体和民间组织以及社会志愿者的协助下，在判决、裁定或决定确定的期限内，矫正其犯罪心理和行为恶习，并促进其顺利回归社会的非监禁刑罚执行活动。它是与监禁矫正相对的一种行刑方式，也是为克服监狱行刑罪犯易交叉感染、重报应惩罚的局限性而作出的理性选择。

（1）社区矫正的适用范围及执行机关。依据《刑事诉讼法》第269条的规定，对被判处管制、宣告缓刑、假释或者暂予监外执行的罪犯，依法实行社区矫正。依据《刑事诉讼法》的规定，社区矫正的执行机关为社区矫正机构。国务院司法行政部门主管全国的社区矫正工作，县级以上地方人民政府司法行政部门主管本行政区域内的社区矫正工作，人民法院、人民检察院、公安机关和其他有关部门依照各自职责，依法做好社区矫正工作。人民检察院依法对社区矫正工作实行法律监督。

（2）关于社区矫正的交付执行及接收。《社区矫正法》第20条规定，社区矫正决定机关应当自判决、裁定或者决定生效之日起5日内通知执行地社区矫正机构，并在10日内送达有关法律文书，同时抄送人民检察院和执行地公安机关；社区矫正决定地与执行地不在同一地方的，由执行地社区矫正机构将法律文书转送所在地的人民检察院、公安机关。《社区矫正法》第 21 条规定，人民法院判处管制、宣告缓刑、裁定假释的社区矫正对象，应当自判决、裁定生效之日起 10 日内到执行地社区矫正机构报到；人民法院决定暂予监外执行的社区矫正对象，由看守所或者执行取保候审、监视居住的公安机关自收到决定之日起 10 日内将社区矫正对象移送社区矫正机构；监狱管理机关、公安机关批准暂予监外执行的社区矫正对象，由监狱或者看守所自收到批准决定之日起 10 日内将社区矫正对象移送社区矫正机构。《社区矫正法》第 22 条规定，社区矫正机构应当依法接收社区矫正对象，核对法律文书、核实身份、办理接收登记、建立档案，并宣告社区矫正对象的犯罪事实、执行社区矫正的期限以及应当遵守的规定。

(3) 社区矫正的内容。《社区矫正法》第 23、26 条规定，社区矫正对象在社区矫正期间应当遵守法律、行政法规，履行判决、裁定、暂予监外执行决定等法律文书确定的义务，遵守国务院司法行政部门关于报告、会客、外出、迁居、保外就医等监督管理规定，服从社区矫正机构的管理。社区矫正机构应当了解掌握社区矫正对象的活动情况和行为表现。社区矫正机构可以通过通信联络、信息化核查、实地查访等方式核实有关情况，有关单位和个人应当予以配合。社区矫正机构开展实地查访等工作时，应当保护社区矫正对象的身份信息和个人隐私。此外，《社区矫正法》第 27 条规定，社区矫正对象离开所居住的市、县或者迁居，应当报经社区矫正机构批准。社区矫正机构对于有正当理由的，应当批准；对于因正常工作和生活需要经常性跨市、县活动的，可以根据情况，简化批准程序和方式。因社区矫正对象迁居等原因需要变更执行地的，社区矫正机构应当按照有关规定作出变更决定，社区矫正机构作出变更决定后，应当通知社区矫正决定机关和变更后的社区矫正机构，并将有关法律文书抄送变更后的社区矫正机构。变更后的社区矫正机构应当将法律文书转送所在地的人民检察院、公安机关。

(4) 社区矫正程序的终止。社区矫正对象矫正期满或者被赦免的，社区矫正机构应当向社区矫正对象发放解除社区矫正证明书，并通知社区矫正决定机关、所在地的人民检察院、公安机关。社区矫正对象被裁定撤销缓刑、假释，被决定收监执行，或者社区矫正对象死亡的，社区矫正终止。

(5) 对涉罪未成年人的社区矫正。《社区矫正法》在第七章以专章设立了未成年人社区矫正的特别规定，体现了对涉罪未成年人实行教育、感化、挽救的方针，坚持“教育为主、惩罚为辅”的原则。由于未成年人的人生观、价值观、道德观的可塑性很强，他们的思想很容易被影响，因此，选择社区矫正的方式有利于教育和帮扶未成年人，消除其犯罪心理，纠正其行为缺点，使之更好地回归社会。

依据《社区矫正法》的规定，社区矫正机构应当根据未成年社区矫正对象的年龄、心理特点、发育需要、成长经历、犯罪原因、家庭监护教育条件等情况，采取有针对性的矫正措施。社区矫正机构为未成年社区矫正对象确定矫正小组，应当吸收熟悉未成年人身心特点的人员参加；未成年人的社区矫正，应当与成年人分别进行。未成年社区矫正对象的监护人应当履行监护责任，承担抚养、管教等义务。监护人怠于履行监护职责的，社区矫正机构应当督促、教育其履行监护责任。监护人拒不履行监护职责的，通知有关部门依法作出处理。对未完成义务教育的未成年社区矫正对象，社区矫正机构应当通知并配合教育部门为其完成义务教育提供条件。未成年社区矫正对象的监护人应当依法保证其按时入学接受并完成义务教育。年满16周岁的社区矫正对象有就业意愿的，社区矫正机构可以协调有关部门和单位为其提供职业技能培训，给予就业指导和帮助。未成年社区矫正对象在复学、升学、就业等方面依法享有与其他未成年人同等的权利，任何单位和个人不得歧视。有歧视行为的，应当由教育、人力资源和社会保障等部门依法作出处理。

（三）执行变更

1. 死刑立即执行的变更

（1）变更的条件。对已经发生法律效力的死刑判决，在执行过程中发现具有法定情形的，应当“停止执行”或“暂停执行”。依据《刑事诉讼法》第262条的规定，下级人民法院接到最高人民法院执行死刑的命令后，应当在7日以内交付执行。但是发现有下列情形之一的，应当停止执行，并立即报告最高人民法院，由最高人民法院作出裁定：在执行前发现判决可能有错误的，此处的“错误”是指该生效判决在认定事实或适用法律上可能有错误；在执行前罪犯揭发重大犯罪事实或者有其他重大立功表现，可能需要改判的；罪犯正在怀孕的，此处的“正在怀孕”应作扩大解释，是指罪犯从被羁押到执行死刑前，曾经怀过孕的，均视为“正在怀孕”。

《高法解释》第500条第1款规定，下级人民法院在接到执行死刑命令后、执行前，发现有下列情形之一的，应当暂停执行，并立即将请求停止执行死刑的报告和相关材料层报最高人民法院：罪犯可能有其他犯罪的；共同犯罪的其他犯罪嫌疑人到案，可能影响罪犯量刑的；共同犯罪的其他罪犯被暂停或者停止执行死刑，可能影响罪犯量刑的；罪犯揭发重大犯罪事实或者有其他重大立功表现，可能需要改判的；罪犯怀孕的；判决、裁定可能有影响定罪量刑的其他错误的。此外，依据《刑法》规定，停止执行的情形还应当包括发现罪犯属于犯罪时未满18周岁或者审判时已满75周岁（特别残忍手段致人死亡的除外）的人。

（2）变更的程序。依据《高法解释》第501、503条的规定，无论是停止执行还是暂停执行的决定，一经作出，就应当立即报告核准死刑的最高人民法院，并由该院院长签发停止执行死刑命令，下级人民法院接到最高人民法院裁定停止执行死刑后，应当立即会同有关部门调查核实停止执行死刑的事由，并及时将调查结果和意见层报最高人民法院审核。经核实认为原判正确，且不具有《刑事诉讼法》第262条第1款第2、3项规定的情形的，应当报请最高人民法院院长再次签发执行死刑的命令，并注明撤销停止执行死刑的决定后，才能执行死刑；若经审核认为可能影响定罪量刑的，应当裁定下级人民法院停止执行死刑。最高人民法院对下级人民法院报送请求停止执行死刑的调查结果和相关材料，由作出核准死刑裁判的原合议庭负责审查，必要时，依法另行组成合议庭进行审查。

（3）依法已停止执行的后果。依据《高法解释》第504条的规定，最高人民法院对于依法已停止执行死刑的案件，依照下列情形分别处理：确认罪犯怀孕的，应当改判；确认罪犯有其他犯罪，依法应当追诉的，应当裁定不予核准死刑，撤销原判，发回重新审判；确认原判决、裁定有错误或者罪犯有重大立功表现，需要改判的，应当裁定不予核准死刑，撤销原判，发回重新审判；确认原判决、裁定没有错误，罪犯没有重大立功表现，或者重大立功表现不影响原判决、裁定执行的，应当裁定继续执行死刑，并由院长重新签发执行死刑的命令。

2. 死刑缓期二年执行的变更

死刑缓期二年执行是对罪该判处死刑但具有不必立即执行的法定条件而在判处死刑的同时宣告缓期二年执行，实行监督改造以观后效的制度。死刑缓期执行必然产生减刑或执行死刑两种结果，均涉及执行的变更。

（1）变更条件。依据《刑事诉讼法》第 261 条第 2 款的规定，被判处死刑缓期二年执行的罪犯，在死刑缓期执行期间，如果没有故意犯罪，死刑缓期执行期满，应当予以减刑的，由执行机关提出书面意见，报请高级人民法院裁定；如果故意犯罪，情节恶劣，查证属实，应当执行死刑的，由高级人民法院报请最高人民法院核准；对于故意犯罪未执行死刑的，死刑缓期执行的期间重新计算，并报最高人民法院备案。这一规定明确将罪犯是否在考验期内故意犯罪作为死刑缓期二年执行变更的唯一条件。

（2）变更幅度。依据《刑事诉讼法》第 261 条和《刑法》第 50 条的规定，判处死刑缓期二年执行的，在死刑缓期执行期间，如果没有故意犯罪，2 年期满后，减为无期徒刑；如果确有重大立功表现，2 年期满后，减为 25 年有期徒刑；如果故意犯罪，情节恶劣的，报请最高人民法院核准后执行死刑；对于故意犯罪未执行死刑的，死刑缓期执行的期间重新计算，并报最高人民法院备案。对被判处死刑缓期执行的累犯以及因故意杀人、强奸、抢劫、绑架、放火、爆炸、投放危险物质或者有组织的暴力性犯罪被判处死刑缓期执行的犯罪分子，人民法院根据犯罪情节、人身危险性等情况，可以在作出裁判的同时决定对其限制减刑。对上述犯罪分子缓期执行期满后依法减为无期徒刑的，不能少于 25 年，缓期执行期满后依法减为 25 年有期徒刑的，不少于 20 年。

（3）变更程序。1）死缓期间没有故意犯罪的。罪犯在死刑缓期执行期间没有故意犯罪，2 年期满由执行机关提出减刑书面建议，报经省级司法厅（局）监狱管理部门审核后，提交当地高级人民法院依法裁定。减刑裁定书应当发给罪犯及交付执行机关，并将副本送达原审人民法院和对执行机关实行监督的人民检察院。2）死缓期间故意犯罪的。被判处死刑缓期二年执行的罪犯，在死刑缓期执行期间故意犯罪的，应当由罪犯服刑地的监狱进行侦查，侦查终结后移送罪犯服刑地的省级人民检察院审查起诉并向服刑地的中级人民法院提起公诉，人民法院依法审判，所作的判决可以上诉、抗诉。认定构成故意犯罪的判决、裁定发生法律效力后，应当执行死刑的，由高级人民法院报请最高人民法院核准。最高人民法院核准后，由院长签发执行死刑命令，交罪犯服刑地的中级人民法院执行死刑。

3. 暂予监外执行

暂予监外执行，是指对被判处有期徒刑、拘役的罪犯，以及无期徒刑的女性罪犯因具备或出现某种法定特殊情形不宜在监内执行的，暂时将其放在监外交由社区矫正机构执行的一种变通方法。

(1) 暂予监外执行的条件。依据《刑事诉讼法》第 265 条和《暂予监外执行规定》的相关规定，对被判处有期徒刑或者拘役的罪犯，有下列情形之一的，可以暂予监外执行：有严重疾病需要保外就医的；怀孕或者正在哺乳自己婴儿的妇女；生活不能自理，适用暂予监外执行不致危害社会的。对被判处无期徒刑的罪犯，有前述第 2 项规定情形的，可以暂予监外执行。对适用保外就医可能有社会危险性的罪犯，或者自伤自残的罪犯，不得保外就医。对罪犯确有严重疾病，必须保外就医的，由省级人民政府指定的医院诊断并开具证明文件。

(2) 暂予监外执行的程序。1) 决定或批准暂予监外执行的机关。依据《刑事诉讼法》第 265 条至第 267 条规定，对罪犯确有严重疾病，必须保外就医的，由省级人民政府指定的医院诊断并开具证明文件。暂予监外执行决定在两种情况下作出：在交付执行前，暂予监外执行由交付执行的人民法院决定；在交付执行后，暂予监外执行由监狱或者看守所提出书面意见，报省级以上监狱管理机关或者设区的市一级以上公安机关批准，同时应当将书面意见的副本抄送人民检察院。人民检察院可以向决定或者批准机关提出书面意见，决定或者批准暂予监外执行的机关应当将暂予监外执行决定抄送人民检察院。人民检察院认为暂予监外执行不当的，应当自接到通知之日起 1 个月以内将书面意见送交决定或者批准暂予监外执行的机关，决定或者批准暂予监外执行的机关接到人民检察院的书面意见后，应当立即对该决定进行重新核查。

2) 暂予监外执行的矫正和收监程序。依据《刑事诉讼法》第 268 条、第 269 条以及《社区矫正实施办法》的规定，对于暂予监外执行的罪犯，依法实行社区矫正，由社区矫正机构负责执行。在执行中，发现被保外就医的罪犯不符合保外就医条件的，或者严重违反有关保外就医规定的，应当及时收监。执行中，暂予监外执行的情形消失后，刑期未满的，负责执行的机构应当及时通知监狱等有关机关予以收监；刑期届满的，由原关押机关办理释放手续。对于人民法院决定暂予监外执行的罪犯应当予以收监的，由人民法院作出决定，将有关的法律文书送达执行机关。不符合暂予监外执行条件的罪犯通过非法手段被暂予监外执行的，在监外执行的期间不计入执行刑期。罪犯在暂予监外执行期间脱逃的，脱逃的期间不计入执行刑期。罪犯在暂予监外执行期间死亡的，执行机关应当及时通知监狱或者看守所。

4. 减刑和假释

(1) 减刑。依据《刑法》第 78 条、第 80 条的规定，减刑是指被判处管制、拘役、有期徒刑、无期徒刑的罪犯，在执行期间，认真遵守监规，接受教育改造，确有悔改或立功表现的，可以依法减轻其刑罚的一种制度。减刑既可以减少原判刑期，也可以将原判较重的刑种改为较轻的刑种。

1) 减刑的幅度及其限制。依据《刑法》第 78 条至第 80 条的规定，减刑以后实际执行的刑期不能少于下列期限：判处管制、拘役、有期徒刑的，不能少于原判刑期的 1/2；判处无期徒刑的，不能少于 13 年；对同时宣告限制减刑的死刑缓期执行的犯罪分子，缓期执行期满后依法减为无期徒刑的，不能少于25年，缓期执行期满后依法减为25年有期徒刑的，不能少于20年。无期徒刑减为有期徒刑后的刑期，从裁定减刑之日起计算，已经执行的刑期，不应计入减刑后的刑期内，而其他刑罚的刑期，原判刑期已执行的部分，应计入减刑后的刑期。死刑缓期执行减为无期或者有期徒刑的，是一种特殊形式的减刑，与此处所论述的减刑在适用条件、对象和限制方面均有所不同。

2）减刑建议的提出及管辖。依据《刑法》、《刑事诉讼法》和《监狱法》等有关法律规定，对于犯罪分子的减刑，由执行机关向中级以上人民法院提出减刑建议书。人民法院应当组成合议庭进行审理，对确有悔改或者立功事实的，裁定予以减刑，非经法定程序不得减刑。对于被判处管制、拘役、有期徒刑、无期徒刑的罪犯，在执行期间确有悔改或立功表现，应当依法予以减刑时，分别由以下机关审核裁定：对被判处死刑缓期二年执行的罪犯的减刑，由罪犯服刑地的高级人民法院根据同级监狱管理机关审核同意的减刑建议书裁定；对被判处无期徒刑的罪犯的减刑、假释，由罪犯服刑地的高级人民法院，在收到同级监狱管理机关审核同意的减刑、假释建议书后1个月内作出裁定，案情复杂或者情况特殊的，可以延长1个月；对被判处有期徒刑和被减为有期徒刑的罪犯的减刑，由罪犯服刑地的中级人民法院，在收到执行机关提出的减刑建议书后1个月内作出裁定，案情复杂或者情况特殊的，可以延长1个月；对被判处拘役、管制的罪犯的减刑，由罪犯服刑地的中级人民法院，在收到同级执行机关审核同意的减刑、假释建议书后1个月内作出裁定。

（2）假释。

1）假释的条件及限制。依据《刑法》第81、83条的规定，假释是指被判处有期徒刑的罪犯已执行原判刑期1/2以上和被判处无期徒刑的罪犯已执行13年以上刑期的，如果认真遵守监规，接受教育改造，确有悔改表现，没有再犯罪的危险，将其附条件地予以提前释放的制度。如果有特殊情况，经最高人民法院核准，假释也可以不受上述执行刑期的限制，但对于累犯以及因故意杀人、抢劫、强奸、绑架、放火、爆炸、投放危险物质或者有组织的暴力性犯罪被判处10年以上有期徒刑、无期徒刑的犯罪分子，不得假释。

2）假释案件的管辖。依据刑事诉讼法及司法解释的规定，对假释案件的管辖与减刑案件基本相同，即对被判处无期徒刑罪犯的假释，由罪犯服刑地的高级人民法院根据省级监狱管理机关审核同意的监狱假释建议书作出裁定；对于被判处有期徒刑（包括死缓、无期徒刑减刑为有期徒刑）的罪犯的假释，由罪犯服刑的中级人民法院根据当地执行机关提出的假释建议书作出裁定。

（3）对减刑、假释案件的审理程序。为进一步规范减刑、假释案件的审理程序，确保减刑、假释案件审理的合法、公正，依据最高人民法院《关于减刑、假释案件审理程序的规定》的相关规定，对减刑、假释案件的审判，应当遵守如下规定：人民法院受理减刑、假释案件，应当审查执行机关移送的下列材料：减刑或者假释建议书，终审法院裁判文书、执行通知书、历次减刑裁定书的复印件，罪犯确有悔改或者立功、重大立功表现的具体事实的书面证明材料，罪犯评审鉴定表、奖惩审批表等，其他根据案件审理需要应予移送的材料。报请假释的，应当附有社区矫正机构或者基层组织关于罪犯假释后对所居住社区影响的调查评估报告。人民检察院对报请减刑、假释案件提出检察意见的，执行机关应当一并移送受理减刑、假释案件的人民法院。经审查，材料齐备的，应当立案；材料不齐的，应当通知执行机关在3日内补送，逾期未补送的，不予立案。

人民法院审理减刑、假释案件，应当按照下列情形分别处理：被报请减刑、假释的罪犯符合法律规定的减刑、假释条件的，作出予以减刑、假释的裁定；被报请减刑的罪犯符合法律规定的减刑条件，但执行机关报请的减刑幅度不适当的，对减刑幅度作出相应调整后作出予以减刑的裁定；被报请减刑、假释的罪犯不符合法律规定的减刑、假释条件的，作出不予减刑、假释的裁定。在人民法院作出减刑、假释裁定前，执行机关书面申请撤回减刑、假释建议的，是否准许，由人民法院决定。人民法院发现本院已经生效的减刑、假释裁定确有错误的，应当依法重新组成合议庭进行审理并作出裁定；上级人民法院发现下级人民法院已经生效的减刑、假释裁定确有错误的，应当指令下级人民法院另行组成合议庭审理，也可以自行依法组成合议庭进行审理并作出裁定。

（4）缓刑和假释的撤销。依据《高法解释》第542、545条的规定，罪犯在缓刑、假释考验期限内犯新罪或者被发现在判决宣告前还有其他罪没有判决，应当撤销缓刑、假释的，由审判新罪的人民法院撤销原判决、裁定宣告的缓刑、假释，并书面通知原审人民法院和执行机关。人民法院应当在收到社区矫正机构的撤销缓刑、假释建议书后30日以内审查，确认罪犯在缓刑考验期限内具有下列情形之一的，应当作出撤销缓刑的裁定：违反禁止令，情节严重的；无正当理由不按规定时间报到或者接受社区矫正期间脱离监管，超过1个月的；因违反监督管理规定受到治安管理处罚，仍不改正的；受到执行机关二次警告，仍不改正的；违反法律、行政法规和监督管理规定，情节严重的其他情形。撤销缓刑、假释的裁定一经作出，立即生效。人民法院应当将撤销缓刑、假释裁定书送达社区矫正机构和公安机关，并抄送人民检察院，由公安机关将罪犯送交执行，执行以前被逮捕的，羁押1日折抵刑期1日。

5. 新罪、漏罪的追诉程序

新罪是指判决宣告以后，刑罚执行完毕以前，被判刑的犯罪分子又实施了触犯刑法并应当追究刑事责任的行为。漏罪是指判决宣告以后，刑罚执行完毕以前，发现被判刑的犯罪分子在判决宣告以前还有其他尚未被判决的罪行。对服刑罪犯又犯新罪或者发现漏罪的，依据《刑事诉讼法》第273条第1款、第290条以及《监狱法》第60条的规定，应当区分不同情形予以处理。

（1）发现罪犯犯新罪或漏罪的，对于在监狱、未成年犯管教所服刑的罪犯，由执行机关进行侦查，侦查终结后移送人民检察院审查起诉，由有管辖权的人民法院审判；对在看守所、拘役所服刑的罪犯和被宣告缓刑、假释、暂予监外执行的罪犯，以及被判处管制的罪犯，由负责执行的公安机关立案侦查，侦查终结后移送当地人民检察院，由有管辖权的人民法院审判。

（2）对服刑罪犯脱逃后又犯罪的，如果其新罪是监狱捕获罪犯后发现的，由监狱侦查终结后移送起诉；如果其新罪是公安机关捕获罪犯后发现的，由公安机关侦查终结后移送起诉。人民法院对新罪、漏罪作出生效判决，除将判决书送达罪犯外，还应将副本送达原审人民法院、人民检察院和执行机关。

6. 错判和申诉处理

依据《刑事诉讼法》第 275 条和《监狱法》的相关规定，监狱和其他执行机关在刑罚执行中，如果认为判决有错误或者罪犯提出申诉，应当转请人民检察院或者原判人民法院处理。监狱和其他执行机关对于罪犯的申诉及其撤销、变更刑罚的请求，应当及时转递，不得扣押。在罪犯申诉期间，只要人民法院尚未作出撤销原判和改判的裁判，就不能停止对原生效裁判的执行。人民检察院、人民法院接到执行机关转送的认为判决有错误的材料和意见，或者罪犯的申诉后，应当及时进行审查，对原判在认定事实或适用法律上确有错误的，应依法提起审判监督程序。对于不符合再审条件的，可以驳回申诉，并将处理结果通知申诉人和有关执行机关。人民检察院或人民法院应当自收到监狱及其他执行机关提请处理意见书之日起 6 个月内将处理结果通知监狱等执行机关。

（四）执行监督

1. 对执行死刑的监督

依据《刑事诉讼法》第 263 条第 1 款、《高检规则》、《人民检察院临场监督执行死刑工作规则（试行）》的规定，人民法院在交付执行死刑 3 日以前，应当通知同级人民检察院派员临场监督，人民检察院依法对执行死刑实行临场监督，保证执行死刑工作依法、准确、文明和规范进行。人民检察院的监督义务主要有以下几点：核实执行人民法院是否收到最高人民法院核准死刑的判决或者裁定和最高人民法院院长签发的执行死刑命令；依法监督执行死刑的场所、方法和执行死刑的程序是否合法；发现不应当执行死刑情形的，建议执行人民法院停止执行；执行死刑后，监督检查罪犯是否确已死亡；发现和通知纠正执行死刑活动中的违法情况；履行法律、司法解释规定的其他监督任务。

2. 对暂予监外执行的监督

（1）监督对象。依据《刑事诉讼法》第 267 条及《高检规则》的相关规定，决定或者批准暂予监外执行的机关应当将暂予监外执行决定抄送人民检察院。人民检察院发现监狱、看守所、公安机关暂予监外执行的执行活动有违法情形的，应当提出纠正意见。

（2）审查内容。人民检察院接到决定或者批准机关抄送的暂予监外执行决定书后，应当进行审查。审查的内容包括：是否属于被判处有期徒刑或者拘役的罪犯；是否属于有严重疾病需要保外就医的罪犯；是否属于怀孕或者正在哺乳自己婴儿的妇女；是否属于生活不能自理，适用暂予监外执行不致危害社会的罪犯；是否属于适用保外就医可能有社会危险性的罪犯，或者自伤自残的罪犯；决定或者批准机关是否符合《刑事诉讼法》第 265 条第 5 款的规定；办理暂予监外执行是否符合法定程序。检察人员审查暂予监外执行决定，可以向罪犯所在单位和有关人员调查，向有关机关调阅有关材料。

（3）监督程序。依据《高检规则》第 630、632、633、634 条的规定，人民检察院收到监狱、看守所抄送的暂予监外执行书面意见副本后，应当逐案进行审查，发现罪犯不符合暂予监外执行法定条件或者提请暂予监外执行违反法定程序的，应当在 10 日以内报经检察长批准，向决定或者批准机关提出书面检察意见，同时抄送执行机关。人民检察院经审查认为暂予监外执行不当的，应当自接到通知之日起 1 个月以内，向决定或者批准暂予监外执行的机关提出纠正意见。下级人民检察院认为暂予监外执行不当的，应当立即层报决定或者批准暂予监外执行的机关的同级人民检察院，由其决定是否向决定或者批准暂予监外执行的机关提出纠正意见。人民检察院向决定或者批准暂予监外执行的机关提出不同意暂予监外执行的书面意见后，应当监督其对决定或者批准暂予监外执行的结果进行重新核查，并监督重新核查的结果是否符合法律规定。对核查不符合法律规定的，应当依法提出纠正意见，并向上一级人民检察院报告。对于暂予监外执行的罪犯，人民检察院发现罪犯不符合暂予监外执行条件、严重违反有关暂予监外执行的监督管理规定或者暂予监外执行的情形消失而罪犯刑期未满的，应当通知执行机关收监执行，或者建议决定或者批准暂予监外执行的机关作出收监执行决定。

3. 对减刑、假释的监督

依据《刑事诉讼法》第 274 条和《人民检察院办理减刑、假释案件规定》的相关规定，对减刑、假释案件审理、裁定活动的监督，由人民法院的同级人民检察院负责；同级人民检察院对执行机关不承担检察职责的，可以根据需要指定对执行机关承担检察职责的人民检察院派员出席法庭；下级人民检察院发现减刑、假释裁定不当的，应当及时向作出减刑、假释裁定的人民法院的同级人民检察院报告。人民检察院认为人民法院减刑、假释的裁定不当，应当在收到裁定书副本后 20 日以内，向人民法院提出书面纠正意见。人民法院应当在收到纠正意见后 1 个月以内重新组成合议庭进行审理，作出最终裁定，裁定一经宣告，立即生效，交付有关机关执行。

（1）监督程序。人民检察院收到执行机关抄送的减刑、假释建议书副本后，应当逐案进行审查，发现减刑、假释建议不当或者提请减刑、假释违反法定程序的，应当在收到建议书副本后 10 日以内，依法向审理减刑、假释案件的人民法院提出书面意见，同时将检察意见书副本抄送执行机关，案情复杂或者情况特殊的，可以延长 10 日。人民检察院可以派员列席执行机关提请减刑、假释评审会议，了解案件有关情况，根据需要发表意见。人民检察院发现罪犯符合减刑、假释条件，但是执行机关未提请减刑、假释的，可以建议执行机关提请减刑、假释。人民法院开庭审理减刑、假释案件的，人民检察院应当指派检察人员出席法庭，发表检察意见，并对法庭审理活动是否合法进行监督。

（2）监督结果。人民法院应当认真接受人民检察院的监督，在收到纠正意见书后的 1 个月内对案件进行重新审理。为保证人民检察院就该裁定提出的纠正意见得到严肃、正确的处理，人民法院应当依法另行组成合议庭，并作出终审裁定。人民法院作出的终审裁定一经宣告，立即生效，并交付有关机关执行。

二、实践动态

（一）刑事执行程序相关规范性文件

随着刑事执行制度的建立与发展，目前我国关于刑事执行现行有效的相关法律法规如下：《刑法》第35、50、53、54、72、80条；《刑事诉讼法》第259～276条；《监狱法》第11～77条；《社区矫正法》第1～63条；《高法解释》第497～545条；《高检规则》第621～663条；《看守所条例》第1～52条；《人民检察院看守所检察办法》第1～51条；《关于监狱办理刑事案件有关问题的规定》第1～5条；《社区矫正实施办法》第1～40条；《关于对判处拘役的罪犯在执行期间回家问题的批复》《监狱提请减刑假释工作程序规定》《人民检察院办理减刑、假释案件规定》《人民检察院监外执行检察办法》《人民检察院监狱检察办法》《关于全面推进社区矫正工作的意见》《暂予监外执行规定》《最高人民检察院关于加强对监外执行罪犯脱管、漏管检察监督的意见》《人民检察院临场监督执行死刑工作规则（试行）》《最高人民检察院关于全面加强和规范刑事执行检察工作的决定》等。

（二）推进减刑、假释的实质化审理现状与改革方向

党的十八大以来，党中央及司法部高度重视减刑、假释工作，在顶层设计层面，制定出台一系列减刑、假释制度性文件，进一步扎紧制度的篱笆。党的十八届三中全会发布《中共中央关于全面深化改革若干重大问题的决定》，对“严格规范减刑、假释”作出了明确要求。最初，法院审理减刑、假释案件采用书面审查的方式，后来，有些法院探索公开听证的审理方式。《刑法》第79、82条规定了对于减刑、假释案件人民法院应当组成合议庭进行审理，非经法定程序不得减刑、假释；2012年最高人民法院发布的《关于办理减刑、假释案件具体应用法律若干问题的规定》第26条确立了开庭审理与书面审理相结合的减刑、假释案件审理方式。随后在2014年4月，最高人民法院发布《关于减刑、假释案件审理程序的规定》，明确了审理程序，规定了人民法院审理减刑、假释案件，应当依法由审判员或者由审判员和人民陪审员组成合议庭进行，以公开促公正。同年7月，最高人民检察院也发布了《人民检察院办理减刑、假释案件的规定》，规范了对减刑、假释的法律监督。2021年12月，最高人民法院、最高人民检察院、公安部、司法部印发《关于加强减刑、假释案件实质化审理的意见》的通知，严格规范减刑、假释工作，进一步加强了减刑、假释案件实质化审理，确保案件审理公平、公正。减刑、假释开庭审理程序的构建，检察机关对减刑、假释适用的同步监督权的确立，都显示出减刑、假释适用程序不仅实现了司法化，而且走向了公开化和透明化。①

---

① 陈瑞华．刑事诉讼法．北京：北京大学出版社，2021：497.

（三）“终身监禁”制度的设立

随着人类社会的进步与文明的发展，越来越多的国家开始废止或严格限制死刑的适用。在此背景下，对于有严重社会危害性的犯罪行为该如何使犯罪分子的罪刑相适应，设置合理的死刑替代措施就成为国际社会开始探索的问题。以终身监禁替代死刑，逐渐被世界各国，特别是已经废除死刑的国家吸收采纳。终身监禁大致可分为两种模式：一种是以大多数欧洲国家为代表的有假释的终身监禁，另一种是美国大多数州所选择的无假释终身监禁。

2015年我国加大对贪污受贿罪的惩罚力度，在《刑法修正案（九）》中引入了终身监禁制度，即犯贪污、贿赂罪的数额特别巨大、使国家和人民利益遭受特别重大损失，被判处死刑缓期二年执行的罪犯，法院根据犯罪情节等情况可以同时决定，在其死刑缓期执行二年期满依法减为无期徒刑后，终身监禁，不得减刑、假释。不同于域外对于终身监禁的适用，我国目前严格限制了终身监禁的适用范围，明确其仅在重大的贪污贿赂犯罪中适用，并且由于我国目前没有废除死刑，所以终身监禁也不能视为死刑的替代措施，同时其也区别于现行刑法中的无期徒刑。由于终身监禁制度的适用范围具有局限性，并且其在法律中没有明确定位，因此对终身监禁的刑罚属性和适用范围引起了学界广泛的讨论。有学者认为终身监禁是独立的刑罚方法[①]；有学者认为终身监禁是死缓的一种特殊情形，而不是死刑执行方法或特殊刑罚措施[②]；也有学者认为终身监禁依附于死缓制度，属于死缓执行方式。[③] 目前学界对此仍旧没有达成共识，关于终身监禁制度的适用和定位值得继续加以探讨。

三、案例应用

王某变更执行案[④]

【案情】罪犯王某，现在云南省第二监狱服刑。云南省临沧市中级人民法院于2017年10月12日以被告人王某犯运输毒品罪，判处无期徒刑，剥夺政治权利终身，并处没收个人全部财产。裁判生效后，该犯于2018年5月17日被交付执行，现该犯服刑已满2年，执行机关以罪犯王某在无期徒刑服刑改造期间，确有悔改表现为由，建议对该犯减刑。检察机关的意见为：罪犯王某符合减刑条件，建议人民法院对其裁定减刑。

经人民法院审理查明，该犯在无期徒刑服刑改造期间，能够认罪悔罪，接受教育改造，认真遵守法律法规和监规纪律，获记累计分考核表扬6次，另查明，该犯财产刑已被终结执行。上述事实，有执行机关提供的罪犯评审鉴定表、罪犯奖惩审批表、入监登记表、认罪悔罪书、执行裁定书等证据证实，人民法院予以确认。裁

---

① 詹红星．终身监禁的宪法维度．河南财经政法大学学报，2017，32（5）：46-52.

② 张明楷．终身监禁的性质与适用．现代法学，2017，39（3）：77-92.

③ 商浩文，赵秉志．终身监禁新规法理争议问题论要．现代法学，2017，39（4）：166-181.

④ 案例来源：中国裁判文书网，案号：（2022）云刑更240号．

定将王某的无期徒刑，剥夺政治权利终身的刑罚，减为有期徒刑二十二年，剥夺政治权利期限改为十年。

【问题】在王某的减刑听证会上，监狱等刑罚执行机关的代表，究竟是本案的证人，还是程序启动者？如何为此种诉讼程序设置适当的控辩双方？

【评析】依据我国刑事诉讼法的相关规定，我国减刑、假释程序由法院行使减刑、假释的决定，法院在减刑、假释中处于主导地位。最高人民法院《关于减刑、假释案件审理程序的规定》第4、6、9条规定了人民法院审理减刑、假释案件，应当依法由审判员或者由审判员和人民陪审员组成合议庭进行，可以采取开庭审理或者书面审理的方式，同时该规定列明了五种应当开庭审理的情形。此一系列规定的根本目的是希望在减刑、假释程序中也能够依照审判时的诉讼构造，使人民法院处于中立地位，使了解罪犯本身情况的检察机关、执行机关等进行平等的对抗，以求程序正义。

在具体实践中，人民法院虽然对王某的减刑采取了开庭审理的方式，但在审理过程中呈现的却是线性结构。在程序设置上，减刑、假释实际上是监狱与监狱所在地中级人民法院两家的事情，监狱提出减刑、假释的名单，由人民法院负责批准，而其他机关和人员则被排除在程序之外。这就导致在减刑、假释程序中，虽有正当程序之外观，却无正义之实质，由人民法院和执行机关的单向输出所得出的结果显然与对抗式庭审有较大区别。虽然减刑、假释的裁决过程不再因具体的犯罪事实而产生争论，但从保护罪犯权益的角度来看，构建“三角”诉讼结构仍是不可或缺的。

从法理维度而言，减刑、假释程序的“三角结构”与一审、二审程序在实质上是类似的，但是在形式上会有一些差异。在减刑、假释程序中，“三角结构”的三方构成会发生较大的变化：法院作为中立的一方，主要职责是主持庭审，保证双方都能平等地表达自己的意见，而不对罪犯进行直接的讯问；执行机关、罪犯以及罪犯的律师是启动减刑、假释程序的一方，由他们申请减刑、假释，并提供相应的证明；而检察院、被害人以及被害人的律师是减刑、假释程序的监督主体，在减刑、假释审理过程中，其可以提出反对意见并说明理由，并且可以提交对方在减刑、假释过程中的违法违纪证据。在“三角结构”下，减刑、假释案件的审理过程中就需要由监督主体方作为“控方”，对罪犯在日常监督中发现的问题以及审查执行机关抄送的减刑、假释建议书发表意见；由执行机关、罪犯以及罪犯的律师作为“辩方”，对监督主体方提出的意见作出回应和说明。只有双方经过充分的辩论，法官才能作出裁判。由此形成“三角”诉讼模式，在罪犯的减刑、假释审理中充分体现控辩对抗、控辩平衡，以最大限度保障被执行人的权利。

孙某果减刑案①

【案情】1995年，孙某果因犯强奸罪被判处有期徒刑3年，其父母通过伪造病历帮助孙某果非法取保候审、保外就医，致使其未执行刑期2年4个月又12天。

---

① 案例来源：北大法宝，【法宝引证码】CLI. C. 100382181.

1997年4月，本该在监狱服刑的孙某果再次实施严重危害社会及他人人身、财产安全的犯罪行为，1997年8个月内，孙某果及其团伙就有至少8起犯罪，涉及强奸罪、故意伤害罪等。1998年2月18日，昆明市中级人民法院经审理，孙某果因犯强奸罪等罪，数罪并罚，一审被判处死刑后，二审维持原判，但后来死刑未被核准，改为死缓，其后孙某果被投入云南省第一监狱服刑。调查发现，2007年9月，在孙某果案没有新的证据、新的事实的情况下，云南省高级人民法院对孙某果案启动再审，并最终由死缓改判为有期徒刑20年。

2008年10月27日，孙某果以申请人身份向国家知识产权局专利局申请其发明的"联动锁紧式防盗窨井盖"为国家专利，该专利于2009年5月6日在国家知识产权局专利局被公开。检察机关查明，2008年，孙某果的继父李某忠、生母孙某予，分别与时任昆明市中级法院审判监督庭副庭长陈某、云南省第一监狱总工程师王某贵共谋，通过发明创造认定重大立功为正在云南省第一监狱服刑的孙某果减刑。王某贵帮助提供"联动锁紧式防盗窨井盖"的设计材料，在时任云南省第一监狱七监区教导员贝某跃、管教干警周某平等人的帮助下，同监服刑人员按图纸制作出模型，周某平帮助将模型带出监区。2008年10月27日，孙某予以孙某果名义委托昆明大百科专利事务所向国家知识产权局申请实用新型专利。

2009年1月，孙某果由云南省第一监狱转到省二监服刑，其中专利申请在云南省第一监狱上报，获批认定时本人已转到了省二监服刑。2010年4月，孙某果在其减刑申请获得了法院的裁定核准后出狱。调查组调取孙某果服刑期间的记录查证，发现多名监狱管理人员在领导授意下违纪违规，给予孙某果不正常的特殊待遇，孙某果每个月考核都是满分，连续7年被评为劳动改造积极分子，接连获得减刑。从1997年11月孙某果被刑事拘留，至2010年4月出狱，孙某果实际服刑约13年。

2019年12月23日，云南省高级人民法院对孙某果案经再审依法公开宣判，对之前两次改判依法予以撤销，维持1998年一审的死刑判决，并和他出狱后犯组织、领导黑社会性质组织等罪被判处有期徒刑25年的终审判决合并，决定对孙某果执行死刑。2020年2月20日，孙某果被执行死刑。纪检监察机关将涉嫌违法犯罪的公职人员移交司法机关审理，2019年12月15日，19名涉孙某果案公职人员和重要关系人职务犯罪案公开宣判，19人分别被判处2年至20年不等有期徒刑。他们当中不少人过去都身在司法、执法部门，如今却因违法受到制裁，留下沉重的警示。

【问题】检察机关如何在减刑、假释过程中全面落实检察监督？

【评析】执行是诉讼程序的终点。执行阶段会将前面所有程序的成果转化为现实，罪犯也会在执行阶段真正地受到法律的制裁。《刑法》设定了减刑、假释等一系列刑罚执行变更制度，目的在于让认真悔罪或对社会作出贡献的罪犯能有一个改过自新的机会，减轻罪犯的刑罚。但是这一程序的决定权最终在执行机关和人民法院的手中，行政管理权限过大且没有有效的监督和制约，这是孙某果多次成功获得减刑、取保候审从而逃避法律制裁的重要原因。《刑事诉讼法》第274条和《人民检察院办理减刑、假释案件规定》的相关规定赋予了检察机关对减刑、假释程序的监督权，其最基础的功能就是要发现在刑罚执行过程中部分监管人员对权力的滥用，从而通过各种有效的途径、方法追究执行主体人员的责任，纠正其执行的违法违规行为。

但是目前尚无法律在程序上明确赋予检察机关对于作出减刑、假释等决定的事前与事中参与的权力，各地检察机关只能在减刑、假释的决定作出后进行事后监督。孙某果一案历经十余年才启动再审，使孙某果及其他涉案人员受到法律制裁，检察机关的监督缺位，特别是事前和事中的监督缺位是重要原因。基于现行的关于减刑、假释监督的相关规定，建议尽快明确检察机关在减刑、假释裁定过程中所享有的权力，为事前、事中监督提供法律依据，赋予检察机关对刑罚变更执行活动全面的监督权。只有将检察机关的监督权贯穿整个刑罚变更执行程序的全过程，才能从最初的环节上进行预防，并在整个过程中不断地纠正违法行为，保证整个程序的公正性。

除此之外，检察监督权行使的方式直接决定检察监督是否能够对被监督的对象产生约束力，监督是否具有实效性。检察机关在刑罚执行监督中纠正违法的主要方式是根据不同情形向执行机关发出“纠正违法通知书”、“检察建议书”或“建议纠正函”等法律文书。但是“纠正违法通知书”不具有法律意义上的强制力，能否在实际工作中得到执行，完全取决于执行机关对自身违法行为的认知程度和进行纠正的自觉行为，《刑事诉讼法》并没有对“提出纠正意见”或“通知纠正”的后续程序作出后果性的规定，即使执行机关不履行检察机关提出的建议，检察机关也无相应的制约措施。这一法律规定从法理角度而言是不符合法律规范逻辑结构论的一般要求的，因为没有权力作为支撑的行为是很难得到全面落实的。

目前刑罚执行过程中的检察监督，只有完善其事前、事中以及事后的监督事项，赋予检察机关相应的参与权和异议权，并保证其所作出的决定和建议具有较强的执行力，才能保证检察机关对刑罚变更执行的监督效果。结合郭某思减刑案①中罪犯亲属多次向人民法院、人民检察院与监狱的主要负责人行贿来看，除完善检察机关自身的监督规则之外，还可以设立第三方中立监督机构，形成多方权力相互制衡的结构，避免因权力过多地赋予某一方而滋生腐败。只有这样，才能避免更多的“孙某果”“郭某思”的出现。

四、知识拓展

完善刑罚执行制度，统一刑罚执行体制

党的十八届四中全会《决定》提出了“完善刑罚执行制度，统一刑罚执行体制”的要求，其在最新颁布的《法治中国建设规划（2020－2025）》中被继续纳入改革导向。基于此，学术界对统一刑罚执行体制的制度建立展开了激烈的讨论。有学者认为从权力本质属性来看，刑罚执行权属于司法行政权②，应由司法行政部门统一行使，以减轻其他公权力机关的压力，同时有利于构建统一的制度进行管理。持支

---

① 案例来源：北大法宝，【法宝引证码】CLI. CR. 45939023.

② 宗会霞．刑罚执行一体化的基本步骤与风险应对．政治与法律，2018（4）：138－148.

持意见的学者认为刑罚执行一体化制度建立具有较大的前景，并且有利于司法改革。但也有学者运用比较研究法，对美国、英国、德国等域外的刑罚执行体系进行探索研究，发现现有的部分理论对于域外刑罚执行的“一元化”认知存在差异。例如，德国“刑事执行”的概念实际存在 Strafvollstreckung（刑事诉讼法中的刑事执行）和 Strafvollzug（刑事执行法中的刑事执行）两个层面：前者是对生效判决执行方式的动态调控，涉及执行决策和监督；而后者是对自由刑和剥夺自由保安处分的实体性实施，涉及食宿、劳作等监禁附带事宜。[①] 这说明在域外的刑罚执行过程中也并非严格采用“一元化”模式，刑罚执行一体化并非普遍适用的制度。基于此，持反对意见的学者认为刑罚执行一体化的变革主张相对激进，并且有被过度期待的倾向，其认为从我国刑罚执行社会化的不可逆趋势和刑罚执行实施集中化的实践困境来看，“多元化”模式更适合我国司法实践。[②] 基于上述不同观点，关于刑罚执行一体化制度的前景与改革路径值得进一步探索研究。

社区矫正制度的域外现状与改革方向

第十三届全国人大常委会第十五次会议通过的《社区矫正法》，是中国社区矫正发展历史上的重大事件。社区矫正（community correction）是 20 世纪在西方国家普遍盛行的相对于监狱矫正而言的刑罚执行方式，是“依法在社区中对犯罪人实施惩罚和提供帮助，以促进其过守法生活的刑罚执行活动”[③]。在域外的刑事执行体系中没有单独的社区矫正立法，其主要通过本国的刑法典和刑事诉讼法典等法律加以规定。我国的《社区矫正法》作为世界上第一部由国家立法机关制定的法律，引起了学界的广泛讨论。虽然美国、英国、德国、法国等发达国家均未颁布国家立法机关制定的社区矫正法，但其刑罚执行制度中却存在“社区矫正”所包含的各项制度和措施。例如在法国，并没有“社区矫正”这一说法，而是称之为“监禁刑的替代措施”，从监禁刑的替代措施角度看，法国社区矫正主要以裁判机关为核心，以检察机关和司法部减缓刑及回归社会处为具体执行者，有关国家政府部门和众多社会组织密切配合[④]，从而形成了完备的社区矫正体系。法国作为一个单一制的成文法国家，其与我国有许多相似之处，故该制度对我国社区矫正制度的完善具有良好的借鉴意义。

目前，我国学术界除以管制、缓刑等具体制度为切入点，在《社区矫正法》的基础上提出相应的制度建设与对策建议的研究外，对于涉罪未成年人的社区矫正制度的研究也逐渐兴起，有学者以涉罪未成年人为研究对象，运用法教义学方法或实证研究方法，探讨在现今的社区矫正制度下所存在的困境与治理路径。社区矫正蕴含着人道性、效率性等深厚的价值，在预防再次犯罪上具有特殊价值，如何将社区

---

① 司绍寒．德国刑事执行法研究．北京：中国长安出版社，2010：94.

② 石茂生，陈北冬．刑罚执行权配置模式再探讨：对刑罚执行主体一元化观点的反思．河南大学学报（社会科学版），2021，61（5）：30－35.

③ 吴宗宪．社区矫正比较研究：上．北京：中国人民大学出版社，2011：4.

④ 江华锋．法国社区矫正制度介评及其对中国的借鉴与启示．湖湘论坛，2017，30（4）：133－140.

矫正与其他刑罚有效衔接并充分发挥其作用，有待继续探索。

刑事执行检察体制改革方向

为了充分保障被执行人的合法权益，刑事执行监督是每个国家的刑罚执行中都不可或缺的制度，但是关于刑事执行监督的具体制度，每个国家都有所不同。例如，英国设有专门的皇家监狱督察委员会、监狱独立监督委员会、监狱及社区矫正监督专员，对监狱罪犯的权利保障问题进行全面监督，范围覆盖了监狱建筑、安全戒备情况，罪犯生活、卫生、健康及其他权利的实现情况。[①] 德国要求刑罚执行机关组建顾问委员会，其成员接受罪犯的申请和控诉，了解有关关押、劳动、职业培训等情况。[②] 法国设立刑罚执行法官监督判决的执行，驻各个监狱的执行法官根据法定的条件作出监外执行、减刑、暂缓执行等裁决或提请有管辖权的法院调整刑罚等裁决。[③]

我国刑事执行检察职能主要包括刑罚执行监督、刑事强制措施执行监督等方面。党的十八大以来，刑事执行检察体制改革一直发挥着示范作用。党的十九大后，职能体系整合与分离、监督手段体系化、检察一体化与检察官独立之间的冲突等，是刑事执行检察体制改革面临的重要课题。[④] 目前学界对于检察机关执行监督的研究聚焦于监督配置、履职方式等与改革要求是否匹配，检察机关在刑事执行中发挥职权作用的两种模式有何差异与必要性等方面，以期能为我国检察机关执行监督提出完善的建议。

五、文献荐读

1. 吴宗宪. 中国社区矫正规范化研究. 北京：北京师范大学出版社，2021.

2. 唐彦. 英国刑事执行制度研究. 北京：中国政法大学出版社，2017.

3. 张亚平. 法国刑事执行法. 北京：法律出版社，2014.

4. 吴宗宪. 刑事执行法学. 北京：中国人民大学出版社，2013.

5. 张建伟. 检察机关刑事执行职权模式比较研究. 中国刑事法杂志，2022（1）.

6. 自正法. 涉罪未成年人社区矫正的实证考察与治理路径. 西南民族大学学报（人文社科版），2020（10）.

---

① 唐彦. 英国刑事执行制度研究. 北京：中国政法大学出版社，2017：282-283.

② 中华人民共和国司法部. 外国监狱法规汇编：（二）. 北京：社会科学文献出版社，1988：256.

③ ［荷］皮特·J. P. 泰克. 欧盟成员国检察机关的任务和权利. 吕清，马鹏飞，译. 北京：中国检察出版社，2007：113.

④ 桑先军，张泽涛. 论新时代刑事执行检察体制改革. 河南社会科学，2018，26（11）：66-71.

第四编　特殊程序

第十八章　死刑复核程序

一、原理精析

（一）死刑复核程序概述

死刑是一种最严厉的刑罚，以剥夺犯罪分子生命为特点，具有不可挽回性。自贝卡利亚《论犯罪与刑罚》首次倡导废除死刑以来，人们从未停止过对死刑的功能与价值进行深刻反思。在全球范围内，减少、限制乃至废除死刑已成为不可逆转的潮流。目前世界上 70％的国家已经在立法上或实践中废除了死刑。我国虽未废除死刑，但始终秉持从严控制死刑适用的理念，坚持少杀、慎杀、防止错杀的刑事政策。一方面，在实体法上逐渐减少死刑罪名。2013 年的《中共中央关于全面深化改革若干重大问题的决定》明确提出“逐步减少适用死刑罪名”，首次将死刑控制理念以党的重要文件的形式呈现。另一方面，在程序上对死刑的适用进行严格控制。在办理死刑案件的诉讼程序中，一审是基础，二审是关键，而死刑复核程序是严格控制死刑的专门程序。

1. 死刑复核程序的内涵

死刑复核程序，是指人民法院对判处死刑的案件报请对死刑有核准权的人民法院审查核准应遵守的步骤、方式和方法。它是一种特别程序。死刑复核程序既包括对判处死刑立即执行案件的核准程序，也包括对判处死刑缓期二年执行案件的核准程序。

2. 死刑复核程序的特征

死刑复核程序具有如下特征：（1）适用对象具有单一性。死刑复核程序是专门适用于死刑案件的特殊程序，包括：依照第一审程序判处被告人死刑，过了上诉、抗诉期，被告人没有上诉，人民检察院也没有抗诉的案件；第二审人民法院判处被告人死刑的案件；依照审判监督程序审结的判处被告人死刑的案件。（2）程序启动具有主动性。死刑复核程序通过人民法院逐级自动层报，无须附加任何条件即可启动。（3）核准权的权利主体具有专属性。死刑立即执行的核准主体是最高人民法院，死刑缓期执行的核准主体通常是高级人民法院。（4）死刑复核程序的任务特殊。有核准权的人民法院对下级人民法院报请复核的死刑判决或裁定在认定事实和适用法律上是否正确进行全面审查，然后根据复核结论，依法核准正确的死刑判决或裁定，变更、纠正错误的或不当的死刑判决或裁定。

3. 死刑复核程序的性质

各界对死刑复核程序的性质一直存在争论，焦点集中在该程序究竟是审判程序，还是具有行政性质的非审判程序。部分学者和实务工作者认为，我国的死刑复核程序是一种行政性核准程序。主要理由如下：其一，从字面上看，“死刑复核”的“核”附带着行政上的复查审核倾向；其二，就程序设计而言，死刑复核采用封闭式、书面化、秘密性的运作方式，使得死刑复核显示出行政审批色彩；其三，较之于二审、再审程序的被动启动，死刑复核程序的启动是基于法院审级结构的自动启动、强制启动。

主流观点认为，无论是从立法角度还是从功能层面来看，死刑复核程序都应当属于审判程序。首先，立法表达包含着对该程序性质的明确厘定。《刑事诉讼法》几经修改，在篇章结构设计上始终将死刑复核程序作为与第一审、第二审程序并列的独立程序规定在“审判”一编之中，显示出立法者对死刑复核程序审判性质的肯定与坚持。其次，从功能层面考量，刑事审判的职责是依据证据认定事实并在此基础上作出定罪量刑的裁判，死刑复核程序行使了该项职责，属于审判的范畴，不能简单地以启动方式、是否开庭审理等要素作为定性的根本依据。①

4. 死刑复核程序的意义

死刑复核程序是判处死刑的重要把关环节，彰显了司法公正与人权保障。死刑复核程序主要具有如下几项重要意义：第一，死刑复核程序有利于严格控制死刑的适用，贯彻“少杀、慎杀”的刑事司法政策，将执行死刑减少到最低程度。第二，死刑复核程序通过设置防止错杀的有效防线，有利于纠正错误判决，以确保死刑的正确适用，减少“错杀”的风险。第三，死刑复核程序有利于统一理解和适用死刑的法律政策和适用标准，避免不同地区的法律适用差异过大，保障死刑案件的办案质量。此外，死刑复核程序还承载着为被告人提供救济、制约下级人民法院死刑裁判权、吸收社会不满等功能。

（二）判处死刑立即执行案件的核准权

死刑核准权是死刑复核程序最核心的内容，它是指有关人民法院对报请复核的死刑判决和裁定进行审查并决定是否核准的权限。新中国成立以来，死刑立即执行案件的核准权经历了数次变化。

---

① 陈光中，唐露露．我国死刑复核程序之完善刍议．法学杂志，2020，41（2）：2-3.

1. 1949 年～1956 年：最高人民法院和高级人民法院分工行使核准权

新中国成立之初的刑事法律体系尚未构建完备。依照 1954 年《人民法院组织法》规定，死刑案件需核准才能执行，死刑核准权由最高人民法院和地方高级人民法院共同分工行使。在当时的司法审判实践中，地方高级人民法院承担了更多死刑案件的核准任务。

2. 1957 年～1979 年：最高人民法院行使核准权

1957 年 7 月 15 日，第一届全国人民代表大会第四次会议通过的《关于死刑案件由最高人民法院判决或者核准的决议》规定："今后一切死刑案件，都由最高人民法院判决或者核准。"这一规定将死刑核准权收归至最高人民法院。

1966 年"文化大革命"开始之后，我国的法律制度受到了严重的冲击，死刑复核权制度也不例外。死刑案件的核准权被下放至省、自治区、直辖市革命委员会。

1979 年 7 月 1 日，《刑事诉讼法》正式通过，明确规定了死刑立即执行案件由最高人民法院核准。

3. 1980 年～2006 年：最高人民法院下放部分核准权

然而，鉴于社会治安形势的复杂性，为了应对不断攀升的犯罪数量，有效打击严重的刑事犯罪，最高人民法院先后多次授权高级人民法院核准死刑。

1980 年 2 月 12 日，第五届全国人大常委会第十三次会议批准，在 1980 年内对现行的杀人、强奸、抢劫、放火等犯有严重罪行应当判处死刑的案件，最高人民法院可以授权省、自治区、直辖市的高级人民法院核准。1980 年 3 月 18 日，最高人民法院《关于对几类现行犯授权高级人民法院核准死刑的若干具体问题的规定》发布，对现行杀人、放火、抢劫、强奸等犯有严重罪行应当判处死刑的案件，最高人民法院授权各高级人民法院核准。

1981 年 6 月 11 日，最高人民法院《关于执行全国人民代表大会常务委员会〈关于死刑案件核准问题的决定〉》指出，在 1981 年～1983 年内，对犯有杀人、抢劫、强奸、爆炸、放火、投毒、决水和破坏交通、电力等设备的罪行，由省、自治区、直辖市高级人民法院终审判决死刑的，或者由中级人民法院一审判决死刑，被告人不上诉，经高级人民法院核准的，以及高级人民法院一审判决死刑，被告人不上诉的，都不必报最高人民法院核准。对反革命犯和贪污犯等判处死刑，仍然按照《刑事诉讼法》关于死刑复核程序的规定，由最高人民法院核准。

1983 年 9 月 2 日，修改后的《人民法院组织法》第 13 条规定："死刑案件除由最高人民法院判决的以外，应当报请最高人民法院核准。杀人、强奸、抢劫、爆炸以及其他严重危害公共安全和社会治安判处死刑的案件的核准权，最高人民法院在必要的时候，得授权省、自治区、直辖市的高级人民法院行使。"依据该规定，1983 年 9 月 7 日发布的最高人民法院《关于授权高级人民法院核准部分死刑案件的通知》将杀人、强奸、抢劫、爆炸以及其他严重危害公共安全和社会治安判处死刑的案件的核准权，依法授权由各省、自治区、直辖市高级人民法院和解放军军事法院行使。对反革命案件和贪污等严重经济犯罪案件判处死刑的，仍应由高级人民法院复核同意后，报最高人民法院核准。

自1991年起，最高人民法院先后将毒品犯罪死刑案件核准权授予云南省、广东省、广西壮族自治区、四川省、甘肃省、贵州省高级人民法院。相关授权文件为：1991年6月9日的最高人民法院《关于授权云南省高级人民法院核准部分毒品犯罪死刑案件的通知》、1993年8月18日的最高人民法院《关于授权广东省高级人民法院核准部分毒品犯罪死刑案件的通知》、1996年3月19日的最高人民法院《关于授权广西壮族自治区、四川省、甘肃省高级人民法院核准部分毒品犯罪死刑案件的通知》和1997年6月23日的最高人民法院《关于授权贵州省高级人民法院核准部分毒品犯罪死刑案件的通知》。

1997年9月26日，最高人民法院发布《关于授权高级人民法院和解放军军事法院核准部分死刑案件的通知》。该通知指出："除本院判处死刑案件外，各地以《刑法》分则第一章规定的危害国家安全罪，第三章规定的破坏社会主义市场经济秩序罪，第八章规定的贪污贿赂罪判处死刑的案件，高级人民法院、解放军军事法院第二审或复核同意后，仍应报本院核准。对《刑法》分则第二章、第四章、第五章、第六章（毒品犯罪除外）、第七章、第十章规定的犯罪，判处死刑的案件（本院判决的和涉外的除外）核准权，本院依据《中华人民共和国人民法院组织法》第13条规定，仍授权由各省、自治区、直辖市高级人民法院和解放军军事法院行使，但涉港澳台死刑案件在一审宣判前仍须报本院内核。对于毒品犯罪死刑案件，除已获得授权的高级人民法院可以行使部分死刑案件核准权外，其他高级人民法院和解放军军事法院在二审或复核同意后，仍应报本院核准。"

4. 2007年至今：最高人民法院收回死刑核准权

自1980年2月12日死刑立即执行案件的核准权被下放之后，20余年间从未被完整收回。在当时严峻的社会治安形势之下，这实现了从快从重打击各类严重危害社会治安和社会公共安全犯罪的惩治目的，及时维护了社会秩序。但死刑复核权下放带来了一系列消极影响：第一，死刑适用不统一，影响了法制的统一性。各高级人民法院辖区的社会和经济发展水平、犯罪情况、社会治安情况各有差异，对死刑的政策把握标准不同，不可避免地造成各地适用死刑的标准不一致。第二，死刑复核权授权高级人民法院行使，使得实践中死刑复核程序和第二审程序合二为一，在两审程序之外专门设置死刑复核程序失去了实际意义，难以发挥其应有的监督与救济功能，导致死刑复核程序失去了最后的屏障作用。

在学界和社会各界的推动与呼吁之下，最高人民法院于2003年开始着手准备收回死刑立即执行案件的核准权。2004年年底，中央司法改革领导小组提出了关于司法体制和工作机制改革的初步意见，要求改革授权高级人民法院行使部分死刑案件核准权的做法，将死刑案件核准权统一收归最高人民法院行使。最高人民法院的《人民法院第二个五年改革纲要（2004－2008）》明确提出，改革和完善死刑复核程序，落实有关法律的规定和中央关于司法体制改革的部署，由最高人民法院统一行使死刑核准权。2006年10月31日，第十届全国人民代表大会常务委员会第二十四次会议通过《关于修改人民法院组织法的决定》，修改了其中死刑案件核准权的授权条款，将《人民法院组织法》的第13条修改为："死刑除依法由最高人民法院判决的以外，应当报请最高人民法院核准。"这为死刑案件核准权的统一行使提供了立法支持。2006年12月28日，最高人民法院公布了《关于统一行使死刑案件核准权有关问题的决定》。该决定废止了最高人民法院过去依法发布的关于授权高级人民法院和解放军军事法院核准部分死刑案件的所有通知，明确规定自2007年1月1日起，死刑案件核准权收归最高人民法院统一行使。

（三）判处死刑立即执行案件的复核程序

1. 死刑复核的审判组织

围绕死刑核准权收回后如何设置机构，各界曾提出多种改革建议。有的主张在全国设立若干最高人民法院分院，使其成为最高人民法院的派出机构，人、财、物受最高人民法院统一管理，以避免来自地方的干扰①；也有的主张建立最高人民法院派出巡回法庭，就地审理死刑复核案件，既能解决审理案件不及时的问题，又不必对现行司法体制作出较大改变②；还有的基于死刑复核采取行政报核方式的内在缺陷，主张废除死刑复核程序，针对死刑复核案件建立三审终审制，所有死刑案件均实行强制上诉制度，自动进入第三审程序。③ 最终最高人民法院组建五大刑事审判庭，由最高人民法院法官通过书面审查进行死刑复核。

《刑事诉讼法》第249条规定："最高人民法院复核死刑案件，高级人民法院复核死刑缓期执行的案件，应当由审判员三人组成合议庭进行。"也即死刑立即执行案件的复核由合议庭进行，但合议庭成员不含人民陪审员。此外，合议庭成员适用刑事诉讼法关于回避的规定。

2. 报送诉讼案卷材料和各种法律文书

报请复核的死刑立即执行案件与死刑缓期执行案件一样，均应一案一报。报送的材料包括报请复核的报告，第一、二审裁判文书，案件综合报告各五份以及全部案卷、证据。案件综合报告，第一、二审裁判文书和审理报告应当附送电子文本。

报请复核死刑、死刑缓期执行的报告，应当写明案由、简要案情、审理过程和判决结果。书写案件综合报告应当注意如下几个方面：（1）被告人、被害人的基本情况。被告人有前科或者曾受过行政处罚、处分的，应当写明。（2）案件的由来和审理经过。案件曾经发回重新审判的，应当写明发回重新审判的原因、时间、案号等。（3）案件侦破情况。通过技术调查、侦查措施抓获被告人、侦破案件，以及与自首、立功认定有关的情况，应当写明。（4）第一审审理情况，包括：控辩双方意见，第一审认定的犯罪事实，合议庭和审判委员会意见。（5）第二审审理或者高级人民法院复核情况，包括：上诉理由、人民检察院的意见，第二审审理或者高级人民法院复核认定的事实，证据采信情况及理由，控辩双方意见及采纳情况。（6）需

---

① 周道鸾．论死刑核准权的收回与死刑复核程序的完善．时代法学，2005（6）：11.

② 胡云腾，等．论死刑适用：兼论死刑复核程序的完善．人民司法，2004（2）：57.

③ 陈卫东，刘计划．死刑案件实行三审终审制改造的构想．现代法学，2004（4）：65.

要说明的问题，包括：共同犯罪案件中另案处理的同案犯的处理情况，案件有无重大社会影响，以及当事人的反应等情况。(7) 处理意见。写明合议庭和审判委员会的意见。

死刑复核案件应当报送全部诉讼案卷和证据。同案审理的案件应当报送全案案卷、证据。曾经发回重新审判的案件，原第一、二审案卷应当一并报送。具体来说，包括下列内容：(1) 拘留证、逮捕证、搜查证的复印件；(2) 扣押赃款、赃物和其他在案物证的清单；(3) 起诉意见书或者人民检察院的侦查终结报告；(4) 人民检察院的起诉书；(5) 案件审查报告、法庭审理笔录、合议庭评议笔录和审判委员会讨论决定笔录；(6) 上诉状、抗诉状；(7) 人民法院的判决书、裁定书和宣判笔录、送达回证；(8) 能够证明案件具体情况并经过查证属实的各种肯定的和否定的证据，包括物证或者物证照片、书证、证人证言、被害人陈述、被告人陈述和辩解、鉴定意见以及勘验检查笔录等。

3. 死刑复核遵循全面审查原则

《刑事诉讼法》没有明确规定死刑复核实行全面审查，全面审查原则本来只适用于第二审程序，《高法解释》将其扩大到死刑复核程序。我国死刑复核程序确立全面审查原则的主要目的在于确保死刑案件的办案质量，防止错误适用死刑。

复核死刑立即执行与死刑缓期执行案件，应当全面审查以下内容：(1) 被告人的年龄，被告人有无刑事责任能力、是否系怀孕的妇女；(2) 原判认定的事实是否清楚，证据是否确实、充分；(3) 犯罪情节、后果及危害程度；(4) 原判适用法律是否正确，是否必须判处死刑，是否必须立即执行；(5) 有无法定、酌定从重、从轻或者减轻处罚情节；(6) 诉讼程序是否合法；(7) 应当审查的其他情况。

4. 死刑复核的方式

《刑事诉讼法》并未对死刑复核的审判方式加以明确，依照审判实践，死刑复核的审判方式可以概括为书面阅卷与调查讯问相结合的调查讯问式。具体而言，审判人员一般通过如下方式开展死刑复核工作。

(1) 审查复核全部案卷和证据材料。“阅卷”是死刑复核的重要方式，审判人员通过全面审阅案卷和证据材料，能够发现原裁判认定事实是否清楚，适用法律是否正确，审判程序是否合法，法律手续是否完备。

(2) 讯问被告人。《刑事诉讼法》第 251 条第 1 款规定，最高人民法院复核死刑案件，应当讯问被告人。由此可见，讯问被告人是死刑复核程序的必经程序和重要环节。讯问被告人不仅有助于开展复核工作的人民法院全面了解案情，查明事实真相，而且有利于保护被告人的辩护权，使被告人能够当面陈述自己的辩护意见，有利于维护其合法诉讼权益。

(3) 听取辩护律师的意见。《刑事诉讼法》第 251 条第 1 款规定：“最高人民法院复核死刑案件，应当讯问被告人，辩护律师提出要求的，应当听取辩护律师的意见。”据此，只要辩护律师提出要求，最高人民法院就应当听取辩护律师的意见。《高法解释》第 434 条也规定：“死刑复核期间，辩护律师要求当面反映意见的，最高人民法院有关合议庭应当在办公场所听取其意见，并制作笔录；辩护律师提出书面意见的，应当附卷。”2019年最高人民法院发布了《关于死刑复核及执行程序中保障当事人合法权益的若干规定》，明确了律师参与死刑复核程序的内容，包括可以通过委托或指派的方式参与死刑复核程序。《法律援助法》第25条明确规定死刑复核案件被告人提出申请的，应当为其指派法律援助律师；2021年最高人民法院、司法部出台了《关于为死刑复核案件被告人依法提供法律援助的规定（试行）》，进一步细化了死刑复核案件中法律援助的规定。

（4）审查最高人民检察院的意见。《刑事诉讼法》第251条第2款规定：“在复核死刑案件过程中，最高人民检察院可以向最高人民法院提出意见。最高人民法院应当将死刑复核结果通报最高人民检察院。”《高检规则》第604条规定，省级人民检察院对于进入最高人民法院死刑复核程序的案件，发现具有下列情形之一的，应当及时向最高人民检察院提请监督：1）案件事实不清、证据不足，依法应当发回重新审判或者改判的；2）被告人具有从宽处罚情节，依法不应当判处死刑的；3）适用法律错误的；4）违反法律规定的诉讼程序，可能影响公正审判的；5）其他应当提请监督的情形。

5. 最高人民法院的复核结果

我国《刑事诉讼法》对最高人民法院、高级人民法院复核死刑案件的结果采用二元模式：一是作出核准死刑的裁定，二是作出不核准死刑的裁定。

核准死刑的情形分为两大类：一是原判认定事实和适用法律正确、量刑适当、诉讼程序合法的，应当裁定核准；二是原判认定的某一具体事实或者引用的法律条款等存在瑕疵，但判处被告人死刑并无不当的，可以在纠正后作出核准的判决、裁定。

对于不核准死刑的，发回重新审判或者予以改判。其中，发回重新审判是最主要的方式，适用的情形包括：原判事实不清、证据不足的，应当裁定不予核准，并撤销原判，发回重新审判；复核期间出现新的影响定罪量刑的事实、证据的，应当裁定不予核准，并撤销原判，发回重新审判；原判认定事实正确、证据充分，但依法不应当判处死刑的，应当裁定不予核准，并撤销原判，发回重新审判；原审违反法定诉讼程序，可能影响公正审判的，应当裁定不予核准，并撤销原判，发回重新审判。对于不核准死刑的案件，如果原判认定事实正确、证据充分，但依法不应当判处死刑的，根据案件情况，必要时，也可以依法改判。

最高人民法院裁定不予核准死刑的，根据案件情况，可以发回第二审人民法院或者第一审人民法院重新审判。对最高人民法院发回第二审人民法院重新审判的案件，第二审人民法院一般不得发回第一审人民法院重新审判。第一审人民法院重新审判的，应当开庭审理。第二审人民法院重新审判的，可以直接改判；必须通过开庭查清事实、核实证据或者纠正原审程序违法的，应当开庭审理。

高级人民法院依照复核程序审理后报请最高人民法院核准死刑，最高人民法院裁定不予核准，发回高级人民法院重新审判的，高级人民法院可以依照第二审程序提审或者发回重新审判。

最高人民法院裁定不予核准死刑，发回重新审判的案件，原审人民法院应当另行组成合议庭审理，但以下两种情况除外：(1) 原判认定事实清楚、证据充分，但依法不应当判处死刑的，应当裁定不予核准，并撤销原判，发回重新审判的；(2) 原审违反法定诉讼程序，可能影响公正审判的，应当裁定不予核准，并撤销原判，发回重新审判的。

(四) 判处死刑缓期二年执行案件的复核程序

1. 死缓案件的核准权

死刑缓期二年执行的核准权，是指有关人民法院对报请复核的死刑缓期二年执行判决和裁定进行审查并决定是否核准的权限。在我国的刑罚种类中，死刑缓期二年执行并非独立的刑种，而是对死刑的一种执行方式。与死刑立即执行案件一样，我国对死刑缓期二年执行仍然要求严格审慎地适用，死刑缓期二年执行的裁定或判决只有经过复核程序并经有权核准的人民法院核准后，方能产生法律上的效力。

新中国成立以来，我国在立法上对死刑缓期执行案件的核准权的规定也有数次变化。新中国成立初期，依据1954年颁布的《人民法院组织法》的规定，缓期执行的死刑案件一般由地方高级人民法院核准，仅在刑事被告人对高级人民法院作出的死刑缓期执行终审裁定不服，并向上一级人民法院提出复核申请时，才由最高人民法院复核。1957年7月15日，第一届全国人大第四次会议通过的《关于死刑案件由最高人民法院判决或者核准的决议》规定："今后一切死刑案件，都由最高人民法院判决或核准。"1958年5月，最高人民法院就死刑缓期执行的案件的核准权作出规定，凡是由高级人民法院判处或审核的死刑缓期执行案件，不再报最高人民法院核准。这是死刑立即执行和死刑缓期执行的核准权第一次由最高人民法院和高级人民法院分开行使。1979年《刑事诉讼法》第146条规定："中级人民法院判处死刑缓期二年执行的案件，由高级人民法院核准。"1996年、2012年、2018年修改《刑事诉讼法》时均延续了该规定。《刑事诉讼法》第248条规定："中级人民法院判处死刑缓期二年执行的案件，由高级人民法院核准。"

2. 死缓案件报请复核的程序

《高法解释》第424条规定："中级人民法院判处死刑缓期执行的第一审案件，被告人未上诉、人民检察院未抗诉的，应当报请高级人民法院核准。高级人民法院复核死刑缓期执行案件，应当讯问被告人。"死刑缓期执行案件报请复核可能会出现的情形如下。

(1) 中级人民法院判处死刑缓期执行的案件，若被告人不上诉、人民检察院也未抗诉，上诉、抗诉期满后，中级人民法院应当报请高级人民法院核准。高级人民法院经审查复核后核准的，判决即发生法律效力。若高级人民法院审查后裁定不予核准，则可视案件具体情况，或者撤销原判、发回重审，或者直接改判。

(2) 中级人民法院判处死刑缓期执行的案件，若被告人提出上诉或人民检察院提出抗诉的，高级人民法院应当按照第二审程序审理。其中，人民检察院提起抗诉的案件，高级人民法院按照第二审程序审理后可依法改判死刑立即执行；被告人提起上诉的案件，高级人民法院按照第二审程序审理时则应遵循"上诉不加刑"原则。

高级人民法院按照第二审程序审理后维持原审死刑缓期执行判决的，二审宣判后即产生法律效力。

（3）因高级人民法院本身享有死刑缓期执行判决的核准权，因此，高级人民法院第一审判处被告人死刑缓期二年执行的案件，若被告人不上诉或者不抗诉，上诉、抗诉期满后，判决即行生效，无须再经复核程序。

3. 死缓案件复核后的处理

高级人民法院复核死刑缓期执行案件，应当由审判员三人组成合议庭进行。案件在复核后，应当按照下列情形分别处理：（1）原判认定事实和适用法律正确、量刑适当、诉讼程序合法的，应当裁定核准；（2）原判认定的某一具体事实或者引用的法律条款等存在瑕疵，但判处被告人死刑缓期执行并无不当的，可以在纠正后作出核准的判决、裁定；（3）原判认定事实正确，但适用法律有错误，或者量刑过重的，应当改判；（4）原判事实不清、证据不足的，可以裁定不予核准，并撤销原判，发回重新审判，或者依法改判；（5）复核期间出现新的影响定罪量刑的事实、证据的，可以裁定不予核准，并撤销原判，发回重新审判，或者审理后依法改判；（6）原审违反法定诉讼程序，可能影响公正审判的，应当裁定不予核准，并撤销原判，发回重新审判。复核死刑缓期执行案件，不得加重被告人的刑罚。

二、实践动态

（一）死刑复核程序的诉讼化改革

自2007年死刑复核权收归最高人民法院后，关于死刑复核的讨论集中于对死刑复核程序行政化、封闭化的批评，以及对死刑复核程序诉讼化的讨论。将死刑复核程序定性为审判程序而非行政审批程序，是由死刑复核程序的目的所决定的。推动死刑复核程序由传统的行政审批程序转向控辩审三方共同参与的诉讼化程序，充分保障死刑复核案件被告人的权利和死刑复核程序的正当性是发展方向。

关于如何实现死刑复核程序的诉讼化曾有过多种讨论方案：一种观点认为该项程序仍应称为死刑复核程序，采用开庭的方式进行审理①；另一种观点认为，我国的死刑复核程序事实上已经成为死刑案件两审终审例外之下的第三审，因此，可以直接针对死刑案件建立三审终审制度，并且也要采取开庭审理方式。②

当前我国并未针对死刑案件设置三审终审制，死刑复核程序仍然是不开庭审理。法官主要通过阅卷、讯问被告人、听取律师意见、审查检察机关意见进行复核。法官讯问被告人、听取律师意见、审查检察机关意见并不在同一时空，而是分别进行。死刑复核程序是否应当实现诉讼化、如何实现诉讼化还在进一步讨论之中。

对死刑复核程序进行诉讼化改革面临理论和实务的诸多障碍。首先，诉讼化是否具有正当性。死刑复核程序是法定的强制程序，是否与诉讼的不告不理原则相悖。

① 陈光中，等．我国死刑复核程序之完善刍议．法学杂志，2020（2）：3．

② 陈卫东，刘计划．死刑案件实行三审终审制改造的构想．现代法学，2004（4）：167．

其次，诉讼化是否具有必要性。若对死刑案件仅有法律争议是否有必要再次开庭。最后，诉讼化是否具有可行性。死刑案件的被告人从侦查开始通常羁押在所在地的看守所，分布范围广，对这些案件均开庭审理需要考量可行性。[①]

（二）死刑复核案件法律援助全覆盖发展历程

最高人民法院曾于1992年就律师是否能参与死刑复核问题作出专门答复，将死刑复核程序定义为一种区别于第一审、第二审的特殊程序，并强调“在死刑复核程序中，律师可否参加诉讼活动的问题，法律没有规定，因此不能按照第一审、第二审程序中关于律师参加诉讼的有关规定办理”。该答复实际否定了死刑复核程序中的被告人辩护权。随着刑事司法改革的不断深入，律师辩护权才逐渐扩展到死刑复核案件程序，顺应了被告人权利保障的时代发展趋势，契合了死刑复核程序设立的初衷。2012年《刑事诉讼法》第240条第1款规定：“最高人民法院复核死刑案件，应当讯问被告人，辩护律师提出要求的，应当听取辩护律师的意见。”该条确立了律师享有参与死刑复核程序的权利，但并未构建相应的死刑复核案件法律援助制度。

2015年，中共中央办公厅、国务院办公厅印发《关于完善法律援助制度的意见》，提出“建立法律援助参与刑事和解、死刑复核案件办理工作机制，依法为更多的刑事诉讼当事人提供法律援助”。2017年，司法部和财政部印发《关于律师开展法律援助工作的意见》，再次提出应当“发挥辩护律师在死刑复核程序中的作用。组织律师办理死刑复核法律援助案件，依法为死刑复核案件被告人提供辩护服务”。2019年，中共中央办公厅、国务院办公厅印发了《关于加快推进公共法律服务体系建设的意见》，再次重申“充分发挥律师在刑事诉讼中的重要作用，探索建立律师专属辩护制度，完善死刑复核案件指定辩护制度，推进刑事案件律师辩护全覆盖试点”。

直到2021年《法律援助法》在制度层面确立了死刑复核案件的法律制度，最终打通了死刑复核案件法律援助的“最后一公里”[②]。将法律援助制度引入死刑复核程序不仅可以最大限度地保障被告人的各项权益，更能有效提升死刑案件的办理质量，满足人民群众对司法公正的现实需求，让人民群众在每一个司法案件中感受到公平正义，体现了以人民为中心的立法宗旨。该法第25条第1款第5项进行了折中的表述，即“申请法律援助的死刑复核案件被告人”没有委托辩护人的，人民法院应当通知法律援助机构指派律师担任辩护人。该规定一方面坚持将死刑复核案件的被告人纳入应当通知指派的法定情形；另一方面附加了限制性条件，即需要以“申请法律援助”为前提。2021年最高人民法院、司法部《关于为死刑复核案件被告人依法提供法律援助的规定（试行）》第2条明确规定：“高级人民法院在向被告人送达依法作出的死刑裁判文书时，应当书面告知其在最高人民法院复核死刑阶段可以委托辩护律师，也可以申请法律援助；被告人申请法律援助的，应当在十日内提出，法

---

① 顾永忠．死刑核准权回归后被告人辩护权的行使与保障．中国司法，2006（5）：21．

② 吴宏耀，王凯．死刑复核案件的法律援助制度研究．法学杂志，2022（2）：55．

律援助申请书应当随案移送。”第 5 条规定了被告人有权拒绝指派的律师为其辩护。随着死刑复核程序是审判程序这一定性日渐明确，以及死刑复核程序中控辩平等观念不断深入，将死刑复核案件被告人纳入强制指派辩护范围已成为我国法律援助制度发展的方向。[①]

（三）死刑复核程序中从“有辩护”到“有效辩护”

在死刑复核程序中“有辩护”仅是第一步，在此基础上还需关注“有效辩护”问题。我国刑事诉讼立法没有关于有效辩护的直接规定，但是吸收了有效辩护的合理因素，强调辩护人行为应当尽职尽责，注重辩护质量与辩护效果。有学者提出，死刑复核程序中的有效辩护要求被追诉人在复核程序中充分享有辩护权，有效利用各种辩护资源获得律师辩护和法律帮助，使正确的辩护意见能够被办案机关积极接受和采纳，辩护行为达到一定的标准或者辩护权的行使产生令被追诉人在实体和程序上获得有利裁决的诉讼效果，最大限度地保护被追诉人的合法权益。[②]

2021 年最高人民法院、司法部《关于为死刑复核案件被告人依法提供法律援助的规定（试行）》有多个条文体现了保障死刑复核辩护效果的理念。第一，从辩护律师的担任条件而言，第 4 条规定了司法部法律援助中心指派的死刑复核辩护律师需要由具有 3 年以上刑事辩护执业经历的律师担任。第二，从辩护权利保障的角度而言，第 8 条规定了最高人民法院应当提供便利，保障辩护律师依法行使辩护权；第 9 条规定了最高人民法院、司法部有关部门应当及时协调解决辩护律师在依法履行辩护职责中遇到的困难和问题，切实保障辩护律师依法履行职责。上述规定为保障死刑复核程序中的辩护权利指引了方向，无论是指派辩护还是委托辩护，继续化解阅卷难、会见权难、调查取证难、申请调取证据难、律师正确意见得到采纳难，是司法改革需要继续解决的问题。

阅卷权是律师权利体系中的重要内容，保障律师阅卷权是死刑复核过程中展开有效辩护的基础性权利。2015 年最高人民法院《关于办理死刑复核案件听取辩护律师意见的办法》较为详细地规定了死刑复核阶段的辩护律师阅卷权制度。该制度在实践中得到了较好的贯彻，死刑复核程序中律师通常会联系办案法官，在约定的时间前往最高人民法院查阅、摘抄、复制案卷材料。[③] 当前还应从如下方面强化律师阅卷权的保障：首先，就阅卷内容而言，应当保障辩护律师的阅卷内容的全面性。对于毒品类案件常见的技侦证据，以及补充或调取的新证据、新材料，均应当允许律师查阅、摘抄、复制。其次，就阅卷方式而言，除常规的查阅、复制方式之外，最高人民法院还应当逐步开放扫描、电子数据拷贝等方式，便于律师充分阅卷。最后，就阅卷时间而言，应当充分保障辩护律师的阅卷时间，提升阅卷效果。

畅通死刑复核交流机制是有效辩护的基础，保障死刑复核阶段听取律师意见是

---

① 冀祥德．论法律援助制度的中国特色．政治与法律，2022（6）：153－154．

② 陈海平，刘丰．从“有”辩护到“有效”辩护：死刑辩护万例大样本分析．河北法学，2019（6）：85．

③ 郭烁．最后的持守：律师参与死刑复核再评价．中州学刊，2019（11）：55．

实现律师辩护权的重要步骤。实践中存在如下问题：首先，律师向法官提交辩护意见的时限短。最高人民法院《关于办理死刑复核案件听取辩护律师意见的办法》规定：辩护律师应当在接受委托之日起1个半月内提交辩护意见。该规定的时限较短，不便于律师提出辩护意见。其次，律师向法官当面反映意见难。最高人民法院《关于办理死刑复核案件听取辩护律师意见的办法》第5条规定，“辩护律师要求当面反映意见的，案件承办法官应当及时安排”。辩护律师要求当面反映意见的，原则上应当由承办法官当面听取，实践中有的案件存在仅由法官助理听取，或者派书记员听取的情况。更有甚者，部分法官会以并无书面意见之外的新意见为由，不再安排当面反映意见。最后，律师向法官当面反映意见存在次数限制。虽然最高人民法院《关于办理死刑复核案件听取辩护律师意见的办法》并未限制律师约见法官的次数，但实践中也存在法官限制律师当面反映意见的情况。

(四) 死刑复核程序中的被害人参与

被害人影响陈述是指被害人就犯罪行为对其在身体、经济和精神上的影响向法院所作的书面或口头陈述，有的国家将其称为被害人个人陈述。[①] 在存在独立量刑程序的国家，如美国、英国、加拿大、澳大利亚等英美法系国家，被害人影响陈述作为一项制度集中体现被害人参与量刑。在定罪与量刑程序合一模式的国家，一般没有被害人影响陈述制度，但被害方在陈述犯罪行为侵害过程时，可能会附带描述犯罪行为对其身体、经济、精神方面的影响。各国的被害人影响陈述存在一定差异，也有一定共性。有的被害人影响陈述适用于所有的刑事案件，有的对被害人影响陈述了适用案件范围的限制，比如将其限制适用于重罪案件、造成身体伤害或者财产损失的案件。被害人影响陈述的主体通常不限于受到犯罪行为直接侵害的人，即一般意义上的被害人，还包括其他受到犯罪行为影响的主体。被害人影响陈述的方式主要有两种：一是对陈述的方式不作任何限制，既可以提交书面的被害人影响陈述，又可以当庭口头发表被害人影响陈述。二是要求在量刑前提交书面的被害人影响陈述，让辩方在庭前了解被害人影响陈述的内容，从而充分展开辩护。

我国虽然没有专门的被害人影响陈述制度，但在适用死刑复核程序时，应当重视被害人影响陈述对于认定犯罪行为社会危害性的作用。《刑事诉讼法》第15条确立了认罪认罚从宽制度，认罪认罚从宽制度贯穿刑事诉讼全过程，没有适用罪名和可能判处刑罚的限定，死刑复核程序中也适用认罪认罚从宽制度。2019年两院三部《关于适用认罪认罚从宽制度的指导意见》提出，办理认罪认罚案件，应当听取被害人及其诉讼代理人的意见，并将犯罪嫌疑人、被告人是否与被害方达成和解协议、调解协议或者赔偿被害方损失，取得被害方谅解，作为从宽处罚的重要考虑因素。在办理死刑复核案件时，也应将案件对被害方的影响作为从宽处罚的考量因素。法官在阅卷时可以了解到死刑案件对被害人的影响情况，一是在被害人陈述、证人证言等言词证据中提及犯罪行为对被害人的影响，二是在量刑意见中提及犯罪行为对

---

① 张吉喜．论被害人影响陈述制度．法商研究，2015（3）：82.

被害方的影响。除此之外，死刑复核法官还应积极关注死刑案件对被害方的民事赔偿，以及被害方对死刑案件被告人的谅解情况。

（五）死刑复核案件裁判文书改革

2021年2月18日，最高人民法院《关于深入推进社会主义核心价值观融入裁判文书释法说理的指导意见》出台，强调应该将社会主义核心价值观融入裁判文书说理之中，进一步明确了裁判文书的重要性。然而，与第一审裁判文书、第二审裁判文书、审判监督裁判文书相比，长期以来我国的死刑复核裁判文书的书写异常简略，死刑复核裁判文书未能充分发挥其应有的功能。死刑复核裁判文书通常并不载明案件的争点、辩护意见、核准或不核准的理由，使得裁判文书的说服与教育作用难以发挥。

在死刑复核工作以及裁判文书释法说理改革的大背景下，死刑复核裁判文书改革也日渐提上日程。其主要问题如下：一是死刑复核裁判文书是否应当载明第一审、第二审、审判监督裁判文书的主要事项。对该类事项的载明便于阅读者了解案件的基本事实、证据材料、主要争点。二是裁判文书是否应当载明律师姓名，是否应当载明律师意见。最高人民法院、司法部2021年发布的《关于为死刑复核案件被告人依法提供法律援助的规定（试行）》第11条规定："死刑复核案件裁判文书应当写明辩护律师姓名及所属律师事务所，并表述辩护律师的辩护意见。"死刑复核裁判文书应与第一审、第二审裁判文书一致，在裁判文书上体现律师的姓名，呈现律师的辩护意见，并且进行回应，以表达最高人民法院对辩护意见的听取。[①] 三是死刑复核裁判文书是否应当阐明理由。2007年发布的最高人民法院《关于复核死刑案件若干问题的规定》第12条明确规定："最高人民法院依照本规定核准或者不予核准死刑的，裁判文书应当引用相关法律和司法解释条文，并说明理由。"两院三部《办理死刑案件意见》也规定，对于最高人民法院核准或不予核准死刑的裁判文书，应当引用相关法律和司法解释条文，并说明理由。四是司法实践中存在辩护律师获取死刑复核裁判文书时间滞后的问题。《关于办理死刑复核案件听取辩护律师意见的办法》第9条规定："复核终结后，受委托进行宣判的人民法院应当在宣判后五个工作日内将最高人民法院裁判文书送达辩护律师。"该规定对保障律师获取死刑裁判文书有一定作用，但依然未能解决辩护律师与被告人家属同步获知案件结果的问题。

三、案例应用

柔某故意杀人死刑复核案[②]

【案情】被告人柔某和买某（另案处理，已判刑）于2000年10月结婚，生育4个女儿。2014年买某强迫柔某离婚，并将其驱赶回娘家居住。两个月后，买某叫柔

① 吴宏耀，王凯．死刑复核案件的法律援助制度研究．法学杂志，2022（2）：60-63.

② 最高人民法院（2018）最高法刑核36871335号刑事判决书。

某回家居住，随后又逼其离婚并要其独自抚养2个女儿。2015年3月5日，买某因涉嫌重婚罪被刑事拘留，柔某方才得知丈夫已与他人非法结婚，深感绝望，遂生自杀之念，因担心自己死后无人照顾4个女儿，决意带女儿们一并离开人世。同年3月6日0时许，柔某在家中待其女儿被害人穆某甲（殁年12岁）、穆某乙（殁年8岁）、穆某丙（殁年7岁）、穆某丁（殁年1岁）入睡后，从室内扣住房门，给火炉添加煤粉等燃料助燃，将一条背带裤塞进烟囱堵住烟道，然后在女儿们身旁躺下。次日14时许，柔某的亲属发现异常，破门而入后发现4个女孩已死亡，柔某被送医院获救。经鉴定，4个女孩均因一氧化碳中毒缺氧窒息死亡。新疆维吾尔自治区阿克苏地区中级人民法院以（2015）阿中刑初字第286号刑事判决，认定被告人柔某犯故意杀人罪，判处死刑，剥夺政治权利终身。宣判后，在法定期限内没有上诉、抗诉。

【问题】死刑案件一审后如果没有上诉、抗诉，如何进行复核？最高人民法院对于不核准死刑案件依法是否可以作出改判？

【评析】死刑案件在经历一审之后如果没有上诉、抗诉，则自动层级上报。本案中的阿克苏地区中级人民法院将该案上报新疆维吾尔自治区高级人民法院复核。新疆维吾尔自治区高级人民法院经依法复核，于2018年1月16日以（2017）新刑核67719162号刑事裁定同意原判，并依法报请最高人民法院核准。

依照法律规定，最高人民法院对于不核准死刑的案件，可以发回重新审判或者予以改判。如果原判认定事实正确、证据充分，但依法不应当判处死刑的，根据案件情况，必要时，也可以依法改判。最高人民法院审理认为，被告人柔某在实施自杀行为时故意非法剥夺他人生命的行为已构成故意杀人罪。柔某致4名无辜未成年人死亡，犯罪后果特别严重，论罪应当判处死刑。但鉴于本案系被告人柔某的丈夫重婚犯罪迫使被告人离婚引发，柔某系其丈夫重婚犯罪行为的受害者。其因心生绝望，意图自杀，怜悯自己的未成年女儿无人照顾，遂在实施自杀行为时同时杀害4个女儿。其犯罪动机并非特别恶劣，且认罪态度好，有悔罪表现，尚不属罪行极其严重必须适用死刑立即执行的犯罪分子。原审判决及新疆维吾尔自治区高级人民法院复核审裁定认定的犯罪事实清楚，证据确实、充分，审判程序合法，但量刑不当，依法应予纠正。因此，最高人民法院不核准复核审刑事裁定，撤销复核审刑事裁定和原审刑事判决中的量刑部分，改判被告人柔某死刑缓期二年执行，剥夺政治权利终身。

史某故意伤害死刑复核案①

【案情】被告人史某与被害人曹某系夫妻，婚后感情尚好，并育有一女史某丹。2006年年末，史某发现曹某与王某利（男，37岁，离婚）关系暧昧，还因此和王某发生过厮打。2007年7月26日7时许，曹某上班时，二人为曹某要不要带手机上班争吵。17时许，史某酒后到曹某单位找其回家，曹某提出要在单位值夜班而不愿

---

① 黑龙江省高级人民法院（2014）黑刑执字第525号刑事裁定书。

回家，史某打了曹某两个耳光。18 时许，二人一起回家后再次发生争吵，曹某提出离婚。史某一气之下，用一根木方（凳子腿）殴打曹某头部和身体，并将木方打折。曹某还是坚持要和史某离婚，史某又到阳台上取来一个装有硫酸的塑料桶，向曹某身上泼洒。曹某的父亲曹某全、母亲王某贤（均系被害人）听到曹某的呼叫声，前来抢史某手中的塑料桶，硫酸溅到王某贤、曹某全身上，致王某贤重伤、曹某全轻伤。同年 7 月 29 日，曹某经医治无效因创伤性休克死亡。

黑龙江省双鸭山市中级人民法院以（2008）双刑初字第 8 号刑事附带民事判决认定被告人史某犯故意伤害罪，判处死刑，剥夺政治权利终身。史某提出上诉后，黑龙江省高级人民法院以（2008）黑刑一终字第 108 号刑事裁定驳回上诉，维持原判，并依法报请最高人民法院核准。最高人民法院于 2009 年 4 月 22 日作出（2009）刑一复 60264649 号刑事裁定，撤销黑龙江省高级人民法院（2008）黑刑一终字第 76 号刑事裁定，发回黑龙江省高级人民法院重新审判。黑龙江省高级人民法院于 2009 年 11 月 9 日作出（2008）黑刑一终字第 108－1 号刑事判决，改判史某犯故意杀人罪，判处死刑缓期二年执行，剥夺政治权利终身。

【问题】在死刑复核阶段是否可以进行和解？最高人民法院是否可以进行调解？

【评析】被害人是死刑案件的重要当事人，犯罪对被害人的影响情况也是死刑复核中的考量因素。死刑案件不属于刑事和解的适用范围，也不属于自诉案件，死刑复核案件的公诉部分不能进行调解。但附带民事诉讼的性质为民事诉讼，人民法院可以进行调解，当事人双方也可以和解。

最高人民法院受理本案后，合议庭认为，认定故意伤害事实的证据确实、充分。但被害人曹某的女儿史某丹、母亲王某贤、父亲曹某全、曹某诊所房东张某华和被告人史某的父亲史某林、母亲王某凡、弟妹刘某华的证言，以及村民 80 人联名信等证据均反映，曹某与王某利关系暧昧，史某的怀疑并非捕风捉影。鉴于本案系夫妻情感纠葛引发，曹某负有一定的责任，曹某母亲王某贤、父亲曹某全的身体损伤不是史某直接故意形成，对史某应酌情从轻处罚。第一、二审法院虽作了大量调解工作，但曹某父母坚决不予谅解。

死刑复核期间，双方亲属均给最高人民法院写上访信。史某亲属邮寄村民证实曹某与王某利有不正当关系的证言，以及请求给史某留命的联名信，还有史某女儿请求给其父亲留命的信。曹某母亲王某贤面部被硫酸严重烧伤，曹某父亲也被烧伤，女儿又惨死，该二人强烈要求判处史某死刑。

经过最高人民法院法官的积极沟通，双方终于达成协议，王某贤、曹某全对史某表示谅解，书面请求对其从轻处罚。认定本案系婚姻家庭矛盾引发，重伤和轻伤不是史某直接故意形成，且史某认罪、悔罪态度较好，取得被害人的谅解，可酌情予以从轻处罚，对史某不予核准死刑。

张某故意杀人死刑复核案[①]

【案情】 被害人王某因怀疑被告人张某盗窃同村村民殷某霞家的钱财找张某质问，张某遂心生不满，起意杀人。2009 年 1 月 4 日 19 时许，张某潜入位于甘肃省景泰县漫水滩乡漫水滩村的王某家储藏室内，等待王某回家。19 时 30 分许，王某回到家里进入厨房，张某进入厨房后乘王某不备，用随身携带的螺丝刀朝王某头颈部等处连刺数下并扼颈，致王某失血性休克死亡。白银市中级人民法院认定被告人张某犯故意杀人罪，判处死刑，剥夺政治权利终身。被告人张某提出上诉，甘肃省高级人民法院驳回上诉，维持原判，依法报请最高人民法院核准。最高人民法院裁定发回甘肃省高级人民法院重审。甘肃省高级人民法院于 2011 年 8 月 26 日作出（2010）甘刑三终字第 10－1 号刑事判决，改判被告人张某死刑缓期二年执行，剥夺政治权利终身。

【问题】 最高人民法院对案件如何进行复核？

【评析】 最高人民法院组成合议庭对本案进行死刑复核。死刑复核的必经程序是阅卷和讯问被告人。辩护律师提出要求的，应当听取辩护律师的意见。最高人民检察院提出意见的，最高人民法院应当审查。除此之外，最高人民法院可以综合运用其他方式进行复核。

在本案中，最高人民法院通过审查案卷材料，以及向第一、二审法院承办人了解情况，认为能够认定张某作案，但严格按照死刑案件审查证据标准，核准张某死刑的证据略显单薄。法官从案卷材料了解到，村委会曾经试图缓和双方矛盾，只是由于双方关于赔偿数额差异较大，被害人未能出具谅解书。

承办人赶赴甘肃省景泰县提讯了被告人张某，主要目的有二：一是核实案件事实；二是了解被告人的认罪、悔罪态度，以及被告人是否愿意让其家人代为赔偿被害方的经济损失。张某对自己的犯罪行为给国家、社会造成的危害，对被害人及亲属造成的伤害有了一定认识，深表愧疚，并表示愿意让其父母代为赔偿，尽力弥补给被害方造成的损失，希望能够得到被害方的谅解。法官认真听取被害方意见，对其合理诉求给予充分理解和尊重，对其不幸遭遇和家庭困难给予同情和理解，最终被害方与被告人签署谅解书。

综上，最高人民法院认为本案系同村村民间因生活琐事纠纷引发的故意杀人案件，通过被告人 3 家属积极赔偿化解了被害方的仇恨情绪，取得了被害方谅解。最高人民法院在此基础上作出不核准的裁定，落实了“严格控制死刑、慎重适用死刑”的死刑政策和宽严相济的刑事政策。

四、知识拓展

美国通过程序控制死刑的方式

美国死刑制度的发展与改革特色鲜明，死刑废止运动中联邦与州、州际立法与

---

① 甘肃省高级人民法院（2016）甘刑更 189 号刑事裁定书。

司法均存在差异。在立法废止死刑难达统一的情况下，美国借助违宪审查机制与司法控制策略，间接实现控制死刑适用的目标。1972 年，弗曼诉佐治亚州案（Furman v. Georgia）争论的重点为死刑是否违反联邦宪法第八修正案"禁止残酷与不寻常刑罚"条款，该判决使得 50 个州和联邦政府有关死刑的成文法均归于无效。1976 年的格雷格（Gregg v. Georgia）案件后，联邦最高法院不再轻易质疑死刑的合宪性，根据"演进中的伦理标准"（evolving standards of decency）对"酷刑条款"进行合乎时代变迁的解释，构建司法型死刑渐进缩限模式。其基本理念是，应当禁止不受限制的死刑裁判，死刑适用范围应当被限制，死刑适用程序应当严格且明定。综上，自 20 世纪 70 年代以来，以弗曼案为开端，美国逐步确立以司法控制为中心的死刑改革策略，逐渐形成死刑立法与司法双向互动的格局。①

美国死刑案件审判程序较为复杂，定罪与量刑程序分离是其重要特点。《美国模范刑法典》倡导将死刑裁量分为定罪与量刑"双阶程序"（bifurcated procedure），各州以其为蓝本进行立法，最典型的有佐治亚州模式与得克萨斯州模式。佐治亚州模式将诉讼程序分为定罪和量刑两个阶段，定罪阶段判断被告人是否有罪，在认定有罪后进入量刑阶段，量刑阶段又分为"适格"（eligibility）和"选择"（selection）两个子阶段。前者通过法定加重情节判断被告人是否属于适合适用死刑的类型；后者通过个体化考察，判断死刑是否适用于被告人。这一模式通过具体加重情节限制有资格判处死刑的类型，限制陪审团的自由裁量。得克萨斯州模式将法定加重情节直接规定在犯罪构成之中，属于定罪阶段考虑的问题。

为了体现对死刑案件的特别关照，死刑案件还有定罪后程序（post conviction）这一救济程序。死刑判决的被告人如果在直接上诉程序中未能获得救济，仍然希望推翻有罪判决，除以原审侵犯宪法权利或发现足以推翻原判决的新证据为由向原法院申请重审以外，还可以通过人身保护令程序继续寻求救济。州法院判决的被告人必须先在州法院系统申请人身保护令，未获批准的才可以进一步向联邦法院申请；联邦法院判决的死刑被告人一般应当通过联邦地区法院提出人身保护令申请。人身保护令（Habeas Corpus）的最初目的在于将当事人带至法庭或法官面前，建立在政府不能在没有正当理由的情况下拘押任何人的原则之上。无论是联邦还是州的人身保护令程序都可以用于审查在押等候执行死刑囚犯的刑事诉讼程序，并确保定罪与量刑合法。从形式上看，人身保护令只是从属地、间接地对定罪和量刑进行抗辩，但它对于在押死刑犯而言已经成为一个关键的救济途径，也是对刑事司法程序的重要监督。②

美国的有效辩护制度对死刑适用的控制也起到重要的作用。美国的有效辩护制度强调律师应当勤勉、尽职地辩护。联邦最高法院的判例与美国律师协会的律师行为准则都没有对何谓"有效辩护"作出准确的定义，而是通过确立无

---

① 魏昌东．美国司法型死刑控制模式与中国借鉴．法学，2013（1）：31－43.

② 高一飞．对美国死刑案件诉讼程序的考察．当代法学，2008（1）：146；王秀梅，等．美国死刑制度与经典案例解析．北京：北京大学出版社，2018：57.

效辩护制度以倒逼有效辩护的实现，通过斯特科兰特案件明确了认定无效辩护的行为与后果复合标准。[①] 为了保障律师辩护的质量，美国律师协会针对死刑案件于 2003 年修订了《美国死刑案件有效辩护指导纲要》，该文件明确指出无效辩护标准适用于定罪后程序，包括人身保护令程序；要求各州制订计划确保辩护质量，从律师的工作态度、专业知识和技能、会见和调查取证等方面规定了律师工作的底线。[②] 美国律师协会于 2008 年又发布了《死刑案件辩护团队减责补充指南》，强调首席律师必须组建死刑辩护团队，其中不少于两名合格律师、一名调查员和一名减责专家，并且至少有一名团队成员经过培训，有经验展示精神或心理疾病或损伤情况。

美国死刑案件的判决权和执行权相互分离，由司法系统和行政系统分别行使。法院作出死刑判决，州长或者总统签发死刑执行命令，由监狱负责具体执行。死刑案件被告人在用尽了法律上的救济手段外，还可以申请赦免。在依照其他法律程序不能免予死刑的情况下，赦免为其提供了得到宽恕的额外机会。

日本通过程序控制死刑的方式

日本虽然保留了死刑，但适用率极低。日本控制死刑的主要经验为：死刑适用基准相对确定、死刑选择过程逐步深入、通过裁判员审判融入民意表达等。

1983 年日本最高裁判所的“永山则夫连续杀人案”确定了死刑适用基准：“现行法律制度下的死刑制度，需要从决定犯罪本质、犯罪动机、犯罪样态（杀人手段、杀人计划的执拗性、残虐性）、犯罪结果的重大性（被杀害数量，遗属的被害感情，社会的影响，犯人的年龄、前科、犯行后的情节）等各种情节综合考察，被告人的刑事责任十分重大，不能不说从罪刑均衡以及一般预防的角度来看，只能选择死刑。”[③]

从 1983 年永山判决后至 2014 年审理的死刑案件，以著名的“永山基准”为基础，日本最高法院形成了逐步深入的死刑选择过程，将“永山基准”进行分解判断。适用死刑大致分为四个阶段：（1）确定适用前提阶段。法官在此阶段考虑两个因素：一是检察官是否提出判处死刑的求刑建议；二是杀害行为是否系故意为之。（2）初步判断阶段。此阶段主要应考虑被害人的人数。原则上被害人是 3 人以上时法院才会选择死刑，若是 2 人或 1 人，则进入第三个阶段。（3）初步结论阶段。法院在该阶段主要考虑犯罪行为及其结果的危害性与重大性，以及客观方面的事实，包括：犯罪行为的性质与目的、是否有前科、杀人行为是否有计划等。若存在这些情节，可以得出判处死刑的初步结论。（4）验证初步结论阶段。此阶段综合考量相关因素，

---

① 林劲松．美国无效辩护制度及其借鉴意义．华东政法大学学报，2006（4）：80－87；陈瑞华．刑事诉讼中的有效辩护问题．苏州大学学报（哲学社会科学版），2014（5）：94－105；熊秋红．有效辩护、无效辩护的国际标准和本土化思考．中国刑事法杂志，2014（6）：129－125.

② 王喆，闵春雷．美国死刑有效辩护制度及其启示．东北师大学报（哲学社会科学版），2012（6）：47.

③ 李立丰．青少年保护主义的刑事司法实现路径：以日本裁判员制度下青少年死刑适用经验为视角．青少年犯罪问题，2015（4）：51－52.

对死刑的适当性进行判断。这一阶段的影响因素主要包括：犯罪行为人实施犯罪的动机及其形成原因、遗属的感情、犯罪行为的社会影响、是否存在悔过情节、成长背景以及改善的可能性等。这一阶段主要从特殊预防目的出发，判断是否存在可以对犯罪人从宽的空间，所考虑的情节主观色彩较为浓重，在此阶段改变初步结论的情形非常罕见。

自2009年以来，日本改变了精密司法模式，施行裁判员审判制度，将民意融入刑事司法，增强刑事判决的国民基础，该制度对控制死刑的适用也同样起到重要的作用。在裁判员审判的死刑案件中，裁判员与法官具有同样的权利与职责，共同对犯罪人行为的构成要件的符合性、违法性、有责性以及量刑进行判断。在定罪量刑之际，如果合议庭存在不同意见则投票决定：在有利于被告人的场合，以过半数的选择为准；在不利于被告人的场合，则实行特别过半的原则，即在过半数的选择之中，必须包含法官与裁判员双方的意见，以通过法官的专业判断，防止裁判员在恶性案件中因受到情感的支配而不顾刑事诉讼基本原则的约束，忽视被告人的基本权利。①

日本没有与中国类似的死刑复核程序，其“三审终审制”对死刑适用有较强的程序控制功能。死刑案件作为重罪案件，无论被告人是否接受一审判决，根据“对死刑判决、无期惩役或无期禁锢的判决，不得放弃控诉权”的原则，一般均须强制启动二审程序，以体现审理死刑案件的慎重性。当然，如果被告人坚决认罪服法，其可以通过书面申请“撤回控诉”的方式结束上诉程序，原审判决则自动生效。对控诉审的死刑判决不服，在法定上告请求时限内，被告人、二审辩护人均可将书面“上告请求书”提交控诉审法院启动上告审程序。日本的上告审属于法律审，原则上不开庭审理，也不传唤被告人、不经过辩论，依靠调查官对上告理由进行调查后再由合议庭作出支持或驳回上告请求的判决。但死刑案件的审理属于例外，在原判决宣判死刑的情况下，按照惯例开庭审理。在审理之前，如果死刑被告人没有辩护律师，最高法院必须征得其同意后依程序为其免费选任“国选辩护人”。

日本执行死刑需要法务大臣签字。在法务大臣签字之前，法务省内部还有一个行政审核程序，主要是由检察官进行全面审查，审查内容包括有没有健康问题，是否属于冤案，是否需要排除执行障碍。审查后报送法务大臣签字，法务大臣拥有最终是否签字的裁量权。

五、文献荐读

1. 吴宏耀，罗海敏主编. 死刑的程序控制. 北京：中国政法大学出版社，2014.
2. 徐留成编. 死刑复核中法治理念研究. 北京：中国方正出版社，2012.
3. 陈光中，唐露露. 我国死刑复核程序之完善刍议. 法学杂志，2020（2）.
4. 左卫民. 死刑控制与最高人民法院的功能定位. 法学研究，2014（6）.

① 周振杰. 日本死刑司法控制的经验与借鉴. 法学，2017（6）：148-154.

5. 叶青，王小光. 律师有效参与死刑复核程序研究. 比较法研究，2017（2）.

6. 陈永生，白冰. 死刑复核程序中辩护权之保障. 四川大学学报（哲学社会科学版），2015（2）.

第十九章　刑事特别程序

一、原理精析

2012年《刑事诉讼法》新增了一编，即第五编“特别程序”。该编规定了四种特别程序：未成年人刑事案件诉讼程序，当事人和解的公诉案件诉讼程序，犯罪嫌疑人、被告人逃匿、死亡案件违法所得的没收程序，以及依法不负刑事责任的精神病人的强制医疗程序。其中，后三种特别程序是全新的诉讼程序。2018年《刑事诉讼法》在此基础上又增加了缺席审判程序。

（一）未成年人刑事案件诉讼程序

1. 未成年人刑事案件诉讼程序的基本原则

办理未成年人刑事案件需要遵循如下基本原则：（1）教育为主、惩罚为辅原则。《刑事诉讼法》第277条第1款规定：“对犯罪的未成年人实行教育、感化、挽救的方针，坚持教育为主、惩罚为辅的原则。”教育为主、惩罚为辅原则要求公安司法人员在办理未成年人刑事案件过程中正确处理教育与惩罚的关系，要将教育放在首要位置，惩罚只是处于辅助地位。（2）分案处理原则。《刑事诉讼法》第280条第2款规定：“对被拘留、逮捕和执行刑罚的未成年人与成年人应当分别关押、分别管理、分别教育。”《高检规则》第459条规定：“人民检察院办理未成年人与成年人共同犯罪案件，一般应当对未成年人与成年人分案办理、分别起诉。不宜分案处理的，应当对未成年人采取隐私保护、快速办理等特殊保护措施。”（3）审理不公开原则。依据《刑事诉讼法》第285条的规定，审判的时候被告人不满18周岁的案件，不公开审理。但是，出于感化帮教的需要，经未成年被告人及其法定代理人同意，未成年被告人所在学校和未成年人保护组织可以派代表到场。

2. 未成年人刑事案件诉讼程序的主要制度

（1）社会调查制度。

《刑事诉讼法》第 279 条规定："公安机关、人民检察院、人民法院办理未成年人刑事案件，根据情况可以对未成年犯罪嫌疑人、被告人的成长经历、犯罪原因、监护教育等情况进行调查。"办案机关除自行调查外，还可以委托未成年犯罪嫌疑人、被告人居住地的县级司法行政机关、共青团组织以及其他社会团体组织进行调查。开展社会调查应当尊重和保护未成年人隐私，不得向不知情人员泄露未成年犯罪嫌疑人、被告人的涉案信息。社会调查报告可以作为办案、教育和量刑的参考。

（2）法定代理人或者合适成年人到场制度。

依据《刑事诉讼法》第 281 条的规定，对于未成年人刑事案件，在讯问和审判的时候，应当通知未成年犯罪嫌疑人、被告人的法定代理人到场。无法通知、法定代理人不能到场或者法定代理人是共犯的，也可以通知合适成年人到场，并将有关情况记录在案。合适成年人包括未成年犯罪嫌疑人、被告人的其他成年亲属，所在学校、单位、居住地基层组织或者未成年人保护组织的代表。到场的法定代理人可以代为行使未成年犯罪嫌疑人、被告人的诉讼权利。审判未成年人刑事案件，未成年被告人最后陈述后，其法定代理人可以进行补充陈述。到场的法定代理人或者合适成年人认为办案人员在讯问、审判中侵犯未成年人合法权益的，可以提出意见。讯问笔录、法庭笔录应当交给到场的法定代理人或者合适成年人阅读或者向其宣读。询问未成年被害人、证人适用上述规定。

（3）附条件不起诉制度。

检察机关对于罪行较轻的未成年犯罪嫌疑人，认为可以不立即追究刑事责任时，可以给其设定考验期，要求其在考验期内履行一定义务。在考验期内，如果未成年犯罪嫌疑人没有违反相关法律规定，并且履行了所要求的义务，检察机关就应当作出不起诉决定；否则，检察机关将依法提起公诉。上述制度就是附条件不起诉制度。《刑事诉讼法》第 282 条至 284 条规定了附条件不起诉制度，《高检规则》和《公安规定》对相关内容作了更加具体的规定，内容如下。

第一，适用条件。符合如下五项条件的未成年人刑事案件可以适用附条件不起诉制度：一是涉嫌实施《刑法》分则第四章、第五章、第六章规定的犯罪；二是可能判处 1 年有期徒刑以下刑罚；三是符合犯罪事实已经查清，证据确实、充分，应当依法追究刑事责任的起诉条件；四是未成年犯罪嫌疑人有悔罪表现；五是未成年犯罪嫌疑人及其法定代理人对人民检察院适用附条件不起诉没有异议。①

第二，决定程序。人民检察院在作出附条件不起诉决定之前，应当讯问未成年犯罪嫌疑人，听取公安机关、被害人及其法定代理人、未成年犯罪嫌疑人的法定代

---

① 依据《高检规则》第 470 条的规定，未成年犯罪嫌疑人及其法定代理人提出无罪辩解，人民检察院经审查认为无罪辩解理由成立的，应当按照法定不起诉的规定作出不起诉决定。未成年犯罪嫌疑人及其法定代理人对案件作附条件不起诉处理没有异议，仅对所附条件及考验期有异议的，人民检察院可以依法采纳其合理的意见，对考察的内容、方式、时间等进行调整。人民检察院作出起诉决定前，未成年犯罪嫌疑人及其法定代理人撤回异议的，人民检察院可以依法作出附条件不起诉决定。

理人、辩护人的意见，并制作笔录附卷。但公安机关和被害人的意见对人民检察院是否作出附条件不起诉决定没有约束力。

第三，异议程序。公安机关认为人民检察院作出的附条件不起诉决定有错误的，应当制作要求复议意见书，经县级以上公安机关负责人批准，移送同级人民检察院复议。要求复议的意见不被接受的，可以制作提请复核意见书，经县级以上公安机关负责人批准，提请上一级人民检察院复核。上一级人民检察院经复核认为下级人民检察院的决定错误的，应当指令下级人民检察院纠正，或者撤销、变更下级人民检察院作出的不起诉决定。被害人不服附条件不起诉决定的，可以向上一级人民检察院申诉，请求提起公诉。上一级人民检察院审查后，应当将复查决定通知被害人。值得注意的是，被害人不服附条件不起诉决定的，不能直接向人民法院起诉。未成年犯罪嫌疑人及其法定代理人对附条件不起诉决定有异议的，人民检察院应当作出起诉决定。[①]

第四，考验期及对未成年犯罪嫌疑人的监督考察。附条件不起诉的考验期为 6 个月以上 1 年以下，从人民检察院作出附条件不起诉的决定之日起计算。在附条件不起诉的考验期内，由人民检察院对被附条件不起诉的未成年犯罪嫌疑人进行监督考察。未成年犯罪嫌疑人的监护人应当对未成年犯罪嫌疑人加强管教，配合人民检察院做好监督考察工作。人民检察院可以会同未成年犯罪嫌疑人的监护人，所在学校、单位、居住地的村民委员会、居民委员会、未成年人保护组织等的有关人员，定期对未成年犯罪嫌疑人进行考察、教育，实施跟踪帮教。被附条件不起诉的未成年犯罪嫌疑人应当遵守下列规定：1）遵守法律法规，服从监督；2）按照考察机关的规定报告自己的活动情况；3）离开所居住的市、县或者迁居，应当报经考察机关批准；4）按照考察机关的要求接受矫治和教育。人民检察院可以要求被附条件不起诉的未成年犯罪嫌疑人接受下列矫治和教育：1）完成戒瘾治疗、心理辅导或者其他适当的处遇措施；2）向社区或者公益团体提供公益劳动；3）不得进入特定场所，与特定的人员会见或者通信，从事特定的活动；4）向被害人赔偿损失、赔礼道歉等；5）接受相关教育；6）遵守其他保护被害人安全以及预防再犯的禁止性规定。

第五，考验期满后的处理。被附条件不起诉的未成年犯罪嫌疑人，在考验期内有下列情形之一的，人民检察院应当撤销附条件不起诉的决定，提起公诉：1）实施新的犯罪的；2）发现决定附条件不起诉以前还有其他犯罪需要追诉的；3）违反治安管理规定，造成严重后果，或者多次违反治安管理规定的；4）违反有关附条件不起诉的监督管理规定，造成严重后果，或者多次违反有关附条件不起诉的监督管理规定的。被附条件不起诉的未成年犯罪嫌疑人在考验期内没有上述情形，考验期满的，人民检察院应当作出不起诉的决定。

（4）犯罪记录封存制度。

犯罪的时候不满 18 周岁，被判处 5 年有期徒刑以下刑罚的，应当对相关犯罪记

---

① 依据《高检规则》第 470 条的规定，人民检察院作出起诉决定前，未成年犯罪嫌疑人及其法定代理人撤回异议的，人民检察院可以依法作出附条件不起诉决定。

录予以封存。犯罪记录被封存的，不得向任何单位和个人提供，但司法机关为办案需要或者有关单位根据国家规定进行查询的除外。依法进行查询的单位，应当对被封存的犯罪记录的情况予以保密。

2022年颁布的《关于未成年人犯罪记录封存的实施办法》，对犯罪记录封存作了更加详细的规定。依据该办法，不予刑事处罚、不追究刑事责任、不起诉、采取刑事强制措施的记录，以及对涉罪未成年人进行社会调查、帮教考察、心理疏导、司法救助等工作的记录，也应当进行封存。未成年人因事实不清、证据不足被宣告无罪的案件，应当对涉罪记录予以封存；但未成年被告人及其法定代理人申请不予封存或者解除封存的，经人民法院同意，可以不予封存或者解除封存。对在年满18周岁前后实施数个行为，构成一罪或者一并处理的数罪，主要犯罪行为是在年满18岁周岁前实施的，被判处或者决定执行5年有期徒刑以下刑罚以及免予刑事处罚的未成年人犯罪记录，应当对全案依法予以封存。对被封存犯罪记录的未成年人，符合下列条件之一的，封存机关应当对其犯罪记录解除封存：在未成年时实施新的犯罪，且新罪与封存记录之罪数罪并罚后被决定执行刑罚超过5年有期徒刑的；发现未成年时实施的漏罪，且漏罪与封存记录之罪数罪并罚后被决定执行刑罚超过5年有期徒刑的；经审判监督程序改判5年有期徒刑以上刑罚的；被封存犯罪记录的未成年人成年后又故意犯罪的，人民法院应当在裁判文书中载明其之前的犯罪记录。符合解除封存条件的案件，自解除封存条件成立之日起，不再受未成年人犯罪记录封存相关规定的限制。

（5）其他基本制度。

为了充分保障未成年犯罪嫌疑人、被告人的权利，《刑事诉讼法》和相关规范性文件还规定了如下制度：1）专门人员办理制度。人民法院、人民检察院和公安机关办理未成年人刑事案件，应当由熟悉未成年人身心特点的审判人员、检察人员、侦查人员承办。2）全程法律帮助制度。未成年犯罪嫌疑人、被告人没有委托辩护人的，人民法院、人民检察院、公安机关应当通知法律援助机构指派律师为其提供辩护。3）严格限制适用逮捕措施制度。对未成年犯罪嫌疑人、被告人应当严格限制适用逮捕措施。人民检察院审查批准逮捕和人民法院决定逮捕，应当讯问未成年犯罪嫌疑人、被告人，听取辩护律师的意见。对于罪行较轻，具备有效监护条件或者社会帮教措施，没有社会危险性或者社会危险性较小的未成年犯罪嫌疑人，应当不批准逮捕。对于罪行比较严重，但主观恶性不大，有悔罪表现，具备有效监护条件或者社会帮教措施，具有下列情形之一，不逮捕不致发生社会危险性的未成年犯罪嫌疑人，可以不批准逮捕：初次犯罪、过失犯罪的；犯罪预备、中止、未遂的；防卫过当、避险过当的；有自首或者立功表现的；犯罪后认罪认罚，或者积极退赃，尽力减少和赔偿损失，被害人谅解的；不属于共同犯罪的主犯或者集团犯罪中的首要分子的；属于已满14周岁不满16周岁的未成年人或者系在校学生的；其他可以不批准逮捕的情形。4）亲情会见、通话制度。移送审查起诉的案件满足法定条件，经公安机关同意，检察人员可以安排在押的未成年犯罪嫌疑人与其法定代理人、近亲属等会见、通话，进行亲情感化。会见、通话时检察人员可以在场；会见、通话结束后，检察人员应当将有关内容及时整理并记录在案。

（二）当事人和解的公诉案件诉讼程序

在我国传统刑事诉讼中，当事人和解是自诉案件诉讼程序的特征之一。当事人和解的公诉案件诉讼程序将当事人和解引入了公诉案件。该制度对于有效化解矛盾、提高诉讼效率具有重要意义。该制度的具体内容如下。

1. 适用案件范围

依据《刑事诉讼法》第 288 条的规定，当事人和解的公诉案件诉讼程序适用于以下两种类型的案件。

第一是因民间纠纷引起，涉嫌《刑法》分则第四章、第五章规定的罪名，并可能判处 3 年有期徒刑以下刑罚的案件。“民间纠纷”是指公民之间有关人身、财产权益的纠纷以及其他日常生活中发生的纠纷。依据《公安规定》第 334 条的规定，“民间纠纷”不包括以下情形：（1）雇凶伤害他人的；（2）涉及黑社会性质组织犯罪的；（3）涉及寻衅滋事的；（4）涉及聚众斗殴的；（5）多次故意伤害他人身体的。《刑法》分则第四章规定的是侵犯公民人身权利、民主权利的犯罪，第五章规定的是侵犯财产的犯罪。

第二是除渎职犯罪以外的可能判处 7 年有期徒刑以下刑罚的过失犯罪案件。渎职犯罪被排除适用，是因为渎职犯罪的犯罪客体是国家机关的正常活动，其侵害的是国家利益而非公民的人身权利、民主权利和财产权利，无法满足“获得被害人谅解”这一适用条件。

2. 适用条件

依据《刑事诉讼法》第 288 条和《高检规则》第 492 条的规定，除满足适用的案件范围之外，适用当事人和解的公诉案件诉讼程序，还需要满足如下适用条件：（1）犯罪嫌疑人真诚悔罪，向被害人赔偿损失、赔礼道歉等；（2）被害人明确表示对犯罪嫌疑人予以谅解；（3）双方当事人自愿和解，符合有关法律规定；（4）属于侵害特定被害人的故意犯罪或者有直接被害人的过失犯罪；（5）案件事实清楚，证据确实、充分；（6）犯罪嫌疑人在 5 年以内未曾故意犯罪。

3. 和解的达成

依据《高法解释》、《高检规则》和《公安规定》的规定，被害人死亡的，其法定代理人、近亲属可以与犯罪嫌疑人、被告人和解。被害人系无行为能力人或者限制行为能力人的，其法定代理人可以代为和解。犯罪嫌疑人、被告人系限制行为能力人的，其法定代理人可以代为和解。犯罪嫌疑人、被告人在押的，经犯罪嫌疑人、被告人同意，其法定代理人、近亲属可以代为和解。双方当事人可以就赔偿损失、赔礼道歉等民事责任事项进行和解，并且可以就被害人及其法定代理人或者近亲属是否要求或者同意公安机关、人民检察院、人民法院对犯罪嫌疑人、被告人依法从宽处理进行协商，但不得对案件的事实认定、证据采信、法律适用和定罪量刑等依法属于公安机关、人民检察院、人民法院职权范围的事宜进行协商。双方当事人可以自行达成和解，也可以经人民调解委员会、村民委员会、居民委员会、当事人所在单位或者同事、亲友等组织或者个人调解后达成和解。当事人提出申请的，人民法院可以主持双方当事人协商以达成和解。根据案件情况，办案机关可以邀请人民调解员、辩护人、诉讼代理人、当事人亲友等参与促成双方当事人和解。

4. 对和解的审查

《刑事诉讼法》第289条规定："双方当事人和解的，公安机关、人民检察院、人民法院应当听取当事人和其他有关人员的意见，对和解的自愿性、合法性进行审查，并主持制作和解协议书。"《高法解释》、《高检规则》和《公安规定》对和解的审查作了具体规定。办案机关应当对和解的自愿性、合法性进行审查，重点审查以下内容：(1) 双方当事人是否自愿和解；(2) 犯罪嫌疑人、被告人是否真诚悔罪，是否向被害人赔礼道歉，赔偿数额与其所造成的损害和赔偿能力是否相适应；(3) 被害人及其法定代理人或者近亲属是否明确表示对犯罪嫌疑人、被告人予以谅解；(4) 是否符合法律规定；(5) 是否损害国家、集体和社会公共利益或者他人的合法权益；(6) 是否符合社会公德。审查时，应当听取双方当事人和其他有关人员对和解的意见，告知刑事案件可能从宽处理的法律后果和双方的权利义务，并制作笔录附卷；必要时，可以听取双方当事人亲属、当地居民委员会或者村民委员会人员以及其他了解案件情况的相关人员的意见。

5. 和解的法律后果

《刑事诉讼法》第290条规定："对于达成和解协议的案件，公安机关可以向人民检察院提出从宽处理的建议。人民检察院可以向人民法院提出从宽处罚的建议；对于犯罪情节轻微，不需要判处刑罚的，可以作出不起诉的决定。人民法院可以依法对被告人从宽处罚。"《高法解释》、《高检规则》和《公安规定》对此作了具体规定。双方当事人在侦查阶段达成和解协议，公安机关向人民检察院提出从宽处理建议的，人民检察院在审查逮捕和审查起诉时应当充分考虑公安机关的建议。人民检察院对于公安机关提请批准逮捕的案件，双方当事人达成和解协议的，可以作为有无社会危险性或者社会危险性大小的因素予以考虑。经审查认为不需要逮捕的，可以作出不批准逮捕的决定；在审查起诉阶段可以依法变更强制措施。人民检察院对于公安机关移送起诉的案件，双方当事人达成和解协议的，可以作为是否需要判处刑罚或者免除刑罚的因素予以考虑。符合法律规定的不起诉条件的，可以决定不起诉。对于依法应当提起公诉的，人民检察院可以向人民法院提出从宽处罚的量刑建议。对达成和解协议的案件，人民法院应当对被告人从轻处罚；符合非监禁刑适用条件的，应当适用非监禁刑；判处法定最低刑仍然过重的，可以减轻处罚；综合全案认为犯罪情节轻微不需要判处刑罚的，可以免予刑事处罚。共同犯罪案件，部分被告人与被害人达成和解协议的，可以依法对该部分被告人从宽处罚，但应当注意全案的量刑平衡。

6. 和解协议的履行与反悔

依据《高法解释》、《高检规则》和《公安规定》的规定，对和解协议约定的赔偿损失内容，犯罪嫌疑人、被告人应当在协议签署后即时履行，至迟在办案机关作出从宽处理前履行。确实难以一次性履行的，在提供有效担保并且被害人同意的情况下，也可以分期履行。犯罪嫌疑人、被告人的法定代理人、近亲属依照规定代为和解的，和解协议约定的赔礼道歉等事项，应当由犯罪嫌疑人、被告人本人履行。

对于当事人反悔，应区分情形处理：在审查起诉阶段，如果当事人在人民检察院不起诉决定作出之前反悔，当事人仍可以另行达成和解；不能另行达成和解协议的，人民检察院应当依法作出起诉或者不起诉决定。如果当事人在不起诉决定作出之后反悔，人民检察院不撤销原决定，但有证据证明和解违反自愿、合法原则的除外。在审判阶段，在和解协议已经全部履行的情况下，如果当事人反悔，人民法院不予支持，但有证据证明和解违反自愿、合法原则的除外。双方当事人在侦查、审查起诉期间已经达成和解协议并全部履行，被害人或者其法定代理人、近亲属又提起附带民事诉讼的，人民法院不予受理，但有证据证明和解违反自愿、合法原则的除外。

7. 和解协议无效时的处理

依据《高法解释》和《高检规则》的规定，对公安机关、人民检察院主持制作的和解协议书，当事人提出异议的，人民法院应当审查。经审查，和解自愿、合法的，予以确认，无须重新制作和解协议书；和解违反自愿、合法原则的，应当认定无效。和解协议被认定无效后，双方当事人重新达成和解的，人民法院应当主持制作新的和解协议书。犯罪嫌疑人或者其亲友等以暴力、威胁、欺骗或者其他非法方法强迫、引诱被害人和解，或者在协议履行完毕之后威胁、报复被害人的，应当认定和解协议无效。已经作出不批准逮捕或者不起诉决定的，人民检察院根据案件情况可以撤销原决定，对犯罪嫌疑人批准逮捕或者提起公诉。

（三）缺席审判程序

1. 缺席审判的类型

依据《刑事诉讼法》的规定，缺席审判包括以下三种类型。

第一，针对犯罪嫌疑人、被告人潜逃境外的案件的缺席审判。《刑事诉讼法》第291条第1款规定：“对于贪污贿赂犯罪案件，以及需要及时进行审判，经最高人民检察院核准的严重危害国家安全犯罪、恐怖活动犯罪案件，犯罪嫌疑人、被告人在境外，监察机关、公安机关移送起诉，人民检察院认为犯罪事实已经查清，证据确实、充分，依法应当追究刑事责任的，可以向人民法院提起公诉。人民法院进行审查后，对于起诉书中有明确的指控犯罪事实，符合缺席审判程序适用条件的，应当决定开庭审判。”

第二，针对被告人患有严重疾病的案件的缺席审判。《刑事诉讼法》第296条规定：“因被告人患有严重疾病无法出庭，中止审理超过六个月，被告人仍无法出庭，被告人及其法定代理人、近亲属申请或者同意恢复审理的，人民法院可以在被告人不出庭的情况下缺席审理，依法作出判决。”对于该类案件，《高检规则》第511条规定，人民检察院可以建议人民法院适用缺席审判程序审理。《高法解释》第605条增加规定了被告人患有严重疾病导致缺乏受审能力情况下的缺席审判。被告人因患有严重疾病而缺乏受审能力，无法出庭受审，中止审理超过6个月，被告人仍无法出庭，被告人及其法定代理人、近亲属申请或者同意恢复审理的，人民法院可以依据《刑事诉讼法》第296条的规定缺席审判。在该类案件中，被告人无法表达意愿的，其法定代理人、近亲属可以代为申请或者同意恢复审理。

第三，针对被告人死亡的案件的缺席审判。《刑事诉讼法》第297条规定："被告人死亡的，人民法院应当裁定终止审理，但有证据证明被告人无罪，人民法院经缺席审理确认无罪的，应当依法作出判决。人民法院按照审判监督程序重新审判的案件，被告人死亡的，人民法院可以缺席审理，依法作出判决。"这里的"有证据证明被告人无罪"，包括案件事实清楚，证据确实、充分，依据法律认定被告人无罪的情形，以及证据不足，不能认定被告人有罪的情形。

2. 对犯罪嫌疑人、被告人潜逃境外的案件进行缺席审判的程序要求

对犯罪嫌疑人、被告人潜逃境外的案件进行缺席审判，具有一定的特殊性，《刑事诉讼法》和《高法解释》规定了一些具体的程序要求。

第一，审判管辖与受案审查。《刑事诉讼法》第291条第2款规定，该类案件，由犯罪地、被告人离境前居住地或者最高人民法院指定的中级人民法院组成合议庭进行审理。

《高法解释》第598条和第599条规定，对人民检察院依照缺席审判程序提起公诉的案件，人民法院应当重点审查以下内容：（1）是否属于可以适用缺席审判程序的案件范围；（2）是否属于本院管辖；（3）是否写明被告人的基本情况，包括明确的境外居住地、联系方式等；（4）是否写明被告人涉嫌有关犯罪的主要事实，并附证据材料；（5）是否写明被告人有无近亲属以及近亲属的姓名、身份、住址、联系方式等情况；（6）是否列明违法所得及其他涉案财产的种类、数量、价值、所在地等，并附证据材料；（7）是否附有查封、扣押、冻结违法所得及其他涉案财产的清单和相关法律手续。上述材料需要翻译件的，人民法院应当要求人民检察院一并移送。人民法院审查后，应当按照下列情形分别处理：（1）符合缺席审判程序适用条件，属于本院管辖，且材料齐全的，应当受理。（2）不属于可以适用缺席审判程序的案件范围、不属于本院管辖或者不符合缺席审判程序的其他适用条件的，应当退回人民检察院。（3）材料不全的，应当通知人民检察院在30日以内补送；30日以内不能补送的，应当退回人民检察院。

第二，送达。依据《刑事诉讼法》第292条和《高法解释》第600条的规定，人民法院立案后，应当通过有关国际条约规定的或者外交途径提出的司法协助方式，或者被告人所在地法律允许的其他方式，将传票和人民检察院的起诉书副本送达被告人。传票应当载明被告人到案期限以及不按要求到案的法律后果等事项。传票和起诉书副本送达后，被告人未按要求到案的，人民法院应当开庭审理，依法作出判决，并对违法所得及其他涉案财产作出处理。另外，还应当将起诉书副本送达被告人近亲属，告知其有权代为委托辩护人，并通知其敦促被告人归案。

第三，辩护权的保障。《刑事诉讼法》第293条规定："人民法院缺席审判案件，

被告人有权委托辩护人，被告人的近亲属可以代为委托辩护人。被告人及其近亲属没有委托辩护人的，人民法院应当通知法律援助机构指派律师为其提供辩护。”

第四，审理程序。《高法解释》第 602 条和第 603 条对缺席审判案件的审理程序作了规定。人民法院审理缺席审判案件，被告人的近亲属申请参加诉讼的，应当在收到起诉书副本后、第一审开庭前提出，并提供与被告人关系的证明材料。有多名近亲属的，应当推选一至二人参加诉讼。对被告人的近亲属提出申请的，人民法院应当及时审查决定。人民法院审理缺席审判案件，参照适用公诉案件第一审普通程序的有关规定。被告人的近亲属参加诉讼的，可以发表意见，出示证据，申请法庭通知证人、鉴定人等出庭，进行辩论。

第五，上诉、抗诉。《刑事诉讼法》第 294 条规定：“人民法院应当将判决书送达被告人及其近亲属、辩护人。被告人或者其近亲属不服判决的，有权向上一级人民法院上诉。辩护人经被告人或者其近亲属同意，可以提出上诉。人民检察院认为人民法院的判决确有错误的，应当向上一级人民法院提出抗诉。”

第六，重新审理。《刑事诉讼法》第 295 条第 1、2 款规定：“在审理过程中，被告人自动投案或者被抓获的，人民法院应当重新审理。罪犯在判决、裁定发生法律效力后到案的，人民法院应当将罪犯交付执行刑罚。交付执行刑罚前，人民法院应当告知罪犯有权对判决、裁定提出异议。罪犯对判决、裁定提出异议的，人民法院应当重新审理。”①

（四）犯罪嫌疑人、被告人逃匿、死亡案件违法所得的没收程序②

1. 适用范围及条件

依据《刑事诉讼法》第 298 条的规定，违法所得没收程序适用于两种类型的案件。

一是犯罪嫌疑人、被告人逃匿，涉嫌贪污贿赂犯罪、恐怖活动犯罪等重大犯罪，在通缉 1 年后不能到案的案件。此类案件又被称为犯罪嫌疑人、被告人逃匿型违法所得没收案件。这里有四个关键术语，“贪污贿赂犯罪、恐怖活动犯罪等”、“重大犯罪案件”、“逃匿”和“通缉”。《高法解释》第 609 条规定了“贪污贿赂犯罪、恐怖活动犯罪等”犯罪案件的范围，具体包括：（1）贪污贿赂、失职渎职等职务犯罪案件；（2）《刑法》分则第二章规定的相关恐怖活动犯罪案件，以及恐怖活动组织、恐怖活动人员实施的杀人、爆炸、绑架等犯罪案件；（3）危害国家安全、走私、洗钱、金融诈骗、黑社会性质组织、毒品犯罪案件；（4）电信诈骗、网络诈骗犯罪案件。《高法解释》第 610 条规定了“重大犯罪案件”的含义，在省、自治区、直辖市或者全国范围内具有较大影响的犯罪案件，属于“重大犯罪案件”，犯罪嫌疑人、被告人逃匿境外的犯罪案件也属于“重大犯罪案件”。《高检规则》第 513 条和第 514 条分

---

① 《高检规则》第 510 条规定：“提起公诉后被告人到案，人民法院拟重新审理的，人民检察院应当商人民法院将案件撤回并重新审查。”

② 下文简称违法所得没收程序。

别规定了“逃匿”和“通缉”的含义。犯罪嫌疑人、被告人为逃避侦查和刑事追究潜逃、隐匿，或者在刑事诉讼过程中脱逃的，应当认定为“逃匿”。犯罪嫌疑人、被告人因意外事故下落不明满2年，或者因意外事故下落不明，经有关机关证明其不可能生存的，按照“逃匿”处理。公安机关发布通缉令或者公安部通过国际刑警组织发布红色国际通报，应当认定为“通缉”。

二是犯罪嫌疑人、被告人死亡的案件。此类案件又被称为犯罪嫌疑人、被告人死亡型违法所得没收案件。此类案件不受罪名、案件重大程度的限制。

对于上述两种类型的案件，依照刑法规定应当追缴犯罪嫌疑人、被告人违法所得及其他涉案财产的，人民检察院可以向人民法院提出没收违法所得的申请。《高检规则》第515条和第516条规定了“违法所得”的范围和“其他涉案财产”的含义。“违法所得”包括通过实施犯罪直接或者间接产生、获得的任何财产。如果违法所得已经部分或者全部转变、转化为其他财产，转变、转化后的财产应当视为“违法所得”。来自违法所得转变、转化后的财产收益，或者来自已经与违法所得相混合财产中违法所得相应部分的收益，也应当视为“违法所得”。“其他涉案财产”是指犯罪嫌疑人、被告人非法持有的违禁品、供犯罪所用的本人财物。

2. 管辖

《刑事诉讼法》第299条第1款规定：“没收违法所得的申请，由犯罪地或者犯罪嫌疑人、被告人居住地的中级人民法院组成合议庭进行审理。”与此相适应，没收违法所得的申请，应当由有管辖权的中级人民法院的同级人民检察院提出。

3. 程序的启动

依据《刑事诉讼法》、《高法解释》、《高检规则》和《公安规定》的规定，公安机关或者人民检察院侦查部门在侦查阶段认为案件符合违法所得没收程序适用条件的，应当制作没收违法所得意见书，移送有管辖权的人民检察院。在人民检察院审查起诉过程中，认为符合违法所得没收程序适用条件的，可以直接提出没收违法所得的申请。基层人民检察院在审查起诉过程中认为可以适用违法所得没收程序的，应当移送上一级人民检察院处理。在人民法院审理案件的过程中发现符合违法所得没收程序适用条件的，应当先裁定终止审理（被告人死亡）或裁定中止审理（被告人脱逃），再由人民检察院另行向人民法院提出没收违法所得的申请。

4. 人民法院受理没收违法所得的申请后的公告

《刑事诉讼法》第299条第2款第一句规定，人民法院受理没收违法所得的申请后，应当发出公告，公告期间为6个月。依据《高法解释》的规定，公告期间不适用中止、中断、延长的规定。公告应当在全国公开发行的报纸、信息网络媒体、最高人民法院的官方网站发布，并在人民法院公告栏发布。必要时，公告可以在犯罪地，犯罪嫌疑人、被告人居住地或者被申请没收财产所在地发布。最后发布的公告的日期为公告日期。发布公告的，应当采取拍照、录像等方式记录发布过程。人民法院已经掌握境内利害关系人联系方式的，应当直接送达含有公告内容的通知；直接送达有困难的，可以委托代为送达、邮寄送达。经受送达人同意的，可以采用传真、电子邮件等能够确认其收悉的方式告知公告内容，并记录在案。人民法院已经掌握境外犯罪嫌疑人、被告人、利害关系人联系方式，经受送达人同意的，可以采用传真、电子邮件等能够确认其收悉的方式告知公告内容，并记录在案；受送达人未表示同意，或者人民法院未掌握境外犯罪嫌疑人、被告人、利害关系人联系方式，其所在国、地区的主管机关明确提出应当向受送达人送达含有公告内容的通知的，人民法院可以决定是否送达。决定送达的，应当依照规定请求所在国、地区提供司法协助。

5. 利害关系人申请参加诉讼

《刑事诉讼法》第 299 条第 2 款第二句规定："犯罪嫌疑人、被告人的近亲属和其他利害关系人有权申请参加诉讼，也可以委托诉讼代理人参加诉讼。"依据《高法解释》和《高检规则》的规定，这里的"利害关系人"包括犯罪嫌疑人、被告人的近亲属和其他对申请没收的财产主张权利的自然人和单位。后者又被称为"其他利害关系人"。犯罪嫌疑人、被告人的近亲属和其他利害关系人申请参加诉讼的，应当在公告期间内提出。犯罪嫌疑人、被告人的近亲属应当提供其与犯罪嫌疑人、被告人关系的证明材料，其他利害关系人应当提供证明其对违法所得及其他涉案财产主张权利的证据材料。利害关系人在公告期满后申请参加诉讼，能够合理说明理由的，人民法院应当准许。利害关系人可以委托诉讼代理人参加诉讼。委托律师担任诉讼代理人的，应当委托具有中华人民共和国律师资格并依法取得执业证书的律师；在境外委托的，应当依照规定对授权委托进行公证、认证。

6. 审理及裁判

依据《刑事诉讼法》第 299 条第 3 款和《高法解释》的规定，利害关系人申请参加或者委托诉讼代理人参加诉讼的，应当开庭审理。没有利害关系人申请参加诉讼的，或者利害关系人及其诉讼代理人无正当理由拒不到庭的，可以不开庭审理。犯罪嫌疑人、被告人逃匿境外，委托诉讼代理人申请参加诉讼，且违法所得或者其他涉案财产所在国、地区主管机关明确提出意见予以支持的，人民法院可以准许。人民法院准许参加诉讼的，犯罪嫌疑人、被告人的诉讼代理人依照关于利害关系人的诉讼代理人的规定行使诉讼权利。

开庭审理申请没收违法所得的案件，按照下列程序进行：（1）审判长宣布法庭调查开始后，先由检察员宣读申请书，后由利害关系人、诉讼代理人发表意见。（2）法庭应当依次就犯罪嫌疑人、被告人是否实施了贪污贿赂犯罪、恐怖活动犯罪等重大犯罪并已经通缉 1 年不能到案，或者是否已经死亡，以及申请没收的财产是否依法应当追缴进行调查；调查时，先由检察员出示证据，后由利害关系人、诉讼代理人出示证据，并进行质证。（3）法庭辩论阶段，先由检察员发言，后由利害关系人、诉讼代理人发言，并进行辩论。

依据《刑事诉讼法》第 300 条第 1 款的规定，对申请没收违法所得的案件，人民法院审理后，应当按照下列情形分别处理：（1）申请没收的财产属于违法所得及其他涉案财产的，除依法返还被害人的以外，应当裁定没收；（2）不符合《刑事诉讼法》第 298 条第 1 款规定的条件的，应当裁定驳回申请，解除查封、扣押、冻结措施。

这里需要特别指出的是违法所得没收程序中的证明标准。首先，关于犯罪事实的证明标准。由于在违法所得程序中不进行定罪量刑，因此对犯罪事实的证明不需要适用证据确实、充分的证明标准。依据《高法解释》和《高检规则》的规定，对于犯罪事实的证明标准是“有证据证明有犯罪事实”。这里的“有证据证明有犯罪事实”是指：(1) 有证据证明发生了犯罪事实；(2) 有证据证明该犯罪事实是犯罪嫌疑人、被告人实施的；(3) 证明犯罪嫌疑人、被告人实施犯罪行为的证据真实、合法。其次，关于申请没收的财产属于违法所得及其他涉案财产的证明标准。依据《高法解释》的规定，申请没收的财产具有高度可能属于违法所得及其他涉案财产的，应当认定为“申请没收的财产属于违法所得及其他涉案财产”。即申请没收的财产属于违法所得及其他涉案财产适用高度盖然性证明标准。

7. 救济程序

依据《刑事诉讼法》第300条第2款和《高法解释》的规定，对没收违法所得或者驳回申请的裁定，犯罪嫌疑人、被告人的近亲属和其他利害关系人或者人民检察院可以在5日以内提出上诉、抗诉。对不服第一审没收违法所得或者驳回申请裁定的上诉、抗诉案件，第二审人民法院经审理，应当按照下列情形分别处理：(1) 第一审裁定认定事实清楚和适用法律正确的，应当驳回上诉或者抗诉，维持原裁定；(2) 第一审裁定认定事实清楚，但适用法律有错误的，应当改变原裁定；(3) 第一审裁定认定事实不清的，可以在查清事实后改变原裁定，也可以撤销原裁定，发回原审人民法院重新审判；(4) 第一审裁定违反法定诉讼程序，可能影响公正审判的，应当撤销原裁定，发回原审人民法院重新审判。第一审人民法院对发回重新审判的案件作出裁定后，第二审人民法院对不服第一审人民法院裁定的上诉、抗诉，应当依法作出裁定，不得再发回原审人民法院重新审判；但是，第一审人民法院在重新审判过程中违反法定诉讼程序，可能影响公正审判的除外。

利害关系人非因故意或者重大过失在第一审期间未参加诉讼，在第二审期间申请参加诉讼的，人民法院应当准许，并撤销原裁定，发回原审人民法院重新审判。

没收违法所得裁定生效后，犯罪嫌疑人、被告人到案并对没收裁定提出异议，人民检察院向原作出裁定的人民法院提起公诉的，可以由同一审判组织审理。人民法院经审理，应当按照下列情形分别处理：(1) 原裁定正确的，予以维持，不再对涉案财产作出判决；(2) 原裁定确有错误的，应当撤销原裁定，并在判决中对有关涉案财产一并作出处理。在其他情形下，如果人民法院生效的没收裁定确有错误，应当依照审判监督程序予以纠正。

8. 程序的终止

依据《刑事诉讼法》第301条和《高检规则》的规定，在审理案件过程中，在逃的犯罪嫌疑人、被告人自动投案或者被抓获，人民法院应当终止审理。此时，人民检察院应当将案卷退回监察机关或者公安机关处理。

(五)依法不负刑事责任的精神病人的强制医疗程序[①]

1. 适用条件

《刑事诉讼法》第302条规定:"实施暴力行为,危害公共安全或者严重危害公民人身安全,经法定程序鉴定依法不负刑事责任的精神病人,有继续危害社会可能的,可以予以强制医疗。"该条规定了强制医疗程序的三项适用条件。"实施暴力行为,危害公共安全或者严重危害公民人身安全"是行为条件。依据《高法解释》第630条的规定,暴力行为的社会危害性须达到犯罪程度。"经法定程序鉴定依法不负刑事责任的精神病人"是对象条件。"有继续危害社会可能"是社会危险性条件。

2. 保护性约束措施

依据《刑事诉讼法》第303条第3款和《公安规定》的规定,对实施暴力行为的精神病人,在人民法院决定强制医疗前,经县级以上公安机关负责人批准,公安机关可以采取临时的保护性约束措施。必要时,可以将其送精神病医院接受治疗。采取临时的保护性约束措施时,应当对精神病人严加看管,并注意约束的方式、方法和力度,以避免和防止危害他人和精神病人的自身安全为限度。对于精神病人已没有继续危害社会可能,解除约束后不致发生社会危险性的,公安机关应当及时解除保护性约束措施。

3. 管辖

依据《高法解释》和《高检规则》的规定,人民检察院申请对依法不负刑事责任的精神病人强制医疗的案件,由被申请人实施暴力行为所在地的基层人民法院管辖;由被申请人居住地的人民法院审判更为适宜的,可以由被申请人居住地的基层人民法院管辖。与此相对应,强制医疗的申请由被申请人实施暴力行为所在地的基层人民检察院提出;由被申请人居住地的人民检察院提出更为适宜的,可以由被申请人居住地的基层人民检察院提出。

4. 程序的启动

强制医疗程序的启动有以下两种方式。

第一,人民检察院申请启动。公安机关发现精神病人符合强制医疗条件的,应当制作强制医疗意见书,移送人民检察院。对于公安机关移送的精神病人符合强制医疗条件的案件,人民检察院应当向人民法院提出强制医疗的申请。人民检察院在审查起诉过程中发现的精神病人符合强制医疗条件的案件,也应当向人民法院提出强制医疗的申请。

第二,人民法院自行启动。第一审人民法院在审理刑事案件过程中,发现被告人可能符合强制医疗条件的,应当依照法定程序对被告人进行法医精神病鉴定。经鉴定,被告人属于依法不负刑事责任的精神病人的,应当适用强制医疗程序对案件进行审理。第二审人民法院在审理过程中,发现被告人可能符合强制医疗条件的,

---

① 下文简称强制医疗程序。

有两种处理方式：一是按照强制医疗程序对案件进行处理；二是裁定发回原审人民法院重新审判。

5. 审理程序

依据《刑事诉讼法》第304条和《高法解释》的规定，人民法院审理强制医疗案件，应当通知被申请人或者被告人的法定代理人到场；被申请人或者被告人的法定代理人经通知未到场的，可以通知被申请人或者被告人的其他近亲属到场。被申请人或者被告人没有委托诉讼代理人的，应当自受理强制医疗申请或者发现被告人符合强制医疗条件之日起3日以内，通知法律援助机构指派律师担任其诉讼代理人，为其提供法律帮助。

人民法院审理强制医疗案件，应当组成合议庭，开庭审理。但是，被申请人、被告人的法定代理人请求不开庭审理，并经人民法院审查同意的除外。审理强制医疗案件，应当会见被申请人，听取被害人及其法定代理人的意见。

根据强制医疗程序启动方式的不同，人民法院开庭审理的程序有一定差异。开庭审理人民检察院申请强制医疗的案件，按照下列程序进行：（1）审判长宣布法庭调查开始后，先由检察员宣读申请书，后由被申请人的法定代理人、诉讼代理人发表意见。（2）法庭依次就被申请人是否实施了危害公共安全或者严重危害公民人身安全的暴力行为、是否属于依法不负刑事责任的精神病人、是否有继续危害社会的可能进行调查；调查时，先由检察员出示证据，后由被申请人的法定代理人、诉讼代理人出示证据，并进行质证；必要时，可以通知鉴定人出庭对鉴定意见作出说明。（3）法庭辩论阶段，先由检察员发言，后由被申请人的法定代理人、诉讼代理人发言，并进行辩论。被申请人要求出庭，人民法院经审查其身体和精神状态，认为可以出庭的，应当准许。出庭的被申请人在法庭调查、辩论阶段，可以发表意见。检察员宣读申请书后，被申请人的法定代理人、诉讼代理人无异议的，法庭调查可以简化。开庭审理人民法院自行决定适用强制医疗程序的案件，应当先由合议庭组成人员宣读对被告人的法医精神病鉴定意见，说明被告人可能符合强制医疗的条件，后依次由公诉人和被告人的法定代理人、诉讼代理人发表意见。经审判长许可，公诉人和被告人的法定代理人、诉讼代理人可以进行辩论。

人民法院经审理，对于被申请人或者被告人符合强制医疗条件的，应当在1个月以内作出强制医疗的决定。根据强制医疗程序启动方式的不同，人民法院作出决定的方式也有一定差异。对于人民检察院申请强制医疗的案件，人民法院审理后，应当按照下列情形分别处理：（1）符合强制医疗条件的，应当作出对被申请人强制医疗的决定。（2）被申请人属于依法不负刑事责任的精神病人，但不符合强制医疗条件的，应当作出驳回强制医疗申请的决定；被申请人已经造成危害结果的，应当同时责令其家属或者监护人严加看管和医疗。（3）被申请人具有完全或者部分刑事责任能力，依法应当追究刑事责任的，应当作出驳回强制医疗申请的决定，并退回人民检察院依法处理。对于法院在审理过程中自行启动强制医疗程序的案件，人民法院审理后，应当按照下列情形分别处理：（1）被告人符合强制医疗条件的，应当判决宣告被告人不负刑事责任，同时作出对被告人强制医疗的决定。（2）被告人属于依法不负刑事责任的精神病人，但不符合强制医疗条件的，应当判决宣告被告人无罪或者不负刑事责任；被告人已经造成危害结果的，应当同时责令其家属或者监护人严加看管和医疗。(3) 被告人具有完全或者部分刑事责任能力，依法应当追究刑事责任的，应当依照普通程序继续审理。

6. 救济程序

依据《刑事诉讼法》第 305 条第 2 款和《高法解释》的规定，对人民检察院申请强制医疗的案件，如果被决定强制医疗的人，被害人及其法定代理人、近亲属对强制医疗决定不服的，可以自收到决定书第二日起 5 日以内向上一级人民法院申请复议。复议期间不停止执行强制医疗的决定。对不服强制医疗决定的复议申请，上一级人民法院应当组成合议庭审理，并在 1 个月以内，按照下列情形分别作出复议决定：(1) 被决定强制医疗的人符合强制医疗条件的，应当驳回复议申请，维持原决定；(2) 被决定强制医疗的人不符合强制医疗条件的，应当撤销原决定；(3) 原审违反法定诉讼程序，可能影响公正审判的，应当撤销原决定，发回原审人民法院重新审判。

第一审人民法院在对刑事案件审理过程中，决定适用强制医疗程序对案件进行审理后，认为被告人符合强制医疗条件，判决宣告被告人不负刑事责任，同时作出对被告人强制医疗的决定的，如果人民检察院提出抗诉，同时被决定强制医疗的人，被害人及其法定代理人、近亲属申请复议，上一级人民法院应当依照第二审程序处理。

7. 执行与解除

人民法院决定强制医疗的，应当在作出决定后 5 日以内，向公安机关送达强制医疗决定书和强制医疗执行通知书，由公安机关将被决定强制医疗的人送交强制医疗。

依据《刑事诉讼法》第 306 条和《高法解释》的规定，强制医疗解除有以下两种方式：(1) 由医疗机构提出解除申请，即强制医疗机构应当定期对被强制医疗的人进行诊断评估，对已不具有人身危险性，不需要继续强制医疗的，应当及时提出解除意见。(2) 由被强制医疗的人及其近亲属申请解除强制医疗。

强制医疗的解除由决定强制医疗的人民法院批准。人民法院接受上述意见或者申请后，应审查是否附有对被强制医疗的人的诊断评估报告。强制医疗机构提出解除强制医疗意见，未附诊断评估报告的，人民法院应当要求其提供。被强制医疗的人及其近亲属向人民法院申请解除强制医疗，强制医疗机构未提供诊断评估报告的，申请人可以申请人民法院调取。必要时，人民法院可以委托鉴定机构对被强制医疗的人进行鉴定。

强制医疗机构提出解除强制医疗意见，或者被强制医疗的人及其近亲属申请解除强制医疗的，人民法院应当组成合议庭进行审查，并在 1 个月以内，按照下列情形分别处理：(1) 被强制医疗的人已不具有人身危险性，不需要继续强制医疗的，应当作出解除强制医疗的决定，并可责令被强制医疗的人的家属严加看管和医疗。(2) 被强制医疗的人仍具有人身危险性，需要继续强制医疗的，应当作出继续强制医疗的决定。对上述案件，必要时，人民法院可以开庭审理，通知人民检察院派员出庭。人民法院应当在作出决定后5日以内，将决定书送达强制医疗机构、申请解除强制医疗的人、被决定强制医疗的人和人民检察院。决定解除强制医疗的，应当通知强制医疗机构在收到决定书的当日解除强制医疗。被强制医疗的人及其近亲属提出的解除申请被法院驳回的，在6个月之内不得再次提出解除强制医疗的申请。6个月之后，被强制医疗的人及其近亲属重新提出解除申请的，法院应当予以受理。

8. 监督

依据《刑事诉讼法》第307条、《高法解释》和《高检规则》的规定，人民检察院对强制医疗的决定和执行实行监督。人民检察院认为强制医疗决定或者解除强制医疗决定不当，在收到决定书后20日以内提出书面纠正意见的，人民法院应当另行组成合议庭审理，并在1个月以内作出决定。

二、实践动态

（一）未成年人刑事案件诉讼程序的实践应用

2022年最高人民法院和最高人民检察院的工作报告中指出，最高人民法院设立少年法庭工作办公室和6个巡回审判点，全国法院设立2 181个少年法庭；检察机关专设未成年人检察机构。人民法院坚持教育感化挽救方针，对未成年人犯罪采用圆桌审判，封存犯罪记录，预防和减少重新犯罪。人民检察院最大限度地教育、感化、挽救涉罪未成年人，全国检察机关依法决定附条件不起诉2万人，占结案未成年人总数29.7%；起诉较严重犯罪未成年人3.5万人，同比上升6%。附条件不起诉制度在化解社会矛盾，最大限度地教育、感化、挽救涉罪未成年人，帮助其顺利回归并重新融入社会等方面起到了一定的积极作用。

为了充分保障未成年人合法权益，在实践中，部分地区创造性地组建了合适成年人队伍。如2014年江苏省未成年人保护委员会联合江苏省高级人民法院、江苏省人民检察院、江苏省公安厅和共青团江苏省委颁布了《江苏省规范合适成年人参与刑事诉讼活动的实施意见》，规定各级未成年人保护委员会可以联合公安机关、人民检察院、人民法院根据本地区办案需要，从共青团、关心下一代工作委员会、社工组织、心理学会、律师协会、学校以及村民委员会、居民委员会等组织中选任一定数量的合适成年人，组建合适成年人队伍。①

在司法实践中，对涉罪未成年人进行帮教是工作的重点之一，关系到未成年人

---

① 依据该意见第8条和第9条的规定，未成年犯罪嫌疑人、被告人所在学校、单位、居住地基层组织以及未成年人保护组织推荐的合适成年人，应当具备下列条件：品行端正、身心健康；在本地区有固定居所；具备一定的沟通和教育能力；具有法律、教育、心理学等相关知识或者从事未成年人教育、保护工作经验的，可以优先考虑。但是，下列人员不得作为合适成年人参与诉讼：无民事行为能力或限制民事行为能力的人；依法被剥夺、限制人身自由以及正在被执行刑罚的人；本案或者与本案有关联案件的诉讼代理人、辩护人；本案证人、鉴定人或者其他与案件有利害关系的人；案件侦查、批捕、起诉、审判机关的工作人员；其他不宜担任合适成年人的人。

刑事案件的办案效果。深化检校合作，探索检察机关与专门学校共同建立未成年人犯罪预防和教育矫治工作机制，是强化对涉罪未成年人进行帮教的重要举措。2019年，中共中央办公厅、国务院办公厅出台《关于加强专门学校建设和专门教育工作的意见》，从中央层面确立了未成年人专门学校观护制度。目前，学校型观护基地主要有检校合作型、专门学校型和工读学校型三种类型。检校合作型为检察机关与普通学校、职业技术学校签订合作协议，经监护人同意，将不批准逮捕、附条件不起诉的涉罪未成年人送到学校，以插班生形式编入普通班级学习职业技能培训课程。由学校教职人员组建"一对一"的监管帮教，定期制作帮教考察意见，检察人员对学校的监管帮教行为进行监督。工读学校型为检察机关在工读学校内设立未成年人观护教育基地，接收检察机关移送的具有本地户籍的因未达刑事责任年龄不予刑罚、不起诉、附条件不起诉的未成年人入校插班进行特殊教育矫治。教育内容为常规学校教育、职业教育以及相应的法制教育。学生具有双学籍，学生毕业时回原校参加毕业考试和升学考试。专门学校型为政府牵头，多个具有预防治理未成年人违法犯罪职能的单位共同筹建，用于教育矫治涉案未成年人的专门学校。该类学校以政府购买服务形式，整合了学校、家庭、社工、心理咨询等社会力量，接收经监护人同意由公安、检察院、法院等部门移送的涉案未成年人。除设有文化技能培训课程，还邀请心理咨询师、家庭教育专家适时开展心理矫正、亲职教育等。

（二）当事人和解的公诉案件诉讼程序的实践应用

在认罪认罚从宽制度实施之前，当事人和解的公诉案件诉讼程序得到了一定程度的适用，只是适用的比例较低。由于当事人和解的公诉案件诉讼程序与认罪认罚从宽制度具有一定的同向性[①]，在2018年《刑事诉讼法》确立了认罪认罚从宽制度后，在大力推进适用认罪认罚从宽制度的背景下，当事人和解的公诉案件诉讼程序受到了轻视。当事人和解主要成为促使犯罪嫌疑人、被告人认罪认罚的手段。

相关检察机关积极采取多种方式促进当事人和解，使案件符合适用认罪认罚从宽制度的条件。第一是聘用专门调解员参与调解。引入基层工作经验丰富的人大代表、政协委员、人民监督员、心理咨询师、律师作为调解员。人大代表、政协委员等具有一定的社会威望，人民监督员、律师是群众信任的群体，心理咨询师可以有效缓解双方的激烈情绪，他们参与调解既可以监督工作，又能公正高效调解好矛盾。第二是利用司法行政公共法律服务网络体系的优势。整合检察机关、司法行政机关、社会组织、民间人士等社会力量，为检察机关处理轻微刑事案件提供覆盖区、镇(街)、村三级工作网络，形成调解合力。另外，充分利用公开听证调解方式。针对不同案情，除涉及个人隐私等不宜公开的案件调解，通过在听证会上公开案件的事

---

① 当事人和解的公诉案件诉讼程序与认罪认罚从宽制度的同向性体现在：第一，法律后果相同，都可以对犯罪嫌疑人、被告人从宽处罚。第二，证明标准相同，都要求案件事实清楚，证据确实、充分。第三，悔罪要求相同。犯罪嫌疑人、被告人与被害人和解要求，犯罪嫌疑人真诚悔罪，向被害人赔偿损失、赔礼道歉等。"认罚"也要求犯罪嫌疑人、被告人真诚悔罪。"认罚"考察的重点是犯罪嫌疑人、被告人的悔罪态度和悔罪表现，退赃退赔、赔偿损失、赔礼道歉等因素是重要的考量因素。

实、证据，详细阐述法律依据，消除当事人对调解人员的不信任以及对法律的认识误区，以公开、透明的方式促进当事人和解。

(三) 缺席审判程序的实践应用

程某昌贪污案被称为我国“刑事缺席审判第一案”，实现了缺席审判制度从“纸面上的法律”向“行动中的法律”的转变。

程某昌，外逃前历任漯河市委书记、豫港公司董事长等职，2001 年 2 月逃往国外。2002 年 2 月，国际刑警组织对其发布红色通报。2015 年 4 月，中央追逃办将程某昌列为“百名红通人员”。国家监察体制改革后，该案由郑州市监委办理。

2020 年 8 月，郑州市监委将程某昌案移送检察机关审查起诉。之后，郑州市人民检察院向郑州市中级人民法院提起公诉，提请适用缺席审判程序，以贪污罪追究程某昌刑事责任。检察机关指控，程某昌利用职务便利，非法占有公款折合人民币共计 308.88 万余元。法院依法将传票和起诉书副本送达程某昌本人。法院在确认程某昌本人自行放弃出庭后，又确认了其近亲属（包括其妻子、女儿和兄长）不参加诉讼。2021 年 12 月 9 日，郑州市中人民法院对该案进行了公开开庭审理，程某昌的近亲属为其代为委托了辩护人参加诉讼，法院在审理中依法充分保障了缺席被告人程某昌的各项诉讼权利。法院经审理查明：2000 年 12 月，被告人程某昌利用担任豫港公司董事长的职务便利，以在新西兰设立分公司为由，先后三次指使财务人员将公款转入其名下支票账户及其在新西兰开设的个人账户，非法占有公款港元、新西兰元、美元折合人民币共计 308.88 万余元。

2022 年 1 月 17 日，郑州市中级人民法院对程某昌贪污案进行了公开宣判。法院经审理认为：被告人程某昌的行为构成贪污罪，数额特别巨大，应依法惩处。程某昌逃匿境外逾 20 年，拒不到案接受审判，拒不退缴赃款，应予从重处罚。以贪污罪判处被告人程某昌有期徒刑 12 年，并处罚金 50 万元；追缴程某昌贪污犯罪所得依法予以返还。

(四) 违法所得没收程序的实践应用

在犯罪嫌疑人、被告人逃匿或者死亡后，普通刑事诉讼程序无法继续进行，从而导致大量违法所得财产流失、无法被追缴，违法所得没收程序为解决这一困境提供了方案。在司法实践中，该制度除解决了犯罪嫌疑人、被告人死亡案件中的违法所得没收问题之外，还重点解决了贪污贿赂犯罪中犯罪嫌疑人、被告人逃匿后的违法所得没收问题。

2012 年以来，在中央反腐败协调小组国际追逃追赃工作办公室统一领导下，检察机关与相关部门密切配合，积极推动适用这一程序，依法没收贪污贿赂犯罪嫌疑人、被告人违法所得，既为国家挽回经济损失，也切断外逃腐败分子资金链，大大挤压其在境外的生存空间，形成强大震慑效应，促进国际追逃追赃工作取得显著成效。随着反腐败斗争形势日益严峻复杂，追逃追赃工作已经进入攻坚期和深水区，为推动检察机关积极适用违法所得没收程序办理符合条件的职务犯罪案件，提高案件办理质效，进一步充分发挥检察机关在反腐败追逃追赃工作中的职能作用，2021年12月9日，最高人民检察院围绕职务犯罪适用违法所得没收程序主题发布了第三十二批指导性案例，包括白静贪污违法所得没收案；彭旭峰受贿，贾斯语受贿、洗钱违法所得没收案；黄艳兰贪污违法所得没收案；任润厚受贿、巨额财产来源不明违法所得没收案共四件指导性案例（检例第127—130号）。这是检察机关第一次发布以职务犯罪适用违法所得没收程序为主题的指导性案例，主要具有如下意义：一是指导全国检察机关充分发挥特别程序功能，着力促进反腐败国际追逃追赃；二是指导全国检察机关依法规范办理职务犯罪适用违法所得没收程序案件，着力提升案件办理质效；三是指导全国检察机关在工作中加强沟通协调，着力保障职务犯罪适用违法所得没收程序顺利推进。[①]

（五）强制医疗程序的实践应用

强制医疗所是强制医疗的执行场所。在有些地方，强制医疗所挂牌在安康医院；在有些地方，强制医疗所挂牌在相关医院或相关医院的精神卫生中心。

为了规范强制医疗所工作，保障被强制医疗人员的合法权益，公安部2013年起着手起草了《强制医疗所条例（送审稿）》。该条例规定，国务院公安部门主管全国强制医疗所的管理工作。设区的市级以上地方人民政府公安机关主管本行政区域强制医疗所的管理工作。卫生计生部门负责强制医疗所的医疗业务指导和管理。民政部门负责对符合救助条件的被解除强制医疗的人员按照国家有关规定予以供养、救助。强制医疗所由省、自治区、直辖市人民政府根据本行政区域强制医疗实际需要、国民经济和社会发展规划设置。设区的市、州、盟人民政府需要设置强制医疗所的，应当报所属省、自治区人民政府批准。强制医疗所应当根据工作需要设置功能区域，配备相应的装备设施，符合对被强制医疗人员进行安全看护和临床治疗、康复的要求。强制医疗所建设标准，由国务院住房城乡建设部门、发展改革部门、卫生计生部门会同公安部门制定。强制医疗所应当按照国家有关规定配备相应的管理、卫生技术等人员。强制医疗所的执法管理人员按照人民警察的编制配置和管理。强制医疗所应当设有相应的医疗机构，其标准由国务院卫生计生部门会同公安部门制订。强制医疗所医疗机构应当按照《医疗机构管理条例》及国家有关规定进行设置审批和执业登记，按照核准登记的诊疗科目开展诊疗活动。强制医疗所经费开支单立账户，其修缮、工作人员费用、被强制医疗人员治疗和生活等所需经费开支，纳入本级政府财政保障。

三、案例应用

姚某贩卖毒品案

【案情】2013年1月16日22时许，被告人姚某在重庆市垫江县桂溪镇名流网

---

① 韩晓峰，高锋志，尚垚弘．最高人民检察院第三十二批指导性案例解读．人民检察，2022（2）：45-48.

吧附近一巷子内以 200 元的价格贩卖毒品 0.19 克给吸毒人员欧阳某某，在二人交易完毕后被民警当场抓获。经鉴定，查获的疑似毒品中含有甲基苯丙胺。另查明：被告人姚某在年满 18 周岁之前，曾因犯贩卖毒品罪被判处过 5 年以下有期徒刑。

重庆市垫江县人民检察院认为，被告人姚某的行为构成贩卖毒品罪，且系毒品再犯，应当从重处罚；被告人姚某到案后如实供述自己的罪行，可从轻处罚，建议对被告人姚某在有期徒刑 8 个月至 1 年 8 个月内量刑，并处罚金。重庆市垫江县人民法院认为：被告人姚某的行为构成贩卖毒品罪。被告人姚某虽曾因毒品犯罪被判刑，但犯罪时未满 18 周岁，故不构成毒品再犯。公诉机关的量刑建议不当，不予采纳。重庆市垫江县人民法院以贩卖毒品罪判处被告人姚某有期徒刑 6 个月，并处罚金 1 000 元，对被告人姚某贩卖的毒品甲基苯丙胺 0.19 克予以没收。第一审判决后，在法定期限内，被告人姚某没有上诉，公诉机关没有提出抗诉。第一审判决生效后，重庆市人民检察院第三分院向重庆市第三中级人民法院提起再审抗诉，理由是生效判决法律适用错误，姚某曾因犯贩卖毒品罪被判过刑，又犯贩卖毒品罪，系毒品再犯，应当从重处罚。重庆市第三中级人民法院经审理认为：虽然抗诉机关举示了原审被告人姚某未满 18 周岁时因犯贩卖毒品罪被判过刑的证据，但根据 2013 年 1 月 1 日起实施的《刑事诉讼法》第 275 条的规定和刑法从旧兼从轻原则，姚某的行为不构成毒品再犯。对于抗诉机关的抗诉理由，不予支持。①

【问题】被告人姚某的行为是否构成毒品再犯?

【评析】对犯罪的未成年人，为了更好地体现“教育、感化、挽救”的方针，以使他们更好地接受教育改造，便于他们以后顺利地融入社会，成为服务社会的有用之材，《刑法修正案（八）》和 2012 年《刑事诉讼法》作了相应的规定。《刑法修正案（八）》对《刑法》第 65 条第 1 款作了修改，增加了未成年人犯罪不构成累犯的规定。2012 年《刑事诉讼法》第 275 条新增了未成年人轻罪犯罪记录封存制度；但是，《刑法修正案（八）》没有对未成年人毒品犯罪记录能否作为毒品再犯的依据作出明确规定。

2012 年《刑事诉讼法》第 275 条第 2 款则规定了犯罪记录封存的例外情形，即：司法机关为办案需要或者有关单位根据国家规定进行查询的除外；依法进行查询的单位，应当对被封存的犯罪记录的情况予以保密。就本案来看，问题的关键是如何理解“司法机关为办案件需要”。“办案需要”的立法用语模糊，需要结合立法精神对其进行准确解释。为了体现对未成年人“教育、感化、挽救”的方针，防止未成年罪犯被标签化，使其能够更好地回归社会，根据犯罪记录封存制度的立法精神，“为办案需要”只能是出于从该未成年人案件中查询其他线索、需要追究漏罪、对其进行有针对性的教育以帮助其顺利回归社会等目的，查询到的未成年人毒品犯罪记录不能作为毒品再犯的依据。②

① （2013）垫法刑初字第 00086 号，（2013）渝三中法刑再终字第 00002 号。

② 胡红军，王彪．姚某贩卖毒品案：未成年人毒品犯罪记录不能作为毒品再犯的依据．人民司法，2014（12）：15－17.

张某崎违法所得没收案

【案情】 2012 年至 2013 年，张某崎在担任南京某科学园发展有限公司招投标管理办公室主任期间，利用职务便利，为他人提供帮助，先后多次收受他人给予的购物卡和现金，共计人民币 87.8 万元；另外还收受他人 50 年贵州茅台酒一瓶。案发后，张某崎妻子李某某代为退缴 12.3 万元，李某某及借款人王某丙到检察机关退缴借款 50 万元，张某崎书面委托所在单位退还集资款 28.49 万元。在该案中，申请机关与利害关系人李某某及其诉讼代理人争议的焦点之一是，张某崎所收受的购物卡已被其消费，是否应当将该金额列入被没收的违法所得的范围。南京市中级人民法院认为，案发后，张某崎书面委托所在单位代其退缴案款，应视为张某崎对退缴款项系违法所得的认可；利害关系人李某某自行或联系王某丙主动到检察机关缴纳涉案款，也应当视为其对所缴纳钱款系张某崎违法所得的认可，因而对利害关系人及其诉讼代理人的意见不予采纳。[①]

【问题】 张某崎所收受的购物卡已被其消费，是否应当将该金额列入被没收的违法所得的范围？

【评析】 在违法所得没收程序中，没收的对象包括依照刑法规定应当追缴的违法所得及其他涉案财产。“违法所得”是指实施犯罪行为所取得的财物及其孳息。也就是说，违法所得必须与犯罪行为之间具有实质联系。基于此，如果被申请没收的财物不是犯罪嫌疑人、被告人实施犯罪行为所取得的，就不应当认定其为违法所得而予以没收。毕竟，没收违法所得不同于没收财产刑。没收违法所得和没收财产刑是两种不同性质的“没收”。依据《刑法》第 59 条的规定，作为附加刑的“没收财产”是没收犯罪分子个人的部分或全部财产，尽管其与犯罪行为没有实质联系；而没收违法所得是指没收与犯罪行为之间具有实质联系的财物。由此可见，认定“违法所得”即是要认定被申请没收的财物是否为犯罪嫌疑人、被告人实施犯罪行为所取得。

在张某崎违法所得没收案中，张某崎将所收受的购物卡用于消费。违法所得除包括原始形态的违法所得之外，还包括演变形态的违法所得。在这种情况下，是可能存在演变形态的财产的，如用购物卡购买电视、冰箱、空调等时，电视、冰箱、空调等便属于演变形态的财产。我们认为，在该案中，就张某崎所收受的购物卡而言，应当没收的对象是用购物卡购买的物品，而不是与购物卡同等价值的其他财产。在该案中，法院的观点是值得商榷的。

王某强制医疗案及林某强制医疗案

【案情】 在王某强制医疗案中，依法不负刑事责任的精神病人王某在某银行取款机室内，用手、拖鞋、瓷砖、树木等物品对取款机、玻璃门进行打砸，毁坏财物数额较大。人民法院认为，王某故意毁坏他人财物，数额较大，符合强制医疗条件。[②]

---

① 南京市中级人民法院（2014）宁刑没初字第 1 号刑事裁定书。

② 福建省南平市延平区人民法院（2019）闽 0702 刑医 1 号强制医疗决定书。

在林某强制医疗案中，依法不负刑事责任的精神病人林某认为某庙宇中的神像会用法术欺负自己，造成其情绪不稳、身体不舒服、失眠等，便先后六次将该庙宇中的神像等物品损坏。人民法院认为，林某多次实施暴力行为，危害公共安全，决定对其强制医疗。①

【问题】 如何理解“暴力行为”的侵害法益“公共安全”?

【评析】《刑事诉讼法》第302条将“暴力行为”的侵害法益规定为“危害公共安全或者严重危害公民人身安全”。依据该规定，如果精神病人实施了暴力行为，但没有危害公共安全或者严重危害公民人身安全，是不能适用强制医疗的。但是，在司法实践中，对于精神病人实施暴力行为，未达到危害公共安全或者严重危害公民人身安全程度的案件，没有适用强制医疗的较为少见，在多数情况下仍然适用了强制医疗。

要准确认定“暴力行为”的侵害法益“危害公共安全”，需要厘清危害公共安全和侵犯财产的区别。所谓公共安全是指不特定的多数人的生命、健康和重大公私财产的安全。② 由此可见，不特定的多数人的重大公私财产属于公共安全。在出现侵害财产行为时，“不特定”成为区分其侵害法益的关键因素。所谓“不特定”，是指行为可能侵犯的对象和可能造成的结果事先无法确定，行为人对此既无法具体预料也难以实际控制，行为的危险或行为造成的危害结果可能随时扩大或增加，随时有向“多数”发展的现实可能性。③ “不特定”是相对“特定”而言。所谓“特定”，是指行为是以某个或某些特定的人或者财产为侵犯对象的，其可能造成的危害范围是可以预料和控制的。④ 通过上述分析可见，由于王某的行为针对的只是“特定”对象，因此没有危害公共安全，只属于侵害财产，该案不符合强制医疗的侵害法益条件。精神病人林某的行为针对的对象是“特定”的，而非“不特定”的。因此，其行为侵害的法益是财产权，而不是公共安全。

在司法实践中，类似上述情形的强制医疗案件还较为常见，这里再列举甘某强制医疗案、沈某强制医疗案和李某某强制医疗案等三件类似案件。在甘某强制医疗案中，依法不负刑事责任的精神病人甘某在某银行门口，意图抢夺押解员手中装有现金的袋子，由于钱袋被押解员紧紧拽住而未能得逞，甘某被当场制服。人民法院认为，甘某实施了抢夺的行为，危害公共安全，决定对其强制医疗。⑤ 在沈某强制医疗案中，依法不负刑事责任的精神病人沈某因被害妄想赴京上访，为制造影响反映问题，看见张某停放在西长安街某处的轿车，认为系首长车辆，便使用路边捡拾的砖头将该轿车前挡风玻璃砸坏。人民法院认为，沈某危害公共安全，决定对其强制医疗。⑥ 在李某某强制医疗案中，依法不负刑事责任的精神病人李某某因怀疑银

---

① 福建省福安市人民法院（2019）闽0981刑医1号强制医疗决定书。

② 孙茂利．新刑事诉讼法释义与公安实务指南．北京：中国人民公安大学出版社，2012：569.

③ 王海涛等．网络裸聊刑法规制探究．人民检察，2010（16）：49.

④ 卢岩．中美刑法中放火罪若干问题比较研究．长春：吉林大学，2007：26.

⑤ 江西省南昌市青云谱区人民法院（2019）赣0104刑医1号强制医疗决定书。

⑥ 贵州省毕节市七星关区人民法院（2017）黔0502刑医7号刑事决定书。

行卡上的钱无故不见了，打算砸坏银行自助设备实施报复，先后两次无故用水泥墩、铁锤等工具将两家银行的两台存取款机砸坏。人民法院认为，李某某实施暴力行为，危害公共安全，决定对其强制医疗。[①] 在上述案件中，精神病人的行为针对的对象都是“特定”的，而非“不特定”的，他们的行为仅仅侵害了财产，并没有危害公共安全。

四、知识拓展

未成年人刑事案件诉讼程序方面

虽然我国已经确立了较为完善的未成年人刑事案件诉讼程序制度，但是该制度仍然有很多需要进一步研究和完善之处。这里以法定代理人或者合适成年人到场制度为例稍做探讨。合适成年人到场的主要目的是帮助涉案未成年人消除紧张情绪，保障涉案未成年人在刑事诉讼中供述、陈述及证言的真实性，维护涉案未成年人的合法权益。从司法实践来看，该制度在如下三个方面需要进一步完善：第一，合适成年人的选任范围。依据《刑事诉讼法》第 281 条的规定，在未成年被追诉人的法定代理人和其他成年亲属都不能到场的情况下，通知未成年被追诉人所在学校、单位、居住地基层组织或者未成年人保护组织的代表到场。该条将合适成年人选任的范围限定为被追诉人所在学校、单位、居住地基层组织或者未成年人保护组织的代表。但是，从实际做法来看，除在学校、单位、居住地基层组织或者未成年人保护组织中选任合适成年人外，还在共青团干部、教育机构工作人员、司法行政工作人员、司法社工、心理学专家、人民监督员、人民调解员、律师、社会慈善组织人员和其他热心未成年人保护工作的人员中选任合适成年人。为了适应司法实践中合适成年人更加多元化的要求，可以考虑在《刑事诉讼法》第 281 条规定的合适成年人的范围之外，增加一项兜底规定，即“其他有助于保障未成年人合法权益的人”。这样可以充分保障根据不同涉案未成年人的特点确定适合的合适成年人。第二，通知合适成年人到场的情形。依据《刑事诉讼法》第 281 条，通知合适成年人到场的情形包括无法通知法定代理人、法定代理人不能到场或者法定代理人是共犯，但从实践情况来看，法定代理人不应当到场的情形至少还应包括：对未成年被追诉人的利益漠不关心的法定代理人；无法调控自己的情绪，阻碍办案人员的正常讯问和审判的法定代理人；是未成年人刑事案件中重要证人的法定代理人；等等。因此，可以考虑在《刑事诉讼法》第 281 条规定的“无法通知、法定代理人不能到场或者法定代理人是共犯”之后增加“法定代理人不应当到场的其他情形”作为兜底规定。第三，法定代理人和合适成年人同时到场问题。依据《刑事诉讼法》第 281 条的规定，相较于合适成年人而言，法定代理人具有优先地位：只有在其无法通知、不能到场或者是共犯的情况下，才通知合适成年人到场。在法定代理人可以到场时，合适成年人不能到场。我们认为：为了充分发挥合适成年人的作用，不应当在有法定代理

① 广东省佛山市三水区人民法院（2014）佛三法强医字第 1 号刑事决定书。

人到场的案件中禁止合适成年人到场；合适成年人到场可以从不同的角度发挥教育、感化、挽救未成年人的作用。

当事人和解的公诉案件诉讼程序方面

虽然在2018年《刑事诉讼法》确立了认罪认罚从宽制度之后，当事人和解主要成为适用认罪认罚从宽制度的手段，但是我们应当充分认识到当事人和解的公诉案件诉讼程序具有有别于认罪认罚从宽制度的特征，应当将当事人和解的公诉案件诉讼程序和认罪认罚从宽制度相结合，以充分发挥当事人和解的公诉案件诉讼程序的制度功能。

第一，当事人和解的公诉案件诉讼程序更强调修复对被害人的损害，减少社会对抗、化解社会矛盾；而认罪认罚从宽制度既强调实现案件的繁简分流，提高办案效率，节约司法资源，也强调减少社会对抗、化解社会矛盾、提升社会综合治理能力。第二，当事人和解的公诉案件诉讼程序只专门关注两类被害人的损害需要修复的案件。依据《刑事诉讼法》第288条的规定，当事人和解的公诉案件诉讼程序适用于以下两种类型的案件：一是因民间纠纷引起，涉嫌《刑法》分则第四章、第五章规定的罪名，并可能判处3年有期徒刑以下刑罚的案件。二是除渎职犯罪以外的可能判处7年有期徒刑以下刑罚的过失犯罪案件。而认罪认罚从宽制度适用于所有刑事案件。第三，当事人和解的公诉案件诉讼程序更关注被害人的诉讼地位。在适用认罪认罚从宽制度时，检察机关应当听取被害人及其诉讼代理人的意见，但是被害人及其诉讼代理人不同意对认罪认罚的犯罪嫌疑人、被告人从宽处理的，不影响认罪认罚从宽制度的适用。与此不同，如果被害人不同意和解，则不能适用当事人和解的公诉案件诉讼程序。第四，当事人和解的公诉案件诉讼程序的重心是当事人和解。在当事人和解的公诉案件诉讼程序中，犯罪嫌疑人、被告人需要真诚悔罪，向被害人赔偿损失、赔礼道歉等；被害人需要明确表示对犯罪嫌疑人予以谅解；双方当事人自愿、合法和解。而认罪认罚从宽制度的重心是认罪认罚。其中，“认罚”是指犯罪嫌疑人、被告人真诚悔罪，愿意接受处罚，与当事人和解有关，但不等于当事人和解。“认罚”考察的重点是犯罪嫌疑人、被告人的悔罪态度和悔罪表现，应当结合退赃退赔、赔偿损失、赔礼道歉等因素来考量。人民检察院应当将犯罪嫌疑人是否与被害方达成和解或者调解协议，或者赔偿被害方损失，取得被害方谅解，作为提出量刑建议的重要考虑因素。犯罪嫌疑人自愿认罪并且有赔偿意愿，但被害方拒绝接受赔偿或者赔偿请求明显不合理，未能达成调解或者和解协议的，可以综合考量赔偿情况及全案情节对犯罪嫌疑人予以适当从宽，但罪行极其严重、情节极其恶劣的除外。

缺席审判程序方面

刑事缺席审判是指法院在被告人不出庭的情况下对案件进行审理，并对被告人进行定罪量刑的诉讼活动。与缺席审判相对应的是对席审判。刑事缺席审判在国外得到了较为普遍的认可，但是不同法律体系中的刑事缺席审判制度体系不完全相同。

总的来说，权利放弃、价值权衡以及权利放弃兼顾无出庭必要是刑事缺席审判的三种理论依据。权利放弃理论的前提是，出庭是被告人的权利。从权利的角度看，被告人可以行使出庭权，也可以放弃出庭权。价值权衡是指不同的价值目标发生冲突而不能兼得时，作出选择的活动。对席审判除有助于查明案件事实之外，还能够彰显程序公正。及时进行缺席审判的价值主要体现在：一是有助于提高诉讼效率，防止被告人不出庭而造成的诉讼拖延。二是有助于维护司法秩序，防止被告人采取逃避审判、扰乱法庭秩序等方式妨碍刑事诉讼程序的顺利进行。三是有助于保全证据，防止随着时间的流逝，相关证据灭失，相关证人遗忘曾经感知的案件事实或死亡。四是有助于维护刑罚的效果，防止诉讼程序的迟延淡化刑罚的威慑功能。根据价值权衡理论，如果及时进行缺席审判的价值超越了对席审判的价值，便可以进行缺席审判。权利放弃兼顾无出庭必要理论认为，出庭不仅是被告人的权利，也是被告人的义务。根据权利放弃兼顾无出庭必要理论，被告人的出庭权是不能被剥夺的，只有在被告人明知且自愿放弃出庭权的情况下，才可以进行缺席审判。但是，被告人又不享有单方面决定是否进行缺席审判的权利，因为出庭也是被告人的义务，法院有要求被告人出庭的权力。基于此，在被告人明知且自愿放弃出庭权的情况下，还需要考虑被告人出庭的价值，只有在被告人无出庭必要时，才可以免除其出庭义务，进行缺席审判。

《刑事诉讼法》第 291～295 条规定了第一种类型的缺席审判，即针对犯罪嫌疑人、被告人潜逃境外的案件的缺席审判。依据《刑事诉讼法》第 292 条的规定，对上述案件进行缺席审判的条件之一是，人民法院应当将传票和人民检察院的起诉书副本送达被告人，传票和起诉书副本送达后，被告人未按要求到案。与当前的规定不同，2018 年 5 月 9 日全国人大公布的刑事诉讼法修正草案一审稿第 292 条将“被告人收到传票和起诉书副本后未按要求归案”作为此类缺席审判的适用条件。《刑事诉讼法》没有采纳修正草案一审稿的上述规定的原因是，“在送达传票和起诉书副本过程中，可能会出现被告人逃避、拒收等情况”[1]。由此可见，立法者考虑到了人民法院将传票和起诉书副本送达被告人后的两种状况：一是被告人收到传票和起诉书副本；二是被告人没有收到传票和起诉书副本。从《刑事诉讼法》的上述规定及第 292 条的立法过程来看，此类缺席审判的理论依据是二元的，即权利放弃和价值权衡。在被告人收到传票和起诉书副本而未按要求到案的情况下，对其进行缺席审判是基于其放弃出庭权。但是，在没有证据证明被告人收到传票和起诉书副本的情况下，对其进行缺席审判便是基于价值权衡，即基于及时进行缺席审判的价值超越了对席审判的价值。

《刑事诉讼法》第 296 条规定了第二种类型的缺席审判，即针对被告人患有严重疾病的案件的缺席审判。此类缺席审判适用的案件是：被告人患有严重疾病无法出庭，中止审理超过 6 个月，被告人仍无法出庭，被告人及其法定代理人、近亲属申请或者同意恢复审理。“被告人及其法定代理人、近亲属申请或者同意恢复审理”意

---

① 王爱立．中华人民共和国刑事诉讼法释义．北京：法律出版社，2018：624.

味着他们同意放弃出庭权。因此，此类缺席审判是以权利放弃理论为依据的。出庭权是被告人自己的权利，但是该条却规定“被告人及其法定代理人、近亲属”申请或者同意恢复审理，即不仅需要被告人申请或者同意，还需要其法定代理人、近亲属申请或者同意。作出这样规定的原因是，在被告人患有严重疾病的情况下，进一步保障被告人放弃出庭权的自愿性。

《刑事诉讼法》第 297 条规定的是第三种类型的缺席审判，即针对被告人死亡的案件的缺席审判。由于被告人的诉讼权利和义务随着主体的死亡而自然终止，因此，在此类案件中不存在出庭权的放弃和剥夺问题。缺席审判的目的在于给被告人定罪量刑，而此类案件缺席审判的目的在于宣告被告人无罪。由此可见，此类缺席审判不是真正意义上的缺席审判。[①]

违法所得没收程序方面

犯罪嫌疑人、被告人逃匿型违法所得没收程序的适用案件范围是贪污贿赂犯罪、恐怖活动犯罪等重大犯罪案件。《高法解释》第 610 条规定了“重大犯罪案件”的范围，即在省、自治区、直辖市或者全国范围内具有较大影响的犯罪案件以及犯罪嫌疑人、被告人逃匿境外的犯罪案件。

很显然，“犯罪嫌疑人、被告人逃匿境外”不属于认定“重大犯罪案件”的通常标准。虽然有时犯罪嫌疑人、被告人逃匿境外的案件不仅在省、自治区、直辖市甚至在全国也具有较大影响，但是《高法解释》将“犯罪嫌疑人、被告人逃匿境外”与“在省、自治区、直辖市或者全国范围内具有较大影响”相并列，表明其指的是不属于“在省、自治区、直辖市或者全国范围内具有较大影响”的“犯罪嫌疑人、被告人逃匿境外”案件。将“犯罪嫌疑人、被告人逃匿境外”规定为认定“重大犯罪案件”的标准，从立法技术的角度来看，属于法律拟制。我们认为，将“犯罪嫌疑人、被告人逃匿境外”案件拟制为“重大犯罪案件”，一方面是落实联合国《反腐败公约》的规定，另一方面是请求联合国《反腐败公约》缔约国返还应没收的财产的需要。除此之外，对逃匿境外人员进行追赃是 2012 年《刑事诉讼法》确立违法所得没收程序的原因之一，因此将“犯罪嫌疑人、被告人逃匿境外”案件拟制为“重大犯罪案件”也体现了立法原意。

我们认为，在违法所得没收程序中将社会影响作为认定“重大犯罪案件”的标准不合适，原因有二：其一，社会影响缺乏判断标准[②]，过于主观。对此完全由办理案件的公安机关、人民检察院和人民法院单方认定，相关利害关系人没有任何反驳的可能。其二，违背管辖的基本原理。何为“在省、自治区、直辖市或者全国范围内具有较大影响”，认定者是受理违法所得没收申请的中级人民法院，还是该中级人民法院的上一级人民法院，即省、自治区、直辖市高级人民法院，抑或是最高人民法院？实践的逻辑当然是由办理案件的公安机关、人民检察院和人民法院判断相

---

① 张吉喜．刑事强制医疗客观要件的反思与重构．比较法研究，2021（2）：135－149.

② 汪建成．论特定案件违法所得没收程序的建立和完善．国家检察官学院学报，2012（1）：95－99.

关案件是否属于“在省、自治区、直辖市或者全国范围内具有较大影响”的案件。“社会影响标准”也是级别管辖的判断标准之一。依据《刑事诉讼法》第22条和第23条的规定，“全省（自治区、直辖市）性的重大刑事案件”由高级人民法院认定，“全国性的重大刑事案件”由最高人民法院认定。在违法所得没收案件中，由办理案件的公安机关、人民检察院和人民法院判断相关案件是否属于“在省、自治区、直辖市或者全国范围内具有较大影响”的案件有违管辖的基本原理。因此，我们建议，摒弃“社会影响标准”，采用与普通案件中的“刑罚标准”相当的“涉案金额标准”，即以涉案的金额为“重大犯罪案件”的认定标准之一。

强制医疗程序方面

本章案例应用中提及的相关案例促使我们反思“危害公共安全或者严重危害公民人身安全”这一限制条件的合理性。我们认为，《刑事诉讼法》第302条对强制医疗适用的行为条件作出限定后，不应当再对侵害法益条件作特定限制，理由是：(1) 将对涉案精神病人适用强制医疗的行为条件限制为“暴力行为”后，没有必要再将侵害法益限定为“危害公共安全或者严重危害公民人身安全”。强制医疗程序的立法目的是解决触犯刑法的武疯子。对涉案精神病人进行强制医疗的根本原因是其具有暴力性。不负刑事责任的精神病人不能辨认或者不能控制自己的行为，很难想象其在实施暴力行为时会对侵害的法益有所选择。(2) 将侵害法益限定为“危害公共安全或者严重危害公民人身安全”，会带来实践难题。这一实践难题是，不符合侵害法益要件的精神病人具有实施暴力行为的倾向，如果不对其适用强制医疗，将具有极大的危害社会风险。为了解决这一难题，相关办案机关只有在明确认定涉案精神病人没有“危害公共安全或者严重危害公民人身安全”，或者在牵强地认定涉案精神病人“危害公共安全或者严重危害公民人身安全”的情况下，仍然决定适用强制医疗措施。虽然有关部门也可以适用《精神卫生法》第30条第2款和第35条第2款的规定，对上述精神病人进行强制收治[①]，但是，《刑事诉讼法》中的强制医疗和《精神卫生法》中的强制收治在强制的程度上具有较大的区别。(3) 将侵害法益限定为“危害公共安全或者严重危害公民人身安全”，有损法律的公平性。对于同样实施暴力行为，社会危害达到犯罪程度的涉案精神病人，根据其是否侵害特定法益而决定是否适用强制医疗，是不公平的。(4) 将侵害法益限定为“危害公共安全或者严重危害公民人身安全”，会造成证明上的困难。依据《刑事诉讼法》第302条的规定，只有在暴力行为侵害了特定法益时，才可以对涉案精神病人适用强制医疗。这就意味着在强制医疗程序中需要证明涉案精神病人的暴力行为侵害了特定法益。而

---

① 《精神卫生法》第30条第2款规定：“诊断结论、病情评估表明，就诊者为严重精神障碍患者并有下列情形之一的，应当对其实施住院治疗：（一）已经发生伤害自身的行为，或者有伤害自身的危险的；（二）已经发生危害他人安全的行为，或者有危害他人安全的危险的。”第35条第2款规定：“再次诊断结论或者鉴定报告表明，精神障碍患者有本法第三十条第二款第二项情形的，其监护人应当同意对患者实施住院治疗。监护人阻碍实施住院治疗或者患者擅自脱离住院治疗的，可以由公安机关协助医疗机构采取措施对患者实施住院治疗。”

在有些案件中，这是难以证明的。以周某某强制医疗案为例。在该案中，诸暨市人民法院认定："2013年2月6日13时许，周某某因认为其母亲是由于被害人屠某某已去世的父亲附身而死亡，便携带火柴、水果刀和浸湿汽油的布到本市枫桥镇屠家坞村×号屠某某家索要赔偿。周某某以放火威胁被害人屠某某妻子张某某无果后，用尖刀吓走张某某，而后用点燃的布引燃张某某家的稻草、竹枝，并将稻草、竹枝丢在厨房，见着火后逃离现场，后火被群众扑灭。"人民法院虽然决定对周某某进行强制医疗，但是没有对周某某的行为"危害公共安全或者严重危害公民人身安全"作出认定。[①] 周某某实施的行为是"用点燃的布引燃张某某家的稻草、竹枝，并将稻草、竹枝丢在厨房"。我们认为，在该案中，申请机关没有证明周某某的行为可能危害的是财产安全还是公共安全。如果被害人的房屋远离邻居的财物，火苗无法波及，周某某的行为是难以危害公共安全的。相反，如果被害人的房屋临近邻居的财物，火苗可以波及，则周某某的行为可能危害了公共安全。如果不将强制医疗案件的侵害法益限定为"危害公共安全或者严重危害公民人身安全"，便不存在上述案件中的证明难题。

五、文献荐读

1. 步洋洋. 论我国刑事缺席审判制度的类型化. 政法论坛，2020（4）.

2. 裴显鼎，王晓东，刘晓虎.《关于犯罪嫌疑人、被告人逃匿、死亡案件适用违法所得没收程序若干问题的规定》的理解与适用. 人民司法（应用），2017（16）.

3. 宋英辉，何挺主编. 未成年人刑事案件诉讼程序研究综述. 北京：中国检察出版社，2019.

4. 王桂芳. 公诉案件当事人和解制度的实践检视与路径完善：基于二审裁判文书的实证研究. 法学家，2022（4）.

5. 张吉喜. 刑事强制医疗客观要件的反思与重构. 比较法研究，2021（2）.

---

① 浙江省诸暨市人民法院（2013）绍诸刑初字第395号刑事决定书。该案刑事决定书的表述是："本院认为，被申请人周某某实施放火行为，经法定程序鉴定作案期间处于精神分裂症发病期，依法不负刑事责任，但其病发时辨认能力和控制能力丧失，法定代理人不能进行有效监管，有继续危害社会可能，符合强制医疗的条件。"

第二十章　涉外刑事案件特别程序

一、原理精析

（一）涉外刑事案件诉讼程序概述

涉外刑事案件诉讼程序，一般是指当事人、犯罪行为或犯罪结果具有涉外因素时，关于刑事诉讼程序的特别规定。很多学者也是从这一角度来理解的："涉外刑事诉讼程序，是法律专门规定的处理具有涉外因素的刑事案件所适用的特别刑事诉讼程序。"[①]"涉外刑事诉讼程序，是指我国司法机关在当事人和其他诉讼参与人的参加下，依法处理具有涉外因素的刑事案件所应遵循的程序。"[②] 根据上述概念，涉外刑事案件诉讼程序涉及几个关键问题。

一是对涉外因素应当作广义理解。对于如何理解涉外因素，第一种是作广义理解，无论是犯罪嫌疑人、被告人，还是犯罪嫌疑人、被告人的犯罪行为及其结果或被害人等具有涉外因素时都被认为有涉外因素；第二种理解是作狭义理解，主要从人的因素方面来理解，如认为涉外刑事案件是"涉及外国人或外国人权益，并依法由我国司法机关实行刑事管辖的刑事案件"[③]。在20世纪90年代的相关法律文件和理论研究中，多从第二种角度理解。《高法解释》第475条规定："本解释所称的涉外刑事案件是指：（一）在中华人民共和国领域内，外国人犯罪或者我国公民对外国、外国人犯罪的案件；（二）符合刑法第七条、第十条规定情形的我国公民在中华人民共和国领域外犯罪的案件；（三）符合刑法第八条、第十条规定情形的外国人犯罪的案件；（四）符合刑法第九条规定情形的中华人民共和国在所承担国际条约义务

---

① 张剑平．论我国涉外刑事诉讼程序．云南法学，1995（1）：30－35．

② 李学宽．试论我国涉外刑事诉讼程序．政法论坛，1993（2）：34－38．

③ 李学宽．试论我国涉外刑事诉讼程序．政法论坛，1993（2）：34－38．

范围内行使管辖权的案件。”这一规定采取了第一种解释立场，结合了我国刑法的属地管辖、属人管辖、保护管辖和国际管辖等规定，对涉外刑事案件作了全面规定，这一立场值得赞同。在用语上，需要注意的是，我国相关文献和司法解释中使用了涉外犯罪、涉外刑事案件等概念，并将跨境犯罪作为涉外刑事犯罪的一个部分。这一认知也值得关注，后文将作进一步分析。

二是涉外刑事案件的办理涉及国内法、国际法、外国法。涉外刑事案件法律依据多元的问题，在相关法律文件中早就作了规定。① 对此，学者认为，涉外刑事诉讼的法律依据不仅包括国内法，还包括本国缔结的国际条约或双边协定。② 涉外刑事案件的典型并非外国人或者无国籍人在本国实施犯罪行为，而是外国人或者本国公民实施的跨境犯罪行为，例如犯罪行为或犯罪结果分别牵涉本国和其他国家，我国司法实践中出现的跨境电信网络诈骗案件就属于这类案件。在打击跨境犯罪过程中，会涉及国内法、国际法和外国法的规定。在国内法方面，包括我国《刑事诉讼法》《国际刑事司法协助法》《高法解释》《高检规则》《公安规定》《关于办理网络犯罪案件适用刑事诉讼程序若干问题的意见》等法律规定。在国际法层面，主要涉及国际条约和多边、双边司法协助条约等。在国际公约方面，1988 年通过的《联合国禁止非法贩运麻醉药品和精神药物公约》规定，缔约国在针对相关刑事犯罪进行的调查、起诉和司法程序中相互提供最广泛的法律协助。联合国《打击跨国犯罪公约》和《反腐败公约》也都对打击跨国有组织犯罪和腐败犯罪的司法协助作了制度安排。在双边司法协助条约方面，根据相关统计，截至 2022 年 7 月，我国共计与 69 个国家签订有民商事和刑事司法协助双边条约，其中，与 39 个国家签订了民商事司法协助条约，与 65 个国家签订了刑事司法协助条约。③ 其中《中美刑事司法协助协定》《中日刑事司法协助条约》《中法刑事司法协助协定》《中俄民事和刑事司法互助条约》等双边条约的签署，对于促进我国涉外刑事案件的办理有重要的意义。在办理涉外刑事案件中，还会涉及外国法的规定，例如在传统刑事司法协助中，因为双重犯罪原则的存在，进而会涉及外国刑法、刑事诉讼法等法律的适用。同时，一些双边司法协助条约也对此作了规定，例如《中美刑事司法协助协定》第 6 条规定，协助请求应按照被请求方境内的法律予以执行。在符合被请求方境内的法律的前提下，协助请求应按照请求方所要求的方式予以执行。

三是本国法对涉外刑事案件办理作了特殊规定。从历史角度来看，唐代就存在针对外国人犯罪的一些规定。例如，《唐律疏议·名例篇》“化外人相犯”条下规定：“诸化外人同类自相犯者，各依本俗法；异类相犯者，以法律论。”④ 在宋代、明代等各代的法律中也有类似规定。但这些规定与涉外刑事案件诉讼程序存在显著差异。从近代刑事诉讼法法典化的发展过程来看，在 18、19 世纪受到交通运输、信息交流

---

① 1987 年外交部、最高人民法院等发布的《关于处理涉外案件若干问题的规定》。

② 张剑平. 论我国涉外刑事诉讼程序. 云南法学，1995 (1)：30-35.

③ 智仁律师. 权威发布与中华人民共和国签订司法协助条约的国家汇总. (2022-08-03) [2023-08-05]. https://m.163.com/dy/article/HDROBBQP05520U1W.html.

④ 马小红，等. 中国法律史教程. 商务印书馆，2020：243.

等方面的制约，司法实践中存在的犯罪绝大多数都是国内犯罪，因此，早期的刑事诉讼法典主要是针对国内犯罪的，其中缺乏关于涉外刑事犯罪的程序规定。到了19世纪末，一些国家已经就跨境犯罪方面的司法协助作了特别规定，但这些规定较为零散，不成体系。从可查找的文献来看，自20世纪50年代，国际刑事司法协助制度不断发展。如1959年欧洲理事会主持签订了《欧洲刑事司法协助公约》，1977年英美法国家和大陆法国家签署了第一个双边司法协助条约——《美国瑞士司法协助条约》，司法协助制度的发展带动和促进了涉外刑事案件诉讼程序的发展。时至今日，各国刑事诉讼法对于涉外刑事诉讼侦查、起诉和审判等都作了规定，如有的国家在刑事诉讼法上规定了刑事诉讼领域的国际合作、对本国领土之外犯罪行为的公诉、针对国际犯罪的诉讼程序等。我国刑事诉讼法、司法解释、部门规章和相关法律文件中也对涉外刑事案件诉讼程序作了规定。

(二) 涉外刑事案件诉讼程序的原则

涉外刑事案件办理过程中既要遵守刑事诉讼法的基本原则，如无罪推定、控辩平等原则，还要遵循涉外刑事案件诉讼程序的特有原则。这些原则的形成与涉外刑事案件的特点密切相关，如学者总结了主权原则、信守有关国际条约原则、诉讼权利同等原则、使用我国通用的语言文字原则、指定或委托中国律师辩护原则等五个原则①，也有学者总结了维护国家主权原则、诉讼权利义务同等原则、信守有关国际条约的原则、使用我国通用的语言文字原则和委托或指定中国律师参加诉讼原则。② 整体而言，学界对于涉外刑事案件诉讼程序持有原则的认识较为接近。结合既有研究，我们认为，涉外刑事案件诉讼程序应当坚持以下原则。③

1. 国家主权原则

涉外刑事案件的办理涉及国家主权，并且与国家主权的观念密切相关。同时，在跨境犯罪中不仅涉及本国司法主权的维护，还涉及对他国司法主权的尊重。在传统国际法上，盛行的是绝对主权、抽象主权的观念，一国并无任何义务为另一国从事任何法律行为，包括引渡犯罪人、取得刑事证据等。即使在个案中，一国为他国实施了相关行为，也是基于本国的同意，而非法律上的任何义务。本国对于他国协助请求的回应更多是一种帮助的性质。但随着国际法理论和实践的不断变迁，主权观念也发生了变化，国家主权的相互尊重成为重要原则。在这一变化之下，一是在办理涉外刑事案件时，必须注重维护本国司法主权。我国《刑事诉讼法》第17条规定，对于外国人犯罪应当追究刑事责任的，适用本法的规定。对于享有外交特权和豁免权的外国人犯罪应当追究刑事责任的，通过外交途径解决。涉外刑事案件的办理依据本国法进行、使用本国语言文字、委托本国律师等。“外国人在一个国家参加

---

① 樊崇义．涉外刑事诉讼程序初探．政法论坛，1986（5）：12-20.

② 张剑平．论我国涉外刑事诉讼程序．云南法学，1995（1）：30-35.

③ 以下内容部分改写自冯俊伟．刑事司法协助所获证据的可采性审查：原则与方法．中国刑事法杂志，2017（6）：68-84。

刑事诉讼，使用受诉国语言文字，是世界通用的一条准则。根据该原则，我国司法机关办理涉外刑事案件及外国人在我国进行刑事诉讼，必须使用我国通用的语言文字。”① 二是在刑事司法协助过程中，必须重视维护本国主权。《国际刑事司法协助法》第 4 条也明确规定，中华人民共和国和外国按照平等互惠原则开展国际刑事司法协助。国际刑事司法协助不得损害中华人民共和国的主权、安全和社会公共利益，不得违反中华人民共和国法律的基本原则。三是在涉外刑事案件办理过程中，在维护本国主权的同时，应当尊重对方国家主权，在平等互利的基础上开展涉外刑事诉讼活动。

2. 履行国际条约义务

在涉外刑事案件办理过程中，涉及本国法、国际法和外国法的适用，尤其是在刑事司法协助过程中，涉及国际条约、多边和双边司法协助条约的适用。因此，应当按照“条约必须信守”原则，切实履行国际条约义务。有学者指出，“国际条约与国内法不发生谁高谁低或谁优先谁不优先的问题，作为一个实际问题来看，国内法与国际条约的关系，归根到底，是一个国家承认了的国际条约在国内如何信守的问题，即凡是国家承认的国际条约，都有信守义务”②。在办理涉外刑事案件中，很多情形下会涉及刑事司法协助，委托其他国家执法机关代为调查取证、送达文书等，这都涉及国际条约、多边和双边司法协助条约的适用。办案机关开展司法协助活动，必须要有国际法思维，要尊重国际条约和国际习惯，要改变“国内法先于国际法、国内议事日程高于国际社会吁求的传统”③。我国刑事诉讼法及其司法解释、相关法律文件中对于履行国际条约义务也作了相关规定。《刑事诉讼法》第 18 条规定，根据中华人民共和国缔结或者参加的国际条约，或者按照互惠原则，我国司法机关和外国司法机关可以相互请求刑事司法协助。1997 年《高法解释》第 295 条规定，我国缔结或者参加的国际条约中有关于刑事诉讼程序具体规定的，适用该国际条约的规定。但是，我国声明保留的条款除外。近年来，我国立法中规定了贯彻特定性原则的条文，也体现了遵守国际条约原则，例如，《反恐怖主义法》第 72 条规定，通过反恐怖主义国际合作取得的材料可以在行政处罚、刑事诉讼中作为证据使用，但我方承诺不作为证据使用的除外。综上，履行国际条约义务是涉外刑事案件办理的重要原则。

3. 恪守正当法律程序

正当程序保障是现代刑事诉讼法中的重要原则，在国内犯罪案件办理中已经为各国广泛认可。在涉外刑事案件办理中，也涉及正当法律程序原则的适用。正当法律程序保障在国内案件的适用中仅涉及一国法律，在具体适用中产生的问题也在一国法律框架内解决。但在涉外刑事案件办理中，尤其是犯罪行为、犯罪结果发生在不同国家的案件中，如何保障正当程序是学术界、实践界广泛关注的一个问题。在

---

① 张剑平．论我国涉外刑事诉讼程序．云南法学，1995（1）：30－35．

② 樊崇义．涉外刑事诉讼程序初探．政法论坛，1986（5）：12－20．

③ 王逸舟．中国人为什么特别需要尊重国际法．世界知识，2015（21）：58－61．

这一背景下，在涉外刑事诉讼程序中如何贯彻正当法律程序原则是一个崭新的课题。这包括三个具体层面的问题：一是在刑事司法协助过程中，犯罪嫌疑人、被告人是具有主体性的地位，还是作为客体在司法协助中被动地接受诉讼结果。根据现代刑事诉讼理念，应当承认刑事司法协助中犯罪嫌疑人、被告人的主体地位。二是在刑事司法协助过程中，犯罪嫌疑人、被告人享有哪些诉讼权利，这一问题较之国内案件更为复杂。在理论上存在三种不同的观点：第一种观点认为，跨境刑事案件中犯罪嫌疑人、被告人享有与国内刑事案件犯罪嫌疑人、被告人同等的诉讼权利。这一基本立场具有正当性，但在一些案件中，跨境案件犯罪嫌疑人、被告人的诉讼权利很难获得保护，例如按照A国刑事诉讼法的规定，讯问犯罪嫌疑人、被告人时允许律师在场，但依据B国刑事诉讼法的规定，讯问时无须律师在场。在刑事司法协助过程中就会出现损害犯罪嫌疑人、被告人讯问时律师在场的权利。第二种观点认为，跨境刑事案件中犯罪嫌疑人、被告人的诉讼权利，依据被请求国刑事诉讼法确定。根据“场所支配行为”的原则，请求国在申请被请求国在本国领土外实施刑事诉讼行为时，一般应适用被请求国刑事诉讼法。一些双边刑事司法协助条约中也规定，“协助请求应当按照被请求方本国法律规定的方式或者程序予以执行。在不违背被请求方本国法律并且被请求方认为适当的范围内，应当按照请求书中说明的方式或者特定程序执行请求”。第三种观点认为，应当将一些国际条约中的诉讼权利保障作为跨境刑事案件中犯罪嫌疑人、被告人的基本权利保障标准。例如联合国《公民权利和政治权利国际公约》第14条、《欧洲人权公约》第6条等。三是在刑事司法协助中应当保障犯罪嫌疑人、被告人与追诉方有平等武装的权利，例如应当保障犯罪嫌疑人、被告人有适当的途径取得境外证据等。综上，跨境案件中正当法律程序保障，也应当成为涉外刑事案件诉讼程序的重要原则。

4. 诉讼权利义务平等

诉讼权利义务平等原则是指，“外国公民在我国进行刑事诉讼，和我国公民一样，在诉讼过程中，同等享有诉讼权利，并承担诉讼义务，司法机关应同样对待，并应加以保护，对其享有的诉讼权利，不能以任何借口加以剥夺”[①]。我国《刑事诉讼法》第17条规定，对于外国人犯罪应当追究刑事责任的，适用本法的规定。对于享有外交特权和豁免权的外国人犯罪应当追究刑事责任的，通过外交途径解决。《公安规定》第358条规定，外国籍犯罪嫌疑人在刑事诉讼中，享有我国法律规定的诉讼权利，并承担相应的义务。理解上述规定，还需要注意两个方面：一是依据上述规定，外国公民在我国犯罪或者在境外实施针对我国的犯罪行为，在案件办理中应当适用我国刑事诉讼法、司法解释和相关法律文件的规定，享有相关的诉讼权利并承担相应的诉讼义务，我国司法机关应当提供与本国犯罪嫌疑人、被告人同等的权利保障。二是我国刑事诉讼法、司法解释和相关法律文件中对于涉外案件的特别规定应当认真执行。例如，《公安规定》第368条就规定：“对外国籍犯罪嫌疑人依法作出取保候审、监视居住决定或者执行拘留、逮捕后，由省级公安机关根据有关规

① 樊崇义．涉外刑事诉讼程序初探．政法论坛，1986（5）：12-20.

定，将其姓名、性别、入境时间、护照或者证件号码，案件发生的时间、地点，涉嫌犯罪的主要事实，已采取的强制措施及其法律依据等，通知该外国人所属国家的驻华使馆、领事馆，同时报告公安部。经省级公安机关批准，领事通报任务较重的副省级城市公安局可以直接行使领事通报职能。外国人在公安机关侦查或者执行刑罚期间死亡的，有关省级公安机关应当通知该外国人国籍国的驻华使馆、领事馆，同时报告公安部。未在华设立使馆、领事馆的国家，可以通知其代管国家的驻华使馆、领事馆；无代管国家或者代管国家不明的，可以不予通知。"

（三）涉外刑事案件诉讼程序的主要内容

1. 涉外刑事案件的管辖

涉外刑事案件的管辖涉及立案管辖和审判管辖，还涉及刑事案件的管辖权冲突问题，如A国人在A国对B国公民实施的网络诈骗行为，A国按照属地管辖或属人管辖原则具有管辖权，B国按照保护原则对案件具有管辖权。由于传统研究中对于不同国家针对同一案件的管辖权冲突问题的研究有限，并且未形成清晰的规则，以下主要就我国法律上涉外刑事案件的立案管辖和审判管辖的规定进行梳理。

在立案管辖上，依据《刑法》、《关于外国人犯罪案件管辖问题的通知》（法发〔2013〕2号）和《公安规定》第363～365条等的规定，区分如下情形：（1）外国人在我国境内犯罪案件的侦查，由犯罪地或者犯罪嫌疑人居住地的公安机关或者国家安全机关负责。（2）外国人犯我国缔结或者参加的国际条约规定的罪行后进入我国领域内的，由该外国人被抓获地的设区的市一级以上公安机关立案侦查。（3）外国人在我国领域外对我国国家或者公民犯罪，应当受刑罚处罚的，由该外国人入境地或者入境后居住地的县级以上公安机关立案侦查；该外国人未入境的，由被害人居住地的县级以上公安机关立案侦查；没有被害人或者是对我国国家犯罪的，由公安部指定管辖。（4）犯罪嫌疑人系享有外交特权或者豁免权的外国人，应当通过外交途径处理。

在审判管辖上，《关于外国人犯罪案件管辖问题的通知》中规定，第一审外国人犯罪案件，除《刑事诉讼法》第20条至第22条规定的以外，由基层人民法院管辖。外国人犯罪案件较多的地区，中级人民法院可以指定辖区内一个或者几个基层人民法院集中管辖第一审外国人犯罪案件；外国人犯罪案件较少的地区，中级人民法院可以依照《刑事诉讼法》第23条的规定，审理基层人民法院管辖的第一审外国人犯罪案件。《高法解释》第11条规定，外国人在我国领域外对我国国家或者公民犯罪，依据我国《刑法》应当受处罚的，由该外国人登陆地、入境地或者入境后居住地的人民法院管辖，也可以由被害人离境前居住地或者现居住地的人民法院管辖。

2. 涉外刑事案件的侦查

涉外刑事案件的侦查与国内犯罪的侦查相比，有一定的特殊性，如对于外国人、无国籍人和国籍情况不明的人的身份确定，通过司法协助等方式取得境外证据，以及涉及法律文书的境外送达和犯罪人的引渡等。依据《公安规定》《高法解释》等法律文件的规定，分别归纳如下。

对于外国籍犯罪嫌疑人国籍和身份的确定。《公安规定》第359条、360条规定，外国籍犯罪嫌疑人的国籍，以其在入境时持用的有效证件予以确认；国籍不明的，由出入境管理部门协助予以查明。确认外国籍犯罪嫌疑人身份，可以依照有关国际条约或者通过国际刑事警察组织、警务合作渠道办理。确实无法查明的，可以按其自报的姓名移送人民检察院审查起诉。《公安部关于如何处理无法查清身份的外国籍犯罪嫌疑人问题的批复》（公复字〔1999〕1号）中还要求，公安机关应当尽可能地查明外国籍犯罪嫌疑人的身份，避免引起外交交涉。如果确实无法查清或者有关国家拒绝协助，可以依据《刑事诉讼法》第160条第2款的规定处理，即犯罪嫌疑人不讲真实姓名、住址，身份不明，但犯罪事实清楚，证据确实、充分的，也可以按其自报的姓名移送人民检察院审查起诉。

对于外国籍犯罪嫌疑人采取强制措施的，需要进行一定的通报。依据《公安规定》第367条、368条、370条的规定，对外国籍犯罪嫌疑人依法作出取保候审、监视居住决定或者执行拘留、逮捕后，应当在48小时以内层报省级公安机关，同时通报同级人民政府外事办公室。重大涉外案件应当在48小时以内层报公安部，同时通报同级人民政府外事办公室。对外国籍犯罪嫌疑人依法作出取保候审、监视居住决定或者执行拘留、逮捕后，由省级公安机关根据有关规定，将其姓名、性别、入境时间、护照或者证件号码、案件发生的时间和地点，涉嫌犯罪的主要事实，已采取的强制措施及其法律依据等，通知该外国人所属国家的驻华使馆、领事馆，同时报告公安部。经省级公安机关批准，领事通报任务较重的副省级城市公安局可以直接行使领事通报职能。外国人在公安机关侦查或者执行刑罚期间死亡的，有关省级公安机关应当通知该外国人国籍国的驻华使馆、领事馆，同时报告公安部。对于未在华设立使馆、领事馆的国家，可以通知其代管国家的驻华使馆、领事馆；无代管国家或者代管国家不明的，可以不予通知。在公安机关侦查终结前，如果外国驻华外交、领事官员要求探视被监视居住、拘留、逮捕或者正在看守所服刑的本国公民的，办案机关应当及时安排有关探视事宜。犯罪嫌疑人拒绝其国籍国驻华外交、领事官员探视的，公安机关可以不予安排，但应当由其本人提出书面声明。依据相关规定，外国籍犯罪嫌疑人在侦查羁押期间，经公安机关批准，可以与其近亲属、监护人会见，与外界通信。

外国籍犯罪嫌疑人委托辩护、指定辩护的特别规定。《公安规定》第369条规定，外国籍犯罪嫌疑人委托辩护人的，应当委托在中华人民共和国的律师事务所执业的律师。与犯罪嫌疑人、被告人委托辩护、指定辩护相关的规定还包括《高法解释》第485条。该条规定：外国籍被告人委托律师辩护，或者外国籍附带民事诉讼原告人、自诉人委托律师代理诉讼的，应当委托具有中华人民共和国律师资格并依法取得执业证书的律师。外国籍被告人在押的，其监护人、近亲属或者其国籍国驻华使领馆可以代为委托辩护人。其监护人、近亲属代为委托的，应当提供与被告人关系的有效证明。外国籍当事人委托其监护人、近亲属担任辩护人、诉讼代理人的，被委托人应当提供与当事人关系的有效证明。经审查，符合刑事诉讼法、有关司法解释规定的，人民法院应当准许。外国籍被告人没有委托辩护人的，人民法院可以通知法律援助机构为其指派律师提供辩护。被告人拒绝辩护人辩护的，应当由其出具书面声明，或者将其口头声明记录在案；必要时，应当录音录像。被告人属于应当提供法律援助情形的，依照该司法解释第50条规定处理。

《法律援助法》第69条规定，对外国人和无国籍人提供法律援助，我国法律有规定的，适用法律规定；我国法律没有规定的，可以根据我国缔结或者参加的国际条约，或者按照互惠原则，参照适用本法的相关规定。

对外国籍犯罪嫌疑人，依据法律规定可以采取限制出境措施。《出境入境管理法》第28条也规定，外国人有下列情形之一的，不准出境：(1) 被判处刑罚尚未执行完毕或者属于刑事案件被告人、犯罪嫌疑人的，但是按照中国与外国签订的有关协议，移管被判刑人的除外；……《反有组织犯罪法》第29条规定，公安机关办理有组织犯罪案件，可以依照《中华人民共和国出境入境管理法》的规定，决定对犯罪嫌疑人采取限制出境措施，通知移民管理机构执行。

在对外国籍犯罪嫌疑人的侦查中，可以采取司法协助方式取得境外证据。在我国《国际刑事司法协助法》《刑事诉讼法》及相关司法解释等法律文件中，都对司法协助调查取证作了规定，主要是通过司法协助、外交途径等方式取得境外证据。

3. 涉外刑事案件的起诉

《高检规则》第十六章规定了刑事司法协助程序，对检察机关办理涉外刑事案件作了规定，其中也涉及司法协助调查取证、对外国籍犯罪嫌疑人的批捕等。该规则第673条规定，最高人民检察院是检察机关开展国际刑事司法协助的主管机关，负责审核地方各级人民检察院向外国提出的刑事司法协助请求，审查处理对外联系机关转递的外国提出的刑事司法协助请求，审查决定是否批准执行外国的刑事司法协助请求，承担其他与国际刑事司法协助相关的工作。办理刑事司法协助相关案件的地方各级人民检察院应当向最高人民检察院层报需要向外国提出的刑事司法协助请求，执行最高人民检察院交办的外国提出的刑事司法协助请求。

人民检察院在对外国籍犯罪嫌疑人案件审查起诉过程中，也可能涉及退回补充侦查的问题，按照刑事诉讼法的规定，检察机关既可以退回公安机关补充侦查，也可以自行补充侦查，因此，会涉及司法协助调查取证问题。同时，人民检察院在审查起诉外国籍犯罪嫌疑人案件中，还会涉及对境外证据的审查运用问题，应当按照《高法解释》第77条、《人民检察院办理网络犯罪案件规定》等规定进行。如《人民检察院办理网络犯罪案件规定》第58条规定了境外证据的移交，人民检察院参加现场移交境外证据的检察人员不少于二人，外方有特殊要求的除外。移交、开箱、封存、登记的情况应当制作笔录，由最高人民检察院或者承办案件的人民检察院代表、外方移交人员签名或者盖章，一般应当全程录音录像。有其他见证人的，在笔录中注明。该规定第59条规定了对境外证据的审查要求，人民检察院对境外收集的证据，应当审查证据来源是否合法、手续是否齐备，以及证据的移交、保管、转换等程序是否连续、规范。

4. 涉外刑事案件的审判

在2012年《刑事诉讼法》修改之前，刑事诉讼法中规定，中级人民法院负责涉外刑事案件的一审。但在2012年《刑事诉讼法》修改中这一规定被删掉，因此，涉外刑事案件不再作为一个单独的审判管辖确定因素。按照《高法解释》等法律文件的规定，涉外刑事案件审判应当注意如下方面。

（1）涉外刑事案件审判通报等要求。依据《高法解释》第479条、第480条的规定，涉外刑事案件审判期间，人民法院应当将下列事项及时通报同级人民政府外事主管部门，并依照有关规定通知有关国家驻华使领馆：1）人民法院决定对外国籍被告人采取强制措施的情况，包括外国籍当事人的姓名（包括译名）、性别、入境时间、护照或者证件号码、采取的强制措施及法律依据、羁押地点等；2）开庭的时间、地点、是否公开审理等事项；3）宣判的时间、地点。涉外刑事案件宣判后，应当将处理结果及时通报同级人民政府外事主管部门。对外国籍被告人执行死刑的，死刑裁决下达后执行前，应当通知其国籍国驻华使领馆。外国籍被告人在案件审理中死亡的，应当及时通报同级人民政府外事主管部门，并通知有关国家驻华使领馆。

相关案件需要向有关国家驻华使领馆通知有关事项的，应当层报高级人民法院，由高级人民法院按照下列规定通知：1）外国籍当事人国籍国与我国签订有双边领事条约的，根据条约规定办理；未与我国签订双边领事条约，但参加《维也纳领事关系公约》的，根据公约规定办理；未与我国签订领事条约，也未参加《维也纳领事关系公约》，但与我国有外交关系的，可以根据外事主管部门的意见，按照互惠原则，根据有关规定和国际惯例办理。2）在外国驻华领馆领区内发生的涉外刑事案件，通知有关外国驻该地区的领馆；在外国领馆领区外发生的涉外刑事案件，通知有关外国驻华使馆；与我国有外交关系，但未设使领馆的国家，可以通知其代管国家驻华使领馆；无代管国家、代管国家不明的，可以不通知。3）双边领事条约规定通知时限的，应当在规定的期限内通知；没有规定的，应当根据或者参照《维也纳领事关系公约》和国际惯例尽快通知，至迟不得超过7日。4）双边领事条约没有规定必须通知，外国籍当事人要求不通知其国籍国驻华使领馆的，可以不通知，但应当由其本人出具书面声明。高级人民法院向外国驻华使领馆通知有关事项，必要时，可以请人民政府外事主管部门协助。

（2）涉外刑事案件审判阶段的权利保障。涉外刑事案件审判中，依法保障被告人的出席审判权、辩护权、翻译权、上诉权等诉讼权利。《高法解释》第481条、482条还规定，人民法院受理涉外刑事案件后，应当告知在押的外国籍被告人享有与其国籍国驻华使领馆联系，与其监护人、近亲属会见、通信，以及请求人民法院提供翻译的权利。涉外刑事案件审判期间，外国籍被告人在押，其国籍国驻华使领馆官员要求探视的，可以向受理案件的人民法院所在地的高级人民法院提出。人民法院应当根据我国与被告人国籍国签订的双边领事条约规定的时限予以安排；没有条约规定的，应当尽快安排。必要时，可以请人民政府外事主管部门协助。涉外刑事案件审判期间，外国籍被告人在押，其监护人、近亲属申请会见的，可以向受理案件的人民法院所在地的高级人民法院提出，并依照本解释

第 486 条的规定提供与被告人关系的证明。人民法院经审查认为不妨碍案件审判的，可以批准。被告人拒绝接受探视、会见的，应当由其本人出具书面声明。拒绝出具书面声明的，应当记录在案；必要时，应当录音录像。探视、会见被告人应当遵守我国法律规定。

(3) 涉外刑事案件审判程序的特别规定。依据《高法解释》第 77 条、第 483 条到 489 条等的规定，在审判方式上，人民法院审理涉外刑事案件，应当公开进行，但依法不应公开审理的除外。公开审理的涉外刑事案件，外国籍当事人国籍国驻华使领馆官员要求旁听的，可以向受理案件的人民法院所在地的高级人民法院提出申请，人民法院应当安排。在审判语言文字使用上，人民法院审判涉外刑事案件，使用中华人民共和国通用的语言、文字，应当为外国籍当事人提供翻译。翻译人员应当在翻译文件上签名。人民法院的诉讼文书为中文本。外国籍当事人不通晓中文的，应当附有外文译本，译本不加盖人民法院印章，以中文本为准。外国籍当事人通晓中国语言、文字，拒绝他人翻译，或者不需要诉讼文书外文译本的，应当由其本人出具书面声明。拒绝出具书面声明的，应当记录在案；必要时，应当录音录像。在对境外证据的使用上，人民检察院应当随案移送境外证据材料来源、提供人、提取人、提取时间等情况的说明。经人民法院审查，相关证据材料能够证明案件事实且符合刑事诉讼法规定的，可以作为证据使用，但提供人或者我国与有关国家签订的双边条约对材料的使用范围有明确限制的除外；材料来源不明或者真实性无法确认的，不得作为定案的根据。在审判可能出现的迟延情形处理上，涉外刑事案件符合《刑事诉讼法》第 208 第 1 款、第 243 条规定的，经有关人民法院批准或者决定，可以延长审理期限。在审判后的裁判文书获取上，涉外刑事案件宣判后，如果外国籍当事人国籍国驻华使领馆要求提供裁判文书，可以向受理案件的人民法院所在地的高级人民法院提出，人民法院按照规定可以提供。

二、实践动态

(一) 我国刑事司法协助立法的发展

党的十八届四中全会强调，要"加强涉外法律工作。深化司法领域国际合作，完善我国司法协助体制，扩大国际司法协助覆盖面"。截止到 2017 年 12 月，"我国已经批准和加入了包括联合国《反腐败公约》和《打击跨国犯罪公约》等多项含有刑事司法协助内容的国际公约，批准了 54 件有关刑事司法协助的双边条约"[①]。2018 年 10 月，《国际刑事司法协助法》正式通过，对国际刑事司法协助的原则，刑事司法协助请求的提出、接收和处理，送达文书，调查取证，安排证人作证或者协助调查，涉案财物的查封、扣押、冻结，违法所得的没收、返还和分享及刑事诉讼结果通报等作了规定。这一立法对于推进我国刑事诉讼法的国际化发展，推进反腐

① 傅莹. 关于《中华人民共和国国际刑事司法协助法（草案）》的说明：2017 年 12 月 22 日在第十二届全国人民代表大会常务委员会第三十一次会议上. 中华人民共和国全国人民代表大会常务委员会公报，2018 (6)：774－777.

败追逃追赃工作，加强国际打击跨境犯罪合作具有重要意义。《国际刑事司法协助法》第2条对国际刑事司法协助进行了广义界定，是指中华人民共和国和外国在刑事案件调查、侦查、起诉、审判和执行等活动中相互提供协助，包括送达文书，调查取证，安排证人作证或者协助调查，查封、扣押、冻结涉案财物，没收、返还违法所得及其他涉案财物，移管被判刑人以及其他协助。第3条规定，我国和外国之间开展刑事司法协助，依照本法进行。执行外国提出的刑事司法协助请求，适用本法、刑事诉讼法及其他相关法律的规定。该法还对送达文书，调查取证，安排证人作证或者协助调查，涉案财物的查封、扣押、冻结，违法所得的没收、返还和分享等具体协助事项作了规定。这一立法与刑事诉讼法、相关司法解释等共同构成了我国涉外案件刑事诉讼程序的法律依据。

在一些研究中，将涉外刑事诉讼程序与刑事司法协助制度分别讨论，其中主要考虑的是涉外刑事诉讼程序主要是涉及外国人的案件，例如外国人在我国犯罪，而刑事司法协助制度则涉及国家之间或者一国内不同地区之间的刑事司法合作，前者称之为国际刑事司法协助，后者称之为区际刑事司法协助。但这一立场是值得讨论的，涉外刑事案件诉讼程序与刑事司法协助紧密结合在一起，并且跨境犯罪中如何适用刑事诉讼程序也是涉外刑事诉讼程序的重要方面。在这个意义上，《国际刑事司法协助法》和我国签署的多边、双边司法协助条约也是涉外案件刑事诉讼程序的核心法律依据。

（二）反腐败追逃追赃背景下涉外刑事诉讼程序的增设

党的十八大以来，我国不断推进反腐败追逃追赃工作，并取得了一系列令人瞩目的成绩。为了进一步强化制度反腐、法治反腐，将反腐败追逃追赃过程中的经验上升为规范和制度，2012年和2018年我国《刑事诉讼法》修正中都增设了新的诉讼程序，这些程序涉及犯罪嫌疑人、被告人逃匿境外的情形，也属于涉外案件刑事诉讼的内容。2012年《刑事诉讼法》修正中，增设了“犯罪嫌疑人、被告人逃匿、死亡案件犯罪所得的没收程序”，“对于贪污贿赂犯罪、恐怖活动犯罪等重大犯罪案件，犯罪嫌疑人、被告人逃匿，在通缉一年后不能到案，或者犯罪嫌疑人、被告人死亡，依照刑法规定应当追缴其违法所得及其他涉案财产的，人民检察院可以向人民法院提出没收违法所得的申请”。这一制度对于我国强化反腐败追赃工作、积极履行联合国《反腐败公约》义务有重要意义，也为犯罪所得没收的国际合作提供了国内法基础。2017年两院《关于违法所得没收程序的规定》，对这一特别程序作了进一步解释，明确了“贪污贿赂犯罪、恐怖活动犯罪等重大犯罪案件”的范围，并对违法所得或者其他涉案财产在境外情形下的程序适用等作了规定。

2018年《刑事诉讼法》修正中增设了缺席审判程序。依据《刑事诉讼法》第五编第三章“缺席审判”一章和相关司法解释的规定，对于贪污贿赂犯罪案件，以及需要及时进行审判，经最高人民检察院核准的严重危害国家安全犯罪、恐怖活动犯罪案件，犯罪嫌疑人、被告人在境外，监察机关、公安机关移送起诉，人民检察院认为犯罪事实已经查清，证据确实、充分，依法应当追究刑事责任的，可以向人民法院提起公诉。人民法院进行审查后，对于起诉书中有明确的指控犯罪事实，符合缺席审判程序适用条件的，应当决定开庭审判。在缺席审判程序中，重视对犯罪嫌疑人、被告人辩护权、上诉权、异议权等权利的保障。《刑事诉讼法》第 293 条、294 条、第 295 条中规定：人民法院缺席审判案件，被告人有权委托辩护人，被告人的近亲属可以代为委托辩护人。被告人及其近亲属没有委托辩护人的，人民法院应当通知法律援助机构指派律师为其提供辩护。人民法院应当将判决书送达被告人及其近亲属、辩护人。被告人或者其近亲属不服判决的，有权向上一级人民法院上诉。在审理过程中，被告人自动投案或者被抓获的，人民法院应当重新审理。罪犯在判决、裁定发生法律效力后到案的，人民法院应当将罪犯交付执行刑罚。交付执行刑罚前，人民法院应当告知罪犯有权对判决、裁定提出异议。罪犯对判决、裁定提出异议的，人民法院应当重新审理。

(三) 网络犯罪涉外调查取证制度的完善

随着信息网络技术的发展，涉网络犯罪案件的比重在司法实践中不断攀升，根据相关部门的统计，2017 年至 2021 年，全国各级法院一审审结的涉信息网络犯罪案件共计 28.20 万件，案件量及其在所有刑事案件中的占比均呈逐年上升趋势。[①] 涉网络犯罪案件中既有国内犯罪也有跨境犯罪，但这两类案件可能都存在涉外因素，例如国内犯罪案件中也可能出现电子邮件或者电子信息存储在国外的情况，而包括电信网络诈骗案件在内的跨境犯罪中，人、财、证据都可能在境外，需要通过司法协助途径或外交途径等对人、财、证据采取相关措施。在这一背景下，最高人民法院、最高人民检察院、公安部等部门出台了相关司法解释、部门规章和规范性法律文件，进一步完善了跨境犯罪中刑事诉讼程序的适用。就境外取证而言，2010 年《关于办理网络赌博犯罪案件适用法律若干问题的意见》、2014 年《关于办理网络犯罪案件适用刑事诉讼程序若干问题的意见》都对境外电子数据取证作了规定。2016 年两院一部《电子证据规定》第 9 条对境外电子数据取证作了较为完整的规定。2019 年，公安部《公安机关办理刑事案件电子数据取证规则》第 23 条又对境外电子数据的网络在线提取作了调整，"对公开发布的电子数据、境内远程计算机信息系统上的电子数据，可以通过网络在线提取"[②]。2021 年《人民检察院办理网络犯罪案件规定》在第六章专章规定"跨国（边）境司法协作"，要求办理跨国网络犯罪案件应当依照《国际刑事司法协助法》及我国批准加入的有关刑事司法协助条约，加强国际司法协作，维护我国主权、安全和社会公共利益，尊重协作国司法主权，坚持平等互惠原则，提升跨国司法协作质效；并在第 58 条、第 59 条对境外证据的移交作了细致规定。上述司法解释、部门规章、规范性法律文件的规定，进一步丰富和完善了我国涉外案件刑事诉讼程序。

---

① 最高人民法院. 涉信息网络犯罪特点和趋势司法大数据专题报告发布.（2022-08-02）[2023-08-05] https://baijiahao. baidu. com/s? id=1739978784475074795&wfr=spider&for=pc.

② 冯俊伟. 境外电子数据的取得与运用：基于第 67 号检察指导性案例的展开. 国家检察官学院学报，2021，29（4）：146-160.

三、案例应用

张某闵等52人电信网络诈骗案[①]

【案情】2015年6月至2016年4月间，被告人张某闵等52人先后在印度尼西亚和肯尼亚参加对中国大陆居民进行电信网络诈骗的犯罪集团。在实施电信网络诈骗过程中，各被告人分工合作，其中部分被告人负责利用电信网络技术手段对大陆居民的手机和座机电话进行语音群呼，当被害人按照语音内容操作后，电话会自动接通冒充快递公司客服人员的一线话务员。一线话务员以帮助被害人报案为由，在被害人不挂断电话时，将电话转接至冒充公安局办案人员的二线话务员。二线话务员向被害人谎称“因泄露的个人信息被用于犯罪活动，需对被害人资金流向进行调查”，欺骗被害人转账、汇款至指定账户。如果被害人对二线话务员的说法仍有怀疑，二线话务员会将电话转给冒充检察官的三线话务员继续实施诈骗。至案发，张某闵等被告人通过上述诈骗手段骗取75名被害人钱款共计人民币2 300余万元。本案中，肯尼亚向我国公安机关移交了涉案笔记本电脑、语音网关（能将语音通信集成到数据网络中实现通信功能的设备）、手机等物证，其中包含与案件相关的电子数据。

审查起诉期间，在案犯罪嫌疑人均表示认罪，但对其在犯罪集团中的作用和参与犯罪数额各自作出辩解。经审查，北京市人民检察院第二分院认为现有证据足以证实张某闵等人利用电信网络实施诈骗，但案件证据还存在以下问题：一是电子数据无污损鉴定意见的鉴定起始基准时间晚于犯罪嫌疑人归案的时间近11个小时，不能确定在此期间电子数据是否被增加、删除、修改。二是被害人与诈骗犯罪组织间的关联性证据调取不完整，无法证实部分被害人系本案犯罪组织所骗。三是中国台湾地区警方提供的中国台湾地区犯罪嫌疑人出入境记录不完整，北京市公安局出入境管理总队出具的出入境记录与犯罪嫌疑人的供述等其他证据不尽一致，现有证据不能证实各犯罪嫌疑人参加诈骗犯罪组织的具体时间。

针对上述问题，北京市人民检察院第二分院于2016年12月17日、2017年3月7日两次将案件退回公安机关补充侦查，并提出以下补充侦查意见：一是通过中国驻肯尼亚大使馆确认抓获犯罪嫌疑人和外方起获物证的具体时间，将此时间作为电子数据无污损鉴定的起始基准时间，对电子数据重新进行无污损鉴定，以确保电子数据的客观性。二是补充调取犯罪嫌疑人使用网络电话与被害人通话的记录、被害人向犯罪嫌疑人指定银行账户转账汇款的记录、犯罪嫌疑人的收款账户交易明细等证据，以准确认定本案被害人。三是调取各犯罪嫌疑人护照，由北京市公安局出入境管理总队结合护照，出具完整的出入境记录，补充讯问负责管理护照的犯罪嫌疑人，核实部分犯罪嫌疑人是否中途离开过诈骗窝点，以准确认定各犯罪嫌疑人参加犯罪组织的具体时间。补充侦查期间，检察机关就补侦事项及时与公安机关加强当面沟通，落实补证要求。与此同时，检察人员会同侦查人员共赴国家信息中心电

① 关于印发最高人民检察院第十八批指导性案例的通知．人民检察，2020（8）：46－54．

子数据司法鉴定中心，就电子数据提取和无污损鉴定等问题向行业专家咨询，解决了无污损鉴定的具体要求以及提取、固定电子数据的范围、程序等问题。检察机关还对公安机关以“司法鉴定书”记录电子数据勘验过程的做法提出意见，要求将“司法鉴定书”转化为勘验笔录。通过上述工作，全案证据得到进一步完善，最终形成补充侦查卷二十一册，为案件的审查和提起公诉奠定了坚实基础。

检察机关经审查认为，根据肯尼亚警方出具的“调查报告”、我国驻肯尼亚大使馆出具的“情况说明”以及公安机关出具的扣押决定书、扣押清单等，能够确定境外获取的证据来源合法，移交过程真实、连贯、合法。国家信息中心电子数据司法鉴定中心重新作出的无污损鉴定，鉴定的起始基准时间与肯尼亚警方抓获犯罪嫌疑人并起获涉案设备的时间一致，能够证实电子数据的真实性。涉案笔记本电脑和手机中提取的Skype账户登录信息等电子数据与犯罪嫌疑人的供述相互印证，能够确定犯罪嫌疑人的网络身份和现实身份具有一致性。75名被害人与诈骗犯罪组织间的关联性证据已补充到位，具体表现为：网络电话、Skype聊天记录等与被害人陈述的诈骗电话号码、银行账号等证据相互印证，电子数据中的聊天时间、通话时间与银行交易记录中的转账时间相互印证，被害人陈述的被骗经过与被告人供述的诈骗方式相互印证。本案的75名被害人被骗的证据均满足上述印证关系。

2017年12月21日，北京市第二中级人民法院作出一审判决，认定被告人张某闵等50人以非法占有为目的，参加诈骗犯罪集团，利用电信网络技术手段，分工合作，冒充国家机关工作人员或其他单位工作人员，诈骗被害人钱财，各被告人的行为均已构成诈骗罪，其中28人系主犯，22人系从犯。人民法院根据犯罪事实、情节并结合各被告人的认罪态度、悔罪表现，对张某闵等50人判处15年至1年9个月不等有期徒刑，并处剥夺政治权利及罚金。张某闵等部分被告人以量刑过重为由提出上诉。2018年3月，北京市高级人民法院二审裁定驳回上诉，维持原判。

【问题】 境外电子数据如何有效取得与运用？

【评析】[①] 在涉外刑事案件办理中，很多情形下都遇到了境外证据取得和运用的难题[②]，其中境外证据的取得是运用的前提。在本案中，涉及境外证据，尤其是境外电子数据取证和运用的问题。电子信息具有易变性、脆弱性和分散存储等特点，这两个难题在境外电子数据领域更为复杂。以下围绕这两个方面作进一步分析。

第一，在境外电子数据取得方面，涉及通过何种途径取证。根据国际刑事司法协助的相关实践，境外电子数据取证主要包括以下几种途径：一是国际刑事司法协助条约途径，这是境外取证的最基本的途径；二是通过外交途径，如果两国之间不存在多边、双边司法协助条约，还可以通过外交途径取得境外证据；三是通过国际司法协助平台，例如通过亚太经合组织、上海合作组织等合作机制取得境外证据；

---

① 评析部分改写自冯俊伟．境外电子数据的取得与运用：基于第67号检察指导性案例的展开．国家检察官学院学报，2021，29（4）：146－160。

② See Green Paper on Obtaining Evidence in Criminal Matters from one Member State to Another and Securing its Admissibility，COM（2009）624 final，11.11.2009：4－5.

四是其他途径，如通过地方性司法合作、执法合作途径或通过海关合作途径获得一定的证据或证据线索等。2016 年发布的《关于办理电信网络诈骗等刑事案件适用法律若干问题的意见》中也规定：“依照国际条约、刑事司法协助、互助协议或平等互助原则，请求证据材料所在地司法机关收集，或通过国际警务合作机制、国际刑警组织启动合作取证程序收集的境外证据材料，经查证属实，可以作为定案的依据。”在本案中，犯罪嫌疑人藏身境外，主要犯罪行为也是在境外通过电信网络方式完成的，这给案件的调查取证工作带来了难题。我国办案机关与肯尼亚办案机关积极展开司法合作，获得了涉案笔记本电脑、语音网关、手机等境外证据，这些证据在追诉犯罪中发挥了重要作用。综上，本案中办案机关立足司法合作，区分了“具有规定规范”的司法合作和“不具有规定规范”的司法合作，并通过提前介入、退回补充侦查等方式积极引导取证，有效回应了境外电子数据取证在及时、全面、有效方面的需求，有重要指导意义。

第二，在境外电子数据运用方面，涉及境外电子数据的鉴真、可采性判断和综合运用三个问题。在本案中，办案机关从肯尼亚警方处获得了涉案笔记本电脑、语音网关、手机等物证，内含相关电子数据。由于相关电子数据是在境外形成和取得的，境外电子数据证据的鉴真较之本国内证据的鉴真更为复杂。检察机关在审查起诉阶段发现，电子数据无污损鉴定意见的鉴定起始基准时间晚于犯罪嫌疑人归案的时间，无法确定电子数据是否被增删或修改。后续肯尼亚警方出具了“调查报告”，我国驻肯尼亚大使馆出具了“情况说明”，我国公安机关出具了扣押决定书、扣押清单等，上述证据材料能够证明境外获取的证据来源合法，移交过程真实、连贯、合法，完成了对境外电子数据存储介质的鉴真；最后又由国家信息中心电子数据司法鉴定中心重新作出了无污损鉴定，完成了对境外电子数据内容的鉴真。在境外电子数据的可采性审查方面，在本案中，检察机关明确提出“对境外实施犯罪的证据应着重审查合法性”，这一立场将合法性审查置于真实性审查之前，较之主要关注境外证据真实性的传统做法有进步意义，也为包括境外电子数据在内的境外证据可采性规则提供了重要的制度空间。在境外电子数据的综合运用方面，办案机关还通过本案对境外电子数据的综合运用问题作了回应，对检察机关以后办理类似案件具有重要指导意义，主要是确立了审查运用境外证据的“两步走”做法：第一步是探索对涉案境外电子数据的审查，分别从“审查电子数据存储介质、数据本身以及内容的真实性”三个方面展开。这一做法综合了对电子数据鉴真的要求和电子数据内容可靠性的审查，为司法实践中对境外电子数据的审查提供了一定借鉴。第二步是对包括境外电子数据在内的在案证据的综合评价。2018 年《检察机关办理电信网络诈骗案件指引》中规定，在审查起诉中，“对电信网络诈骗案件的审查起诉工作还应坚持‘犯罪事实清楚，证据确实、充分’的标准”。该指引还规定，在证明诈骗行为是犯罪嫌疑人实施方面，应当重视被害人陈述等言词证据、银行转账凭证等有关资金链条的证据、通话清单等有关信息链条的证据和有关人员链条的证据等。本案中，办案机关按照上述规定，并进一步通过“信息流+资金流”证据[①]的分析运用，实现了对犯罪事实的有效认定。

四、知识拓展

涉外案件刑事诉讼程序的新进展

涉外案件刑事诉讼程序不仅关涉本国刑事诉讼法的规定，也与国际刑事司法协助制度的发展密切相关。国际刑事司法协助成型于20世纪60、70年代，在进入21世纪后，国际刑事司法协助制度得到了迅速发展。这些发展深刻影响了涉外案件刑事诉讼程序，一些国际条约和国际惯例不仅融入了涉外刑事诉讼实践，部分内容还被写入了本国刑事诉讼法，成为涉外刑事诉讼程序的规范依据。

第一，国际刑事司法协助制度的新发展。在欧盟刑事合作框架下，国际刑事司法协助制度进一步发展，并且对传统司法协助制度进行了革新。在引渡方面，为了进一步促进欧盟国家司法合作的发展，2002年，欧盟立法者在相互承认原则基础上出台了《关于欧洲逮捕令和欧盟成员国之间移交程序的框架决定》。这一框架决定是对传统引渡制度的重大变革，修正了双重犯罪原则，简化了审查程序，极大地提高了罪犯移交的效率。[②] 在境外取证方面，一是国际刑事司法协助制度基础的转变，这主要发生在欧洲地区。传统国际刑事司法协助立法主要建立在相互协助的基础上，为了加强成员国之间的司法合作，1999年欧盟理事会坦佩雷会议上强调，相互承认原则应当成为欧盟成员国间司法合作的基石，该原则应适用于司法机构作出的判决和其他司法决定。随后，欧盟立法者在相互承认原则基础上出台了多部立法。[③] 欧盟刑事司法协助制度基础的转变，促进了国际刑事司法协助的深入发展。二是出现了新型司法协助调查取证方式。如联合国《反腐败公约》第49条和联合国《打击跨国犯罪公约》第19条对相关国家采取“联合侦查”作了规定，并进一步强调，相关国家“如无这类协定或者安排，可以在个案基础上商定进行这类联合侦查”。2000年《欧盟成员国间刑事司法协助公约》第10条、第11条，2014年欧盟《关于刑事诉讼中欧盟调查令的指令》第24条、第25条对视频作证、电话会议作证的程序、权利保障等也作了规定。这些新型司法协助调查取证方式促进了国际刑事司法协助制度的发展。三是出现了国际刑事司法协助调查取证的替代方案。这主要表现在境外电子数据取证方面。2018年3月，美国立法者推出了《境外数据合法使用法》，该法创造性地在司法协助程序之外规定了“适格外国政府”与美国政府签订行政协议，其后可以直接与美国企业联系获得存储在美国的电子数据。这一路径与传统司法协助路径明显不同，如何协调其与国际刑事司法协助制度的实施，如何看待两者

---

① 本案办案团队使用的表述是“通讯类和资金类两类证据”，参见孙晴，谢莉．第67号检察指导性案例的生成及对检察办案的指导作用．中国检察官，2021（7）：9－12。

② 高秀东．欧洲逮捕令及其对我国区际移交逃犯的启示．法学杂志，2010，31（4）：73－76．

③ 欧盟刑事司法协助制度从相互协助到相互承认的转变，参见冯俊伟．从相互协助到相互承认：欧盟刑事取证立法变迁探析．证据科学，2010，18（4）：467－474。

之间的关系也是重要的实践课题。在犯罪所得没收等方面，国际刑事司法协助领域也有重要制度进步，如联合国《打击跨国犯罪公约》《禁止非法贩运麻醉药品和精神药物公约》等对犯罪所得没收分享作了规定。

第二，国际刑事司法协助中的权利保障。在传统观点看来，国际刑事司法协助是国家间合作，因此国际刑事司法协助中的主体是请求国与被请求国，犯罪嫌疑人、被告人等并不具有主体地位。联合国《打击跨国犯罪公约》第 18 条规定，"缔约国应在对第 3 条规定的本公约所涵盖的犯罪进行的侦查、起诉和审判程序中相互提供最大程度的司法协助"。1990 年《联合国刑事事件互助示范条约》第 1 条第 1 款也规定，"缔约国应按本条约规定，对于在提出协助请求时其刑罚属于请求国司法当局管辖范围的罪行，就其调查或审判程序相互提供尽可能广泛的互助"。在上述法律框架下，国际刑事司法协助中犯罪嫌疑人、被告人不具有主体地位，仅是被追诉的对象。但这一做法存在不足，忽略了对被追诉人的权利保障。有学者指出，"司法互助的刑事案件，本质上就是刑事案件，被告人是程序主体而非客体"①。国际刑事司法协助中犯罪嫌疑人、被追诉人的主体地位和权利保障受到广泛关注，一些国家和地区立法中也着力回应这一问题。欧盟立法者在 2004 年拟通过《欧盟刑事诉讼权利框架决定（草案）》②"一揽子"地解决跨境案件中被追诉人最低权利保障的努力失败后，采取了对重要诉讼权利逐一立法的策略。自 2010 年以来，欧盟出台了翻译和解释、权利告知、律师帮助、无罪推定、在场权利、法律帮助等多部立法文件，有力地促进了国际刑事司法协助中犯罪嫌疑人、被告人的权利保障。

第三，司法协助所获境外证据的可采性判断。国际刑事司法协助主要涉及的事项包括人、证据和财产三个方面，关于犯罪嫌疑人、被告人主要涉及的是引渡的问题，如欧盟出台的《欧洲逮捕令》革新了传统引渡制度，为不同国家之间的引渡合作提供了重要借鉴。关于财产方面主要涉及的是境外犯罪财产的没收，这也是国际刑事司法协助的重要课题。关于证据方面主要涉及的是境外证据的取得和运用，境外证据的取得一直是国际刑事司法协助的重要方面。随着正当程序保障受到广泛关注，通过司法协助获得的境外证据的可采性也成为重要问题。例如在欧盟的诸多司法文件中都提出了"证据自由流动"理念，并强调应当将相互承认原则运用到跨境取证中，"一成员国机构合法获取的证据，在另一成员国法院也应具有可采性"③。但这种忽视各国刑事司法差异和被追诉人证据权利的做法，也遭到了一定的质疑。事实上，在欧盟 2003 年出台的《关于执行欧盟冻结财产和证据的命令》、2008 年出台的《为获得刑事司法中使用的物品、文件和数据的欧盟证据令框架决定》、2014 年出台的《关于刑事诉讼中欧盟调查令的指令》中也并未规定境外证据的相互承认。

---

① 林钰雄．司法互助是公平审判的化外之地？以欧洲人权法院的两则标杆裁判为借鉴．欧美研究，2015，45（4）：517－570．

② Proposal for a Council Framework Decision on certain procedural rights in criminal proceedings throughout the European Union，COM（2004）328 final，28. 4. 2004.

③ Tampere European Council（15－16 October 1999）Presidency Conclusions，para 33.（1999－10－16）[2021－09－20]. Available at http://www.europarl.europa.eu/summits/tam_en.htm.

在我国2012年《刑事诉讼法》修正后，2013年《高法解释》第405条对境外证据的可采性判断作了统一规定，积极回应了司法协助所获证据的可采性判断问题。2021年《高法解释》第77条对上述条文作了进一步修改。司法协助所获证据的可采性判断牵涉法律依据重叠、证据规则多元、权利保障差异等多重因素，应当立足本国刑事诉讼法，并关照国际法、外国法的规定，探索一种类型化的境外证据可采性判断模式。[①]

五、文献荐读

1. 陈卫东主编. 涉外程序和刑事司法协助. 北京：中国检察出版社，2017.

2. 郭华主编. 涉外刑事诉讼与司法协助程序. 北京：中国人民公安大学出版社，2011.

3. 王爱立主编. 中华人民共和国国际刑事司法协助法释义. 北京：法律出版社，2019.

4. 冯俊伟. 域外取得的刑事证据之可采性. 中国法学，2015（4）.

5. 冯俊伟. 数字时代跨境刑事取证制度的转型. 地方立法研究，2022（4）.

6. 金兴聪，郑加佳，余杨凡. 涉外刑事案件的侦查取证探索：以李向南留美故意杀人案为视角. 人民检察，2016（18）.

① 冯俊伟. 域外取得的刑事证据之可采性. 中国法学，2015（4）：247-265.

图书在版编目（CIP）数据

刑事诉讼法学/闫召华主编. --北京：中国人民大学出版社，2023.8
法律硕士精品系列教材
ISBN 978-7-300-32082-3

Ⅰ.①刑… Ⅱ.①闫… Ⅲ.①刑事诉讼法—法的理论—中国—研究生—教材 Ⅳ.①D925.201

中国国家版本馆 CIP 数据核字（2023）第 148030 号

法律硕士精品系列教材
刑事诉讼法学
主　编　闫召华
副主编　郭　烁
Xingshi Susong Faxue

出版发行　中国人民大学出版社
社　　址　北京中关村大街 31 号　　邮政编码　100080
电　　话　010－62511242（总编室）　010－62511770（质管部）
　　　　　010－82501766（邮购部）　010－62514148（门市部）
　　　　　010－62515195（发行公司）　010－62515275（盗版举报）
网　　址　http://www.crup.com.cn
经　　销　新华书店
印　　刷　天津鑫丰华印务有限公司
开　　本　787 mm×1092 mm　1/16　　版　　次　2023 年 8 月第 1 版
印　　张　27.75 插页 1　　印　　次　2023 年 8 月第 1 次印刷
字　　数　590 000　　定　　价　78.00 元

《　　　　　　　》※任课教师调查问卷

为了能更好地为您提供优秀的教材及良好的服务，也为了进一步提高我社法学教材出版的质量，希望您能协助我们完成本次小问卷，完成后您可以在我社网站中选择与您教学相关的 1 本教材作为今后的备选教材，我们会及时为您邮寄送达！如果您不方便邮寄，也可以申请加入我社的**法学教师 QQ 群：436438859（申请时请注明法学教师）**，然后下载本问卷填写，并发往我们指定的邮箱（cruplaw@163. com）。

邮寄地址：北京市海淀区中关村大街 31 号中国人民大学出版社 806 室收

邮　　编：100080

再次感谢您在百忙中抽出时间为我们填写这份调查问卷，您的举手之劳，将使我们获益匪浅！

基本信息及联系方式：※

姓名：____________ 性别：____________ 课程：__________________

任教学校：________________________ 院系（所）：____________

邮寄地址：________________________ 邮编：__________________

电话（办公）：____________ 手机：____________ 电子邮件：__________

调查问卷：※

1. 您认为图书的哪类特性对您选用教材最有影响力？（　　）（可多选，按重要性排序）

   A. 各级规划教材、获奖教材　　B. 知名作者教材

   C. 完善的配套资源　　D. 自编教材

   E. 行政命令

2. 在教材配套资源中，您最需要哪些？（　　）（可多选，按重要性排序）

   A. 电子教案　　B. 教学案例

   C. 教学视频　　D. 配套习题、模拟试卷

3. 您对于本书的评价如何？（　　）

   A. 该书目前仍符合教学要求，表现不错将继续采用

   B. 该书的配套资源需要改进，才会继续使用

   C. 该书需要在内容或实例更新再版后才能满足我的教学，才会继续使用

   D. 该书与同类教材差距很大，不准备继续采用了

4. 从您的教学出发，谈谈对本书的改进建议：____________________

____

____

选题征集：如果您有好的选题或出版需求，欢迎您联系我们：

联系人：黄　强　吴静雨　联系电话：010-62515955/5727

索取样书：书名：________________________________

书号：____

备注：※ 为必填项。